플루타르코스 영웅전
제2권

KB051045

플루타르코스 영웅전 2

발행일
2021년   9월 1일 초판 1쇄
2024년 7월 10일 초판 5쇄

지은이 | 플루타르코스
옮긴이 | 신복룡
펴낸이 | 정무영, 정상준
펴낸곳 | ㈜을유문화사

창립일 | 1945년 12월 1일
주소 | 서울시 마포구 서교동 469-48
전화 | 02-733-8153
팩스 | 02-732-9154
홈페이지 | www.eulyoo.co.kr
ISBN 978-89-324-7449-6 04920
978-89-324-7447-2 (세트)

플루타르코스 영웅전
제2권

신복룡 옮김
을유문화사

BÍOI PARÁLLĒLOI

PARALLEL LIVES OF THE NOBLE GRECIANS AND ROMANS

PLOÚTARCHOS

VOL. 2

아들아,
네가 정녕 네 조국을 유린하고자 한다면
내가 가진 마지막[목숨]을 아껴 무엇에 쓰랴.
그러니 이 어미의 시체를 밟고 가라.
— 코리올라누스 어머니의 유언

일러두기

1. 본문에서 [   ]안에 표기한 부분 및 주석은 모두 옮긴이가 썼다.
2. 등장하는 인명과 지명 표기는 국립국어원의 기준 또는
   옮긴이의 의견에 따랐다.
3. 무게와 길이 등 측량 단위는 국내에서 사용하는 기준으로 바꾸었으나,
   내용에 따라서는 미국식 단위를 사용했다.

차례

2권

키몬
KIMON

기원전 510~450

만약 키몬이 술을 덜 마시고
맑은 정신으로
자신의 직무에 충실했더라면
어느 그리스인도
그의 전공(戰功)을
뛰어넘지 못했을 것이다.
— 플루타르코스

강자에게는 모든 것이 자유롭다.
— 라카르토스

1

예언자 페리폴타스(Peripoltas)는 오펠타스(Opheltas)왕과 신하들을 이끌고 테살리아(Thessalia)에서 보이오티아(Boeotia)로 옮겨 와 정착하여 여러 대에 걸쳐 명문가를 이루었다. 그들 대부분은 카이로네이아(Chaeroneia)에 살았다. 그곳은 그들이 페르시아와 벌인 전쟁에서 이겨 빼앗은 첫 도시였다.

오펠타스왕의 후손들은 모두 태어날 때부터 전쟁을 좋아했고 용맹스러웠으나, 페르시아에 침략당하고 갈리아족과 전쟁을 벌이다 보니 후손들이 끊어지고 고아 한 사람만 살아남았다. 그의 이름은 다몬(Damon)이었으며, 성은 페리폴타스였다. 그는 체격이 우람하고 용맹스러웠지만 교육을 받지 못해 거칠었다.

그 무렵 카이로네이아에서 겨울을 보내고 있던 코호르트(cohort)[1] 지휘관이 이제 갓 소년티를 벗은 다몬에게 반했다. 소년을 구슬려 보기도 하고 선물도 주었으나 그의 마음을 얻지

---

[1]   코호르트는 그 시대의 병력 단위로서 대체로 5백~6백 명으로 구성되어 있었다.

못하자 지휘관은 드러내 놓고 완력으로 소년을 제압하려 했다. 그 무렵 나의 고향인 카이로네이아는 작고 가난한 도시여서, 유감스럽게도 남들에게 무시당하고 있었다. 다몬은 그의 해코지가 두려웠고 지휘관의 꾐에 화가 나기도 해서 그를 죽이기로 결심하고 친구들을 끌어모았는데, 남의 눈을 피하고자 그 수를 적게 했다. 그들은 모두 16명이었다.

어느 날 밤, 다몬과 그의 동지들은 얼굴에 숯검정을 바르고 술로 용기를 북돋운 다음 광장에서 제사를 드리고 있던 지휘관과 부하들을 모두 죽이고 도시를 떠났다. 뒤이어 벌어진 소란 속에서 민회가 열리고 살인자들을 사형에 처하기로 결의했는데, 이는 로마의 지도자들에게서 자신들을 지키려는 몸부림이었다. 그날 밤 관습에 따라 관리들이 함께 저녁 식사를 하고 있을 때, 다몬과 그의 동지들이 다시 공회당으로 쳐들어가 관리들을 죽이고 달아났다.

[기원전 74년 무렵] 루키우스 루쿨루스(Lucius Lucullus)가 어떤 용무를 띠고 군대를 거느리고 그 도시를 지나가게 되었다. 행군을 멈추고 사람들의 기억을 되살려 사건의 진상을 조사한 그는 이 도시가 비난받아야 할 이유가 없으며 오히려 피해자라는 사실을 알게 되었다. 그래서 그는 그곳에 있던 수비대를 데리고 떠났다.

수비대가 없다는 것을 안 다몬이 들짐승처럼 마을을 유린하고 도시를 협박하자, 도시에서는 사절을 보내 그가 돌아오면 사면하겠노라고 설득했다. 그러면서 그를 경기 감독관으로 임명했다. 그러나 다몬은 얼마 지나지 않아 증기탕에서 몸에 향유를 바르다가 살해되었다.

우리 조상들이 들려준 바에 따르면, 그런 일이 있은 뒤에 오랫동안 그곳에 유령이 나타나 울고 다녀 목욕탕 문을 달아걸었다고 하는데, 오늘날까지도 우리는 그런 현상이 뭔가를 경고하는 징조라고 알고 있다. 다몬의 자손들은 아이올리아

(Aiolia)의 언어를 쓰면서 지금까지도 포키스(Phokis)의 스티리스(Stiris) 가까이에 많이 살고 있다. 주민들은 이들을 아스볼로메누스(Asbolomenous)라고 부르는데, 이는 '얼굴에 검댕을 칠한 사람'이라는 뜻이다. 다몬이 지휘관과 부하들을 죽이러 가기에 앞서 얼굴에 숯검정을 발랐기 때문에 그런 이름을 얻었다.

2

카이로네이아의 이웃에 살면서 그들에게 적대적이었던 오르코메니아(Orchomenia) 사람들은 로마인 밀고자를 고용하여 마치 개인을 고발하듯이 다몬의 손에 죽은 로마 병사들에 대한 살인죄로 카이로네이아족을 고발했다. 그 무렵에는 아직 로마인들이 그리스에 행정관을 파견하고 있지 않던 터라, 마케도니아의 행정관 앞에서 재판이 벌어졌다. 이에 카이로네이아의 변호사는 루쿨루스에게 증언을 부탁했다.

루쿨루스가 마케도니아의 행정관에게 보낸 편지에서 사건의 진실을 말함으로써 카이로네이아 사람들은 극형을 모면할 수 있었다. 그 무렵 루쿨루스의 도움으로 목숨을 건진 사람들은 광장에 있는 디오니소스(Dionysos)의 동상 옆에 그의 동상을 세워 주었다. 그로부터 여러 세대가 흘렀지만, 그의 음덕은 오늘날의 우리에게까지 이어지고 있다.[2]

마치 초상화를 그릴 때처럼, 그저 겉모습을 그리기보다는 그의 성품과 내면세계를 그리는 쪽이 더 아름답다는 것을 잘 알고 있기 때문에, 우리는 루쿨루스의 행적을 기리고자 이 영웅전에 수록하면서 상세하고도 진실하게 서술했다. 단순히 그

---

2   내용과 문맥으로 볼 때, 키몬과 관계도 없는 다몬의 기록이 왜 여기 1·2절에 길게 실려 있는지 알 수 없다. 루쿨루스를 설명하기 위한 글로서는 너무 길고, 또 이 장은 루쿨루스 편이 아니라는 점에서 더욱 그렇다. 아마도 이 두 절(節)은 이『영웅전』이 전해 내려오는 과정에서 원고 정리의 착오로 빚어진 분절인 듯하다.

때 있었던 사실들을 언급하는 것만으로도 그에게 충분한 호의를 표현할 수 있다. 그의 진실된 증언 덕분에 살아남은 일을 보답한답시고 그의 생애에 거짓을 보태거나 윤색하여 이야기한다면, 그는 이를 받아들이지 않을 것이다.

우리는 초상화가들이 아름답고 우아하게 인물을 그려 주기를 바라지만, 화가라면 작은 허물을 생략하지도 말고 과장하지도 말아야 한다. 그런 요소들을 생략하면 원형을 훼손하게 되고, 반대로 과장하면 원래 모습과 달리 누추하게 그려지기 때문이다. 마찬가지로 어느 인생의 모습을 허물없이 순수하게 이야기하기도 어렵지만, 아니 불가능하지만, 되도록 그의 참된 모습을 그려 내려고 애써야 한다.

사람들은 일시적인 격정이나 그 당시의 정치적 요구 때문에 실수나 잘못된 행동을 한다. 이럴 경우에 우리는 그러한 결함이 어떤 특별한 상황에서 일시적으로 일어난 실수일 뿐이지, 그 인간의 심성 밑바탕에 깔린 천박함 때문이라고 생각해서는 안 된다. 그러니 우리는 역사를 기술하면서 그런 실수들을 너무 열정적으로 묘사하거나 필요 없는 이야기까지 덧씌워 그려서는 안 된다. 우리는 인간의 본성을 부드럽게 감싸듯이 다루어야 한다. 인간의 본성은 절대적으로 선량하거나 명백한 덕망만으로 이루어진 것이 아니기 때문이다.

3

루쿨루스와 견줄 만한 인물을 찾던 가운데, 나는 키몬을 뽑아야겠다고 마음먹었다. 두 사람 모두 전쟁 영웅이었고, 페르시아에 대항하여 빛나는 전공을 세웠으며, 온화하고 인자한 정치가로서 탁월한 전략으로 내란에 빠진 조국을 건졌다. 그들은 승전비를 세우고 유명한 전쟁에서 이겼다.

만약 우리가 헤라클레스나 디오니소스, 아이티오피아(Aithiopia)인과 메디아(Media)인과 아르메니아인들과 싸운 페르세우스(Perseus) 또는 이아손(Iason)의 업적처럼 오래된 이야기를 뺀다면, 키몬에 앞선 어느 그리스인이나 루쿨루스에 앞선 어느 로마인도 그들만큼 멀리 원정을 떠나지 못했다.

키몬과 루쿨루스의 생애에서 공통된 것은 그들의 원정이 완전한 승리를 거두지 못했다는 점이다. 그들이 적군을 무찌른 것은 사실이지만, 적대자들을 뿌리 뽑지는 못했다. 무엇보다도 중요한 것은 그들이 즐기고 베푸는 데 돈을 헤프게 썼다는 점이다. 그들은 흐트러진 삶을 살았고, 지나칠 만큼 기분에 치우쳤다. 그 밖에 그들의 닮은 점에 대한 설명은 생략하겠지만, 이야기를 풀어 가노라면 그런 점들을 모으기는 어렵지 않을 것이다.

4

키몬은 밀티아데스(Miltiades)와 헤게시필레(Hegesipyle) 사이에서 태어났다. 아르켈라오스(Archelaos)와 멜란티오스(Melanthios)가 키몬에게 바친 시에 따르면, 트라키아(Thracia) 사람인 그의 어머니는 올로로스(Oloros)왕의 딸이었다고 한다. 저 유명한 역사가 투키디데스의 아버지 성이 올로로스였으니, 투키디데스는 키몬의 외가 쪽 사람이다. 투키디데스의 『펠로폰네소스 전쟁사』(IV : 105)에 따르면, 그들의 조상은 같은 이름을 썼다고 한다.

키몬의 아버지는 트라키아에 있는 금광의 주인이었다. 들리는 바에 따르면, 투키디데스는 트라키아의 스카프테 힐레(Skapte Hylé)에서 죽어 아티카에 있는 키몬 가문의 묘지에 묻혔다. 키몬의 비석은 지금까지도 그의 여동생 엘피니케(Elpinike)의 무덤 곁에 있다. 그러나 투키디데스는 알리무스(Alimous) 구역에 살았고, 밀티아데스 가문은 라키아다이(Laciadae) 구역에 살았다.

[무슨 이유였는지는 모르지만] 아버지 밀티아데스가 50탈렌

트의 벌금형을 받고 그 돈을 내지 못해 감옥에서 죽자, 키몬과 그의 여동생 엘피니케는 어린 나이에 고아가 되었다. 엘피니케는 나이가 어려 결혼도 하지 못하고, 그 도시에서 남의 관심을 받지 못했다. 키몬은 할아버지를 닮은 탓에 생활이 방종했고 술을 많이 마셨다.

키몬의 할아버지는 너무 단순하여 얼간이라는 별명을 들었다고 한다. 키몬과 같은 시대를 살았던 타소스(Thasos)의 역사가인 스테심브로토스(Stesimbrotos)의 말에 따르면, 그는 인문학을 배운 적이 없고 그리스인들이 타고난 소양도 가지지 못했다고 한다. 그는 아티카인다운 영리함이나 말솜씨도 부족했다. 그러면서도 그의 태도는 고결하고 신실(信實)했다. 그의 정신은 펠로폰네소스인들에 가까웠다.

> 평범하고 꾸밈이 없으나
> 어려운 때를 만나서는
> 용감하고 진실했다.
>
> (노크 엮음,『그리스 비극 단편(斷編)』, 473)

위의 시는 에우리피데스(Euripides)가 헤라클레스를 두고 한 말인데, 키몬에 대한 스테심브로토스의 말에 덧붙여도 좋을 것 같다. 키몬은 젊었을 적에 여동생과 적절하지 않은 관계를 맺었다는 비난을 받았다. 들리는 바에 따르면, 엘피니케는 다른 사람과의 관계에서도 정숙하지 않았다고 한다. 그 여인은 화가인 폴리그노토스(Polygnotos)와도 부적절한 관계를 맺었다.

지금은 주랑(柱廊, Stoa Poikile)이라고 부르지만 그 무렵에는 페이시아낙테이오스 스토아(Peisianakteios Stoa)라고 부르는 곳에 폴리그노토스가 트로이 여인들의 얼굴을 그렸는데, 그때 공주 라오디케(Laodiké)의 얼굴에 엘피니케의 얼굴을 그려 넣은 것도 그 때문이었다. 폴리그노토스는 단순한 예술가가 아니었다. 역사가들의 말에 따르면, 그는 돈을 벌려고 그림을 그린 것이 아니라 아테네의 안녕을 위해 돈을 받지 않고 그림을 그렸다고 한다. 뒷날 시인 멜란티오스는 다음과 같은 시를 남겼다.

> 그는 자기의 돈으로
> 신전과 케크로피아(Kekropia) 광장에서
> 그림을 그리고 단장하였으니
> 그는 위대한 영웅들의 용기를
> 찬양하고 싶었을 뿐이라.

오늘날에도 엘피니케가 오빠 키몬과 남몰래 산 것이 아니라 드러내 놓고 부부 생활을 했다고 말하는 사람들이 있다. 그가 너무 가난해서 명문가의 남자와 결혼할 수 없었기 때문이었다. 그러다가 아테네의 부자인 칼리아스(Kallias)가 엘피니케를 사랑하여 그 여인의 아버지에게 부과된 벌금을 대신 국가에 내겠노라고 제안하자 키몬이 동의했고, 동생을 칼리아스에게 시집가도록 풀어 주었다고 한다.

키몬이 여러 여자와 사랑에 빠졌던 것은 분명한 일이다. 시인 멜란티오스가 키몬에게 바친 장난스러운 글에 따르면, 키몬은 살라미스 가문의 아스테리아(Asteria)와 므네스트라(Mnestra)라는 두 여인에게 사랑을 고백해 관계를 맺는 데 성공했다. 그가 에우리프톨레모스(Euryptolemos)의 딸이자 메가클레스(Megakles)의 손녀인 이소디케(Isodiké)를 정실로 맞이해 열렬히 사랑했던 것도 사실이다.

아내가 죽었을 때, 죽은 아내를 위로하려고 시인에게 부탁하여 지어 바친 비가(悲歌)로 미루어 보면, 그는 아내의 죽음을 진실로 슬퍼했다. 철학자 파나이티오스(Panaitios)의 말에 따르면, 자연주의자 아르켈라오스가 그 시를 지었다고 한다. 연대를 추정해 보았을 때, 그 주장에는 타당성이 있다.

5

키몬의 다른 성품들은 칭송받을 만큼 고결했다. 용맹이라는 점에서 그는 아버지 밀티아데스에 못지않았고, 테미스토클레스(Themistocles)보다 더 지혜로웠다. 그는 앞서 언급한 두 사람보다 더 정의로웠고, 군인으로서의 자질 역시 그들에게 조금도 뒤떨어지지 않았으며, 정치인으로서의 자질은 훨씬 더 뛰어났다. 그는 전쟁을 경험하지 못했던 젊은 날부터 이미 그런 능력을 지니고 있었다. 그것은 모든 사람이 인정하는 바이다.

메디아인이 쳐들어오자 테미스토클레스는 민중에게 도시를 버리고 나라를 떠나 살라미스 앞바다에 함대를 정렬한 다음 바다에서 결전을 벌이자고 설득했는데, 시민들은 그런 대담한 전략에 겁을 먹었다. 이때 키몬만이 처음으로 테미스토클레스의 전략에 따라 움직였다.

키몬은 쾌활한 표정을 지으며 부하들을 이끌고 케라미코스(Ceramicus)를 거쳐 아크로폴리스(Acropolis) 신전[3]으로 올라가 손에 들고 있던 말굴레를 바쳤는데, 이는 지금 그들에게는 기병대가 아니라 해전 경험이 있는 병사가 필요하다는 뜻이었다. 말굴레를 바친 키몬이 신전에 걸려 있던 방패를 내리고 바다로 내려오니 많은 사람이 감격했다.

시인 이온(Ion)의 말에 따르면, 그는 잘생겼으며 키도 컸고, 풍채는 당당했고, 머리칼은 숱이 많고 곱슬머리였다고 한다. 키몬은 [기원전 480년에] 살라미스 해전에서 탁월하고도 용맹스러운 모습을 보여 줌으로써 곧 도시에서 명성과 신뢰를 얻었다. 많은 사람이 그를 찾아와 마라톤 전투만큼이나 값진 전공을 세워 달라고 간청했다.

그가 정치에 발을 들여놓자 테미스토클레스의 탐욕스러움에 진저리를 치던 민중은 기꺼이 그를 환영하고 떠받들며

---

3   유피테르와 유노와 미네르바를 모신 신전.

도시에서 가장 높은 영예와 직책을 안겨 주었다. 그들은 그만 큼 키몬의 정중함과 소박함에 반해 있었다. 그러나 그의 생애에 가장 큰 도움을 준 사람은 리시마코스(Lysimachos)의 아들 아리스티데스(Aristides)였다. 키몬의 당당한 자세와 인격을 알아본 그는 키몬을 테미스토클레스의 영리함과 용맹함을 꺾을 수 있는 인물로 만들었다.

6

메디아인이 그리스에서 도망친 뒤 [기원전 478~477년에] 키몬은 아테네군 사령관이 되었다. 이 무렵은 아직 아테네인들이 해상권을 장악하지 않은 때여서, 아테네는 스파르타의 총사령관인 파우사니아스(Pausanias)와 스파르타인들의 지휘를 받았다. 이 전쟁 동안에 키몬이 이끈 민병대는 늘 찬사를 받을 만큼 훌륭하게 훈련을 받았고, 누구보다도 용맹스러웠다.

한편 파우사니아스는 페르시아인들이 꾸미는 역모에 내통하고 있었다. 그는 페르시아 왕에게 은밀히 편지를 보냈고, 동맹국들을 거칠고 오만하게 다루었으며, 거만하게 권력을 휘두르며 바보 같은 짓을 일삼고 있었다. 민병대가 스파르타인들의 잘못을 들고 와 호소하면 키몬은 그들을 따뜻하게 맞이했다. 이렇게 그는 무력으로써가 아니라 덕망 높은 언행으로 그리스의 주도권을 잡기 시작했다.

파우사니아스의 학대와 멸시를 견딜 수 없었던 동맹국들은 대부분 키몬과 아리스티데스의 편으로 돌아섰다. 두 사람은 이와 같은 지지를 받자마자 민선 장관들에게 편지를 보내, 스파르타가 이미 권위를 잃었고 그리스가 혼란에 빠졌으니 파우사니아스를 소환하라고 요청했다.

들리는 바에 따르면, 비잔티온의 가문 좋은 집안에 클레오니케(Kleoniké)라는 규수가 있었다고 한다. 그에게 욕정을 느낀 파우사니아스가 그 여인을 불렀다. 겁에 질려 있던 그 여인의 부모는 운명에 맡기고 딸을 보냈다. 파우사니아스의 숙소 앞에 이른 그 여인은 수줍어하며 시종들에게 불을 꺼 달라고 말하고는, 장군이 잠들어 있는 침대를 향해 어둠 속을 더듬어 들어가다가 발을 헛디뎌 넘어졌다.

그 소리에 놀라 깬 파우사니아스는 자객이 들어온 줄 알고 곁에 있던 칼을 빼어 그 여인을 찔러 죽였다. 죽은 여인은 파우사니아스를 곱게 두지 않았다. 밤이면 유령이 되어 나타나 분노에 찬 목소리로 말했다.

그대 이제 사악한 종말의 길을 갈지니
그 길에는 욕정과 폭력이 있을지니라.

파우사니아스의 무도한 짓에 동맹국들은 크게 분노했다. 그들은 키몬과 힘을 합쳐 그가 비잔티온을 포기하도록 압박했다. 그 이야기를 더 들어 보면, 유령에 놀란 파우사니아스는 비잔티온을 벗어나 헤라클레이아(Herakleia)의 무당을 찾아갔다. 클레오니케의 영혼을 불러내 분노를 풀려는 것이었다. 그러자 클레오니케가 그의 앞에 나타나 말했다.

스파르타로 돌아가는 날
그대의 재앙이 멈추리라.

그 말은 그의 죽음이 다가오고 있음을 넌지시 알리는 것이었다. 나는 이 이야기를 여러 사람에게 들었다.

7

동맹군이 모두 휘하에 들어오자 [기원전 476~475년에] 키몬은 그들을 이끌고 트라키아로 쳐들어갔다. 페르시아의 고위 장군들과 크세르크세스(Xerxes)왕의 친척들이 스트리몬(Strymon)강 변에 있는 도시 에이온(Eïon)을 점령했고, 그 주위에 살고 있는 그리스인들을 괴롭힌다는 소식이 들려왔기 때문이었다. 키몬은 먼저 페르시아의 장군들을 무찔러 도시 안으로 몰아넣었다.

그런 다음 키몬은 스트리몬강 가에 살고 있던 트라키아인들을 몰아냈다. 그들이 페르시아인들에게 군수품을 대 주었기 때문이었다. 키몬은 온 도시를 장악한 다음 적군을 바닷가까지 몰아냈다. 페르시아의 장군 부테스(Butes)는 항전을 포기하고 도시를 불지른 뒤 가족을 모두 죽이고 재물을 파괴한 다음 자살했다.

키몬은 도시를 장악했지만 큰 전과를 얻지는 못했다. 페르시아군이 재물을 모두 불태워 버렸기 때문이었다. 그러나 그는 아름답고 기름진 그곳을 아테네의 식민지로 삼았다.[4] 시민들은 그가 이곳에 신들의 사자(使者)인 헤르메스(Hermes)의 주상(柱像) 세 개를 세우도록 허락했는데, 첫 번째 신상에는 다음과 같은 글이 새겨져 있었다.

그대들은 에이온 전투에서 용맹스럽게 싸웠느니
메디아의 아들들을 굶주림으로 몰아넣었고
피로 얼룩진 군신 아레스(Ares)는 처음 적군을 만나
그들을 절망 속으로 몰아넣었도다.

두 번째 신상에는 이런 글이 새겨져 있었다.

아테네 시민들은 이로써
그들의 장수들에게 이 신상을 주어
용맹한 전투에 보답하노니

---

4   식민지를 개척하여 주민들을 이주시킬 때면 주민들은 고향의 흙을 싸 가지고 가서 그곳에 뿌린 다음 정착했다.

이를 본 미래의 용사들은 더욱 강성하여
조국을 지키는 싸움에 헌신할지어다.

세 번째 신상에는 이렇게 새겨져 있었다.

메네스테우스(Menestheus)[5]는
늙은 아트레우스(Atreus)[6]와 함께
병사를 이끌고 트로이의 평원으로 진격했노라.
갑옷 입은 아카이아(Achaea) 사람들 가운데
이들이 가장 위대하게 싸웠노라고
호메로스는 노래했노라.
그러니 아테네는 이렇게 불려도 부끄럽지 않다.
싸우는 기술과 강한 몸을 모두 가진 자들이라고.

8

위의 비문 어디에도 키몬의 이름이 보이지 않지만, 그 시대 사람들은 지나칠 정도로 그를 칭송하고 있다. 테미스토클레스나 밀티아데스조차 그와 같은 칭송을 듣지 못했다. 아니, 밀티아데스는 겨우 올리브 화관을 요구했다는 이유로 민회에서 데켈레이아(Dekeleia) 출신의 소파네스(Sophanes)에게 항변을 듣기도 했다. 그는 이렇게 말했다.

"그대는 혼자 야만족에 대항하여 싸워 승리를 얻었다는 듯이 혼자 상을 받으려 하는군요."

소파네스의 말은 정중하지 않았으나, 그날 그 자리에 있던 민중의 찬사를 들었다. 그렇다면 민중은 왜 그토록 키몬의

---

5   메네스테우스는 아테네의 섭정(攝政)으로, 헬레네(Helene)에게 청혼했
    으나 거절당했다. 트로이 전쟁에서 함선 50척을 이끌고 메넬라오스(Me-
    nelaos)를 원조했다.
6   아트레우스는 미케네의 왕으로, 펠롭스(Pelops)의 아들이었다.

전과(戰果)에 열광했을까? 아마도 다른 사람들이 장군으로 있을 때는 오로지 적군을 몰아내고 재앙을 모면했을 정도였지만, 키몬이 군대를 이끌었을 때는 적군을 급습해 그들의 영토를 유린했을 뿐만 아니라 에이온과 암피폴리스(Amphipolis)를 정복하여 식민지로 만들었기 때문이었을 것이다. 또한 키몬의 군대는 스키로스(Skyros)까지 정복해 식민지로 삼았는데, 그러기까지에는 다음과 같은 연유가 있었다.

스키로스섬에 사는 돌로피아(Dolopia)족은 농사에 관심이 없는 사람들이었다. 그들은 예로부터 해적 노릇을 해 왔는데, 심할 때는 자기들의 항구에 정박하는 사람들에게도 손을 댔다. 그러던 가운데 돌로피아족은 크테시온(Ktesion)에 정박한 테살리아인들의 물건을 빼앗고 그들을 감옥에 집어넣었다. 감옥에 있던 테살리아인들이 탈옥하여 인보 동맹(隣保同盟)에 돌로피아족을 고발해 승소했다. 그러나 스키로스의 원주민들은 배상금을 지불할 뜻이 없음을 밝혔고, 그 대신에 해적 행위를 했던 무리에게 빼앗은 물건들을 돌려주라고 요구했다.

이에 겁먹은 돌로피아족은 키몬에게 편지를 보냈다. 그가 함대를 이끌고 스키로스로 쳐들어오면 자기들이 내응(內應)하여 그에게 섬을 바치겠노라고 한 것이다. 이런 과정을 통해 스키로스섬을 장악한 키몬은 돌로피아족을 몰아내고 누구나 에게해를 자유로이 통행하도록 만들었다.

아주 오래전에, 아이게우스(Aigeus)의 아들 테세우스(Theseus)가 아테네에서 쫓겨나 스키로스에 망명한 적이 있었다. 그때 자신의 왕위가 위협받을지도 모른다는 사실에 위협을 느낀 리코메데스(Lykomedes)왕이 테세우스를 시역(弑逆)하는 일이 있었다. 이를 잘 알고 있던 키몬은 진심으로 그의 무덤을 찾고 싶었다. 아테네인들이 테세우스의 시체를 찾아 아테네로 이장한 다음, 그에게 합당한 영예를 바치라는 신탁을 받았기 때문이었다.

그러나 스키로스 주민들은 테세우스의 무덤이 어디에 있는지를 말하지 않았고, 이야기의 진상을 시인하지도 않았으며, 발굴을 허락하지도 않았다. 그래서 그때껏 테세우스의 무덤을 찾지 못했던 것이다. 그러나 키몬이 열정을 품고 수색한 끝에 마침내 그 무덤을 찾았다. 그가 테세우스의 유해를 삼단노의 함선에 싣고 장엄하게 고향으로 돌아오니, 이는 테세우스가 죽은 지 4백 년 뒤의 일이었다. 아테네인들이 키몬을 정중하게 맞이한 가장 큰 이유는 바로 이 업적 때문이었다.

또한 키몬이 저 유명한 비극 경연 대회에서 내렸던 결정 역시 아테네인들의 마음속에 소중한 기억으로 남았다. 아직 젊은이였던 소포클레스(Sophokles)가 처음으로 참가했던 이 대회에서는 그가 초창기에 쓴 몇몇 작품이 공연되기도 했다. 공연을 보던 관중은 자신이 지지하는 시인을 향한 호감과 상대 시인들을 향한 경쟁심 때문에 흥분했고, 이 광경을 지켜본 집정관(Archon) 아프세피온(Apsephion)은 평소처럼 추첨을 통해 경연 대회의 심사 위원을 뽑지 않기로 했다. 그때 키몬이 일행과 함께 극장으로 들어와 관례대로 헌주(獻奏)를 하게 되었다.

집정관은 키몬 일행이 그냥 떠나지 말고 심사 위원을 맡아 주길 바랐다. 열 개의 부족을 대표하고 있던 그들은 모두 열 명이었다. 이토록 명망 높은 사람들이 심사 위원을 맡게 되자 경연은 과거 어느 때보다도 더 열기를 띠었다. 결과는 소포클레스의 우승이었다. 들리는 바에 따르면, 경연에서 진 아이스킬로스(Aeschylus)는 너무 마음이 아파 며칠 아테네에 머물다가 분노를 삭이며 시킬리아로 갔다고 한다. 그는 거기에서 죽어 겔라(Gela) 가까운 곳에 묻혔다.

9

시인 이온의 말에 따르면, 자기가 젊었을 적에 키몬과 함께 라오메돈(Laomedon)의 저녁 식사에 초대받은 적이 있었다고 한다. 술이 거나해지자 누군가 키몬에게 노래를 요청했는데, 꽤 잘 불러 테미스토클레스보다 훌륭하다고 손님들이 칭찬했다.

그러자 테미스토클레스는 자신이 노래 솜씨도 없고 현악기(lyra)를 탈 줄도 모르지만, 도시를 크게 확장하는 방법은 알고 있다고 자랑했다. 이온의 말에 따르면, 술자리가 끝날 즈음 키몬의 원정 이야기로 화제가 바뀌었다고 한다. 키몬은 자기의 전략 가운데에서 가장 탁월했던 업적을 길게 설명하면서 이런 얘기를 했다.

"언젠가 세스토스(Sestos)와 비잔티온 전투에서 나와 동맹국들이 수많은 페르시아인을 포로로 잡았는데, 내가 포로와 전리품을 나누는 책임을 맡았습니다. 나는 한쪽에는 포로들을 줄 세우고 다른 한쪽에는 노획한 장신구들을 늘어놓은 다음, 승리한 우리 동맹국들에 어느 쪽이든 골라 가지라고 말했습니다. 그때 분배 방식이 불공정하다는 비난을 받았습니다. 동맹국 병사들에게 어느 쪽이든 먼저 골라 가지라고 말한 다음, 남은 것을 아테네 병사가 갖도록 했기 때문이었습니다.

사모스의 장군 헤로피토스(Herophytos)의 권고에 따라 동맹국 병사들은 페르시아군의 장식품을 먼저 차지했고, 아테네 병사들은 포로들을 전리품으로 갖게 되었습니다. 그래서 나는 터무니없는 분배를 했다고 비난을 받았습니다. 동맹국 병사들은 팔찌와 목걸이와 조끼와 자주색 겉옷을 차지했는데, 아테네 병사들은 노동이라고는 해 본 적도 없는 알몸뚱이 포로들을 차지했기 때문이었습니다.

그런 뒤 얼마의 시간이 흘러 프리기아와 리디아에서 온 포로의 친구와 친척들이 포로들의 몸값으로 엄청난 돈을 치르고 그들을 데려갔습니다. 이로 말미암아 나는 병사들에게 넉 달 치의 봉급을 주고 함선의 양식을 마련하고도 돈이 남아, 몸값으로 받은 많은 금덩어리를 국고에 넣었습니다."

키몬은 부자였기 때문에 전쟁으로 얻은 재산을 시민들에게 아낌없이 썼다. 그는 이전에도 영예로웠는데 전쟁으로 더 큰 영예를 얻었으니 아까울 것이 없다고 생각했다. 그는 자신의 텃밭에 쳐 놓았던 울타리를 걷어 버리고 나그네나 가난한 사람들이 두려움 없이 열매를 따 가도록 했다. 또한 그는 자기 집에서 날마다 저녁 식사를 베풀었는데, 호화롭지는 않았으나 많은 사람이 먹기에 넉넉하여, 오고 싶은 사람은 모두 와서 먹게 했다. 그 덕분에 사람들은 먹고사는 문제에 너무 얽매이지 않고 오로지 공무에만 전념할 수 있었다.

그러나 아리스토텔레스의 『아테네 헌법』(XXVII : 3)에 따르면, 키몬이 아테네의 모든 시민에게 식사를 대접하지는 않았다고 한다. 그는 자기가 살던 라키아다이 구역의 사람들만 대접했고, 그나마도 자유민에게만 해당되었다고 한다. 또한 그는 늘 아름다운 옷을 입은 젊은이들을 데리고 다녔는데, 옷이 필요한 노인을 만나면 젊은이의 옷과 바꿔 입게 했다.

이러한 그의 처사는 시민들에게 깊은 인상을 심어 주었다. 그 일행은 또한 주머니에 돈을 두둑이 넣고 다니다가 광장에서 점잖게 생긴 가난뱅이들에게 다가가 그들의 손에 조용히 돈을 쥐여 주었다. 이와 같은 그의 선행에 대해 희극 시인인 크라티노스(Kratinos)는 시집 『아르킬로코이(*Archilochoi*)』에 다음과 같은 글을 남겼다.

나 필경사 메트로비오스(Metrobios)는 바라노니,
키몬과 함께 한 시대를 살고 싶노라.
그는 성자로서
보기 드물게 후원자의 삶을 살았으며,
모든 일에서 가장 위대한 그리스인이었다.
그와 더불어 기쁘게 식사를 나누며

유복한 여생을 보내고 싶었지만,

슬프다,

그가 나를 두고 먼저 떠나다니.

다시 레온티스(Leontis) 출신 고르기아스(Gorgias)의 말에 따르면, 키몬은 사람들에게 쓰려고 돈을 모았으며, 영예롭게 돈을 쓰고 싶어 했다고 한다. 30인의 참주(僭主) 가운데 한 사람이었던 그리스의 크리티아스(Kritias)는 그의 비가(悲歌)에서 다음과 같이 기도하고 있다.

스코파다이(Skopadae)의 재산과

키몬의 덕망과

스파르타인 아르케실라오스(Arcesilaos)의 무공을

제게 주옵소서.[7]

우리가 아는 바와 같이, 스파르타 사람 리카스(Lichas)는 다른 어떤 이유에서가 아니라 소년들의 체육 대회가 열렸을 때 외국인들을 대접했다는 이유만으로 그리스인들 사이에서 유명해진 인물이었다. 그러나 키몬의 너그러움은 옛 아테네인들이 보여 주었던 자비심이나 인정을 뛰어넘을 정도였다. 아테네인들은 곡식을 기르고 샘물을 정화하고 불을 피우는 방법을 다른 부족들에게 가르쳐 주었고, 이런 전통을 자랑스러워했다.

그러나 키몬은 도시에 있는 그의 집을 개방하여 시민들이 공동으로 쓸 수 있도록 했고, 시골에 있는 자기 영지에서 익은 과일은 사람들이 제철에 맞춰 따 먹게 했다. 그리하여 키몬은 지난날 농업의 신 크로노스(Kronos)가 다스리던 황금시대를,

7   스코파다이는 테살리아의 부자였던 스코파드(Skopad) 가문을 뜻하며, 아르케실라오스는 이 『영웅전』(제21장)의 아게실라오스를 뜻한다.

모두가 재산을 함께 가지고 나누어 쓰는 그 전설 같은 삶을 재현했다.

그를 좋지 않게 생각하는 사람들은, 그러한 처사가 오합지졸에게 아첨하면서 그들을 선동하려는 술책이었다고 주장했다. 그러나 귀족 중심적이고 스파르타식이었던 그의 정책을 보면 그와 같은 험담이 사실이 아님을 알 수 있다. 테미스토클레스가 지나치게 민주주의를 강조하자, 아리스티데스가 그랬던 것처럼, 그도 테미스토클레스의 입장에 반대했다.

세월이 지난 뒤, 에피알테스(Ephialtes)가 그저 민중의 마음을 얻으려고 아레이오스 파고스(Areios Pagos)[8] 회의를 해체하려 했을 때에도 키몬은 그에게 적대적인 태도를 보였다. 아리스티데스와 에피알테스를 제외한 공직자들이 모두 공무를 수행하면서 자기 지갑을 채우고 있는 것을 알면서도, 키몬은 뇌물의 유혹에 흔들리지 않고 나라를 위해 온 힘을 기울였다. 그는 세상을 마치는 날까지 어떤 보상도 바라지 않았고, 지극히 순수한 마음을 지키며 살았다.

들리는 바에 따르면, 로이사케스(Rhoesaces)라는 페르시아 사람이 왕을 배신한 뒤에 많은 재물을 챙겨 아테네로 망명한 적이 있었다고 한다. 고발자들에게 몹시 시달림을 받던 그는 키몬을 찾아와 도움을 간청하면서 바구니 두 개를 문 앞에 두었는데, 한쪽에는 은이 가득 들어 있고 다른 한쪽에는 페르시아의 금화가 가득 들어 있었다. 그것을 본 키몬이 얼굴에 웃음을 지으며 이렇게 물었다.

"그대는 나를 친구로 생각하시오, 아니면 돈만 주면 무슨 짓이든 하는 사람으로 생각하시오?"

로이사케스가 대답했다.

---

8 아레이오스 파고스는 아테네의 최고 재판소였는데, 아레이오스 파고스 언덕에 있어 그렇게 불렀다.

"친구라고 생각합니다."

그러자 키몬이 말했다.

"그렇다면 이 돈을 도로 가져가시오. 그대가 내 친구라면, 돈이 필요할 때 달라 하겠소."

11

그리스의 동맹국들은 전쟁 분담금은 계속 냈지만, 할당된 병사나 전함을 보내지는 않았다. 그들은 전쟁에 지친 데다가, 더이상 전쟁을 치를 일도 없었으므로 밭이나 갈며 평화스럽게 살고 싶어 했다. 페르시아군도 물러간 뒤로는 더 이상 그리스인들을 괴롭히지 않았다. 그러나 아테네의 장군들은 부담 의무를 소홀히 한 동맹국들을 고발하고 처벌함으로써 그들을 성가시게 만들었다.

그러나 장군이 된 키몬은 다른 장군들과 반대편에 섰다. 그는 그리스 연맹체의 어느 국가에도 병사와 전함을 부담하라고 강요하지 않았다. 대신에 그러한 부담을 물지 않는 국가에는 그 대가로 돈이나 선원이 배속되지 않은 빈 배를 제공하도록 했다. 동맹국들은 그 방법을 선택했는데, 이는 미끼를 문 것과 같았다.

가정에 머물면서 농부가 되거나, 전사가 되기보다는 장사꾼이 되기를 바랐던 동맹국 사람들은 어리석게도 오로지 안락만을 추구하는 실수를 저질렀다. 그러는 사이에 키몬은 동맹국들이 보내 준 전함에 아테네의 병사들을 교대로 배치했고, 자신과 함께 여러 원정을 경험하며 실전을 익히게 했다.

얼마의 시간이 흐르자, 아테네는 동맹국들이 보내 준 병사들의 급료 덕분에 그 돈을 보내 준 나라들을 누르고 그리스 연맹체의 패자(覇者)가 되었다. 군대 복무를 하지 않는 동맹국들은 지속적으로 항해 훈련을 하고, 무장하고 전투 연습을 하는 아테네 병사들에게 두려움을 느끼며 아첨하게 되었고, 자신들도 모르는 사이에 동맹국이라기보다는 아테네를 섬기는 봉신국(封臣國)처럼 바뀌었다.

12

페르시아 왕을 무찌름으로써 그 기백을 꺾은 데에는 키몬만큼 큰 공을 세운 장군이 없었다. 그는 그리스에서 페르시아군을 완전히 물리쳤을 뿐만 아니라, 그 뒤를 바짝 추격하여 그들이 잠시 멈춰 숨 돌릴 겨를도 주지 않고 무찔렀다. 또한 그 지역을 그리스에 복속시킴으로써, 이오니아에서부터 팜필리아(Pamphilia)에 이르는 아시아에서 페르시아 군대를 모조리 몰아냈다.

페르시아의 장군들이 이끄는 대규모 병력이 팜필리아 근처에서 잠복하고 있다는 사실을 알아차린 키몬은 그들이 켈리돈(Chelidon) 군도(群島) 서쪽까지 진출하지 못하도록 막고자 했다. 삼단 노의 함선 2백 척으로 구성된 그의 함대는 [기원전 467년 무렵에] 각각 크니도스(Cnidos)와 트리오피온(Triopion)에서 출항했다. 이 함선들은 빠르고 조종하기 쉽도록 테미스토클레스가 오래전에 만들어 둔 것들이었다. 그러나 키몬은 배에 오른 중무장 보병들이 처음부터 효과적으로 움직일 수 있도록 함선의 폭을 더 넓히고 선교(船橋)를 설치했다.

키몬은 지난날에는 그리스 땅이었던 파셀리스(Phaselis)에 도착했다. 그러나 페르시아에 대한 충성을 버리지 않았던 그곳 사람들은 그리스군의 입항을 허락하지 않았다. 이에 키몬은 이 지역을 파괴하고 성을 헐어 버렸다.

그러나 키몬의 함대에 소속되어 있으면서 파셀리스의 주민들과도 오랫동안 우호 관계를 맺어 온 키오스(Xios) 출신 병사들은 파셀리스인들에게 품은 키몬의 적개심을 누그러뜨리고 싶어 했다. 그래서 화살에 편지를 달아 성안으로 날려 보냈는데, 그 편지에는 주민들이 이번 전쟁에서 이길 수 없다는 내용이 담겨 있었다. 편지를 받고 겁먹은 주민들은 끝내 화평을 요구하게 되었고, 키몬은 파셀리스인들이 배상금 10탈렌트를 물고 페르시아 원정에도 동참한다는 조건으로 평화 협정을 맺었다.

에포로스(Ephoros)의 『역사(Historia)』[9]에 따르면, 이때 페르시아의 함대 사령관은 티트라우스테스(Tithrautes)였으며, 육군 사령관은 페렌다테스(Pherendates)였다고 한다. 또한 철학자 칼리스테네스(Kallisthenes)의 기록에 따르면, 고브리아스(Gobryas)의 아들 아리오만데스(Ariomandes)가 총사령관이었다고 한다. 아리오만데스의 병력은 에우리메돈(Eurymedon)강의 하구에 정박하고 있었다. 당장 그리스군과 싸울 뜻이 없었던 그는 키프로스에서 출발한 페니키아인의 함선 80척이 오기만을 기다리고 있었다.

키몬 역시 페니키아의 지원군이 오리라 예상하고 있었다. 그는 지원군이 오기 전에는 바다에서 싸우려 하지 않는 적군들을 먼저 공격하고자 준비했다. 그러자 페르시아군은 먼저 에우리메돈강을 타고 올라가 전투를 피했다. 그러나 아테네군이 거기까지 추격해 들어오자 페르시아군은 다시 바다로 나가 그들을 맞이했다. 화노데모스(Phanodemos)의 기록에 따르면, 페르시아의 함대가 6백 척이었다 하고, 에포로스는 350척이었다고 한다.

그러나 정확한 수가 얼마였든, 페르시아군은 대규모의 함대가 보여 줄 만한 일들은 아무것도 하지 않았다. 그들은 곧장 함선을 버리고 해안으로 올라갔다. 대부분의 병력이 가까운 곳에 주둔해 있던 페르시아 육군에 합류하며 몸을 피했지만,

9   에포로스(기원전 400~330)는 소아시아의 아이올리아 출신이다. 마케도니아의 필리포스왕이 원정을 떠날 때 종군 사학자로 참전한 그는 최초로 여러 나라의 역사를 포괄한 『역사(Historia)』(29권)를 쓴 인물로 평가받고 있다.

나머지 무리는 잡혀 죽었고 함선은 침몰했다. 이 사건은 해전에 동원되었던 페르시아 함대의 규모가 매우 컸음을 다시 확인시켜 준다. 그토록 많은 함선이 도망하거나 침몰하였음에도, 아테네군이 나포한 함선만 2백 척이었기 때문이다.

13

페르시아 육군은 바다를 향해 위협적으로 전진해 왔다. 키몬은 이미 지친 군대를 이끌고 원기 왕성한 적군을 상대하기에는 힘겹겠다고 생각했다. 더욱이 적군의 병력이 몇 배나 많았다. 그러나 키몬은 승리의 자부심으로 사기가 오른 아테네군이 페르시아군과 일전을 벌이고 싶어 한다는 것을 알고, 아직도 해전의 열기가 식지 않은 중무장 보병을 상륙시켰다.

아테네 병사들은 함성을 지르며 적진을 향해 돌진했다. 이에 페르시아군도 굳세게 버티면서 의연하게 맞서, 전투는 치열하게 펼쳐졌다. 그리스의 공직자로서 명망 높았던 여러 장군이 전사했다. 그러나 긴 전투 끝에 아테네군은 이민족을 크게 무찌르고 온갖 보물이 가득 찬 그들의 병영을 장악했다.

키몬은 마치 힘센 운동선수처럼 하루에 두 번 승리했다. 이는 보병으로 살라미스 해전에서 이기고, 해군으로 플라타이아이(Plataiai) 육전에서 이긴 것보다 더 찬란한 승리였다. 그러나 그는 또 다른 승리를 쟁취하고자 다시 진군했다. 페니키아의 함선 80척이 너무 늦게 도착하여 전투에 참가해 보지도 못하고 히드로스(Hydros)[10]에 정박해 있다는 소식을 들은 키몬은 전속력으로 배를 몰아 그리로 갔다. 페니키아의 사령관들은 아직도 주력 부대가 어찌 되었는지 깜깜하게 모른 채 어쩔 줄 모르고 있던 터라, 키몬의 군대가 쳐들어오자 크게 혼란에 빠

10   아마도 이는 시에드라(Syedra)의 잘못된 표기일 것이다.(B. Perrin, II, p. 445)

져 배를 모두 잃었다.

이 전쟁에서 너무도 무참하게 꿈이 깨진 페르시아 왕은 저 악명 높은 강화 조약을 체결했다. 그 조약에 따르면, 페르시아 왕은 그리스 해안에서 말이 하루에 달릴 수 있는 거리 안에 들어올 수 없으며, 전함을 이끌고 키아네이아(Kyaneia) 군도와 켈리돈 군도 서쪽까지 올 수도 없었다.

그러나 칼리스테네스는 페르시아 왕이 그와 같은 조약을 체결했다는 사실을 부인했다. 페르시아 왕이 패전에 대한 두려움 때문에 스스로 그런 한계를 설정하여, 그리스에서 그만큼 멀어졌다는 것이다. 그리하여 페리클레스와 에피알테스가 각각 함선 50척과 30척을 이끌고 켈리돈 군도 건너편까지 가보았으나, 페르시아의 함대를 보지 못했다고 한다.

그러나 마케도니아 출신의 크라테로스(Krateros)가 믿을 만한 곳에서 수집한 법령집을 보면 그와 같은 조약이 실제로 체결되었다. 들리는 바에 따르면, 아테네인들은 이 일을 기념하고자 평화의 제단을 쌓았으며, 이 조약을 맺는 데 사절 노릇을 한 칼리아스에게 큰 영예를 주었다고 한다. 아테네 시민들은 전리품을 팔아 여러 가지 재정 수요를 충당할 수 있었고, 더욱이 전쟁에서 넉넉하게 벌어들인 돈으로 신전의 언덕 남쪽 성벽을 쌓았다.

이 긴 성벽은 이른바 '다리(skele)'라고 불린다. 들리는 바에 따르면, 이 성벽이 완공된 것은 이때로부터 훨씬 뒤였지만, 그 기초를 처음 다진 사람은 키몬이었다고 한다. 본래 이곳은 늪지대여서 관리에 어려움이 많았는데, 키몬이 경비를 마련한 덕분에 자갈과 바위를 묻고 땅을 다져 기초 공사를 마쳤다. 그는 또한 처음으로 아테네를 '자유롭고도(liberal)' 우아한 휴식처로 만들어, 뒷날 아주 유명해졌다. 그는 광장에 버즘나무를 심고, 물이 없어 메마른 아카데미아(Academia)에 윤택한 숲을 가꾸어 달리기와 산책을 할 수 있는 쾌적한 길을 만들었다.

키몬

그런데 케르소네소스(Chersonesos)를 포기하고 싶지 않았던 몇몇 페르시아인은 [기원전 466년에] 북쪽에서 트라키아인들을 불러들여 도움을 요청했다. 사람들의 말에 따르면, 그들은 겨우 삼단 노의 함선 몇 척만으로 응전하러 나온 키몬을 얕보았다고 한다. 그러나 키몬은 오로지 함선 네 척을 이끌고 쳐들어가 적함 열네 척을 나포하였으며, 페르시아인들을 몰아내고 트라키아인들을 제압한 뒤 케르소네소스 지역을 모두 아테네에 복속시켰다.

이듬해에 타소스인들이 반란을 일으키자 키몬은 해전에서 그들을 물리치고 함선 서른세 척을 나포했으며, 그 도시를 점령한 다음 아테네 건너편의 육지에 있는 금광을 빼앗고 그들이 장악하고 있던 영토를 차지했다. 타소스를 거점으로 삼아 마케도니아를 쳐들어갈 좋은 기회를 잡게 되자, 사람들은 키몬이 그곳을 장악하리라고 생각했다. 그러나 그는 그렇게 하지 않음으로써 [기원전 463년에] 자신의 지위를 이용해 알렉산드로스(Alexandros)왕에게 뇌물을 받았다는 의심을 받고 고발되었다. 법정에 선 그는 이렇게 스스로를 변론했다.

"나는 남들처럼 돈 많은 이오니아인이나 테살리아인들의 대사(Proxenos)[11]로 살면서 그들과 관련된 일을 하고 그들에게 보수를 받으며 살기보다는 스파르타의 친구로 대접받고 싶었습니다. 나는 스파르타인들의 절제되고 단순한 삶을 사랑하며, 그들을 본받아 돈을 최고의 가치로 여기지 않고, 오직 적국에서 빼앗은 재산으로만 조국을 가꾸고 싶었습니다."

이 유명한 재판에 관한 스테심브로토스의 말을 들어 보

---

11   대사(大使)는 고대 그리스 사회에서 한 나라의 시민이면서 다른 나라 정부에 자기 나라를 대표하는 대사 자격을 받은 독특한 신분의 인물을 뜻한다. 그들은 이를테면 신임장을 받은 외교관인 동시에 이중 국적에 가까운 대접을 받는 외교관이었다.

면, 키몬의 누이동생인 엘피니케가 오라버니를 변호하고자 가
장 과격한 고발자였던 페리클레스의 집을 찾아갔다고 한다.
그러자 그는 웃으면서 말했다.

"엘피니케여, 이런 문제에 나서기에는 그대가 너무 늙었
구려. 너무 늙었어요."

그러나 막상 재판이 열리자 페리클레스는 키몬을 매우 정
중히 대했고, 그를 비난하는 발언은 한 번밖에 하지 않았다. 그
는 이 모든 일이 그저 형식에 지나지 않는다는 듯이 행동했다.

15

어쨌거나 이 재판에서 키몬은 무죄 선고를 받았다. 남은 정치
생애 동안 그는 귀족을 공격하려 했던 민중을 자제시켰으며,
이를 위해 자신의 직권을 모두 행사했다. 그러나 그가 [기원전
462년에] 원정을 떠난 사이에 민중은 거의 통제할 수 없을 정도
로 오만해졌다. 그들은 온갖 정치 질서와 지난날 조상의 풍습
을 무너뜨렸으며, 에피알테스의 지휘 아래 아레이오스 파고스
의 권한을 대부분 빼앗고 몇 가지만 남겨 두었다. 모든 재판권
을 장악한 그들은 온 도시를 민중주의의 정치로 몰아갔다. 이
제 페리클레스는 모든 권력을 잡고 민중의 편에 섰다.

원정에서 귀국한 키몬은 아레이오스 파고스 회의에 쏟아
지는 모욕에 화가 치밀어 그 재판권을 회복하고 고대 그리스
의 헌법을 마련한 클레이스테네스(Kleisthenes)의 귀족 정치를
회복하려 했다. 그러자 정적들은 그와 여동생 사이에 있었던
추문을 들먹이고, 그가 스파르타와 내통했다며 몰아붙이고,
패거리를 지어 그를 비난하면서 민중이 그에게 맞서도록 선동
하려고 했다. 세상에 잘 알려진 에우폴리스(Eupolis)의 유명한
시는 그를 이렇게 중상하고 있다.

그가 천박한 사람은 아니었지만

키몬

술을 좋아하고 게을렀다.
집을 떠나 스파르타인들과 잠자리를 함께하여
동생 엘피니케를 홀로 잠들게 했다.

그러나 그는 그토록 술주정뱅이이고 게을렀음에도 그토록 많은 도시를 점령하고 그토록 많은 전쟁에서 승리했다. 이러한 점으로 미루어 볼 때, 만약 그가 맑은 정신으로 자신의 직무에 충실했더라면 그의 앞이나 뒤에 태어난 어느 그리스인도 그의 전공을 뛰어넘지 못했을 것이다.

16

키몬은 처음부터 스파르타의 건설자인 라케다이몬(Lakedae-mon)을 좋아한 사람임에 틀림없다. 그래서 그는 쌍둥이 아들인 첫아들의 이름을 라케다이모니오스(Lakedaimonios)라 짓고, 다른 하나를 엘레이오스(Eleios)라고 지었다. 이들은 클레이토르(Kleitor) 출신 여인의 몸에서 태어났는데, 스테심브로토스의 말에 따르면, 페리클레스는 그들이 비천한 여자의 몸에서 태어났다고 비난했다고 한다.

그러나 지리학자인 디오도로스(Diodoros)의 말에 따르면, 이 두 아들은 셋째 아들 테살로스(Thessalos)와 마찬가지로 정실부인인 이소디케의 몸에서 태어났다고 한다. 이소디케는 메가클레스의 아들 에우리프톨레모스의 딸이었다.

스파르타인들은 자기들에게 적개심을 품고 있던 테미스토클레스를 싫어했기 때문에 그의 정적인 키몬을 좋아했다. 키몬이 비록 어리기는 했지만, 그들은 그가 아테네에서 테미스토클레스보다 비중 있는 정치인으로 더 큰 권력을 잡기를 바랐다. 처음에 아테네인들은 스파르타가 키몬을 좋아하는 것을 기쁘게 생각했다. 스파르타인들이 그에게 보여 주는 호의 덕분에 아테네인들은 적지 않게 이득을 보고 있었기 때문이었다.

처음에 스파르타와 아테네는 제국으로 성장하면서 동맹
관계를 맺기에 바빴던 터라, 아테네는 스파르타가 키몬에게
호의를 보이고 영예를 부여하는 것이 싫지 않았다. 키몬은 동
맹국과 스파르타인 모두를 가장 정중히 다루었으며, 모두가
납득할 수 있도록 현명히 처신함으로써 그리스인들 가운데에
서 가장 앞서가는 정치인으로 자리 잡았다.

　　그러나 스파르타인들이 점점 더 강성해지고 키몬이 그들
에게 지나칠 정도로 기울자 아테네인들은 못마땅하게 생각하
기 시작했다. 키몬은 아테네인들을 꾸짖을 때면 번번이 스파
르타인들의 편을 들었다. 스테심브로토스의 말에 따르면, 그
는 흔히 이렇게 말하기를 좋아했다고 한다.

　　"스파르타인들이라면 그렇게 하지 않았을 것입니다."

　　이런 식으로 키몬은 자기 동족의 시샘과 미움을 불러일
으켰다. 그러던 터에 그에 대한 비난을 더욱 고조시키는 사건
이 벌어졌다. 제욱시다모스(Zeuxidamos)의 아들 아르키다모스
(Archidamos)왕의 재위 4년째가 되던 해[기원전 464년]였다. 일찍
이 들어 보지 못한 지진이 일어나 스파르타의 땅이 움푹 패고,
타이게토스(Taygetos)산이 흔들리면서 용암이 흘러내려 온 도
시가 무너지고 집 다섯 채만 남았다.

　　들리는 바에 따르면, 그러기에 바로 앞서 젊은이들이 주
랑(柱廊)에서 운동을 하고 있는데 산토끼 한 마리가 나타났다
고 한다. 이에 몸에 기름을 바르고 있던 젊은이들이 토끼를 잡
으려고 밖으로 달려 나갔다가 죽음을 피했고, 체육관 안에 있
던 젊은이들은 모두 깔려 죽었다. 주민들은 지금까지도 그들
의 무덤을 세이스마티아스(Seismatias)라고 부르는데, 이는 '지
진으로 죽은 사람들의 무덤'이라는 뜻이다.

　　모두가 곧 다가올 위험을 걱정했다. 주민들이 집 안에서
값진 물건들을 하나라도 더 건지려고 애쓰는 모습을 본 아르
키다모스는 적군이 쳐들어올 때 부는 나팔을 불어 모든 사람

이 무장한 채 자기 곁으로 모이게 했다. 이 조치가 결과적으로 스파르타를 위기에서 구출했다.

이때 스파르타가 어려움에 빠져 있다는 것을 안 헬로트족 노예들이 스파르타인들을 죽이려고 서둘러 모여들고 있었던 것이다. 그러나 노예들은 지진을 수습하고자 무장을 한 채 몰려 있는 무리를 보자 자기들을 막으려고 미리 준비하고 기다리는 군사인 줄 알고 물러났다.

그런 뒤에 노예들은 다시 전쟁을 일으키면서 라코니아 (Laconia)에 살고 있던 페리오이코이(Perioikoi) 사람들도 함께 반란을 일으키도록 선동했다. 그 밖에 메시니아(Messinia)족도 스파르타를 공격하는 군대에 합류했다. 일이 이렇게 되자 스파르타인들은 페리클레이데스(Perikleides)를 아테네로 보내 도움을 요청했다. 아리스토파네스(Aristophanes)는 한 희곡에서 그들을 이렇게 표현하고 있다.

> 파리한 얼굴에 자주색 옷을 입고
> 제단에 앉아 군대를 간청하는 무리
> (아리스토파네스, 『리시스트라테』, §1137)

그러나 에피알테스는 파병에 반대하며 적대 국가를 돕지 말라고 아테네인들에게 호소했다. 30인의 참주 가운데 한 명이었던 크리티아스의 기록에 따르면, 이 말을 들은 키몬은 자기 조국의 이익보다는 스파르타의 이해관계를 더 크게 생각하면서, 많은 중무장 보병을 보내 스파르타를 구출하도록 시민들을 설득했다. 이에 관해서는 어느 누구의 글보다도 더 아테네인들을 감동시킨 이온의 유명한 시구가 전해 내려오고 있다. 키몬은 이렇게 말했다고 한다.

그리스인들이 외발로 서게 하지 말며

그들의 도시가 벗을 잃지 않도록 할지니.......

17

스파르타를 도와준 뒤에 키몬은 군대를 거느리고 코린토스의 이스트모스(Isthmos)를 거쳐 귀국하고 있었다. 이에 코린토스 군주인 라카르토스(Lachartos)는 자기들에게 말도 없이 군대를 통과시키고 있는 키몬을 몹시 비난했다.

"여염의 사람들도 문을 두드려 보고 집주인의 허락이 없으면 집에 들어오지 않는 법이오."

이에 대해 키몬은 이렇게 대답했다.

"라카르토스여, 그대 코린토스인들은 클레오나이(Kleo-nai)와 메가라(Megara)를 쳐들어갈 때 문을 두드리기는커녕 대문을 부수고 들어가면서 모든 것이 강자에게는 자유롭다고 말하지 않았소?"

키몬이 코린토스인들에게 남긴 대답은 매우 긴급한 상황이었음에도 너무나 대담했다. 그는 거리낌 없이 군대를 통과시켰다.

이토메(Ithomé)에서 노예와 메시니아인들이 반란을 일으키자 스파르타인들은 다시 한번 아테네에 도움을 요청했다. 이번에도 아테네 병사가 스파르타로 들어갔는데, 스파르타인들은 아테네 군사들의 용맹함에 겁을 먹고 그들을 동맹군에셔 제외시키면서 그들이 위험한 음모를 꾸미고 있다는 이유로 돌려보냈다.

분노에 차 귀국한 아테네 병사들은 스파르타를 옹호하는 무리에게 드러내 놓고 적개심을 보였는데, 키몬에 대한 감정이 더욱 심했다. 이로 말미암아 아테네인들은 [기원전 461년에] 대수롭지 않은 구실을 대면서 키몬을 패각(貝殼) 투표에 부쳐 10년 동안 추방하기로 결정했다. 10년은 패각 추방을 당하는 모든 사람에게 적용되는 시한이었다.

키몬

[기원전 457년에] 키몬이 추방당해 있는 동안 스파르타인들은 포키아(Phocia)족에게 지배당하던 델포이를 해방시킨 뒤 돌아가는 길에 타나그라(Tanagra)에서 숙영(宿營)했다. 이곳에서 스파르타군을 만난 아테네군은 결판을 내고 싶었다. 이때 키몬도 중무장을 갖추고 자신의 부족인 오이네이스(Oineis) 사람들 사이에 섞여 있었다.

키몬은 스파르타를 몰아내는 전쟁에 동족들과 함께 전투에 참가하고 싶은 생각이 간절했다. 그러나 이 소식을 들은 아테네의 5백인 회의는 두려움에 빠졌다. 키몬의 정적들은 그가 자신을 추방한 아테네에 앙심을 품고 군대를 혼란에 빠뜨린 다음, 스파르타군을 이끌고 아테네로 들어오리라고 비난했기 때문이었다. 그 비난은 아테네의 장군들에게 그를 받아들이지 말도록 지시할 때의 구실이기도 했다.

키몬은 다시 망명의 길을 떠나면서 스파르타에 호의를 보였다는 이유로 기소당한 아나플리스토스(Anaphlystos) 출신의 에우티포스(Euthippos)와 그 밖의 막료들에게 당부했다. 용감히 적군을 물리치고 그 전공으로써 동족들이 씌운 죄명을 벗으라는 것이었다. 그의 당부를 들은 그들 1백 명은 키몬의 갑옷을 들고 부대 가운데로 나아가 용감히 싸우자며 서로 격려했고, 모두가 전투에서 장렬하게 최후를 마쳤다. 아테네 시민은 그 소식을 듣고 용사들을 잃은 회한(悔恨)에 잠겼고, 그들이 부당하게 비난받았던 일을 안타까워했다.

이로 말미암아 아테네인들은 더 이상 키몬을 미워하지 않았다. 당연한 이야기이지만, 그의 공적을 기억하고 있는 데다가, 달리 보면 사태의 흐름이 그의 명분에 힘을 실어 주었기 때문이었다. 그들은 타나그라의 큰 전투에서 졌고, 이듬해 봄이 되면 펠로폰네소스인들이 쳐들어오리라는 것을 예상하고 있었기 때문에 키몬을 불러들였다.

그의 귀국을 허락하는 정령(政令)의 공식적인 발의자는

페리클레스였다. 그 무렵 정파 지도자들 사이의 알력은 정치적 견해 차이에 바탕을 둔 것이었다. 따라서 개인감정이란 얼마든지 억제할 수 있었고, 공익 앞에서는 쉽게 합의에 이를 수 있었다. 더욱이 인간의 열정 가운데 가장 강력한 개인의 야망조차 국가의 복리 앞에서는 누그러졌다.

18

이런 일이 있은 뒤에, 키몬은 망명에서 돌아오자마자 전쟁을 멈추고 스파르타와 아테네를 화해시켰다. 그러나 [기원전 450년에] 강화가 이루어지자 아테네인들은 다시 가만히 있지 못하고 뭔가 저지르고 싶어 했다. 키몬은 그들이 무력으로 제국을 팽창시키려 한다는 것을 알아차렸다. 키몬은 아테네인들이 그리스 전체 시민들을 화나게 만들어서는 안 된다고 생각했다. 더욱이 대규모 함대를 거느리고 섬들 사이를 오가며 펠로폰네소스 일대를 어슬렁거림으로써 아테네 시민들이 내전을 일으켰다는 비난을 듣거나 동맹국들에 불평을 듣도록 만들고 싶지 않았다.

그는 민중의 불만을 밖으로 돌리고자 삼단 노의 함선 2백 척을 이끌고 바다로 나갔다. 키몬은 이집트 및 키프로스와 또 다른 전쟁을 일으킬 요량이었다. 그는 이민족과 투쟁하면서 아테네 병사를 지속적으로 단련시키고, 적국에서 빼앗은 전리품을 가지고 들어와 나라를 부강하게 만들고 싶었다. 모든 준비가 끝나 출항하려 할 때 키몬은 꿈을 꾸었다. 꿈속에서 화난 개가 사람의 목소리로 이렇게 짖어 댔다.

떠나가라.
그것이 나와 내 새끼들의 기쁨이 되리니.

그 꿈의 의미를 알 수 없었던 키몬은 포세이도니아(Poseidonia)

45   키몬

의 아스티필로스(Astyphilos)에게 해몽을 부탁했다. 그의 대답인즉, 키몬이 곧 죽으리라는 것이었다. 그의 해몽은 이랬다.

"개는 적군을 향해 짖으며, 적군에게는 죽음 말고 기쁨을 줄 방법이 없습니다. 개 짖는 소리가 사람의 말과 섞였다는 것은 적군이 메디아인이라는 뜻입니다. 메디아 군대에는 그리스인과 이민족들이 섞여 있기 때문입니다."

이런 일이 있은 뒤에 키몬은 디오니소스 신전에 제물을 드렸다. 제관이 제물의 배를 가르니 개미 떼가 몰려와 엉긴 핏덩이를 물어다가 키몬의 발가락을 덮었다. 그는 이것이 무슨 뜻인지 알 수 없었다. 그가 개미들의 모습을 바라보고 있을 때 제관의 보좌가 다가와 제물의 간을 보여 주었는데, 윗부분이 없어 온전하지 않았다.

그럼에도 키몬은 원정을 멈출 수 없어 배를 띄웠다. 그는 전함 60척을 이집트로 보낸 다음 나머지를 이끌고 키프로스를 공격했다. 해전에서 페니키아와 킬리키아의 왕실 병력을 무찌른 키몬은 그 일대의 도시를 함락하고 이집트 왕실의 군대를 위협했는데 그 방법이 만만치 않았다.

아니, 키몬은 이참에 페르시아를 아예 멸망시킬 작정이었다. 아테네를 버리고 페르시아로 간 테미스토클레스의 명성과 권력이 매우 높다는 것을 알고 있던 그는 더욱 페르시아를 정복하고 싶었다. 더욱이 테미스토클레스는 평소 페르시아 사람들에게 말하기를, 그리스와 전쟁이 벌어지면 자신이 사령관이 되겠노라고 약속한 바 있었다.

어쨌거나 들리는 바에 따르면, 테미스토클레스는 그리스인들이 쳐들어왔다는 소식을 듣고 크게 절망했다. 키몬의 용맹과 승운(勝運)을 감당할 수 없었던 그는 스스로 목숨을 끊었다. 키몬은 큰 전쟁을 준비하고 키프로스 주변에 해군을 주둔시키면서 암몬(Ammon) 신전에 사람을 보내 몇 가지 비밀스러운 문제에 대한 신탁을 물었다. 그들이 무엇을 물어보고자 파견되었는지는 아무도 몰랐고, 신도 아무런 대답을 하지 않았다. 그러나 신탁을 받으러 간 사람들이 가까이 가자 신은 그들에게 떠나라고 요구하면서 이렇게 말했다.

"키몬은 이미 나와 함께 있도다."

이러한 신탁을 들은 키몬의 부하들이 해안으로 내려와 이집트 국경에 주둔한 그리스군의 병영에 이르렀을 때, 키몬은 이미 죽어 있었다. 사람들은 신탁을 들은 날짜를 되돌려 헤아려 보고 나서야 "키몬은 이미 나와 함께 있도다"라고 신이 넌지시 말한 것이 그의 죽음이었음을 알았다.

19

대부분의 기록에 따르면, 키몬은 키프로스의 키티온(Cition)을 공격하는 동안에 죽었다고 한다.(투키디데스, 『펠로폰네소스 전쟁사』, I : 112) 그러나 어떤 사람들의 말에 따르면, 그는 페르시아군과 싸우다가 다친 상처가 덧나 죽었다고 한다. 그는 죽으면서 자기의 죽음을 알리지 말고 계속 싸우라고 주변 사람들에게 부탁했다. 그래서 적군은 말할 것도 없고 동맹국들조차 무슨 일이 벌어지고 있는지 몰랐다.

결국 화노데모스의 말에 따르면, "그리스군은 30일 동안 죽은 키몬의 지휘를 받으며 무사히 귀국했다". 키몬이 죽은 뒤, 그리스가 선동가들과 내전에 휘둘리는 동안 어느 누구도 그들을 중재하지 않았다. 또한 어느 장군도 페르시아군과 전투를 벌여 이기지 못하고 끝내 함께 무너졌다. 이러한 상황은 페르시아 왕이 숨을 돌리고 일어설 기회를 주었으며, 그리스의 힘은 말도 할 수 없을 정도로 떨어졌다.

오랜 세월이 흘러 [기원전 396~394년에 이르러] 아시아로 쳐들어간 아게실라오스(Agesilaos)는 해안에서 페르시아 왕과 작은 전투를 벌였다. 그러나 찬란한 승리는 거두지 못했고, 그나마도 국내 정치의 무질서와 소란 때문에 귀국함으로써 두 번째 제국을 세우려던 희망은 사라졌다. 그의 부대가 후퇴하자 동맹국들과 우방국들 사이에서 페르시아의 세리(稅吏)들이 횡포를 부렸다. 키몬이 다스리던 때에는 페르시아 왕의 세리 한 명, 아니 그의 말 한 마리조차 그리스 해안에서 4백 훠롱(fur-long)¹² 안에는 얼씬거리지도 못했었다.

병사들은 키몬의 시신을 아티카로 옮겼다. 오늘날에도 그곳에는 '키몬의 무덤'이라는 비석이 서 있어 그 사실을 증명하고 있다. 그러나 수사학자 나우시크라테스(Nausikrates)의 말에 따르면, 키티온 사람들은 오늘날에도 키몬의 무덤이라는 곳에 제사를 드리고 있다고 한다. 언젠가 질병이 돌고 가뭄이 왔을 때, 신이 그들 앞에 나타나 키몬에게 제사 올리기를 소홀히 하지 말고 초월적 존재로 모시라는 신탁을 남겼기 때문이었다. 키몬은 그런 사람이었다.

---

12   1훠롱은 201미터이다.

루쿨루스
LUCULLUS

기원전 118~57 ?

잘사는 부족에게
법을 만들어 주는 것보다
더 어려운 통치는 없다.
— 플루타르코스

정치의 물레방아에는
자연스레 멈추어야 할 때가 있다.
삶의 열정이 모두 사라진 뒤에
정치적 투쟁을 계속하는 것은
누추해 보인다.
— 플루타르코스

눈에 보이지 않는 보물이
눈에 보이는 보물보다 더 많은 집이
부잣집이다.
— 플라쿠스

1

루쿨루스의 할아버지는 집정관을 지냈고, 그의 외삼촌은 [기원전 111~104년에] 로마와 누미디아(Numidia) 사이에 벌어졌던 유구르타(Jugurtha) 전쟁의 영웅인 메텔루스 누미디쿠스(Metellus Numidicus)[1]였다. 그의 아버지는 횡령죄로 유죄 판결을 받았고, 어머니 카이킬리아(Caecilia)는 행실이 단정하지 못하다는 평판을 들었다.

루쿨루스가 어렸을 때, 아직 관직에 오르기에 앞서 그가 맨 먼저 한 일은 아버지를 고발한 점술가 세르빌리우스(Servi-

---

[1] 아마도 그는 누미디아를 정복한 공로로 누미디쿠스라는 이름을 얻었을 것이다.

lius)를 탄핵하여 복수한 일이었다. 그가 살펴보니 그 점술가는 공직을 수행하면서 잘못이 많았다. 로마인들은 이를 잘한 일이라고 생각하여, 모든 사람이 그 일을 용맹으로 이룬 공적처럼 입에 올렸다.

로마인들은 루쿨루스의 처신을 고결하다고 여겼다. 그들은 남에게 특별한 도발을 받지 않더라도 상식과 원칙에 따라 남을 고발하는 일이야말로 중요한 일이라고 생각했다. 따라서 악인에게 죄를 묻는 루쿨루스의 행실은 혈통 좋은 강아지가 야수에게 달려든 것과 같다고 생각했다. 그러나 그 사건은 많은 사람의 적개심을 불러일으켜 몇 사람이 다치고 죽었으며, 세르빌리우스는 무죄 선고를 받았다.

루쿨루스는 라틴어와 그리스어를 공부하여 유창했다. 그래서 술라(Sulla)는 회고록을 쓰면서 루쿨루스에게 보여 주었는데, 그 시절의 역사를 조리 있게 정리하여 쓰는 데에는 그만한 사람이 없기 때문이었다. 정치 집회에 모인 사람들의 말은 보통 실무적이면서도 짧은 재치를 자랑했다. 그것은 마치 "굽이치는 파도에 올라탄 다랑어처럼" 느껴지지만, 막상 집회가 끝나면 "시들고, 품위 없고, 죽은" 말로 변했다. 그러나 루쿨루스는 젊었을 적부터 그 시대에 유행하던 이른바 "자유주의적인" 문화를 익히는 데 몰두했고, 거기에서 아름다움의 힘을 발견했던 것이다.

그는 나이를 먹고 온갖 세파를 겪은 뒤에는 철학 속에서 여유와 휴식을 찾았다. 더욱이 폼페이우스(Pompeius)와 의견을 달리한 뒤로는 야심을 이뤄 가는 과정에서 어느 때 나아가고 어느 때 멈출지를 적절히 판단했다. 앞서 말한 바에 더하여, 문학에 대한 그의 애정에 관해서는 여러 증언이 있다. 젊었을 적에 그는 웅변가 호르텐시우스(Hortensius)와 역사가 시센나(Sisenna)와 더불어 농담을 나누다가 그리스어나 라틴어로 시와 역사를 써 보기로 했다.

누가 쓸 것인가에 대해서는 제비를 뽑아 결정하기로 했다. 루쿨루스가 그리스어로 쓴 『동맹시(同盟市) 전쟁사』[2]가 지금까지도 전해 내려오는 것으로 보아, 제비뽑기는 그가 그리스어로 쓰기로 결정되었던 듯하다.

루쿨루스가 동생 마르쿠스(Marcus)를 얼마나 사랑했는지에 얽힌 이야기들도 많다. 그 가운데에서도 로마인들이 가장 먼저 거론하는 이야기가 있다. 그는 아우보다 나이가 많았지만, 관직에 혼자 먼저 나가고 싶지 않아 동생이 나이가 찰 때까지 기다렸다는 것이다. 이와 같은 사실이 시민들의 마음을 움직여, 선출되던 당시 루쿨루스가 로마에 없었음에도 형제가 나란히 고등 건설관(高等建設官, Curule Aedile)[3]에 당선되었다.

2

[기원전 91년에] 동맹시 전쟁이 일어났을 때, 루쿨루스는 나이가 어렸지만 용맹하고 지혜로운 모습을 많이 보여 주었다. 그러나 그가 술라의 마음을 사로잡아 처음부터 끝까지 중요한 임무를 맡을 수 있었던 가장 큰 이유는 바로 그의 한결같고 온화한 성격 때문이었다.

2   기원전 91년에 발발한 이 전쟁은 로마와 동맹 도시 연합이 맞붙은 전쟁이다. 당시 로마에 차별받던 동맹국들이 동등한 시민권 부여 등을 요구하며 로마에 맞섰고, 3년에 걸친 전쟁은 로마가 동맹의 요청을 수용하면서 끝났다.

3   고등 건설관은 로마의 관직으로서 공공건물과 도로의 건설을 감독·지휘하는 책임을 맡았다. 건설 공사가 많았던 당시 로마에서, 그들은 축제를 진행하는 책임과 함께 치안권도 행사하는 실력자였다. 건설관에는 고등 건설관과 민중 건설관(Plebeian Aedile)이 있었다. 고등 건설관은 다리가 굽은 의자(curule)에 앉았기 때문에 그런 이름을 얻었다. 로마의 고위직 가운데 굽은 다리 의자에 앉을 수 있는 직함은 건설관 말고도 법정관·집정관·군무 위원 등이 있었다. 그 무렵 건설과 토목 공사는 대체로 군인의 몫이었기 때문에 그 사업을 공병(military engineering)이 맡았다. 여기에서 뒷날 민간인이 하는 토목 공사(civil engineering)가 분리되었다.

이를테면 술라는 그에게 화폐 주조를 관리하는 임무를 맡겼다. 폰토스(Pontos)의 미트리다테스(Mithridates)왕과 전쟁을 벌이던 동안[기원전 88~65년]에 펠로폰네소스에서 쓴 주화는 모두 그가 만들었는데, 그의 이름을 따 루쿨루스화(貨)라고 불렀다. 전쟁 동안에 이 주화의 수요가 늘어나 통화량이 급격히 많아지면서 오랫동안 유통되었다.

그 뒤 술라는 육지를 제패했지만 적군이 바다를 장악하면서 해상을 통한 보급이 끊겼다. 그러자 술라는 루쿨루스를 이집트와 리비아로 보내 그곳의 배를 몰고 오라고 지시했다. 그해 겨울은 몹시 추웠지만, 루쿨루스는 길고 좁다란 그리스식 해적선(Myoparo) 세 척과 로도스(Rhodos)섬에 있던 이단 노의 함선을 이끌고 출항했고, 거친 바다뿐만 아니라 그 일대를 완전히 장악하고 있던 해적선들 앞에 자신을 드러냈다. 그런 어려움 속에서도 그는 크레타에 들어가 주민들을 자기편으로 끌어들였다.

루쿨루스는 키레네(Cyrene)도 자기편으로 만들었다. 그가 이곳에 도착해 보니 오랜 독재와 전쟁으로 나라가 어지러웠다. 그는 키레네의 질서를 찾고 정치 제도를 바로잡아 줌으로써, 일찍이 위대한 플라톤(Platon)이 키레네 사람들에게 들려준 예언을 상기시켰다. 당시에 키레네 사람들은 자신들에게 법을 만들어 주고 민중이 잘살 수 있는 건전한 형태의 정부를 고안해 달라고 플라톤에게 부탁했던 것으로 보인다.

이 말을 들은 플라톤은 키레네처럼 부족함 없이 사는 곳에는 법을 만들어 주기가 매우 어렵다고 대답했다. 실제로 잘사는 부족에게 법을 만들어 주는 것보다 더 어려운 통치는 없다. 달리 말하면, 불행으로 말미암아 어렵게 살고 있는 종족을 다스리는 것보다 더 쉬운 일은 없다. 이러한 현상이 곧 그 무렵 루쿨루스를 키레네족의 입법자로 만들었다.

키레네를 떠난 루쿨루스는 이집트로 가는 뱃길에 해적들

을 만나 함선 대부분을 잃었다. 그러나 그는 안전하게 몸을 피해 당당하게 알렉산드리아로 들어갔다. 이집트 함대가 전부 나와 그를 맞이했는데, 줄지은 함대의 모습은 마치 왕이 입항할 때 갖추는 의전과 같았다. 젊은 프톨레마이오스(Ptolemaios)왕은 놀라울 정도로 친절하게 그를 맞이했을 뿐만 아니라 왕궁에 숙소를 마련하고 물품을 대 주었는데, 이는 일찍이 다른 나라의 사령관에게는 없던 일이었다.

프톨레마이오스왕이 루쿨루스에게 제공한 경비는 다른 사람들의 네 배에 이르렀지만, 루쿨루스는 필요한 정도를 넘어선 돈은 받지 않았으며, 왕이 80탈렌트에 이르는 선물을 주었지만 그것도 받지 않았다. 또한 들리는 바에 따르면, 그는 그렇게 유명하다는 멤피스(Memphis)에도 가지 않았고, 이집트의 다른 명승지도 구경하지 않았다. 그런 일은 한가롭고 허영에 찬 관광객들이나 누리는 특권이지, 전장에 남은 총사령관이 적진의 코앞에서 야영하고 있는 상황에서 자기가 할 짓은 아니라고 그는 말했다.

3

전쟁이 일어날 것을 두려워한 프톨레마이오스왕은 결국 로마와의 동맹 관계를 끊었지만, 루쿨루스에게 키프로스(Kypros)까지 갈 수 있는 배를 마련해 주었다. 헤어질 때 왕은 루쿨루스를 다정하게 포옹하며, 황금에 비싼 에메랄드를 박은 선물을 주었다. 처음에 루쿨루스는 그 선물을 거절했으나 거기에 새겨진 초상이 왕 자신의 모습임을 보고 더 거절하지 못했다.

루쿨루스는 이집트를 떠나면서 왕의 적개심을 불러일으키고 싶지 않았고, 자신이 돌아가는 길에 왕이 어떤 음모를 꾸미는 것도 바라지 않았다. 항해하는 동안 그는 연안 도시에서 해적 행위를 하지 않은 배들을 모아 마침내 키프로스에 이르렀다.

해적들이 해안 깊숙이 숨어 자기들을 기다리고 있다는 것을 알아차린 루쿨루스는 함대를 육지에 댄 다음 각 도시에 편지를 보내 머물 곳과 물품을 요구했다. 마치 봄이 올 때까지 그곳에서 계속 머물 것처럼 보이도록 했다. 그러다가 순풍이 불어오자 그는 갑자기 배를 몰아 바다로 나가, 낮이면 돛을 줄이거나 낮추고 밤이 되면 돛을 한껏 올려 무사히 로도스섬에 이르렀다.

섬의 주민들이 더 많은 배를 마련해 주자 그는 코스(Kos)와 크니도스의 주민들에게 왕실을 무너뜨리고 자기와 함께 사모스섬을 정벌하러 가자고 설득했다. 그는 [기원전 85년에] 별다른 도움을 받지 않고도 키오스에서 왕실 세력을 몰아내고 폭군 에피고노스(Epigonos)를 사로잡음으로써 콜로폰(Kolophon)을 해방시켰다.

이 무렵에 미트리다테스왕이 페르가몬(Pergamon)을 버리고 피타네(Pitané)에 몸을 숨기는 일이 일어났다. 핌브리아(Fimbria)가 육지에서 그를 바짝 뒤쫓고 있었기 때문에 그는 바다로 도망하여 여러 곳에서 함선을 끌어모으려 했다. 그는 핌브리아처럼 용맹하고, 싸우면 늘 이기는 사람과 맞붙고 싶지 않았다. 왕의 계획을 알아차렸지만 전함을 갖고 있지 않았던 핌브리아는 루쿨루스에게 사람을 보내, 함께 가장 호전적이고 적대적인 미트리다테스를 잡자고 간청했다. 그러면서 그는 이렇게 말했다.

"지금 미트리다테스가 우리의 그물에 완전히 옭혀 있는데, 그를 잡기만 하면 이제까지 그토록 땀을 흘리고 전쟁을 치르며 얻으려 했던 큰 상이 우리에게 돌아올 것입니다. 만약 그를 잡는다면, 그가 달아날 때 도주로를 막아 사로잡는 사람보다 더 큰 공을 이루는 사람은 없을 것입니다. 내가 그를 육지에서 바다로 몰아내고 그대는 바다에서 그를 무찌른다면 우리 둘 모두가 월계관을 쓰게 될 것이며, 오르코메노스(Orchomenos)와 카이로네이아에서 술라가 세운 전공을 알렸던 많은 사람이 더 이상 로마인들의 관심을 끌지 못할 것입니다."

이 제안은 터무니없는 것이 아니었다. 만약 미트리다테스에 가까이 있던 루쿨루스가 핌브리아의 말을 듣고 함대를 끌고 왔더라면 전쟁은 끝났을 것이고, 세상은 그 많은 피해를 겪지 않았을 것이다.

그러나 자신의 이익이나 공익보다 술라의 명예를 지키는 쪽이 더 값지다고 생각했는지, 또는 핌브리아가 공명심이 지나쳐 자신의 친구이자 상관이었던 사람을 죽였던 일을 탐탁지 않게 생각한 루쿨루스가 핌브리아를 비열하다고 여긴 탓이었는지, 아니면 어떤 알 수 없는 운명의 돌봄이 미트리다테스의 목숨을 살려 주려고 그랬는지는 알 수 없으나, 루쿨루스는 핌브리아의 말을 따르지 않고 미트리다테스가 바다로 빠져나가게 함으로써 핌브리아의 군대를 웃음거리로 만들었다.

그러면서도 루쿨루스는 트로아스(Troas) 지방의 렉톤 (Lecton) 앞바다에 나타난 페르시아 왕의 함대를 무찔렀다. 그뿐만 아니라 테네도스(Tenedos)에서 아직도 많은 군사를 거느리고 자신을 기다리는 네오프톨레모스(Neoptolemos)를 만났을 때, 루쿨루스는 로도스섬에 정박해 있던 오단 노의 대형 전함을 몰고 남들보다 먼저 돌격했다. 이 배의 선장 다마고라스 (Damagoras)는 로마인들에게 호의적이었고 해전 경험이 많은 인물이었다. 네오프톨레모스는 배를 몰고 앞으로 나오면서 키잡이에게 적의 함대를 들이받으라고 명령했다.

다마고라스는 페르시아의 함선이 육중한 데다 뱃머리가 울퉁불퉁한 청동으로 무장한 것을 보고 충돌의 피해를 염려했다. 그는 페르시아의 배와 정면으로 맞서지 않고 재빠르게 뱃머리를 반대로 돌린 뒤, 선미를 앞으로 하여 배를 저어 나가도록 했다. 페르시아의 함선이 루쿨루스가 탄 배의 선미를 들이받아 손상을 입혔으나 치명적이지는 않았다. 적선이 루쿨루스의 함선 물 밑 부분을 가격했기 때문이었다. 이때 우군이 몰려오자 루쿨루스는 적선을 향해 배를 돌리도록 지시했다. 이 전투에서 대승을 거둔 루쿨루스는 적군을 물리치고 네오프톨레모스를 바짝 뒤쫓았다.

4

그곳을 떠난 루쿨루스는 케르소네소스에서 술라와 합류했다. [기원전 84년에] 이곳에서 술라는 바다를 건너 아시아로 쳐들어갈 참이었다. 루쿨루스는 그의 항해가 무사하도록 병력 수송을 도와주었다. 평화 조약을 맺은 미트리다테스가 흑해(黑海, Euxeinos Pontos)로 떠나자 술라는 페르시아에 전쟁 비용 2만 탈렌트를 부담시켰다.

루쿨루스는 전쟁 분담금의 수금 책임자가 되었고, 화폐를 주조하는 일도 다시 맡았다. 루쿨루스는 업무를 수행하면서 정직하고 공의롭게 행동했다. 강압적이고 불쾌할 수 있는 수금 업무를 루쿨루스가 매우 부드럽게 처리하자 아시아의 도시들은 술라의 가혹한 통치를 향한 분노를 크게 누그러뜨렸다.

그뿐만 아니라 미틸레네(Mitylene) 사람들이 대규모 반란을 일으켰을 때도 루쿨루스는 그들이 이성적으로 일을 수습하기를 바랐고, 그들이 마리우스(Marius)의 조직을 지지한 데 대한 벌금도 지나치지 않게 처리했다. 그러나 그들의 본성이 사악하다는 것을 알게 된 루쿨루스는 다시 함대를 몰고 가 그들을 정복하고 성안에 가두었다. 그런 다음 낮에 배를 몰고 엘라이아(Elaea)로 떠났다가 몰래 되돌아와 도시 가까이에 조용히 매복했다.

루쿨루스의 함대가 물러갔다고 확신한 미틸레네 병사들이 그가 남겨 놓고 간 병영을 약탈할 셈으로 마구 쏟아져 나오자, 루쿨루스는 그들을 반격하여 다수를 사로잡고 저항하는 병사 5백 명을 죽였다. 그는 또한 수많은 전리품과 노예 6천 명을 잡아 왔다.

그 무렵 [기원전 84~80년에] 루쿨루스는 술라와 마리우스가
이탈리아 시민들에게 수많은 악행을 저질렀을 때 한 번도 가
담하지 않았다. 그것도 운명이었는지 모르지만, 아시아에서
처리해야 할 일이 많았던 루쿨루스는 그곳에 계속 머물러 있
었다. 그럼에도 술라는 다른 막료들에 견주어 루쿨루스를 섭
섭하게 대하지 않았다.

앞에서 이미 말한 바와 같이, 술라는 루쿨루스에 대한 애
정의 표시로 자신의 회고록을 그에게 기증했으며, 유언을 남
길 때는 폼페이우스를 제치고 루쿨루스를 자기 아들의 후견인
으로 지명했다. 바로 이 점이 폼페이우스와 루쿨루스의 사이
를 갈라놓고 서로를 시샘하게 만든 첫 번째 원인으로 보인다.
두 사람은 모두 젊었고, 공명심에 불탔다.

5

술라가 죽은 뒤, 바로 루쿨루스는 마르쿠스 코타(Marcus Cotta)
와 함께 집정관에 선출되었다. 때는 제176회 올림픽 경기가 열
리던 [기원전 74년] 무렵이었다. 그 무렵 많은 사람이 미트리다
테스와 다시 전쟁을 벌이고 싶어 했다. 코타의 말에 따르면, 그
전쟁은 끝난 것이 아니라 중단되었을 뿐이었다.

그런 까닭에 루쿨루스는 알프스 남쪽의 갈리아족(Gallia
Cisalpina)을 평정하는 일을 맡았을 때 기뻐하지 않았다. 그 일
은 어느 모로 보나 공명을 이룰 기회가 아니었기 때문이다. 그
러나 무엇보다도 그의 마음을 상하게 만든 것은 스페인에서
폼페이우스가 전쟁을 통해 명성을 높이고 있다는 사실이었다.

만약 스페인에서 전쟁이 끝난다면 미트리다테스를 대적
할 장군으로 폼페이우스가 먼저 뽑힐 듯했다. 그래서 폼페이
우스가 로마에 편지를 보내 전쟁 비용을 요구하면서 만약 돈
을 보내지 않으면 세르토리우스(Sertorius)의 병력을 철수하여

스페인을 포기하겠노라고 알렸을 때, 집정관이었던 루쿨루스는 그가 돌아오지 못하도록 하고자 온갖 구실을 대고 돈을 장만해 보내지 않을 수 없었다. 루쿨루스는 사태를 잘 알고 있었다. 폼페이우스가 그토록 많은 병력을 이끌고 돌아오면, 로마는 그의 손에 들어갈 것이 분명했다.

그 무렵에 민중의 호감을 사려고 온갖 짓을 다 하던 카테구스(Cathegus)라는 인물이 있었다. 그는 루쿨루스를 몹시 미워했는데, 루쿨루스도 행실이 문란하고 방탕한 그를 싫어하여 드러내 놓고 공격했다. 그리고 또 다른 선동가인 루키우스 퀸투스(Lucius Quintus)가 술라가 남겨 놓은 제도에 반대하며 이미 시행되고 있던 질서를 무너뜨리려 하여, 루쿨루스는 그를 개인적으로 나무라기도 하고 공식적인 자리에서 꾸짖기도 했다. 루쿨루스는 그와 같이 지혜롭고도 건실한 처신으로 이들을 상대함으로써 커다란 우환이 될 수 있었던 일을 처음부터 막아 버렸다.

6

그 무렵에 킬리키아의 총독 옥타비우스(Octavius)가 죽었다는 소문이 들려왔다. 옥타비우스의 후임이 되고 싶었던 지원자들은 모두 카테구스야말로 자기들의 꿈을 이뤄 줄 수 있는 적임자라고 여겨 그를 찾아가 인사를 드렸다. 루쿨루스는 킬리키아에 관심이 없었지만, 카파도키아와 가까운 이 지역의 총독이 되면 누구보다도 미트리다테스와 전쟁을 치르기에 좋다는 생각에 사로잡혔다. 그리하여 루쿨루스는 끝내 자신의 성품에 맞지 않는 일을 했다. 오직 목적을 이루고자 명예롭거나 훌륭하지 않은 방법을 쓰기로 마음먹은 것이다.

그 무렵 로마에는 프라이키아(Praecia)라는 창녀가 살고 있었다. 그는 아름답고 재치가 넘치는 여인으로 로마에서 소문이 자자했다. 그는 여러 면에서 여느 창녀들보다 뛰어난 것이 없었지만, 오직 하나, 자기 고객들의 정치적 야망을 이뤄 주는 데에는 탁월한 능력을 가지고 있었다.

넓은 인맥과 그들의 명성을 등에 업은 프라이키아는 매사를 성사시켜 줄 수 있는 진정한 친구라는 평판을 얻었다. 이러한 처세술로 말미암아 그의 영향력은 대단했다. 더욱이 당시에 명성과 권력이 최고조에 이르렀던 카테구스가 프라이키아에게 반해 그를 애인으로 삼으면서, 프라이키아의 힘은 더욱 커졌다.

프라이키아가 찬성하지 않으면 어떤 행정 업무도 처리되지 않았고, 그가 동의하지 않으면 카테구스는 아무 일도 하지 않았다. 그러자 루쿨루스는 돈과 아첨으로 그 여인을 사로잡았다. 그토록 주제넘고 겉치레하기 좋아하는 여자라면, 루쿨루스와 야망을 나누는 동지가 된다는 사실을 분명 대단한 영광으로 여겼을 것이다. 이런 일이 있은 뒤, 루쿨루스는 카테구스가 자기를 칭찬하면서 자신에게 킬리키아를 맡기도록 만들었다.

그러나 킬리키아를 손에 넣은 루쿨루스는 더 이상 카테구스나 프라이키아에게 아첨할 이유가 없었다. 다들 루쿨루스가 미트리다테스와 전쟁을 치르는 문제에 동의했고, 그보다 더 훌륭하게 전쟁을 승리로 이끌 수 있는 사람은 아무도 없을 것이라고 믿었다.

폼페이우스와 메텔루스(Metellus)만이 장군 직을 놓고 루쿨루스와 경쟁할 수 있는 인물들이었지만, 폼페이우스는 아직도 세르토리우스와 전쟁을 치르고 있었고, 메텔루스는 나이가 너무 많아 공직에서 물러나 있는 터였다. 또한 루쿨루스와 함께 집정관을 맡았던 코타는 원로원에 간청해 함선 몇 척을 얻은 뒤, 이들을 이끌고 프로폰티스(Propontis)와 비티니아(Bithynia)의 바다를 지키러 나간 상태였다.

　　　　　　　　　　　　　　　　　루쿨루스

[기원전 74년에] 루쿨루스는 이탈리아에서 모집한 군대를 이끌고 바다를 건너 아시아로 들어가, 그곳에 남아 있던 로마군의 지휘권을 장악했다. 그 군대는 사치와 탐욕으로 오랫동안 썩어 있었고, 이른바 핌브리아의 부대라는 것도 군기(軍紀)가 문란하여 다룰 수 없을 정도였다. 그 부대원들은 핌브리아와 손잡고 자신들의 집정관이자 장군이었던 플라쿠스(Flaccus)를 죽였고, 뒤이어 핌브리아를 술라에게 넘긴 바로 그 병사들이었다.

병사들은 고집이 세고 법도 지킬 줄 몰랐지만, 강인하고 전투 경험이 많아 전사로서는 훌륭했다. 루쿨루스는 짧은 시간 안에 그들의 무모한 패기를 다듬고 새롭게 길들였다. 병사들은 이제야 진정한 지도자의 모습을 알아보는 것 같았다. 예전의 그들은 선거판에 모인 군중과 같아서, 사령관이나 지도자가 구슬리거나 꼬드기지 않으면 맡은 임무를 제대로 수행하지 않았다.

적군의 정황은 다음과 같았다. 예전에는 궤변학자들처럼 의기양양하고 오만했던 미트리다테스는 화려하고 거창한 겉모습과 달리 참으로 실속 없는 병사를 이끌고 로마군에 대적했었다. 그는 이런 군대를 이끌고 터무니없는 낭패를 겪으면서 많은 것을 깨달았다. 그는 두 번째 전쟁을 앞두고 군대를 실전에서 쓸모 있도록 개편했다.

미트리다테스는 알아듣지도 못하는 말로 고함지르는 이방 민족을 부대에서 몰아냈다. 또한 더 이상 금이나 값진 보석으로 갑옷을 꾸미지 않았다. 그가 보기에 그런 장비는 전쟁에 도움이 되기는커녕 적군들에게 전리품에 대한 욕심만 불러일으켰다. 그 대신에 그는 로마식으로 칼을 만들고 방패를 무겁게 제작했다.

미트리다테스는 화려한 장식을 붙인 말보다는 잘 훈련된 말을 모았고, 보병 120만 명에게는 로마의 밀집 대형(密集隊形)

을 훈련시켰다. 기병은 1만 6천 명에 이르렀는데, 낫으로 무장하고 네 마리의 말이 끄는 전차 1백 대는 포함하지 않은 수였다. 그는 또한 금으로 장식한 해가리개나 애첩들을 위한 목욕탕, 여인들을 위한 사치스러운 숙소를 함선에서 치워 버리고 전투용 무기와 화살과 군수 물자를 실었다.

　이렇게 준비를 마친 미트리다테스가 비티니아로 쳐들어가니, 주민들이 기뻐하며 그를 맞이했다. 그뿐만 아니라 아시아 지역 전체가 로마의 고리대금업자와 세리(稅吏)들에게서 자기들을 해방시켜 줄 사람이 온 것처럼 미트리다테스를 반겼다. 로마의 세리들은 마치 백성들의 음식을 빼앗아 가는 하르피아(Harpyia)[4]와 같았는데, 뒷날 루쿨루스의 손에 모두 쫓겨났다. 그러나 그때 당장은 아시아 지역의 백성들을 타일러 그들의 요구를 누그러뜨려야 했다. 그 가운데 어느 도시도 조용한 날이 없었던 것이다.

8

루쿨루스가 이와 같은 일로 분주한 것을 보고 자신에게 황금 같은 기회가 왔다고 생각한 코타는 미트리다테스와 전쟁을 치를 준비를 하고 있었다. 여러 곳에서 들려오는 소문에 따르면, 루쿨루스는 이미 전쟁 준비를 마치고 프리기아에 진영을 차리기 직전이었다. 코타는 승리를 독차지하고 싶었다. 루쿨루스와 함께 승리를 나누어 가질 뜻이 없었던 그는 서둘러 미트리다테스에게 전쟁을 걸었다. 그러나 코타는 육지와 바다에서 모두 패배해, 함선 60척과 수병과 보병 4천 명을 잃고 칼케돈(Chalkedon)으로 쫓겨 들어갔다. 거기서 적군에게 포위당한 코타는 루쿨루스의 지원을 기다리는 수밖에 없었다.

4　하르피아는 고대 그리스·로마 신화에 나오는 괴물이다. 여자의 머리와 새의 날개와 발이 달려 있었는데, 늘 남의 밥을 빼앗아 먹었다.

일이 이렇게 되자 어떤 사람들은 코타가 어찌 되건 무시하고, 무방비 상태인 미트리다테스의 왕국으로 쳐들어가 점령하자고 루쿨루스에게 요청했다. 이런 사람들 가운데에는 코타의 나쁜 선택에 화가 난 군인이 많았다. 그들은 코타가 그 자신과 휘하의 병사들을 실패의 구렁텅이로 밀어 넣었을 뿐 아니라, 전투를 치르지 않고서도 승리할 수 있는 기회까지 막아 버렸다며 분개했다. 그러나 루쿨루스는 열변을 토하며 말했다.

"모든 적군을 사로잡는 일보다도 더 중요한 것은, 적군에게서 로마 병사를 단 한 명이라도 더 구해 내는 일입니다."

이런 말이 오가자, 지난날 보이오티아에서 미트리다테스를 위해 군대를 지휘했으나 이제는 전향하여 로마군을 통솔하고 있던 아르켈라오스가 나서서 이렇게 힘주어 말했다.

"루쿨루스 장군께서 폰토스에 모습을 드러내시기만 해도 곧 승리하실 것입니다."

이 말을 들은 루쿨루스는 대답했다.

"나는 사냥꾼만 한 용기도 없는 사람은 아니오. 나는 맹수가 자리를 비운 사이에 굴을 습격하여 그 새끼들을 잡지는 않을 것이오."

그 말이 끝나자 루쿨루스는 보병 3만 명과 기병 2천5백 명을 이끌고 미트리다테스를 치고자 진격했다. 그러나 적군이 눈앞에 나타나자 그 수에 놀란 루쿨루스는 바로 전투를 시작하지 않고 시간을 벌고자 했다. 그때 세르토리우스가 군대와 함께 파견한 마리우스(Marcus Marius)가 앞으로 나와 싸우자고 화를 돋워 루쿨루스는 군대의 전열을 갖추었다.

막상 그들이 전투에 들어가려 할 때, 날씨가 바뀌지도 않았는데 갑자기 하늘이 갈라지면서 불꽃 같은 거대한 형체가 양쪽 군대 사이로 쏟아졌다. 그 모양은 마치 포도주 병 같았고, 색깔은 은이 녹은 것 같았다. 그 모습에 놀란 양쪽 군사들은 서로 갈라섰다. 이 일은 프리기아의 오트리아이(Otryai)라는 곳에서 일어났다.

적군과 마주한 상황에서 몇만 명에 이르는 미트리다테스의 군대가 오래 버티기에는 인력과 물자가 넉넉하지 않으리라고 확신한 루쿨루스는 적군 몇 사람을 잡아 오도록 했다. 그는 먼저 포로에게 미트리다테스의 병력은 얼마이고 양곡 사정은 어떤가를 물었다.

첫 번째 포로가 물러간 다음, 그는 두 번째와 세 번째 포로를 불러 같은 내용을 물었다. 군량미와 병력의 수를 비교해 본 루쿨루스는 적군의 보급품이 사나흘이면 끝나리라고 판단했다. 그는 시간이 자신의 편임을 믿고 양식을 넉넉히 마련한 다음, 적군이 고통스러워하는 모습을 지켜보며 기다리기로 했다.

9

그러는 동안에 미트리다테스는 키지코스(Kyzikos)를 공격할 계획을 세웠다. 이 도시는 칼케돈 부근의 전투에서 끔찍한 패배를 겪고 병사 3천 명과 함선 10척을 잃은 상태였다. 이 공격이 루쿨루스의 눈에 띄지 않기를 바랐던 미트리다테스는 저녁 식사를 마치자마자 비 내리는 어두운 밤을 틈타 도시를 공격하여 새벽녘에 아드라스테이아(Adrasteia)의 산기슭까지 군대를 진출시키는 데 성공했다.

미트리다테스가 떠났다는 소식을 들은 루쿨루스는 그를 추격했지만, 행군으로 대열이 흩어진 군대를 이끌고 싸우고 싶지 않아 트라키아라는 마을 가까이에 진지를 구축했다. 이곳은 미트리다테스의 군대가 필요로 하는 보급품을 실은 행렬을 관측하기에 아주 적합한 곳이었다. 사태의 향방을 정확히 바라보고 있던 루쿨루스는 진지 작업이 끝나자 모든 병사를 불러 놓고 숨김없이 자랑스럽게 말했다.

"나는 며칠 안에 피 한 방울 흘리지 않고 그대들에게 승리를 안겨 주겠노라."

루쿨루스

미트리다테스는 육지에 진영 열 곳을 짓고, 바다에서는 키지코스와 그리스 사이에 있는 좁은 해협을 봉쇄함으로써 양면으로 공격하고자 했다. 키지코스 주민들은 결연한 마음으로 눈앞에 닥친 위험을 바라보면서 로마인들을 위해서는 어떤 어려움도 견딜 각오를 하고 있었지만, 루쿨루스가 어디에 있는지 알 수가 없는 데다, 그 소식조차 들을 수가 없어 동요하고 있었다. 키지코스에서는 루쿨루스의 병영이 빤히 보였지만, 키지코스 주민들은 적군의 기만전술 때문에 그곳이 루쿨루스의 진영인 줄도 모르고 있었다. 적군은 언덕에 진영을 차리고 있는 로마인들을 가리키며 키지코스의 주민들에게 말했다.

"너희들 눈에도 저 병사가 보이는가? 저들은 아르메니아의 왕 티그라네스(Tigranes)가 미트리다테스왕을 도우려고 보낸 아르메니아와 메디아의 병사이다."

키지코스의 주민들은 자기들을 둘러싸고 있는 부대를 바라보며 겁에 질린 채, 설령 루쿨루스가 오더라도 자기들을 구원할 수 없으리라고 생각했다. 그러는 가운데 아르켈라오스 장군이 데모낙스(Demonax)를 키지코스로 보내 루쿨루스가 이르렀다고 알려 주었다. 그러나 주민들은 그의 말을 믿지 않고, 불안함을 달래고자 자기들을 속인다고 생각했다.

그러던 터에 적진을 탈출한 소년이 돌아왔다. 그들은 소년에게 루쿨루스가 어디에 있는 것 같으냐고 물었다. 소년은 주민들이 농담하는 줄로만 알고 웃었다. 그러나 주민들이 진심으로 물었다는 것을 안 소년은 로마 진영이 있는 곳을 가리켰고, 주민들은 용기를 되찾았다. 루쿨루스는 다스킬리티스(Daskylitis) 호수를 운항하던 큰 배를 육지로 끌어 올려 마차에 실어 바다로 옮긴 다음, 최대한 많은 병사를 태웠다. 그리고 밤중에 적들의 눈에 띄지 않게 도시로 쳐들어갔다.

키지코스 사람들의 용맹에 하늘도 감탄했는지, 여러 징조가 나타나 그들의 용기를 북돋아 주었다. 이를테면 저승의 여왕 페르세포네(Persephone)의 축제 때는 원래 새끼를 낳지 않은 검은 암송아지를 제물로 바쳐야 했다. 그러나 그때 키지코스에는 그런 소가 없었기 때문에, 그들은 밀가루 반죽으로 암소를 만들어 성전에 바쳤다.

그 무렵, 제물로 바칠 만한 소는 키지코스의 다른 소들과 마찬가지로 해협 너머 본토에 있는 목장에서 기르고 있었다. 그런데 그날 그 소가 무리를 벗어나 키지코스로 헤엄쳐 건너오더니, 제물이 되고자 스스로 모습을 드러냈다. 그리고 그 도시의 서기인 아리스타고라스(Aristagoras)의 꿈에 신이 나타나 말했다.

"내가 여기에 왔노라. 나는 폰토스의 나팔을 이길 수 있는 리비아의 나팔을 가져왔노라. 그러니 그대들은 용기를 가질지어다."

키지코스 주민들은 그 말이 무슨 뜻인지 알지 못했다. 그러나 날이 밝자 태풍이 불어 바다에 큰 물결이 치고, 성벽에 걸려 있던 적군의 공성기(攻城機)에서 삐걱거리는 소리가 들리면서 무슨 일이 일어날 것만 같았다. 이 공성기는 테살리아의 니코니데스(Nikonides)가 만든 유명한 무기였다. 그때 남풍이 무섭게 불어 삽시간에 그 기계를 부수고, 1백 큐빗 높이로 서 있던 목탑(木塔)을 망가뜨렸다.

지금까지 들려오는 바에 따르면, 그때 트로이 주민들의 꿈에 전쟁의 여신 아테나가 나타났다고 한다. 그는 땀을 흘리면서 찢어진 겉옷(pelpos)을 보여 주며, 자신이 키지코스를 도와주고 오는 길이라고 말했다는 것이다. 그때 트로이인들이 세운 기념비는 아직도 남아 있는데, 거기에는 그 일에 관한 정령(政令)과 비문이 새겨져 있다.

그동안 부하 장군들에게 속아 군대가 굶주리고 있는 줄도 모르고 있던 미트리다테스는 키지코스 주민들이 그토록 성공적으로 포위를 견디고 있다는 사실에 화가 치밀었다. 그러나 자신의 군대가 몹시 굶주려 서로 잡아먹기까지 한다는 사실을 알게 된 그는 곧 야심을 잃었다. 루쿨루스는 싸우면서 극적인 효과를 노리지 않았고, 남에게 보여 주려는 싸움도 펼치지 않았다. 그는 적의 보급을 끊고자 온갖 수단을 가리지 않으면서 "적의 위장(胃腸)을 걸어챘다."

이렇게 루쿨루스가 몇몇 초소를 공격하러 나간 사이에, 미트리다테스는 이를 기회로 삼아 모든 기병대와 짐 실은 짐승과 부상한 보병을 비티니아로 보내 공격했다. 이를 알아차린 루쿨루스는 밤인데도 본진으로 돌아왔고, 이른 아침에 폭풍을 뚫고 10개 코호르트의 보병과 기병대를 이끌고 추격을 시작했다.

추격전은 눈이 내리면서 고통으로 변했다. 많은 병사가 추위를 이기지 못해 낙오했지만, 루쿨루스는 나머지 병력을 이끌고 달렸다. 결국 린다코스(Ryndakos)강에서 적을 만나 무찌르니, 아폴로니아(Apollonia)의 아낙네들도 뛰쳐나와 적군의 휴대품을 빼앗고 시체에서 옷을 벗겨 갔다. 물론 많은 사람이 죽었다. 루쿨루스는 말 6천 마리와 적군 1만 5천 명을 사로잡았으며, 그 밖에도 사로잡은 짐말의 수가 셀 수 없을 만큼 많았다.

로마의 역사학자 살루스티우스(Sallustius)의 말에 따르면, 이때 로마인들은 낙타를 처음 보았다는데 정말로 그랬을까 싶다. 이런 일이 있기에 앞서 안티오코스를 정복한 스키피오의 군대와 그 뒤에 오르코메노스에서 아르켈라오스와 싸웠던 병사들도 낙타를 본 적이 있었는데, 살루스티우스는 그들이 낙타를 본 적이 없다고 생각했던 것 같다.

이제 미트리다테스는 재빨리 도망가야겠다고 결심했다.

그는 루쿨루스를 따돌리려는 속셈으로 해군 사령관 아리스토니코스(Aristonikos)를 그리스 앞바다로 내보냈으나, 그가 배를 띄우려는 순간에 누군가가 배신하여 그를 루쿨루스의 손에 넘겼다. 그가 로마 병사를 매수하려고 마련한 금덩어리 1만 개도 이때 함께 넘어갔다.

이런 일이 벌어지자 미트리다테스가 직접 바다로 나아갔고, 육군의 장군들도 병사를 이끌고 나섰다. 그때 루쿨루스가 그라니코스(Granicous)강에서 그들을 덮쳐 많은 사람을 사로잡고 2만 명을 죽였다. 들리는 바에 따르면, 전투원과 비전투원들을 합해 30만 명이 넘는 무리가 목숨을 잃었다고 한다.

12

루쿨루스는 먼저 키지코스로 개선하여 받아 마땅한 환영 행사를 즐겼다. 그런 다음 그는 헬레스폰트로 가서 함대를 손질했다. 트로아스로 가는 길에 그는 사랑의 여신 아프로디테의 성지에 막사를 쳤다. 밤에 그가 잠을 자는데 여신이 나타나 그를 바라보며 말했다.

"위대한 사자여, 새끼 사슴이 그대 가까이 있는데 그대는 어이하여 잠만 자고 있는가?"

잠에서 깬 그는 막료를 불러 꿈 이야기를 들려주었는데, 아직 날이 밝지 않은 때였다. 그때 트로이에서 사람들이 달려와 미트리다테스의 전함 열세 척이 렘노스(Lemnos)로 가고 있다는 소식을 들려주었다. 이에 루쿨루스는 곧 바다로 나가 그들을 사로잡고 사령관 이소도로스(Isodoros)를 죽인 다음, 그를 기다리고 있는 다른 사령관들을 잡으러 떠났다.

그러자 적군은 해안 가까이에 닻을 내리고 배를 육지로 끌어 올린 다음, 갑판에 의지해 항전하면서 루쿨루스군의 약을 올렸다. 루쿨루스의 수군은 물 위에 떠서 싸우는데 적군은 육지에 안전하게 닻을 내리고 싸우니, 루쿨루스의 수병들은 적진 뒤로 돌아가지도 못하고, 정면에서 들이받지도 못했다. 그러나 루쿨루스는 마침내 안전한 곳을 찾아 용맹한 병사들을 상륙시키는 데 성공했다.

상륙한 병사들은 적군의 후방을 공격하여 적군 몇 명을 죽인 뒤, 배를 육지에 고정시키고 있던 밧줄을 끊었다. 그러자 배들이 바다로 떠내려가면서 서로 부딪치다가 루쿨루스 함대의 공격을 받았다. 더 말할 나위도 없이 많은 적군이 죽고 붙잡혔는데, 포로 가운데에는 세르토리우스가 보낸 마리우스도 있었다. 그는 외눈박이였는데, 루쿨루스는 병사를 출정시키면서 외눈박이는 죽이지 말라고 엄중히 명령한 상태였다. 루쿨루스는 가장 모욕적인 방법으로 그를 죽이고 싶었기 때문이다.

13

이런 일이 있은 뒤, 루쿨루스는 미트리다테스를 추격하면서 길을 재촉했다. 그는 보코니우스(Voconius)가 비티니아 근방에서 미트리다테스를 잘 감시하고 있으리라 생각했다. 앞서 그는 보코니우스가 이끄는 함대를 니코메데이아(Nikomedeia)로 보내면서 적군이 도주할 길목을 미리 지키고 있으라고 지시해 놓은 터였다.

그러나 사모트라키아(Samothracia)에서 신비스러운 의식을 치르느라 일정을 늦춘 보코니우스는 아직 그곳에 이르지 못하고 있었다. 그러는 사이에 바다로 나온 미트리다테스는 루쿨루스가 배를 돌려 자기를 추격하기에 앞서 폰토스로 들어가려고 서둘렀다. 그러나 강력한 폭풍이 불어 그의 함대 일부를 침몰시켰고, 배 몇 척은 못 쓸 정도로 망가졌다.

여러 날 동안, 파도에 휩쓸려 온 파손된 함선의 잔해가 해변에 가득했다. 파도가 높고 밀물이 거칠었던 데다가, 미트리다테스가 타고 있던 상선은 너무 거대하고 키[舵]가 무거워서 해안에 쉽게 닿을 수가 없었다. 더욱이 배에 물이 차올라 먼바다로 나갈 수도 없었다. 모선을 버리고 쌍돛대를 가진 해적선에 올라탄 그는 해적들에게 자신의 운명을 맡겼다. 예상했던 것보다 더한 고초를 겪은 뒤에, 미트리다테스는 폰토스의 헤라클레이아에 도착했다.

이 전쟁이 발발하기에 앞서, 루쿨루스는 원로원을 상대로 호언장담한 적이 있었다. 원로원이 루쿨루스에게 3천 탈렌트를 주어 함선을 만들도록 결의했는데, 루쿨루스는 원로원에 편지를 보내 돈을 받을 필요가 없다고 말했던 것이다. 편지에서 그는 동맹국의 함대만으로도 미트리다테스를 바다에서 몰아낼 수 있다고 주장했다.

그러나 신들은 루쿨루스를 징벌하지 않았다. 들리는 바에 따르면, 오히려 하늘은 그의 승리를 도왔던 듯하다. 예전에 미트리다테스가 프리아포스(Priapos)에 있는 사냥의 여신 아르테미스(Artemis)의 신전을 약탈하고 신상을 무너뜨렸는데, 이에 분노한 아르테미스가 훗날 미트리다테스의 함대에 폭풍을 쏟아부었다고 한다.

14

많은 사람이 루쿨루스에게 이제 전쟁을 멈추라고 권고했지만, 그는 그 권고에 따르지 않고 [기원전 73년에] 비티니아와 갈라티아(Galatia)를 거쳐 미트리다테스왕의 영토로 쳐들어갔다. 처음에는 보급품이 부족하여 갈라티아인 3만 명이 어깨에 각기 1부셸씩 군량미를 메고 루쿨루스 군대의 행렬을 따랐다.

그러나 진군하면서 문제가 잘 풀려 물품이 넉넉해지자 병영에서는 황소 한 마리가 1드라크마에, 남자 노예는 4드라크마에 팔릴 정도로 물가가 떨어졌고, 그 밖의 전리품들은 값을 쳐주지도 않았다. 사람들은 전리품을 버리거나 부숴 버렸다. 물자가 너무도 넘치니 거래도 없었다.

그러나 계속 진격하던 루쿨루스가 테미스키라(Themiskyra)와 테르모돈(Thermodon)강 연안의 평야 지대를 정복하는 데 그치자, 그의 부하들은 불평을 늘어놓기 시작했다. 그들의 말에 따르면, 그때껏 루쿨루스가 평화로운 방법으로 도시를 점령한 까닭에 병사들은 전리품을 한 푼어치도 건지지 못했다는 것이었다. 그들은 이렇게 불평했다.

"젠장, 마음만 먹었더라면 돈 버는 것은 일도 아니었을 터인데....... 이렇게 잘사는 아미소스(Amisus) 같은 도시를 그냥 지나가다니. 포위하고 조금만 압박하면 금방 얻을 수 있는 도시인데....... 이런 곳을 놔두고 미트리다테스와 싸우려고 루쿨루스 장군을 따라 티바레노이(Tibarenoi) 사막과 칼다이오이(Chaldaioi)족이 사는 지역을 지나가야 하다니."

그들의 분노가 앞으로 어떤 광기를 불러올지 꿈에도 몰랐던 루쿨루스는 그들의 불평을 들은 체도 하지 않았다. 그러나 그가 가치도 없는 작은 마을과 도시를 정복하느라 미트리다테스가 병력을 집결할 수 있는 여유를 주었다는 비난에 대해서는 강력히 변론했다. 그는 부하들에게 말했다.

"미트리다테스가 병력을 다시 모으는 것은 내가 바라던 바이며, 나는 지금 이곳에 앉아 그러한 정황을 다 잘 알고 있소. 나는 그가 병력을 더 강화하여 우리와 대적할 정도가 되어 그의 영토에 자리를 잡음으로써 내가 쳐들어갈 때 도망하지 않고 대들기를 바라오. 그가 배후에 엄청나게 너른 사막을 두고 있다는 사실을 그대들은 모르고 있소? 언덕과 골짜기가 끝없이 펼쳐진 카우카소스(Kaukasos)산맥이 가까이 있는데, 그곳은 싸우고 싶지 않은 왕이 1만 명쯤은 넉넉히 숨을 만한 곳이오.

카비라(Cabira)에서 아르메니아로 넘어가는 데에는 겨우 며칠밖에 걸리지 않고, 아르메니아에는 왕중왕인 티그라네스가 앉아 있소. 그의 병력은 아시아에서 파르티아족을 떼어 내어 고립시켰고, 그리스 도시들을 메디아로 밀어 넣었고, 시리아와 팔라에스티나를 뒤흔들었고, 셀레우코스(Seleucus) 왕국의 후계자들을 죽이고 그들의 아내와 딸들을 잡아갔소.

그런 티그라네스는 미트리다테스의 사위이오. 미트리다테스가 요청하면, 그는 우리와 전쟁을 일으킬 수도 있소. 그러므로 만약 우리가 미트리다테스를 그의 왕국에서 쫓아내려 한다면 우리는 그의 사위를 적군으로 만드는 모험을 하게 될 것이오. 티그라네스는 오랫동안 우리와 전쟁을 일으킬 구실을 찾고 있었는데, 자신의 장인을 도와주는 일보다 더 훌륭한 구실은 없을 것이오.

미트리다테스는 아직 이러한 정황을 모르고 있는데, 우리가 굳이 이 문제들을 먼저 끄집어내어 그가 어떤 나라와 동맹을 맺고 우리 나라를 쳐들어와야 하는지 알려 줄 필요가 있겠소? 그는 자신의 재원과 용기만으로 무장하기를 바라는데, 그러라고 내버려 두지 않고 그를 최후의 수단인 티그라네스의 군대와 동맹을 맺도록 몰아넣을 이유가 어디에 있소? 우리는 메디아족이나 아르메니아족과 싸우기보다는 콜키스(Colchis)족이나 티바레니족이나 카파도키아족과 싸워야 하오."

15

그와 같이 생각한 루쿨루스는 아미소스 가까이에 머물면서 적군을 세차게 공격하지 않았다. [기원전 72년] 겨울이 지나자 그는 부관 루키우스 무레나(Lucius Murena)에게 그곳의 포위를 맡기고 자신은 미트리다테스를 공격하고자 진군했다. 미트리다테스는 카비라에서 로마군이 오기를 기다리고 있었다. 그는 보병 4만 명과 기병 4천 명을 거느리고 있었는데, 기병의 전투력에 더 의지하고 있었다. 리코스(Lykos)강을 건너 평야로 나온 그는 로마군에 전투를 재촉했다. 기병들 사이에서 전투가 벌어졌고 로마군이 져서 도망했다. 로마의 장군 가운데 조금은 알려진 폼포니우스(Pomponius)라는 인물이 있었는데, 그가 상처를 입고 미트리다테스 앞에 끌려 나왔다. 그의 상처는 심각했다. 왕이 그에게 물었다.

"만약 내가 그대의 목숨을 살려 주면 그대는 나의 편이 되겠는가?"

이에 폼포니우스가 대답했다.

"만약 대왕께서 로마와 화평을 맺는다면 그렇게 하겠습니다. 그러나 그렇지 않다면 나는 대왕의 적군이 되겠습니다."

폼포니우스의 말에 감동한 미트리다테스는 그를 해치지 않았다.

적의 기병대가 더 우월했기 때문에 루쿨루스는 평야에서 싸우기 두려웠고, 그렇다고 해서 멀고 숲이 우거져 통과하기도 어려운 언덕으로 올라가 싸울 마음도 없었다. 그러다가 우연히 동굴 속에 숨어 있던 그리스 사람 몇 명이 잡혀 왔는데, 그 가운데 아르테미도로스(Artemidoros)라는 늙은이가 있었다.

아르테미도로스는 루쿨루스의 길잡이가 되어 진지를 구축하기에 알맞은 곳으로 안내하겠노라고 약속했다. 그의 말에 따르면, 그곳에서는 카비라를 한눈에 바라볼 수 있었다. 그의 말을 믿은 루쿨루스는 밤이 되자 진지에 불을 피우고 길을 나섰다. 루쿨루스는 좁은 골짜기를 안전하게 지나 바라던 곳을 차지했다.

아침이 되어 주위를 둘러본 병사들은 적군보다 더 높은 곳에 자리 잡고 있음을 알게 되었다. 싸우고자 할 때는 언제든 진격할 수 있고, 싸우고 싶지 않으면 적군의 공격에서 군대를 안전하게 보호할 수 있는 요충지였다. 양쪽의 어느 지휘관도 곧장 전투에 돌입하고 싶은 생각이 없었다.

그러나 들리는 바에 따르면, 미트리다테스의 병사가 사슴을 쫓다가 로마 병사들과 마주쳐 작은 몸싸움을 벌였는데, 점차 그 수가 늘어났다고 한다. 이 전투에서는 미트리다테스의 군대가 이겼다. 진지에 있다가 동료들이 도망쳐 오는 것을 본 로마 병사들은 떼를 지어 루쿨루스에게 달려갔다. 그들은 자기들을 이끌고 나가 전투 신호를 내려 달라고 간청했다.

그러나 위험스러운 적군과 전투를 치르면서 신중한 지휘자의 모습을 보여 주고 싶었던 루쿨루스는 그들에게 조용히 기다리도록 지시했다. 그런 다음 그는 평야로 내려가 앞장서 도망쳐 들어오는 병사들을 만나 그들을 멈추게 한 뒤 함께 다시 진격할 것을 지시했다.

병사들이 그 말에 따르자 나머지 병사들도 몸을 돌려 전투 대형을 이룬 다음 빠르게 적군을 쳐부수고 그들의 진지까지 몰아넣었다. 진지로 돌아온 루쿨루스는 도망자들에게 관례에 따른 처벌을 내렸다. 그는 도망자들에게 웃옷을 풀어 젖히고 3.5미터 깊이의 구덩이를 파게 한 다음, 나머지 병사들은 곁에서 구경하게 했다.

16

그 무렵 미트리다테스의 진영에는 마이오티스(Maeotis) 호수 주변에 살고 있던 단다리이(Dandarii)족 출신의 올타코스(Olthacos)라는 왕자가 있었다. 그는 빼어난 군인으로서 힘이 장사이고 용맹스러웠으며, 판단이 빠르고 말씨도 사근사근했다. 그는 자기 부족 안의 다른 왕자들과의 경쟁에서 늘 앞서고 싶었던 터라, 이번 원정에서 어떻게든 공로를 세우고 싶었다.

올타코스가 생각한 공로란 루쿨루스를 암살하는 것이었다. 이러한 음모에 동의한 미트리다테스는 의도적으로 올타코스에게 이런저런 구실로 모욕을 주었다. 이에 분노한 척 올타코스는 말을 달려 루쿨루스의 진영으로 넘어갔다. 그에 관한 소문을 들어 잘 알고 있던 루쿨루스는 반색을 했다. 잠시 올타코스를 겪어 본 루쿨루스는 그의 치밀함과 열정에 호감을 느껴 함께 식사도 하고 작전 회의에도 참석시켰다.

올타코스는 기회가 왔다고 생각하여 암살이 이뤄진 다음에 도망할 수 있도록 노예들에게 진영 밖에 말을 대기시켜 놓

　　　　　　　　　　　　　　　　루쿨루스

게 한 다음, 대낮에 루쿨루스의 막사로 찾아갔다. 그날따라 병사들은 주변에 드러누워 쉬고 있었다. 그는 루쿨루스의 가까운 막료인 자신을 누구도 막지 않으리라 생각하면서 막사로 다가가 서둘러 장군에게 전달할 소식을 가져왔다고 말했다.

그리고 누가 막든 말든 올타코스는 안으로 들어가려 했다. 그런데 아마도 루쿨루스가 지난밤에 잠을 자지 못한 모양이었다. 흔히 불면증은 장군들을 망치는 원인이 되는 법인데, 이번에 루쿨루스는 잠을 못 자서 오히려 살 수 있었다. 마침 그때 루쿨루스가 잠이 들어 있었기 때문이었다.

루쿨루스의 막사를 지키던 메네데모스(Menedemos)가 올타코스에게 적절하지 않은 시간에 왔노라고 말했다. 루쿨루스는 오랜 경계 근무와 힘든 일을 겪은 뒤에 겨우 잠들었다고 덧붙였다. 올타코스는 매우 중대한 일이 생겨 루쿨루스에게 꼭 말씀을 드려야 한다고 메네데모스에게 말했지만, 그는 누구도 들어갈 수 없노라고 잘라 말했다.

그래도 올타코스가 물러나지 않자 화가 치민 메네데모스는 어떤 일도 장군을 지키는 것보다 다급할 수 없다고 말하면서 두 손으로 올타코스를 밀어냈다. 이에 두려움을 느낀 올타코스는 아무 이룬 것도 없이 막사를 나와 말을 타고 미트리다테스의 병영으로 돌아갔다. 건강할 때나 병들었을 때나, 운명의 저울추는 그와 같은 결정적인 계기를 통해 사람을 죽이고 살린다. 이것은 삶의 진리이다.

17

이런 일이 있은 뒤, 루쿨루스는 소르나티우스(Sornatius)에게 10개 코호르트의 병력을 딸려 식량을 마련하러 보냈다. 이를 안 미트리다테스의 장군 메난드로스(Menandros)가 추격해 오자 소르나티우스가 돌아서서 싸워 크게 이기고 많은 적군을 죽였다. 식량을 더 넉넉히 마련하려던 루쿨루스는 뒤이어 아드리아누스(Adrianus)를 파견했고, 미트리다테스는 이번에도 그대로 두지 않고 메네마코스(Menemachos)와 미론(Myron)에게 기병과 보병을 이끌고 공격하도록 했다.

들리는 바에 따르면, 이들 가운데 오직 두 명만 살아 돌아갔다고 한다. 미트리다테스는 이 참극을 애써 별일 아닌 듯 숨기려 하면서, 장군들이 경험이 없어 벌어진 일이라고 변명했다. 그러나 아드리아누스가 많은 곡식과 전리품을 실은 마차를 이끌고 으스대며 자기 진영 앞을 지나가자 미트리다테스는 몹시 절망했고, 부하들은 절망과 공포에 빠졌다.

그래서 그들은 더 이상 그곳에 머무르지 않기로 결정했다. 그러나 미트리다테스의 시종들이 왕의 짐을 먼저 보내려고 부하들의 출발을 막자 병사들은 크게 분노했고, 곧 진영의 입구로 달려 나가 왕의 짐을 빼앗고 책임자들을 죽였다. 그곳에 도릴라오스(Dorylaos)라는 장군이 있었는데, 그는 자주색 전포 한 벌밖에 가지고 있지 않았지만 그것 때문에 목숨을 잃었다. 헤르마이오스(Hermaios)라는 사제는 영문(營門)에서 밟혀 죽었다.

그러자 미트리다테스는 시종이나 마부도 없이 병사들 틈에 끼여 도망치듯 진영을 빠져나갔다. 말도 한 필 없었다. 그때 내시 프톨레마이오스(Ptolemaios)가 말을 타고 지나가다 병사들 속에 섞여 있는 왕을 알아보고 말에서 내려 왕을 태웠다. 로마의 병사들은 미트리다테스를 바짝 뒤쫓았지만 잡지 못했다.

이는 로마 병사가 빠르지 못해서가 아니었다. 그들은 미트리다테스를 거의 따라잡았으나, 문제는 탐욕이었다. 탐욕은 그토록 오랫동안 싸우며 고생한 사냥감을 놓치게 했고, 루쿨루스의 우승기를 날려 버렸다. 미트리다테스를 태운 말이 거의 잡힐 만큼 가까이 왔을 때, 마침 왕의 보물을 실은 노새가 그 사이를 가로질러 나타났다.

누가 시키지도 않았는데 노새가 제 발로 나타났는지, 아니면 미트리다테스가 의도적으로 노새를 풀어 추적자들의 앞길을 막았는지는 알 수 없다. 어쨌든 병사들은 금덩어리를 차지하려고 서로 싸웠고, 그러는 사이에 추적은 흐지부지되었다. 이러한 탐욕의 결과로 루쿨루스가 잃은 것은 이뿐만이 아니었다.

루쿨루스는 미트리다테스의 개인 문서를 담당했던 칼리스트라토스(Kallistratos)를 산 채로 잡아 오도록 지시했지만, 추적자들은 칼리스트라토스의 허리띠에 금 5백 조각이 박혀 있는 것을 보자 그를 죽이고 금을 차지했다. 이는 루쿨루스가 병사들에게 그와 같은 약탈을 허락했기 때문이었다.

18

카비라를 비롯해 여러 성채를 함락한 루쿨루스는 많은 보물을 발견했다. 또한 그리스인들과 미트리다테스의 친족이 포로로 잡혀 있는 감옥들도 찾았다. 거기에 갇혀 있던 이들은 삶을 포기한 지 오래인 터라, 루쿨루스의 입성으로 구출이 아니라 부활했다고 보아도 될 정도였다. 그들은 루쿨루스의 은덕을 입었다. 미트리다테스의 여동생 니사(Nyssa)도 이때 풀려났다.

그러나 멀리 파르나키아(Pharnacia)에 숨어 있어 가장 안전하리라고 여겼던 다른 여동생들과 왕비들은 비극적으로 삶을 마쳤다. 미트리다테스가 도망하던 길을 멈추고 내시 바키데스(Bakchides)를 보내 그들을 처형하도록 지시했기 때문이었다. 그들 가운데에는 미트리다테스의 여동생 록사나(Roxana)와 스타테이라(Stateira)가 있었는데, 나이가 마흔 살 안팎으로 결혼도 하지 않은 이들이었다.

왕비들 가운데에는 이오니아에서 온 두 여인이 있었다. 한 명은 키오스에서 온 베레니케(Berenicé)였고, 다른 한 명은 밀레시아(Milesia)에서 온 모니메(Monimé)였다. 모니메는 그리스인들 사이에 잘 알려진 여인이었다. 미트리다테스가 그를 유혹하고자 금화 1만 5천 개를 보냈지만 거절했던 것이다. 왕은 끝내 그와 혼인을 서약한 다음, 왕관과 왕비의 칭호를 내렸다.

그러나 결혼 생활은 행복하지 않았다. 모니메는 자기에게 남편이 아니라 상전(上典)을, 그리고 가정과 가족의 수호자가 아니라 야만인들의 수호자를 가져다준 자신의 아름다움을 비통하게 여겼다. 그리스에서 멀리 떨어져 살게 된 그에게 행복은 꿈에 지나지 않았고, 지난날 누렸던 행복은 모두 사라지고 없었다. 그러던 터에 바키데스가 나타나 가장 쉽고 가장 고통스럽지 않은 방법으로 각자가 자살하라고 지시했다. 모니메는 머리의 왕관을 벗어 목에 매달아 무게를 늘린 다음 목을 매었다. 그러나 띠를 맨 고리가 곧 두 개로 부서졌다. 이에 그가 소리쳤다.

"이 저주받을 싸구려 같으니라고. 나에게 그만한 도움조차 못 준다는 말이냐?"

모니메는 왕관에 침을 뱉고 내던진 다음 바키데스에게 목을 내밀어 죽었다. 그러나 베레니케는 독약을 마셨다. 그리고 곁에 서서 그 약을 나눠 달라고 부탁한 어머니에게 나머지를 건넸다. 그들은 함께 독약을 마셨는데, 몸이 약한 어머니는 곧 숨을 거두었지만 베레니케는 숨이 끊어지지 않았다. 그의 죽음에 시간이 걸리자 바키데스가 달려와 목을 졸라 죽였다.

들리는 바에 따르면, 결혼하지 않은 여동생들은 오빠 미트리다테스를 저주하며 독약을 마셨다고 한다. 그러나 스타테이라는 저주나 욕설을 하지 않고 독약을 마셨다. 오히려 그는 어려움에 빠져 있으면서도 자신을 잊지 않은, 그리고 자신이 욕스럽지 않고 자유롭게 죽을 수 있도록 해 준 오빠의 처사에 감사해했다. 이와 같은 사실들이 루쿨루스를 슬프게 만든 것은 더 말할 나위도 없다. 그는 그만큼 온화하고 자애로운 사람이었다.

19

추적을 계속한 루쿨루스가 탈라우라(Talaura)에 이르고 보니, 미트리다테스는 이미 나흘 앞서 사위 티그라네스가 있는 아르메니아로 도망친 뒤였다. 루쿨루스는 방향을 돌려 칼다이오이족과 티바레노이족을 정복하고 소(小)아르메니아를 정복한 다음 성채와 도시를 파괴하였으며, 클로디우스를 티그라네스에게 보내 미트리다테스의 신병을 인도하라고 요구했다.

그리고 루쿨루스는 아직 저항을 계속하고 있던 아미소스로 갔다. 이곳 사람들은 칼리마코스(Callimachus) 장군의 도움으로 로마군을 크게 이겼다. 기계를 다루는 데 능숙했고, 포위된 도시를 수비하는 데 필요한 온갖 자원을 잘 조달했던 칼리마코스는 로마군에 눈엣가시 같은 존재였다. 이로 말미암아 그는 뒷날 많은 고통을 겪었다.

그러나 칼리마코스는 루쿨루스의 전략에 어이없이 졌다. 칼리마코스는 하루에 한 번씩 부하들이 성루에서 물러나 잠시 쉬게 했는데, 루쿨루스는 바로 그 틈을 이용해 기습했다. 로마 병사가 성의 한 모퉁이를 차지하자 칼리마코스는 자기 손으로 성채에 불을 지르고 달아났다. 이는 적군들이 전리품을 차지하지 못하게 방해하려 했거나, 자기가 달아나기에 편리하도록 취한 조치였을 것이다. 그는 배를 타고 달아났지만 아무도 신경 쓰지 않았다. 거센 불길이 성루를 불태우고 있었고, 로마 병사들은 민가를 약탈하는 데 빠져 있었기 때문이다.

도시가 불타 없어지는 것을 안타깝게 생각한 루쿨루스는 불길을 잡아 보려 애쓰면서 이리저리 지시했지만, 어느 누구도 그의 명령을 따르지 않았다. 병사가 전리품을 약탈하도록 허락해 달라고 요구하면서 고함을 지르고 방패와 창을 두드리자 루쿨루스는 어쩔 수 없이 허락했다. 그 요구를 들어주면 그들이 적어도 도시가 불타는 것만은 막으리라고 생각했다. 그러나 병사들의 행동은 아주 달랐다. 그들은 횃불을 들고 온갖 곳을 들쑤시면서 가옥을 모두 파괴했다. 날이 밝아 도시로 들어온 루쿨루스는 울음에 북받쳐 막료들에게 말했다.

"술라가 행복한 사람인 줄은 진작 알았지만, 오늘따라 그의 행운이 더욱 부럽다. 그가 아테네를 구출하고 싶었을 때 그는 그럴 힘이 있었다. ......나도 그를 본받아 살고 싶은 생각이 간절했지만, 하늘은 나를 뭄미우스(Mummius)[5]나 다름없는 사람으로 만드는구나."

루쿨루스는 사정이 허락하는 대로 아미소스를 복구하고자 노력했다. 도시가 함락되던 날, 마치 준비라도 하고 있었던 것처럼 비가 쏟아져 불이 꺼지자 루쿨루스는 도시를 떠나기에 앞서 병사가 파괴한 것을 대부분 복구했다. 그는 또한 피란 갔던 주민들을 받아들였고, 그곳에서 살기를 바라는 그리스인들은 와서 살도록 허락했다. 또한 도시에 120스타디온에 이르는 영토를 더해 주었다.

아미소스가 아테네의 식민지였을 때, 아테네는 세력이 가장 강성하여 바다까지 제패하고 있었다. 그래서 [기원전 87년에] 많은 사람이 아테네의 폭군 아리스티온(Aristion)을 피하여 배를 타고 아미소스에 이르러 그곳에 자리를 잡았고, 곧 아미소스의 시민이 되었다. 그러나 국내의 폭정을 피해 이곳에 정착한 무리는 더 큰 어려움에 부딪힌 셈이었다.

루쿨루스는 아테네인들 가운데 아미소스에서 살아남은 무리에게 입을 것을 주고 고향으로 돌려보내면서 2백 드라크마씩 주었다. 이들 가운데에는 문법학자인 티란니온(Tyrannion)도 있었다. 무레나가 그를 자신의 전리품으로 달라고 요구하자 루쿨루스가 허락했다. 무레나는 자신이 받은 전리품을 자유롭게 쓸 수 있었으므로, 형식적으로 티란니온을 자유민으

---

5   뭄미우스는 술라의 부관으로서 에스퀼리누스 언덕(Collis Esquilinus)에 있는 성문과 성벽을 파괴했다.

로 만들었다.

루쿨루스는 지식인을 노예로 만들었다가 다시 그에게 자유를 주는 무레나의 처사를 옳지 않게 생각했다. 그에게 형식적으로 자유를 주는 것은 그가 본디 타고났던 자유를 빼앗는 짓이었다. 그러나 이번 처사는 그 명망 높은 사령관으로서 무레나가 저지른 비열한 행위 가운데 그나마 덜한 짓이었다.

20

[기원전 71~70년 무렵에] 루쿨루스는 아시아에 있는 여러 도시로 눈길을 돌렸다. 그는 전쟁이 없는 기간을 이용해 그곳의 정의와 법을 바로 세우고 싶었다. 오랫동안 법과 정의를 지키지 못한 아시아의 삶은 말로 표현할 수 없을 만큼 비참했다. 세리(稅吏)와 고리대금업자들의 수탈로 말미암아 주민들은 노예로 몰락하고 있었다. 가족들은 귀여운 아들과 어린 딸을 팔지 않을 수 없었고, 도시는 봉헌한 제물과 그림과 성물(聖物)들을 팔아야 했다.

끝내 주민들은 채권자들에게 굴복하여 노예가 되었는데, 그들이 노예가 되기 전에 받았던 고통은 그보다 더 심했다. 그때 그들은 채찍으로 맞고, 형틀에 묶이고, 말에 매달린 채 끌려다녔고, 여름철에는 땡볕에 서 있어야 했고 겨울에는 흙탕물과 얼음 속에 처박혀야 했다. 차라리 노예가 되는 쪽이 덜 고통스러웠고 평화스러웠다. 여러 도시에서 이런 사실을 목격한 루쿨루스는 다음과 같은 방법으로 세리와 고리대금업자들에게 억압받는 사람들을 해방시켰다.

첫째로, 그는 월 이자를 1푼으로 낮추고 그보다 많이 받지 못하도록 명령했다.

둘째로, 이자가 원금보다 많아진 채무를 깎아 주었다.

셋째로, 이 부분이 가장 중요하다. 그는

고리대금업자들이 채무자에게서 수입의 4분의 1을 넘게
가져가지 못하도록 하고, 원금보다 많은 이자를 받는
대금업자의 재산을 모두 몰수했다.

이렇게 되자 채무자들은 4년이 못 되어 빚을 다 갚고 재산을
되찾았다. 시민들이 다 함께 짊어졌던 이 빚은 술라가 아시아
인들에게 군사 분담금으로 지운 2만 탈렌트로 시작되었는데,
고리대금업자들은 이미 그 두 배를 받아 낸 뒤였다. 이자를 물
다 보니 2만 탈렌트가 12만 탈렌트로 불어났다.

  루쿨루스의 이러한 조치에 고리대금업자들은 자신들이
부당하게 권리를 침해당했다고 생각하여 로마에 저항하기 시
작했다. 그들은 또한 몇몇 호민관에게 뇌물을 주어 루쿨루스
를 고발하게 했다. 고리대금업자들의 영향력은 커서 많은 고
위 정치인이 그들에게 돈을 빌려 쓰고 있었다. 그러나 루쿨루
스에게 은혜를 입은 사람들은 그를 존경했다. 아니, 다른 나라
에 속한 사람들은 차라리 루쿨루스의 지배를 받고 싶어 하면
서, 그러한 지배자가 있는 로마인들의 행운을 부러워했다.

21

루쿨루스는 자신의 처남 아피우스 클로디우스(Appius Clodius)
를 아르메니아로 보내 티그라네스왕을 무찌르게 했다. 처음에
왕실에서 보낸 길잡이가 클로디우스에게 안내해 준 길은 북쪽
으로 쓸데없이 많이 돌아가야 했다. 그러나 클로디우스의 해
방 노예인 시리아인이 곧장 갈 수 있는 길을 가르쳐 주어 그는
길잡이가 거짓으로 알려 준 길을 버리고 지름길로 들어섰다.

  속임수를 쓴 왕실의 안내자들을 버린 클로디우스는 며칠
만에 에우프라테스강을 건넜고, 아폴론 신전에 헌정한 도시에
서 가까운 다프네(Daphne)의 숲 옆에 있는 안티오키아(Antio-
chia)에 이르렀다. 클로디우스는 그곳에서 티그라네스를 기다

리라는 루쿨루스의 명령을 받았다. 티그라네스는 페니키아의 여러 도시를 정복하러 다니느라 그곳에 없었다.

그러는 동안 클로디우스는 아르메니아족을 섬기고 있던 여러 제후를 자기편으로 만들었다. 그들 가운데에는 고르디에네(Gordyene)의 왕 자르비에노스(Zarbienos)도 있었다. 아르메니아에 예속되어 있던 여러 도시가 앞으로 어찌하면 좋을지를 비밀스럽게 물어 오자, 그는 루쿨루스의 도움이 있을 것이라고 약속했다. 그러나 당장은 조용히 기다리라고 말했다.

그 무렵 아르메니아인들은 그리스인들을 괴롭히며 참을 수 없는 고통을 주었다. 무엇보다도 한창 번성하고 있는 국력으로 말미암아 티그라네스왕이 커다란 오만에 빠져 있었다. 그는 사람들이 갖고 싶어 하고 찬양하는 것을 모두 가졌을 뿐만 아니라, 그것들이 모두 자신을 위해 존재한다고 생각했다.

처음에는 작고 초라한 야심만 가지고 있던 티그라네스왕은 어느새 많은 국가를 정복했고, 자기보다 앞섰던 어느 왕도 정복하지 못했던 파르티아를 굴복시켰으며, 킬리키아와 카파도키아에 살고 있던 그리스인들을 강제로 메소포타미아로 옮겨 살게 했다.

티그라네스는 또한 늘 떠돌이 생활을 하던 아라비아의 유목민들을 자기의 이웃 지역에 정착시켜 무역과 상업에 종사할 수 있도록 했다. 여러 작은 나라의 왕들이 그의 둘레에서 심부름을 했는데, 그 가운데 네 명은 마치 몸종이나 경호원처럼 그의 곁을 지켰다. 그들은 티그라네스가 말을 타고 나갈 때면 속옷 바람으로 달려 나와 왕을 따라 뛰었고, 왕이 집무를 볼 때면 그 옆에 팔짱을 끼고 서 있었다.

팔짱을 끼는 자세는 완전한 복종을 의미한다. 자기의 자유를 남에게 넘기고, 몸뚱이까지 그에게 바치며, 자신에게 주어질 고통을 견디겠다는 뜻이다. 그러나 클로디우스는 티그라네스의 그와 같은 오만한 모습에 놀라거나 당황하지 않았다.

클로디우스는 티그라네스왕을 만난 자리에서 태연하게 루쿨루스의 개선식에 포로로 쓰고자 그의 장인 미트리다테스왕을 잡으러 왔으며, 그를 내놓지 않으면 전쟁을 일으키겠노라고 말했다.

티그라네스는 클로디우스의 말을 들으면서 애써 즐거운 표정을 짓고 얼굴에 웃음을 띠었지만, 왕의 측근들은 이 젊은 장수의 대담한 요구에 왕의 심기가 불편해졌음을 알아차렸다. 이렇게 거침없는 언행은 그가 왕위에 오른 지 25년 만에 처음 보는 일이었다. 더욱이 그 25년은 재위 기간이었다기보다는 오만한 독재의 기간에 가까웠다.

티그라네스는 미트리다테스를 넘겨주지 않을 것이며, 전쟁이 일어난다면 싸우겠노라고 대답했다.[6] 애초에 티그라네스는 루쿨루스가 자신에게 보낸 편지에서 자신을 '왕중왕'이라 부르지 않고 그냥 왕이라 부른 것이 몹시 언짢았다. 그래서 자기도 답장을 쓸 때 루쿨루스를 대장군(Imperator)으로 부르지 않았다.

그러면서도 티그라네스는 클로디우스에게는 값진 선물을 안겼는데, 그가 이를 거절하자 더 많이 보태어 보냈다. 클로디우스는 자칫하면 자신이 왕을 미워하는 것처럼 보일 수도 있겠다고 생각하여, 많은 선물 가운데 접시 하나만을 받고 나머지는 돌려보냈다. 그리고 대장군과 합류하고자 전속력을 내어 돌아갔다.

22

이때에 이르도록 티그라네스는 자기의 장인이면서 그토록 위

---

6   이 부분의 문장이 이상하다. 티그라네스가 그렇게 대답했다면 누가 뭔가를 물었을 터인데 그런 대목이 없는 것으로 보아 앞에 몇 구절이 없어진 것으로 보인다.

대했던 왕국을 잃고 멀리까지 도망쳐 온 미트리다테스를 만나거나 그와 이야기를 나눈 적이 없었다. 오히려 그는 장인에게 더 큰 불명예와 치욕을 안기려고 되도록 멀리 보냈다. 미트리다테스는 질병이 들끓는 습지에서 마치 포로처럼 지냈다. 그러나 클로디우스가 다녀간 뒤에 티그라네스는 장인을 궁정으로 불러 예의를 갖추었다. 비밀스럽게 만난 자리에서 그들은 이제까지 서로를 오해한 것은 막료들 때문이었다고 덮어씌웠다.

그들이 말한 막료 가운데 스켑시스(Skepsis) 출신의 메트로도로스(Metrodoros)라는 인물이 있었다. 그는 언변이 좋고 학식이 높아 미트리다테스의 신임을 받으면서 '왕의 아버지'라고 불릴 정도였다. 언젠가 미트리다테스는 이 사람을 티그라네스에게 보내 로마인들과 싸우는 데 필요한 지원을 부탁한 적이 있었던 것으로 보인다. 지원을 부탁받은 티그라네스가 그에게 물었다.

"메트로도로스 선생, 이 문제를 내가 어떻게 처리하는 것이 좋겠소?"

이 말을 들은 메트로도로스는 티그라네스를 도와주고 싶어서였는지 아니면 미트리다테스를 도와주고 싶지 않아서였는지, 이렇게 대답했다.

"사신의 입장에서 본다면 도와 드리라고 말하고 싶지만, 대왕에게 자문하는 사람의 입장에서는 그러지 말라고 말씀드리고 싶습니다."

티그라네스는 입이 가벼워 이런 대화를 미트리다테스에게 모두 알려 주었다. 가벼운 마음으로 이 일을 말했던 티그라네스는 설마 메트로도로스에게 화가 닥칠 수도 있다고는 생각지 않았다. 그러나 미트리다테스는 메트로도로스를 체포해 죽였다. 메트로도로스가 죽자 티그라네스는 후회했지만, 그 죽음이 모두 그의 책임은 아니었다. 그는 다만 미트리다테스가 메트로도로스에게 품고 있던 증오심에 조금 더 충격을 더했을 뿐이었다.

미트리다테스가 붙잡혔을 때 공개된 그의 편지를 보면 그는 오래도록 은밀히 메트로도로스를 미워했다. 몇몇 사람을 처형시키라는 지시가 담긴 편지에 메트로도로스의 이름도 들어 있었기 때문이다. 비록 티그라네스는 메트로도로스가 살아 있을 때는 그를 배신한 셈이 되었지만, 그가 죽자 돈을 아끼지 않고 호화롭게 장례를 치러 주었다.

아테네인들을 옹호하는 뜻에서 티그라네스에 대한 이야기를 좀 더 하자면, 그의 궁정에서 죽은 또 다른 사람으로 수사학자 암피크라테스(Amphikrates)가 있다. 들리는 바에 따르면, 그는 고국에서 추방되어 티그리스강 변에 있는 셀레우케이아(Seleukeia)로 가 살았다고 한다. 그곳 시민들이 그를 초대하며 강의를 부탁하자 그는 오만함과 멸시를 담아 말했다.

"작은 냄비에 만새기를 담을 수는 없지요."[7]

이 말이 화근이 되어 암피크라테스는 그곳을 떠나 미트리다테스의 딸이자 티그라네스의 왕비인 클레오파트라를 찾아가 몸을 의지했다. 그러나 그는 곧 왕비의 신임을 잃었고, 그리스인들과의 접촉도 차단당했다. 결국 그는 스스로 음식을 끊고 굶어 죽었다. 클레오파트라는 그를 화려하게 매장해 주었다. 그의 시신은 사파(Sapha)라는 곳에 지금도 묻혀 있다.

23

아시아에서 법과 질서를 회복하고 평화를 이룬 다음, 루쿨루스는 그곳 주민들을 기쁘게 해 주고 좀 더 나은 삶을 살 수 있도록 도와주는 일을 소홀히 하지 않았다. 그는 에페소스에 머

---

7   이 말은 셀레우케이아처럼 작은 도시가 자기와 같은 대학자의 말을 알아들을 수 있겠느냐는 빈정거림이었다. 만새기는 길이가 1.5미터에 이르는 바닷물고기의 이름이다.

무는 동안 행렬과 전승 축제와 운동 경기와 검투사들의 경기를 열어 여러 도시를 영광스럽게 해 주었다. 또 그 도시들은 이에 대한 보답으로 그의 이름을 따서 루쿨레아(Lucullea)라는 축제를 만들어 그에게 순순한 정성을 바쳤으니, 이는 영예보다도 더 달콤한 것이었다.

그러나 아피우스 클로디우스가 돌아와 티그라네스와의 전쟁을 피할 수 없음을 알려 주자 루쿨루스는 폰토스로 돌아갔다. 그는 군사들 앞에 서서 시노페(Sinopé)를 향해 진군했다. 그러나 여기에는 내막이 있었다. 루쿨루스는 오히려 티그라네스왕을 돕고자 그 도시를 점령하고 있는 킬리키아 사람들을 정벌하려 했다.

루쿨루스가 쳐들어오고 있음을 알아차린 킬리키아인들은 시노페인들을 여럿 죽이고 도시를 불태운 다음 밤을 틈타 도주했다. 그런 상황을 알게 된 루쿨루스는 시노페로 쳐들어가 아직도 그곳에 남아 있던 킬리키아인들을 8천 명이나 죽였다. 그는 시민들의 재산을 되찾아 주고 도시가 필요로 하는 물품을 조달해 주었는데, 이는 그가 같은 꿈을 반복하여 꾸었기 때문이었다. 꿈에서 그의 곁에 서 있던 조각상이 말했다.

"루쿨루스 장군, 조금만 더 진격하시오. 거기에서 아우톨리코스(Autolykos)가 나타나 그대를 만나고 싶어 할 것이오."

꿈에서 깨어난 루쿨루스는 그것이 무슨 뜻인지 알 수 없었다. 그러나 그날 시노페를 완전히 점령한 그는 배를 타고 도망하는 킬리키아인들을 추격하다가 그들이 미처 가져가지 못한 조각상이 해변에 누워 있는 것을 보았다. 그 조각상은 위대한 조각가 스테니도스(Sthenidos)의 작품으로서, 어떤 사람의 말에 따르면 그 동상은 시노페를 처음 세운 아우톨리코스의 동상이라는 것이었다.

오늘날 들리는 바에 따르면, 아우톨리코스는 알렉산드로스 대왕이 세운 셀레우코스 제국(Seleucid Empire)에 살았던 데

이마코스(Deïmachos)의 아들로서, 헤라클레스와 함께 테살리아를 출발하여 아마존의 여전사들(Amazones)들과 싸운 장군 가운데 한 사람이었다고 한다.

아우톨리코스는 형제인 데몰레온(Demoleon)과 플로기오스(Phlogios)와 더불어 배를 타고 고국으로 돌아가다가 배를 잃고 케르소네소스의 페달리온(Pedalion)이라는 마을에 표착(漂着)했다. 무기와 함께 부하들을 데리고 그곳을 탈출한 그는 시노페에 이르러, 시리아인들에게서 이 도시를 빼앗았다.

들리는 바에 따르면, 이 도시를 차지하고 있던 시리아인들은 아폴론의 아들 시로스(Syros)와 아소피스(Asopis)의 딸 시노페 사이에 태어난 사람의 후예라고 한다. 이 말을 들은 루쿨루스는 술라가 그의 회고록에서 "꿈속에 나타난 것만큼 믿을 만하고 확실한 것은 없다"고 충고한 내용을 다시 생각해 보았다.

미트리다테스와 그의 사위 티그라네스가 리카오니아(Lykaonia)와 킬리키아로 쳐들어온다는 소식이 들어왔다. 로마군과 전쟁을 벌이기에 앞서 아시아 지역을 먼저 정복할 요량이었다. 그러나 루쿨루스는 그들의 속셈을 알 수가 없었다. 티그라네스가 그토록 로마를 꺾고 싶었다면, 장인인 미트리다테스의 군사력이 절정에 이르렀을 때 힘을 합쳐 쳐들어왔어야 했다. 이제 혼자서는 일어설 기력도 없는 사람과 뭉친다는 것은 전쟁에서 이기리라는 희망도 없이 함께 죽으려는 것이나 다름없었다.

24

그즈음 보스포로스(Bosporos) 해협을 장악하고 있던 미트리다테스의 아들 마카레스(Machares)가 금화 1천 닢의 가치를 가진 왕관을 루쿨루스에게 보내면서 자신들도 로마의 동맹국에 들고 싶다고 사정했다. 그러자 루쿨루스는 첫 번째 전쟁은 이미 이긴 것이나 다름없다고 판단했다.

이에 루쿨루스는 소르나티우스에게 병사 6천 명을 주어 폰토스를 지키도록 하고, 자기는 [기원전 69년에] 보병 1만 2천 명과 3천 명이 채 못 되는 기병을 거느리고 두 번째 전쟁을 치르러 떠났다. 그는 깊이 생각해 보지 않고 무모하게 행동하는 듯했다. 그가 상대할 나라들은 하나같이 호전적이었고, 몇천 명의 기병과 수많은 군단 병력을 거느렸으며, 깊은 강과 만년설로 뒤덮인 산으로 둘러싸인 곳에서 기다리고 있었다.

훈련도 제대로 받지 못했던 루쿨루스의 군대는 번번이 내키지 않는 전쟁에 투입되면서 반항심을 품고 있었다. 그렇게 되자 로마에 있던 민중 호민관들은 루쿨루스를 비난했고, 끝내 그를 고발했다. 그가 오래도록 지휘권을 잡고 있으면서 무기를 내려놓지 않고, 국가의 위험은 아랑곳없이 자신을 살찌우고자 로마가 필요로 하지도 않는 전쟁을 이어 가고 있다는 것이었다. 고발은 접수되었고, 드디어 그들은 자기들의 목적을 이루었다.

그러나 루쿨루스는 에우프라테스강까지 진격했다. 이곳에서 그는 물살이 빠른 데다가 겨울 폭우로 흙탕물이 범람하고 있는 강을 만났다. 배를 모으고 뗏목을 만드는 데 시간이 걸려 공격이 늦어지자 루쿨루스는 짜증이 났다. 그러나 저녁나절이 되면서 강물이 잠잠해졌고, 밤이 되자 물이 줄어들더니 이튿날 날이 밝을 무렵에는 물이 강둑 아래로 흐르고 있었다. 강물 위로 건너갈 수 있는 작은 섬들이 드러났다. 그 섬들과 조용해진 물결을 바라보던 원주민들은 루쿨루스에게 존경심을 보였다. 이런 일은 일찍이 없었는데, 루쿨루스가 당도하자 그가 쉽게 지나가도록 강물이 저절로 속도를 늦추고 유순하게 바뀐 것이라고 그들은 생각했다.

루쿨루스는 물이 줄어든 틈을 타 병사를 이끌고 강을 건넜다. 그가 강을 건너니 또 다른 길조가 나타났다. 그곳에는 암소들이 풀을 뜯고 있었다. 이 소들은 페르시아의 여신 아르테미스[8]에게 바치는 제물이었다. 아르테미스 여신은 에우프라테스강 너머에 살고 있는 이민족들이 가장 높이 받드는 신이었다. 그 신전의 제물이었던 이 암소들의 등에는 여신을 상징하는 횃불 모양의 낙인이 찍혀 있었다.

평소에는 넓은 초원에 나가 풀을 뜯던 소들은 사람들이 잡으려 해도 잘 잡히지 않았는데, 루쿨루스의 병사가 에우프라테스강을 건너자 그 가운데 한 마리가 여신에게 제물을 바칠 때 쓰는 바위에 올라갔다. 흔히 하던 방식대로 밧줄로 끌어오지도 않았는데, 제 발로 거기에 오른 암소는 루쿨루스가 제사에 쓸 제물이 되었다.

루쿨루스는 에우프라테스강에 황소를 제물로 바쳐 무사히 건너게 해 준 것에 감사를 드렸다. 그날과 다음 날 그곳에서 야영한 그는 셋째 날 소페네(Sophene)로 진격했다. 그는 자신을 기쁘게 맞이하는 주민들에게 아무런 해코지도 하지 않았다. 오히려 보물이 잔뜩 있으리라고 여겨지는 성채를 병사가 점령하려 하자, 그는 멀리 떨어져 있는 타우로스(Tauros)산맥 쪽을 가리키며 말했다.

"우리가 점령해야 할 요새는 저 너머에 있다. 이곳 가까이에 있는 것들은 그 전쟁의 승자를 위해 남겨 둔다."

그리고 그는 병사를 몰아 티그리스강을 건너 아르메니아로 들어갔다.

25

티그라네스에게 루쿨루스가 쳐들어오리라는 소식을 알렸던 첫 전령은 그 대가로 목이 잘렸다. 그 뒤로는 누구도 그에게 바

---

8   이 여신은 그리스 신화의 아르테미스 여신과 아나톨리아 지방의 지모신(地母神)인 키벨레(Cybele)가 합쳐진 존재로, 그리스 신화의 아르테미스와는 여러모로 다르다.

른말을 하지 않았다. 이제 티그라네스는 전쟁의 불길이 자기를 감싸고 다가오는 것도 모른 채 아첨꾼들에게 둘러싸였다. 아첨꾼들은 만약 루쿨루스가 에페소스로 와서 감히 티그라네스왕에게 맞섰을 때, 왕의 수많은 병사를 보고서도 아시아에서 도망치지 않는다면 루쿨루스를 진정한 장군으로 인정해 주겠노라고 말했다.

물 타지 않은 포도주를 마시고도 멀쩡한 사람은 별로 없듯이, 엄청난 호강을 누리면서 사리를 제대로 분별할 수 있는 사람도 거의 없다. 티그라네스가 그런 사실을 입증해 주었다. 아첨꾼들 사이에는 그에게 바른말을 해 줄 수 있는 막료인 미트로바르자네스(Mithrobarzanes)가 있었지만, 그도 바른말을 하고 나서 합당한 대가를 받지 못했다. 티그라네스는 그에게 기병 3천 명과 많은 보병을 이끌고 가서 루쿨루스를 맞아 싸우되, 적군을 모두 죽이고 오직 루쿨루스만을 사로잡아 오라고 명령했다.

그때 루쿨루스의 부대 가운데 일부는 진영을 차릴 준비를 하고 있었고, 나머지 부대는 아직도 모여들고 있었다. 아르메니아 병사가 쳐들어오고 있다는 소식을 들은 루쿨루스는 자신의 부대가 두 무리로 나뉘어 아직 질서가 잡히지 않은 상태에서 적을 맞이하면 위험하겠다고 생각했다. 그는 우선 진영을 갖추는 데 주력하기로 하고, 부관 섹스틸리우스에게 기병과 경보병과 중무장 보병 각각 1천6백 명씩을 이끌고 나가 적을 맞이하되, 자신의 주력 부대가 진지 작업을 마쳤다는 연락이 올 때까지 적과 싸우지 말고 기다릴 것을 지시했다.

섹스틸리우스는 그 지시를 지키려 했지만, 미트로바르자네스가 너무도 거칠게 쳐들어와 어쩔 수 없이 전투에 들어갔다. 전투 결과, 미트로바르자네스는 죽었고, 나머지 무리도 몇 사람을 빼놓고는 달아나거나 칼에 찔려 죽었다. 일이 이렇게 되자 티그라네스는 자신이 직접 세우고 자신의 이름까지 붙여

놓은 도시인 티그라노케르타(Tigranokerta)를 버리고 타우로스로 물러나 그곳에서 병력을 모았다.

그러나 루쿨루스는 그에게 시간을 주지 않았다. 그는 무레나를 보내 티그라네스와 합류하고자 다가오는 지원군을 무찔렀으며, 섹스틸리우스는 티그라네스에게 다가오던 아라비아의 대부대를 막아섰다. 아울러 섹스틸리우스는 아라비아군이 진지를 준비하고 있을 때 공격해 대부분을 죽였으며, 무레나는 티그라네스를 맹렬히 추격한 끝에 그가 긴 행렬을 이끌고 좁은 협곡을 지나갈 때 공격했다. 티그라네스는 짐을 모두 버리고 도주했다. 이때 많은 아르메니아 병사가 죽었고, 그보다 더 많은 병사가 잡혔다.

26

이와 같이 승리를 거둔 루쿨루스는 진지를 정리하고 티그라노케르타로 진격하여 성을 포위하고 공격하기 시작했다. 성안에는 이주해 온 그리스인과 킬리키아인 그리고 그리스인들과 같은 운명으로 이곳에 정착한 아디아베네(Adiabene)족, 아시리아인, 고르디에네족 그리고 카파도키아족이 살고 있었다. 지난날 티그라네스가 그들의 도시를 파괴하고 주민들을 강제로 이곳에 이주시켰던 것이다. 또한 이 도시에는 보물과 봉헌물이 가득했는데, 많은 평민과 귀족이 왕과 경쟁하듯 앞다투어 재산과 장식물을 신전에 바쳤기 때문이다.

루쿨루스는 더욱 거세게 성을 공격했다. 그렇게 하면 티그라네스왕이 더 이상 참지 못하여 판단력이 흐려질 테고, 결국 분노하여 평야로 나와 전쟁을 벌이리라고 루쿨루스는 생각했다.

루쿨루스의 판단은 옳았다. 그러한 정황을 잘 알고 있던 미트리다테스는 티그라네스에게 편지를 보냈다. 편지에는 나가서 싸우지 말고 기병대를 이용해 상대의 보급을 끊으라는 강력한 권고가 실려 있었다. 미트리다테스는 티그라네스와 공동 작전을 펼치라고 파견한 타크실레스(Taxiles)에게도 방어선을 지키고 무적의 로마군과 맞서지 말라고 엄중히 지시했다.

처음에는 티그라네스도 그 충고를 신중하게 들었다. 그러나 아르메니아인·고르디에네족·메디아인·아디아베네족이 모든 병사를 이끌고 오고, 바빌로니아해(海)에서 많은 아라비아인들이 들어오고, 많은 알바니아인들이 이베리아인들과 함께 들어왔다. 또한 아라크세스(Araxes)강 주변에 사는 부족들도 적지 않게 왔는데, 아직도 티그라네스에게 복종하지 않았던 그들은 지난날에는 선물과 호의를 베풀어야만 찾아왔었다.

티그라네스왕이 베푸는 잔치와 전략 회의에서는 희망에 찬 이야기와 무용담과 이민족들의 위협적인 호언장담들이 무성했다. 전쟁에 반대하던 타크실레스는 목숨을 잃을 위험에 빠졌고, 티그라네스는 미트리다테스가 자신의 승리를 시샘하여 전쟁을 막는다고 생각했다. 미트리다테스를 기다려 승리의 영광을 함께 나눌 뜻이 없었던 티그라네스는 그가 오기에 앞서 군대를 모두 이끌고 전쟁터로 나갔다.

들리는 바에 따르면, 티그라네스는 자신의 동맹들에게 로마의 장군들을 한꺼번에 대적하지 않고 루쿨루스 하나만을 상대하게 된 것이 몹시 한탄스럽다고 말했다고 한다. 여러 부족과 왕들이 밀집 대형을 이룬 중무장 보병과 기병대를 이끌고 그를 뒤따랐으니, 티그라네스는 우쭐해할 만한 근거가 있었던 것이다. 그는 넋 나간 사람이 아니었다.

루쿨루스가 원로원에 보낸 보고서에 따르면, 티그라네스는 궁수와 투석병 2만 명, 기병대 2만 5천 명을 거느리고 있었는데 그 가운데 1만 7천 명은 철갑옷을 입었다고 한다. 그리고 중무장 보병 15만 명 가운데 일부는 코호르트로 편제되어 있었고 일부는 밀집 대형을 이루고 있었다. 그 밖에도 길을 닦고 다리를 놓고 강의 물길을 돌리고 숲을 깎는 병사, 길과 군수품을 관리하는 병사가 3만 5천 명이었다. 이들은 전투 부대 뒤에 대오를 이루고 따랐는데, 그 위세가 당당했다.

27

티그라네스는 타우로스산맥을 넘어 병력을 배치한 다음, 티그라노케르타를 둘러싸고 있는 로마군을 내려다보았다. 성안에 있던 이방의 동맹국들은 그가 나타난 모습을 바라보며 환호했고, 곧 성벽에 올라 여봐란듯 아르메니아 병사를 가리키며 로마군을 위협했다. 루쿨루스가 전략 회의를 열자 어떤 막료들은 공성전을 포기하고 티그라네스와 싸우자는 의견을 내놓았고, 어떤 막료들은 적군을 등 뒤에 두고 티그라네스와 싸워서는 안 되니 계속 성을 포위하여 공격하자는 의견을 내놓았다.

양쪽 의견을 하나씩만 보았을 때는 나쁘지만, 그 둘을 합치면 좋다고 생각한 루쿨루스는 군대를 나누어 공격하기로 했다. 그는 무레나에게 보병 6천 명을 주어 성을 공격하도록 남겨 놓고, 자신은 1만 명이 넘지 않는 중무장 보병과 1천 명가량 되는 기병, 여기에 투석병과 궁수를 합쳐 24개의 코호르트에 달하는 병력을 이끌고 티그라네스와 싸우러 떠났다.

루쿨루스는 평야 가운데 흐르는 강을 따라 진영을 차렸다. 티그라네스가 보기에는 한심한 진형(陣形)이었고, 그의 아첨꾼들은 루쿨루스를 웃음거리로 여겼다. 어떤 병사들은 로마군을 조롱했고, 어떤 병사들은 낄낄대며 전리품을 누가 차지할 것인가를 놓고 내기를 했다. 제후(諸侯)와 장군들은 티그라네스 앞에 나와 자신이 혼자서 전공을 이룰 수 있도록 전투를 맡겨 주고, 왕은 뒤에서 구경만 하고 있으라고 간청했다. 이러한 재치와 농담의 향연에서 빠지고 싶지 않았던 티그라네스는 다음과 같은 유명한 어록을 남겼다.

"로마 병사는 사절이라고 하기에는 너무 많고, 전투병이라고 하기에는 너무 적구나."

그러면서 티그라네스 병사들은 얼마 동안 농담과 빈정거림을 이어 갔다. 날이 밝자 루쿨루스가 병력을 이끌고 나타났다. 그러자 이방 민족들은 강의 동쪽에 전열을 갖추었다. 그러나 걸어서 건너기에 가장 쉬운 곳에서 물길이 서쪽으로 휘어지자 루쿨루스는 군대를 이끌고 먼저 그쪽 방향을 공격하기 시작했다. 티그라네스 쪽에서는 그 모습이 루쿨루스가 후퇴하는 것처럼 보였다. 티그라네스는 타크실레스를 불러 웃으며 말했다.

"천하무적이라던 로마의 중무장 보병이 도망치는 모습이 그대의 눈에도 보이는가?"

타크실레스가 대답했다.

"전하, 전하에게 엄청난 행운이 일어나기를 빕니다. 그러나 로마 병사들은 단순히 행군을 할 때면 번쩍이는 갑옷을 입지도 않고 번쩍이는 방패를 들지도 않으며 투구를 쓰지도 않습니다. 그런데 지금 저들은 갑옷에서 가죽 덮개를 모두 벗겼습니다. 이는 전투를 하겠다는 뜻이 분명합니다. 저들은 지금 우리를 향해 진격해 오고 있습니다."

타크실레스가 말하는 동안 독수리 문양의 깃발이 먼저 나타나더니 루쿨루스가 마차를 이끌고 강을 건넜다. 그리고 로마군은 강을 건너려는 듯 코호르트를 마니풀루스(*manipulus*)[9] 규모로 나누었다. 아직 만취 상태에서 깨어나지 못한 티그라네스는 그 모습을 보고서야 두세 번 소리쳤다.

"저것들이 우리에게 쳐들어오고 있단 말이냐?"

그들은 한참 동안 소란을 벌인 끝에 겨우 전열을 갖추었다. 티그라네스가 중앙을 맡고, 왼쪽 날개를 아디아베네의 왕이 맡고, 오른쪽 날개는 메디아의 왕이 맡았다. 철갑 기병대는 대부분 오른쪽 날개 앞에 정렬했다. 루쿨루스가 강을 건너려

---

9   마니풀루스는 중대급 편제를 뜻한다. 120~200명으로 구성되었다.

할 때 어떤 사람이 다가와 말했다.

"오늘은 로마인들이 '검은 날'이라고 부르는 흉일(凶日)이니 조심하십시오."

얼마 전[기원전 105년]에도 이날 집정관 세르빌리우스 카이피오(Servilius Caepio)와 그의 부대가 킴브리(Cimbri)족과 싸우다 전멸한 적이 있었다. 그 말을 들은 루쿨루스는 다음과 같은 기억할 만한 말을 남겼다.

"그렇다면 나는 이날을 또한 로마인들의 길일(吉日)로 만들리라."

그날은 10월 6일이었다.

28

말을 마친 루쿨루스는 부하들을 격려하며 강을 건너 적군을 향해 몸소 쳐들어갔다. 그는 번쩍거리는 철갑 가슴받이를 걸치고 술(綠)을 달아 장식한 외투를 그 위에 입고 있었다. 또한 번쩍거리는 칼을 빼 들고 있었는데, 이는 처음부터 적군 가까이 다가감으로써 궁수들에게 사정거리를 허락하지 않겠다는 뜻이었다.

적진을 바라보니 그들은 철갑 기병대에 크게 의존하는 듯했다. 철갑 기병대는 높은 언덕의 밑자락에 자리 잡고 있었는데, 그 위에는 넓은 공터가 있었고 거기까지의 거리는 4스타디움에 지나지 않았다. 더욱이 거기까지 가는 길이 험하거나 가파르지도 않았다.

루쿨루스는 트라키아와 갈리아의 기병대에 적군의 옆구리를 공격하되 단검으로 긴 창을 비껴 막으라고 지시했다. 철갑 기병대의 무기는 긴 창밖에 없었다. 적군은 철갑으로 자신을 보호하면서 로마군을 공격했는데, 무겁고 뻣뻣하여 입고 있다기보다는 차라리 갇혀 있다고 표현하는 것이 옳았다.

루쿨루스는 두 개의 코호르트를 거느리고 언덕으로 쳐들

어 올라갔다. 피로에 젖은 보병들을 이끌고 갑옷을 입은 채 길을 트며 올라가는 그를 본 부하들은 있는 힘을 다해 그를 따랐다. 언덕에 오른 루쿨루스는 사람들의 눈에 가장 잘 띄는 곳에 서서 큰 소리로 이렇게 외쳤다.

"오늘은 우리의 날이다. 오늘은 우리의 날이다. 나의 전사들이여!"

이 말과 함께 루쿨루스는 적군의 철갑 기병대를 공격했다. 그는 휘하의 병사에게 투창을 던지지 말고 갑옷으로 보호받지 않는 적군의 다리와 허벅지를 공격하라고 지시했다. 그러나 그러한 전법은 필요 없었다. 적군이 로마 병사가 다가오기도 전에 비명을 지르며 도망쳤기 때문이었다. 그들은 온몸을 던지듯이 말과 함께 보병 부대 속으로 도망갔다.

이런 일은 싸움이 벌어지기에 앞서 일어났다. 로마군이 상처를 입거나 피를 흘리기도 전에 적군 몇만 명이 패주했다. 그러나 참혹한 학살은 그때부터 시작되었다. 아니, 그들이 도망을 시도하려 할 때 이미 살육은 시작되었다. 너무 빽빽한 대형을 이루고 있던 철갑 기병들은 도망조차 어려웠던 것이다.

전투가 벌어지자마자 티그라네스는 시종 몇 명과 함께 말을 타고 달아나다가 자기 아들도 자신처럼 어려움에 빠져 있는 것을 보았다. 그는 눈물을 흘리며 아들에게 왕관을 벗어 주면서, 다른 길을 찾아서라도 최선을 다해 살아남으라고 부탁했다. 그러나 왕자는 감히 왕관을 챙기지 못하고 가장 신임하는 노예에게 맡겨 보관하게 했다.

이 노예가 잡혀 루쿨루스에게 끌려오면서 왕관도 그의 전리품이 되었다. 들리는 바에 따르면, 이 전쟁에서 보병이 10만 명 넘게 죽었고 기병 몇 명만 겨우 살아서 도망했다고 한다. 그런가 하면 로마 병사 가운데에서는 1백 명이 다치고 다섯 명이 죽었다.

철학자 안티오코스(Antiocos)가 이 전쟁에 대해 쓴 『신(神)

에 관하여(*Concerning Gods*)』의 기록에 따르면, 일찍이 태양 아래 그런 전쟁은 없었다고 한다. 또 다른 역사학자인 스트라본(Strabon)의『역사 평론(*Historical Commentaries*)』에 따르면, 로마 군들은 겨우 이런 노예들과 싸우려고 무기를 들었나 싶어 부끄러워하며 웃었다고 한다.

리비우스(Livius)의 기록[10]에 따르면, 로마가 상대의 20분의 1도 안 되는 열세의 병력으로 그토록 많은 적군을 맞이하여 싸운 역사적 사례가 없었다고 한다. 로마의 역전의 용사들은 루쿨루스가 두 가지의 전혀 다른 전략, 곧 속도전과 지구전으로 그토록 탁월하고 강력한 두 왕을 무찌른 일을 칭송했다.

루쿨루스는 권세가 하늘을 찌를 듯했던 미트리다테스를 지구전으로 물리쳤고, 티그라네스는 속도전으로 물리쳤다. 그는 느린 전술로 위대한 전공을 세웠고, 그와 달리 빠르고 과감한 공격으로 더욱 완전한 승리를 이뤄 냈다. 역사상 이런 전공을 세운 장군은 거의 없다.

29

루쿨루스가 평소에는 신중하고 꼼꼼한 전술을 선호한다는 사실을 잘 알고 있던 미트리다테스는 서둘러 전장으로 달려오지 않았다. 티그라네스를 향해 천천히 가던 미트리다테스는 겁에 질려 도망치던 아르메니아 병사를 만나고 나서야 일이 돌아가는 상황을 알게 되었다.

무기도 없이 상처 입고 도망하던 그들을 본 미트리다테스는 티그라네스를 찾아 나섰다. 이윽고 발견한 티그라네스는 비참하고 치욕스러운 상태였다. 그러나 미트리다테스는 티그라네스의 무례하고 거만했던 태도를 그대로 갚아 주지 않았

---

10   이 부분은 리비우스의『로마사』제98권에 실려 있는 것으로 보이나, 그 부분은 지금 전해지지 않는다.

다. 오히려 말에서 내려 눈물을 흘리며 함께 아픔을 나누었다. 그는 티그라네스에게 자신이 타던 마차를 내주면서 앞날에 희망을 갖도록 격려해 주었다.

티그라노케르타에서는 그리스인들이 이방 민족을 상대로 반란을 일으켜 루쿨루스에게 도시를 넘겨줄 준비를 하고 있던 터라, 루쿨루스는 그 도시를 쉽게 공격하여 함락했다. 그는 왕실의 보물만 차지하고 병사에게 도시를 약탈하도록 허락했는데, 늘 그렇듯 화폐 8천 탈렌트를 비롯한 수많은 보물이 쏟아졌다. 이 밖에도 그는 병사들마다 8백 드라크마에 해당하는 전리품을 나누어 주었다.

티그라네스가 지은 극장의 봉헌식에 참석하려고 왔던 연극배우들이 그 도시에 잡혀 있다는 사실을 알게 된 루쿨루스는 그들이 경기와 연극을 거행하게 함으로써 승리를 자축했다. 그는 잡혀 있던 그리스인들에게 여비를 주어 고향으로 돌려보냈고, 강제로 이주해 온 이방인들에게도 꼭 같이 해 주었다. 이렇게 하나의 도시가 해체되면서 다른 여러 도시는 떠났던 주민들을 되찾았고, 그곳의 주민들은 모두 루쿨루스를 도시의 은인이자 창건자처럼 여기며 사랑했다.

루쿨루스는 하는 일마다 번성했는데, 이는 전쟁으로써가 아니라 정의와 사랑으로 시민들의 칭찬을 받고 싶어 하는 인간에게 하늘이 내려 준 응분의 보답이었다. 전쟁에서 이기려면 군대의 능력뿐만 아니라 운명의 도움이 크게 필요하지만, 공의로움과 절제된 인격은 고결한 성품만 있으면 얻을 수 있다. 이번에 얻은 성과가 보여 주었듯, 루쿨루스는 무기를 쓰지 않고도 이민족들을 정복해 나갔다. 아라비아의 왕들이 선물을 들고 찾아왔고, 소페네족도 왔다. 고르디에네족은 루쿨루스의 자비심에 탄복하여, 그들의 도시를 버리고 스스로 가족과 함께 찾아왔다.

앞에서(§21) 이야기한 바 있는 고르디에네의 왕 자르비에노스는 티그라네스의 압제를 견디지 못하여 아피우스 클로디우스를 통해 비밀리에 루쿨루스와 동맹을 맺었다. 그러나 정보가 새어 나가고 말았다. 로마인들이 아르메니아로 들어오기에 앞서, 그는 아내와 자녀들과 함께 죽었다. 이를 잊을 수 없던 루쿨루스는 고르디에네의 도시에 입성하자 자르비에노스의 장례를 준비했다.

루쿨루스는 죽은 왕의 옷과 보물과 티그라네스에게서 빼앗은 전리품으로 화장(火葬)하는 제단을 장식한 다음, 손수 불을 붙이고 고인의 막료와 친지들과 함께 마지막으로 술을 따르면서, 자르비에노스를 자신의 동지요 로마의 동맹자라고 불렀다. 루쿨루스는 또한 많은 돈을 들여 그의 기념비를 세웠다. 자르비에노스의 궁궐에는 온갖 보물과 곡식 3백만 부셸이 남아 있었는데, 루쿨루스는 이 물자를 활용함으로써는 국고에서 단 한 푼도 쓰지 않고 전쟁 을 치렀다는 칭송을 들었다.

30

이곳에 머무르는 동안 파르티아의 왕이 사신을 보내 우호 동맹을 맺자고 제안했다. 이에 동의한 루쿨루스가 답례로 파르티아에 사신을 보냈지만, 알고 보니 파르티아 왕은 양다리를 걸치면서 티그라네스와도 비밀스럽게 동맹을 맺은 상태였고, 그 동맹의 대가로 메소포타미아를 요구하고 있었다. 이러한 정보를 들은 루쿨루스는 꺼져 가는 불 같은 미트리다테스와 티그라네스를 거들떠보지도 않고 파르티아의 속셈을 떠보고자 그리로 쳐들어갔다.

루쿨루스는 마치 운동 경기라도 하듯이 단 한 차례의 전쟁으로 세 나라의 왕을 차례로 쓰러뜨림으로써 태양 아래 가장 위대한 세 제국을 차지하는 불멸의 승리자가 되리라고 생각했다. 이에 따라 루쿨루스는 폰토스에 머물고 있던 소르나티우스와 장군들에게 군대를 이끌고 자기가 있는 곳으로 오라고 지시했다. 그는 고르디에네에서부터 동쪽으로 진격할 계획이었다.

그러나 장군들은 소르나티우스의 병사들이 이미 다룰 수 없을 정도로 충성심이 사라졌고, 설득이나 강요로는 움직일 수 없다는 사실을 알게 되었다. 더욱이 병사들은 더 이상 이곳에 머물 수 없으며, 폰토스를 무방비 상태로 둔 채 돌아가겠다고 대놓고 큰소리쳤다.

이러한 소식이 루쿨루스의 진영에 들어오자 그의 부하들도 사기를 잃었다. 이미 배부르고 사치스러운 삶에 물든 루쿨루스의 병사들은 더 이상 군대 생활을 할 뜻이 없었고, 그저 쉬고 싶었다. 그들은 폰토스에 있는 병사가 그토록 대담한 주장을 했다는 소문을 듣고 그들이야말로 용기 있는 사람들이며, 이곳 고르디에네의 병사들도 모름지기 그들을 본받아야 한다고 말했다. 그동안 전쟁에서 세운 공적이 있으니, 그들도 이제는 위험과 고생에서 벗어날 권리가 있다는 것이었다.

31

그러한 불평이 더 높아지고 사정이 더 어려워지자 루쿨루스는 파르티아 원정을 포기하고 다시 티그라네스를 치러 떠났는데, 때는 [기원전 68년] 한여름이었다. 타우로스산맥을 지나던 그는 서늘한 날씨에 여름이 늦게 찾아와 곡식이 여물지 않은 것을 보고 낙심했다. 그럼에도 그는 산을 내려와 아르메니아인들을 공격하니 그들이 두세 차례 반격해 왔다. 루쿨루스는 두려움 없이 그들의 마을을 약탈하고 티그라네스가 마련해 둔 양곡을 빼앗음으로써 자신이 몰릴 수도 있었던 궁지로 티그라네스를 몰아넣었다.

그런 다음 루쿨루스는 적진 둘레에 해자(垓字)를 파게 한 뒤 그들이 보는 앞에서 그들의 영토를 짓밟았다. 그러나 그들은 너무도 여러 번 패배했던 터라 그 정도 공격에는 꿈쩍도 하지 않았다. 그래서 루쿨루스는 티그라네스의 아내와 어린 자식들이 살고 있는 아르타크사타(Artaxata)로 쳐들어갔다. 그는 티그라네스가 이곳을 포기하지 않으리라고 생각했다.

들리는 바에 따르면, 로마인들이 안티오코스를 점령하자 카르타고의 한니발(Hannibal)이 아르메니아 왕 아르타크사스(Artaxas)를 찾아가 여러 가지 유익한 충고와 조언을 했다고 한다. 이를테면 안티오코스를 돌아본 한니발은 아르타크사스를 그리로 데려갔다. 한니발은 안티오코스가 지리적 여건도 훌륭하고 매우 아름다운 곳인데도 사람이 살지 않고 버려진 점을 지적한 다음, 그 지역의 가능성을 설명해 주며 거기에 도시를 건설하고 건물을 세우도록 조언했다. 이에 왕은 몹시 기뻐하며 한니발에게 도시 건설을 감독해 달라고 부탁했다. 그렇게 해서 거대하고 아름다운 도시가 건설되자, 왕은 자기 이름을 따 이름을 아르타크사타라 짓고 아르메니아의 수도로 삼았다.

티그라네스는 아르타크사타로 진격하는 루쿨루스를 가만히 보고만 있을 수 없었다. 티그라네스는 군대를 이끌고 진격하여 넷째 날에 로마군과 마주쳤다. 그들 사이에는 아르사니아스(Arsanias)강이 흐르고 있었다. 로마군이 아르타크사타로 들어가려면 이 강을 건너야 했다. 루쿨루스는 승리가 이미 자기의 것이라고 확신하면서 신에게 제사를 올리고, 앞장서서 12개 코호르트를 이끌고 강을 건넜다. 나머지 부대는 적군이 측면에서 쳐들어오는 것을 막게 했다.

티그라네스가 많은 기병과 정예병을 이끌고 그의 앞에 나타났다. 그들은 마르디아(Mardia)족의 말 탄 궁수와 이베리아 창기병의 보호를 받고 있었는데, 티그라네스는 이들이야말로 가장 훌륭한 전사들이라고 생각하여 어느 용병(傭兵)보다도 신뢰했다. 그러나 티그라네스의 용병들은 뛰어난 전투 모습을 보여 주지 못했다. 그들은 로마의 기병대와 조금 실랑이를 하더니 짓쳐들어오는 보병에게 길을 내주고 좌우로 흩어져 로마 기병대의 추격을 받았다.

이렇게 용병들이 흩어지자 티그라네스가 직접 기병대를 이끌고 앞에 나타났다. 그들의 번쩍이는 갑옷과 많은 병력을 바라보던 루쿨루스는 겁에 질렸다. 그래서 루쿨루스는 도망치는 적병을 추격하던 기병대를 다시 불러들여 손수 이들을 이끌고 아트로파테네(Atropatené)족을 향해 쳐들어갔다. 아트로파테네족은 티그라네스왕을 따르던 제후들과 함께 건너편에 진영을 차리고 있었는데, 로마군이 자신들의 병영에 이르기도 전에 큰 혼란에 빠졌다.

로마군과 마주친 세 명의 왕 가운데 폰토스의 미트리다테스가 가장 굴욕적으로 도망친 것으로 보인다. 그는 로마군의 고함 소리만 듣고도 견디지 못하고 도망쳤다. 추격은 밤새도록 이어졌다. 로마군은 적군을 죽이거나 포로로 잡고 전리품을 챙기느라 기진맥진했다. 리비우스의 기록에 따르면, 지난날의 몇몇 전투에서 이보다 더 많은 적군을 만난 때는 있었지만, 이 전투에서는 그 어느 때보다도 더 지위가 높은 적장을 죽이거나 사로잡았다고 한다.

32

이번의 승리로 우쭐해져 용기를 얻은 루쿨루스는 내륙으로 더 들어가 이방의 영토를 완전히 장악하고 싶었다. 그러나 예상했던 추분의 날씨와 달리 혹독한 추위가 찾아와 땅은 모두 눈으로 덮였다. 맑은 날씨에도 서리와 우박이 내려 말이 물을 마실 수도 없고, 깨진 얼음이 말의 힘줄을 끊어 버려 강을 제대로 건널 수도 없었다. 온 땅에는 짙게 응달이 졌고, 길은 좁고 질척거려 병사들의 몸은 계속 젖어 있었다. 그들은 눈을 맞으며 걸었고, 밤이 되면 눅눅한 곳에서 불편하게 잠을 잤다.

이렇게 되자 전투가 끝난 뒤 며칠이 지났을 무렵에는 로마 병사들이 루쿨루스의 지시를 따르지 않았다. 병사들은 처음에 군무 위원을 루쿨루스에게 보내 진격을 중지해 달라고 요청했지만, 그가 듣지 않자 더 소란스럽게 집회를 열었다. 밤이 되면 막사 안에서 아우성을 치는 병사들은 마치 반란이라도 일으킬 것처럼 보였다. 루쿨루스는 그들의 가장 증오스러운 적장인 한니발이 세운 아르메니아의 아르타크사타를 함락하자며 참을성 있게 병사를 달래러 다녔다.

그러나 끝내 병사를 설득하지 못한 루쿨루스는 군사를 되돌렸다. 그는 왔던 길과는 다른 길로 타우로스산맥을 넘어 미그도니아(Mygdonia)라는 도시에 이르렀다. 이민족들은 땅이 기름지고 햇살이 좋으며 땅이 넓고 인구가 많았던 그곳을 니시비스(Nisibis)라 불렀고, 그리스인들은 미그도니아의 안티오키아라고 불렀다. 직위로 볼 때 미그도니아의 수비대장은 명목상 티그라네스왕의 동생인 구라스(Gouras)였지만, 실제로 이곳의 수비를 감독하는 인물은 칼리마코스였다. 그는 전투 경험이 많고 지략이 뛰어나 아미소스 전투에서 루쿨루스를 크게 괴롭힌 바 있었다.

그러나 루쿨루스는 그들의 턱밑에 진영을 차리고 여러 방면으로 그들을 공격하여 매우 짧은 시간에 폭풍처럼 도시를 함락했다. 루쿨루스는 스스로 찾아와 항복한 구라스를 너그럽게 맞이했지만, 비밀스럽게 숨겨 둔 보물이 있는 곳을 가르쳐 주겠다는 칼리마코스의 제안은 듣지 않았다. 루쿨루스는 칼리마코스를 쇠사슬로 묶어 데려오도록 한 다음 처벌했다. 칼리마코스가 과거에 아미소스를 불태움으로써 그곳의 그리스인들에게 은전을 베풀고 싶었던 루쿨루스의 야망을 빼앗았기 때문이었다.

33

이때까지만 해도 운명은 루쿨루스의 편에 서서 전쟁을 도와주었다고 말할 수 있다. 그러나 그때부터 마치 순풍이 멎기라도 한 듯, 그는 모든 일을 힘겹게 풀어 가야 했다. 그런 가운데에서도 루쿨루스는 위대한 지도자로서 용기와 인내심을 보여 주었지만, 그의 업적은 명성이나 인기를 가져다주지는 않았다. 아니, 오히려 얄궂고 불운한 일들이 그의 앞을 가로막아 이미 이뤄 놓은 공적들까지 잃을 처지가 되었다.

그러나 이런 불행들은 적어도 루쿨루스의 책임만은 아니었다. 루쿨루스는 일반 사병들의 비위를 맞추고 싶지 않았고, 휘하의 장군들을 즐겁게 해 주기 위한 일들은 자신의 권위와 명예를 떨어뜨린다고 생각했다. 사태를 더욱 악화시킨 것은 그가 상관이나 같은 계급의 동료들과도 쉽게 어울리지 못했다는 점이다. 루쿨루스는 그런 사람들을 우습게 여기면서, 자기와 견줄 만한 가치도 없는 이들이라고 생각했다. 들리는 바에 따르면, 루쿨루스는 이와 같은 나쁜 습성이 있었지만, 그 이상은 아니었다고 한다. 그는 훤칠하고 잘생겼으며, 정치적 모임에서나 전쟁터에서 모두 뛰어난 웅변가였다.

로마의 역사가 카이우스 살루스티우스 크리스푸스(Caius Sallustius Crispus)의 말에 따르면, 루쿨루스의 병사들은 키지코스나 아미소스로 전쟁을 하러 떠나는 것을 달가워하지 않았다고 한다. 2년이나 거푸 전쟁터에서 겨울을 보내는 것이 지겨웠기 때문이었다. 겨울은 혹독했다. 그들은 적지에서 동맹국의 병사들과 함께 하늘을 바라보며 잠을 잤다. 루쿨루스는 한 번도 우호적인 그리스로 돌아가 겨울을 난 적이 없었다. 병사들의 이와 같은 나쁜 감정은 로마에 있는 민중 지도자들에게 열렬한 지지를 받았다.

국내에 있던 지도자들은 루쿨루스를 시샘하면서 그가 권력과 전리품을 즐기느라 전쟁을 질질 끌고 있다고 비난했다. 그들은 루쿨루스가 오로지 킬리키아, 아시아, 비티니아, 파플라고니아(Paphlagonia), 갈라티아, 폰토스, 아르메니아, 파시스(Phasis)까지 이르는 곳을 정복하는 일만을 머릿속에 담고 있으며, 실제로 티그라네스의 궁전을 약탈하였고, 그곳의 왕들을 정복하러 간 것이 아니라 마치 그들의 살가죽을 벗기려고 간 사람 같다고 말했다.

들리는 바에 따르면, 이 말은 법정관 가운데 한 사람이었던 루키우스 퀸투스가 했다고 한다. 루쿨루스의 뒤를 이어 그곳의 사령관으로 파견할 인물을 뽑는 투표를 할 때 사람들은 그의 말에 귀를 기울였다. 민중은 또한 많은 현역 군인을 군 복무에서 면제시켜 주는 법안을 통과시켰다.

34

이런 어려움에 겹쳐 루쿨루스의 업적을 깎아내리는 또 다른 일이 벌어졌다. 바로 푸블리우스 클로디우스 때문이었다. 그는 루쿨루스의 아내의 오빠였는데, 거만하고 거칠었으며, 이유도 없이 폭력을 휘둘렀다. 루쿨루스의 아내 역시 행실이 단정하지 못하여 오빠와 불륜을 맺고 있다는 비난을 들었다. 그 무렵에 루쿨루스의 부대에서 복무하던 클로디우스는 자신이 합당한 대우를 받지 못하고 있다며 불만스러워하면서 자신이 가장 높은 지위를 차지해야 한다고 생각했다.

자신의 고약스러운 성격 때문에, 많은 사람이 자기보다 앞서가는 것을 본 클로디우스는 핌브리아 장군 휘하의 병사들과 은밀하게 일을 꾸미기 시작했다. 클로디우스는 병사들이 루쿨루스에게 반감을 갖도록 부추겼고, 그 말이 잘 먹혀들어 갔다. 그들은 입에 발린 말을 마다하지 않는, 그런 말에 익숙한 무리였다.

일찍이 핌브리아는 병사들에게 집정관 플라쿠스를 죽이고 자기를 그들의 장군으로 선택하라고 설득한 적이 있었다. 그런 무리였던 만큼, 이번에 클로디우스의 말을 들은 그들은 클로디우스야말로 병사들의 친구라고 말했다. 그러자 클로디우스가 말했다.

"나는 그대들을 생각하면 분노를 참을 수 없습니다. 수많은 전쟁과 고생이 쉽게 끝날 것 같지도 않습니다. 그대들은 이 나라 저 나라를 떠돌면서 목숨을 잃고 있습니다. 그대들은 온갖 보물로 치장한 황금 잔을 실은 루쿨루스의 낙타와 마차를 끌고 다니면서 그 대가를 충분히 받지도 못했습니다. 폼페이우스의 병사들은 미트리다테스나 티그라네스를 불모의 사막으로 몰아넣은 적도 없고, 아시아의 왕궁들을 파괴한 적도 없고, 기껏해야 스페인으로 쫓겨 간 무리와 이탈리아로 도망친 노예들을 대상으로 싸웠는데도, 지금은 부유한 도시에서 땅을 차지하고 아내와 자식들과 더불어 편안하게 살고 있습니다. 이 전쟁이 끝날 것 같지 않다면, 그대들은 병사들의 재산을 가장 존귀한 명예로 여기는 다른 장군을 위해 여러분의 남은 목숨과 몸을 아껴 두어야 하지 않겠습니까?"

이와 같은 연설을 들은 루쿨루스의 병사들은 크게 사기를 잃었고, 루쿨루스의 지휘 아래에서는 티그라네스나 미트리다테스를 상대로 싸우려 하지 않았다. 두 왕은 아르메니아에서 폰토스로 돌아와 그곳에서 자신들의 힘을 되찾고자 노력하고 있었다. 그러나 루쿨루스의 병사들은 겨울을 핑계 삼아 고르디에네에서 미적거리며 폼페이우스나 다른 장군이 루쿨루스의 후임으로 파견되기를 간절히 기대하고 있었다.

35

그러나 [기원전 67년에] 미트리다테스가 화비우스(Fabius)를 무찌르고 소르나티우스와 트리아리우스(Triarius)를 치러 오고 있다는 소식이 들리자 병사들은 자신들의 소행을 부끄러워하며 루쿨루스를 따랐다. 그러나 루쿨루스에게 승리의 공로를 빼앗기고 싶지 않았던 트리아리우스는 루쿨루스의 부대가 도착하기에 앞서 승리를 장담하고 전투에 나갔다가 크게 패배했다.

들리는 바에 따르면, 이 전투에서 로마군 7천 명이 죽었는데 그 가운데 150명은 백인대장이었고, 군무 위원 24명도 들어 있었다고 한다. 그들의 진지도 미트리다테스에게 빼앗겼다. 그러나 며칠 뒤에 도착한 루쿨루스는 분노한 병사들의 눈에 띄지 않도록 트리아리우스를 숨겨 주었다.

그러는 동안에 미트리다테스는 싸울 뜻을 보이지 않았다. 그는 많은 병력을 이끌고 내려오는 티그라네스를 기다리고 있었다. 루쿨루스는 그들의 군대가 합세하리라는 것을 알아차리고, 그에 앞서 공격하고자 군대를 되돌려 티그라네스를 향해 진군했다. 그러나 루쿨루스가 이동하는 동안에 핌브리아의 병사가 반란을 일으켜 대오를 벗어나면서, 자신들은 시민이 자기들에게 부과한 병역을 마쳤으며 이 지역에 대한 작전권은 다른 장군에게 넘어갔으므로 루쿨루스는 더 이상 자기들을 지휘할 권한이 없다고 선언했다.

그렇게 되자 루쿨루스는 품위를 지킬 겨를도 없이 마지막 방법을 쓰는 수밖에 없었다. 그는 몸을 낮추고 눈물을 흘리며 이 막사에서 저 막사로 병사를 찾아다니며 손을 잡고 남아 줄 것을 호소했다. 그러나 병사들은 그의 애원을 거절하고 빈 지갑을 땅바닥에 내던지며, 적군에게 빼앗은 돈이 어디 있는지는 장군만이 알고 있으니 전쟁도 혼자 나가 싸우라고 말했다.

그런 말을 들은 다른 부대의 병사가 나서서 말린 뒤에야 핌브리아의 병사들은 여름 동안만 남아 있기로 하고 시위를 풀었다. 그러나 만약 그동안에 적군의 침공이 없으면 자기들은 해산한다는 조건이었다. 루쿨루스로서는 이 땅을 이민족들에게 넘겨줄 수는 없던 터라 그들의 조건을 받아들였다. 그는 겨우 병사를 한곳에 모아 둘 수 있었을 뿐, 더 이상 그들을 이끌고 싸움을 할 수 없었다.

루쿨루스가 기대할 수 있는 것이라고는 겨우 그들을 붙잡아 두는 일뿐이었다. 그는 자기가 이미 모두 정복했다고 원로원에 보고까지 한 티그라네스가 카파도키아를 유린하고, 미트리다테스가 다시 거만을 피워도 그저 무기력하게 바라만 볼 수밖에 없었다. 더욱이 본국에서는 로마군이 폰토스를 점령한 줄 알고 그곳의 행정을 처리할 관리들을 보낸 상태였다.

그러나 그 관리들이 와서 보니, 루쿨루스는 폰토스를 점령하기는커녕 지휘권을 잃고 병사들의 놀림감이 되어 있었다. 병사들은 그를 장군으로 취급하지도 않았다. 그러다가 여름이 지나가자 병사들은 갑옷을 입고 칼을 빼 들며, 이미 멀리 가 버려 보이지도 않는 적군과 싸우겠다고 떠들었다. 전투의 함성을 지르며 허공에 대고 무기를 휘두르던 그들은 곧 진영을 떠났다. 그러면서 자기들이 루쿨루스와 함께 머물기로 약속한 시간이 지나갔음을 상기시켰다.

[기원전 66년에] 미트리다테스와 티그라네스에 맞서 전쟁을 수행할 사령관으로 임명된 폼페이우스는 편지를 보내 남아 있던 병사들을 불러들였다. 그는 이미 민중의 호감과 민중 지도자들의 환심을 얻고 있었다. 그러나 원로원과 귀족들은 루쿨루스가 억울한 일을 겪고 있다고 생각했다. 그들은 루쿨루스가 전쟁에서 진 것이 아니라 다 이긴 승리를 빼앗겼으며, 원정군을 남에게 넘겨준 것이 아니라 원정의 월계관을 넘겨주었다고 말했다.

36

루쿨루스와 함께 싸웠던 사람들에게는 그 사건이 더욱 분노할 일이었다. 루쿨루스가 그들이 전장에서 세운 공에 따른 보수를 지급할 권한을 잃은 것이다. 심지어 폼페이우스는 사람들이 루쿨루스를 만나는 것도 허락하지 않았으며, 루쿨루스가 열 명의 위원과 합의하여 만든 법령과 규정을 지키지 못하게 했다. 그에 반대되는 법령을 만들거나, 많은 병력을 이끌고 나타나 겁을 줌으로써 방해한 것이다.

그럼에도 루쿨루스와 폼페이우스 두 장군의 막료들은 그

들이 만나도록 해 주기로 결정했다. 이윽고 두 사람은 갈라티아의 어느 마을에서 만났다. 두 사람은 따뜻하게 인사를 나누고 서로 승전을 축하했다. 루쿨루스의 나이가 더 많았지만 폼페이우스의 위세가 더 높았다. 이는 폼페이우스가 더 많은 전쟁을 겪었고, 두 번이나 개선식을 치렀기 때문이었다.

루쿨루스와 폼페이우스 앞에는 병사가 그들의 승리를 상징하는 부월(斧鉞, fasces)[11]을 월계수로 장식하여 들고 있었다. 그러나 폼페이우스는 메마른 사막을 오랫동안 달려온 터라 부월을 장식한 월계수가 시들어 있었다. 이를 본 루쿨루스의 부관이 사려 깊게 푸르고 싱싱한 자기들의 월계수를 폼페이우스의 부관에게 건네주었다.

폼페이우스의 막료들은 이러한 분위기를 좋은 징조로 해석했다. 실제로 루쿨루스의 원정이 거둔 성과들은 폼페이우스의 지휘권에 힘을 실어 주었기 때문이었다. 그러나 그들의 회담은 적절한 합의에 이르지 못했고, 두 장군은 더 서먹해진 상태로 헤어졌다. 폼페이우스는 다시 루쿨루스의 지시 사항들을 무효화시켰고, 그의 병사도 1천6백 명만을 남긴 채 모두 빼앗아 갔다. 남은 병력은 루쿨루스의 승전 행진을 함께할 이들이었지만, 그들도 기쁜 마음으로 루쿨루스를 따르지는 않았다.

지도자로서 가장 중요한 미덕은 사람의 마음을 사로잡는 것인데, 루쿨루스는 그런 덕목을 갖추지도 못했고 행운도 따르지 않았다. 만약 그가 여러 고결한 덕목, 이를테면 용기, 근면, 슬기로움, 정의감에 더하여 부하들의 마음을 사로잡는 능력까지 갖추었더라면 아마도 로마의 국경은 에우프라테스강에 그치지 않고 아시아의 경계를 넘어 카스피해(Mare Hycarnum, Caspian Sea)까지 뻗어 나갔을 것이다.

---

11 부월(斧鉞)은 고대 국가에서 권력의 상징으로 주던 도끼로서 동서양의 풍습이 같았다.

당시 그 지역의 모든 민족들은 티그라네스에게 시달려 제대로 힘을 갖추지 못했기 때문이다. 또한 파르티아 세력도 크라수스 시대만큼 강성하지 않았고 통일되어 있지도 않았다. 오히려 그들은 내전과 외환(外患)으로 말미암아 아르메니아인들의 분별없는 공격을 막아 낼 힘조차 없었다.

내가 생각하기에, 루쿨루스가 다른 민족들을 정복함으로써 자기의 조국에 끼친 해독은 그가 이룬 공적보다 더 컸다. 그가 아르메니아를 이기고 파르티아와 티그라노케르타와 니시비스에 세운 승전비들, 거기서 약탈하여 로마로 가져온 보화들, 그리고 노획한 티그라네스의 왕관을 자신의 개선식 때 전시한 일은 크라수스가 아시아를 정복하도록 유혹했다.

크라수스가 생각하기에, 이방 민족은 그저 전리품을 뜯어낼 상대일 뿐이었다. 그러나 크라수스가 파르티아족의 화살 맛을 보고, 루쿨루스가 적군의 무모하고도 바보 같은 짓으로 말미암아 승리를 얻은 것이 아니라 그의 용맹과 능력으로 승리한 것임을 깨닫는 데에는 그리 오랜 시간이 걸리지 않았다. 그러나 이런 일들은 모두 그 뒤에 일어난 일들이다.

37

로마로 돌아온 루쿨루스는 제일 먼저 자기 동생 마르쿠스가 술라 밑에서 재무관을 지낸 것이 문제가 되어 카이우스 멤미우스(Caius Memmius)에게 고발당했다는 사실을 알았다. 마르쿠스는 끝내 무죄 판결을 받았지만, 멤미우스는 루쿨루스에게 죄를 씌워 민중의 반감을 이끌어 내려고 선동했다.

멤미우스는 루쿨루스가 자신을 위해 많은 공금을 유용했으며, 쓸데없이 전쟁을 질질 끌었다고 비난함으로써 끝내 민중을 설득하여 개선식을 치르지 못하도록 했다. 루쿨루스는 그러한 결정을 뒤집으려고 갖은 애를 쓴 끝에, 각 부족에서 가장 영향력이 큰 인물들이 도와줌으로써 [기원전 66년에] 겨우 개선식을 치를 수 있도록 민중을 설득했다.

이 개선식은 행렬의 길이나 전시물로 볼 때, 여느 개선식처럼 놀랍거나 화려하지 않았다. 그러나 루쿨루스는 적군에게서 노획한 여러 무기와 전차로 플라미니우스의 원형 경기장(Circus Flaminius)을 장식했는데, 이는 참으로 볼 만한 것이어서 경멸을 받지 않았다. 행렬에는 철갑을 입은 기마병 몇 명과 낫을 꽂은 전차가 뒤따랐고, 60명에 이르는 왕의 막료들과 장군들이 따랐다.

뱃머리에 동판을 씌운 110척의 전함도 행렬에 참가했다. 높이가 6페스(pes)[12]에 이르는 미트리다테스왕의 황금 조상(彫像)과 보석으로 장식한 아름다운 방패, 은그릇을 실은 들것 스무 개, 황금 잔을 실은 들것 서른두 개 그리고 갑옷과 화폐도 있었다. 이것들을 모두 사람이 날랐다.

그 뒤로 황금으로 만든 카우치를 얹은 노새 여덟 마리와 은덩어리를 실은 노새 56 마리, 은화 270만 개를 실은 노새 107 마리가 더 따랐다. 그리고 해적을 소탕하는 전쟁을 치른 폼페이우스에게 루쿨루스가 지불한 돈의 총액을 적은 서판, 공금 관리자에게 입금한 금액의 목록을 적은 서판, 군인 한 사람마다 950드라크마를 받았다는 사실을 기록한 서판이 그 뒤를 따랐다. 이 모든 것 말고도 루쿨루스는 로마와 그 둘레에 있던 이른바 비쿠스(vicus)[13]에도 풍성한 잔치를 베풀었다.

---

12 1페스는 약 29.5센티미터이다.
13 비쿠스는 로마의 식민지에 있던 도시들 가운데 경제적 기능만을 인정받던 낮은 지위의 지역들을 뜻한다. 그곳의 주민들은 로마 시민권을 얻지 못했으나, 몇몇 지역은 커다란 시장으로 기능하면서 도시의 성격을 띠었다. 상업과 수공업이 번성한 이 지역들은 인구가 증가하여 지역 경제의 중추적 역할을 했다.

38

음탕하고 천박했던 여인 클로디아와 이혼한 루쿨루스는 소
(少)카토(Cato the Younger)의 여동생인 세르빌리아(Servilia)와 재
혼했으나 이번 결혼도 불행했다. 클로디아가 자기 오빠와 간
통한 사실을 제외한다 해도 두 여인이 저지른 추문에는 서로
덜할 것이 없기 때문이었다. 모든 점에서 세르빌리아는 클로
디아에 못지않게 불쾌하고도 방종한 여인이었다. 루쿨루스는
카토를 보아서라도 그 여인을 용서하려고 애썼지만 끝내 헤어
졌다.

원로원은 루쿨루스가 자신의 명성과 영향력을 이용해 폼
페이우스의 독재를 막아 내고 귀족 정치의 우월성을 지켜 주기
를 바랐지만, 그것은 지나친 기대였다. 루쿨루스는 모든 공직
을 버렸다. 자기가 어쩔 수 없을 만큼 로마의 정치가 병들어 있
었기 때문이었다. 어떤 사람의 말에 따르면, 루쿨루스는 얻을
수 있을 만큼의 영예는 이미 다 얻었다고 생각했다. 그동안 수
많은 전쟁을 치르고 고생을 겪은 만큼, 이제는 아늑하고 호화
로운 삶으로 돌아갈 자격을 얻었다고 생각했다는 것이다.

어떤 사람들은 루쿨루스가 그렇게 변화함으로써 마리우
스가 겪었던 불행한 운명을 겪지 않았다고 칭찬했다. 마리우
스로 말하자면, 그는 킴브리아 전투를 비롯하여 수없이 유명
한 공로를 세운 뒤에도 공명을 이루려는 노력을 멈추지 않았
고, 명성을 즐기는 일도 멈추지 않았다. 오히려 마리우스는 명
성과 권력에 대한 욕망에 더욱 집착했다.

그런 욕망을 늙어서까지 갖고 있었던 폼페이우스도 정무
를 수행하면서 젊은이들과 다투었고, 끔찍한 행위를 저지름으
로써 비참한 일을 겪었다. 사람들은 말하기를, 키케로(Cicero)
도 카틸리네(Catiline) 사건[14]을 치른 뒤에 바로 욕망의 닻을 내

14　카틸리네(기원전 108?~62)는 몰락한 귀족 출신으로, 검찰관(기원전 78),

렸더라면 훨씬 더 행복한 노년을 지냈을 것이라고 한다. 스키피오 아프리카누스(Scipio Africanus)도 누만티아(Numantia)를 카르타고인들에게 넘기고 정치를 마쳤더라면 말년에 훨씬 더 행복했을 것이다.

정치의 물레방아에는 자연스레 멈추어야 할 때가 있다. 삶의 열정이 모두 사라진 뒤에도 정치적 투쟁을 계속하는 모습은 힘 빠진 운동선수들과 마찬가지로 누추해 보인다. 그러나 크라수스와 폼페이우스는, 마치 사치스러운 삶은 그 늙은 나이에 정치나 전쟁을 하는 것만큼이나 부적절하다는 듯이, 루쿨루스가 쾌락과 사치에 자신의 몸을 던진 것을 비웃었다.

39

고대의 희극이 다 그렇듯, 루쿨루스의 생애 가운데 앞부분은 정치와 전쟁 이야기이고, 뒷부분은 술판과 잔치와 흥청거림과 횃불 경주 같은 바보짓으로 채워진 것이 사실이다. 산책로와 목욕탕처럼 그가 허세를 보이고자 지은 비싼 건물들 그리고 그가 애써 모은 미술품은 모두 어리석은 것들이라고 나는 말하지 않을 수 없다. 루쿨루스는 이들을 수집하는 데 엄청난 돈을 들였다. 전쟁으로 번 많은 재물을 여기에 쏟아 부은 것이다. 사치가 더 늘어난 오늘날의 기준으로 보아도, 루쿨루스의 정원은 어느 제왕의 것보다도 호화롭다고 알려져 있다.

루쿨루스가 네아폴리스(Neapolis) 해안과 인근에 지은 건물들을 보노라면 그런 생각이 든다. 그는 넓은 터널 위로 언덕을

치안관(기원전 68), 아프리카 총독(기원전 67~66)을 역임했다. 그 뒤 여러 차례 집정관에 입후보하였으나 거듭 낙선하자, 국가 전복의 음모를 꾸미다 발각되어 에트루리아로 도망했고, 추격해 온 정부군과 싸웠으나 패전하여 죽었다. 이 사건은 공화정 말기 로마 사회의 부패와 타락을 단적으로 말해 주었다. 당시의 집정관 키케로는 카틸리네를 탄핵하여 실각시킴으로써 명성을 얻었다. 역사가 살루스티우스(Sallustius)의 『카틸리네의 음모』는 이 사건을 다룬 작품으로 유명하다.

쌓고, 물고기를 기를 수 있도록 집 근처에 바닷물과 강물을 담은 저수지를 파고, 바다 가운데에도 집을 지었다. 스토아학파의 투베로(Tubero)는 그 건물들을 보면서 루쿨루스를 가리켜 "로마의 겉옷을 입은 페르시아의 왕 크세르크세스"라고 불렀다.

루쿨루스는 투스쿨룸(Tusculum) 가까이에 시골 별장을 가지고 있었는데, 거기에는 전망대와 넓은 야외 연회장과 회랑이 있었다. 언젠가 폼페이우스가 그곳에 왔다가 시골집이 여름을 보내기에는 좋지만 겨울을 나기에는 적절하지 않다고 나무라자 루쿨루스는 웃으면서 말했다.

"장군은 내가 황새나 두루미 같은 철새들만큼 생각도 못 하는 사람인 줄로 아시나요? 집이란 철 따라 바꾸면 되지요."

어떤 법정관이 민중에게 보여 줄 연극을 야심 차게 준비하다가 합창단이 입을 자주색 겉옷을 지어 달라고 루쿨루스에게 부탁한 적이 있었다. 루쿨루스는 자기에게 그런 물건이 있는지 알아보고 있으면 주겠노라고 대답했다. 이튿날 그는 법정관에게 몇 벌이 필요하냐고 물었다. 법정관이 1백 벌이면 충분하다고 말하자 루쿨루스는 2백 벌을 가져가라고 대답했다. 시인 플라쿠스(Gaius Valerius Flaccus)는 이 일을 두고 이렇게 넌지시 말했다.

"눈에 보이지 않는 보물이 눈에 보이는 보물보다 더 많은 집이 부잣집인데, 루쿨루스는 그렇지 않다고 생각하고 있군."(『서한집』, I : 6)

40

루쿨루스가 매일 먹는 식사는 마치 벼락부자가 먹는 것 같았다. 그는 화려하게 물들인 식탁보를 썼고, 보석을 박은 술잔으로 술을 마시는 동안 합창단이 노래를 부르고 연극배우가 시를 낭송했다. 그뿐만 아니라 그는 온갖 종류의 고기를 정성 들여 준비한 접시에 담아 먹음으로써 평민들의 부러움을 샀다.

언젠가 폼페이우스가 아플 때 했던 말이 사람들에게 널리 알려졌다. 그의 담당 의사가 그런 병에는 지빠귀를 먹는 것이 좋다고 처방해 주었다. 이에 지빠귀를 구하려던 노예가 말했다.

"지금 같은 여름철에는 그 새를 구할 수 없고, 다만 루쿨루스가 키우는 것이 있을 뿐입니다."

그러나 폼페이우스는 그 새를 얻으러 루쿨루스에게 찾아가지 말고 좀 더 쉬운 방법을 찾아보라고 말하면서 담당 의사에게 말했다.

"루쿨루스라는 사람이 그토록 호화롭게 살지 않았더라면 폼페이우스는 죽었어야 한다는 말인가?"

그럼에도 루쿨루스의 친구이자 처남이었던 카토는 루쿨루스의 생활 습관에 대해 크게 마음 상해하지 않았다. 언젠가 젊은 원로원 의원이 그다지 적절하지 않은 때에 절제와 검약에 대하여 길고도 지루한 연설을 늘어놓자, 카토가 일어서서 말했다.

"그만하시오. 그대는 크라수스처럼 돈을 모으고, 루쿨루스처럼 살면서, 카토처럼 말하는군요."

그러나 어떤 사람의 말에 따르면, 이런 개탄의 소리가 실제로 있었던 것은 사실이지만 카토가 그런 말을 한 것은 아니라고 한다.[15]

41

그뿐만이 아니었다. 루쿨루스가 자신의 삶을 얼마나 즐기고 자랑스럽게 생각했는지에 관한 여러 일화가 기록으로 전해지

---

15   이 말은 「소(少)카토전」(§19)에도 인용되어 있는데, 거기에는 이 말을 한 사람이 암나이우스(Amnaeus)로 되어 있다. 여기에서는 카토의 말로 되어 있는데, 이는 플루타르코스의 착오로서, 문맥으로 미루어 볼 때 암나이우스가 맞는 듯하다.

고 있다. 이를테면 그는 여러 날에 걸쳐 로마로 넘어온 그리스인들을 대접한 적이 있었다. 그러나 그리스인다운 염치를 갖춘 그들은 루쿨루스가 날마다 그토록 많은 돈을 쓰자 그의 초대를 더 이상 받아들이는 것을 미안하게 여겼다. 그러자 루쿨루스가 웃으면서 말했다.

"나의 그리스 친구들이여, 그대들을 위해 어느 정도 경비가 드는 것은 사실입니다. 그러나 그 경비의 대부분은 루쿨루스를 위해 쓰는 것입니다."

언젠가 루쿨루스가 혼자서 식사를 하는데, 식사가 한 가지 요리로 간단히 준비되어 있었다. 화가 난 그가 식사를 담당하는 노예를 불러 꾸짖었다. 그러자 노예가 말했다.

"별다른 손님이 없을 때도 비싼 요리를 차려야 하리라고는 미처 생각을 못 했습니다."

이에 루쿨루스가 말했다.

"무슨 소리를 하는가? 너는 오늘 루쿨루스가 루쿨루스를 초대하여 식사하는 것도 모르고 있었다는 말이냐?"

이런 소문들이 자연스럽게 로마인들의 입에 오르내리자 키케로와 폼페이우스가 토론의 광장을 거닐고 있는 루쿨루스를 찾아갔다. 비록 군대의 지휘권 문제로 루쿨루스와 폼페이우스의 사이가 조금은 냉랭했지만, 키케로는 루쿨루스의 가장 가까운 친구 가운데 한 명이었다. 둘은 자주 만나 다정하게 이야기를 나누는 사이였다. 키케로가 인사하며 말을 걸었다.

"한 가지 부탁이 있는데, 기분이 어떠신지요?"

루쿨루스가 대답했다.

"예, 기분이 아주 좋습니다. 부탁이라는 것이 무엇인지요?"

그러자 키케로가 말했다.

"오늘 장군께서 혼자 식사하던 때와 꼭 같은 식단으로, 우리를 저녁 식사에 초대해 주실 수 있을는지요?"

그런 제의에 루쿨루스가 반대하면서 하루 늦춰 줄 수 있느냐고 물었다. 폼페이우스와 키케로는 이를 거절하면서 루쿨루스가 그의 노예와 상의하는 것도 허락하지 않았다. 루쿨루스가 노예와 상의하여 늘 먹던 식사보다 더 비싼 것을 준비하지 않도록 하려는 것이었다. 그들은 자기들이 자리를 함께한 상태에서 그의 노예를 불러 말하도록 했고, 루쿨루스는 노예에게 그날 아폴론에서 식사를 할 수 있도록 하라고만 지시했다. 그곳은 루쿨루스의 고급 저택 가운데 하나였는데, 두 사람은 그것을 모르고 깜박 속은 것이다.

루쿨루스의 여러 저택에 속한 식당들은 각기 할당된 비용과 식기를 비롯한 집기 등이 정해져 있었다. 따라서 그가 어느 식당에서 식사를 하고 싶다고 말하면, 노예들은 그날의 식사에 얼마의 비용을 들일지, 어떤 장식을 꾸미고 식단을 어떻게 짜야 할지를 모두 알 수 있었다. 그가 보통 아폴론에서 저녁 식사를 할 때 드는 비용은 5만 드라크마였는데, 이번에도 그 정도가 들었다. 폼페이우스는 그 짧은 시간에 그토록 비싼 식사를 준비한 데 놀랐다. 이런 식으로 루쿨루스는 마치 이민족에게서 잡아온 포로들처럼 자기 재산을 헤프게 사용했다.

42

그러나 루쿨루스가 도서관을 세운 일은 따뜻한 칭송을 받아 마땅하다. 그는 책을 많이 모았는데, 모두 훌륭한 것들이었다. 그러나 그가 책을 이용한 방법은 책을 모았다는 사실보다 더 영예로웠다. 그의 도서관은 모든 이에게 열려 있어 그리스인들까지도 아무런 거침 없이 이용할 수 있었다.

그리스인들은 마치 음악의 신(Musai)의 집에 놀러 가듯이 기꺼이 다른 일들을 마다하고 도서관을 찾아 서로 어울려 하루를 보냈다. 루쿨루스는 그리스인들과 함께 도서관에서 시간을 보내면서 회랑을 거닐었고, 정치인들이 바라는 것이라면 무엇이든 도와주었다. 루쿨루스의 집은 로마에 온 그리스인들의 집이자 공회당이었다.

루쿨루스는 철학을 좋아하여 모든 학파에 동정적이고 우호적이었다. 그는 처음부터 아카데미아에 각별한 애정을 쏟았는데, 이른바 신(新)아카데미아가 아닌 구(舊)아카데미아를 좋아했다.[16] 그 무렵에 신아카데미아학파는 휠론(Philon)[17]에 있는 카르네아데스(Karneades)의 사상을 열렬히 대변하고 있었으며, 구아카데미아는 아스칼론(Ascalon)에 있는 안티오코스(Antiocus)라는 사람이 이끌어 가고 있었다.

루쿨루스는 이 안티오코스를 자기의 동지요 반려자로 여겨 키케로가 소속된 휠론의 학파에 대항하도록 만들었다. 실제로 키케로는 이 학파의 이론을 지지하는 훌륭한 글을 쓴 바 있다. 그 글에서 키케로는 루쿨루스의 입을 빌려 구아카데미아학파의 '이해론(理解論, Comprehension)'을 지지하게 하면서 자기는 그 반대의 이론을 제기했는데, 그 책의 제목이 '루쿨루스(*Lucullus*)'였다.

내가 앞서 말했듯이, 루쿨루스와 키케로는 절친한 친구로서 같은 당파에 소속되어 있었다. 비록 루쿨루스는 최고의 권좌와 권력을 얻으려는 야심 찬 투쟁을 크라수스와 카토에게 망설임 없이 물려주었지만 그렇다고 정치에서 완전히 손을 뗀 것은 아니었다. 다만 그는 정치가 위험하고 수치스러운 일과 연결되어 있음을 잘 알고 있었다. 폼페이우스의 권력을 의심

---

16 고대 아카데미아는 플라톤 시대의 아카데미아(Akademia Platonos)를 나누어 설명하는데, 기원전 3세기 무렵의 아르케실라오스(Arcesilaos) 시대를 중기라 하고, 기원전 2세기 무렵 클레이토마코스(Kleitomachos)와 카르네아데스(Karneades) 시대를 신아카데미아 시대라 한다.

17 휠론이 무엇을 뜻하는지에 대해서는 해석이 서로 다르다. 드라이든(John Dryden)은 인물로 보았고(New Academy under Philo), 페린(B. Perrin)은 지명으로 보았다.(Carneades in Philo) 휠론이라는 인물이 있었던 것은 사실이지만, 철학자로 알려진 휠론은 루쿨루스보다 80년 정도 뒤에 태어났기 때문에 이 글에서 그를 인물로 보는 데에는 무리가 있다.

의 눈길로 바라보던 사람들은 루쿨루스가 권좌에서 물러나자 크라수스와 카토를 원로원의 지도자로 만들었다.

그러나 폼페이우스의 야심 찬 음모에 맞서 싸울 필요가 있다고 여겨질 때면, 루쿨루스는 폼페이우스의 노선에 반대하는 동지들을 돕고자 토론의 광장과 원로원으로 나갔다. 그는 폼페이우스가 여러 나라의 왕을 정복한 다음 발표한 조치들을 무효로 만들었다. 또한 폼페이우스가 자기 병사들에게 토지를 나누어 주려는 관대한 법령을 발의했을 때에도 루쿨루스는 카토와 협력하여 그 실행을 막았다.

그러자 폼페이우스는 크라수스와 카이사르의 동맹에 몸을 숨기고, 아니 그들과 음모를 꾸미며, 도시를 병력으로 가득 채우고 토론의 광장에서 카토와 루쿨루스의 무리를 몰아낸 뒤 자기의 법안들을 통과시켰다. 일이 이렇게 진행되자 귀족들이 분노했고, 폼페이우스 무리는 베티우스(Vettius)라는 사람을 내세우며 그가 폼페이우스를 죽이려는 음모를 꾸몄다고 거짓으로 발표했다.

그래서 원로원은 베티우스를 심문했다. 그는 이런저런 사람의 이름을 주워섬기더니 민중 앞에서는 루쿨루스가 시켜서 한 일이라고 답변했다. 그러나 아무도 그의 말을 믿지 않았다. 폼페이우스 무리가 그를 이용하여 거짓 증언을 꾸몄음이 분명해 보였기 때문이다. 며칠 뒤 베티우스의 시체가 감옥 밖에서 나뒹굴면서 음모가 있었다는 사실은 더욱 명백해졌다. 베티우스가 자연사했다고 말하는 사람들이 있었지만, 그의 몸에는 목이 졸리고 폭행당한 흔적이 있었다. 사람들은 음모를 꾸민 일당이 그를 처단했다고 생각했다.

43

더 말할 나위도 없이, 이런 일들은 루쿨루스가 더 빨리 공직에서 물러나도록 했다. 키케로가 유배되어 로마를 떠나고 카토가 키프로스로 파견되자 루쿨루스도 함께 물러났다. 들리는 바에 따르면, 이런 일로 충격을 받은 그는 죽기에 앞서 판단력이 흐려졌다고 한다.

그러나 코르넬리우스 네포스(Cornelius Nepos)의 말에 따르면, 루쿨루스의 의식이 흐려진 것은 늙어서도 아니고 병이 들어서도 아니라고 한다. 그의 해방 노예였던 칼리스테네스(Kallisthenes)가 준 약을 먹고 의식을 잃었기 때문이라는 것이다. 노예는 그 약을 먹으면 루쿨루스가 자기를 더 사랑해 줄 것이라고 확신했지만, 도리어 약은 주인의 의식을 빼앗고 이성을 잃게 했다. 결국 그가 살아 있는 동안에도 동생이 그의 재산을 관리해야 했다.

그러나 [기원전 57년에] 루쿨루스가 죽자 시민들은 마치 그가 정치적으로나 군사적으로 절정에 이른 사람으로, 한창 일하다가 죽기라도 한 것처럼 슬퍼했다. 장례 행렬을 뒤따르던 시민들은 토론의 광장으로 운구하던 젊은이들을 설득하려 했다. 이미 술라가 묻혀 있는 군신의 광장(Campus Martius)에 루쿨루스를 묻어 달라는 것이었다.

그러나 누구도 그런 요청이 있으리라고는 생각하지 못했고, 준비도 되어 있지 않았다. 그의 동생은 사람들에게 간청하고 애원하여, 예로부터 그의 무덤으로 준비해 두었던 투스쿨룸의 개인 땅에 묻도록 설득하는 데 성공했다. 그의 동생도 더 오래 살지 못했다. 나이로 보나 명성으로 보나 형만 못했던 그는 형이 죽은 뒤 그리 오래지 않아, 사랑하던 형의 뒤를 따랐다.

어려운 과업을 성취하고
더 높은 기쁨을 누리는 사람들은
고결한 정신과 야망 찬 본성으로 말미암아
곧 잊어버릴 세속의 천박한 입맛에
빠져들 시간이 없다.
― 플루타르코스

아마도 하늘은 키몬을 통해
후세인들이 무엇을 해야 하는가를
친절히 보여 주고 싶었고,
루쿨루스를 통해
무엇을 하지 말아야 하는지를
보여 준 것 같다.
― 플루타르코스

1

루쿨루스는 로마의 헌정 질서가 무너지기에 앞서 죽었다. 이미 그의 조국은 내란으로 치닫는 운명 속에 있었으나, 그래도 체제가 무너지는 모습까지는 보지 않고 죽었다는 점에서 그의 말년이 행복했다고 생각할 수도 있다. 그가 삶을 내려놓았을 때, 그의 나라가 어려움에 놓여 있던 것은 사실이지만, 그래도 자유 국가의 형태를 유지하고 있었다.

루쿨루스의 삶은 다른 무엇보다도 바로 이 점에서 키몬의 삶과 닮았다. 키몬도 그리스가 어려움에 빠지기에 앞서 국력이 최고조에 이르렀을 때 죽었다. 그러나 그는 전쟁터에서 군대를 지휘하다 죽었다. 루쿨루스처럼 몸이 쇠약해지고 정신이 오락가락하면서 죽지도 않았고, 전쟁에 이기고 전승비를 세우고 상을 주면서 질펀하게 잔치를 차리지도 않았다.

오르페우스(Orpheus)의 추종자들은 이제까지 공의롭게 산 사람들이 저세상에서 영원토록 즐기며 살게 될 것이라고 선언했다. 그러나 플라톤은 그의 책 『공화국』(II : 363)에서 그들을 비웃은 적이 있었다. 전쟁과 정치에서 물러나 노후를 보내는 사람에게는 여가와 고요함 그리고 즐거운 사색을 제공하는 공부가 큰 위로가 된다.

그러나 훌륭하게 이룩한 전공을 마지막에는 쾌락과 맞바꾸고, 마치 전쟁의 속편이라도 되는 듯이 사랑의 여신 아프로디테 앞에서 날뛰고 놀아나는 것은 플라톤이 세운 고결한 아카데미아 출신이 할 짓도 아니고, 아카데미아의 3대 학장인 크세노크라테스(Xenocrates)를 본받는 것도 아니며, 오히려 쾌락주의자 에피쿠로스(Epicuros)를 따르는 사람들이나 할 짓이다.

더욱 놀라운 점이 있다. 키몬은 젊은 날에 평판도 좋지 않았고 절제하지 못했지만, 그와 달리 루쿨루스는 스스로를 절제할 만큼 냉정했다는 것이다. 훌륭한 쪽으로 삶을 바꾼 사람이 더 낫다는 것은 분명한 사실이다. 악덕이 사라지고 선행이 무르익는 것이 더 자연스러운 일이기 때문이다.

더 나아가서, 두 사람은 모두 부자였지만 그 씀씀이에서 서로 달랐다. 키몬이 전리품으로 얻은 돈으로 아크로폴리스 신전 남쪽에 쌓은 벽은 루쿨루스가 이방 민족들에게서 얻은 돈으로 지은 대저택이나 네아폴리스 해변에 지은 별장들과는 견줄 바가 아니다. 식탁에서도 키몬은 루쿨루스와 달랐다. 키몬은 민중을 배려한 너그러운 식탁을 차렸지만, 루쿨루스의 식탁은 동방에서 가져온 사치스러운 것들로 가득 차 있었다. 키몬은 적은 비용으로 많은 사람에게 베풀었지만, 루쿨루스는 많은 비용을 들여 호화롭게 사는 적은 수의 사람들을 대접했다.

이처럼 그들의 삶이 다른 것은 그들이 살았던 시대가 달랐기 때문이라고 말할 수 있다. 만약 키몬이 전쟁에서 물러나 전쟁이나 정치를 모르고 늘그막을 보냈더라면 아마도 좀 더 화려하고 쾌락적인 여생을 보낼 수 있었을 것이다. 그는 포도주를 즐겼고, 남들에게 뭔가를 보여 주기 좋아했으며, 앞서 내가 말했듯이, 여자관계에서 추문을 남겼다.

그러나 어려운 과업을 성취하고 더 높은 기쁨을 누리는 사람들은 고결한 정신과 야망 찬 본성으로 말미암아 곧 잊어 버릴 세속의 천박한 입맛에 빠져들 시간이 없다. 어쨌거나 만약 루쿨루스가 전쟁터에서 군대를 지휘하다가 삶을 마쳤더라면, 아무리 남 얘기 하기를 좋아하고 흠집 내기를 일삼는 사람일지라도, 루쿨루스를 비난하지는 못했을 것이다. 키몬과 루쿨루스의 생활 방식에 관한 이야기는 이런 것들이다.

2

뭍에서 싸우든 바다에서 싸우든, 키몬과 루쿨루스는 훌륭한 전사였다. 하루에 레슬링과 격투기에서 모두 우승한 선수를 가리켜 '수훈(殊勳) 선수'라고 부르듯이, 하루 동안에 육지와 바다의 전투에서 모두 이기고 그리스에 월계관을 안겨 준 키몬이야말로 가장 탁월한 장군이었다고 말하는 것이 옳다. 더 나아가서 루쿨루스는 조국으로부터 제왕의 권력을 받았지만, 키몬은 조국에 제왕의 권력을 안겨 주었다.

루쿨루스는 이미 동맹국들을 지배하고 있던 조국에 더 많은 나라들을 안겨 주었다. 그러나 조국이 다른 나라를 섬기고 있다는 사실을 알게 된 키몬은 페르시아 군대를 무찌르고 바다에서 몰아낸 다음, 스파르타인들이 스스로 지휘권을 포기하도록 설득했다. 이로써 그는 동맹국에 대한 지휘권과, 외적에 대한 승리를 조국에 함께 안겨 주었다.

선의로써 부하들의 충성을 빠르게 얻어 내는 것이 지도자의 가장 중요한 임무임을 고려할 때, 루쿨루스는 부하들에게 무시당했고, 키몬은 동맹국들의 찬사를 들었다는 차이가 있다. 루쿨루스의 부하들은 루쿨루스를 파멸시켰지만 키몬의 동맹국들은 키몬을 찾아와 경하했다. 루쿨루스는 외국에 나가 있을 때 휘하의 병사들에게 버림받고 조국으로 돌아왔지만, 키몬은 동맹국들과 함께 전쟁에 나가 동맹국들을 지휘했다.

키몬은 조국으로 돌아오기에 앞서 자신의 지휘권을 동맹국들에 다시 넘겨줌으로써 조국을 위한 세 가지 어려운 과업을 동시에 달성했다. 첫째는 적국과 평화를 이룬 것이고, 둘째는 동맹국들의 영도자가 된 것이고, 셋째는 스파르타와 우호관계를 맺은 것이었다. 또한 키몬과 루쿨루스는 제국들을 무너뜨리고 아시아를 정복하려 했지만, 그 과업은 완수하지 못했다.

키몬은 전쟁의 지휘자로서 전쟁 막바지에 죽었으니, 그의 실패는 전적으로 불운한 탓이었다. 그러나 루쿨루스는 그러한 실패에 대해 비난을 피할 수 없다. 그가 병사들의 아픔과 불평을 몰랐든 아니면 알고도 마음 쓰지 않았든, 결과적으로 그는 병사들에게 격심한 증오의 대상이 되었기 때문이다. 키몬의 생애에도 그와 같은 증오를 받을 일이 있었다고 볼 수 있다. 그는 동료들에게 고소당해 패각 투표로 추방되었고, 플라톤의 글(『고르기아스』, §516)에 나오듯이, 10년 동안 시민들은 그의 목소리를 듣지 못했다.

본래 고결한 본성은 민중과 잘 어울리지 않아 그들을 불쾌하게 만들곤 한다. 그럴 때 고결한 이들은 힘을 써서라도 민중의 비뚤어진 부분을 바로잡고자 하지만, 그런 시도는 민중의 불만과 짜증을 더욱 부추길 뿐이다. 마치 의사가 뼈를 바로잡기 위해 감은 붕대가 환자를 짜증나게 하고 화를 돋우는 것과 같다. 이런 점에서 두 사람은 비슷한 경험을 했다고 볼 수 있다.

3

그러나 전쟁에서는 루쿨루스가 더 위대했다. 그는 군대를 거느리고 타우로스산맥을 넘은 최초의 로마 장군이었다. 그는 티그리스강을 건너 티그라노케르타, 카비라, 시노페, 니시비스 등의 왕도(王都)를 함락하고, 그곳 왕들의 눈앞에서 도시들을 불태웠다.

루쿨루스는 북쪽으로는 파시스에 이르고, 동쪽으로는 메디아에 이르고, 그리고 남쪽으로는 아라비아 왕들의 도움을 받아 홍해(紅海)까지 로마의 영토로 만들었다. 그는 적대적인 왕들의 군대를 섬멸했으나 그들을 사로잡는 데는 실패했다. 그 왕들이 사막이나 길도 없어 지나갈 수 없는 숲속으로 들짐승처럼 도망쳐 들어갔기 때문이었다.

루쿨루스가 키몬보다 우세했다는 강력한 증거는 페르시아인들과 벌였던 전쟁에서도 잘 볼 수 있다. 페르시아인들은 키몬의 손에 크게 상처를 입지 않은 덕분에 곧바로 [기원전 454년에] 전열을 가다듬었고, 그리스에 항전하여 이집트에 주둔해 있던 대부분의 그리스 병력을 쳐부쉈다.(『펠로폰네소스 전쟁사』, I : 109)

그와 달리 루쿨루스에게 상처를 입은 티그라네스나 미트리다테스는 그 뒤에 힘을 쓰지 못했다. 미트리다테스는 이미 첫 번째 전투에서 치명상을 입었기 때문에 그 후임으로 폼페이우스가 나타나자 병영에서 모습을 드러내 보이지도 못했고, 보스포로스로 도주했다가 그곳에서 자살했다.

티그라네스는 겉옷도 벗은 채 무기를 버리고 폼페이우스의 발밑에 몸을 던졌으며, 왕관을 벗어 땅에 던지면서 아첨했다. 그러나 그 왕관은 폼페이우스만이 이룬 업적이 아니다. 그에 앞서 루쿨루스가 개선식에서 같은 업적을 자랑한 바 있기 때문이다. 어쨌거나 훗날 티그라네스는 빼앗겼던 왕의 휘장을 돌려받고 몹시 즐거워했다. 진정으로 위대한 장군이라면, 운동선수와 마찬가지로, 적군을 최대한 취약하게 만든 다음에 그를 후임자에게 넘겨주어야 한다.

더 나아가서 키몬이 전쟁을 시작했을 때 페르시아 왕의 세력은 이미 무너져 있었고, 페르시아인들은 테미스토클레스(Themistocles)와 파우사니아스와 레오티키데스(Leotychides)에게 연거푸 패배하여 사기가 크게 떨어져 있었다. 사기가 떨어지고 몸을 웅크린 사람들을 정복하기는 쉽다. 그러나 티그라네스가 루쿨루스를 만났을 때, 수많은 전쟁에서 진 적이 없었던 티그라네스는 사기가 하늘을 찌를 듯했다. 병력의 수로 보더라도 키몬에게 정복된 병력은 루쿨루스에 저항했던 연합군보다 훨씬 적었다.

그러므로 이런저런 사항들을 고려해 보면 키몬과 루쿨루스 가운데 누가 더 위대했는지 결론을 내리기가 쉽지 않다. 아마도 하늘은 두 사람 모두에게 공평했던 것 같다. 하늘은 키몬을 통해 후세인들이 무엇을 해야 하는가를 친절히 보여 주고 싶었고, 루쿨루스를 통해 무엇을 하지 말아야 하는지를 보여 주고 싶었던 것 같다. 따라서 두 사람 모두, 신에게서 신과 같이 고결한 성품을 타고났다는 판정을 받은 사람이라고 말할 수 있을 것이다.

페리클레스
PERIKLES

기원전 495?~429

신의 존재가 영원하듯이
조국을 위해 목숨을 바친 사람들도
영원할 것입니다.
— 페리클레스의
'사모스 전쟁 전몰장병 위령 연설'에서

페리클레스가 위대한 웅변가였던 것은
그가 모든 질문에 대답하려
하지 않았기 때문이다.
— 플루타르코스

아테네 시민들 가운데 나로 말미암아
상복을 입은 사람은 없었다.
— 페리클레스

1

들리는 바에 따르면, 어느 날 외국인들이 강아지나 원숭이를 가슴에 품고 귀여워하는 모습을 본 아우구스투스(Caesar Augustus, Octavius)는, 그 나라 여자들은 아기도 못 낳느냐고 물었다고 한다. 누군가를 사랑하기를 좋아하고, 사랑하는 감정을 품는 것은 인간의 천성이다. 그러나 그러한 사랑은 인간에게 베풀어야 하는데, 그렇지 않고 동물을 사랑하게 되자 아우구스투스가 점잖은 방법으로 그들을 꾸짖은 것이다.

우리의 영혼은 태어날 때부터 배우고 보는 것에 엄청난 즐거움을 느낀다. 따라서 아무런 가치도 없는 것을 보고 들으며 즐거워하고, 정작 인간에게 유익한 것에는 소홀한 사람들을 꾸짖는 것은 합당하다. 인간은 바깥세상의 어떤 대상이 감각에 부여하는 느낌에 따라 그 대상을 인식하기 때문에, 유익한 것이든 쓸모없는 것이든 드러나 있는 모든 것에 신경을 쓸 수밖에 없다. 그러나 모든 사람이 이렇게 온갖 대상에 관심을 기울이면서도, 마음을 먹으면 어떤 대상에 신경 쓰지 않을 수도 있고, 어떤 대상에 대해 품고 있던 자기의 마음을 힘들이지 않고 바꿀 수도 있다.

그러므로 우리는 가장 좋은 대상을 추구해야 한다. 인간은 그저 덕성을 중요하게 여기는 데서 그치지 않고, 그 덕성을 직접 고양하여 더 나은 마음을 갖고자 추구해야 하기 때문이다. 이를테면 생기와 기쁨을 머금은 색채가 눈에 더 잘 들어오듯이, 우리의 정신적인 시선 또한 마땅히 최고의 선으로 이끄는 대상을 바라보아야 할 것이다. 그러한 대상은 덕성을 갖춘 행동에서 찾을 수 있다. 그러한 덕성을 갖춘 행동은 그를 닮고 싶은 위대한 열정을 불러일으키고, 덕성을 찾는 사람들의 마음속에 깊이 뿌리를 내린다.

그런데 어떨 때는 그러한 행위에 경탄한다고 해서 곧 그 행동을 따라 하지는 않는다. 오히려 그와 달리, 대부분의 사람은 어떤 작품을 좋아하면서도 그 작품을 만든 사람을 내려다본다. 이를테면 향수와 염색이 그렇다. 사람들은 향수와 아름답게 염색한 천을 좋아하면서도 그 작품을 만든 사람을 무식하고 천박하다고 여긴다. 그래서 그리스의 철학자 안티스테네스(Antisthenes)는 이스메니아스(Ismenias)가 피리를 잘 분다는 말을 듣고 저 유명한 말을 남겼다.

"그러나 그 사람은 아무런 쓸모가 없는 사람이다. 그가 쓸모가 많은 사람이었더라면 그렇게 피리를 잘 불 수 있었을까?"

마케도니아의 필리포스왕은 술을 마시면서 아들 알렉산드로스가 매혹적이고도 능숙하게 현악기를 뜯는 것을 바라보며 말했다.

"너는 그렇게 능숙하게 현악기를 뜯는 자신이 부끄럽지도 않느냐?"

분명히 말할 수 있는바, 왕은 남들이 현악기를 뜯는 소리를 들을 수 있는 여유를 갖춘 것만으로 충분하다. 그러한 경연에 관객으로 참석했다는 사실만으로도 음악의 여신에게 충분한 도리를 한 것이다.

2

지위가 낮은 직업에 종사하는 사람들을 보면, 그들은 쓸데없는 일에 그토록 땀을 흘리면서도 좀 더 고결한 일을 하는 데는 전혀 관심이 없음을 알 수 있다. 고귀한 태생의 청년들은 피사(Pisa)에 서 있는 제우스의 조상(彫像)이나 아르고스(Argos)에 서 있는 제우스의 아내 헤라의 신상을 보면서 페이디아스(Pheidias)나 폴리클레이토스(Polykleitos)와 같은 조각가가 되고 싶어 하지 않으며, 아나크레온(Anacreon)이나 필레타스(Philetas)나 아르킬로코스(Archilochos)와 같은 시인의 시들을 읽으면서 그들처럼 시인이 되고 싶어 하지도 않는다.

어떤 작품이 감동을 불러일으켰다고 해서 반드시 그 작가까지 존경해야 할 이유는 없기 때문이다. 그러므로 가슴속에서 그것을 닮고 싶다는 찬사를 불러일으키지 않거나 그와 같은 일을 하고 싶다는 열정을 우리의 영혼 속에 불러일으키지 않는 작품은 결국 관객에게 아무런 도움도 되지 못한다.

그러나 덕성에서 우러나온 행위는 사람들이 그러한 행위를 보자마자 그를 본받아 경쟁하고 싶은 충동을 느끼게 한다. 우리는 행운의 여신이 보여 준 미덕을 갖고 싶어 하고 즐기려 하지만, 덕성의 여신이 보여 준 미덕을 몸소 실천하고 싶어 한다. 우리는 행운의 미덕이 다른 사람의 손에서 우리에게로 전달되어 오기를 바라지만, 덕성의 미덕은 우리의 손에서 나와 다른 사람들에게 베풀어지기를 바란다.

미덕은 그 자체로써 행동하도록 고무한다. 따라서 미덕은 그것을 바라보는 사람들도 같은 일을 하고 싶도록 끌어당긴

페리클레스

다. 미덕은 이러한 끌어당김을 통해 사람들의 인격을 형성하도록 도우며, 그 덕성에 찬 행동을 깊이 연구하고 이해한 사람에게는 더 높은 목표를 만들어 준다.

이러한 이유로 나는 이 영웅전을 계속 쓰기로 마음먹었고, 한니발과 오랜 전쟁을 치른 화비우스 막시무스(Fabius Maximus)와 페리클레스로 그 제10권을 구성했다.[1] 이 두 사람은 비슷한 덕성을 지녔는데, 무엇보다도 점잖음과 청렴이라는 점에서 매우 닮아 있다. 또한 이 두 사람은 민중과 동료 관리들의 어리석음을 잘 참아 넘으로써 조국에 크게 이바지했다. 그러나 내가 그들에 관해 옳게 썼는지 아닌지는 독자들이 결정할 문제이다.

3

페리클레스는 콜라르고스(Cholargos) 지역에서 살던 아카만티스(Akamantis) 부족의 후손이었는데, 아버지와 어머니가 모두 명문 집안 출신이었다. 아버지 크산티포스(Xanthippos)는 [기원전 479년에] 미칼레(Mykale) 전투에서 페르시아 왕의 장군들을 격파했다. 그는 클레이스테네스의 손녀[2]인 아가리스테(Agariste)와 결혼했다. 클레이스테네스는 명문가의 자손으로서 페이시스트라토스(Peisistratos)의 군대를 몰아내고 폭군을 멸망시켰으며, 법을 제정하고, 나라의 화목과 안정을 증진시키는 데 가장 적절한 제도를 만들었다.

헤로도토스의 『역사』(VI : 131)에 따르면, 아가리스테는 사

---

1   플루타르코스가 "제10권에 페리클레스와 한니발과 오랜 전쟁을 치른 화비우스 막시무스를 다루었다"는 이 대목은 그의 집필 구상을 가늠하는 데 중요한 암시를 준다. 곧 그는 처음부터 이 책을 전집 형태로 썼으며, 이들의 기록이 열 번째 책이 나올 때까지 밀려 있다는 점은 그가 이 글을 연대순에 따라 쓴 것이 아니었음을 보여 준다.
2   조카딸을 착오한 것으로 보인다.

자를 낳는 꿈을 꾼 지 며칠이 지나 페리클레스를 낳았다. 그의 몸매는 나무랄 데가 없었으나, 얼굴이 너무 길어 균형이 맞지 않았다. 그래서 예술가들은 그의 조상을 만들면서 거의 늘 투구를 씌웠다. 그들은 외모에 대한 페리클레스의 열등감에 상처를 주고 싶지 않았던 듯하다.

고대 그리스의 희극 시인들은 페리클레스를 스키노케팔로스(Schinokephalos)라고 불렀는데, 이는 해총(海蔥)이라는 풀의 알뿌리를 뜻하는 말이었다. 희극 시인 크라티노스는 그의 시 「케이론들(Cheirons)」에서 이렇게 노래하고 있다.

> 오랜 옛날
> 파당(派黨)을 짓는 신(Faction)과
> 자식을 잡아먹는
> 사투르누스(Saturnus) 신[3]이 혼인하여
> 가장 무서운 폭군을 낳았으니
> 아, 신들은 그를
> 운명을 좌우하는 머리라 불렀노라.
> (코크 엮음, 『그리스 희극 단편(斷編)』, I : 86)

그는 또 다른 그의 시 「네메시스(Nemesis)」에서 이렇게 노래하고 있다.

> 오소서, 제우스여,

---

3   이 당시에는 국가가 사투르누스(Saturnus, Kronos) 신전을 운영하고 있었다. 사투르누스는 고대 로마의 농경 신으로 아들에게 왕좌를 빼앗길 것이라는 예언을 듣고 자신의 아들들을 차례로 잡아먹었다. 이 고사(故事)에서 암시를 받은 프랑스의 혁명가 당통(Georges J. Danton)은 "혁명은 사투르누스이다"라는 말을 했는데, 이 말이 뒷날 "혁명가는 혁명가를 타도한다"는 유명한 경구로 바뀌었다.[Georg Büchner, *Dantons Tod*(Seoul : Pan Korea Buch Verlag, 1982), 제1막 제5장 참조]

모든 이방인[4]과 우두머리들의 주인이시여.

(코크 엮음,『그리스 희극 단편』, I : 49)

그리고 텔레클레이데스(Telekleides)는 엄청난 고민에 싸인 채 신전의 언덕에 앉아 있는 페리클레스를 이렇게 표현했다.

나랏일 걱정에
머리는 무겁고 외롭도다.
열한 사람 몫을 하는 머리에서
엄청난 소리가 쏟아져 나오도다.

(코크 엮음,『그리스 희극 단편』, I : 280)

시인 에우폴리스의 희곡『구역(區域)들(Demes)』은 저승에서 살아 돌아온 여러 선동가를 불러 모아 이것저것 묻는 내용인데, 마지막으로 페리클레스가 나타나자 에우폴리스가 말했다.

저승의 머리 되시는 이여
그대가 이제 오셨도다.

4

대부분 작가들의 말에 따르면, 페리클레스에게 음악을 가르친 사람은 다몬(Damon)이다. 들리는 바에 따르면, 다몬이라는 이름의 첫음절을 짧게 발음해야 한다. 어쨌든 아리스토텔레스의 말에 따르면, 다몬은 음악가 피토클레이데스(Pythokleides)에서 음악 수련을 철저히 받았다고 한다.[5] 오늘날 돌이켜 보면,

---

4   페리클레스는 부모 가운데 한쪽이 아테네인이면 그 자식에게 시민권을 주었기 때문에 이런 표현을 썼다.

5   이 말은 아리스토텔레스의 말이라기보다는 플라톤의『알키비아데스』(I : 118)에 나온다.

다몬은 철저한 소피스트(sophist)였던 것으로 보인다. 그는 민중에게 자신의 진정한 능력을 숨기고자 음악의 뒤에 숨어 있었던 것이다.

다몬은 페리클레스와 관계를 맺으면서 마치 운동선수를 훈련시키듯이 그의 정치술을 훈련시켰다. 그러나 아테네인들은 그가 현악기를 눈가림으로 쓰는 것을 용서하지 않았고, 폭군의 친구이자 대단한 책략가라는 이유로 그를 패각 투표에 부쳐 추방했다. 그리고 그를 희극의 소재로 만들었다. 실제로 희극 시인 플라톤의 시에는 누군가가 다몬에 대해 다음과 같이 묻는 대목이 있다.

먼저 나에게 말할지니라.
내가 그대에게 간청해 묻노니
남들이 말하는 것처럼
그대가 페리클레스를 가르친
케이론(Cheiron)[6]인가?
(코크 엮음, 『그리스 희극 단편』, I : 655)

페리클레스는 또한 엘레아(Elea) 출신의 제논에게서 많은 것을 배웠다. 파르메니데스(Parmenides)와 마찬가지로 자연 세계에 대해 강연했던 제논은 정적을 확실하게 비탄에 빠뜨릴 수 있는 논박의 기술을 근본까지 터득한 인물이었다. 플레이우스(Phleious)의 염세 철학자 티몬(Timon)은 그를 이렇게 표현했다.

그의 혀는 날카로운 양날의 칼
모든 것을 공격하니

6   케이론은 전설 속의 존재이다. 반인반수의 켄타우로스 종족 가운데 가장 인자하고 현명한 신으로, 음악에도 능했다고 한다.

페리클레스

누구도 견딜 수 없으리로다.

그러나 페리클레스와 가장 친밀하게 지낸 사람은 클라조메나이(Klazomenai)의 철학자 아낙사고라스(Anaxagoras)였다. 그는 페리클레스를 품위 있는 행실로 무장시킴으로써 어떤 선동가의 호소력보다도 더 무거운 힘을 실어 주었고, 그에게 높은 이상과 고매한 성품도 심어 주었다. 그 당시의 사람들은 아낙사고라스를 가리켜 '이성'이란 뜻의 '누스(nous)'라는 별명으로 부르기를 좋아했는데, 이는 그가 자연을 탐구하는 데 뛰어난 능력을 지닌 인물이었음을 칭찬하는 표현이었을 수도 있다.

그러나 다른 주장도 있다. 그 별명은 아낙사고라스가 세상의 일을 우연과 필연으로 구분하지 않고, 순수하고 단순하며 보편적인 이성을 우주 질서의 기원으로 본 최초의 인물이었다는 점을 칭송했다는 것이다. 순수한 이성은 이 어지러운 세상에서 순수한 원소들이 담고 있는 것과 같은 본질을 구별하고 분리하는 능력을 갖고 있다.

5

페리클레스는 아낙사고라스를 한없이 찬양했다. 그러면서 아낙사고라스의 숭고한 철학과 고상한 사색에 깊이 빠졌다. 그럼으로써 그의 영혼은 고결해지고 말씨는 고상해져, 그는 비천한 사람들의 막말이나 저잣거리의 천박한 농담에서 벗어났다. 또한 그는 웃을 때조차 얼굴을 일그러뜨리지 않았다. 그의 조용한 행동과 단정한 옷매무새는 누구도 그를 가까이 대들수 없게 만들었고, 단호하면서도 온화하게 다듬어진 목소리를 비롯한 여러 특색은 군중에게 깊은 인상을 심어 주었다.

어느 날 페리클레스가 광장에서 다급한 일을 처리하고 있었는데, 어떤 용렬한 사내가 하루 종일 그를 따라다니며 욕설을 퍼붓고 귀찮게 굴었다. 그러나 그는 한마디 대꾸도 하지 않앉다. 저녁이 되어서도 마음이 흔들리지 않은 페리클레스는 집으로 향했는데, 사내는 그때까지도 계속 그의 뒤를 바짝 따라오며 온갖 모욕된 말을 퍼부었다. 날이 어두워져서야 자기 집 앞에 도착한 페리클레스는 하인 한 명에게 횃불을 들고 그 사람을 집까지 데려다주도록 했다.

그러나 키오스 출신 시인 이온의 말에 따르면, 페리클레스의 말투는 남을 조롱하는 듯했고 오만했으며, 그의 자존심은 다른 사람을 무시하는 듯한 멸시를 담고 있었다고 한다. 페리클레스와 달리 이온은 키몬(제11장)이 세상살이를 처리하면서 보여 준 느긋함과 재치와 고상한 태도를 칭찬했는데, 우리는 이온의 이와 같은 평가에 마음 쓸 필요가 없다.

이온은 덕성이 4부작 연극(tetralogy)[7]의 경우와 마찬가지로 반드시 어느 정도의 유머를 포함해야 한다고 생각했기 때문이다. 실제로 세상 사람들은 페리클레스의 고매하기만 한 인품을 비난했다. 그 인품은 단순히 민중 사이에서 명성을 얻으려는, 또는 그의 교만을 숨기려는 술책이라는 것이었다. 이런 비난을 들은 제논은 이렇게 답했다.

"당신들도 명성을 얻고자 고상한 생각을 하면서 살다 보면, 자신도 모르는 사이에 그에 따른 열정과 버릇을 때맞추어 갖게 될 것이오."

6

페리클레스가 아낙사고라스에게 배운 것은 여기에서 그치지 않는다. 그는 미신에 대해서도 많은 것을 깨달았다. 미신이란 우리 위의 영역에서 일어난 놀라운 일들로 말미암아 우리의 마음속에 생겨나는 믿음이다. 사물의 운행 원리를 모르는 사

7　고대 연극에서는 연속극의 개념으로 같은 주제를 가진 네 개의 작품을 엮기도 했다. 보통 비극 세 편과 카니발풍의 소극 한 편으로 구성되었다.

람, 사물에 신의 뜻이 개입될까 두려워하는 사람, 사물의 원리에 대한 경험이 부족하여 방황하는 사람들에게 미신은 커다란 영향을 끼친다. 자연 철학은 그와 같은 무지와 경험 부족을 물리치고, 겁에 질려 흥분한 미신의 자리를 합리적인 희망과 흔들림 없는 경외감으로 대체한다.

전설에 따르면, 언젠가 페리클레스의 시골 농장에서 뿔이 하나만 달린 양의 머리를 그에게 보냈다. 예언자 람폰(Lampon)은 머리 가운데 뿔 하나가 굳게 솟은 모습을 보고 말했다.

"지금 정치인 투키디데스(Thucydides)[8]와 페리클레스가 이 도시에서 둘로 나뉘어 권력을 다투고 있지만, 곧 그 가운데 하나가 권력을 장악할 전조가 일어났다."

그러나 아낙사고라스는 그 양의 두개골을 깨어, 양의 뇌가 정상적인 위치에 자리 잡지 않고 마치 달걀처럼 길게 늘어져 한쪽 구멍에 뿌리를 내리고 있음을 보여 주었다. 그러자 주변에 있던 사람들이 아낙사고라스에게 갈채를 보냈다. 얼마의 시간이 지나 투키디데스가 정권을 잃고 페리클레스가 정권을 잡게 되자, 이번에는 람폰이 갈채를 받았다.

내가 보기에 이 문제를 둘러싸고 자연주의자인 아낙사고라스와 예언자인 람폰 가운데 어느 쪽이 옳았는지를 따질 수는 없다. 아낙사고라스는 전조의 원인을 정확하게 알았고, 람폰은 그러한 전조가 무엇을 의미하는지 알았기 때문이다. 아낙사고라스는 사실을 정확히 관찰함으로써 어떻게 그런 일이 일어났는지를 파악했고, 람폰은 그 일이 무엇을 알리고자 일

---

8   비슷한 시대에 아테네에는 두 명의 투키디데스가 살았다. 저 유명한 『펠로폰네소스 전쟁사』를 쓴 투키디데스(기원전 460~395)와 정치인 투키디데스가 그들이다. 정치인 투키디데스는 생몰 연대가 정확하지 않으나, 기원전 449년 무렵에 정치 지도자로 등장하여 페리클레스와 다투다 기원전 441년에 패각 투표로 추방되었다고 한다. 그 뒤의 행적은 잘 알려져 있지 않다.

어났는지를 파악했다.

자연 현상의 원인을 발견하는 것이 아무 의미가 없다고
주장하는 사람들은 신의 전조를 제대로 이해할 수 없다. 그런
사람들은 또한 종소리나 봉화(烽火)나 해시계의 그림자가 가
진 의미도 이해하지 못할 것이다. 그것들도 자연적인 원리를
이용해 세상에 의미를 전달하기 때문이다. 그러나 이는 다른
글에서 다루어야 할 문제들이다.

7

페리클레스는 젊었을 적에 대중 앞에 나서기를 무척 꺼렸는
데, 그의 외모가 독재자 페이시스트라토스와 닮았기 때문이었
다. 나이 많은 시민들은 목소리가 감미롭고 남들과 대화할 때
말솜씨가 좋은 것까지 두 사람이 닮은 것을 보며 놀라지 않을
수 없었다. 더욱이 돈 많은 명문가 출신으로, 영향력이 많은 친
구들도 거느리고 있던 페리클레스는 패각 추방을 겪지 않을까
두려워 정치에는 뜻을 두지 않았다. 오히려 군인으로 투신하
여 용맹과 재능을 보였다.

[기원전 468년에] 아리스티데스(제9장)가 죽고, [기원전 472년
에] 테미스토클레스(제7장)가 추방되고, 키몬이 전쟁을 치르느
라 해외에 나가고서야, 페리클레스는 소수의 부자보다는 다수
의 빈민들에게 관심을 보이면서 민중에게 다가가기로 결심했
다. 사실 이와 같은 민중 친화적인 처사는 그의 본래 성격에는
맞지 않았다.

그러나 독재자가 되려 한다는 의심을 받을까 두려워했던
페리클레스는 자신을 지지해 줄 기반이 필요했다. 그는 지나
친 귀족주의자가 된 키몬이 선진당(善眞黨, Party of the Good and
True)의 열렬한 지지를 받는 것을 보면서, 자신은 대중의 지지
를 받음으로써 일신의 안정을 도모하고 정적들에 대항할 수
있는 권력을 잡으리라고 마음먹었다.

곧이어 페리클레스는 생활 방식도 바꾸었다. 시내에서 그를 볼 수 있는 거리는 단 한 곳뿐이었는데, 광장과 의회로 가는 유일한 길이었다. 그는 가까운 친구들의 초대에도 응하지 않았다. 국가 지도자로 지냈던 그 오랜 기간 동안, 그가 친구를 찾아가 저녁 식사를 대접받은 경우는 한 번도 없었다. 다만 가까운 친족인 에우리프톨레모스의 결혼식에 참석한 적이 있었는데, 그때에도 술자리가 벌어지기에 앞서 일어섰다. 주흥(酒興)은 품위를 잃게 하고, 가까운 사이일수록 지켜야 할 체면을 지키기 어렵게 만들기 때문이다.

이처럼 진정한 미덕은 "가까이에서 살폈을 때 제대로 보이는" 법이다. 걸음걸이나 말투와 같은 일상의 모습은 늘 곁에 있는 사람의 눈에나 보이므로, 훌륭한 사람의 아름다운 행실은 낯선 사람의 눈에는 잘 보이지 않는다.

또한 페리클레스는 만남이 반복됨으로써 사람들이 자신에게 싫증을 내는 상황을 피하려 했다. 그는 만남의 기회를 멀리했고, 민중과 만날 때는 시간의 간격을 두었다. 민중이 묻는 말이라고 해서 번번이 대꾸하지도 않았고, 일이 있을 때마다 민중에게 설명하려 하지도 않았다. 아테네의 철학자이자 정치가였던 크리톨라우스(Krytolaos)의 말처럼, "페리클레스는 바다에 살라미니아(Salaminia)[9]를 띄워야 할 정도로 다급한 일이 아니면 앞에 나서지 않았다."

페리클레스는 그 밖의 자잘한 일들을 막료나 대중 연설가에게 맡겨 처리했다. 들리는 바에 따르면, 그런 인물 가운데 하나가 에피알테스였다고 한다. 에피알테스는 아레이오스 파고스 회의의 권력을 무력화시켰던 인물이다. 플라톤의 『공화국』

---

[9]   살라미니아는 고대 그리스의 쾌속선으로, 긴급한 통지나 정보를 전달할 때 사용하는 특수 선박이었다. 펠로폰네소스 전쟁 때 여러 차례 활약한 기록이 있다.

(VIII : 562)에 따르면, 에피알테스는 민중에게 "물 타지 않은 포도주를 마신 것과 같은 자유(undiluted freedom)"를 퍼 줌으로써 그들을 다루기 어려운 망아지처럼 만들었는데, 한 희극 시인은 이에 대해 다음과 같은 시를 남겼다.

더 이상 권력에 복종할 인내심이 없었기에
에우보이아(Euboia)를 유린하고
속령(屬領)의 섬들을 짓밟았도다.

8

페리클레스는 자신만의 연설 양식(樣式)을 갖고 있었다. 마치 악기에 현을 하나 더 추가하듯이, 그는 자기 삶의 모습과 장엄한 감정에다 아낙사고라스의 자연 과학적 사고를 교묘하게 가미했다. 말하자면 자기의 웅변술에 자연 과학이라는 염료를 적당히 섞은 것이었다.

저 신성한 플라톤이 그의 저서(『파이드로스(Phaedrus)』, §270)에서 말하듯이, "그는 재능을 타고난 데다가 자연 과학에서 고결한 사상과 탁월한 실행력을 얻었으며", 자기가 배운 것을 웅변술에 적용함으로써 다른 어느 웅변가보다도 뛰어난 성과를 거두었다. 들리는 바에 따르면, 페리클레스가 제우스를 뜻하는 별명인 올림피오스(Olympios)로 불린 것도 그 때문이라고 한다.

그러나 어떤 사람들은 그 별명이 아테네를 아름답게 가꾼 그의 건축술에서 비롯한 것이라 하고, 또 어떤 사람들은 그의 다른 재능들, 이를테면 정치인과 군인으로서 보여 준 능력 때문이었다고 말한다. 아무래도 페리클레스가 그런 이름을 얻은 것은 그가 지닌 여러 가지 자질 덕분인 듯하다.

진심이었는지 농담이었는지는 알 수 없으나, 그 무렵의 희극 시인들이 페리클레스에 대해 툭툭 던졌던 말을 들어 보면, 페리클레스는 무엇보다도 언변 덕분에 명성을 얻은 것이 분명해 보인다. 아리스토파네스는 그가 대중 앞에서 웅변하는 모습을 "벼락 치듯 한다"거나 "섬광 같다"고 표현했다. "그는 혀 안에서 벼락을 굴리고 있다"(『아카르니아인(Akharnneis)』, §528~531)고 말하기도 했다.

페리클레스의 설득력에 대해서는 멜레시아스(Melesias)의 아들 투키디데스가 농담 삼아 한 말이 기록으로 남아 있다. 그는 선진당의 당원으로 오랫동안 페리클레스의 정치적 맞수였다. 언젠가 스파르타의 왕 아르키다모스가 투키디데스에게 물었다.

"나와 페리클레스가 레슬링을 하면 누가 이길까요?"

그러자 투키디데스가 대답했다.

"제가 그를 넘어뜨려도 그는 자기가 넘어지지 않았다고 주장합니다. 그는 자신이 넘어지는 것을 똑똑히 본 사람들조차 설득할 사람입니다."

이렇게 웅변에 천부적인 재주를 타고났음에도, 페리클레스는 연설할 때마다 세심한 주의를 기울였다. 연단에 올라갈 때면, 그는 자기가 말하고자 하는 주제에 어울리지 않는 말은 단 한 자도 쓰지 않도록 해 달라고 신에게 기도했다. 또한 페리클레스는 글을 거의 남기지 않았다. 그가 발의한 법령을 제외하면, 그가 한 말을 기록한 어록이 몇 편 전해 내려올 뿐이다. 그리스의 작은 섬 아이기나(Aigina)를 가리켜 "피라이우스(Piraeus) 항구에는 눈엣가시 같은 존재"이니 빼내야 한다고 주장한 것이라든가, 이미 "펠로폰네소스에서 전운(戰雲)이 다가오고 있음이 보인다"고 선언한 것이 그런 어록에 속한다. [기원전 440년에] 페리클레스는 사모스섬으로 원정을 떠났는데, 이때 함께 참전한 극작가 소포클레스가 한 아름다운 소년을 칭찬하자 그는 이렇게 말했다.

"소포클레스여, 장군은 손만이 아니라 눈도 깨끗해야 합니다."

아테네의 소피스트인 스테심브로토스의 말에 따르면, [기원전 440~439년] 사모스 전쟁의 전몰장병 추모식에 참석한 그는 전사한 병사들이 신과 같은 불멸의 존재가 되었다고 선언했다. 그는 이렇게 말했다고 한다.

"우리는 신을 볼 수 없습니다. 그러나 우리가 그들에게 바치는 영예와 그들이 우리에게 내리는 축복 속에서, 우리는 신들이 영원함을 믿습니다. 조국을 위해 목숨을 바친 사람들도 그와 마찬가지로 영원할 것입니다."

9

투키디데스는 『펠로폰네소스 전쟁사』(II : 65)에서 페리클레스의 정치를 칭송하며, "그의 정치는 명색이 민주주의이기는 했지만, 사실은 가장 위대한 시민에 의한 정치였으므로 차라리 귀족 정치라고 불러야 한다"고 썼다. 그러나 다른 여러 작가의 글에 따르면, 그는 민중에게 국유지를 분배하고, 축제 때는 보조금을 주었으며, 공공사업에 임금을 줌으로써 민중을 이끌었다고 한다.

이러한 방법은 민중이 근검하고 스스로 만족한 삶을 살게 하기보다는 나쁜 버릇에 물들게 하고 그의 정책에 영향을 받아 사치하고 방종한 삶을 살게 했다. 그가 왜 정책을 그런 식으로 바꾸었는지 상세히 살펴 보자.[10]

앞서 말했듯이, 페리클레스는 키몬의 명성에 맞서야 한다는 생각에 눌려 민중의 환심을 사려고 노력했다. 그는 재산에서 키몬에 맞설 수 없었다. 키몬은 식사를 대접받기를 바라는 아테네 시민 모두에게 날마다 식사를 베풀고, 노인들에게 옷

---

10 다음의 글은 투키디데스의 『펠로폰네소스 전쟁사』, (§XV)를 주로 참고한 것이다.

을 주었으며, 자기 농장의 울타리를 걷어 내어 누구든 원하는 사람이 과일을 따 먹게 했다.

그러나 페리클레스는 이런 식으로 민중의 마음을 사로잡을 수 없었던지라 민중의 재산을 재분배하는 방법을 쓰기로 결심했다. 아리스토텔레스의 『아테네 헌법』(XXIIV : 4)에 따르면, 이러한 발상은 오아(Oa) 출신의 다모니데스(Damonides)의 조언에 따른 것이라고 한다.

페리클레스는 축제 참가비와 배심원 수당을 비롯한 여러 가지 수당을 지급해 민중을 완전히 매수함으로써 아레이오스 파고스 회의를 무력화하는 데 이용했다. 그는 이 회의체의 구성원이 아니었다. 그는 제비뽑기에 따라 제1 정무 위원(Eponymos Archon)이나 제2 정무 위원(Archon Thesmothetai, Junior Archon), 또는 민선 최고 지도자(Archon Basileus)나 군사 정무 위원(Archon Polemarchos, Third Archon)에 뽑힌 적이 없었다. 이러한 직분들은 예로부터 추첨으로 뽑았는데, 이러한 직책을 거치면서 능력을 인정받은 사람들이 아레이오스 파고스의 의원으로 올라갔다.

그러나 아레이오스 파고스 대신 민중에 강한 뿌리를 내린 페리클레스는 그 지지를 바탕으로 아레이오스 파고스에 반대하는 당을 성공적으로 이끌었다. 에피알테스는 그 회의에서 사법권 대부분을 빼앗았으며, 스파르타를 두둔했고, [기원전 461년에] 민중을 미워했다는 이유로 키몬을 패각 투표에 부쳐 추방했다.

키몬은 재산과 가문에서 누구에게도 뒤떨어지지 않는 인물이었고, 이민족과 전쟁을 벌여 찬란한 승리를 거두었으며, 앞서 그의 전기(제11장)에서 내가 썼듯이, 재산과 전리품으로 온 도시를 가득 채운 인물이었다. 그런 사람을 쓰러뜨릴 만큼 페리클레스는 민중 사이에 막강한 권력을 쥐고 있었다.

10

그 무렵의 패각 추방법에 따르면, 추방된 사람은 10년 동안 국내에 들어올 수 없게 되어 있었다. 그런 가운데 [기원전 457년에] 스파르타인들이 대군을 이끌고 타나그라 지방을 쳐들어오자 아테네인들은 곧 반격에 나섰다. 이를 계기로 키몬이 귀국하여 자기 부족들과 함께 전쟁에 참여했다.

키몬은 동료 시민들과 함께 전쟁의 위험을 견뎌 냄으로써 자신이 스파르타인들을 감싸고 있다는 비난을 씻어 버리고자 했다. 그러나 페리클레스의 막료들은 함께 뭉쳐 키몬을 다시 몰아냈다. 키몬이 추방 기간을 다 채우지 못했다는 이유였다. 이런 까닭으로 말미암아 페리클레스는 전쟁에서 더 용맹스럽게 싸웠고, 누구보다도 먼저 위험한 일에 앞장섰다.

이 전투에서 페리클레스에게 친(親)스파르타파라는 비난을 듣던 키몬의 동료들은 하나도 남김없이 전사했다. 더욱이 아테네군이 아티카의 경계에서 크게 패배하면서 다가오는 봄에 처절한 전투가 있으리라고 예상한 아테네 시민들은 키몬을 추방한 것을 후회하며 그가 돌아오기를 바랐다.

이러한 정황을 알아차린 페리클레스는 멈칫거리지 않고 민중의 뜻을 받들었다. 그는 키몬을 귀국시키는 법안을 손수 발의했다. 이에 귀국한 키몬은 [기원전 450년에] 아테네와 스파르타 사이에 평화 협정을 맺었다. 그가 평화 협정을 맺을 수 있었던 것은 스파르타인들이 페리클레스와 그 밖의 민중 지도자들을 미워했지만 키몬에게는 호의를 보였기 때문이었다.

그러나 어떤 사람들의 말에 따르면, 페리클레스는 키몬의 누이인 엘피니케의 중재로 두 사람 사이에 비밀 협정을 체결하고 나서야 키몬의 귀국을 허락하는 법안을 마련했다고 한다. 그 비밀 협정에 따르면, 키몬은 함대 2백 척을 이끌고 해외 원정을 지휘하여 페르시아 왕의 영토를 정복하고, 페리클레스는 국내의 통치권을 갖는다는 것이었다.

이런 일이 있기에 앞서 [기원전 463년에] 키몬이 반역죄로 사형 언도를 받았을 때, 엘피니케가 자신의 오빠에게 너그러움을 베풀어 줄 것을 페리클레스에게 부탁한 적이 있었다. 적어도 세상 사람들은 그렇게 생각했다. 그 무렵에 페리클레스는 민중이 뽑은 검찰관 가운데 한 사람이었는데, 엘피니케가 찾아와 오빠를 부탁하자 그는 웃으며 말했다.

"엘피니케여, 이런 문제에 나서기에는 그대가 너무 늙었구려. 너무 늙었어요."

그러나 페리클레스는 자신에게 공식적으로 주어진 임무를 무시할 수 없었으므로, 키몬의 재판 때 오직 한 번만 연설했다. 그는 검찰관 가운데에서 키몬에게 가장 덜 가혹했다. 그런데도 크레타의 이도메네우스(Idomeneus)는 페리클레스가 자신의 정치적 동료인 에피알테스를 단순히 그의 명성에 대한 질투심 때문에 죽였다고 주장한다. 우리가 어떻게 그의 말을 믿을 수 있을까?

페리클레스가 전혀 흠 없는 사람이라고 말할 수는 없겠지만, 이도메네우스는 몇 사람에게서 들은 자료를 가지고 마치 앙심이라도 품은 듯이 그런 말을 하고 있다. 그러나 페리클레스는 고결한 성품의 소유자요, 야심 찬 사람으로서 그처럼 야만적이고 짐승 같은 감정에 사로잡힐 리 없다.

에피알테스는 과두 정치인들에게는 공포의 대상이었고, 민중에게 나쁜 짓을 하는 사람들을 추상같이 처단하는 사람이었다. 그래서 그의 정적들은 음모를 꾸며 타나그라 사람인 아리스토디코스(Aristodikos)를 이용해 그를 죽였다. 이 이야기는 아리스토텔레스의 『아테네 헌법』(XV : 4)에 실려 있다. 한편, 키몬은 [기원전 450년에] 키프로스 전투에서 죽었다.

11

이런 일이 있기 얼마 앞서, 페리클레스가 너무 거물이 되어 있음을 안 귀족들은 이 나라가 전제 군주 체제가 되지 않기를 바랐다. 그들은 누군가 그에 맞서 그의 세력을 누그러뜨리게 할 생각에서 알로페케(Alopeke) 출신의 투키디데스를 내세웠다. 그는 매우 생각이 깊은 사람으로, 키몬의 친척이었다. 그는 키몬만큼 위대한 전쟁 영웅은 아니었지만, 탁월한 변호사이자 정치가로서 도시 이곳저곳을 관찰하며 연단에서 페리클레스와 승부를 벌임으로써 곧 정치의 균형을 잡아 나갔다.

투키디데스는 이른바 선진당이 이리저리 흩어지고, 민중의 무리라고 낙인찍히고, 당원 수가 늘어나면서 그 중심이 모호해지는 것을 그대로 두고 싶지 않았다. 그래서 그는 추릴 사람을 추려 내고, 당원들을 하나의 단체로 묶음으로써 집단적인 영향력을 키우고 세력을 늘렸다. 말하자면 페리클레스에 대항하는 균형추의 노릇을 맡았다. 그러나 쇳덩이에도 기포(氣泡)에 따른 틈새가 있듯이, 이 문제의 밑바닥에도 근본적인 틈새가 있었다. 바로 민중과 귀족의 입장 차이였다.

페리클레스와 투키디데스라는 두 경쟁자의 야망은 그 골을 더욱 깊게 만들어, 한 무리는 '민중파(*demos*)'라 부르고 다른 한 무리는 '소수파(*oligoi*)'라고 불렀다. 이 무렵에 페리클레스는 민중의 고삐를 더 풀어 주고 그들을 즐겁게 해 주는 정책을 펴 나갔다. 그는 대중을 위해 도시에 일종의 야외극을 공연하고, 잔치를 베풀고, 행렬을 보여 줌으로써 "마치 어린이들을 천박하지 않은 놀이로 즐겁게 만들듯이"[11] 민중을 기쁘게 해 주었다.

페리클레스는 또한 해마다 삼단 노의 함선 60척을 해외에 보냈다. 많은 시민이 배를 타고 8개월 동안 항해하며 노임을 받고 항해술을 익혔다. 그 밖에도 그는 [기원전 447년에] 케르소네소스에 1천 명, 낙소스(Naxos)에 5백 명, 안드로스(Andros)

---

[11] 이는 잘 알려지지 않은 어떤 삼행시를 인용한 것 같다.

에 250명을 이민 보냈으며, 트라키아에는 1천 명을 이주시켜 그곳의 비살타이(Bisaltai)족 및 그 밖의 이탈리아인들과 더불어 살게 했다.

이 무렵 [기원전 444년에] 페리클레스는 [기원전 510년의] 전쟁으로 폐허가 된 시바리스(Sybaris)의 옛터에 사람을 이주시키고 그곳을 투리오이(Thourioi)라고 불렀다. 그는 이런 방법으로 게으름뱅이들로 가득한 도시에는 활력을 불어넣었고, 가난한 사람들이 수치심을 느끼지 않도록 했으며, 동맹국에 자국의 주둔군을 파견함으로써 반란을 막았다.

12

그러나 그 무렵에 아테네인들에게 무엇보다도 가장 큰 기쁨을 준 것은 다른 나라 사람들까지 놀라워할 정도로 아름답게 가꿔진 도시였다. 그때 세워진 여러 신전은 고대 그리스의 엄청난 영광에 대해 오늘날 오가는 이야기들이 거짓이 아니었음을 증명하고 있다. 그러나 페리클레스가 세운 신전은 그의 공공 정책보다도 더 커다란 비난을 들었다. 그들은 민회에서 이렇게 외쳤다.

"이제 아테네 시민들은 지난날의 명성을 잃고 나쁜 소문을 듣고 있습니다. 우리가 델로스(Delos)섬에서 동맹의 공금을 빼내 우리 주머니에 보관하고 있기 때문입니다. 그 성스러운 섬에서 돈을 빼낸 것은 이민족의 약탈에서 안전하게 보호하려 함이었다고 그럴듯하게 변명해 왔지만, 페리클레스는 그런 변명의 여지마저도 모두 빼앗아 버렸습니다. 지금 동맹들이 억지로 부담한 전쟁 분담금으로 도시에 금박을 입히고 천박하게 치장한 꼴을 보십시오. 이 모습을 보는 동맹국들은 말할 수 없는 모욕을 겪고 있다고 여길 것이고, 독재자에게 굴복하고 있다고 생각할 것입니다. 이는 마치 음탕한 여인이 값진 보석으

로 옷을 치장한 채 흉상과 신전의 제작에 몇천 탈렌트[12]를 처
바르는 것과 같은 짓입니다."

이에 대해 페리클레스는 만약 애초에 그의 동맹국들이 스
스로 전쟁을 치르고 이민족의 침략을 막아 냈더라면 분담금을
치를 필요가 없었노라고 대답하곤 했다. 그는 이렇게 항변했다.

"우리의 동맹국들은 말 한 필, 배 한 척, 보병 한 명도 보내
지 않았고, 오직 돈만 보냈습니다. 누군가 대가를 바라고 돈을
주었다면 그 돈은 받은 사람의 것이지, 준 사람의 것이 아닙니
다. 받은 사람이 그 대가만 충분히 치렀다면 말입니다. 더욱이
전쟁 준비를 충분히 마치고 남은 돈을 기나긴 영광을 가져다
줄 사업에 쓴다는 것은 매우 옳은 결정입니다. 그러한 사업은
수행 과정에서 온갖 활동과 다양한 수요를 창출함으로써 시민
들의 실질적인 활동에 풍요로움을 가져다줄 것입니다. 건설
사업은 모든 예술을 불러일으키고, 모든 사람의 손을 부지런
하게 만듭니다. 말하자면 모든 시민에게 일감을 줌으로써, 도
시는 스스로를 가꿀 뿐만 아니라 그 자신이 만든 자원으로 스
스로를 지탱하게 됩니다."

페리클레스가 전쟁을 치르면서 젊고 활력 넘치는 남자들
에게 국고를 풀어 넉넉한 자금을 제공한 것은 사실이다. 전쟁
과 관계 없는 공공 노동에 종사한 사람은 게으른 자와 마찬가
지로 보조금을 받을 수 없다고 생각한 그는, 대신에 모든 예술
가와 기술자가 오랫동안 참여할 수 있는 거대한 토목 공사 계
획을 제시했다. 이는 국내에 남아 있는 사람들도 함대의 선원
이나 수비대나 원정군에 못지않게 국고에서 보조를 받을 수
있는 구실을 주고자 함이었다.

위와 같은 공사를 하려면 돌, 청동, 상아, 금, 흑단(黑檀) 또
는 키 큰 상록수 목재가 필요하고, 이러한 재료들을 다루려면

12   본문에는 단위 없이 그저 '몇백만'이라고만 되어 있다.

목수, 주물공(鑄物工), 청동 기술자, 석공, 염색공, 금과 상아를
다루는 세공, 화공, 자수공, 부각공(浮刻工)이 필요하다. 또 바
다에서는 이러한 재료를 제공하고 운반하는 장인(匠人)과 항
해사와 도선사(導船士)가 필요하고, 육지에서는 수레 제작자,
소나 말을 길들이는 사람과 마부가 필요한 것은 더 말할 나위
도 없다.

　이 밖에도 밧줄을 꼬는 사람, 직공(織工), 갖바치, 도로 기
술자, 채광 기술자가 필요했다. 마치 한 장군 밑에 여러 병졸이
있듯이, 각 기술자 밑에는 기술도 없고 훈련도 받지 않은 무리
가 배속되어 있었다. 기술자들은 연주자의 악기나 영혼에 딸
린 육신처럼 비숙련공들을 부렸다. 이렇게 함으로써 거의 모
든 나이의 온갖 일꾼이 많은 돈을 받고 각자 맡은 일에 따라 해
외로 흩어져 나갔다.

13

건물들이 올라갔다. 그 위용은 누구도 따라갈 수 없을 만큼 당
당했다. 건축가들은 자신들이 부릴 수 있는 기술을 모두 동원
해 아름다움을 보여 주고자 최선을 다했다. 그들이 보여 준 가
장 탁월한 부분은 건물을 완성하는 데 걸린 시간이다. 사람들
은 그 건물들을 완공하는 데 몇 세대가 걸릴 것이라고 생각했
지만, 실제로 모든 계획이 완성되기까지 걸린 기간은 한 행정
가가 보낸 전성기에 지나지 않았다.

　그러나 이런 일화도 있다. 언젠가 화가 아가타르코스(Ag-
atharchos)가 큰 소리로 자신을 뽐낸 적이 있었다. 자기는 아주
빠르고 쉽게 그림을 마쳤다는 것이었다. 그 말을 들은 제욱시
스(Zeuxis)가 말했다.

　"나는 참 오래 걸리던데요. 그만큼 오래가긴 합니다만."

　빠르고 능란하게 만들어진 작품은 무게감이나 정교한 아
름다움을 주지는 않는다. 그런가 하면 힘들게 창작한 작품에

쏟은 시간은 마치 엄청난 이자처럼 그 작품의 가치를 오래도록 유지시켜 준다. 이런 점에서 페리클레스의 작품들은 모두가 더욱 놀랍다. 그의 작품들은 짧은 시간에 만들었으면서도 그 아름다움을 오래 간직하고 있기 때문이다.

아름다움이라는 점에서 보면 페리클레스의 작품들은 만들 때부터 고풍스러웠지만, 그 열정의 신선함이라는 측면에서 보면 오늘날까지도 여전히 새로 지은 것 같다. 말하자면 그가 세운 건물에는 영원히 새롭게만 여겨지는 꽃다움이 있다. 세월의 때가 묻지 않은 것처럼, 나이를 잊은 영혼의 흔들리지 않는 숨결이 배어 있다.

페리클레스의 건설 사업을 총지휘하고 감독한 사람은 페이디아스였다. 그러나 훌륭한 건축가와 예술가들이 그와 함께했다. 이를테면 신상 안치대의 길이만 해도 30미터에 이르는 파르테논 신전은 칼리크라테스(Kallikrates)와 익티노스(Iktinos)가 만들었다.

엘레우시스(Eleusis)에 신비의 신전을 짓기 시작한 사람은 코로이보스(Koroibos)였는데, 그는 바닥에 기둥을 세우고 창틀과 기둥을 조이는 일을 했다. 그러나 작업 도중에 그가 죽자 크시페테(Xypete) 출신의 메타게네스(Metagenes)가 기둥 윗부분을 올리고 채색 작업을 완수했다. 콜라르고스 출신의 크세노클레스(Xenokles)는 신전 윗부분의 채광 시설을 맡았다.

아테네의 '긴 성벽(*Makron Teichos*)'은 칼리크라테스가 착공했는데, 소크라테스의 말(플라톤, 『고르기아스』, §455)을 빌리면, 페리클레스가 그런 구상을 이야기할 때 자기도 곁에서 그 말을 들었다고 한다. 이 장벽 작업은 매우 더뎠는데, 시인 크라티노스는 이를 빗대어 다음과 같은 시를 남겼다.

페리클레스는 입으로만 일을 하는지
시간이 꽤 흘렀는데도

일은 나아가지 않네.

(코크 엮음,『아티카 희극 단편(斷編)』, I : 100)

음악당(Oideion) 안에는 좌석과 기둥이 많다. 지붕 꼭대기의 뾰족한 천장에서부터 사방으로 경사진 들보가 걸려 있는데, 들리는 바에 따르면, 이는 페르시아 왕의 천막을 본뜬 것이라고 한다. 이 건물도 페리클레스의 감독을 받으며 세워졌다. 크라티노스는 이를 두고『트라키아의 여인들(Thrattai)』에서 다음과 같이 꾸짖고 있다.

오, 머리가 알뿌리처럼 생긴 제우스여!
그가 이리로 오고 있도다.
음악당이 그의 큰 머리에 모자처럼 딱 맞으니,
이제는 보기가 좋아 패각 추방을 당할 일도 없으리라.

(코크 엮음,『아티카 희극 단편』, I, : 35)

명예욕이 높았던 페리클레스는 판아테나이아(Panathenaia) 축제 때 음악을 경연하도록 법령을 제정한 최초의 인물이기도 하다. 그는 스스로 음악당의 감독이 되어 경연에 참가하는 사람들은 어떻게 피리를 불어야 하고, 노래는 어떻게 불러야 하며, 현악기(kithara)는 어떻게 뜯어야 하는지를 가르쳤다. 그 음악 경연은 그 뒤로도 이 음악당에서 벌어졌다.

신전의 언덕 위에 있는 프로필라이아(Propylaia) 문은 5년에 걸쳐 완성되었는데, 므네시클레스(Mnesikles)가 세웠다. 이 문을 세울 때 신도 무심하지 않았음을, 아니 오히려 그 작업을 처음부터 끝까지 도와주었음을 보여 주는 놀라운 일이 벌어졌다.

프로필라이아를 짓던 건축 기술자 가운데 가장 열심을 보이던 사람이 발을 헛디뎌 높은 곳에서 떨어졌다. 그는 너무 심하게 다쳐 의사도 절망했다. 이에 페리클레스가 몹시 낙심해 있는데, 꿈에 신이 나타나 상처를 고치는 처방을 알려 주었다. 그 처방대로 치료했더니 아주 빠르고 쉽게 상처가 아물었다고 한다. 들리는 바에 따르면, 페리클레스는 그 일을 기념하여 예전부터 신전의 언덕에 세워져 있던 '치유(治癒)의 신' 아테나 히기에이아(Athena Hygieia)의 신전에 동상을 세웠다고 한다. 황금으로 만든 그 조상(彫像)은 페이디아스가 만들었다. 그 신상의 명판에 그의 이름을 새겨 넣은 것은 잘한 일이다.

내가 앞에서 말한 바와 같이, 페이디아스는 페리클레스의 호의에 힘입어 모든 예술가와 함께 이 모든 작업을 감독했다. 이로 말미암아 그는 많은 사람의 시샘을 받아, 끝내는 터무니없는 모함까지 들었다. 그가 작업을 구경하러 왔던 자유민 여자를 페리클레스에게 붙여 주었다는 것이었다.

어떤 사람은 페리클레스가 여색을 좋아하여 막료이자 부관인 메니포스(Menippos)의 아내를 간음했다는 시를 지었고, 새를 키우는 피릴람페스(Pyrilampes)가 페리클레스의 연인에게 뇌물로 공작을 바쳤다는 소문도 돌았다. 사람들은 별의별 소리로 페리클레스를 비방했다.

사실을 살펴보면, 어떤 사람의 존엄함에 대하여 알지도 못하는 사람들이 자기보다 훌륭한 사람들을 중상하고, 민중의 질투라는 사악한 제단에 제물을 바치듯이 그 사람들을 희생시킨다. 이는 놀라운 일이 아니다. 심지어 타소스 출신의 스테심브로토스는 페리클레스가 그의 며느리와 불경한 짓을 저질렀다고 말할 정도이니 더 말해 무엇 하겠는가?

세월이 지나 이런 이야기를 듣는 사람들은 사실을 정확히 알기에는 시간이 너무 지났기 때문에, 아무리 살펴보아도 진실은 알 수 없는 것처럼 보인다. 어떤 사람의 행실과 생애를 살펴보고자 하는 이 시대의 연구자들은 부분적으로는 그 사람에 대한 시샘 때문에, 그리고 부분적으로는 그 사람에 대한 아첨 때문에 진실을 더럽히고 왜곡한다.

14

투키디데스와 그의 무리는 페리클레스가 너무 빨리 공사를 진행했으며, 공금을 쓰고 국고를 낭비했다고 비난했다. 이에 페리클레스는 민회에 나가 민중에게 물었다.

"여러분은 내가 정말로 공사비를 너무 많이 썼다고 생각합니까?"

민중이 입을 모아 소리쳤다.

"그렇소."

그러자 그가 말했다.

"그렇다면 좋습니다. 이번 공사에 공금은 한 푼도 쓰지 않기로 합시다. 그러면 내가 낸 돈은 어떻게 할까요? 모든 건물에 공사비를 헌납한 사람으로 내 이름을 새겨 넣어도 되겠습니까?"

그 말을 들은 민중은 페리클레스의 관대함에 감복된 탓이었는지, 아니면 이번 공사에서 그와 함께 영광을 나누고 싶어서였는지, 그가 경비를 얼마든지 써도 좋으며 경비를 남기지 않아도 좋다고 소리 높여 말했다. 그리하여 마침내 [기원전 442년에] 페리클레스와 투키디데스 가운데 어느 하나를 선택하는 패각 투표 결과에 따라 투키디데스가 추방되었고, 페리클레스에 반대했던 무리는 그렇게 무너졌다.

15

정치적 다툼이 사라지고 도시가 평온을 찾음으로써, 이를테면 모든 계층이 통합되면서 페리클레스는 아테네의 권력과 여러 문제에 관한 결정권을 장악했다. 곧 전쟁 분담금, 군대, 함대, 섬, 바다가 모두 그의 손에 들어갔다. 또한 그리스의 여러 국가가 페르시아 때문에 뭉치면서 더욱 막강해진 권력, 그리고 예속국과 우호적인 왕들과 동맹 제국(帝國)을 둘러싸고 벌어지는 여러 문제를 결정할 권한도 그의 것이 되었다. 그는 이제 더 이상 옛날의 그가 아니었다. 그는 민중에 굴복하지 않았고, 마치 바람에 몸을 맡긴 조타수처럼 대중의 바람에 영합하지도 않았다.

아니, 오히려 페리클레스는 지난날의 느슨하고 어찌 보면 나약해 보였던, 그래서 마치 감미로운 선율과 같았던 통치 방법을 떨쳐 버렸다. 그는 귀족 정치와 왕정을 향한 강렬하고도 분명한 음조(音調)를 보이기 시작했으며, 직접적이고도 확고한 방법으로 최선의 이익을 얻고자 권력을 행사했다. 그는 설득과 교화로 민중이 기꺼이 따라오도록 이끌었다.

그러나 민중이 그의 정책에 분노한 때도 있었다. 그럴 때 페리클레스는 주인이 동물의 고삐를 조이듯 민중을 죄었고, 모두에게 이익이 되는 방향으로 그들을 몰아갔다. 마치 지혜로운 의사가 까다로운 만성 질환을 치료할 때, 가끔은 해가 되지만 않는다면 환자가 하고 싶은 대로 놔둠으로써 그들을 기쁘게 하고, 때로는 부식성(腐蝕性)의 쓴 약을 쓰는 것과도 같다.

예상할 수 있듯이, 그토록 방대한 제국에는 온갖 인생이 모여 살았고, 그로 말미암은 혼란이나 폐단도 가지각색이었다. 그러나 페리클레스는 그런 문제들을 다루는 데 타고난 재능을 갖고 있었다. 그는 마치 사공이 키를 써서 방향을 바꾸듯이 희망과 공포를 오갔다. 민중이 오만할 때는 적절하게 제어하고, 그들이 의기소침해하면 북돋아 주고 편안하게 해 주었다.

수사학이란 말의 예술로서 "영혼을 황홀하게 만드는 기술"(『파이드로스』, §271)이라고 플라톤은 말한 바 있다. 결국 수사학의 가장 중요한 임무는 사람들의 연민과 열정을 끌어내는 것이다. 페리클레스는 자신이 이룬 업적을 통해 플라톤의 주장을 증명했다. 말하자면 그러한 작업은 악사가 손가락으로 신중하게 현(絃)을 퉁기거나 붙잡듯이 영혼을 울리거나 멈추게 하는 것이었다.

그러나 그가 정치인으로 성공할 수 있었던 것은 단순히

　　　　　　　　　　　페리클레스

재능 있는 웅변가여서만은 아니었다. 투키디데스의 『펠로폰
네소스 전쟁사』(II : 65)에 나와 있듯이, 페리클레스는 일생 동
안 쌓아 온 명성과 더불어 뇌물에 초연하고 전혀 무관심하다
는 점을 분명히 보여 줌으로써 민중의 신뢰를 얻었다는 점이
더 중요하다.

　　페리클레스는 이미 위대하고 부유한 도시를 더욱 부유하
고 위대하게 만들었고, 그의 권력은 왕과 참주(僭主)들에 이를
만큼 강대했다. 왕과 참주들은 실제로 페리클레스를 자기 아
들의 후견인으로 임명했지만, 그는 아버지에게서 물려받은 재
산을 단 1드라크마도 더 늘리지 않았다.

16

투키디데스가 명백하게 보여 주고 있듯이, 페리클레스의 권력
이 막강했다는 점에는 의심할 나위가 없다. 희극 시인들은 충
분한 증거도 없이 악의적으로 그를 헐뜯었다. 그들은 페리클
레스와 그의 동지들을 향해 아테네의 유명한 참주 가문이었던
"페이시스트라토스 가문(Peisistratidae)이 부활했다"고 하면서,
그가 스스로 참주가 되지 않겠다고 엄숙히 선서할 것을 요구
했다. 그들은 페리클레스가 지나칠 만큼 탁월했기 때문에 민
주주의와는 어울리지 않는다고 생각하고 있었다. 텔레클레이
데스는 그러한 현상을 두고 다음과 같은 시를 남겼다.

　　아테네 시민은
　　도시의 모든 재산을 그에게 주었다.
　　묶어 놓든 풀어 놓든 좋을 대로 하라고.
　　그가 좋아하면 돌로 성벽을 쌓아도 좋고,
　　당장 다시 헐어 버려도 좋다.
　　그들의 조약권과 군대와 권력과
　　평화와 재산과

그 밖에 행운의 여신이 준 선물까지도 모두

그에게 주었다.

(코크 엮음, 『아티카 희극 단편』, I : 220)

페리클레스의 그러한 권력은 황금기에만 주어진 것이 아니었고, 그의 인기는 한철 화려하게 피었다 지는 꽃처럼 짧은 시간 동안만 머무르지 않았다. 오히려 그는 에피알테스, 레오크라테스(Leokrates), 미로니데스(Myronides), 키몬, 톨미데스(Tolmides), 투키디데스와 같은 정치인들 틈에서 [기원전 469~429년까지] 40년 동안 권좌를 누렸으며, 투키디데스가 실각하고 패각 추방을 겪은 뒤에도 권좌에서 15년을 더 보냈다. 이 기간 동안에 그는 해마다 임기를 연장하는 방법으로 제왕과 같은 권력을 휘둘렀는데, 그러면서도 부패에 물들지 않으려고 자제했다.

그렇다고 해서 그가 돈에 전혀 무심했던 것은 아니었다. 그는 아버지에게 법적으로 정당하게 물려받은 재산이 자기의 무관심 때문에 날개 단 듯이 날아가 버리는 것도 바라지 않았고, 그렇다고 바쁜 공직 생활을 하는 동안에 재산 문제로 시간을 빼앗기며 고민하고 싶지도 않았다. 그래서 그는 가장 쉽고도 정확하게 재산을 처리하는 방법을 찾아냈다. 다름이 아니라 한 해 소출을 한꺼번에 내다 팔고 필요한 물품들은 시장에서 그때그때 구입하여 마련하는 것이었다.

이런 생활 방식 때문에 페리클레스의 아들들은 성장하면서 아버지를 좋아하지 않았고, 며느리들도 그런 생활 방식을 자유롭다고 여기지 않았다. 그들은 엄격한 통제를 받으며 날마다 생활비를 받아 써야 하는 상황에 대해 투덜거렸다. 다른 명문가들처럼 쓰고 남을 만큼 마음대로 물건을 살 수도 없었고, 구매와 지출이 모두 계산과 저울질을 거쳐 결정되었던 것이다.

이런 예산 업무를 정확하게 처리하는 일은 단 한 사람의

페리클레스

몫이었다. 바로 페리클레스의 노예였던 에우안겔로스(Euange-los)였다. 타고난 재주였는지 아니면 페리클레스에게 훈련을 받은 때문이었는지는 몰라도, 그는 어느 누구보다도 뛰어나게 집안일을 잘 처리했다.

이와 같은 페리클레스의 생활 방식은 아낙사고라스의 지혜와는 상반되는 것이었다. 고매한 성격을 타고난 아낙사고라스는 실제로 집을 버렸고, 밭도 일구지 않아 가축들이 거기서 난 잡초를 뜯어 먹을 정도였다. 그러나 내가 생각하기에, 철학자의 삶이 정치가의 삶과 같을 수는 없다. 철학자는 외부의 문제와 인연을 끊은 채, 도구의 도움을 받지 않고 자기의 지성만을 이용해 고결한 목적을 이루고자 한다.

그러나 정치인은 자신의 탁월한 능력을 인류가 공통으로 필요로 하는 과제에 쏟아부어야 하며, 그러려면 재산이 있어야 한다. 자신이 윤택하게 살고자 함이 아니다. 페리클레스가 가난한 사람들을 위해 돈을 썼던 것처럼 고결하게 쓰는 것이다.

들리는 바에 따르면, 페리클레스가 바쁜 일에 몰두해 있을 때, 늙은 아낙사고라스는 죽을 작정으로 식사를 끊고 머리에 긴 천을 두른 채 긴 의자에 누워 있었다. 그 소식을 들은 페리클레스는 크게 놀라, 곧바로 그 가난뱅이 노인에게 달려가 죽지 말라고 간곡히 부탁했다. 국가의 업무를 수행하면서 조언을 구할 위대한 스승이 하나도 없다면, 스승과 자신 모두에게 슬픈 일이라고 그는 생각했다. 그 뒤의 이야기를 들어 보면, 아낙사고라스는 페리클레스의 부탁을 듣고 자신의 머리에서 천을 풀어 헤치며 말했다.

"페리클레스여, 등불이 필요한 사람이 등잔에 기름을 부어야 하지 않겠소?"

17

아테네인들의 세력이 커지자 스파르타인들은 불안을 느끼기 시작했다. 이에 페리클레스는 민중이 더 고귀한 생각을 품고, 더 위대한 일을 성취할 수 있는 자부심을 갖도록 하는 법안을 발의했다. 그 법안에 따르면, 유럽에 살든 아시아에 살든, 작은 도시든 큰 도시든, 세상 모든 그리스인은 [기원전 448~447년에] 아테네에서 열리는 회의에 대표단을 파견해야 했다.

이 회의는 이방 민족들이 불태운 신전을 복구하는 문제, 그리스인들이 이방 민족과 싸우면서 그리스의 이름으로 신에게 바치기로 약속했던 제사와 제물에 관한 문제, 모든 민족이 두려움 없이 평화롭게 바다를 항해하는 문제 등을 다루려는 것이었다.

이들을 초청하고자 쉰 살이 넘은 사절 20명이 각 나라에 파견되었다. 그 가운데 다섯 명은 아시아에 있는 이오니아와 도리스 지역, 레스보스섬과 로도스섬 사이에 있는 섬들의 대표자를 초청하고자 파견되었고, 다른 다섯 명은 헬레스폰토스(Hellespontos)와 트라키아 지역에 파견되었다. 이들은 비잔티온까지 이르는 영역을 담당했다.

나머지 다섯 명은 보이오티아와 포키스를 거쳐 오졸리아(Ozolia) 지역에 있는 로크리스(Lokris)를 비롯해 그에 맞닿아 있는 아카르나니아(Akarnania)와 암브라키아(Ambrakia)로 파견되었고, 나머지 사절들은 에우보이아를 거쳐 오이타이아(Oitaia)와 말리아코스만(Maliakos Kolpos)과 프티오티아 지역의 아카이아와 테살리아를 방문하러 떠났다.

사절들은 그곳 주민들에게 그리스의 공통된 복지와 평화의 문제를 논의하는 데 참석해 달라고 부탁했다. 그러나 스파르타의 반대 공작으로 그들의 임무는 아무런 성과가 없었고, 어느 도시도 대표를 파견하지 않았다. 들리는 바에 따르면, 그들의 노력은 펠로폰네소스에서부터 견제를 받았다고 한다. 그럼에도 내가 이 사건을 여기에서 다룬 것은 페리클레스의 기백과 그의 위대한 생각을 보여 주기 위해서이다.

페리클레스

18

장군으로서 페리클레스의 능력을 이야기하자면, 그는 모든 일
에 조심스럽기로 유명했다. 그는 승리를 확신할 수 없는 위험
한 전쟁에 뛰어들지 않았고, 거대한 모험과 찬란한 행운을 즐
김으로써 위대한 장군이라는 칭송을 듣는 사람들을 부러워하
거나 본받으려 하지도 않았다. 그는 시민들에게 자기가 권력
을 잡고 있는 한, 시민이 죽거나 멸망하는 일은 없으리라고 장
담했다.

그 무렵에 톨마이오스(Tolmaios)라는 장군이 있었다. 그에
게는 톨미데스라는 아들이 있었다. 그 아들은 지난날의 행운
과 전공(戰功)으로 말미암아 자신에게 쏟아지는 명성에 우쭐
하여, 자신의 병력 말고도 용맹하고 야심 찬 젊은이 1천 명에
게 전쟁에 참여하도록 설득했다. 이를 본 페리클레스는 민회
에 나가 톨미데스를 말리려고 노력했다. 이때 페리클레스는
다음과 같은 유명한 말을 남겼다.

"만약 그대가 내 말을 들을 뜻이 없다면, 인류의 가장 지
혜로운 스승인 '시간'을 기다려 보는 것이 좋겠소."

그 당시만 해도 이 말은 크게 주목받지 못했다. 그러나 며
칠 뒤 [기원전 447년에] 톨미데스가 코로네이아(Koroneia) 근처의
전투에서 패배하여 많은 용사와 함께 죽었다는 소식이 들어왔
을 때, 신중함과 애국심을 겸비한 페리클레스는 시민들에게
더 높은 호감과 명성을 얻었다.

19

페리클레스의 원정 가운데 시민들의 기억에 가장 오래 남아
있는 전쟁은 [기원전 447년에 벌어졌던] 케르소네소스 전쟁이다.
그가 이 전쟁으로 그곳에 살고 있던 그리스인들을 해방시켰
기 때문이다. 페리클레스는 이곳에 아테네인 1천 명을 이주
시켜 용맹한 남자들을 배치했고, 바다에 방어벽을 축조하여

섬의 어귀를 지켜 주었고, 섬 일대를 배회하던 트라키아인들의 침략을 막아 주었다. 이민족의 땅과 이웃한 케르소네소스에서는 끊임없이 분쟁이 일어나고 이곳저곳에 도적들이 출몰했지만, 그는 그 모든 괴로움을 물리쳤다.

페리클레스는 [기원전 453년에] 펠로폰네소스 일대를 순회함으로써 외국인들에게서 찬사와 축하를 들었다. 그는 이때 삼단 노의 함선 1백 척을 이끌고 메가라의 페가이(Pegai) 항구에서 출항했다. 그는 톨미데스가 앞서 그랬던 것처럼 해안 일대를 유린했을 뿐만 아니라, 중무장 보병을 상륙시킨 다음 내륙으로 진격했다. 그들이 다가오는 것을 두려워한 적군은 도망쳤다. 시키온(Sikyon)인들만이 네메아(Nemea)에서 페리클레스에게 항전했다. 그러나 그의 주력 부대는 이들마저 패퇴시키고 전승비를 세웠다.

그런 다음 페리클레스는 우호적이었던 아카이아에서 출항하여 삼단 노의 함선에 군대를 싣고 대륙의 맞은편으로 진격했다. 그곳에서 아켈로오스(Acheloos)강을 거슬러 올라간 그는 아카르나니아로 진격하여 오이니아다이(Oiniadai) 사람들을 성안에 가두었으며, 그 지역을 유린하고 초토화한 다음 고국으로 돌아왔다.

이 원정으로 페리클레스는 적들에게는 저항할 수 없는 무서운 상대임을 증명했고, 그리스 시민들에게는 자신이 가장 안전하고 효과적인 지도자임을 보여 주었다. 이 전쟁에 참여한 군인들에게는 우연한 사고조차도 일어나지 않았다.

20

페리클레스는 또한 [기원전 436년 무렵에] 찬란한 장비로 무장한 수많은 병력을 이끌고 흑해(Euxeinos Pontos)로 출항했다. 그곳에서 그는 여러 그리스 도시 국가가 바라는 것을 들어주고 따뜻하게 다루는 한편, 이웃한 이방 국가로 진격하여 그곳의 왕과 제왕들에게 불패의 용기를 지닌 막강한 군대를 보여 줌으로써 그 일대의 모든 바다를 자신의 세력권에 두었다.

페리클레스는 또한 유배지에서 살고 있는 시노페인들에게 라마코스(Lamachos) 휘하의 군대와 전함 열세 척을 남겨 두어 그들이 폭군 티메실레오스(Timesileos)에게 항전하도록 도와주었다. 폭군과 그의 지지자들이 도시에서 추방되었을 때, 페리클레스는 아테네에서 지원한 6백 명을 시노페로 보내 기존의 주민들과 함께 정착하도록 하는 법을 통과시켰고, 폭군과 그 지지자들이 차지했던 집과 토지를 원래 주민들에게 돌려주었다.

그러나 그 밖의 문제를 다룰 때, 페리클레스는 시민들의 오만한 충동에 따르지 않았다. 막강한 군사력과 행운에 도취된 시민들이 이집트를 침공하고 바다를 따라 널려 있는 페르시아 왕의 영토를 유린하자고 주장할 때도 그는 민중의 흐름에 휩쓸리지 않았다. 그 시기에는 많은 사람이 오직 시킬리아를 차지하고 싶어 했는데, 이는 불길할 정도로 지나친 열망이었다.

뒷날 알키비아데스(Alkibiades)와 같은 웅변가들이 이러한 열망에 불을 붙였다. 어떤 사람들은 토스카나와 카르타고를 장악하려는 꿈을 가지기까지 했다. 그 무렵 막강한 힘을 가졌던 그들은 모든 과업을 순조롭게 완수하면서 성공의 흐름을 타고 있었으니, 그러한 꿈을 이룰 수도 있었을 것이다.

21

그러나 페리클레스는 민중의 지나친 욕심을 억누르고 더 넓은 영토를 차지하자는 간섭을 막았으며, 민중이 이미 이뤄 놓은 것을 지키는 데 대부분의 힘을 쏟았다. 그는 스파르타의 세력을 견제하는 일이 가장 중요하다고 여겨, 온갖 수단으로 그들과 맞섰다. 그러한 과업 가운데 그가 이룬 가장 중요한 업적은 [기원전 449년 무렵에 벌어진] 제2차 신성 전쟁(Ieros Polemos)[13]이었다.

포키스인들이 델포이 신전을 점령하고 있을 때, 스파르타가 그곳을 쳐들어와 델포이인들에게 신전을 되돌려 준 적이 있었다. 그러나 스파르타인들이 떠나자마자 페리클레스가 쳐들어가 다시 포키스인들에게 신전을 돌려주었다. 스파르타인들이 그곳을 점령했을 때, 그들은 남들보다 먼저 신탁을 받을 수 있는 특권(promanteia)을 델포이인들에게서 양도받았다. 그리고 그런 내용을 신전의 늑대 동상[14]에 새겨 넣었다. 그러자 이번에는 페리클레스가 다시 쳐들어가 남들보다 먼저 신탁을 받을 수 있는 특권을 포키스인들에게서 양도받았고, 그 내용을 늑대 동상의 오른쪽에 새겨 넣었다.

22

페리클레스가 아테네인들의 세력을 그리스 안에 묶어 둔 결정이 옳았음은 그 뒤의 역사에서 입증되었다. 먼저 [기원전 446년에] 에우보이아인들이 반란을 일으키자 그는 군대를 이끌고 그 섬으로 건너갔다.

그러자 이번에는 메가라인들이 적의 편에 섰으며, 스파르타의 왕 플레이스토아낙스(Pleistoanax)가 이끄는 적군이 아티카 국경에 나타났다는 보고가 들어왔다. 이에 페리클레스는

---

13   델포이의 아폴론 신전과 테르모필라이(Thermopylae) 계곡 근처에 있는 아텔라(Athela) 신전에서는 열두 부족의 연맹체인 인보 동맹(隣保同盟, Amphictyonia League)이 함께 제사의 의무를 지고 있었다. 신성 전쟁은 이 동맹의 체결 국가 사이에서 벌어진 세 번의 전쟁을 뜻한다. 본문의 신성 전쟁은 기원전 449년에 시작하여 1년 동안 이어진 두 번째 신성 전쟁이다.

14   전설에 따르면, 델포이에 보물이 하나 있었는데, 누군가가 그것을 훔쳐 달아나다 늑대에 물려 죽었다. 그런 일이 있은 뒤에 그 늑대가 델포이인들에게 나타나 짖었고, 사람들이 이를 이상하게 여겨 따라가 보았더니 도둑맞은 보물이 늑대의 굴 안에 있었다. 이에 델포이인들은 그 늑대에 대한 고마움을 표시하고자 그 동상을 만들어 신전에 모셔 두고 있었다.

아티카를 지키고자 에우보이아에서 군대를 서둘러 철수했다. 그는 수가 많고 용맹스럽고 전투를 하고 싶어 안달이 난 적군의 중무장 보병과 맞붙으려 하지 않았다.

페리클레스는 스파르타의 왕이 매우 젊고, 많은 신하 가운데 클레안드리다스(Kleandridas)를 가장 신임한다는 사실을 알았다. 또한 어린 왕을 걱정한 스파르타의 민선 장관들(Ephor)이 클레안드리다스를 왕에게 딸려 보내 보좌하도록 했다는 사실도 알았다. 페리클레스는 이 사람이 얼마나 충직한 사람인가를 은밀하게 알아보고자 서둘러 사람을 보내 그를 뇌물로 매수했다. 뇌물의 대가는 펠로폰네소스인들이 아티카에서 물러나도록 설득하는 일이었다.

스파르타의 군대가 아무런 전공도 없이 돌아와 여러 도시로 흩어지자 화가 난 시민들은 왕에게 무거운 벌금을 물렸고, 그 액수가 너무 많아 감당할 수 없었던 왕은 스파르타를 떠났다. 그리고 망명을 바랐던 클레안드리다스에게는 사형이 선고되었다. 클레안드리다스는 시킬리아에서 아테네인들을 정복한 길리포스(Gyllippus)의 아버지였다.

탐욕은 타고나는 것이어서, 자식에게 대물림되는 것이 자연의 법칙처럼 보인다. 그래서인지 길리포스도 빛나는 공적을 세운 뒤 나쁜 버릇에 빠졌고, 명예스럽지 못하게 스파르타에서 추방되었다. 나는 「리산드로스전」(제19장, §16)에서 이 내용을 길게 다루었다.

23

페리클레스는 전쟁에 들어간 비용을 국가에 제출하면서 '사소한 경비'라는 명목으로 10탈렌트를 기록했다. 시민들은 이를 공식적으로 따지지도 않았고, 비밀을 알려고도 하지 않았다. 그러나 어떤 작가들, 그 가운데에서도 철학자였던 테오프라스토스(Theophrastos)의 기록에 따르면, 해마다 페리클레스는 그 돈을 스파르타로 넘겼다고 한다. 스파르타의 관리들을 어루만지는 데 썼다는 것이다. 그는 그 돈으로 평화를 추구하지는 않았다. 시간을 벌어 여유롭게 전쟁을 준비하면서 그다음 전쟁을 치르려는 것이었다.

어쨌거나 페리클레스는 다시 변방의 반란에 신경 쓰기 시작했다. 그는 전함 50척과 중무장 보병 5천 명을 이끌고 에우보이아로 건너가 그곳의 여러 도시를 정복했다. 그 섬의 칼키스(Chalcis) 사람들 가운데 기사 계급(*hippobotai*)이 있었는데, 그들은 재산도 있고 명성도 높은 사람들이었다.

페리클레스는 이들을 모두 추방했다. 또한 헤스티아이아(Hestiaia)인들도 도시에서 몰아내고, 그곳에 아테네인들을 이주시켰다. 페리클레스는 그들을 특별히 엄중하게 다루었는데, 이는 그들이 아티카의 함선을 붙잡아 선원들을 학살한 탓이었다.

24

이런 일이 있은 뒤, 아테네와 스파르타 사이에 30년 동안의 평화 협정이 이뤄졌다. 그리고 페리클레스는 [기원전 440년에] 사모스섬으로 원정을 떠나도록 하는 정령(政令)을 통과시켰다. 그들이 밀레토스와의 전쟁을 멈추라는 아테네의 명령을 받아들이지 않았다는 것이었다. 그런데 세상 사람들은 페리클레스가 아스파시아(Aspasia)라는 여인을 기쁘게 해 주려고 사모스를 침공했다고 생각한다. 그러므로 여기서는 아테네의 내로라하는 사람들을 주무르고, 철학자들과도 수준 높은 이야기를 오랫동안 나눌 수 있었던 그 여인에게 어떤 재능과 힘이 있었는지 살펴보는 것이 좋을 듯싶다.

작가들은 대부분 아스파시아가 밀레토스 출신으로서 악시오코스(Axiochos)의 딸이었다는 데 동의한다. 들리는 바에 따르면, 그 여인이 그 시대에 가장 영향력이 큰 사람들을 공략했던 이유는 고대 이오니아의 타르겔리아(Thargelia)에 대한 경쟁심 때문이었다고 한다.

타르겔리아는 매우 아름다웠고, 생활 방식이 우아했으며 영리했다. 그 여인은 그리스의 수많은 명사들과 가깝게 지냈으며, 페르시아 왕과도 잘 어울려 그리스인들의 가슴속에 페르시아에 대한 호감의 씨를 뿌려 주었다. 그는 자기를 좋아하는 유력자들을 이용해 이런 일을 했다.

어떤 사람들의 말에 따르면, 페리클레스가 아스파시아를 그토록 총애한 것은 그 여인의 빼어난 정치적 지혜 때문이었다고 한다. 아스파시아는 자기 집에 고위급 인물을 상대하는 매춘부를 두고 있었다. 이처럼 아스파시아의 직업이 정직했다거나 명망 높은 것은 아니었지만, 소크라테스는 그의 제자들을 이끌고 그 여인을 찾아왔고, 소크라테스의 친구들도 아내와 함께 아스파시아를 찾아와 이야기를 들었다.

소크라테스의 제자였던 아이스키네스(Aischines)가 그의 대화록 『아스파시아』에서 나눈 말에 따르면, 페리클레스가 죽은 뒤에 아스파시아와 함께 산 첫 남자는 리시클레스(Lysikles)였다. 그는 양을 파는 사람으로서 출신도 낮고 성품도 좋지 않았으나, 그 여인과 함께 살면서부터 유명 인사가 되었다고 한다.

플라톤의 『대화편(Menexenos)』을 보더라도 아스파시아가 수사학의 스승으로서 많은 아테네인과 사귀었다는 평판을 들은 것은 틀림없는 사실이다. 비록 앞부분에는 장난삼아 쓴 부분이 있기는 하지만 말이다.

그러나 페리클레스가 그 여인에게 품었던 감정은 오히려 육체적 욕망이었던 것으로 보인다. 본디 페리클레스에게는 아내가 있었다. 아내는 그와 가까운 혈족으로서, 이미 히포니코스(Hipponikos)라는 남자와 결혼해 칼리아스라는 아들을 낳은 적이 있었는데, 그 아들은 나중에 '부자'라는 별명을 갖게 된다. 그 여인은 다시 페리클레스와 결혼하여 크산티포스(Xanthippos)와 파랄로스(Paralos)를 낳았다. 그 뒤 부부의 결혼 생활은 행복하지 않았다. 페리클레스는 합법적으로 아내의 동의를 받아 그를 다른 남자에게 시집보내고, 아스파시아를 새 아내로 맞아 지극히 사랑했다.

　들리는 바에 따르면, 페리클레스는 하루에 두 번, 광장으로 나갈 때와 집으로 돌아올 때 아내와 사랑의 입맞춤을 나누었다고 한다. 그러나 당시의 희곡에 등장하는 아스파시아는 리디아(Lydia)의 여왕 옴팔레(Omphale) 같은 여자였고, 헤라클레스의 아내 데이아네이라(Deianeira) 같은 여자였고, 제우스의 아내 헤라(Hera) 같은 여인이었다.[15] 작가인 크라티노스는 그의 시 「케이론들」(Cheirons, III : 3)에서 노골적으로 그 여인을 창녀라고 부르면서 다음과 같이 읊고 있다.

　　우리의 제우스에게 헤라를 얻게 한 악의 신이여
　　이제는 부끄럼도 모르는 창녀를 보냈도다.

페리클레스와 아스파시아는 아들을 하나 두었던 듯한데, 아무래도 그는 망나니였던 것 같다. 이에 대해 에우폴리스는 그의 희곡 『구역들(Demes)』에서 다음과 같은 구절을 남겼다.

　　"그렇다면 나의 망나니가 살아 있다는 말인가?"
　　그 물음에 미로니데스가 대답했다.
　　"그렇습니다. 성인이 되었지요.
　　어머니가 창녀가 아니었더라면 좋았을 것을……"
　　(코크 엮음, 『아티카 희극 단편』, I : 282)

15　리디아의 여왕 옴팔레는 헤라클레스와 간음했고, 헤라클레스의 아내 데이아네이라는 행실이 나빠 '남편을 파멸시키는 여자'라는 별명을 들었고, 제우스의 아내 헤라는 본디 제우스의 누이였는데 그의 아내가 된 뒤로 남편의 애인들에게 가혹하게 보복했다.

들리는 바에 따르면, 아스파시아가 그토록 유명 인사가 되자 페르시아의 왕권을 놓고 왕에게 맞서 전쟁을 일으켰던 키로스 (Cyrus)는 애첩 밀토(Milto)의 이름을 아스파시아로 바꾸었다고 한다. 크세노폰(Xenophon)의 글(『페르시아 원정기』, I : 10)에 따르면, 이 여성은 포카이아(Phocaia) 출신으로 키로스가 전쟁에서 죽자 페르시아 왕의 포로로 잡혀갔다가 뒤에 엄청난 권세를 휘둘렀다. 이런 이야기들은 내가 이 글을 쓰면서 떠오른 기억들인데, 쓰지 않고 넘기는 것도 이상하여 이렇게 적어 둔다.

25

다시 사모스섬과 아테네의 전쟁 이야기로 돌아가면, 아테네 시민들은 페리클레스가 아스파시아의 요청에 따라 밀레토스인들을 특별 대우하는 정령을 통과시켰다고 비난했다. 그 무렵에 사모스와 밀레토스는 프리에네(Priene)섬의 영유권 문제로 전쟁을 벌이고 있었다.

전세가 사모스인들 쪽으로 기울고 있었기 때문에 사모스인들은 전쟁을 멈추고 이 문제에 대해 아테네의 중재를 받아들이라는 아테네인들의 지시를 거절했다. 그러자 페리클레스는 사모스로 쳐들어가 과두정을 해체하고 유력 인사 50명과 아이 50명을 인질로 잡아 렘노스로 보냈다.

오늘날 들리는 바에 따르면, 이 인질들은 저마다 자기들을 석방해 주는 대가로 한 사람마다 1탈렌트를 몸값으로 주겠노라고 제시했다. 그 밖에 사모스에 민주주의가 도입되는 것을 반대했던 사람들도 인질을 석방하고자 많은 돈을 제시했다고 한다. 더욱이 사모스인들에게 호감이 있던 페르시아의 태수 피수트네스(Pissouthnes)는 금화 1만 스타테르(*stater*)[16]를 보내면서 사모스인들을 너그럽게 대해 달라고 탄원했다. 그러나

16   스타테르는 화폐 단위로, 1스타테르는 4드라크마에 해당한다.

페리클레스는 그러한 뇌물을 한 푼도 받지 않았다. 그는 자신이 처음에 결정했던 대로 사모스인들을 처리하고 민주 정치를 회복한 다음 아테네로 돌아왔다.

그러나 피수트네스가 렘노스섬에서 사모스의 인질들을 몰래 빼내어 귀국시키고, 사모스인들에게 군수 물자를 제공했다. 그러자 사모스인들이 다시 반란을 일으켰다. 이에 페리클레스는 다시 사모스를 침공했다. 페리클레스가 살펴보니 사모스인들은 게으름이나 두려움과는 거리가 멀었고, 오히려 바다를 장악하려는 결의로 단단히 무장되어 있었다. 그러나 페리클레스는 트라기아(Tragia)섬 가까이에서 벌어진 치열한 전투에서 찬란한 승리를 거두었다. 그는 함선 44척으로 적함 70척을 무찔렀는데, 그 가운데 20척은 보병 수송선이었다.

26

이 전투에서 승리하고 적군이 도망치자 페리클레스는 항구를 장악하고 사모스인들을 포위했다. 그러나 그들은 여전히 기습을 시도하며 성벽 앞에서 항전했다. 그러던 터에 아테네에서 더 많은 지원군이 추가로 도착했고 사모스인들은 완전히 성안에 갇혔다. 이에 페리클레스는 삼단 노의 함선 60척을 이끌고 대해로 나갔다. 가장 저명한 역사학자들의 글에 따르면, 이는 그가 사모스인을 지원하려고 들어오는 페니키아 함대를 맞아 사모스와 멀리 떨어진 곳에서 싸우고자 함이었다고 한다.

그러나 스테심브로토스의 글에 따르면, 페리클레스가 키프로스를 공격하고자 바다로 나갔다고 하는데, 그 주장은 믿을 것이 못 된다. 어쨌든 페리클레스가 대해로 나간 것은 실수였다. 그 무렵에 철학자 이타게네스(Ithagenes)의 아들인 멜리소스(Melissos)가 사모스의 장군 직을 맡고 있었다. 연안에 남은 아테네 함대의 수가 적다는 사실을 우습게 알았는지, 아니면 경험이 적어 겁이 없었던 탓이었는지, 멜리소스는 페리클레스가 바다로 나가자마자 시민들을 설득하여 아테네 병사를 공격했다.

이 전투에서 사모스인들은 크게 이겼다. 그들은 많은 적을 사로잡고 함선을 파괴함으로써 바다를 장악했고, 지난날에 가져 보지 못했던 군수품을 넉넉히 차지했다. 아리스토텔레스의 말에 따르면, 예전에도 페리클레스는 해전에서 멜리소스에게 진 적이 있었다고 한다. 사모스인들은 포로로 잡은 아테네인들의 이마에 올빼미 문신을 새겨 넣음으로써 복수했다. 지난날에 아테네인들은 사모스인들의 이마에 사마이나(samaina)의 문신을 새겨 넣은 적이 있었다.

사마이나는 뱃머리와 충돌 부분을 멧돼지처럼 꾸민 전함인데, 여느 배보다 더 많은 짐을 실을 수 있고, 대양에서 빠르게 항해할 수 있다. 폭군 폴리크라테스(Polykrates)가 재임하던 시절에 사모스인들이 처음으로 이런 모양의 배를 만들었기 때문에 사마이나라는 이름을 얻었다. 들리는 바에 따르면, 이와 같은 낙인에 대해 아리스토파네스는 다음과 같은 아리송한 시 『바빌로니아의 사람들(Babylonians)』을 남겼다.

아, 사모스 사람들은
교양이 있는 민족이로군.
(코크 엮음, 『아티카 희극 단편』, I : 408)

27

사실이든 아니든, 자신의 함대가 큰 재앙을 겪었다는 사실을 알게 된 페리클레스는 서둘러 그 함대를 도우러 떠났다. 멜리소스가 항전했지만, 페리클레스는 사모스인들을 무찌르고 성안에 가두었다. 그는 자신의 병사들이 전투를 벌이다가 부상을 입고 끔찍한 일을 겪는 것보다는, 시간과 돈이 더 들더라도 적군을 가두어 두는 게 낫다고 생각했다.

그러나 싸우고 싶어 안달이 난 아테네 병사를 그냥 묶어
두기는 어려운 일이었다. 페리클레스는 그들을 여덟 무리로
나누어 제비뽑기를 시킨 다음, 흰콩을 뽑은 무리는 그날 하루
실컷 마시며 쉬게 하고, 다른 무리들은 전투에 참여하게 했다.
들리는 바에 따르면, 즐겁게 보낸 하루를 '흰 날(White Day)'이
라고 부르게 된 것은 이 제비뽑기의 흰콩에서 말미암은 것이
라고 한다.

역사가 에포로스의 기록에 따르면, 이때 실제로 페리클레
스는 공성기(攻城機)를 사용했는데, 워낙 신기한 기계여서 많
은 사람의 칭송을 받았다고 한다. 그 기계를 발명한 아르테몬
(Artemon)이 늘 그의 곁에 있었는데, 그는 절름발이여서 도움
이 필요한 곳에 갈 때는 들것에 실려 다녔다. 그래서 '사방으로
옮겨 다닌다'는 뜻으로 페리포레토스(Periphoretos)라는 별명을
얻기도 했다.

그러나 폰토스의 헤라클레이데스는 아나크레온의 시를
인용하면서 위의 이야기를 부인했다. 그 시에 따르면, 아르테
몬은 사모스 전쟁이 일어나기 여러 세대에 앞서 나타난 인물
이라고 한다. 헤라클레이데스의 말에 따르면, 아르테몬은 무
척 호화롭게 살았는데, 두려움이 많아 대부분의 시간을 집 안
에서 보냈다.

아르테몬은 뭔가가 머리 위로 떨어질까 봐 두려워 두 노
예에게 청동 방패를 들려 자신의 머리를 보호하도록 했다. 어
쩔 수 없이 밖에 나갈 일이 있으면 사람들은 그가 넘어지지 않
도록 접의자에 태운 다음, 땅에 닿을 정도로 낮게 "들어 날랐
다." 그래서 페리포레토스라는 별명이 생겼다는 것이다.

사모스인들이 항복한 뒤 8개월이 지났을 무렵, 페리클레스는 그곳의 성을 헐어 버리고 전함들을 몰수한 다음 무거운 벌금을 물렸다. 사모스인들은 그 일부를 곧 갚고, 나머지는 일정한 기간 안에 갚는 조건으로 인질을 보냈다. 사모스 출신의 역사가인 두리스(Douris)는 이 사실을 설명할 때 아테네인들과 페리클레스의 잔인함을 비난하고자 그 비극적인 모습을 과장했다. 그러나 투키디데스나 에포로스나 아리스토텔레스의 기록에는 그런 내용이 없다.

두리스의 말에 따르면, 페리클레스는 삼단 노의 전함을 만든 사모스의 기술자들과 수병들을 밀레토스의 광장으로 끌어내어 기둥에 묶었다. 그리고 열흘 동안 그렇게 묶어 둔 채 고통을 준 다음, 몽둥이로 머리를 깨어 죽이고, 장례도 치르지 않고 시신을 버렸다고 한다. 과연 그랬을까? 아마 사실이 아닐 것이다. 두리스는 사사로운 이해관계가 없을 때조차 매사에 진실을 말하지 않는 버릇이 있었는데, 이번에도 그는 자기 나라의 비극을 끔찍하게 그림으로써 아테네인들을 비방하려 했던 것으로 보인다.

사모스를 정복하고 아테네로 돌아온 페리클레스는 전쟁에서 죽은 이들을 성대하게 장사 지내고 [기원전 430년에] 관습에 따라 전몰장병의 무덤 앞에서 추모 연설[18]을 했는데, 이 연설로 엄청난 명성을 얻었다. 그가 연설을 마치고 연단에서 내려오자 여인들이 그의 손을 잡으며 마치 우승한 운동선수처럼 화관과 술(繐)을 씌워 주었다. 그때 엘피니케가 그에게 다가와 말했다.

---

17   이하의 이야기는 저 유명한 펠로폰네소스 전쟁(기원전 431~404) 제1기의 기록이다.

18   이 불후의 연설문은 투키디데스의 『펠로폰네소스 전쟁사』(II : 35~46)에 실려 있다.

"페리클레스여, 찬미받으시오. 그대는 그 화관을 받을 만하오. 나의 오라버니인 키몬이 페니키아와 메디아인들과 싸우느라 용감한 시민들을 여럿 잃은 것과 달리, 그대는 우리의 동맹이자 형제인 도시와 싸우느라 그랬으니까요."

엘피니케가 이렇게 말하자 페리클레스는 조용히 미소를 지으며 다음과 같이 아르킬로코스(Archilochus)의 시구를 읽어 주었다.

"나이로 보아 그대는 향수를 뿌리기에는 너무 늙었도다."[19]

이온의 말에 따르면, 페리클레스는 사모스인들을 정복한 자신의 업적을 몹시 대단한 일로 생각했다고 한다. 아가멤논(Agamemnon)은 이방의 도시를 정복하는 데 10년이 걸렸지만, 자신은 이오니아에서 가장 강력하고도 앞서가던 자들을 정복하는 데 9개월밖에 걸리지 않았다는 것이다.

그러나 페리클레스의 자랑을 부당하다고만 할 수는 없다. 투키디데스의 『펠로폰네소스 전쟁사』(VIII : 76)에 쓰여 있는 바와 같이, 사모스인들이 아테네인들의 제해권을 거의 빼앗은 상태에서 페리클레스는 결과를 예측할 수 없을 만큼 불확실하고 위험한 전쟁에 뛰어들어 승리를 거두었기 때문이다.

29

이런 일이 있은 뒤, [기원전 433년에] 펠로폰네소스에 전운(戰雲)이 감돌자 페리클레스는 코린토스인들과 전쟁을 하고 있던 코르키라(Korkyra)에 지원을 보내야 한다면서 민중을 설득했다. 사실상 전쟁이 벌어진 상황이므로, 막강한 해군력을 지닌 코르키라인들이 아테네 편에 서도록 만들어야 한다는 것이었다. 그러나 막상 그리스 민회가 코르키라에 지원군을 보내기로

---

19 '그대는 남의 일에 참견하기에는 너무 늙었도다'라는 뜻이다.

가결하자 페리클레스는 키몬의 아들 라케다이모니오스(Lake-
daimonios)를 파견하면서 오직 함선 열 척만을 주었다. 라케다
이모니오스를 조롱한 것이다.

그 당시에 키몬의 가문은 스파르타인들에게 각별한 호의
를 품고 있었다. 그러므로 라케다이모니오스가 지휘하는 원정
군이 공적을 이루지 못한다면, 그의 친(親)스파르타적인 성향
은 비난을 받을 것이 뻔했다. 페리클레스는 바로 그 점을 노리
고 라케다이모니오스에게 배 몇 척만 딸려 그의 뜻에도 없는
원정을 보냈던 것이다. 대체로 페리클레스는 키몬의 아들들이
힘을 키우는 것을 막으려 했다.

그러면서 페리클레스는 키몬의 아들들 이름이 순수한 아
테네인의 것이 아니라 외국인과 이방인의 것이라고 비난했다.
이를테면 라케다이모니오스는 스파르타인을 뜻하는 라케다
이모니아(Lakedaimonia)에서 따온 것이고, 둘째 아들 테살로스
(Thessalos, 테살리아인)나 셋째 아들 엘레이오스(Eleios, 엘리스인)
도 아테네식 이름이 아니었다.[20] 또한 페리클레스는 그들의 어
머니가 아르카디아(Arcadia) 출신이라는 점도 강조했다.

그러나 페리클레스는 초라하게 배 열 척만을 보낸 것으로
말미암아 심한 비난을 받았다. 도움이 필요한 우방에 보잘것
없는 지원을 보냄으로써, 적국에는 전쟁을 벌일 커다란 구실
을 제공했다는 것이었다. 그래서 그는 코르키라에 더 많은 함
선을 보냈지만, 그 함선들은 전쟁이 끝난 뒤에야 그곳에 도착
했다.(『펠로폰네소스 전쟁사』, I : 50)

사태가 이렇게 진행되자 분개한 코린토스인들은 스파르
타로 찾아가 아테네인들을 비난하면서 메가라인들과 손을 잡
았다. 그 무렵에 메가라인들은 아테네인들이 장악한 광장과

---

20   이는 페리클레스가 오해한 것으로서, 엘레이오스가 둘째 아들이고, 테살
      로스가 셋째 아들이었다.

항구에서 쫓겨나 있었는데, 메가라인들의 주장에 따르면, 이는 아테네인들의 보편적인 법과 그들이 맹세한 바를 어긴 것이었다.

아이기나인들도 자기들이 부당한 대접을 받고 있다고 생각했지만, 대놓고 아테네인들을 비난할 용기가 없어 스파르타인들에게 남모르게 우는소리를 하고 있었다. 이러한 상황에서 코린토스의 식민지이면서도 아테네에 복속되어 있던 도시 포티다이아(Potidaea)가 반란을 일으킴으로써 전쟁을 더욱 재촉했다.

그럼에도 각국의 많은 사신이 계속하여 아테네로 파견되었고, 스파르타의 왕 아르키다모스도 동맹국들의 비난을 평화적으로 해결하고자 그들의 분노를 누그러뜨리려 했다. 따라서 메가라인들에게 적대적인 법령을 폐기하고 화해하라는 충고를 아테네인들이 받아들였다면, 전쟁은 일어나지 않았을 수도 있었다. 그러나 페리클레스는 법령의 폐기에 적극 반대하고 아테네 시민들이 메가라인들에게 경쟁심을 갖도록 충동질했다. 결국 그는 전쟁을 불러왔다는 책임을 홀로 져야 했다.

30

들리는 바에 따르면, 이런 문제들을 다루고자 찾아온 스파르타의 사절단이 아테네에 도착했을 때, 페리클레스는 다음과 같이 변명했다. 아테네에는 메가라에 불리한 법령을 철회할 수 없도록 하는 법령이 있다는 것이었다. 그러자 사절들 가운데 한 사람이었던 폴리알케스(Polyalkes)가 이렇게 소리쳤다고 한다.

"그렇다면 그 법령을 지우지 마시오. 그 대신에 그 법령을 새긴 비문을 벽 쪽으로 돌려놓으시오. 그러면 그런 금령(禁令)도 없는 셈이 되지요."

그보다 더 재치 있는 제안도 없었지만, 페리클레스는 이를 거부했다. 그는 아마도 메가라인들에게 사사로운 감정을 품고 있었음이 분명하다. 그는 메가라인들이 대지(大地)의 여신 데메테르(Demeter)와 그의 딸 페르세포네의 성지(聖地)인 엘레우시스를 모독했다고 공개적으로 비난하면서, 사신을 파견하여 메가라인들을 비난하는 문서를 메가라와 스파르타에 보내자는 법안을 제출했다.

어느 모로 보나 그 법안은 페리클레스의 작품이었다. 그는 자신의 처사를 합리적이고도 인도적으로 정당화하고 싶었던 것이다. 그러나 그러한 업무를 띠고 파견되었던 안테모크리토스(Anthemokritos)가 살해되었고, 메가라인들은 살인자의 배후라는 혐의를 받았다. 그러자 카리노스(Karinos)가 메가라인들을 적으로 규정하는 또 다른 법령을 제안했다.

이 법안에 따르면, 메가라는 아테네와 양립할 수 없는 적국이며, 메가라인이 아티카에 발을 들여놓으면 사형에 처하고, 아테네의 장군에 취임하는 사람은 취임식에서 선조의 맹세에 더하여 해마다 두 번씩 메가라를 침공할 것을 선서해야 했다. 또한 트리아(Thria) 문 근처에 안테모크리토스를 영예롭게 묻어 주어야 한다는 내용도 있었다. 지금 그곳은 '이중문'이라는 뜻의 디필론(Dipylon)으로 불린다.

그러나 메가라인들은 자신들이 안테모크리토스를 죽이지 않았다고 주장했다. 그들은 오직 페리클레스와 아스파시아 때문에 아테네인들을 미워하게 되었다고 말하면서 아리스토파네스가 지은 『아카르니아인(*Akharnneis*)』(§524)에 나오는 진부하리만치 유명한 단시(短詩)를 인용했다.

메가라의 여인 가운데
시마이타(Simaitha)라는 창녀가 있었는데,
술 취한 아테네의 청년들이
그를 보쌈해 갔다네.

이에 분노한 메가라인들이
아스파시아의 두 창녀를 납치하여
겁탈하였도다.

31

처음에 아테네가 메가라를 배척하는 법령을 만들게 된 이유가
무엇인지를 가늠하기란 쉬운 일이 아니다. 그러나 그 법령을
폐기하지 않은 것은 페리클레스의 책임이라고 모두 한목소리
로 말하고 있다. 다만 어떤 사람들의 말에 따르면, 페리클레스
는 고결한 정신으로 아테네의 최선의 이익을 분명히 내다보고
그런 결정을 내렸다고 한다. 페리클레스가 생각하기에, 그 법
을 폐지하느냐 마느냐는 일종의 시험에 불과했다. 만약 이때
상대의 의견에 따른다면, 아테네는 스스로 나약함을 드러내는
것이나 다름없었다.

또 다른 사람들의 말에 따르면, 페리클레스는 자신의 권
력을 과시하려는 의지와 오만함과 투쟁심 때문에 스파르타인
들을 그토록 미워했다고 한다. 그러나 페리클레스에 대한 가
장 나쁜 비난이자 아직도 가장 많은 지지를 받고 있는 주장은
다음과 같은 것들이다.

내가 이미 앞에서 말한 바와 같이, 페리클레스와 가까운
친구 가운데 페이디아스라는 조각가가 있었다. 아테나 여신의
거대한 조상(彫像)을 만들었던 페이디아스는 페리클레스와 점
점 더 친해지면서 그에게 커다란 영향을 끼쳤고, 이를 시샘한
다른 사람들의 적이 되었다. 또 다른 사람들은 페이디아스의
문제에 페리클레스를 연루시키면 민중이 어떤 평결을 내리게
될지를 궁금해했고, 결국 그 조각가를 이용했다.

페리클레스의 정적들은 페이디아스의 조수인 메논(Me-
non)을 부추겼다. 우선 광장의 탄원석에 앉은 다음, 페이디아
스의 공금 횡령에 대해 다 털어놓을 테니 자기에게 면책 특권

을 달라고 하라고 시킨 것이다. 메논은 페리클레스의 정적들이 시키는 대로 했고, 민중은 그의 제안을 받아들여 페이디아스를 민회에 고발했다. 그러나 페이디아스가 공금을 횡령했다는 사실은 입증되지 않았다.

페이디아스가 동상에 금을 입힐 때, 처음부터 페리클레스의 지혜로운 조언을 받아들였기 때문이었다. 동상에 입힌 금 조각들은 나중에 문제가 생기면 떼어 내어 무게를 달아 볼 수 있도록 설계돼 있었다. 그리고 실제로 그런 문제가 일어나자 페리클레스는 그의 정적들에게 금 조각을 떼어 낸 뒤 무게를 달아 보라고 했다. 과연 금을 횡령했는지 확인하라는 명령이었다.(『펠로폰네소스 전쟁사』, II : 13)

그럼에도 페이디아스의 작품이 얻은 명성은 여전히 질시의 대상이 되었다. 여신상의 방패에는 아마존의 여전사들(Am-azones)이 전투하는 장면이 새겨져 있었는데, 페이디아스는 거기에 마치 자기 자신을 암시하는 듯한 용감한 노인이 두 팔로 커다란 돌을 집어 올리는 모습을 새겨 넣었다. 또 여전사들과 싸우는 용사의 모습은 페리클레스와 매우 닮아 있었다.

마치 닮은 모습을 숨기려는 듯, 창을 쥔 손은 교묘하게 얼굴 앞을 가리고 있었지만, 어느 쪽에서 보더라도 그 용사는 페리클레스를 상징하였음이 분명해 보였다. 결국 페이디아스는 감옥에 갔고, 거기에서 병으로 죽었다. 그러나 어떤 사람들의 말에 따르면, 페리클레스의 정적들이 그의 명성에 흠집을 내고자 페이디아스를 독살했다고 한다. 글리콘(Glykon)은 이 사건의 제보자인 메논의 세금을 면제해 주고, 그의 신변 안전을 위해 장군들을 배치하자고 건의했다. 민중은 그 안건을 승인했다.

32

이 무렵에 아테네인들은 아스파시아도 법정에 세웠다. 죄목은 불경죄였고, 희극 작가 헤르미포스(Hermippos)가 고발자였다. 그의 고소장에 따르면, 아스파시아는 페리클레스가 자유민 출신의 여자들을 노리개로 쓸 수 있도록 장소를 제공했다고 한다. 또한 디오페이테스(Diopeithes)는 신을 믿지 않거나 하늘의 현상에 관하여 가르치는 무리를 공식적으로 탄핵하는 법안을 제출했는데, 이는 아낙사고라스를 이용해 페리클레스까지 혐의를 씌우려는 속셈이었다.

민중은 즐거워하며 이 법안을 받아들였다. 이러한 분위기에서 민중은 드라콘티데스(Drakontides)가 발의한 법안을 통과시켰는데, 이에 따르면 페리클레스는 각 부족의 대표에게 자신의 공금 사용 내역서를 제출하고, 그 대표들은 신전의 언덕에 있는 제단 앞에 놓인 조약돌로 투표해서 페리클레스의 유죄 여부를 정해야 했다.

그러나 하그논(Hagnon)이 수정안을 제출했다. 페리클레스의 죄가 횡령이든 뇌물이든 유용이든, 이번 사건을 평소처럼 배심원 1천5백 명으로 구성되는 재판에 회부하도록 한 것이다. 아이스키네스의 말에 따르면, 페리클레스는 재판정에서 펑펑 눈물을 흘리며 배심원들에게 호소하여 아스파시아를 빼낼 수 있었다고 한다.

페리클레스는 또한 아낙사고라스를 걱정하여 그를 아테네 밖으로 내보냈다. 페이디아스 사건으로 이미 민중과 부딪친 적이 있던 페리클레스는 다시 법정에 서는 일을 두려워했다. 그는 자신에게 쏟아지는 비난을 누그러뜨리고 민중의 질투심을 가라앉힐 방법으로 다가오고 있는 전운(戰雲)에 미리 불을 붙였다.

페리클레스는 경험을 통해 알고 있었다. 막상 중대한 일이 발등에 떨어지고 위험이 닥치면 민중은 자신의 가치와 권세를 믿어 주었고, 오로지 자신에게만 의지했기 때문이다. 그는 스파르타에서 온 사신들에게 무릎을 꿇지 말라고 민중에게

페리클레스

지시했다. 이 지시는 서로의 적대감을 키우기 위한 페리클레스의 술책이었다고 말하지만, 어디까지가 진실인지는 확실하지 않다.

33

페리클레스만 쓰러뜨리면 아테네인들을 쉽게 다룰 수 있으리라는 것을 알고 있던 스파르타인들은 킬론 사건[21]에 연루된 사람들을 몰아내라고 아테네인들에게 명령했다. 투키디데스의 『펠로폰네소스 전쟁사』(I : 126~127)에 따르면, 페리클레스의 외가 쪽이 이 사건에 연루되었다고 한다. 그러나 스파르타인들의 이와 같은 시도는 그들이 노렸던 바와 전혀 다른 결과를 가져왔다.

아테네인들은 이 사건이 페리클레스를 중상하려는 것임을 알아챘고, 페리클레스는 오히려 시민들에게 더 큰 신뢰와 영예를 얻게 되었다. 아테네인들은 스파르타가 페리클레스를 미워하고 두려워한다는 사실을 잘 알고 있었다. 따라서 아르키다모스가 펠로폰네소스 동맹군을 이끌고 아티카로 쳐들어오기에 앞서, 페리클레스는 이렇게 공언했다.

"아르키다모스가 나와의 우정을 지키기 위해서든, 아니면 내 정적들이 나를 중상모략할 수 있는 구실을 주기 위해서든, 만약 스파르타인들이 쳐들어와서 나의 재산만 온전히 놔두는 일이 벌어진다면, 나는 내 토지와 집을 도시에 헌납하겠습니다."

스파르타인들과 동맹국들은 아르키다모스의 지휘 아래 대군을 이끌고 아티카로 쳐들어왔다. 그들은 가는 곳마다 약탈하면서 아카르나이(Acharnai)까지 진격하여 진영을 차렸다. 이 정도가 되면 아테네인들이 더 이상 참지 못하고 화가 치밀

---

21 이 사건의 자세한 내막에 관해서는 제5장 「솔론전」, §12을 참고할 것.

어 응전해 오리라고 그들은 예상했다.

그러나 페리클레스는 6만 명이나 되는 펠로폰네소스와 보이오티아의 중무장 병력과 맞부딪치는 것이 얼마나 위험한 일인지 잘 알고 있었다. 심지어 6만에 이르는 적군은 1차로 당도한 병력에 불과했다. 그는 시민들에게 "나무는 한 번 잘리더라도 다시 새순이 솟아나지만, 사람의 목숨은 한 번 잃으면 다시 살아날 수 없다"고 말함으로써 불안해하거나 싸우고 싶어 하는 시민들을 달랬다.

자신의 옳은 판단이 꺾일 수도 있다고 판단한 페리클레스는 민회를 소집하지 않았다. 넓은 바다에서 폭풍이 몰아쳐 파도가 배를 덮칠 때, 그 배의 선장은 배를 단단히 묶고 키를 잡아 자기의 기술을 최대한 발휘해야 하며, 뱃멀미를 하며 겁에 질린 승객들의 눈물과 애원은 잠시 무시해야 한다고 그는 생각했다.

페리클레스는 성문을 굳게 닫아걸고 곳곳에 수비대를 배치한 다음, 자신의 판단에 따라 작전을 펼치면서 시민들의 시비나 불평을 듣지 않았다. 막료들은 적군을 공격하자고 간청했고, 정적들은 그를 협박하고 비난하고 악의와 조롱으로 가득한 노래를 부르면서 비겁한 페리클레스 장군이 모든 것을 적군에게 넘겨주었다고 말했다. 페리클레스의 정적인 클레온(Cleon) 장군도 그를 괴롭히기 시작했다. 시민들이 페리클레스에게 쏟아붓는 분노에 힘입어 자신의 입지를 넓히려는 수작이었다.

그 무렵 시민들의 정서는 헤르미포스가 지은 다음과 같은 단단장격(短短長格)의 시에 잘 나타나 있다.

그대 사티로스(Satyros)²²의 왕이여,

22 고대 그리스 신화에 나오는 숲의 신. 남자의 얼굴과 몸에 염소의 다리와

지금까지 전쟁을 벌이면서
창을 무기로 들지 않고
입으로만 떠들고 있는 이유가 무엇인가?
그대의 몸에는 텔레스(Teles)[23]의 영혼이 담겨 있는가?
작은 칼이라도 있었다면
돌에 갈아 날이라도 세울 일이거늘
어이하여 용맹한 클레온에게 맡기라도 한 듯
그대는 이만 갈고 있구려.
(코크 엮음, 『그리스 희극 단편』, I : 236)

34

그러나 페리클레스는 조용하고도 점잖게 모욕과 증오를 견뎠다. 그는 전함 1백 척을 펠로폰네소스에 보내고 자기는 뒤에 남아 아테네의 치안을 돌보면서, 펠로폰네소스인들이 물러날 때까지 업무를 충실히 이행했다. 적군이 떠난 뒤 전쟁의 상처로 고통을 겪는 시민들에게 페리클레스는 돈과 정복한 땅을 나누어 주겠다고 제안함으로써 그들의 호감을 샀다. 또한 아이기나인들을 모두 몰아낸 뒤에는 제비뽑기를 통해 그들의 땅을 아테네인들에게 나누어 주었다.

아테네인들은 적국의 시민들도 전쟁의 상처로 고통받는 것을 보면서 조금 위로를 삼았다. 펠로폰네소스로 간 원정대는 많은 영토를 약탈하고 마을과 작은 도시를 정복했다. 그러는 동안에 페리클레스는 육로로 메가라를 침공하여 황폐하게 만들었다. 적국은 지상전에서 아테네인들에게 많은 상처를 입혔지만, 해전에서는 오히려 피해를 입었음이 분명하다. 그래서 페리클레스가 전쟁 초기에 예언했던 바와 같이, 설령 인간

뿔을 가진 모습이었다.
23 텔레스는 기원전 3세기경 메가라의 염세 철학자였다.

이 예측하지 못했던 재앙을 하늘이 불러오지 않았더라도 그들은 전쟁을 오래 끌 수 없었고, 서둘러 포기할 수밖에 없었다.

그 뒤의 사실이 보여 주듯이, [기원전 430년에] 무엇보다도 전염병이 덮쳐 많은 젊은이의 목숨과 국력을 빼앗아 갔다.(『펠로폰네소스 전쟁사』, II : 47~54) 마음과 몸이 모두 지친 민중은 페리클레스에게 거칠게 대들었다. 마치 미친 사람들이 의사와 부모를 공격하듯이, 시민들은 섬망증(譫妄症)에 걸린 것처럼 페리클레스를 해치려 했고, 뒤에서는 정적들이 민중을 부추겼다. 정적들의 주장에 따르면, 농촌의 민중이 도시로 밀려들어와 질병이 발생했다는 것이었다.

여름이 되면 많은 식구가 비좁고 숨 막히는 집 안에만 틀어박힌 채 활동을 하지 않았기 때문에 탁 트인 곳에서 그들이 바라는 신선한 공기를 마시지 못했다는 것이다. 그들의 말에 따르면, 페리클레스가 이에 대한 책임을 져야 했다. 전쟁으로 온갖 사람들이 시골에서 도시로 몰려들었고, 일거리도 없는 그들로 말미암아 고통받았으며, 마치 가축처럼 우리에 갇힌 그들은 불결하게 살았고, 기분 전환이나 휴식 따위를 전혀 누리지 못했기 때문이라는 것이었다.

35

이와 같은 악습을 몰아내고 아울러 적국에 괴로움을 주고자 페리클레스는 함선 150척에 용맹스러운 중무장 보병과 기병을 태우고 출항하려는 참이었다. 그는 이와 같은 군사 활동으로 아테네 시민들에게 희망을 주고, 그와 같은 거대한 병력을 보여 줌으로써 적국이 두려워하기를 바랐다.

그러나 페리클레스가 모든 병력을 배에 태우고 자신도 삼단 노의 함선에 올라탄 순간에 일식(日蝕)이 벌어져 온 세상이 깜깜해지자 모든 사람이 놀라면서 이것이 무슨 조짐인지 알고 싶어 했다. 키잡이가 겁을 먹고 당황하는 모습을 본 페리클레스는 외투를 벗어 그의 눈을 가린 다음 이렇게 물었다.

"지금 이 어둠이 두려운가? 그리고 이것이 어떤 두려운 일의 전조라고 생각하는가?"

키잡이가 대답했다.

"두렵지 않습니다."

그러자 페리클레스가 그에게 말했다.

"그렇다면 저 일식으로 드리운 어둠이 나의 겉옷으로 드리운 어둠보다 조금 더 크다는 것 말고 다를 게 뭣이 있는가?"

어쨌거나 이는 철학자들 사이에 오가는 이야기이다. 이런 일을 치른 뒤에 페리클레스는 배를 띄웠으나 준비한 만큼 전과를 올리지는 못한 것으로 보인다. 페리클레스는 성스러운 도시 에피다우로스(Epidauros)를 포위하면서 이 도시를 정복할 수 있으리라는 희망을 품었으나 전염병으로 말미암아 그런 행운을 잡지 못했다.

처음부터 전염병은 아테네의 병사들뿐만 아니라 어떤 방법으로든 그들과 접촉한 사람들을 모두 쓰러뜨렸다. 이 일로 아테네 시민들이 분노를 쏟아 내자 페리클레스는 이들을 어루만지고 용기를 북돋아 주려고 노력했지만, 그들의 분노를 누그러뜨리지도 못했고, 그들의 목적을 바꾸지도 못했다.

드디어 아테네 시민들은 자기들의 손으로 페리클레스를 몰아내는 투표를 실시하여 그에게서 군사 지휘권을 빼앗고 벌금을 물렸다. 그 벌금을 적게 잡은 사람은 15탈렌트였다 말하고, 많이 잡은 사람은 50탈렌트였다고 한다. 이도메네우스의 말에 따르면, 법정 기록에 적힌 기소자는 클레온이었다고 하고, 테오프라스토스의 말에 따르면 심미아스(Simmias)라 하고, 폰토스 출신의 헤라클레이데스는 라크라티데스(Lakratides)였다고 한다.

36

민중은 그렇게 페리클레스를 괴롭혔다. 그러나 벌이 침을 쏜 다음에는 쏘기를 멈추듯이, 민중도 쏠 만큼 쏜 다음에는 곧 공격을 멈출 것 같았다. 그러나 페리클레스는 집안일로 고통을 겪었다. 전염병으로 가까운 막료들을 적잖이 잃었을 뿐만 아니라 한동안 가정불화에 시달렸기 때문이다. 본부인과의 사이에서 낳은 맏아들 크산티포스는 천성적으로 낭비벽이 심한 데다가 사치스러운 여인과 결혼했다. 그 여인은 에필리코스(Epilykos)의 아들 티산드로스(Tisandros)의 딸로서 돈을 조금씩 주는 좀스러운 시아버지를 좋아하지 않았다.

그래서 크산티포스는 아버지의 친구에게 사람을 보내 아버지의 부탁인 것처럼 꾸며 돈을 빌렸다. 시간이 지나 그 친구가 페리클레스에게 돈을 갚으라고 요구하자 아버지는 돈을 갚지 않았을 뿐만 아니라 그 친구를 고발했다. 이에 화가 난 크산티포스는 아버지를 웃음거리로 만들고자 아버지가 집 안에서 한 일뿐만 아니라 궤변학자들과 나눈 이야기를 바깥에 퍼뜨렸다.

이를테면 어떤 운동선수가 실수로 파르살로스(Pharsalos) 출신의 에피티모스(Epitimos)를 창으로 맞혀 죽였다. 크산티포스의 말에 따르면, 페리클레스는 그 사고가 창의 책임인지, 그것을 던진 사람의 책임인지, 그도 아니면 심판의 책임인지를 분명하게 따져 보아야 한다면서 프로타고라스(Protagoras)와 논쟁하느라 온종일 보낸 적이 있었다고 한다.

그뿐만이 아니었다. 스테심브로토스의 말에 따르면, 페리클레스가 그의 며느리를 간음했다는 추악한 소문도 크산티포스가 여기저기 떠들고 다닌 말에서 나온 것이라고 한다. 이와 같은 부자 사이의 다툼은 아들이 죽는 날까지 그치지 않았다. 크산티포스는 전염병에 감염되어 죽었다. 그 무렵에 페리클레스는 누이를 잃었고, 그의 정치 활동을 가장 많이 도와주던 친척과 막료들도 잃었다.

그럼에도 페리클레스는 고결하고 우아한 정신을 끝까지 잃지 않았다. 그는 이런 참극을 겪으면서도 그들의 장례식이나 무덤 앞에서 눈물을 보이지 않았다. 그러나 그의 마지막 적자(嫡子)인 파랄로스를 잃었을 때는 달랐다. 페리클레스는 이때의 충격으로 머리를 떨구었지만, 자기의 습관과 정신적 고결함을 지키려고 노력했다. 그런데 시신에 화환을 얹을 때는 더 이상 괴로움을 견디지 못하고 통곡하며 눈물을 흘렸다. 이런 모습은 그의 생애에서 결코 볼 수 없던 일이었다.

37

아테네 시민들은 전쟁을 치르고자 장군과 고문 직을 맡아 줄 사람을 찾았으나 그러한 영도력에 걸맞은 권위를 가진 인물이 나타나지 않았다. [기원전 429년에] 그들은 페리클레스를 그리워하며 그를 연단에 불러 장군 직을 주려고 했다. 그 무렵 그가 슬픔을 이기지 못하고 낙망하여 집에 누워 있을 때 알키비아데스와 그의 막료들이 찾아와 장군 직을 맡아 달라고 설득했다.

아테네 시민들이 그에게 저질렀던 배은망덕한 처사를 사과한 뒤에야 페리클레스는 다시 국사를 맡아 장군 직에 취임했다. 장군 직에 오른 페리클레스는 사생아에게 시민권을 주지 않는 법을 철회해 달라고 요구했다. 이 법은 본디 오래전에 그가 발의한 것이었는데, 그는 적손(嫡孫)이 모두 죽은 지금에 와서 자신의 가문과 혈통이 끊어지는 것을 막고 싶었다. 이 법을 철회하기까지에는 다음과 같은 사연이 있었다.

내가 이미 앞서 기록했듯이, 이런 일이 있기 오래전[기원전 451~450년]에 페리클레스는 권력의 꼭대기에 있을 때 결혼하여 아들을 여럿 두었는데, 이때 그는 부모 둘 다 아테네 시민일 경우에만 시민권을 가질 수 있다는 법안을 제출한 적이 있었다.

그 무렵에 이집트 왕이 아테네에 4만 메딤노스(medimnos)[24]의 곡식을 보냈는데, 이를 나누어 주는 과정에서 양친이 아테네 시민인 사람만 배급을 받게 되자, 일부 사람들이 페리클레스의 법에 따라 정당한 시민권이 없음에도 배급받은 사람들을 관가에 일러바쳤다. 그들은 그간 미처 분류되지 못했던 비적격자였다.

그 결과 5천 명 가까운 사람이 적법한 아테네 시민이 아니라는 사실이 드러나 노예로 팔려 갔고, 더 정밀하게 조사한 결과 아테네 시민으로 확인된 사람은 1만 4,040명이었다. 그 법을 발의하고 집행한 사람이 법을 폐기한다는 것은 쉽지 않은 일이었지만, 페리클레스가 집안에서 겪고 있는 불행을 두고 오래전에 저지른 오만함의 대가로 여긴 시민들은 그에 대한 반대를 거두었다. 그들이 생각하기에 페리클레스가 겪은 고통은 응보(應報)였으며, 부탁을 하는 것도 남자다운 일이고, 그런 부탁을 받아들이는 것도 남자다운 일이었다.

그래서 그들은 페리클레스가 사생아를 족보에 올리고 그의 이름을 이어 갈 수 있도록 해 주었다. 뒷날 [기원전 406년에] 아르기누사이(Arginusai) 군도의 해전에서 펠로폰네소스인들을 정복하고서도 동료 장군들과 함께 민중의 손에 죽은 사람이 바로 페리클레스의 아들이었다.

38

그 무렵에 페리클레스도 전염병에 걸린 듯했다. 그러나 그의 병은 다른 사람들처럼 급성이 아니라 천천히 밀려와 몸을 망가뜨리고 고결한 정신력을 파괴했다. 아리스토텔레스의 저명한 제자였던 테오프라스토스는 그의 저서 『윤리학』에서, 인격이라는 것이 운명에 따라 바뀌는지, 몸이 고통스러우면 고결

---

24   1메딤노스는 52.53리터이다. 오늘날의 무게로 바꾸면, 그 총량은 약 210톤이다.

한 인품도 저버리게 되는지를 논의하면서 페리클레스의 사례를 들고 있다. 그의 지적에 따르면, 페리클레스는 몸이 아파 누웠을 때 문병 온 친구들에게 어느 여인이 목에 걸어 준 부적을 보여 주면서, 자신이 이런 어리석은 짓을 할 정도로 몸이 나빠졌다고 말하더라는 것이었다.

[기원전 429년에] 페리클레스의 죽음이 다가오자 덕망 높은 시민들과 전쟁에서 살아남은 막료들이 곁에 앉아 그의 탁월함과 권력을 이야기하면서 업적을 헤아려 보니, 그가 아테네에 승리를 안겨 주고 세운 개선 기념비가 아홉 개였다. 그들은 이런 이야기를 나누면서 페리클레스가 의식을 잃어 자기들의 이야기를 알아듣지 못하리라고 생각했다. 그러나 페리클레스는 그들이 하는 이야기를 모두 듣고 나서 말했다.

"내가 운이 좋아 이룩한 업적에 대해 그대들이 그토록 칭찬하는 것도 놀랍고, 나만이 이룬 고결한 찬사를 접어 두고 다른 장군들도 흔히 듣는 그런 칭찬만 늘어놓는 것도 놀랍네. 나 자신만의 위대한 업적이 무엇이냐고? 그것은 바로 아테네 시민들 가운데 나 때문에 상복을 입은 사람은 없었다는 점일세."

39

역사에 기록된 인물이 칭송받는 것을 보면, 수많은 책임과 엄청난 적대감에 짓눌리면서도 이성과 정중한 성품을 지켰다는 것뿐만 아니라 고결한 정신력 때문에 그러한 평가를 받는다. 페리클레스는 막강한 권력을 행사하면서 자신의 시기심이나 열정을 채운 적이 없었고, 어떠한 정적도 화해할 수 없는 존재로 여기지 않았다는 점이 가장 고결하였다고 생각한다.

내가 보기에 어찌 보면 조금 유치하고 뽐내는 듯싶지만, 이런 미덕을 가진 그를 '올림포스의 사람'이라고 부르는 것에 반대할 수는 없을 듯하다. 페리클레스는 그만큼 고결한 성품을 타고났으며, 최고 권력을 행사하면서도 그토록 순수했고 청렴했다.

　이런 점에서 우리는 무지한 환상으로 우리를 혼란에 빠뜨리고 그들의 이야기에서 자기모순에 빠져 있는 시인들과는 달라야 한다. 그들이 말하는 신이 사는 곳은 "아늑하고 조용하며, 바람도 없고 구름도 없이 오랫동안 따사로운 햇살이 비치는 곳"(『오디세이아』, VI : 42)이라고 한다. 그러한 생활 방식은 영원히 사라지지 않는 축복이라고 말하면서도, 그런 곳에 사는 신이 인간에게도 적절하지 않은 악의와 질투와 분노와 열정으로 가득 차 있다고 시인들은 말한다. 그러나 이 문제는 다른 글에서 논의해야 할 것이다.

　그 뒤에 닥쳐온 사태는 아테네인들에게 곧 페리클레스에 대한 감사와 깊은 그리움을 품도록 만들었다. 아테네인들은 페리클레스가 살아 있을 적에는 그의 권력 아래 억눌려 자신들은 아무것도 아닌 존재라고 느꼈지만, 막상 그가 세상을 떠나고 다른 웅변가들과 민중 지도자들의 정치를 겪으면서, 그보다 더 고결한 인격과 중후한 인품의 정치가를 만나지 못했다고 고백하기에 이르렀다.

　민중이 왕정이니 폭군이니 하는 이름으로 부르며 반대했던 페리클레스의 권력은 시간이 지난 뒤에 보니 국가의 체제를 지켜 주는 보루였다. 그러나 이제는 페리클레스가 그토록 보기 싫어했고, 고칠 수 없는 질병과 같은 권력이 되지 않으려고 그토록 억누르며 숨죽이게 했던 부패와 비열함이 엄청난 힘으로 나라를 덮쳐 오고 있었다.

14

화비우스 막시무스
FABIUS MAXIMUS

기원전 280~203

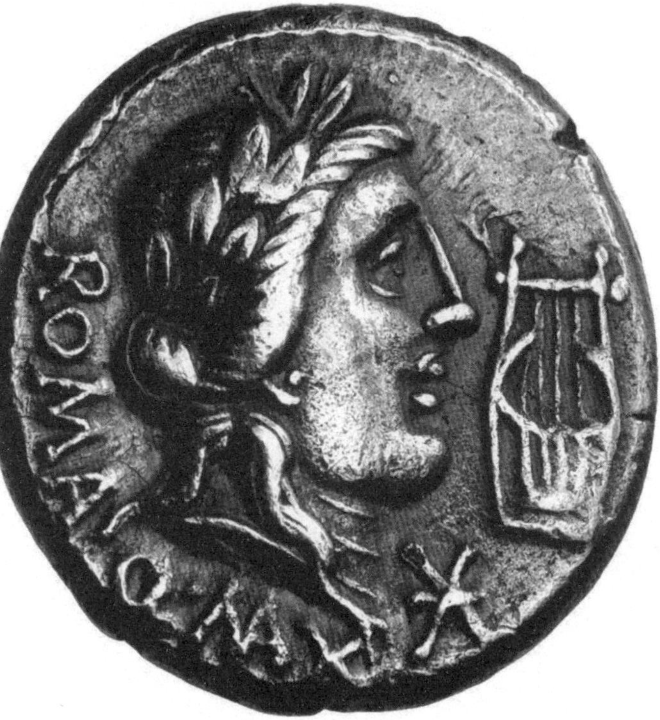

조롱을 받고
그로 말미암아 마음이 흔들리고
그에 굴복하는 사람에게나
그것이 통하는 것이다.
— 디오게네스

자신의 동지를 배신하고
내 편이 된 사람을 믿지 말라.
한 번 배신한 놈은 또 배신한다.
— 화비우스

1

페리클레스의 생애에서 기억할 만한 것들을 살펴보았으니 이
제는 이야기의 방향을 바꾸어 그에 견줄 만한 화비우스의 이
야기를 하고자 한다. 들리는 바에 따르면 요정(妖精)이, 또 다
른 사람들의 말에 따르면 이탈리아의 시골에 살던 한 여인이
티베리스(Tiberis)강 변에서 헤라클레스와 사랑을 나눈 뒤 화비
우스 가문의 선조가 되는 한 여인을 낳았다고 한다. 이 가문은
크게 번창하여 로마의 명문가가 되었다.

어떤 사람들의 기록에 따르면, 페리클레스 가문의 선조들
은 옛날에 포디우스(Fodius)라는 이름을 얻었는데, 이는 그들
이 함정을 파 야생 동물을 잡은 데에서 비롯되었다고 한다. 지
금도 라틴어로 '구덩이'를 포사(fossa)라 하고 '땅을 판다'는 말
을 포데레(fodere)라고 한다. 세월이 흐름에 따라 'fossa'라는 단
어와 'fodere'라는 단어가 음운 변화를 일으켜 화비우스(Fabius)
라는 이름으로 바뀌었다.

화비우스 가문은 위인을 많이 배출했는데, 그 가운데에
서도 가장 훌륭한 인물은 룰루스(Rullus)이다. 로마인들은 그를
'위대한 분'이라는 뜻으로 막시무스(Maximus)라고 불렀다. 내

가 이야기하고자 하는 사람은 그의 4대손이다.

화비우스는 신체적 특징 때문에 '베루코수스(Verrucosus)'라는 별명을 얻었는데, 그의 입술에 사마귀가 있어서였다. 어렸을 때 그는 천성이 무게 있고 정중하여 오비쿨라(Ovicula)라고 불렸다. 이는 '새끼 양'이라는 뜻이었다. 그의 태도는 매우 온화하고 침착했다.

화비우스는 어린 나이에도 놀이에 매우 조심스러웠다. 그는 행동이 굼뜨고 공부를 힘들어 했으며, 친구들과 놀면서도 늘 복종하는 편이어서 겉으로만 본 사람들은 그를 바보라고 생각했다. 그러나 그의 가슴속에는 굽히지 않는 단호함이 있고, 천성적으로 사자와 같은 위엄이 있다는 것을 알아본 사람은 거의 없었다.

세월이 흘러 화비우스가 정치적인 필요에 따라 세상에 자기를 드러냈을 때, 군중은 비로소 알게 되었다. 그의 정력이 부족해 보인 것은 격정에 휘둘리지 않기 때문이었고, 조심스러운 성격은 신중함 때문이었고, 굼뜨고 행동력이 부족한 성향은 그가 일관된 확신 속에서만 움직였기 때문이었다. 국가의 정사(政事)가 매우 무거운 데다 수없이 많은 전쟁이 일어나는 것을 본 화비우스는 전쟁을 위해 자연이 준 유일한 무기인 몸을 단련하고, 민중을 설득하는 무기로서 웅변을 연습함으로써 그러한 미덕이 자기의 생활 방식에 어울리도록 다듬었다.

화비우스의 웅변은 허식이나 빈말이나 수사학적인 품위 같은 것이 없이도 오히려 근엄하며, 수많은 격언을 구사하여 무게를 느끼게 해 주었다. 그래서 세상 사람들은 그의 연설이 투키디데스의 연설과 닮았다고 말했다. 지금까지 전해 오는 그의 연설로는 집정관으로 재직하다가 죽은 아들을 위해 민중에게 들려준 추모사(키케로, 「소카토전」, §4)가 있다.

2

다섯 차례 집정관을 지낸 화비우스는 첫 번째 임기 동안[기원전 233년]에는 리구리아(Liguria)인들을 무찌르고 개선식을 치렀다. 이 전쟁에서 진 리구리아인들은 크게 상처를 입고 알프스 산맥으로 숨어들어 감으로써 그 뒤에는 이탈리아를 약탈하거나 괴롭히는 일이 없었다.

[기원전 218년] 한니발이 쳐들어와 트레비아(Trebia)강의 전투에서 첫 승리를 거두었고, 그 여세를 몰아 토스카나를 유린하고 로마를 공격하여 이탈리아인들에게 엄청난 낙심과 두려움을 안겨 주었다. 온갖 불길한 징조가 나타났다.

벼락이 치는 일 따위는 매우 흔했고, 온갖 괴이하고 별스러운 일이 일어났다. 이를테면 방패에서 까닭 없이 피가 흐르고, 안티움(Antium)에서는 옥수수 알에 피가 묻어 있었으며, 하늘에서 불길에 싸인 돌덩어리가 떨어지고, 활레리이(Falerii) 주민들이 바라보니 하늘이 열리면서 많은 서판(書板)이 떨어져 흩어지는데 그 위에는 다음과 같은 글귀가 쓰여 있었다.

이제 군신(軍神)이 무기를 휘두르도다
(*Mauors telum suum concutit*).
(리비우스, 『로마사』, XXII : 1)

그러나 집정관 플라미니누스(Flamininus)는 이런 일들을 전혀 두려워하지 않을 만큼 대담하고 야심 찬 인물이었다. 그는 또한 이런 일이 있기에 앞서 거둔 커다란 승리로 마음이 들떠 있었다. 그 승리는 누구도 예상치 못한 뜻밖의 일이었다. 플라미니누스는 원로원이 허락하지 않고, 그의 동지들이 격렬하게 반대하는 것을 무릅쓰고 갈리아족과 싸워 크게 이긴 바 있었다. 화비우스도 그와 같은 불길한 징조에 동요하지 않았다.

그러한 징조들이 많은 사람의 마음을 흔들어 놓은 것은

화비우스 막시무스

사실이지만, 그런 일로 동요한다는 것은 어리석은 짓이라고 화비우스는 생각했다. 적군의 수가 적고 군량미도 부족하다는 사실을 안 화비우스는 로마인들을 설득했다. 때가 오기를 기다리되, 이런 전쟁을 수없이 치르며 단련된 군대와 맞붙어 싸우지 말고 동맹국들이 오기를 기다리면서 휘하(麾下)의 도시들을 잘 다스리고 있다 보면, 마치 기름이 바닥나 불길이 죽어가듯이 한니발의 용맹도 잦아들 것이라는 이야기였다.

3

그러나 플라미니누스는 화비우스의 말을 듣지 않고, 자신은 적군이 로마 가까이까지 쳐들어오는 것을 바라보고만 있을 수 없으며, 지난날 카밀루스(Camillus)가 그랬던 것처럼, 로마를 지키려고 로마에서 싸우는 짓은 하지 않을 것이라고 선언했다. 그런 다음 그는 군무 위원들에게 군대를 이끌고 진군하라고 명령했다. 그러나 플라미니누스가 말에 올라타려 하자 말이 까닭 없이 뛰어올라 그는 땅바닥에 고꾸라지듯이 떨어졌다.

그런데도 플라미니누스는 어리석게도 자신의 계획을 버리지 않았다. 그는 한니발에 맞서 싸우고자 토스카나의 트라시메네(Thrasymené) 호수 가까운 곳에 진영을 차렸다. 양쪽 군대가 전투에 들어가 격렬하게 싸울 때 지진이 일어나 도시가 흔들리고 강물의 줄기가 바뀌고 산이 무너졌다.

지진이 그토록 심했는데도 전투가 너무 치열하여 병사들 누구도 이를 알지 못했다. 플라미니누스가 용맹하게 싸우다가 쓰러지자 그의 병사들도 함께 쓰러졌다. 그 나머지 무리는 무참하게 살해되었다. 이 전투에서 1만 5천 명이 죽고 그보다 많은 병사가 포로로 잡혔다. 한니발은 플라미니누스의 용기를 가상히 여겨 명예롭게 묻어 주려 했으나 시체를 찾을 수 없었고, 아무도 그가 있는 곳을 알지 못했다.

지난번 트레비아에서 벌어졌던 첫 전투 때에는 보고서를

쓴 장군이나 보고서를 가지고 전달한 전령이나 누구도 사실대로 보고하지 않았기 때문에 어느 쪽이 승리했는지 모른다는 거짓 발표가 이루어졌다. 그러나 법정관 폼포니우스(Pomponius)는 두 번째 패전 소식을 듣자 민중을 모아 놓고 말을 돌리거나 거짓 없이 직설적으로 말했다.

"로마 시민 여러분, 우리는 크게 패배했습니다. 우리의 군대는 산산이 부서졌습니다. 집정관 플라미니누스는 죽었습니다. 그러므로 여러분은 이제 여러분의 해방과 안전을 위해 논의해야 합니다."

이 연설은 군중에게 마치 폭풍처럼 들렸다. 도시는 큰 혼란에 빠져 사람들은 이성을 잃고 크게 낙심했다. 그러나 모든 사람의 마음속에 드디어 한 가지 결심이 섰다. 그것은 바로 단일하고 절대적인 권력을 가진 인물이 필요하다는 것이었다. 그들은 이런 인물을 독재관(Dictator)[1]이라고 불렀다.

독재관은 두려움 없이 열정적으로 권력을 휘두를 수 있는데, 화비우스만이, 오직 화비우스만이 그 자리에 알맞은 인물이었다. 그는 이 직분을 감당할 수 있는 정신과 품위를 갖추었고, 나이로 보더라도 그러한 결심을 수행할 만한 육체적 열정이 있으며, 그의 신중함은 용기를 절제시킬 수 있었다.

4

절차에 따라 화비우스가 독재관으로 임명되었다. 그는 곧 마르쿠스 미누키우스(Marcus Minucius)를 기병대장으로 임명하고 전쟁에서 말을 탈 수 있도록 허락해 달라고 원로원에 요청했다. 로마인들은 보병에 주력했고, 사령관은 늘 밀집 대형과 함께 있으면서 그들을 떠나서는 안 되기 때문에, 고대 법령에 따르면 사령관은 말을 타는 것이 금지되어 있었다. 또 달리 보면,

I   제8장 「카밀루스전」의 각주 1 참조.

독재관의 권력은 여러모로 참주(僭主)만큼이나 막강한 것이어서 적어도 말을 타는 문제만이라도 민중의 동의를 얻고자 하는 뜻이 담겨 있었다.

이윽고 대중 앞에 모습을 드러낸 화비우스는 자기 직권의 장엄함을 시민들에게 보여 줌으로써 그들이 자신의 통솔에 더 충실히 복종하기를 바랐다. 그래서 그는 여느 집정관처럼 부월(斧鉞) 열두 개를 잡고 행렬을 꾸밀 수 있었음에도 시종 스물네 명에게 부월을 들게 하고 민중 앞에 나타났다. 또한 집정관이 자기를 만나러 올 때는 부하들을 보내 그의 시종들을 해산시킨 다음 그의 직권을 상징하는 휘장도 치우고 개인 자격으로 알현하도록 했다.

이런 절차를 밟고 나서 화비우스는 신에게 제사를 드리는 것으로 업무를 시작했는데, 이는 가장 훌륭한 방법이었다. 그는 먼저 지난날의 패전은 장군들이 종교적 의식을 소홀히 치른 탓이었지, 결코 상부의 지휘를 받은 병사가 비겁해서가 아니었음을 민중에게 보여 주었다. 이런 방법으로 화비우스는 적군을 두려워하기보다는 신을 위로하고 경배하도록 민중을 설득했다.

그렇다고 해서 그가 미신을 부추긴 것은 아니었다. 오히려 제사는 민중의 용기를 북돋고, 더 나아가서는 신이 보내 준 희망과 가호로써 적군에 대한 두려움을 걷어 내 주었다. 이때 시민들이 로마의 운명에 관한 기록을 담은 『시빌라의 예언서 (Libri Sibyllini)』[2]를 자세히 읽어 보니 그 무렵의 운명과 사건에 합치되는 내용들이 거기에 적혀 있었다고 한다.

그때 시민들이 『시빌라의 예언서』에서 무엇을 확인했는지는 공개적으로 발표되지 않았지만, 화비우스는 민중 앞에 나타나, 그 해에 나는 염소와 돼지와 양과 소의 여분(餘分)을

2   제6장 「푸블리콜라전」의 각주 9 참조.

모두 신에게 바치겠노라고 약속했는데, 이는 곧 이탈리아의 산과 들과 강과 목장에서 생산하는 모든 가축을 이듬해의 '성스러운 봄의 축제(Ver Sacrum)'에 바치겠다는 뜻이었다.

화비우스는 또한 신을 찬양하는 음악회와 축제를 열겠노라고 약속했는데, 이때 들어간 비용이 333세스테르티우스(sestertius)와 3분의 1데나리우스(denarius)였다. 이 돈을 그리스화로 바꾸면 8만 3,583드라크마 2오볼이었다. 3으로만 이뤄진 이 독특한 액수가 무엇을 뜻하는지는 알 수 없으나 아마도 그들은 3이 지니고 있는 특별한 힘을 찬양하고 싶었던 것으로 보인다. 3은 본질적으로 가장 완전한 수이자 첫 홀수이고, 양(量, quantity)의 출발이며, 그 속에는 모든 수를 만들어 내는 1과 2를 담고 있기 때문일 것이다.[3]

5

하늘과 시민의 관계를 이렇게 정리함으로써 화비우스는 앞날을 기대하는 그들의 생각을 더욱 긍정적으로 만들어 주었다. 그러나 그 자신은 승리에 대한 희망을 자기 자신에게서만 구할 수 있다고 믿었다. 하늘은 더 지혜롭고 더 용기 있는 인간에게 승리를 준다고 생각한 그는 한니발을 꺾기 위해 고심했다.

그는 한니발과 전쟁을 치르면서 직접 부딪치는 전투만 생각하지 않았다. 시간과 돈과 병력을 더 많이 가진 자신이, 점차 군량미와 병력이 줄어들고 사기가 내려가는 한니발을 지치게 만들자고 생각했다. 그래서 화비우스는 늘 적군의 기병대를 바라볼 수 있는 높은 지역에 진지를 지었다.

---

3   그 무렵의 수학에서는 3을 완전수로 인식했다. 아폴론의 의자 다리가 세 개인 것이 그와 같은 뜻을 담고 있었다. 그리고 1을 수로 보지 않고 2를 첫 수로 보았기 때문에 3을 첫 홀수로 보았다. 3에 대한 신뢰는 동양에서도 마찬가지여서 솥발이 세 개일 때 이를 정족(鼎足)이라 하여 가장 안전한 구도로 생각했다.

화비우스 막시무스

화비우스는 적군이 쉬면 자기도 조용히 기다리고, 그들이 움직이면 언덕에서 내려와 접전을 피할 수 있는 만큼 거리를 유지했다. 그렇게 자신이 금방이라도 공격할 것처럼 행동하면서 적군에게 두려움을 심어 주려고 했다. 그러나 이런 식의 지연작전은 전반적으로 시민들에게 비난을 받았고, 그의 부하들 사이에서도 불평이 들려왔다. 적군 역시 화비우스를 용기도 없고 별 볼 일 없는 사람이라고 생각했다. 그러나 한니발의 생각은 달랐다. 한니발만이, 오직 그만이 화비우스의 영리함과 전투 방식을 두려워했다.

이 때문에 한니발은 무슨 수를 써서라도 화비우스가 빨리 전투를 벌이는 쪽으로 유도했다. 그렇지 않으면 카르타고의 병사들은 패망하기 때문이었다. 그들은 우세한 무기를 가지고도 싸울 수 없는 데다, 날이 갈수록 병력과 군수품이 줄어든다는 치명적인 약점을 가지고 있었다.

그래서 한니발은 온갖 계략과 술책을 부리며 마치 영리한 운동선수가 상대편을 제압하는 방법을 찾듯이 노력했다. 그는 화비우스를 직접 공격하기도 하고, 그들을 혼란에 빠뜨리려고 병사를 투입하기도 하고, 화비우스가 안전하고도 방어적인 전략을 버리도록 이쪽저쪽으로 유인해 보기도 했다.

자신의 전략이 유리하다고 확신한 화비우스는 굳게 자리를 지키면서 전혀 결심을 바꾸지 않았다. 그러나 그는 기병대장 미누키우스 때문에 고통을 겪었다. 미누키우스는 기회가 아님에도 싸우러 나가고 싶어 안달이었다. 그는 용기가 지나쳐, 부하들을 선동하여 미친 듯한 열정과 헛된 희망에 사로잡히게 만들었다. 병사들까지 화비우스를 원망하면서 그를 한니발의 노예 교사(paedagogus)처럼 꽁무니만 쫓아다닌다고 조롱했다. 그러면서 미누키우스야말로 위대한 영웅이며 로마를 지킬 만한 장군이라고 생각했다.

더욱이 미누키우스는 교만과 만용에 젖어, 높은 곳에 자리 잡은 진영을 비웃으며, 화비우스는 이탈리아가 불타는 모습을 바라보기에 좋은 극장을 짓고 있는가 보다며 조롱했다. 더 나아가서 그는 화비우스가 지상에서 살 희망을 버리고 병사를 하늘로 데리고 올라가 적군이 쳐들어오면 구름과 안개 속으로 몸을 감추려는 것이 아니냐고 막료들에게 물었다. 막료들이 화비우스에게 이런 말을 들려주면서 위험을 무릅쓰고 일전을 벌여 그와 같은 수치를 씻으라고 말하자 화비우스가 대답했다.

"만약 내가 그와 같은 조롱을 두려워하여 처음 세웠던 계획을 버린다면 나는 지금 조롱받고 있는 나 자신보다 더 못난 사람이 될 것이 분명하오. 내가 지금 조국을 위해 견디고 있는 두려움은 전혀 부끄러워할 것이 없소. 그러나 세상 사람들의 말과 중상에 겁을 먹는 것은 이와 같은 중책을 맡고 있는 사람으로서 할 짓이 아니오. 그런 행위는 지휘관이 이 나라를 지켜야 할 병사들의 바보스러운 노예가 되는 것이오."

6

이런 일이 있은 뒤 한니발은 끔찍한 실수를 저질렀다. 그는 화비우스의 병사들과 일정한 거리를 유지하며 목초가 무성한 평야를 차지하고 싶었다. 그래서 저녁을 먹은 뒤에 곧 카시눔(Casinum)으로 가는 길을 안내하라고 원주민에게 지시해 두었다. 그러나 한니발이 외국인인지라 안내원은 카시눔을 카실리눔(Casilinum)으로 잘못 알아듣고 그곳으로 서둘러 병력을 안내했다.

카실리눔은 캄파니아(Campania) 부근에 있었는데, 그리로 가려면 물살이 빠른 강을 건너야 했다. 로마인들은 이 강을 불투르누스(Vulturnus)라고 불렀다. [이는 '동남풍'이라는 뜻이다.] 그곳은 산으로 둘러싸여 있고, 바다로 나가는 길이라곤 좁은 계곡 하나밖에 없는데, 강물이 넘쳐 주변은 펄이 되어 있었다. 그

화비우스 막시무스

곳을 지나면 높은 모래 언덕을 지나야 하고, 그렇게 해서 해안에 이른다 해도 파도가 높아 배를 해안에 댈 수 없었다.

한니발이 계곡을 내려가는 동안 화비우스는 길에 익숙한 장점을 이용해 그곳을 돌아 중무장 보병 4천 명을 보내 좁은 골짜기를 막아 버렸다. 그러고는 나머지 병력을 유리한 고지에 남겨 두는 한편, 경보병을 이끌고 적의 후미를 공격하니 한니발의 군대는 크게 혼란에 빠지고 8백 명이 죽었다.

그제야 위험에 빠진 것을 안 한니발은 길을 잘못 안내한 원주민을 책형(磔刑)으로 죽였다. 한니발은 퇴각하고 싶었지만 골짜기를 장악한 화비우스 군대의 공격을 벗어날 길이 없어 절망에 빠졌다. 병사들도 사방이 적군으로 포위되어 도망갈 길이 없다고 생각하자 더욱 절망하며 두려워했다. 마침내 그는 적군을 속이기로 결정했다. 그 방법은 이런 것이었다.

한니발은 약탈해 온 소 2천 마리의 뿔에 마른 나뭇가지를 엮어 매달라고 지시했다. 밤이 되어 신호가 오르자 병사들은 소뿔에 나뭇단을 매어 화비우스의 군대가 지키고 있는 좁은 길을 따라 계곡 쪽으로 몰고 나갔다. 그는 소뿔에 불을 붙이라는 명령을 내린 뒤 남은 병력으로 진지를 헐고 어둠을 틈타 천천히 내려갔다. 불이 검불에만 붙어 불길이 심하지 않았을 때 소들은 조용히 계곡을 따라 내려갔다.

높은 곳에서 내려다보고 있던 양치기들은 소뿔에서 불길이 일어나는 것을 보고 크게 놀랐다. 그들은 병사가 횃불을 들고 행군하는 줄로만 알았다. 그러나 뿔에 달린 불길이 타들어가면서 살을 지지자 고통을 견디지 못한 소들이 머리를 흔들며 내달리니 소의 무리가 순식간에 불길에 휩싸였다. 놀라고 화난 소 떼는 좌충우돌하며 산 밑으로 달려 내려갔다. 소 떼의 뿔과 꼬리에 붙은 불길은 그들이 지나는 숲에도 번져 나갔다.

계곡을 지키던 로마 병사들도 그 광경을 바라보며 놀란 것은 말할 나위가 없다. 소 떼의 불길은 마치 병사가 손에 횃불을 들고 여기저기서 달려오는 것만 같았다. 그렇게 되자 겁에 질려 크게 혼란에 빠진 로마 병사들은 적군이 사방을 에워싸고 쳐들어오는 것이라고 믿었다.

로마 병사들은 더 이상 자기의 위치를 지킬 용기도 없어 주력 부대가 주둔해 있는 고지로 달아나며 협곡의 수비를 포기했다. 곧이어 한니발의 경보병이 달려와 협곡을 장악하고 나머지 병력도 아무런 두려움 없이 합세하여 약탈하니 전리품이 무거워 움직일 수가 없을 정도였다.

7

화비우스가 적의 계략을 알아차린 것은 밤이 되어서였다. 소 몇 마리가 이리저리 도망하다가 로마 병사들에게 붙잡힌 것이었다. 그러나 그는 어두운 시간에 복병이 있지 않을까 두려워 전투태세를 갖춘 상태에서 조용히 기다렸다. 날이 밝자 화비우스는 적군을 추격하여 후미 부대를 끊어 버렸다. 어려운 조건에서 두 군사들 사이에 육탄전이 벌어지며 로마 부대에 커다란 혼란이 일어났다. 이에 한니발은 선봉에 있던 스페인 부대를 뒤로 빼돌려 로마군을 막았다.

스페인 부대는 날쌔고 산악전에 뛰어났다. 그들이 중무장한 로마군을 공격하여 1천 명을 죽이니 화비우스는 어쩔 수 없이 병사를 뒤로 물렸다. 그렇게 되자 과거 어느 때보다도 더 많은 비난이 화비우스에게 쏟아졌다. 화비우스는 이제까지 뛰어난 판단과 예측으로 한니발을 정복해야 한다고 생각했기 때문에 과감한 전투를 회피했다. 그러나 지금 그는 적군의 전략에 완전히 패배한 것이다.

더욱이 한니발은 화비우스에 대한 로마 시민들의 분노를 자극하려는 속셈에서 로마의 땅을 지나며 모두 태워 버리되 화비우스의 재산만은 털끝 하나 건드리지 말라고 명령했다. 오히려 한니발은 화비우스의 땅에 경비병을 배치하여 해코지는커녕 손도 대지 못하게 했다.

이러한 소식이 로마에 전달되자 화비우스에 대한 증오심이 더 크게 일어났다. 민중 호민관도 끊임없이 그를 비난했는데, 메틸리우스(Metilius)의 선동과 소청(訴請)이 가장 심했다. 그렇다고 해서 메틸리우스가 화비우스를 미워한 것은 아니었다. 다만 메틸리우스는 기병대장 미누키우스의 친척으로서, 화비우스가 상처를 입어야 미누키우스가 영광을 차지하리라고 생각했기 때문이었다.

원로원도 분노에 휩싸였다. 그들은 화비우스와 한니발 사이에 맺은 포로 교환 조건이 잘못되었음을 알았다. 두 장군의 포로 교환 조건에 따르면, 교환은 일대일로 하되 포로가 남을 경우 포로 한 명에 250드라크마를 물기로 되어 있었다. 포로 교환을 마쳤을 때 한니발의 진영에는 아직도 로마군 포로 240명이 남아 있었다. 그러나 원로원은 몸값 지불을 거절했다. 그러면서 로마가 마치 겁에 질려 포로의 몸값을 지불하기로 한 것과 같은 화비우스의 결정은 잘못되었으며 국가에 전혀 도움이 되지 않는다고 생각했다.

이러한 소식을 들은 화비우스는 시민들의 분노를 조용히 견뎌 냈다. 그러나 그에게는 돈이 없었다. 그렇다고 해서 한니발과의 약속을 깨뜨릴 수도 없었고, 포로가 된 병사들을 버려 둘 수도 없었다. 그래서 그는 서둘러 아들을 로마로 보내 자기 땅을 팔아 돈을 만들어 오라고 지시했다.

아들이 땅을 팔아 돈을 장만하여 돌아오자 화비우스는 한니발에게 돈을 지불하고 포로들을 데리고 왔다. 포로들은 자기들의 몸값을 갚겠노라고 화비우스에게 말했지만, 그는 한 푼도 받지 않고 모두 탕감해 주었다.

8

이런 일이 있은 뒤에 이러저러한 제사를 올리고자 사제들이 화비우스를 로마로 불러들였다. 화비우스는 군대의 지휘권을 미누키우스에게 넘기면서 어떤 방법으로든 적군과 전투를 벌이거나 분쟁을 일으키지 말도록 지시해 두었다. 그러한 화비우스의 지시는 독재관으로서 지시한 것일 뿐만 아니라 간곡한 당부였다. 그러나 미누키우스는 이런 지시를 들은 체도 하지 않고 화비우스가 떠나자마자 적군을 위협하기 시작했다.

어느 날 한니발이 군량미를 약탈하러 주력 부대를 출동시켰다는 사실을 안 미누키우스는 남아 있던 한니발의 병력을 공격했다. 적군들이 곤두박질치듯이 참호로 뛰어 들어가자 미누키우스가 그들을 뒤쫓아 가서 죽였다. 적군은 모두 그의 손에 죽을 듯한 두려움에 휩싸였다. 때마침 한니발의 부대가 돌아와 본진과 합류하여 위기에서 벗어났다. 미누키우스는 무사히 퇴각한 다음 말할 수 없는 교만에 빠졌고, 부하들도 우쭐해했다.

미누키우스의 승전보는 과장되어 빠르게 로마로 전달되었다. 이 소식을 들은 화비우스는 미누키우스가 이긴 것을 그가 진 것보다 더 걱정했다. 그러나 민중은 크게 고무되어 토론의 광장으로 몰려들었다. 그곳에서 민중 호민관인 메틸리우스는 연단 위로 올라가 연설을 길게 늘어놓았다. 그는 미누키우스를 칭찬하면서 화비우스야말로 전략적으로도 허약하고 비겁할 뿐만 아니라 실제로 반역자라고 비난했다. 메틸리우스는 그 시대의 유명한 지도자들도 싸잡아 비난했다. 그는 이렇게 주장했다.

"로마의 지도자들은 민중을 무너뜨리고자 전쟁을 시작하였으며, 한 사람에게 너무 많은 독재권을 주었습니다. 화비우스의 지연작전은 리비아에서 지원군이 오도록 여유를 줌으로써 한니발에게 시간과 근거지를 제공했고, 끝내 이를 근거로 삼아 이탈리아에서 세력을 키우게 되었습니다."

화비우스 막시무스

9

그런 다음에 화비우스가 단상으로 올라왔지만 그는 메틸리우스의 공격에 자신을 변호할 겨를이 없었다. 화비우스는 다만 빨리 희생 제사와 신성한 제사를 마치고 전선으로 돌아가 자신의 명령을 어기고 전투를 벌인 미누키우스를 처벌하겠다고 말했다. 그 말을 들은 민중은 미누키우스에게 닥칠 위험을 알고 몹시 동요했다.

당시의 법에 따르면, 독재관은 범법자를 재판 없이 가두고 처형할 수 있었다. 화비우스가 비록 온화한 성격의 소유자이기는 하지만 이번 일로 너무 분노하여 미누키우스를 가혹하게 처벌할 것이며, 누구도 그의 결정을 바꿀 수 없으리라고 사람들은 생각했다.

화비우스의 그와 같은 결심에 대해 민중이 겁에 질려 아무 말도 못 하고 있을 때 오직 메틸리우스만이 그에 반대하고 나섰다. 메틸리우스는 민중 호민관의 자격으로서 특권이 있었다. 민중 호민관은 새로운 독재관이 선출되더라도 권한을 박탈당하지 않는 유일한 직책이었다. 따라서 군무 위원(Tribunus Militum)이 정직(停職)되었을 경우에도 민중 호민관은 직권을 그대로 유지할 수 있었다.

메틸리우스는 화비우스를 비난하면서, 미누키우스가 처벌받도록 해서도 안 되고, 위대한 전공을 세우고 승리의 월계관을 차지한 아들을 처형해야 했던 집정관 만리우스 토르퀴아투스(Manlius Torquatus)와 같은 운명을 겪도록 해서도 안 된다고 민중에게 호소했다.[4] 그리고 메틸리우스는 더 나아가 화비우스의 전제 군주와 같은 권력을 빼앗아 조국을 건질 수 있는

---

4   만리우스 토르퀴아투스의 아들은 기원전 340년에 베수비우스(Vesuvius) 산 기슭에서 벌어진 큰 전투에서 라틴족을 크게 무찔렀으나 출병 자체가 명령을 따르지 않은 것이라는 이유로 아버지의 지시에 따라 처형되었다.

유능한 인물에게 주어야 한다고 주장했다.

메틸리우스의 말을 들은 군중은 동요했다. 그러나 화비우스가 비록 민중의 신임을 잃었다고는 해도 감히 그를 해임하지는 못하고, 그 대신에 미누키우스를 사령관으로 뽑아 화비우스와 같은 지휘권을 줌으로써 전쟁에서 독재관과 꼭 같은 권한을 갖도록 결의했는데, 이는 로마의 역사에 일찍이 없던 일이었다. 이런 일이 있은 지 얼마 지나지 않아 뒤에서 보듯이 (§16), 로마 군사들이 칸나이(Cannae) 전투에서 크게 패배하는 참극이 일어났다.

그 무렵에 독재관 마르쿠스 유니우스(Marcus Junius)는 전쟁에 나가 있었고, 원로원 의원 여럿이 전쟁에서 죽었기 때문에 빈자리를 채워야 했다. 그래서 원로원은 화비우스 부테오(Fabius Buteo)를 제2의 독재관으로 선출했다. 그러나 부테오는 독재관에 취임하자 결원된 원로원 의원을 채운 뒤에 곧 막료와 호위병을 해산하고 토론의 광장으로 달려가 자기의 고유한 권한을 포기하고 평범한 시민으로 돌아갔다.

10

이제 미누키우스에게 독재관과 똑같은 권력을 준 민중은 화비우스카 권력을 잃고 초라해진 자신의 모습에 부끄러움을 느끼리라 생각했지만, 그것은 화비우스를 잘못 판단한 것이었다. 그는 민중의 실수를 자신의 재앙으로 여기지 않았다. 언젠가 현자(賢者) 디오게네스(Diogenes)에게 누군가 이렇게 말한 적이 있었다.

"민중이 선생님을 조롱하고 다닙니다."

그러자 디오게네스는 대답했다.

"그러나 나에게는 그들의 말이 조롱으로 들리지 않습니다. 조롱은 조롱을 받고 그로 말미암아 마음이 흔들리고 그에 굴복하는 사람에게나 그것이 통하는 것입니다."

그와 마찬가지로 화비우스는 조용하고 편한 마음으로 견딜 수 있는 데까지 참아 냄으로써, "진실로 선량한 사람은 모욕을 당하거나 불명예를 겪는 일이 없다"는 격언이 옳았다는 것을 보여 주었다. 그러나 민중의 처사가 끝내는 국가를 어려움에 빠뜨린다는 사실 때문에 그는 민중의 어리석음을 가슴 아파했다.

민중은 병적일 만큼 공명심에 사로잡힌 미누키우스에게 기회를 주었다. 화비우스로서는 헛된 영광과 명예에 미쳐 버린 미누키우스가 엄청난 재앙을 불러오리라는 것이 두려웠다. 지난날에는 그의 경솔함을 막을 수 있었으나 지금은 아니었다.

화비우스로서는 이와 같은 모든 비밀을 로마인들에게 털어놓지 못한 채 전선으로 돌아왔다. 전장에 와서 보니 미누키우스는 싸우고 싶어 안달이 나 있었다. 그의 처신은 매우 거칠었으며 교만에 빠져 자기에게 지휘권을 넘겨 달라고 요구했다. 이런 요구에 화비우스는 내키지 않았지만 그에게 단독의 지휘권을 넘겨주느니 차라리 병사를 떼어 주는 것이 더 낫겠다고 판단했다.

화비우스는 제1군단과 제4군단을 자신이 맡고, 제2군단과 제3군단을 미누키우스에게 떼어 주었으며 동맹군도 동등하게 나누었다. 한 나라 최고 권력자의 지위가 낮아짐으로써 화비우스의 자존심이 크게 떨어졌으리라는 생각에 미누키우스가 기고만장하며 즐거워하자 화비우스가 그에게 말했다.

"그대가 진실로 지혜로운 장군이라면 그대의 적은 화비우스가 아니라 한니발임을 기억하시오. 그럼에도 그대가 동료 장군에 대한 경쟁심에 빠진다면, 시민들로부터 열렬한 지지를 얻은 사람이 시민들에게 불명예를 겪은 사람보다 조국의 안녕과 구원에 더 무심하였다는 사실이 드러나지 않도록 해야 할 것이오."

11

그러나 미누키우스는 화비우스의 충고를 늙은이의 위선으로
여기며 자기 진영으로 돌아갔다. 그의 진영은 2.4킬로미터쯤
떨어진 곳에 있었다. 그러는 사이에 적진에서 무슨 일이 벌어
지는지를 모르지 않았던 한니발은 여러 가지 정황을 조심스럽
게 지켜보고 있었다.

두 진영 사이에는 언덕이 하나 있었는데 마음만 먹으면 그
곳을 차지하기는 어렵지 않았다. 어느 쪽이든 그 언덕을 차지
하면 튼튼한 진영을 갖출 수 있고 여러모로 유리했다. 언덕 둘
레에는 넓은 평원이 있었다. 멀리서 바라보니 아주 완만하고
평평하며 크고 작은 도랑과 웅덩이가 많았다.

그런 까닭에 한니발은 그 언덕에 몰래 접근하여 쉽게 장
악할 수 있었지만, 그러는 대신 그는 전투가 일어나기만 기다
리며 적군과 거리를 유지한 채 그대로 두었다. 그러나 미누키
우스가 화비우스의 병사를 나누어 지휘하고 있다는 사실을 알
게 된 한니발은 밤이 되었을 때 도랑과 웅덩이에 [경보병 5천 명
과 기병 5백 명을] 매복시켜 놓은 다음, 날이 밝자 아무 일도 없었
다는 듯 몇몇 병사를 언덕으로 보내 미누키우스에게 전투를
하러 오도록 유인했다. 한니발의 유인은 뜻하는 대로 이루어
졌다.

미누키우스는 경보병에 이어 기병대를 보냈고, 마지막으
로 한니발이 언덕 위에 있는 자기 병사를 도우러 나오는 것을
보자 몸소 전열을 가다듬어 평원으로 내려왔다. 미누키우스는
언덕에서 쏟아지는 화살을 견뎌 내며 격렬하게 싸운 끝에 적군
가까이 다가가 유리한 고지를 차지했다. 자신의 계략에 미누
키우스가 속아 넘어간 것을 안 한니발은 일부러 후미를 적에게
내 준 다음, 그들을 매복 장소까지 유인했다.

신호와 함께 한니발의 군대가 사방에서 일어나 소리치며
공격하여 후미를 좇던 로마군을 마구 죽였다. 로마 병사들은

말할 수 없는 혼란과 놀라움에 빠졌다. 미누키우스가 크게 용기를 잃고 다급한 마음에 이리저리 살펴보니 장군들 가운데 어느 누구도 자리를 지키는 사람이 없었다. 아니, 장군들이 모두 필사적으로 도망치고 있었다. 전세를 장악한 한니발의 병사들은 속력을 내어 평원을 달리며, 흩어져 도주하는 로마 병사를 죽였다.

12

로마 병사들이 그와 같은 어려움에 빠져 있을 때 화비우스는 그 위험을 이미 예상하고 있었다. 그는 어떤 결과가 나타날지 파악하고 병사를 무장시켜 놓고 있었다. 그는 척후병의 보고를 받고 전투 결과를 안 것이 아니라 진영에 앉아 직접 관찰하며 상황을 파악하고 있었다. 따라서 미누키우스의 군대가 적군에게 포위되어 우왕좌왕하며 아우성치는 소리가 귀에 들어오고, 병사들이 공황 상태에 빠져 패주하고 있을 때, 화비우스는 자신의 무릎을 치며 막료들에게 탄식하듯 말했다.

"아, 헤라클레스여, 내가 예상했던 것보다 훨씬 더 빨리 무너지는구나. 그러나 그토록 경솔한 열정을 품었던 것치고는 그리 쉽게 자멸하지는 않았구나."

그러고 나서 화비우스는 기수(旗手)를 서둘러 앞장서게 한 뒤에 군대를 출진시키면서 병사들에게 큰 소리로 지시했다.

"병사들이여, 미누키우스를 구출하는 데 최선을 다하라. 그는 용감한 전사이며 조국을 사랑했다. 그가 적군을 몰아내려는 열정이 지나쳐 실수를 했다 하더라도 그 책임을 묻는 것은 나중에 할 일이다."

그런 다음 화비우스가 전선에 나타나 한니발의 군사들을 쳐부수니 그들은 평원을 향해 도망쳤다. 화비우스는 미누키우스를 공격하던 적군을 추격하여 모두 죽였다. 나머지 적군들은 로마 병사가 자기들 손에 죽었던 것처럼 자신들도 포위되어 죽기 전에 길을 내어 도망쳤다. 그제야 한니발은 전세가 뒤바뀐 것을 알았다.

화비우스가 자기 나이를 뛰어넘는 정력으로 싸우며 언덕 위의 미누키우스에게 달려가 싸움을 끝낸 뒤 후퇴 신호를 보내자 한니발도 자신의 군대를 물려 진지로 돌아왔다. 로마 병사들도 승리를 기뻐하며 전투를 멈추었다. 들리는 바에 따르면, 한니발은 군대를 물리면서 곁에 있던 막료들에게 농담 삼아 화비우스를 두고 이렇게 말했다고 한다.

"우리가 바라보고 있던 언덕 위의 먹구름이 언젠가는 거센 폭풍이 되어 내려오리라고 내가 여러 차례 예언하지 않았소?"

13

전투가 끝나자 화비우스는 적병의 시신에서 전리품을 거두고 진영으로 돌아오는 동안 오만한 말이나 미누키우스를 비난하는 말을 한마디도 하지 않았다. 한편 미누키우스는 병사를 모아 놓고 말했다.

"친애하는 병사들이여, 대업을 이루면서 한 번의 실수도 저지르지 않는 것은 인간의 능력을 벗어나는 일이오. 그러나 한 번 저지른 실수를 앞날의 교훈으로 삼는 일이야말로 용맹하고 지혜로운 사람이 할 일이오. 따라서 나는 운명을 불평할 아무 이유도 없으며, 다만 그에 감사할 뿐이오. 나는 지나간 내 생애 동안에 배우지 못한 것을 단 하루의 짧은 시간에 배웠소. 나는 남들을 지휘할 수 있는 인물이 아니라 남의 지휘를 받아야 할 사람이며, 나를 지배해야 마땅할 사람을 이기려는 야심에 사로잡혀 있었다는 것을 깨달았소. 이제는 어느 모로 보나 독재관께서 여러분의 지휘관이오. 그러므로 나는 여러분을 데리고 가서 그분께 감사를 드리고, 내가 먼저 그분의 지시와 명령을 따르는 모습을 보여 주고자 하오."

연설을 마친 미누키우스는 독수리 깃발을 앞세운 채 모든 장병을 이끌고 화비우스에게 갔다. 화비우스의 진영에 이른 미누키우스가 장군의 막사로 다가가니 장병들이 놀라 어쩔 줄을 몰라 했다. 화비우스가 나타나자 미누키우스는 깃발을 그의 앞에 세우고 큰 목소리로 이렇게 불렀다.

"아버지!"

이에 그의 부하들도 화비우스를 바라보며 소리쳤다.

"보호자(Patron)이시여!"

이는 노예가 자기 주인을 부를 때 쓰는 말이었다. 잠시 침묵이 흐른 뒤에 미누키우스가 입을 열었다.

"장군님, 장군께서는 오늘 하루에 두 번 승리를 거두셨습니다. 한 번은 용맹함으로써 한니발을 이겼고, 또 한 번은 지혜와 자비로써 동료를 이겼습니다. 첫 번째 승리에서 장군께서는 우리의 목숨을 구해 주었고, 두 번째 승리에서는 우리에게 위대한 교훈을 가르쳐 주셨으니, 우리가 적군에게 진 것은 수치이지만 장군께 진 것은 영광이자 구원입니다. 저로서는 더 이상의 적절한 표현을 찾지 못해 장군을 '아버지'라고 부릅니다. 제 아버지가 저에게 베푼 은혜도 장군께서 베푼 은혜만큼 크지 못합니다. 아버지는 저를 낳아 주셨지만 장군께서는 저와 병사를 살려 주셨습니다."

말을 마친 미누키우스는 화비우스를 껴안고 입을 맞추었다. 양쪽 병사들도 장군을 따라 서로 껴안고 입을 맞추니 온 병영이 기쁨의 눈물로 가득 찼다.

14

이런 일이 있은 뒤에 화비우스는 독재관에서 물러나고, 집정관들도 다시 선출되었다. 이들은 먼저 화비우스의 전법을 따르기로 결정했다. 그들은 한니발과의 전면전을 피하고 동맹국들을 도우며 관계를 이어 나갔다. 그러던 터에 테렌티우스 바로(Terentius Varro)가 집정관으로 선출되었다.

바로는 출신이 분명하지 않고 민중에게 굽실거리기를 좋아하며 무모할 뿐만 아니라 경험도 없는 사람이어서 모든 일을 단 한 번에 끝내려 할 것이 분명했다. 그는 민회에 나가 이렇게 말했다.

"화비우스 같은 인물을 장군으로 쓰는 한, 전쟁은 절대 끝나지 않을 것입니다. 내가 나서서 바로 그날로 적을 섬멸하겠습니다."

바로는 그렇게 장담하면서 실제로 지난날 어느 로마의 장군이 적국에 대항하고자 모았던 병력보다도 더 많은 군대를 모집했다. 그가 모은 병력은 8만 8천 명이었는데, 화비우스와 지각 있는 장군들은 병력의 규모에 극심한 공포를 느꼈다. 그토록 많은 황금기의 젊은이들을 한꺼번에 잃는다면 로마는 다시 회복할 수 없으리라고 생각했기 때문이었다.

그 무렵에 아이밀리우스 파울루스(Aemilius Paulus)가 바로의 동료 집정관으로 선출되었다. 아이밀리우스 파울루스는 민중의 호감을 얻지 못했고, 민중이 그에게 벌금을 매긴 적이 있어 마음의 상처를 입고 있었다. 화비우스는 그가 정신 나간 바로의 정책을 견제하도록 격려하면서, 지금 로마인들은 한니발에게서 조국을 구출하는 것이 아니라 바로에게서 조국을 구출해야 한다는 사실을 가르쳐 주었다. 그러면서 화비우스는 덧붙였다.

"지금 바로는 자기가 얼마나 취약한지 모르기 때문에 전투를 서두르고 있으며, 한니발은 자기가 얼마나 약한지 알기 때문에 전투를 서두르고 있습니다. 그러나 파울루스 장군, 한니발에 관해서는 나를 믿어 주기 바랍니다. 내가 자신 있게 말하건대, 금년에 누구도 한니발과 전투를 벌이지 않는다면 그는 이탈리아에서 물러앉아 멸망하거나 도망할 것입니다. 세상 사람들이 지금은 그를 승리자라든가 이 땅의 정복자라고 여기지만, 적군으로서 그에게 항복한 나라도 없고, 본국에서 이끌

　　　　　　　　　　　　　화비우스 막시무스

고 온 병력은 이제 3분의 1밖에 남지 않았기 때문입니다."

들리는 바에 따르면, 이에 대해 파울루스는 이렇게 대답했다고 한다.

"화비우스 장군, 사견을 말씀드리자면, 나는 지금 다시 민중에게 불신임 투표를 겪느니보다는 차라리 적군의 창을 맞겠습니다. 그러나 지금 나라가 그토록 어려우니 나로서는 그토록 거칠게 장군을 반대하는 무리의 편에 서기보다는 장군의 뜻에 따르는 유능한 장군이 되고 싶습니다."

파울루스는 이와 같이 결심하고 전쟁터로 떠났다.

15

바로는 파울루스와 하루씩 지휘권을 나누어 갖자고 주장하면서 아우피두스(Aufidus)강 가까이에 있는 칸나이라는 마을에 한니발과 마주 보며 진영을 차렸다.

아침이 되자 바로는 장군의 막사에 주홍색 전포(戰袍)를 내걸어 전투 신호를 알렸다. 이에 카르타고 병사들은 먼저 겁에 질려 로마 장군의 용맹함과 자신들의 두 배가 넘는 병력을 바라보았다. 한니발은 병사들에게 무장하도록 지시한 다음 막료 몇을 데리고 완만하게 솟은 언덕에 올라 적군의 전열을 살펴보았다. 그때 한니발과 직급이 같은 기스코(Gisco)라는 장군이 말했다.

"적군의 수가 너무 많아 놀랍군요."

그러자 한니발이 의미심장하게 그를 바라보며 말했다.

"기스코 장군, 그런데 그대는 더 놀라운 사실을 보지 못하고 있군요."

기스코가 물었다.

"그게 무슨 뜻인가요?"

이에 한니발이 대답했다.

"무슨 뜻이냐 하면, 저 많은 사람 가운데 기스코라는 이름을 쓰는 사람은 하나도 없다는 사실이오.”

이 농담에 장병들이 모두 놀라고 웃으며 언덕을 내려왔
다. 그들이 만나는 병사들에게 이 유쾌한 소식을 알리자 장병
들은 웃음을 참지 못했다. 한니발의 호위병들도 웃음을 참지
못했다. 이와 같은 광경은 카르타고 병사를 크게 고무시켰다.
한니발이 이토록 위험한 상황에서 저렇게 웃고 농담하는 것을
보면 장군에게는 분명히 적군을 쳐부술 무슨 묘책이 있을 것
이라고 그들은 생각했다.

16

전투가 시작되자 한니발은 두 가지 전략을 썼다.

첫째로, 그는 바람을 등지고 싸우는 지리적 이점을 최대
한 이용했다. 바람이 구름처럼 거세게 불어 모래를 일으키며
카르타고의 진지를 넘어 로마 병사들의 얼굴을 때리니 그들은
모래바람을 피하려고 얼굴을 돌리다가 커다란 혼란에 빠졌다.

둘째로, 그는 진지전을 펼치면서 가장 강력하고 전투적인
부대를 양옆으로 배치하고 가장 취약한 부대를 중앙에 두어
마치 쐐기처럼 앞으로 튀어나오게 했다. 그리고 주력 부대에
이렇게 명령했다.

“로마 병사가 중앙에 위치한 약체 부대를 공격해 강력하
게 추격하면 중앙 부대는 깊은 홈을 파듯이 뒤로 물러선다. 그
때 양쪽에 있던 주력 부대가 반원형을 이루며 적군을 공격하
는 한편 적의 후미를 차단하여 공격하라.”

이 전술로 엄청난 살육이 벌어졌다. 중앙의 약체 부대가
길을 비켜 주면서 로마군이 추격해 오자 한니발의 주력 부대
가 초승달처럼 진용을 바꾸더니 좌우 부대의 사령관들이 노출
된 적군의 측면을 재빠르게 휘몰아쳤다. 포위되기에 앞서 도
망친 로마 병사들만 겨우 목숨을 건졌고, 그 밖의 병사들은 완
전히 무너졌다.

들리는 바에 따르면, 로마의 기병대도 참혹한 패배를 겪었다고 한다. 아마도 파울루스의 말이 다친 듯했다. 그로 말미암아 파울루스가 말에서 떨어지자 병사들은 차례로 말에서 내려 보전(步戰)으로 집정관을 구출하려 했다. 그러자 모두 말에서 내려 싸우라는 사령관의 명령이 떨어진 줄 알고 기병대도 전부 말에서 내렸다. 이를 바라본 한니발이 말했다.

"로마 병사가 손을 뒤로 묶고 나에게 달려왔더라도 이보다 더 나에게 유리하지는 않았을 것이다(Quam mallem vinctos mihi traderet)."

이 이야기는 리비우스의 『로마사』(XXII : 49)에 자세히 기록되어 있다.

로마 쪽의 두 집정관은 어찌 되었을까? 바로는 부하 몇 명을 데리고 베누시아(Venusia)로 도주했다. 그러나 파울루스는 전투를 하면서 절망적인 포위망에 갇혀 있었다. 화살이 그의 몸에 주렁주렁 걸렸다. 극심한 불운을 겪으며 몸과 마음이 모두 지친 그는 바위에 기대앉아 적군이 자기를 죽여 주기를 기다리고 있었다.

머리와 얼굴이 온통 피범벅이 되어 누구도 파울루스를 알아보지 못했고, 심지어 동료와 부하들도 그냥 지나쳐갔다. 그런데 귀족 출신의 젊은 병사 코르넬리우스 렌툴루스(Cornelius Lentulus)만이 파울루스를 알아보고 말에서 내려 그에게 다가와 말했다.

"지금처럼 용감한 장군을 필요로 하는 로마 시민들을 위해서라도 목숨을 지키시기 바랍니다."

그러나 집정관 파울루스는 렌툴루스의 설득을 거절하고 눈물을 흘리는 젊은이를 억지로 말에 태운 뒤 일어서서 그의 손을 움켜쥐며 말했다.

"렌툴루스여, 파비우스 막시무스에게 내 말을 전달해 주게. 아이밀리우스 파울루스는 파비우스의 지시를 끝까지 따랐으며, 화비우스와 약속한 것을 끝까지 어기지 않았노라고. 그러나 나는 바로에게 먼저 지고, 그다음으로 한니발에게 졌다고."

그렇게 지시한 뒤 파울루스는 렌툴루스를 떠나보내고 자신은 살육전 가운데로 뛰어들어 목숨을 잃었다. 들리는 바에 따르면, 이 전투에서 로마 병사 5만 명이 목숨을 잃었고, 4천 명이 생포되었으며, 전투가 끝난 뒤 헤아려 보니 두 집정관의 진영에서 포로로 잡혀간 병사가 자그마치 1만 명에 이르렀다고 한다.

17

이와 같이 완승하는 모습을 본 한니발의 막료들은 행운이 따라 주는 지금 도망치는 적군을 뒤쫓아 갈 것을 권유하면서 이대로라면 닷새 안에 로마에 들어갈 수 있으리라고 장담했다. 한니발이 무슨 생각에서 그와 같은 길을 밟지 않았는지를 설명하기란 쉽지 않다. 아마 어떤 악령이나 신성한 힘이 그의 진격에 영향을 미쳤는지도 모른다.

[리비우스, 『로마사』, XXII : 51에 따르면] 한니발이 멈칫거리자 카르타고의 바르카(Barca)는 분노하며 이렇게 말했다고 한다.

"한니발, 그대는 승리할 줄은 알지만 그 승리가 모두 부질없는 일이군요(*Non Omnia nimirum eidem di dedere : Vincere scis, Hannibal, victoria uti nescis*)."

그러나 그런 승리가 있은 뒤로 한니발에게는 커다란 변화가 일어났다. 전쟁이 일어나기에 앞서 그는 이탈리아에서 도시나 시장이나 항구를 장악한 적이 없고, 아무리 찾아다녀도 군수품을 얻기 힘들었다. 그는 군수 물자를 보급할 기지가 없어 마치 강도들처럼 군대를 이끌고 이리저리 떠돌고 있었다.

그러나 이번 전쟁을 치른 뒤로 한니발은 온 이탈리아를 손아귀에 넣었다. 대부분의 민족과 가장 큰 민족들이 제 발로 찾아와 머리를 숙였으며, 로마 다음으로 큰 도시인 카푸아

(Capua)도 그에게 복종할 것을 굳게 맹세했다.

에우리피데스는 이런 말을 한 적이 있다.

"어려울 때 진정한 친구를 알아본다."

훌륭한 장군을 알아보는 것도 마찬가지이다. 이 전투를 치르기에 앞서 사람들은 화비우스를 가리켜 비겁하다거나 게으르다고 비난하더니, 전투에서 패한 뒤에는 이보다 더 훌륭한 인물이 없다고 칭찬하면서 마치 신성하고도 거룩한 인물처럼 그를 바라보았다. 화비우스는 그만큼 미래를 내다보는 안목이 있었고, 그 재앙을 당한 당사자들조차 믿지 못할 만큼 정확하게 재앙을 예언했다.

로마는 이제 그에게 마지막 희망을 걸었다. 로마 시민들은 마치 신전이나 제단에서 피난처를 찾듯이 화비우스의 지혜에 몸을 맡기며, 로마가 갈리아족의 침략을 받았을 때처럼 무너지지 않고 지금 이렇게나마 살아 있는 것은 오로지 그의 지혜로움 덕분이라고 믿었다. 화비우스는 분명히 평화로운 때에는 조심스럽고 결단력이 없는 것처럼 보였다.

그러나 사람들이 모두 한없는 슬픔과 감당하기 힘든 혼란에 빠져 있을 때에 화비우스는 조용한 발걸음으로 거리를 돌아다니며 마치 여자처럼 온화한 얼굴과 우아한 말씨로 사람들을 돌아보았다. 그는 특정 집단의 불평을 민중에게 퍼뜨리려는 사람들의 결집을 막을 수 있는 유일한 인물이었다. 화비우스는 원로원의 소집을 권고하고, 관리들에게 용기를 북돋아 주었으며, 세상 사람들이 모두 자신을 바라보며 갈 길을 찾고 있음을 알고 스스로 강인한 관리로서의 모습을 보여 주었다.

18

그에 따라 화비우스는 성문에 보초를 세움으로써 겁먹고 달아나는 군중을 막고, 제사의 시간과 장소를 제한하여 상례를 치르고자 하는 사람에게는 자기 집에서만 30일 동안 상복을 입도록 했다. 그 뒤에는 모든 상례를 중단시키고 도시를 정화(淨化)했다.

이 무렵에 풍요의 여신 케레스(Ceres)를 위한 축제가 다가오자, 화비우스는 희생 제사나 행진을 중단시켰다. 대신에 소수의 인원만 모여 재난의 의미를 되새기면서 슬픔을 표시하게 했다. 신들은 행운의 여신이 그들에게 안겨 준 영광 안에서만 즐거워할 것이기 때문이었다.[5]

그러나 신을 달래 줄 것을 요구하는 전조(前兆)나 불길한 예언에 대비하는 의식은 모두 엄숙하게 거행되었다. 그 밖에도 화비우스는 친척인 픽토르(Pictor)를 델포이 신전으로 보내 신탁을 들었다. 그리고 신전의 두 여사제가 타락한 것이 발각되자 관습에 따라 여인 하나는 산 채로 땅에 묻어 죽이고, 다른 여인은 스스로 죽게 했다.

그러나 그보다도 더 찬양받을 만한 일이 이 도시에서 벌어졌는데, 그 일은 집정관 바로가 전쟁터에서 도망쳐 돌아왔을 때 일어났다. 가장 평판이 나쁘고 굴욕적이며 거부감을 느끼게 하는 사람이 돌아오는데도 원로원과 시민들이 모두 성문 밖까지 나가 바로를 환영했다.

군중이 조용해지자 화비우스를 포함해 원로원의 고관들은 그를 칭송했다. 바로가 그토록 아픈 절망을 겪은 뒤에도 로마의 운명을 단념하지 않았기 때문이다. 그는 정부와 법을 바로 세우고 동포들을 일으켜 세움으로써 자신에게 주어진 구국의 임무를 완성하고자 돌아왔던 것이다.

19

칸나이 전투에서 이긴 한니발이 로마를 공격하지 않고 이탈리

---

5   이 문장의 은유가 어렵다. 이 문장이 페린의 판본에만 있고 다른 판본에는 없는 것도 기이하다.

아의 다른 지역으로 옮겨 갔다는 사실을 안 로마 시민들은 용기를 내어 병사들과 함께 장군들을 전장으로 보냈다. 이들 가운데 가장 뛰어난 장군이 두 명 있었다. 하나는 화비우스이고 다른 하나는 클라우디우스 마르켈루스(Claudius Marcellus)였다. 이들은 너무나 성격이 다르면서도 함께 칭송을 받았다.

그의 전기[제24장]에서 자세히 다루고 있듯이, 마르켈루스는 용맹하고 민첩한 장수로서, 호메로스가 그의 작품[6]에서 "싸움을 좋아하고, 경쟁심으로 안달이 난 사람"이라고 표현한 인물과 같았다. 마르켈루스는 한니발처럼 용맹한 장군을 처음 만났을 때에도 전혀 밀리지 않고 꼭 같이 담대하게 겨루었다.

그런가 하면 화비우스는 한니발을 바라보면서, 한니발과 싸우지도 않고 괴롭히지도 않는 장군이 그에게 가장 어려운 적이라는 확신을 가진 인물이었다. 그는 그렇게 함으로써 전쟁에서 한니발을 제풀에 지치도록 하여 한니발의 힘을 급속히 잃게 만들었는데, 이는 마치 운동선수가 처음에 너무 힘을 썼다가 나중에 지치는 것과 같은 현상이었다. 스토아학파의 철학자 포세이도니오스(Poseidonios)는 이런 말을 남겼다.

"화비우스는 방패요 마르켈루스는 창과 같아서, 마르켈루스의 민첩함과 화비우스의 지혜로움이 힘을 합쳐 로마를 구출할 수 있었다."

마치 격류와 같은 마르켈루스를 자주 만났던 한니발은 자기의 병사가 동요하고 사기를 잃고 있다는 것을 알았다. 그런가 하면 소리 없이 꾸준히 흐르는 강물처럼 끊임없이 적대 행위를 하는 화비우스를 만나면 그의 병사가 자신도 모르는 사이에 지쳐 나가떨어지고 있었다.

그리하여 마침내 극심한 곤경에 빠진 한니발은 마르켈루스와 싸우느라 지치고, 싸움을 걸어오지 않는 화비우스를 만

6   이 작품이 무엇인지는 고증되지 않는다.

나는 것이 두려웠다. 마르켈루스와 화비우스가 법정관과 집정관 서리와 집정관을 지내는 동안 한니발은 내내 그들과 전쟁을 치렀다.

마르켈루스와 화비우스 두 사람은 각기 다섯 차례 집정관을 지냈다. 마르켈루스가 다섯 번째로 집정관을 지낼 때 [기원전 208년 루카니아(Lucania)에서] 한니발은 매복 전술로 마르켈루스를 죽였지만, 화비우스에게는 온갖 기만전술을 다 써 보았으나 끝내 그를 이기지는 못했다.

언젠가 한니발이 화비우스를 속여 거의 죽음 직전까지 몰고 간 적이 있었던 것은 사실이다. 곧 한니발은 마치 메타폰툼(Metapontum)의 지도자들이 보낸 편지처럼 꾸며, 화비우스가 그리로 오면 항복할 준비를 하고 기다릴 터이니 이웃 마을까지 오라고 연락했다.

그 편지의 내용을 믿은 화비우스는 밤중에 군대를 이끌고 떠났다. 그러나 화비우스는 가는 길에 불길한 조짐을 느껴 출정을 멈추었다. 그리고 곧바로 한니발이 그 편지를 위조한 것임을 알았다. 한니발은 그 도시의 가까운 곳에 매복하여 화비우스를 기다리고 있었다. 아마도 이 일은 하늘이 도와주었을 것이다.

20

여러 도시에서 일어나는 반란이나 동맹국들의 소란은 온유하고 부드러운 방법으로 제지해야 하며, 의심되는 일마다 거칠게 다루어서는 안 된다고 화비우스는 생각했다. 이를테면 이런 일이 있었다고 한다.

화비우스의 영내에 마르시(Marsi) 출신의 병사가 있었다. 화비우스가 알기로, 그 청년은 용맹스럽고 출신도 훌륭하여 전우들 사이에서 평판이 좋았다. 그런 그가 적진으로 넘어가려고 동료들과 논의한다는 말을 들은 화비우스는 화를 내지 않고, 오히려 그가 부대 안에서 부당한 대접을 받았다는 사실을 솔직히 인정하고는 그에게 말했다.

"이번 일은 용맹스러움이 아니라 사사로운 정리로 부하들을 상대한 지휘관의 잘못이네. 그러나 앞으로 무엇이든 원하는 바가 있는데도 나에게 직접 와서 말하지 않는다면 그것은 그 사람의 잘못이네."

이런 말과 함께 용맹에 대한 상으로 그 병사에게 말 한 필과 상품을 주니, 그 뒤로는 그 병사보다 더 믿음직스럽고 열성적으로 복무하는 사람이 없었다.

말이나 개를 훈련시키는 사람들이 동물의 고집과 사나움과 저항을 고치려고 괴롭히거나 무거운 목줄을 씌우기보다는 보살피고 보듬고 먹이를 주듯이, 사람을 이끄는 지휘관도 인자함이나 부드러움에 의지하지 않고 그들을 상대하면서 거칠게 폭력을 써서는 곤란하다고 화비우스는 생각했다. 이는 농부가 야생 무화과나 돌배나 야생 올리브를 잘 가꾸어 과수(果樹)가 되도록 만들어 맛있는 열매를 맺게 하는 것과 같은 이치였다.

언젠가는 한 장교가 찾아와 이렇게 보고했다.

"사병 가운데 루카니아 출신의 병사가 자주 병영을 이탈합니다."

그러자 화비우스가 물었다.

"그 사람이 다른 점에서는 어떤가?"

모든 병사가 입을 모아 말했다.

"그만한 군인이 없습니다. 그가 이런저런 훈련을 할 때 보여 준 용맹스러움은 놀라울 정도입니다."

그래서 그가 근무지를 이탈하는 이유를 알아보았더니, 한 여자를 사랑하고 있어 죽음을 무릅쓰고 부대를 벗어나 여인을 찾아간다는 것이었다. 화비우스는 사병 모르게 여인을 몰래 체포하여 데려와 자신의 막사에 숨겨 놓고 개인적으로 그를 불러 말했다.

"너는 로마의 법과 관습을 어기고 밤중에 막사를 벗어났음이 밝혀졌다. 그러나 알고 보니 지난날 많은 무공을 세웠다더구나. 그러므로 전공을 보아 너의 잘못을 용서해 주겠다. 그러나 앞으로 나는 다른 사람이 너를 책임지게 하겠다."

이에 사병이 놀라자 화비우스는 여인을 데려와 사병에게 안겨 주며 말했다.

"네가 앞으로는 우리와 함께 병영에 머물도록 하겠노라고 이 여인이 맹세했다. 너는 이제까지 병영을 벗어난 것이 다른 불순한 이유에서가 아니라 이 여인을 사랑했기 때문이었음을 보여 주어야 한다."

화비우스의 너그러움에 대해 이런 이야기가 전해 내려오고 있다.

21

로마인들은 음모를 꾸며 적장이 자기의 부대를 배신하게 함으로써 [기원전 209년에] 타렌툼을 빼앗았다. 거기에는 다음과 같은 화비우스의 계략이 있었다.

화비우스 부대에는 타렌툼 출신의 병사가 있었는데, 그에게는 오빠를 지극히 사랑하는 여동생이 있었다. 그런데 이 여인은 한니발이 임명한 타렌툼 수비대장과 깊은 사랑에 빠져 있었다. 수비대장은 이탈리아 남부의 브루티움(Bruttium) 출신이었다.

그 오빠는 이와 같은 인연을 잘 이용하면 공훈을 세울 수 있으리라는 희망을 품었다. 그는 화비우스의 치밀한 계획에 따라 마치 탈주병인 것처럼 속이고 여동생을 찾아갔다. 여동생은 오빠가 자기와 수비대장의 사랑을 모르고 있다고 여겨 애인이 자기 집에 오지 못하도록 부탁해 둔 터여서 며칠이 지나도 수비대장이 그 여동생의 집에 나타나지 않았다. 참다못한 오빠가 동생에게 먼저 말을 걸었다.

"내가 너에게 말해 주고 싶은 것이 있다. 로마 진영에서는 지금 네가 어떤 높은 지위의 인물과 가깝게 지낸다는 소문이 파다하게 퍼져 있다. 그 남자가 누구냐? 그들의 말에 따르면, 그 남자는 아주 유명한 데다가 용맹한 전사라고 하던데, 그가 다른 나라 사람이면 어떠냐? 어쩔 수 없이 그런 일이 이뤄진 것이라면 수치스러울 것도 없다. 아니, 지금처럼 세상이 고르지 못한 때에 우리가 그렇게 훌륭한 사람을 만났다는 것은 오히려 아주 드문 행운일 수도 있다."

이 말을 들은 여동생은 연인을 불러와 오빠에게 소개했다. 그 야만스러운 청년의 마음을 사로잡는 것은 쉬운 일이었다. 오빠는 여동생에게 지난날보다 훨씬 더 연인을 편안하게 해 주고, 온 마음으로 헌신하라며 설득했다. 한 여인과 사랑에 빠진 용병(傭兵)이 화비우스에게 받기로 약속된 엄청난 재물을 기대하면서 자신의 충성을 바칠 주군을 바꾸는 일은 매우 쉬웠다.

[리비우스를 비롯하여] 많은 역사학자가 이 사실을 말하고 있다. 그러나 다른 사람들의 말에 따르면, 수비대장의 마음을 사로잡은 그 여인은 타렌툼 사람이 아니라 브루티움 출신으로, 당시 화비우스와 내연 관계에 있었다고 한다. 수비대장이 자기와 같은 고향 사람이며 오래 전부터 알고 지내던 자라는 사실을 알게 된 이 여인은 화비우스를 찾아가 논의한 다음, 수비대장을 미인계(美人計)로 사로잡았다고 한다.

22

이런 음모를 꾸미면서 화비우스는 이참에 한니발을 그 일대에서 몰아내고 싶어 레기움(Rhegium)의 수비대에 브루티움을 약탈하고 카울로니아(Caulonia)를 점령하라고 지시했다. 레기움의 수비대는 8천 명이었는데, 대부분 도망병이거나 마르켈루스가 시킬리아에서 불명예스럽게 귀향시킨 패잔병들이어서 전쟁에 나가 죽는다 해도 아까울 것이 없고 로마에 손해되는 일도 없었다.

화비우스는 이들을 미끼로 삼아 한니발에게 보내 싸우게 함으로써 그를 타렌툼에서 몰아낼 수 있을 것이라고 생각했다. 그리고 실제로 화비우스가 기대한 것처럼 전투가 벌어졌다. 한니발은 미끼를 물듯이 곧 이들을 추격했다.

화비우스가 타렌툼을 점령한 지 닷새가 지나자 타렌툼의 청년과 그 여동생이 도시의 수비대장과 합의를 끝내고 밤중에 화비우스를 찾아왔다. 그 청년은 브루티움 출신 수비대장으로부터 어느 지점을 지키고 있는지에 대한 정확한 정보를 건네받은 상태였다. 그러나 화비우스는 한 번 조국을 배신한 적이 있는 사람을 전적으로 믿었다가 오히려 피해를 겪고 싶지 않았다.

그래서 화비우스는 스스로 병사를 이끌고 조용히 약속한 지점으로 접근하면서, 다른 병사들에게는 고함을 지르고 소란을 피우며 바다와 육지로 공격하도록 했다. 타렌툼 시민들이 지원병을 부르러 간 동안에 브루티움 출신 수비대장이 신호를 보내자 화비우스는 성벽을 넘어가 도시를 장악했다.

그러나 이 무렵에 화비우스는 욕심이 지나쳤다. 그는 이번의 승리가 적군 수비대장의 배신으로 이루어졌다는 사실을 감추려고 타렌툼의 청년을 죽였다. 이 일이 드러나 그는 배신자이며 잔인한 사람이라는 비난을 들었다. 또한 타렌툼의 시민들을 죽이고 3만 명을 노예로 팔았으며, 로마 병사들은 도시를 약탈하고, 3천 탈렌트를 국고에 넣었다. 들리는 바에 따르면, 약탈을 마치고 재무관이 이곳의 신상(神像)들을 어떻게 할 것인가를 묻자 화비우스는 이렇게 말했다고 한다.

"그 분노한 신들은 그대로 타렌툼인들에게 남겨 두어라."

그러나 화비우스는 타렌툼에 있던 헤라클레스의 거대한 조상(彫像)을 로마로 가져와 신전의 언덕에 세우고 그 옆에 자

화비우스 막시무스

기의 기마상(騎馬像)을 구리로 만들어 세웠다. 이런 점에서 본다면, 그는 마르켈루스보다 훨씬 더 유별난 사람이었다. 아니, 마르켈루스의 온화하고 인간적인 처사는 화비우스와 대조를 이루면서 로마인들에게 많은 찬사를 받았는데, 이 이야기는 「마르켈루스전」(§ 21)에 잘 나타나 있다.[7]

23

들리는 바에 따르면, 화비우스가 타렌툼을 함락했을 때 한니발은 그곳에서 약 8킬로미터 떨어진 곳에 이르러 공개적으로 다음과 같이 짧은 말을 남겼다고 한다.

"우리가 타렌툼을 빼앗은 것과 같은 방법으로 그 도시를 잃은 것을 보니 로마에도 또 다른 한니발이 있는가 보다."

그러나 사사로운 자리에서 한니발은 막료들을 돌아보며 이렇게 고백했다고 한다.

"이제까지 많은 고생을 겪었지만 이제는 지금의 병력으로 이탈리아를 정복하는 일이 불가능해졌소."

이번의 승리로 화비우스는 첫 번째 승리 때보다 더 성대한 개선식을 치렀다. 화비우스는 뛰어난 운동선수처럼 적군의 온갖 기술을 무력화시켰다. 그는 지난날의 레슬링 선수처럼 상대가 지치기를 기다려 자신의 몸을 빼내고 상대를 넘어뜨렸다. 한니발의 군대는 [기원전 216~215년 동안에 카포스(Capos)에서 겨울을 보내며] 사치와 재물로 타락했고, 다른 한편으로는 끝없는 전쟁으로 마음과 몸이 무뎌지고 지쳐 있었다.

그 무렵에 마르쿠스 리비우스(Marcus Livius)라는 사람이 있었다. 그는 한니발이 타렌툼의 시민들에게 반란을 일으키도

---

7   리비우스의 『로마사』(XXVII : 16)에 따르면, "화비우스는 시민들을 죽였지만 신상을 파괴하지는 않았으며, 마르켈루스는 신상을 파괴했지만 시민들을 죽이지는 않았다"고 한다.

록 충동했을 때 그곳의 수비대장이었다. 그러나 그는 자기 위치를 지키면서 로마군이 타렌툼을 되찾을 때까지 성루를 지켰다. 그런데 이번 전투에서 화비우스 혼자 영광을 누리는 데 화가 치밀었고, 한편으로는 질투와 야심을 억누를 수 없었던 그는 타렌툼을 되찾은 공로가 화비우스가 아니라 자기에게 돌아와야 한다고 원로원에 진정서를 제출했다. 이 말을 들은 화비우스가 웃으면서 말했다.

"당신 말이 맞소. 당신이 타렌툼을 빼앗기지 않았더라면 내가 그곳을 되찾을 일도 없었을 테니까……."

24

로마 시민들이 화비우스에게 바친 영광 가운데 하나는 [기원전 213년에] 그의 아들을 집정관으로 뽑았다는 사실이다. 아들이 자기 집무실에서 전쟁에 관한 업무를 처리하고 있을 때, 아버지가 말을 타고 군중 사이를 지나 아들이 있는 곳을 향해 가고 있었다. 그가 말에 탄 것이 나이가 많고 몸이 쇠약한 탓이었는지, 아니면 아들을 떠보려고 그랬는지는 알 수 없다. 아버지가 말을 타고 들어오는 모습을 바라본 아들은 아버지의 처사가 마음에 들지 않은 듯 아래의 관리를 불러 이렇게 지시했다.

"아버지가 용무가 있어 집정관을 찾아오는 것이라면 말에서 내려 걸어오시라고 해라."

그 장면을 바라본 군중은 놀랐다. 그들은 조용히 아들을 지켜보면서 아버지의 지위로 볼 때 그를 말에서 내리도록 하는 것은 적절한 처사가 아니라고 생각했다. 이 말을 들은 화비우스는 서둘러 말에서 내린 뒤 달리듯이 다가가 다정하게 아들을 껴안으며 말했다.

"아들아, 너의 말과 생각이 옳았다. 너는 로마 시민들이 너에게 준 지위가 무엇인지 알고 있고, 그들에게서 받은 지위가 얼마나 높은지를 잘 알고 있구나. 우리의 조상과 우리 자신

229   화비우스 막시무스

이 로마를 이만큼 훌륭하게 만든 것은 바로 그와 같은 정신 때문이었다. 그러한 정신이야말로 우리 조상과 우리 후손들로 하여금 자신들보다 조국의 번영이 중요하다는 점을 깨닫도록 만들고 있다."(리비우스, 『로마사』, XXIV : 44)

화비우스의 증조부도 로마에서 매우 명망 높고 영향력 있는 인물이었다. 증조부는 다섯 차례 집정관에 선출되었고, 가장 큰 전쟁에서 찬란한 전공을 세우고 개선했지만 [기원전 292년에] 아들이 집정관이 되자 그의 부관으로 복무하였으며, 아들이 네 필의 말이 끄는 전차를 타고 시내로 들어올 때 다른 부하들과 마찬가지로 말을 타고 들어왔다. 그는 비록 자신이 집정관의 아버지이자 명성으로나 실제로나 로마의 가장 으뜸가는 시민이라고는 하지만, 법과 관직에 따라 아들의 밑에서 일하고 있다는 사실을 기뻐했다.

화비우스가 칭송받을 일은 여기에서 그치지 않는다. 화비우스에게 아들을 잃는 끔찍한 일이 일어났다. 그러나 그는 지혜로운 아버지로서 침착함을 잃지 않았다. 추도사라는 것이 본디 고인과 가깝게 지내던 명사가 읽는 것이 관례이지만, 그는 자신이 직접 아들의 추도사를 지어 토론의 광장에서 읽은 다음 그것을 글로 적어 주위 사람들에게 나누어 주었다.

25

이런저런 일이 진행되는 동안 코르넬리우스 스키피오가 스페인으로 파견되었다. 그곳에서 스키피오는 카르타고의 군대와 수많은 전쟁을 치르면서 그들을 몰아냈고, 여러 국가를 정복하고 도시를 장악하면서 많은 전리품을 얻었다. [기원전 205년에] 로마로 돌아올 때 스키피오는 누구와도 견줄 수 없는 인기와 명성을 얻고 끝내 집정관으로 선출되었다.

시민들이 자신에게 엄청난 전공을 기대하고 있다는 사실을 알아차린 스키피오는 이제 이탈리아에서 한니발과 복닥거리며 싸우는 것은 낡고 노망난 정치인이 추구할 정책이라 생각하고, 로마의 병사를 이끌고 리비아와 카르타고의 본토로 건너갈 계획을 꾸몄다. 스키피오는 아프리카로 넘어가 그곳을 황폐하게 만들고 전쟁터를 이탈리아에서 그곳으로 옮겨 가고자 했다. 그는 온 힘을 기울여 이런 정책을 시민들에게 알렸다.

그러나 바로 이 시점에서 화비우스는 시민들에게 그러한 정책이 얼마나 두려운 짓인가를 깨우쳐 주려고 노력했다. 화비우스는 시민들이 지금 넋 나간 젊은이의 길 안내에 따라 아주 멀고도 위험한 길로 들어가려고 허둥댄다면서, 시민들이 이러한 길을 가지 못하게 막을 수 있다면 어떤 말이나 행동도 아끼지 않았다. 화비우스는 원로원에도 이러한 견해를 불어넣었다.

그러나 시민들은 화비우스가 스키피오의 성공을 시샘하여 그를 공격하는 것이라고 생각했다. 시민들이 보기에, 화비우스는 두려워하는 듯했다. 만약 스키피오가 위대한 승리를 이루어 이탈리아에서 영원히 전쟁을 사라지게 한다면, 그때껏 자신이 너무 신중했으며 또한 비겁했기 때문에 실패했다는 사실이 알려질 것이기 때문이었다.

지금에 와서 보면 처음에 화비우스는 전쟁의 엄청난 피해가 두려워 그토록 조심하고 신중했던 것으로 보이지만, 시간이 지나면서 그는 조금씩 바뀌었다. 새로이 떠오르는 스키피오의 영향력을 견제하고 싶은 생각과 경쟁자에 대한 야심 때문에 그의 행동은 조금씩 더 거칠고 집요해졌다. 더욱이 화비우스는 스키피오의 동료 집정관 크라수스(Crassus)를 찾아가, 만약 스키피오에게 아프리카로 진격하는 것을 허락한다면, 그때는 아프리카에서의 지휘권을 스키피오에게 넘겨주지 말고 크라수스가 몸소 그곳으로 진격하라고 설득했다.

화비우스는 또한 스키피오에게 전쟁 비용이 지급되는 것을 방해했다. 돈 문제를 보면, 스키피오가 이를 마련할 의무가

화비우스 막시무스

있었기 때문에 원로원에서 승인이 막히자 스키피오는 자기를 헌신적으로 도와주던 에트루리아(Etruria)의 여러 도시를 찾아다니며 사사롭게 비용을 마련했다. 게다가 크라수스는 화비우스의 권고를 따르지 않았다. 우선 그의 천성이 남과 다투는 것을 좋아하지 않고 점잖았을 뿐만 아니라, 대제사장직(Pontifex Maximus)을 맡으면서 이탈리아에 머물러 있어야만 했기 때문이다.

26

스키피오에 대한 공격이 제대로 효과를 내지 못하자 화비우스는 다른 방법을 썼다. 그는 스키피오의 부대에 들어가고 싶어 하는 젊은이들의 행동을 막으려고 노력했으며, 원로원과 민회를 찾아가 이렇게 말했다.

"한니발에게서 도망치려는 사람은 이제 스키피오 한 사람만이 아닙니다. 모든 예비 병력이 이탈리아를 떠나고 있으며, 적군은 지금 자기 성문에 앉아 결코 정복되지 않는 성을 지키고 있는데, 젊은이들에게 헛된 희망을 안겨 주면서 그들의 부모와 아내와 조국을 버리라고 설득하고 있습니다."

화비우스가 이렇게 로마인들을 두려움으로 몰아가자, 시민들은 스키피오와 함께 시킬리아에 머물고 있는 병력, 그리고 과거에 스키피오와 함께 스페인에서 복무했던 정예 병력 3백 명만을 데리고 아프리카로 진격할 것을 결정했다. 화비우스의 이와 같은 행동은 어느 모로 보나 조심성 많은 그의 성격 탓으로 보인다.

[기원전 204년에] 스키피오가 아프리카로 건너가자마자 훌륭한 업적과 탁월한 공적을 거두었다는 소식이 로마에 알려졌다. 엄청난 전리품이 들어오고, 누미디아의 왕이 포로로 잡혀 온 것으로 보아 그러한 소식은 사실임이 입증되었다. 적군의 두 개 진영이 한꺼번에 불타고, 그 안에 있던 사람과 무기와 말

이 함께 불탔다.

그 무렵에 카르타고 왕실은 한니발에게 사신을 보내 아무런 소득도 없는 이탈리아 원정을 끝내고 돌아와 조국을 방어하라고 지시했다. 로마에서 스키피오의 승리가 온통 화제가 되자 화비우스는 스키피오를 다른 장군으로 바꾸어야 한다고 요구했다. 그가 그런 요구를 한 이유는 간단했다.

화비우스는 그 이유로 한 격언을 소개했다. 곧 "운명의 여신은 늘 같은 사람에게 행운을 내리지 않기 때문에" 스키피오에게 그러한 전쟁 임무를 계속해서 맡기는 것은 위험하다는 것이었다. 그러자 많은 사람이 화비우스를 가리켜 남에게 악의를 품고 험담이나 하는 인물이라고 생각했다. 또한 이제는 나이가 너무 많아 용기와 확신을 잃어버리면서 한니발에게 겁을 먹고 말았다고 여겼다.

결국 [기원전 203년에] 한니발과 그의 군대가 이탈리아에서 물러나자 화비우스는 시민들이 안심하고 평화로운 삶을 즐기는 것을 견딜 수 없었다. 그는 지난 어느 때보다도 지금이 로마에게 가장 어려운 위기가 찾아온 때라고 강력하게 주장했다.

화비우스의 말에 따르면, 한니발은 카르타고의 성문에 앉아 아프리카에서 가장 굳센 병사를 거느리고 로마군을 맞이하고 있으며, 스키피오는 로마의 수많은 대장군과 독재관과 집정관의 피를 먹고 몸이 따뜻해진 카르타고 군대와 마주하고 있다는 것이었다. 그의 연설을 들은 로마인들은 다시 혼란에 빠지면서, 전쟁터는 아프리카로 옮겨 갔지만 공포는 로마에 더 가까이 다가오고 있다고 생각했다.

27

그 뒤로 그리 오래지 않아 스키피오는 전쟁에서 한니발을 완전히 이기고 패망한 카르타고인들의 자존심을 짓밟았으며, 로마 시민 모두에게 어떤 희망보다도 더 큰 기쁨을 안겨 줌으로써 "지난날에 거친 태풍을 만나 부서졌던 승자의 함선을 바로 세웠다." 그러나 화비우스는 전쟁이 끝나는 것도 보지 못했고, 한니발이 죽었다는 소식도 듣지 못했으며, 조국의 위대한 번영도 보지 못한 채, 한니발이 이탈리아를 떠나 바다를 건널 때 [기원전 203년에] 병을 얻어 죽었다.

들리는 바에 따르면, 에파미논다스(Epaminondas)가 죽었을 때 너무 가난하여 남은 것이라곤 철전(鐵錢) 한 푼밖에 없어 테베 시민들이 국고로 그의 장례를 치러 주었다고 한다. 화비우스가 죽었을 때 로마 시민들은 국고가 아니라, 모두가 한 푼씩 거두어 장례를 치러 주었다. 이는 화비우스가 장례를 치를 돈도 없이 죽어서가 아니라 그의 죽음이 국부(國父)의 죽음이라고 생각했기 때문이었다. 그렇게 함으로써 그의 죽음은 살아서 쌓은 업적에 합당한 영광을 받았다.

> 경험의 부족은
> 사람을 무모하게 만들고
> 용기를 빼앗는다는 점에서
> 비난받을 일이다.
> 군인의 경우에는 더욱더 그렇다.
> — 플루타르코스

1

앞에서 본 바와 같이, 페리클레스와 화비우스는 시민으로서, 군사 지휘관으로서 수많은 업적을 남겼다. 여기에서는 그들의 군사적 공훈을 먼저 살펴보고자 한다. 페리클레스가 그리스 시민들을 이끌 무렵, 그 나라는 매우 번영했고, 국위를 떨쳤으며, 제국으로서의 국력도 대단했다. 그런 점에서 본다면, 그의 지위가 흔들리거나 몰락하지 않은 데에는 운명적인 요소와 그의 용기가 함께 작용했음이 분명하다.

그 밖에도 키몬의 승리, 미로니데스의 전과(戰果), 톨미데스의 많은 업적으로 덕을 본 페리클레스는 국토를 넓혔다거나 전쟁에서 나라를 지켰다기보다는 시민들에게 경축과 축제의 기회를 제공함으로써 그들의 삶을 넉넉하게 해 주었다.

그와는 달리, 나라가 가장 어려운 시절에 국사를 맡은 화비우스는 나라를 번영하게 만들지는 못했지만, 재앙에서 나라를 구출한 인물이었다. 화비우스는 불명예스러운 패배를 수없이 겪고, 장군들의 죽음을 숱하게 겪었으며, 시체가 가득한 호수와 평원과 수풀을 지났으며, 피로 물든 강과 시체가 떠다니는 바다를 바라보면서, 자기의 조국을 돕는 한편 굳은 의지로

써 다른 나라가 그의 조국에 퍼붓는 재난을 막고 멸망을 막아
냈다.

그러나 페리클레스가 아테네를 다스릴 때 분명히 보여 주
었듯이, 사치에 빠져 정신을 못 차리고 오만과 만용에 젖어 있
는 시민들을 끌고 간다는 것은, 적국의 공격으로 피폐해지고
지혜로운 정치인을 잘 따라 주는 나라를 경영하기보다 더 어
려웠음이 분명하다. 그러면서도 로마인들이 겪었던 수많은 재
난을 떠올려 보면, 그러한 재난에 흔들리지 않고 자기의 행동
원칙을 버리지 않은 화비우스의 굽히지 않는 의지와 위대함을
확인할 수 있다.

2

페리클레스의 사모스 정벌은 화비우스의 타렌툼 정벌에 견줄
만하다. 비록 풀비우스(Fulbius)와 아피우스(Appius)라는 두 집
정관이 카푸아를 정복한 공로 때문에 화비우스의 전공이 어느
정도 빛을 잃은 것은 사실이지만, 화비우스가 캄파니아를 정
복한 것은 페리클레스가 에우보이아를 정복한 것과 견줄 만하
다. 그러나 화비우스는 첫 번째 전투에서 무공을 세운 것을 제
외하면 정규전에서 승리한 적이 없다.

반면에 페리클레스는 바다와 육지의 전투에서 아홉 번이
나 이겼다. 대신에 화비우스는 한니발의 손에서 미누키우스를
구출하고 로마 군대 전체를 지켜 낸 것과 같은 전과를 이루었
지만, 페리클레스는 그런 공적을 이룬 적이 없다. 이때 보여 준
화비우스의 처신은 분명히 고결한 것이었으며, 용기와 지혜와
인간미가 어우러져 만들어 낸 미담이었다.

그런가 하면 화비우스는 한니발의 황소 작전에 패배했으
나 페리클레스는 그런 패배를 겪지 않았다. 화비우스는 제 발
로 들어온 한니발의 부대를 협곡에 가두었지만, 밤이 되어 그
들이 빠져나가는 것도 모르고 있었다. 아침이 되자 한니발은

완전히 포위에서 벗어났고, 화비우스의 지연작전 덕분에 오히려 자신들을 포위하고 있던 그의 군대를 깨뜨렸다.

현실을 개선하는 것만이 아니라 미래를 정확히 판단하는 것이 훌륭한 장군의 미덕이라고 한다면, 페리클레스가 바로 그런 인물이었다. 그는 아테네인들이 치르고 있는 전쟁이 언제 어떻게 끝날 것인지를 정확히 알고 예언했기 때문이다.

그러나 로마인들이 스키피오를 카르타고에 파병하여 거둔 완승은 그저 운이 좋아서가 아니라 적군을 완전히 정복한 장군의 지혜와 용기 덕분이었으며, 이 사실은 화비우스의 예측과 정반대되는 일이었다. 그러므로 아테네의 비극은 페리클레스의 현명함을 입증해 주었고, 로마의 승리는 화비우스가 완전히 틀렸음을 보여 주었다.

미래를 내다보는 안목이 부족하여 자신을 재난에 빠뜨린 장군이나, 자신감이 부족하여 성공의 기회를 놓쳐 버린 장군 모두가 치명적인 실수를 하고 있다. 경험 부족은 사람을 무모하게 만드는 원인이 되기도 하고 용기를 빼앗는 원인이 되기도 한다. 군인의 경우에는 더욱더 그렇다.

3

두 사람의 정치 수완을 살펴보면, 페리클레스는 펠로폰네소스 전쟁 때문에 비난을 받았다. 들리는 바에 따르면, 그가 그러한 비난을 들은 것은 그의 경쟁심으로 말미암아 스파르타에 아무런 양보도 하지 않았기 때문이라고 한다. 화비우스도 카르타고에 아무런 양보를 하지 않았다는 점에서는 마찬가지이지만, 그래도 그는 로마의 우월함을 지키는 데 필요한 일이라면 당당하게 위험을 받아들였다.

화비우스가 미누키우스에게 보여 준 정중한 태도는 페리클레스가 키몬이나 투키디데스에게 보여 준 적대감과는 견줄 수도 없이 고결하다. 이 두 사람은 명문거족 출신의 훌륭한 인물들이었지만 페리클레스는 패각 투표에 부쳐 해외로 추방했다.

페리클레스에게는 화비우스보다 더 강력한 권력이 있었다. 그 때문에 톨미데스가 그의 말을 듣지 않고 주력 부대를 이끌어 보이오티아를 공격하다 비극을 겪은 일을 뺀다면, 페리클레스 휘하의 장군들이 실수하여 조국에 불행을 끼친 적은 없다. 톨미데스를 빼고는 모두 페리클레스의 힘에 눌려 그의 의견을 따랐다.

그와 달리 화비우스는 모든 일에 확실하고 실수를 하지 않는 성격이었지만, 다른 사람들을 장악하는 능력이 부족했던 듯하다. 만약 페리클레스가 아테네인들에게 행사했던 만큼의 영향력을 화비우스가 로마인들에게 행사할 수 있었더라면 로마는 그 많은 불행을 겪지 않았으리라고 분명히 말할 수 있다.

더 나아가 두 사람이 금전 문제에서 얼마나 깨끗했는가를 살펴보자. 페리클레스는 어느 누구에게도 선물을 받지 않았다. 궁핍한 사람들에게 너그러웠던 화비우스는 포로를 데려오려고 자기 돈까지 썼다. 이때 화비우스가 쓴 돈은 6탈렌트 정도였다. 다시 페리클레스를 보면, 그는 자신의 권력과 영향력을 이용해 자기에게 아부하는 동맹과 왕들에게서 상상을 초월하는 돈을 모을 기회가 많았지만 뇌물과 부패에서 스스로를 철저히 차단했다.

페리클레스가 아테네를 가꾸고자 지은 공공건물과 신전과 국가 상징물들을 살펴보면, 화비우스가 로마에서 시도했던 것들은 그로부터 제정 로마 시대에 이르기까지 지은 모든 것을 합쳐도 어림없다. 페리클레스의 시대에 지은 건물들은 그 규모나 아름다움에서 견줄 수도 없을 만큼 뛰어나다.

니키아스
NIKIAS

기원전 ?~413

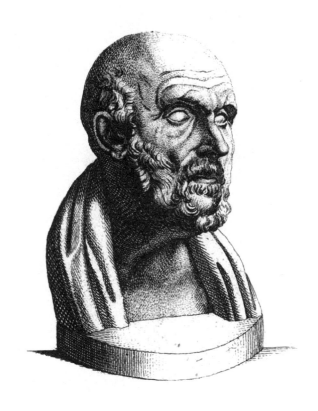

전쟁 때는 진군나팔 소리에 잠을 깨고
평화로울 때는 닭 우는 소리에 잠을 깬다.
— 아테네의 격언

시라쿠사이 병사들에게 잡힌
아테네의 포로들은
에우리피데스의 시를 알았다는 이유로
해방되었다.
— 플루타르코스

1

나는 니키아스가 크라수스와 좋은 대조를 이루고 있다고 생각
하는데, 니키아스가 시킬리아에서 겪은 재난과 크라수스가 파
르티아(Parthia, Persia)에서 겪은 재난을 견주어 볼 때 더욱 그런
생각이 든다. 그러므로 나는 이 부분을 쓰면서 아주 겸손한 마
음으로 말하건대, 투키디데스가 누구도 따를 수 없을 만큼 훌
륭하게 써 놓은 부분을 나도 여기에 기록하면서 그의 정감과
명료함과 다양한 문체를 뛰어넘으려는 욕심이 없다.

그러므로 내가 시킬리아의 역사학자였던 티마이오스(Ti-
maeus)처럼 교만한 글을 쓰고 싶어 했다고 독자들이 추측하지
않기를 진심으로 바란다. 티마이오스는 역사를 기술하면서 투
키디데스를 넘어서고 싶어 했으며, 시킬리아의 저명한 역사학
자였던 휠리스토스(Philistos)를 그저 지루하고 거친 글쟁이 정
도로 깎아내리려 했다.

그래서 티마이오스는 자기의 기록을 지상전과 해전의 역
사에 끼워 넣고, 이미 선배 역사학자들이 매우 훌륭하게 기록해
둔 것들을 장황하게 써넣음으로써, 고대 그리스의 풍자 작가였
던 핀다로스(Pindaros)의 다음과 같은 시구를 떠오르게 했다.

맨발로 리디아의 전차를

터벅터벅 따라가는 저 모습으로

(베르크 엮음, 『그리스 서정시 단편(斷編)』, I/4 : 450)

아니, 그리스의 희극 시인 디필로스(Diphilos)의 다음과 같은 시
구를 빌려 표현하는 것이 더 적절할 듯싶다.

시킬리아의 기름으로 속을 채운

비곗덩어리 뚱보 같은 모습으로

(코크 엮음, 『아티카 희극 단편』, II : 576)

실제로 티마이오스는 그리스 시인 크세나르코스(Xenarchos)처
럼 정신을 깜박깜박 잃곤 했다. 이를테면 그는 '승리'라는 뜻이
있는 니키아스[1]가 해외 원정을 지휘하지 않으려 하자, 아테네
인들이 이를 불길한 징조로 여겼다고 말한 적이 있었다.

티마이오스의 말을 더 들어 보면, 신은 헤르메스의 조상
(彫像)을 파괴함으로써 그리스인들이 헤르몬(Hermon)의 아들
헤르모크라테스(Hermokrates)와 벌일 전쟁에서 패배하리라고
미리 알려 주었다는 것이다. 그뿐만 아니라 티마이오스는 더
나아가서, 여신 코라(Cora)가 하계(下界)를 지키는 머리 셋 달린
개 케르베로스(Kerberos)를 넘겨준 데 대한 고마움에 헤라클레
스가 시라쿠사이(Syrakousai) 사람들을 도운 것은 당연한 일이
라고 말한다.

또한 그는 헤라클레스가 아테네인들에 대해 분노를 느꼈
으리라고 말했다. 왜냐하면 아테네인들이 트로이인들의 후손
인 에게스타(Egesta)족을 도와주었기 때문이다. 과거 트로이의

---

[1]   니키아스(Nikias)라는 이름은 승리를 뜻하는 그리스어 니케(*nike*)와 어
원이 같다. 세계적인 스포츠 상품인 나이키(Nike)가 여기에서 유래했다.

왕이었던 라오메돈이 자신에게 저지른 실수를 원망했던 헤라클레스는 트로이인들의 도시를 짓밟은 적이 있었으니, 그는 트로이의 후손을 도운 아테네인들도 미워할 것이라는 얘기다. 실없는 소리다.

티마이오스의 이야기를 좀 더 하자면, 그는 휠리스토스의 말투를 바로잡아 주고 플라톤과 아리스토텔레스의 글을 비난한 적이 있는데, 이런 일로 남들의 글을 비판하는 식으로 글을 쓰게 된 듯하다. 나는 이렇게 하나씩 구절을 따지면서 다른 작가에게 질투를 느끼는 일이 현학적이고 점잖지 못한 일이라고 생각한다.

심지어 그가 다른 아류작들을 한참 앞선 걸작들을 비난할 때는 더욱 어이가 없다. 어느 모로 보나 투키디데스나 휠리스토스가 보여 준 자세는 티마이오스의 태도와는 많은 차이가 있다.

투키디데스나 휠리스토스는 내가 추앙하는 영웅인 니키아스의 천성을 그가 가장 어려운 시절에 보여 주었던 행동만으로도 잘 묘사했다. 나도 그러한 이야기들을 간단하게나마 기록함으로써 내가 사려 깊지 않았다거나 게을렀다는 비난을 듣지 않으려고 한다.

나는 여러 작가가 놓쳐 버린 이야기와 다른 작가들이 우연히 언급한 이야기들, 또는 고대에 신에게 제물을 드릴 때의 자료나 공적인 정령(政令)들을 모으려고 노력했다. 그러나 쓸데없는 자료들을 탐구하여 꿰맞추려고는 하지 않았으며, 니키아스의 성품과 기질을 좀 더 올바르게 평가하려고 노력했을 뿐이다.

2

아리스토텔레스의 『아테네 헌법』(XVIII : 5)을 보면, 아테네에는 시민들에게 천성적으로 호의적이었고 우정을 보였던 세 인물이 있다. 첫째는 니케라토스(Nikeratos)의 아들 니키아스이고, 둘째는 멜레시아스의 아들 투키디데스이고, 셋째는 하그논의 아들 테라메네스(Theramenes)였다고 한다.

그러나 니키아스나 투키디데스에 견주면 테라메네스는 품격이 조금 떨어진다. 그는 키오스(Xios)섬 출신의 신분이 낮은 부모의 몸에서 태어났기 때문이었다. 그리고 그는 정치 활동에서 일관되게 지조를 지키지 못하고 이쪽저쪽 기웃거려 코토르노스(Cothornos)라는 별명을 얻었는데, 이는 양발 아무 쪽에나 신는 장화를 의미한다.

다른 두 사람에 견주어 보면 투키디데스는 나이가 더 많았고, 귀족 정당인 선진당(善眞黨, Party of the Good and True)의 지도자였다. 투키디데스는 민중에게 호감을 사려고 페리클레스를 자주 공격했다. 그들 가운데에서는 니키아스가 좀 더 젊었다. 니키아스는 페리클레스가 살아 있을 적에 어느 정도 민중의 인기를 얻어 그의 휘하에서 장군을 지냈을 뿐만 아니라 독자적으로 군대를 지휘한 적도 있다.

[기원전 429년에] 페리클레스가 죽자 니키아스는 지도자의 자리에 올랐는데, 그러기까지에는 부자와 귀족들의 도움이 컸다. 부자와 귀족들은 클레온이라는 인물에 대적하고자 니키아스를 앞세웠다. 클레온은 성격이 거칠어 남들에게 불쾌감을 주는 인물이었다. 그런 이유로 민중도 니키아스를 좋아하며 그의 꿈을 밀어 주었다.

클레온이 어느 희극의 대사처럼, "민중을 감싸 주고 돈벌이를 할 수 있는 일자리를 줌으로써"(코크 엮음, 『아티카 희극 단편』, III : 400) 민중 사이에 영향력이 컸던 것은 사실이지만, 그가 호감을 사고자 했던 민중이 보기에 클레온은 탐욕스럽고 뻔뻔하여 사람들은 대부분 그의 적수인 니키아스를 자신들의 지도자로 좋아했다. 니키아스는 천성이 거칠거나 공격적이지 못하고 섬세했으며, 민중을 두려워한다는 사실 때문에 민중의 지지를 얻었다.

　니키아스는 천성적으로 수줍음이 많고 남을 이기려고 아등바등하지도 않았지만, 전쟁터에서는 그와 같은 소심함을 숨기고 장군으로서 늘 성공했다. 아마도 행운의 여신이 그를 도와주었는지 모른다. 정치 생활에서 그는 신경이 예민하고 자신을 공격하는 사람 앞에 노출되었을 때 쉽게 혼란에 빠졌는데, 그것이 오히려 그에게 대중적 인기를 안겨 주었다. 민중은 자기를 멸시하는 사람을 두려워하고, 자기를 두려워하는 사람을 도와주기 때문이다. 지도자가 민중을 경멸하지 않는 것보다 더 민중을 영예롭게 해 줄 수 있는 일은 없다.

3

페리클레스는 타고난 재주와 뛰어난 웅변술로 아테네를 이끌어 갔기 때문에 남들처럼 진부한 방법으로 민중을 설득할 필요가 없었다. 니키아스에게는 그런 능력이 없었지만 돈이 많아 이로써 민중을 이끌어 갈 길을 찾았다. 그는 클레온처럼 재치 있는 말솜씨로 시민들을 기쁘게 해 줄 능력도 없었으므로 음악회나 운동회나 그 밖의 호화로운 행사를 열어 민중의 마음을 사로잡으려고 노력했다.

　그런 행사는 이미 세상을 떠난 선임자들이나 같은 시대를 살고 있는 사람들을 기리는 것으로서, 비용이 많이 들었고 모습도 장관이었다. 니키아스가 헌정한 기념물 가운데 수호신 팔라디움(Palladium)의 동상이 아직도 아크로폴리스 신전 광장에 서 있는데, 금칠이 벗겨져 있다. 또한 디오니소스 구역에는 삼각단 위에 세워진 기념비가 남아 있다. 이는 그가 합창 대회에서 자주 승리하였을 뿐 패배한 적이 없었음을 기념한 것이다.

　들리는 바에 따르면, 언젠가 니키아스가 합창 대회를 열었는데 이런 일이 있었다고 한다. 주인공은 니키아스의 노예로, 큰 키에 잘생기고 얼굴이 앳되어 보였다. 아테네 시민들이 그 노예의 공연을 보고 기뻐하며 오랫동안 박수를 쳤다. 그러자 니키아스가 일어나 말했다.

"이와 같은 재주를 타고난 사람을 노예로 살게 내버려 두다니 내가 신성(神聖)을 그르쳤구나."

그리고 그 젊은이를 노예 신분에서 해방시켜 주었다.

니키아스가 델로스섬에서 치른 행사가 얼마나 호화롭고 비싼 것이었던가에 대한 기록도 남아 있다. 신을 찬양하고자 여러 도시가 그 섬에 합창단을 보냈는데, 질서가 없고 매우 어수선한 분위기에서 상륙했다. 제사를 드리러 나온 마을 사람들은 배에서 내리는 합창단에게 무턱대고 노래를 불러 달라고 부탁했고, 합창단원들은 서둘러 소란스레 배에서 내리면서 아무렇게나 화관을 쓰고 제의를 걸쳤다. 그러나 니키아스는 그런 식으로 음악회를 치르지 않았다.

니키아스는 악단을 통솔할 때면 먼저 합창단과 제물과 그 밖의 악기들을 가지고 옆에 있는 레네이아(Rheneia)섬에 머물게 하면서, 아테네에서 가져온 배로 부교(浮橋)를 놓았다. 부교의 위치는 미리 측량돼 있었고, 도금하고 색칠한 배마다 꽃다발과 그림을 그린 직물이 치장돼 있었다. 하룻밤 사이에 두 섬 사이에는 좁다란 부교가 놓였다.

다음 날 아침, 니키아스는 신을 찬양하는 행렬을 이끌고 나섰다. 호화롭게 차려입은 합창단이 노래를 부르며 부교를 건넜다. 제사를 마치고 음악회와 잔치가 끝나자 그는 신에게 드리는 감사의 뜻으로 종려나무 청동상을 세우고, 자신의 과업에 축복을 빌고자 1만 드라크마를 주고 산 땅을 기부했다.

델로스인들이 거기에서 나오는 수입으로 축제 비용을 쓰게 한 것이다. 그러자 주민들은 감사의 표시로 그에게 신의 축복이 있기를 빌었다. 니키아스는 이와 같은 사실을 돌에 새겨 델로스섬에 남겨 두어 주민들이 자기의 자비로움을 기억하게 했다. 그런데 태풍이 불어 종려나무 동상이 무너지면서 낙소스 주민들이 세운 신상에 부딪혀 그것을 넘어뜨렸다.

4

니키아스는 자신의 명성을 높이고 자기의 야망을 채우고자 공공연하게 허세를 부렸음이 분명하다. 그러나 그 밖의 기호(嗜好)나 성품으로 미루어 판단해 보면, 이렇듯 민중의 호감을 얻어 냄으로써 그들을 장악하려는 방법은 그의 경건한 심성에서 나온 필연적인 결론이라고 볼 수도 있다. 투키디데스의 『펠로폰네소스 전쟁사』(VII : 50)에 따르면, 니키아스는 하늘이 보여 주는 전조(前兆)에 대하여 지나치리만큼 겁이 많았고, "신성(神聖)의 문제에 거의 중독된" 사람이었다고 한다.

파시폰(Pasiphon)의 『대화록(*Dialogue*)』[2]에 따르면, 니키아스는 날마다 신에게 제사를 지냈고 집 안에는 제관(祭官)을 두었다. 겉으로는 공무에 대해 언제든지 묻고자 함이었다고 하지만, 속을 들여다보면 사사로운 일들, 그 가운데에서도 은광(銀鑛)의 경영에 관해 물어보고자 함이었다고 한다. 그는 라우리온(Laurion) 지방에 막대한 광산을 갖고 있었는데, 수입은 좋았지만 위험성도 높아 점(占)을 많이 보았다.

니키아스는 광산에 노예를 많이 두었고, 대부분의 재산은 그 은광에서 나오는 것이었다. 이 때문에 그의 주변에는 따라다니는 사람도 많았고 돈을 얻어 가는 사람도 많았다. 그는 자신을 해코지할 것만 같은 사람들에게도 돈을 주었으며, 또 인정에 끌렸을 때도 그에 못지않은 돈을 주었다.

니키아스는 대체로 겁이 많아 못된 사람들에게 생활비를 쥐여 주었지만, 그가 베푸는 인정은 정직한 사람들에게도 큰 도움을 주었다. 니키아스의 그러한 이야기들은 여러 시(詩)에 잘 나타나 있다. 그리스 희극 작가인 텔레클레이데스는 어느

---

2   이 책은 지금 전해지지 않고 있다.

니키아스

모사꾼의 음모에 관하여 다음과 같은 시를 남겼다.

> 카리클레스(Charikles)는
> 그의 입을 막으려고
> 1미나(mina)를 그에게 주었다네.
> 자신이 어머니의 진짜 장남이 아니라
> 돈을 주고 사 온 아들임을 숨기고 싶었으니까.
> 니케라토스의 아들 니키아스는
> 그의 입을 막으려고 4미나를 주었다네.
> 왜 그 돈을 주었는지 나야 잘 알고 있지.
> 그러나 나는 말하지 않으려네.
> 그는 지혜롭고 진실된 인간이니까.
> (코크 엮음,『아티카 희극 단편』, I : 219)

에우폴리스는 그의 희곡『마리카스(*Marikas*)』에서 게으른 거지를 등장시켜 니키아스를 조롱하고 있다.

> 마리카스 : 니키아스를 본 지 얼마나 되었나?
> 거지 : 한동안 못 보다가 조금 전에 광장에서 만났습니다.
> 마리카스 : 아, 그랬군. 니키아스를 만났다고. 그런데 무슨
>   일을 꾸밀 것도 없는데 왜 만났는가?
> 합창 : 이제 그대는 알았겠군, 나의 친구여, 니키아스가
>   드디어 일을 꾸몄다는 것을.
> 거지 : 무슨 그런 심한 농담의 말씀을 하십니까? 그렇게
>   훌륭한 분이 나쁜 짓을 하다니.
> (코크 엮음,『아티카 희극 단편』, I : 308)

아리스토파네스의 희곡에서 클레온은 니키아스에 대해 이처럼 거칠게 말하고 있다.

나는 입만 살아 있는 것들을 몰아내고
니키아스를 달아매겠노라.

(『기사들』, §358)

프리니코스(Phrynichos)는 용기 없고 마음이 쉽게 움직이는 니키아스를 빗대며 다음과 같이 넌지시 읊고 있다.

그는 정의롭고 선량한 시민이야.
내가 그를 잘 알지.
그는 니키아스처럼 움츠러들지도 않고
살금살금 남의 눈치를 보지도 않아.

(코크 엮음, 『아티카 희극 단편』, I : 385)

5

니키아스는 군중을 선동하는 사람들을 몹시 조심스럽게 생각했다. 그래서 시민들과 함께 식사를 하지도 않고 대화도 나누지 않았으며, 낯익은 사람과도 교제를 나누지 않았다. 그는 실제로 즐겁게 시간 보내는 법을 몰라 장군 직을 맡았을 때는 밤늦게까지 장막에 남아 있었고, 의회의 의원이 되었을 때는 가장 먼저 출근했다가 맨 나중에 퇴근했다. 정무를 보지 않을 때면 그는 대문을 걸어 잠그고 집 안에 머물렀기 때문에 사람들이 찾아가도 만날 수가 없었다. 니키아스를 만나려고 집으로 찾아오는 손님들에게 집사들은 그가 지금 공무를 처리하느라 바쁘니 그냥 돌아가 달라고 부탁했다.

니키아스를 모시면서 이와 같은 일을 매우 품위 있게 처리한 사람은 히에로(Hiero)라는 인물이었다. 히에로는 어린 시절부터 니키아스의 집에서 자라며 그에게 철저한 교육을 받았다. 히에로는 자신을 디오니시오스(Dionysios)의 아들로 자처했

니키아스

다. 디오니시오스는 칼코스(Chalkos)라는 필명도 있었는데, 그의 시(詩)가 오늘날까지도 전해 내려오고 있다.(베르크 엮음, 『그리스 서정시 단편』, II/4 : 262)

디오니시오스는 이탈리아 식민지 원정의 지휘관으로서 페리클레스와 함께 투리오이를 세운 인물이다.(제13장 「페리클레스전」, §11) 점쟁이들과 함께 니키아스를 신비에 싸인 인물로 만든 사람이 바로 히에로이다. 히에로는 자기의 주인이 아테네를 위해 겪고 있는 수많은 시련에 관하여 생동감 넘치는 이야기들을 민중에게 끝없이 퍼뜨렸다. 그는 이렇게 말했다.

"어찌 된 일인가! 장군께서는 목욕을 할 때나 저녁을 먹을 때에도 공무가 그 앞에 늘 쌓여 있습니다. 그분은 집무에 몰두하여 자신의 일을 돌볼 겨를도 없으며, 다른 사람들이 잠자리에서 일어날 때까지 잠을 자지도 못합니다. 그러다 보니 몸도 망가지고 친구들을 만나 즐거움을 나눌 겨를도 없습니다. 그분은 나랏일에 파묻혀 재산은 말할 것도 없고 모든 것을 잃었습니다. 다른 공직자들은 직권을 이용하여 친구도 얻고 재산도 늘리고 호화로운 생활을 하면서 공직을 즐긴다고 하더군요."

실제로 니키아스의 삶이 그랬다. 그래서 아가멤논의 다음과 같은 시구가 그에게 딱 맞아떨어졌다.

사실인즉, 나는 내 삶의 주인이었으나
결국 나는 민중의 노예였노라.
(에우리피데스, 『타우리스의 이피게니아』)

6

민중은 경우에 따라 경험이 많은 웅변가나 탁월한 능력이 있는 사람들을 자기편으로 끌어들여 부려 먹지만, 또 한편으로는 그러한 권력을 의심스러운 눈초리로 조심스럽게 바라보면서 자신들이 영웅에게 안겨 준 자존심과 명성을 깎아내리려

한다는 것을 니키아스는 잘 알고 있었다.

민중이 페리클레스에게 벌금형을 내리고, 다몬을 패각 투표로 추방하고, [기원전 411년에 4백인 회의의 혁명에 가담했다는 이유로] 람누스(Rhamnous) 사람 안티폰(Antiphon)을 재판에 부쳐 처형하고, 무엇보다도 [기원전 427년에] 레스보스섬을 정복한 파케스(Paches)가 장군의 직책을 맡고 있을 때 그의 집무실에서 그에게 칼을 주어 자살하도록 만든 일이 그러한 사례에 속한다.

그런 까닭에 니키아스는 임기가 길고 힘든 장군 직을 맡지 않으려 했고, 어쩔 수 없이 장군 직을 맡을 때면 안전을 최우선으로 하여 목표를 수행함으로써 업무를 대부분 성공적으로 처리했으니 이는 당연한 결과였다. 그는 이러한 성공을 자신의 지혜나 능력이나 용맹으로 돌리지 않고 운이 좋았다고 말하면서 신에게 감사함으로써 자신의 명성을 희생시켜 민중의 질투에서 벗어났다.

니키아스가 지혜로운 사람이었음을 보여 주는 사례는 많다. 니키아스는 아테네가 환란을 겪을 때 거기에 전혀 연루되지 않을 만큼 운이 좋은 경우도 많았다. 아테네 시민들이 트라키아에서 칼키스인들에게 패배했을 때는 칼리아데스(Kalliades)[3]와 크세노폰이 통치하고 있었다.

[기원전 426년에] 아이톨리아(Aitolia)에서 참극을 겪을 때는 데모스테네스(Demosthenes) 장군이 군대를 지휘했다. 그리고 [기원전 424년에] 델리온(Delion)에서 1천 명이 전사했을 때는 히포크라테스(Hippokrates)가 장군 직을 맡고 있었다.

또한 전염병이 퍼졌을 때 가장 많이 비난을 받은 사람은 페리클레스였다. 그는 전쟁을 핑계로 시골에서 올라온 사람들

---

3   플루타르코스는 아마도 기원전 432년에 코린토스의 식민지였던 포티다이아(Potidaea)에서 전사한 칼리아스(Kallias)와 칼리아데스(Kalliades)를 혼동한 것으로 보인다.(투키디데스, 『펠로폰네소스 전쟁사』, II : 79 참조)

을 도시에 가두어 놓았는데, 주거와 생활 방식이 바뀐 탓에 병이 돌았다. 이처럼 환란 때마다 민중의 비난에서 비껴났던 니키아스는 장군이 되었을 때는 많은 공적을 세웠다. [기원전 424년에] 예를 들어 그는 라코니아의 요충지이자 스파르타인들이 살고 있던 키테라(Kythera)를 점령했다.

[기원전 427년에] 또한 니키아스는 몇 차례 반란을 일으켰던 트라키아의 여러 지방을 점령하여 충성을 받아 냈으며, 메가라 주민들을 도시에 가두어 둠으로써 곧장 미노아(Minoa)섬을 장악했고, [기원전 424년에] 이 섬을 작전 기지로 삼아 니사이아(Nisaea)를 장악하였으며, [기원전 425년에] 코린토스 해안에 상륙하여 그곳 주민들을 무찌르고 리코프론(Lykophron) 장군을 포함한 여러 사람을 죽였다.

이때 니키아스는 리코프론 장군을 장사 지내고 돌아오면서 죽은 자기의 병사 두 명을 묻지 않고 돌아왔다. 이와 같은 사실을 알게 된 니키아스는 곧바로 행군을 멈추고 적국에 사절을 보내 병사들의 시체를 넘겨 달라고 요구했다. 그 무렵의 관례와 불문율에 따르면, 휴전 회담에서 전사자의 시체를 요구하는 쪽은 승리에 따른 모든 대가를 포기해야 한다고 사람들은 생각했다. 그러므로 전사자의 시체를 돌려받은 장군은 전승 기념비를 세울 수 있는 권리도 잃게 된다. 전쟁에서 승리자는 현장을 장악한 장군에게 돌아가는 것이기 때문이다.

그러나 시체를 요구하는 쪽은 자신들이 바라는 바를 얻을 수 없기 때문에 전쟁의 패배자가 되는 것이다. 그럼에도 니키아스는 두 전사자의 시체를 버리기보다는 자기의 승리에 따른 영광과 명성을 버리는 쪽을 선택했다. 그는 또한 [기원전 424년에] 스파르타 해안으로 쳐들어가 자기에게 반대하던 주민들을 몰아냈으며, 아이기나인들이 장악하고 있던 티레아(Thyrea)섬을 점령한 다음 포로들을 데리고 아테네로 돌아왔다.

7

[기원전 425년에] 데모스테네스가 필로스(Pylos)를 요새화한 뒤에도 펠로폰네소스인들이 바다와 육지로 쳐들어와 전쟁이 일어났는데, 그로 말미암아 스파르타인 약 4백 명이 스팍테리아(Sphakteria)섬에 남아 있었다. [이 이야기는 『펠로폰네소스 전쟁사』, IV : 2~41에 자세히 기록되어 있다.] 그 무렵에 아테네인들은 그들을 사로잡을 수만 있다면 매우 중요한 전과(戰果)를 거둘 것이라고 생각했는데, 그 말은 맞았다. 그러나 그곳에는 마실 물이 없어 점령하기가 어려웠다. 여름에도 펠로폰네소스 부근에서 군수 물자를 얻으려면 시간과 비용이 만만치 않았는데, 겨울이 되니 불가능한 것은 아니어도 매우 위험스러운 일이었다. 그래서 아테네인들은 마음이 언짢았다.

아테네인들은 그제야 지난날 스파르타가 사절을 보내 휴전과 평화 협정 체결을 요구했을 때 거절한 일을 후회했다. 그들이 그때 휴전을 거부한 것은 오로지 니키아스를 미워하던 클레온이 반대했기 때문이었다. 클레온은 니키아스를 너무 미워하여 니키아스가 스파르타인들과 협조하는 모습을 보고 휴전을 반대하도록 민중을 설득했다. 따라서 섬의 점령이 늦어지고 아테네 병사가 어려움을 겪고 있다는 사실을 알게 된 시민들은 클레온에게 분노했다.

그러나 클레온은 니키아스에게 모든 잘못을 돌리면서 섬 안에 있는 적군이 니키아스의 손을 빠져나간 것은 그가 비겁하고 마음이 약한 탓이라고 말했다. 그리고 만약 자신이 니키아스를 대신하여 장군의 직책을 맡는다면 적군은 그리 오래 버티지 못할 것이라고 덧붙였다. 그러자 아테네 시민들이 그에게 이렇게 말했다.

"아직 늦지 않았소. 당신이 함대를 이끌고 가서 적군을 잡아오면 되지 않겠소?"

니키아스도 민회에서 일어나 필로스 원정대의 지휘권을

　　　　　　　　　　　　　　니키아스

클레온에게 넘기면서, 그가 바라는 대로 군대를 이끌고 가서, 말로만 용맹을 보이지 말고 아테네를 위해 가치 있는 전공을 세우라고 요구했다. 이처럼 예상하지 못한 일이 벌어지자 클레온은 처음에는 발을 빼려고 애썼다.

그러나 아테네 시민들이 한목소리로 부추기고 니키아스 또한 조롱하자 이에 화도 나고 야심도 있던 클레온은 지휘권을 맡으면서, "항해한 지 20일 안에 섬 안의 적군을 모두 죽이거나 포로로 잡아 아테네로 데려오겠노라"고 호언장담했다. 이 말을 들은 아테네 시민들은 그의 말을 믿기는커녕 웃음을 멈출 수가 없었다. 앞서도 시민들이 그의 정신 나간 말을 우스갯소리로 듣고 놀려 댄 적이 있었기 때문이었다.

들리는 바에 따르면, 언젠가 민회가 열려 시민들이 프닉스(Pnyx) 언덕에 앉아 클레온이 와서 연설하기를 기다리고 있었는데, 그날 느지막이 만찬에 가는 옷차림으로 꽃을 단 채로 그가 나타나서 말했다.

"아, 회의를 다음 날로 미루어 주기 바랍니다. 오늘 내가 몹시 바쁩니다. 나는 지금 손님들을 접대하러 가는 길입니다. 지금도 신전에 제사를 드리고 오는 길입니다."

시민들이 웃음을 참지 못하고 일어서서 돌아가니 회의는 그렇게 끝이 났다.

8

비록 데모스테네스가 도와주기도 했지만, 클레온에게 행운이 따라 주어 스팍테리아에 있던 스파르타 병사를 포로로 잡아 아테네로 돌아왔다. 클레온의 승전은 니키아스에게 커다란 수치를 안겨 주었다. 니키아스는 적군에게 방패를 빼앗겼을 뿐만 아니라 비겁한 장군에게 지휘권을 넘겨줌으로써 품위를 잃었으며, 정적에게 위대한 승리의 기회를 주었다고 민중은 생각했다. 실제로 니키아스는 스스로 공직을 포기했으니 그런

말을 들을 만했다. 그런 이유로 아리스토파네스는 그의 작품
『새(Ornithes)』에서 니키아스를 이렇게 조롱하고 있다.

> 아, 제우스 신이시여,
> 우리는 시간이 없으니
> 더 이상 꾸벅거릴 수가 없어요.
> 니키아스가 미적거렸던 것처럼.
>
> (아리스토파네스, 『운문』, §638)

아리스토파네스는 또한 「농부들(Geogoi)」에서 다음과 같이 쓰
고 있다.

> 나는 고향으로 돌아가 농사나 짓고 싶네.
> 제발 그러게나, 누가 말린다던가?
> 당신들이 막고 있지.
> 여보게, 나를 공직에서 빼내 준다면
> 내가 1천 드라크마를 내겠네.
> 그렇게 하게나.
> 그러면 니키아스가 낸 돈까지 합쳐
> 2천 드라크마가 되겠군.
>
> (코크 엮음, 『아티카 희극 단편』, I : 416)

이 밖에도 니키아스는 클레온에게 그와 같은 명성과 영향력
을 누리도록 함으로써 지나친 자만심과 주체할 수 없는 용기
를 갖게 해 주었고, 아테네를 통치하며 수많은 실수를 저지르
게 함으로써 시민들에게 적지 않은 피해를 안겨 주었으니, 이
것이야말로 니키아스가 거둔 가장 쓰디쓴 열매였다.

사태를 더욱 악화시킨 것은 클레온이 예절을 갖추어야 할
정치의 연단을 더럽혔다는 것이다. 그는 민중에게 장황한 연

설을 할 때면 고래고래 소리를 지르고, 겉옷을 뒤로 젖힌 채 허벅지를 툭툭 치면서 이리저리 날뛰었다. 그는 이런 식으로 경솔하고 천박한 무뢰한들로 시정의 책임자들을 채움으로써 모든 국사(國事)를 어지럽혔다.

9

바로 이 무렵에 아테네에서는 알키비아데스가 새로운 권력자로 떠오르고 있었다. 정치 지도자로서 그는 클레온처럼 악행에 물든 사람이 아니었다. 들리는 바에 따르면, 이집트의 땅은 너무나 기름져 호메로스의 시구처럼 "좋은 약초도 많지만 독초도 많다"(『오디세이아』, IV : 230)고 하는데, 알키비아데스의 천성도 좋은 점과 나쁜 점을 함께 갖추고 있어 심각한 변화의 발단을 키우고 있었다.

그래서 클레온을 몰아낸 뒤에도 니키아스는 아테네를 아주 조용히 이끌어 갈 수 있는 기회를 잡지 못했다. 실제로 나라가 완전히 평화로운 길로 접어들었을 때에도 그는 알키비아데스의 성급한 야망에 휘둘려 다시 전쟁에 뛰어들어야 했다. 그렇게 되기까지에는 다음과 같은 일들이 벌어지고 있었다.

클레온과 브라시다스(Brasidas)는 그리스의 평화를 가장 싫어하는 사람들이었다. 클레온은 전쟁에서의 활약으로 자기의 죄상을 덮었고, 브라시다스 또한 전쟁에서 두각을 드러냈다. 바꿔 말하면 전쟁은 클레온에게 큰 죄를 지을 기회를 주었고, 브라시다스에게는 큰 전공을 세울 기회를 주었다. 이 두 사람은 [기원전 422년 가을에] 암피폴리스 전쟁에서 함께 죽었다.

그런 일이 있은 뒤에 니키아스는 스파르타인들이 오랫동안 평화를 갈망해 왔으며, 아테네인들도 더 이상 전쟁을 바라지 않는다는 사실을 깨달았다. 말하자면 두 부족은 이제 긴장을 풀고 자신들의 무기를 내려놓고 싶어 했다. 그래서 그는 두 도시 국가를 우호적인 관계로 통합하고 그리스의 다른 도시들도 포악한 정치에서 해방시키려 했다. 그럼으로써 자신도 이제는 안식을 취하고, 다가오는 시대의 성공한 정치가로 기억되고자 노력했다.

니키아스가 보기에, 부자들과 노인들과 대다수의 농부가 평화를 바랐다. 그는 많은 시민을 개인적으로 만나 자기의 견해를 전달하고, 전쟁을 향한 충동을 누그러뜨렸다. 그런 다음에는 스파르타인들에게 희망을 심어 주면서 평화를 모색하도록 진지하게 권고했다. 니키아스가 시민들에게 늘 공의로웠을 뿐만 아니라, 필로스 전투에서 포로가 되어 아테네에 구금되어 있던 스파르타인들을 인간적으로 대함으로써 그들의 불행을 덜어 준 일이 있었기 때문에 스파르타인들은 그의 말을 믿었다.

이런 일이 있기에 앞서 스파르타와 아테네는 한 해 동안 휴전하기로 했고, 그 기간에 그들은 서로의 도시를 오가며 회담을 진행하면서 평화와 우호가 얼마나 달콤한 것인가를 알았다. 그들은 전쟁으로 얼룩지지 않은 옛날을 그리워하며, 에우리피데스의 다음과 같은 합창을 즐겨 불렀다.

이제 나의 창(槍)은 더 이상 쓸모가 없으리니
거미들이 그 위에 집을 짓누나.
(노크 엮음, 『그리스 비극 단편』, II : 474)

그러면서 다음과 같은 격언을 즐겨 회상했다.

전쟁 때는 진군나팔 소리에 잠을 깨고
평화로울 때는 닭 우는 소리에 잠을 깬다.

시민들은 또한 "전쟁은 9년이 세 번 지나가는 27년 동안 계속될 운명"이라고 말한 사람들을 저주하면서(『펠로폰네소스 전쟁

사』, V : 26) 평화를 열망하는 마음으로 이 문제의 토론을 거쳐
[기원전 421년 봄에] 평화 협정을 맺었다. 모두 이제 포악한 통치
에서 분명히 해방되었다고 주장하면서 니키아스를 칭송했다.
니키아스는 신의 사랑을 받은 사람이었으며, 하늘은 그의 거
룩한 자비심을 어여삐 여겨 그의 이름에 참으로 위대하고 공
의로운 축복을 내렸다고 사람들은 말했다.

시민들은 평화야말로 니키아스의 업적이며, 전쟁은 페리
클레스의 업적이라고 진심으로 생각했다. 페리클레스는 사소
한 일로 그리스인들을 커다란 재앙으로 몰아넣었지만, 니키아
스는 시민들이 아픈 상처를 잊고 서로 친구가 되도록 설득했
다고 시민들은 생각했다. 이 때문에 지금까지도 아테네의 시
민들은 평화를 말할 때 '니키아스의 평화(Nikieios Eirini)'라는
용어를 쓴다.

10

아테네와 스파르타 사이에 맺은 평화 협정문(『펠로폰네소스 전
쟁사』, V : 18)을 보면, 서로 차지한 성채와 도시와 포로를 본래대
로 되돌려 주되, 제비를 뽑아 누가 먼저 조건을 이행할 것인지
를 결정하기로 되어 있었다. 스파르타가 먼저 되돌려 주기로
제비를 뽑았는데, 테오프라스토스(Theophrastos)의 증언에 따르
면, 이 과정에서 니키아스가 비밀리에 스파르타인들을 매수했
다고 한다.

이러한 사실에 분노한 코린토스인들과 보이오티아인들
이 불평과 비난을 늘어놓으면서 전쟁을 일으킬 것처럼 위협하
자, 니키아스는 아테네인들과 스파르타인들을 설득하여 더 강
력한 상호 동맹의 의무에 따라 전반적인 평화를 유지할 수 있
는 조약을 만들었다. 협약을 이탈하면 가혹한 대가를 치르도
록 한 것이다. 이 과정에서 천성적으로 가만있지 못하는 알키
비아데스는 스파르타인들이 니키아스만 좋아하고 자신을 모

욕적으로 무시하는 데 화가 치밀어 곧 평화 협정을 반대하고
방해했다.

처음에는 알키비아데스의 영향력이 그리 크지 않았다. 그
러나 그는 지난날 돈독했던 시절만큼 아테네인들이 스파르타
인들을 좋아하지 않는다는 사실을 알아차렸다. 아테네인들은
스파르타인들이 보이오티아인들과 별도의 동맹을 맺었을 뿐만
아니라 파낙톤(Panakton)과 암피폴리스의 파괴된 성벽을 수리하
지 않음으로써 자신들에게 큰 실수를 저지르고 있다고 생각했
던 것이다. 알키비아데스는 이와 같은 불만 사항을 강조하면서
민중이 아테네와 스파르타에 저항하도록 선동했다.

드디어 [기원전 419년 봄에] 알키비아데스는 일을 꾸몄다.
그는 아르고스를 부추겨 아테네에 사절을 보내 아르고스와
아테네 사이에 별도의 동맹을 맺도록 하려고 했다. 마침 그때
아테네와의 갈등을 논의하기 위한 스파르타 사절단이 아테네
에 도착했다. 그들은 민회에서 열린 예비 접촉에서 매우 공정
한 제안을 가져왔다고 선언했다.

알키비아데스는 사절단이 가져 온 제안이 원로원에서 이
미 가결된 바와 쉽게 일치할까 봐 두려웠다. 그래서 그는 사절
들을 만나, 만약 그들이 이 모든 문제를 처리할 수 있는 전권을
위임받아 왔다는 사실을 선언하거나 인정하지 않는다면 자신
이 이 문제에 대한 협조를 조금도 아끼지 않겠노라고 거짓으
로 약속함으로써 그들의 생각을 바꿔 놓았다. 자기 말만 따라
주면 사신들은 자신들이 바라던 바를 모두 얻을 것이라고 알
키비아데스는 장담했다.

이와 같이 스파르타의 사절단을 설득하여 니키아스와 손
을 떼게 하고 자기편으로 만든 알키비아데스는 사절단을 민회
로 데리고 간 뒤 그들이 이 문제에 대한 전권을 위임받아 왔는
지를 먼저 물었다. 사절들이 그렇지 않다고 대답하자 알키비
아데스의 태도가 돌변했다. 그는 이미 앞서 사절들이 전권을

위임받아 왔다는 말을 들은 사람들을 증인으로 불러낸 뒤, 같은 사안을 놓고 어제는 전권을 위임받아 왔다고 말하더니 오늘은 전권을 위임받지 않았다고 말하는 거짓말쟁이들을 믿고 따르지 말라고 민중에게 강조했다.

당황한 스파르타 사절들은 당연히 기가 막혔으며, 니키아스는 너무 놀라고 분하여 아무 말도 하지 못했다. 이렇게 되자 민중은 곧 아르고스 사절단을 불러 그들이 원하던 동맹을 맺으려 했다. 그러나 공교롭게도 그때 크게 심각하지 않은 지진이 일어나 니키아스에게는 다행스럽게도 민회가 해산했다. 그다음 날 다시 민회가 열렸을 때 니키아스는 어려움을 겪기는 했지만 온갖 노력과 대화를 거쳐 아르고스와 맺으려는 동맹을 중지하도록 설득한 다음 자신을 스파르타에 사신으로 보내 주면 모든 일을 원만히 처리하고 돌아오겠노라고 말했다.

그러나 스파르타에 도착한 니키아스는 그들에게서 진실한 사람이요 참으로 스파르타를 아껴 주는 사람이라는 평가를 들었지만, 자신이 목적한 바는 이루지 못하고 오히려 보이오티아를 동정하는 무리의 공격을 받았다. 귀국한 그는 명성에 상처를 입었을 뿐만 아니라 많은 비난을 들었으며 시민들에게 육체적인 위협까지 받았다. 그는 많은 거물 포로들을 돌려보내도록 시민들을 설득했다.

그러던 터에 필로스에서 포로 생활을 하다 돌아온 사람들이 스파르타의 지도자 가문이 되어 가장 유력한 인사들이나 친족으로 행세하는 것에 대하여 아테네 시민들은 분노하고 있었다. 그러나 아테네 시민들은 분노에 빠져 니키아스를 거칠게 다루지는 않았다. 그들은 알키비아데스를 장군으로 뽑고, 스파르타 동맹에서 이탈한 만티네이아(Mantineia)족과 엘리스(Elis)족, 아르고스족과 동맹을 맺은 다음 필로스에 해적들을 보내 라코니아를 유린함으로써 아테네는 다시 전란에 빠지게 되었다.

11

니키아스와 알키비아데스 사이의 갈등이 깊어지자 패각 투표에 부치자는 의견이 일어났다. 어떤 사람의 명성이 지나치게 높아지거나, 재산이 많은 것에 민중이 시기심을 느끼거나, 전반적으로 그 사람의 생각에 의혹을 느낄 때면 그들은 패각 투표를 실시하여 10년 동안 해외로 추방하는 방법을 흔히 썼다.

그럴 경우에 두 사람 가운데 누군가는 패각 투표에 따라 추방될 것이기 때문에 니키아스와 알키비아데스는 크게 당황하며 두려움에 싸였다. 다음에 나오는 「알키비아데스전」에서 자세히 설명하고 있듯이, 민중은 알키비아데스의 생활 방식을 싫어했고 그의 지나친 용기를 두려워했다.

민중은 또한 재산이 너무 많은 니키아스를 시샘했다. 무엇보다도 그의 생활 방식이 상냥하거나 대중적이지 못했고, 사교적이지 않았으며, 귀족적이어서 그를 만나면 마치 다른 나라 사람을 보는 것 같았다. 니키아스는 자주 민중의 요구를 거부했고, 민중에게 이익이 되는 일이라면 그들의 의사와 상관없이 마구 밀어붙여 민중은 그를 짐스러워했다.

이 사건을 간단히 설명하자면, 전쟁을 벌이고 싶어 하는 젊은이와 평화를 지키고 싶어 하는 늙은이의 싸움이었다. 어떤 사람들은 니키아스를 패각 투표로 추방해서는 안 된다고 주장하고, 또 어떤 사람들은 알키비아데스를 추방하면 안 된다고 주장했다. 그리하여 알렉산드리아의 시인이자 학자였던 칼리마코스(Callimachus)는 이런 말을 했다.

"세상이 어지러우면 못된 놈도 존경받는다."

이렇게 민중이 두 패로 나뉘면서 가장 공격적이고 못된 인간들이 날뛸 공간이 마련되었다. 그런 인물 가운데 페리토이다이(Perithoidai) 구역에 살던 히페르볼로스(Hyperbolos)라는 사람이 있었다. 사실 알고 보면 그의 용맹함은 아무 쓸모도 없는 것이었지만, 그는 바로 그 만용으로 아테네에서 영향력을

261 니키아스

행사함으로써 아테네의 명예를 더럽혔다. 그는 자신도 집권할 수 있는 여러 후보 가운데 한 명이었지 자신이 패각 추방의 대상이 되리라고는 꿈에도 생각하지 않았다.

히페르볼로스는 니키아스와 알키비아데스 가운데 한 사람이 추방되면 자신이 그 빈자리에 들어가 나머지 한 사람의 정치적 상대가 되리라고 예상했다. 따라서 그는 두 사람의 갈등을 속으로 즐기며 민중이 그들을 비난하도록 선동했음이 분명하다. 그렇게 되자 니키아스와 알키비아데스는 그의 야비한 술책을 알고 비밀리에 만나 힘을 합쳐 무리를 모은 뒤 그를 이겨 두 사람 가운데 아무도 추방되지 않고 [기원전 417년 무렵에] 오히려 히페르볼로스가 추방되었다.

그 결과를 본 아테네 시민들은 반갑고 기뻤지만, 달리 생각해 보니 그런 하찮은 인간을 처벌하느라 패각 투표를 함으로써 그 제도의 품위를 떨어뜨린 데 대하여 분노를 느꼈다. 그들이 생각하기에 패각 투표는 존엄한 것이며, 투키디데스나 아리스티데스(제9장) 정도의 인물에게 적용할 때 징벌 효과가 있는 것이지 히페르볼로스가 패각 추방을 당했다면 그를 그 시대 최고의 명사들과 어깨를 견주도록 만들어 영예롭게 하는 일이라고 생각했다. 희극 작가 플라톤(Platon)이 언젠가 그를 두고 이런 말을 한 적이 있다.

그 인간이 추방당하여 마땅한 인물이기는 하지만
그가 그 법에 따라 쫓겨난 것은
그에게 영광스러운 표징이라
패각 추방을 그 같은 인간에게 써서는 안 될 일이었다.

[기원전 488~487년에] 유명한 참주 페이시스트라토스의 친척인 콜라르고스 출신의 히파르코스(Hipparchos)가 처음 패각 투표로 추방된 뒤 히페르볼로스가 마지막으로 추방되었고, 그 제

도는 다시 시행되지 않았다. 운명이란 참으로 알 수 없는 일이며 헤아릴 수도 없다. 만약에 니키아스가 알키비아데스와 다투는 가운데 패각 투표를 거쳐 누군가 추방되는 모험을 감행했더라면, 아마도 니키아스는 그 싸움에서 이겨 정적을 몰아내고 아테네에서 평안한 일생을 마쳤을 것이다.

그와 달리 니키아스가 져서 추방되었더라면 오히려 그는 마지막 불행을 겪지 않고 아테네를 떠나 가장 위대한 장군이라는 명성을 지닌 채 일생을 마쳤을 것이다. 내가 저명한 저술가였던 테오프라스토스의 글을 읽은 바에 따르면, 히페르볼로스는 니키아스가 아니라 알키비아데스와 싸우다가 알키비아데스의 정적인 화이악스(Phaeax)의 손으로 추방되었다는데, 대부분의 역사학자들은 지금 내가 적은 바와 같이 기록했다.

12

[기원전 415년 봄이 되자] 에게스타와 레온티니(Leontini)가 사절을 보내 아테네인들이 시킬리아를 정복하도록 권고하였는데, 이는 오로지 알키비아데스의 야망에 굴복하는 것이었다. 그리고 이를 반대한 사람이 바로 니키아스였다. 아직 민회가 열리지도 않았는데, 이미 알키비아데스는 민중을 매수하고 자신만만한 약속을 쏟아 냄으로써 그들을 자기편으로 만들어 놓은 터였다.

청년들은 체육관에서, 노인들은 일터와 쉼터에서 무리 지어 앉아 시킬리아와 그 지역을 둘러싼 해도(海圖)와 리비아를 바라보고 있는 항구와 도시에 관한 그림을 그리고 있었다. 그들은 시킬리아를 전리품으로 생각하지도 않고 다만 카르타고를 쳐들어가는 전초 기지 정도로 여겼으며, 리비아와 헤라클레스의 기둥(Columnae Herculis)[4] 사이에 있는 모든 바다를 장악

---

4   헤라클레스의 기둥은 헤라클레스가 바다를 정복한 것을 기념하여 지브

하리라고 생각하고 있었다.

　아테네 시민들은 원정의 의지가 강렬했기 때문에 그들의 뜻과 생각이 다른 니키아스의 편을 들어 주는 사람이 드물었고, 설령 그를 두둔하는 사람이 있다 하더라도 그 영향력은 보잘것없었다. 부자들은 원정을 떠나는 해군에 군자금을 대기 싫어서 전쟁에 반대한다는 비난을 듣는 것이 두려워 그들 나름대로 올바른 판단을 하고 있으면서도 입을 다물고 있었다.

　그러나 니키아스는 지치거나 나약해지지 않았다. 끝내 민회가 일차적으로 니키아스를 장군으로 뽑고 그다음 회의에서 다시 알키비아데스와 라마코스를 부장으로 뽑았을 때에도 니키아스는 민회에서 민중이 자신들의 목적을 포기하도록 엄숙하게 권고했다. 또한 이번 전쟁으로 아테네를 바다 너머 위험한 지역으로 몰아넣으면서까지 자신의 사사로운 탐욕을 채우려는 알키비아데스를 비난했다. 그러나 누구도 니키아스의 말을 듣지 않았다.

　오히려 니키아스가 자주 말하는 전쟁 경험이 이번 전쟁에 매우 필요하다고 민중은 주장했다. 그의 연설을 들은 사람들은, 니키아스의 조심스러움이 알키비아데스의 용맹함과 라마코스의 거친 성격을 잘 억제해 주리라고 생각했다. 아테네 시민들이 전쟁을 일으키도록 가장 적극적으로 선동한 데모스트라토스(Demostratos)가 자리에서 일어서더니, 니키아스는 이제 더 이상 쓸데없는 변명을 늘어놓지 말아야 한다고 선언하며, 이번에 선출된 장군에게는 국내에서나 바다에서 민회의 결정을 초월하는 전권을 주자는 법안을 상정하여 민중의 동의를 얻고자 했다.

　　롤터 해협 양쪽에 세운 바위기둥들을 말한다.

13

들리는 바에 따르면, 사제들도 이번 전쟁을 반대했다고 한다. 그러나 알키비아데스는 자기가 사사로이 데리고 있던 예언자들에게서 오래전에 신탁을 받아 두었다. 이번 전쟁에서 아테네인들은 시킬리아로 쳐들어가 크게 명성을 얻으리라는 것이었다. 이런 기쁜 소식에 더하여 리비아의 사막 가운데 오아시스에 있는 태양신 암몬 신전에 파견했던 사절들이 돌아와 이번 전쟁에서 아테네인들은 시라쿠사이인들을 모두 사로잡을 것이라는 신탁을 들려주었다. 나쁜 예언을 입에 담는 것이 두려웠던 사절들은 전쟁에 반대하는 목소리를 낼 수 없었다.

아무리 명백한 증거가 나타나도, 이를테면 여행의 수호신인 헤르메스의 주상(柱像)이 파괴되었는데도 정치인들은 전쟁을 하려는 민중을 설득할 수 없었다. 아이게이스(Aigeis)족이 헌납한 안도키데스(Andokides)의 주상을 뺀 모든 주상이 하룻밤 사이에 부서졌다. 이 주상은 그 무렵 웅변가 안도키데스의 집 앞에 서 있었기 때문에 그렇게 불렸다. 한편, 십이신상의 신전에서 일어난 사건도 그 무렵의 일이었다. 어느 이름 모를 사나이가 갑자기 그 주상 위로 올라가 다리를 벌리고 스스로 거세한 것이었다.

더욱이 델포이에는 금으로 만든 팔라스(Pallas, Athena)의 여신상(Palladium)이 구리로 만든 종려나무 위에 서 있었는데 까마귀 떼가 날아와 여러 날 동안 쪼아 댔다. 이 금상은 아테네인들이 페르시아를 정복한 뒤 그 전리품으로 만든 것이었다. 까마귀들은 또한 금으로 만든 종려나무의 열매를 쪼아 바닥에 떨어뜨렸다.

이 이야기는 아테네인들이 시라쿠사이인들을 미워하여 꾸며 낸 것이라고 하는데, 그 말이 맞았다. 어쨌거나 클라조메나이에서 여사제를 데려오라는 신탁이 내려와 사람을 보내 그 여사제를 데리고 왔는데 놀랍게도 그의 이름이 '평화(Isychia)'

였다. 이는 아테네인들에게 평화를 지키라는 하늘의 뜻이었던 것으로 보인다.

그 무렵에 메톤(Meton)이라는 점성가가 있었다. 그와 같은 징조들이 두려웠던 탓이었는지, 아니면 인간적인 계산을 해 본 다음에 내린 결정이었는지 모르지만, 그는 군대의 어느 직책에 임명되자 미친 척하고 자기 집에 불을 질렀다. 어떤 사람의 말을 들어 보면, 메톤은 미친 것이 아니라 그날 밤 자기 집에 불을 지르고 민회에 나와 슬픈 표정을 지으면서 삼단 노의 함선을 타고 시킬리아로 떠나는 자기 아들을 병역에서 빼 달라며 사정했다고 한다.

아마도 메톤은 자기 아들에게 닥쳐올 재난을 미리 알았던 것 같다. 한편, 철학자 소크라테스는 늘 영험한 예언을 담은 계시를 받곤 했는데, 그 계시 가운데에는 이번 전쟁으로 아테네가 멸망하리라는 예언도 있었다. 소크라테스가 그와 같은 계시를 가까운 사람들에게 알려 주었기 때문에 소문이 파다하게 퍼져 있었다.

사람들은 출정 날짜에 대해서도 불안을 느끼고 있었다. 그날은 여인들이 아름다움의 여신인 아프로디테를 사랑하다가 죽은 미소년 아도니스(Adonis)를 기리는 축제의 날이었다고 한다. 도시 곳곳에서는 아도니스의 작은 조상(彫像)을 묻으러 가는 예식을 준비하며 여인들이 통곡하고 있었다. 그런 상황에서 전쟁을 하러 간다니 사람들은 심리적으로 크게 움츠러들어 있었으며, 저토록 찬란하고 용맹한 병사가 곧 흔적도 없이 사라지지나 않을까 걱정하고 있었다.

14

니키아스는 처음부터 원정에 반대했고, 원정이 가결되었을 때에도 헛된 희망을 품거나 자신이 사령관으로 임명되었다는 사실에 마음이 들뜨지 않았다. 이는 그가 그만큼 정직하고 사려 깊은 사람이었음을 보여 준다. 그러나 니키아스는 민중의 전쟁 의지를 바꾸거나, 그렇지 못할 바에는 민중이 자기를 장군으로 선출했을 때 스스로 장군 직에서 물러나거나 어느 쪽이든 선택했어야 하는데, 아무런 결정을 하지 않았다.

그때 니키아스로서는 더 이상 조심스러워하거나 머뭇거릴 시간이 없었다. 그럼에도 그는 뱃전에 앉아 어린아이처럼 고향 하늘을 바라보며 민중이 자기의 의견을 따르지 않았던 때를 떠올리고 있었다. 그러는 사이에 그가 거느리고 있던 장군들의 사기는 떨어질 대로 떨어져 행동을 취할 수 있는 적절한 시기를 놓치고 말았다. 니키아스는 차라리 적군과 접전을 벌여 승리를 위한 전투에 운명을 걸었어야 했다. 그러나 그는 그렇게 하지 않았다.

라마코스는 곧장 시라쿠사이로 쳐들어가 전투를 벌이자고 주장했고, 알키비아데스는 시라쿠사이를 동맹국들에게서 떼어 놓은 다음 쳐들어가자고 주장했지만 니키아스는 그러한 제안에 반대했다. 오히려 자기들의 병력에서 작은 부대를 뽑아 에게스타에 보내 그들을 구원하려 한다는 뜻을 보여 준 다음, 조용히 시킬리아 해안을 따라 섬을 한 바퀴 돌면서 병력과 함대로 적군을 겁준 뒤에 아테네로 돌아가자고 주장했다. 그는 이런 방식으로 병사들의 사기를 떨어뜨렸다.

얼마의 시간이 지나 아테네인들이 알키비아데스를 재판에 회부하려고 소환했을 때, 니키아스는 명목상 라마코스와 공동으로 지휘권을 가지고 있었다. 그러나 실제로는 혼자 군대를 지휘하고 있던 니키아스는 끝없이 게으름을 피우면서 할일 없이 바다를 떠돌거나 회의를 질질 끌어 병사들의 전의를 꺾어 놓았다. 그래서 아테네인들의 모습이 나타나기만 해도 겁에 질리고 낙담했던 시라쿠사이인들은 조금씩 마음을 놓게 되었다.

한편 함대를 지휘하고 있던 알키비아데스는 함선 60척을 이끌고 시라쿠사이로 떠났다. 그는 그 가운데 50척을 해안에 정박시켜 위세를 보이고, 10척으로 섬을 순찰하도록 했다. 알키비아데스의 함대는 전령을 보내 레온티니 주민들에게 고향으로 돌아가라고 분명히 선언했다.

알키비아데스의 함대는 또한 적국의 배를 한 척 나포했는데, 그 안에는 시라쿠사이인들을 부족에 따라 분류한 명단이 들어 있었다. 이 문서는 본디 도시에서 멀리 떨어진 제우스 올림피오스 신전(Olympieion)에 보관되어 있던 것인데, 그 무렵 군대에 소집될 나이에 이른 사람들을 뽑아 동원하고자 이곳으로 옮겨 와 있었다.

이제 그 문서가 압수되어 아테네 장군들의 손에 넘어가, 시라쿠사이의 병력 수가 드러나자 예언가들은 불안해했다. "아테네인들이 시라쿠사이인들을 모두 죽이리라"는 신탁이 현실로 나타날지도 모른다고 생각한 것이다. 그러나 들리는 바에 따르면, 그 예언은 다른 곳에서 이루어졌다고 한다. 곧 [기원전 353년에] 아테네의 장군 칼리포스(Kallipos)가 디온(Dion)을 죽이고 시라쿠사이를 정복했을 때에 일어난 일을 예언한 것이었다.(제25장 「디온전」, §54~57)

15

이런 일이 있은 지 얼마 뒤에 알키비아데스가 시킬리아를 떠나면서 니키아스가 모든 지휘권을 장악하게 되었다. 라마코스는 용맹스럽고 명예로운 장군으로서 전쟁에 나가면 아낌없이 온 힘을 쏟아붓는 사람이었으나, 너무 가난하고 옹색하여 군대를 지휘하는 장군으로서 옷과 군화와 같은 사소한 비용까지도 아테네의 국고에서 지불하도록 했다.

그와 달리 니키아스는 엄청난 재산과 명성 때문에 품위를 지키고 있었다. 들리는 바에 따르면, 어느 군사 회의에서 니키아스는 막료들과 일반적인 문제를 논의하고 있었는데, 그 자리에는 나이가 가장 많은 그 유명한 시인 소포클레스가 함께 하고 있었다고 한다. 예의에 따라 먼저 발언을 부탁받은 소포클레스는 대답했다.

"나이야 내가 더 먹었겠지만, 그대가 선임 지휘관이오."

라마코스가 더 훌륭한 장군이기는 했지만, 이번 전투에서도 니키아스는 그를 자기 휘하에 두었다. 니키아스는 여전히 조심스러워하고 멈칫거리면서 되도록 시킬리아 해안에서 멀리 떨어져 순항하다가 히블라(Hybla)라는 작은 섬을 공격했는데, 그 섬을 정복하지도 않고 떠나감으로써 적군의 비웃음을 샀다.

니키아스는 이방 민족의 요새인 히카라(Hyccara)를 정복한 것 말고는 아무것도 한 일이 없이 카타네(Catane)로 돌아왔다. 들리는 바에 따르면, 이곳에서 니키아스는 아직 어린 소녀였던 라이스(Lais)라는 사람을 전쟁 노예로 사서 펠로폰네소스로 데려왔다고 한다.

16

그러는 사이에 여름이 지나고, 니키아스는 시라쿠사이인들이 용기를 뽐내어 아테네 병사들과 벌이는 전쟁에서 주도권을 잡으려 한다는 사실을 알았다. 시라쿠사이 병사들은 이미 겁 없이 아테네군의 진지 앞에 이르러 아테네 병사가 이곳에 온 이유가 카타네 사람들과 함께 살러 온 것인지, 레온티니인들에게 옛집을 찾아 주러 온 것인지를 물으며 조롱했다.

일이 이렇게 되자 내키지는 않았지만 니키아스는 시라쿠사이를 치고자 배를 띄웠다. 적군이 눈치채고 개입하지 못하도록 자신의 병력을 사려 깊게 배치한 그는 카타네 출신 첩자를 시라쿠사이에 보내 다음과 같은 거짓 정보를 퍼뜨리게 만들었다.

"만약 시라쿠사이인들이 와서 아테네 병사들의 진지와

장비들이 무방비한 상태인 것을 보고 싶다면, 당신들은 정해진 날에 모든 병력을 이끌고 카타네로 쳐들어오기만 하면 됩니다. 카타네에는 지금 아테네 병사가 모두 모여 소일하고 있는데, 그곳에 살고 있는 시라쿠사이의 동지들은 시라쿠사이 병사가 쳐들어오는 것을 아는 순간에 성문을 닫아걸고 아테네 병사가 밖으로 나오지 못하게 만든 다음 해안에 정박해 있는 아테네의 전함들을 불태워 버리기로 결심했습니다. 이 작전에 가담할 사람들은 많으며, 그들은 시라쿠사이 병사가 기습해오기를 기다리고 있습니다."

이 작전은 니키아스가 시킬리아를 정복하면서 보여 준 가장 탁월한 방법이었다. 이렇게 카타네에서 모든 수비대를 빼낸 니키아스는 병사를 거느리고 바다로 나가 적의 항구를 먼저 점령하고, 이어 그들의 진지를 장악했다. 그가 생각하기에, 이 진지는 그가 가장 걱정하는 상대의 기병대로부터 피해를 덜 받는 위치였기 때문에 그가 가장 신뢰하는 육군이 지상전을 펼칠 만한 장소로 보였다.

카타네가 비어 있는 것을 보고 속은 것을 알아차린 시라쿠사이 병사가 허둥대며 돌아와 시라쿠사이 성 앞에서 전투 대형을 이루자 니키아스는 재빨리 병력을 이끌고 그들을 공격하여 승리를 거두었다. 그러나 니키아스는 이 전투에서 적군을 많이 죽이지는 못했다. 시라쿠사이 기병대가 그들의 공격을 막았기 때문이었다. 그는 겨우 강 위의 다리를 파괴하는 것으로 만족했다.

시라쿠사이의 헤르모크라테스는 이 사건을 두고 다음과 같이 빈정거렸다.

"니키아스가 전투를 하지 않으려 한 것을 보면 그의 전략이라는 것이 참으로 어이없다. 그가 바다를 건너온 것은 전쟁을 하고자 함이 아닌 듯싶다."

그러나 니키아스는 시라쿠사이인들에게 두려움과 실망

을 안겨 주었다. 위기를 느낀 시라쿠사이인들은 세 명의 인물을 뽑아 기존의 장군 열다섯 명을 대체했다. 그리고 그들에게 독자적인 권력을 부여하고 충성을 맹세했다.

아테네 병사가 머무르는 곳에서 그리 멀지 않은 곳에 제우스 올림피오스 신전이 있었는데, 그들은 이곳을 약탈하러 나섰다. 봉헌물로 바친 금과 은이 많았기 때문이었다. 그러나 니키아스는 의도적으로 작전을 늦추어 시라쿠사이 수비대가 그곳을 방어할 기회를 주었다. 자기 병사가 신전을 약탈하는 것이 국가에 도움이 되지도 않을뿐더러 스스로도 신성을 모독했다는 비난을 듣고 싶지 않아서였다.

이번 승리는 요란했지만 니키아스는 이를 충분히 이용하지 못했다. 며칠이 지나 그는 다시 낙소스로 철수하여 겨울을 보내면서 막대한 병력을 유지하는 데 많은 비용을 지출했으며, 시콜리아(Sikolia) 사람들과의 협상도 별다른 진전을 보지 못했다. 시콜리아인들이 아테네와 동맹을 맺는 문제를 두고 고민하고 있었기 때문이었다. 동맹이 지연되고 있음을 알아차린 시라쿠사이인들은 다시 용기를 얻어 카타네로 쳐들어가 약탈한 다음 아테네 병사가 머물렀던 진영을 불태웠다.

사람들은 이 모든 일이 니키아스 탓이라고 비난했다. 그들의 말에 따르면, 니키아스가 너무 앞뒤를 재고 멈칫거리며 조심하다가 기회를 아주 잃어버렸다는 것이다. 그러나 니키아스가 한번 전투에 들어서면 아무도 그의 실수를 볼 수 없었다. 무슨 일이든 손을 대기만 하면 그는 용맹스러웠고 그 결과도 훌륭했다. 그러나 그렇게 일에 착수하기에 앞서 그는 늘 멈칫거렸고 소심했다.

17

어쨌거나 니키아스는 [기원전 414년 봄에] 시라쿠사이로 군대를 되돌림으로써 탁월한 영도력을 보여 주었다. 그는 빠르고 안

니키아스

전하게 해안에 접근하여 함대를 탑소스(Tapsos)에 정박한 다음, 적군이 모르게 상륙하여 시라쿠사이 서쪽으로 밋밋하게 솟아 있는 에피폴라이(Epipolai) 언덕을 점령했는데, 적군이 손쓸 겨를도 없었다.

[이곳에 올라 보면 시라쿠사이 시내가 한눈에 내려다보였다.] 니키아스는 동지들을 구조하러 오는 시라쿠사이의 정예병을 격파하여 3백 명을 죽였으며, 패배를 모르는 부대라고 세상 사람들이 생각하던 시라쿠사이 기병대를 섬멸했다.

그러나 무엇보다도 시킬리아에 두려움을 안겨 주고 아테네인들을 놀라게 만든 것은 매우 짧은 시간에 시라쿠사이에 성을 쌓은 일이었다. 시라쿠사이는 아테네만큼 큰 도시였지만 땅이 평탄하지 않고, 바다에 가까우며, 주변이 늪지로 둘러싸여 있어 시라쿠사이를 둘러싸는 성을 쌓는다는 것은 매우 어려운 일이었다. 그러나 니키아스는 가까스로 그 위대한 일을 수행했다.

니키아스는 신장염을 앓고 있어 건강도 좋지 않은 편이었다. 이로 말미암아 그는 성채 쌓는 일을 마치지 못한데 대한 구실을 댈 수도 있었다. 그러나 나는 성을 완성하면서 보여 준 그의 세심한 배려와 병사들의 용감함을 칭찬하지 않을 수 없다. 니키아스의 병사가 최후에 패배하고 파멸을 맞이했을 때 에우리피데스는 그들을 위해 다음과 같은 비문을 썼다.

이들은 시라쿠사이와 싸워 여덟 번 승리했다.
신들은 두 편을 모두 사랑했으나
아테네 병사가 영웅이었다.
(베르크 엮음, 『그리스 서정시 단편』, II/4 : 265)

실제로 아테네가 시라쿠사이를 이긴 것은 여덟 번보다 더 많았다. 그러나 시인의 말처럼, 신인지 운명인지, 그들은 아테네가 정상을 달리고 있을 때 아테네인들을 미워했다.

18

니키아스는 몸이 아팠지만 대부분의 전투에 참여했다. 그러나 언젠가 니키아스가 몸이 몹시 아파 성안에서 침대에 누워 하인들의 시중을 받고 있을 때 라마코스가 병사를 이끌고 나가 시라쿠사이와 전투를 벌였다. 시라쿠사이 병사들은 도시에서 아테네 병사가 쌓고 있는 성에 이르는 길에 성채를 쌓아 아테네 병사들의 공사를 막으려 했다.

이 전투에서 이긴 아테네 병사가 적군을 추격하는 과정에서 질서를 잃는 바람에 라마코스가 포위되어 시라쿠사이 기병대의 공격을 받게 되었다. 적군의 지휘관은 칼리크라테스(Kallikrates)였다. 그는 전투 경험이 많고 매우 용맹한 장군이었다. 라마코스는 장군끼리 일대일로 싸우자는 그의 제안을 받아들여 싸우다가 치명상을 입었으나 자신도 그에게 치명상을 입혀 두 장군이 함께 죽었다.

시라쿠사이 병사들은 라마코스의 시체를 가져가 그의 갑옷을 벗기고, 아테네의 성벽을 향해 돌진해 왔다. 그곳에는 니키아스가 있었는데 돌보아 줄 사람이 아무도 없었다. 어쩔 수 없이 그가 침상에서 일어나 바라보니 위험이 코앞까지 다가와 있었다. 니키아스는 시종들을 시켜 공격용 무기와, 무기들을 만들려고 쌓아 두었던 목재에 불을 붙이게 했다.

시라쿠사이 병사가 불길에 막혀 공격을 중지함으로써 니키아스 자신과 성벽과 아테네 병사들의 보급품이 무사할 수 있었다. 자기들과 성벽 사이에서 치솟는 무서운 불길을 본 시라쿠사이 병사들이 물러섰기 때문이었다. 그리고 이제 니키아스 혼자 장군 직을 수행하게 되었다.

많은 사람이 희망을 품고 그의 편에 섰다. 곡식을 가득 실은 배가 사방에서 니키아스의 진영으로 몰려들었다. 성공할 만한 사업에는 모두들 서둘러 뛰어드는 법이다. 또한, 이제는 시라쿠사이의 앞날에 대해 절망하고 있는 무리들이 찾아와 협정을 맺고자 이런저런 제안을 내놓았다.

이 무렵에 스파르타의 장군 길리포스는 시라쿠사이를 도우러 바다로 오면서 시라쿠사이가 이미 포위되었다는 소식을 들었다. 그는 매우 낙심했지만 항해를 계속했다. 그에게는 시킬리아가 함락되었더라도 이탈리아의 다른 식민 도시들만큼은 구출할 수 있으리라는 믿음이 있었다.

아테네 병사들은 매우 강력한 데다, 판단력과 행운이라는 점에서 패배를 모르는 장군의 지휘를 받고 있다는 소식이 널리 퍼져 있었다. 그러나 눈앞에 벌어지는 행운으로 말미암아 니키아스는 평소의 그답지 않게 매우 담대해졌다. 무엇보다도 시라쿠사이에서 은밀히 돌아온 전령에게서 시라쿠사이인들이 조건부로 항복하려 한다는 소식을 들은 그는 승리를 확신했다.

이제 니키아스는 길리포스가 쳐들어오고 있다는 사실에 대해서는 신경도 쓰지 않고 그에 따른 적절한 감시조차 하지 않았다. 이런 상황에서 자신이 철저하게 무시당하고 있다는 사실을 알아차린 길리포스는 해협을 따라 은밀히 접근하여 시라쿠사이에서 가장 가까운 지점에 상륙한 다음 많은 병사를 모았다.

이러는 동안에도 시라쿠사이인들은 길리포스가 오고 있다는 것을 알지 못했고, 그러리라는 기대조차 하지 않았다. 오히려 그들은 니키아스와 맺을 평화 협정을 논의하고자 민회를 소집했다. 어떤 사람들은 벌써 민회로 발걸음을 옮기면서, 아테네가 성의 건축을 완수하기에 앞서 평화 조약의 조건을 마련해야 한다고 생각했다. 그때까지만 해도 성은 거의 다 지어지고 있었고, 성채를 지을 때 필요한 모든 재료가 잘 갖춰져 있었기 때문이었다.

19

그러나 때마침 그와 같은 위기의 순간에 곤길로스(Gongylos)가 삼단 노의 함선을 타고 코린토스에서 시라쿠사이로 왔다. 당연히 사람들이 무리를 지어 나가 그를 맞이하니, 그가 말하기를, 길리포스가 빠르게 이곳으로 오고 있으며, 다른 함선들도 시라쿠사이를 도우러 오고 있다는 것이었다. 시라쿠사이 사람들이 곤길로스의 말을 못 미더워하는 순간에 길리포스에게서 전령이 와 무기를 들고 나와 자기와 합세하라고 말했다.

시라쿠사이인들은 다시 용기를 내어 무기를 집어 들었다. 길리포스는 상륙하자마자 아테네 병사를 향해 전열을 정비했다. 니키아스도 지지 않고 전열을 갖추자 길리포스는 잠시 전투태세를 풀고 전령을 보내 아테네 병사가 시킬리아를 떠나면 무사히 보내 주겠노라고 제안했다. 니키아스는 그에 대하여 대꾸도 하지 않았다. 일부 병사들은 조롱하며 이렇게 물었다.

"어떤 녀석이 스파르타식 외투를 걸친 채 지팡이를 들고 나타났다고 해서, 갑자기 아테네 병사들이 물러나면서 시라쿠사이를 해방시켜 줄 것 같으냐? 아테네 병사들은 길리포스보다 더 거칠고 머리칼도 긴 스파르타 병사 3백 명을 잡아 족쇄를 채워 두었다가 돌려보낸 바 있노라."(투키디데스, 『펠로폰네소스 전쟁사』, IV : 38)

역사학자 티마이오스의 기록에 따르면, 시킬리아인들은 길리포스가 너무 탐욕스럽고 인색하여 사람 취급도 하지 않던 터라, 그가 나타나자 그의 외투와 긴 머리칼을 보고 조롱했다고 한다. 그러나 티마이오스의 기록을 더 읽어 보면, 올빼미 주변에 작은 새들이 모여드는 것이 세상 이치이듯이, 길리포스의 등장에 많은 사람이 그에게 몰려들어 병사로 싸우겠노라며 자원했다고 한다.

티마이오스의 이 말은 시라쿠사이인들이 길리포스를 조롱했다는 앞서의 말보다 더 사실에 가깝다. 사람들이 길리포스의 지팡이와 외투에서 스파르타 지배자의 상징을 확인하고 그의 주변에 몰려들었기 때문이다. 더욱이 투키디데스뿐만 아니라 이 전투를 직접 지켜본 시라쿠사이 출신 휠리스토스의 증언에 따르면, 이번의 시라쿠사이 구출 작전은 모두 길리포스의 업적이었다고 한다.

어쨌거나 첫 번째 전투에서는 아테네가 승리하여 몇 명의 시라쿠사이인을 죽였는데, 코린토스 사람 곤길로스도 이때 죽었다. 그러나 이튿날 길리포스는 경험이란 얼마나 값진 것인가를 잘 보여 주었다. 그는 어제와 꼭 같은 보병대와 기병대를 거느리고 같은 장소에서 싸웠는데, 어제와 같은 방법으로 싸우지 않고 전술을 바꾸어 아테네 병사를 쳐부수었다.

아테네 병사가 본진으로 도망치자 그는 추격을 멈추게 하고, 아테네 병사가 성을 쌓으려고 마련한 돌과 목재를 모아 적군이 쌓은 성벽까지 맞닿도록 축성함으로써 아테네 병사들의 군사적 우위를 쓸모없게 만들었다. 이런 일이 있은 뒤에 시라쿠사이 병사들은 용기를 내어 함대에 올랐다.

그러는 사이에 그들의 기병대와 동맹군은 주변을 다니면서 많은 아테네 병사를 죽였다. 길리포스는 또한 몸소 시킬리아의 여러 도시를 돌아다니면서 병사를 모아 자신과 함께 용맹하고 충성스럽게 싸우자며 힘을 북돋았다. 이제 니키아스는 전쟁 초반 때처럼 전투를 피해야 한다고 생각했다. 그는 전세가 뒤집혔음을 알고 낙담하여 아테네에 편지를 보내, 더 많은 지원군을 보내 주든가 시킬리아에 머물고 있는 병력을 철수하도록 해 달라고 요청하면서, 곁들여 자신이 병들었으므로 사령관 직책에서 물러나게 해 달라고 간청했다.

20

이런 일이 일어나기에 앞서 아테네는 시킬리아에 지원병을 보낼 준비를 하고 있었는데, 그들 가운데 어떤 지도자들은 초반에 일어난 니키아스의 행운에 질투하여 파병을 미루고 있었다. 그러나 니키아스가 패배하자 이제는 군대를 보내려고 안달이었다. 그리하여 이듬해 봄에 데모스테네스를 사령관으로 삼아 대규모 병력을 파견하기로 결정했다.

그리고 그에 앞서 이번 겨울에는 에우리메돈(Eurymedon)에게 군자금과 소규모 병력을 주어 출발시켰고, 니키아스와 함께 원정에 참여한 장교들 중에서 그를 도울 공동 지휘관을 선정했다. 에우티데모스(Euthydemos)와 메난드로스가 곧 그들이었다.

그러는 사이에 니키아스는 바다와 뭍에서 동시에 급작스러운 공격을 받았다. 첫 전투에서는 비록 졌지만 그는 함대를 이끌고 적을 격퇴하는 데 성공하여 적군의 함선 여러 척을 격침했다. 그러나 그는 시라쿠사이 맞은편에 자리 잡은 플렘미리온(Plemmyrion)곶에 주둔한 수비대에 신속하게 지원군을 보내지 않았고, 길리포스가 그곳을 기습하여 함락시켰다. 길리포스는 그곳에 있던 해군 장비와 군자금을 차지했고, 많은 병사를 죽이거나 포로로 잡았다.

그러나 무엇보다도 중요한 것은 길리포스가 니키아스의 보급로를 장악했다는 점이었다. 아테네 병사가 플렘미리온곶을 지키고 있던 지난날에는 안전하고 빠르게 군수품을 보급할 수 있었지만, 그곳에서 쫓겨난 뒤로 물품 조달이 어려워졌고, 그곳에 닻을 내리고 있는 적군과 번번이 싸워야만 했다. 게다가 시라쿠사이인들은 이제까지 자기들이 패배한 것은 아테네의 병력이 우세해서가 아니라 자기들의 추격이 무질서했기 때문이었다는 사실을 깨닫게 되었다. 따라서 그들은 더욱 과감하고도 본격적인 승리를 준비하고 있었다.

그러나 니키아스는 바다에서 싸우고 싶지 않았다. 엄청난 지원군이 오고 있고 데모스테네스의 새로운 부대가 진군을 서두르고 있는데, 장비도 열악한 상태에서 전투력도 떨어지는

니키아스

군대를 이끌고 싸우는 것은 매우 어리석은 짓이라고 그는 말했다. 그러나 니키아스의 동료 지휘관으로 갓 임명된 메난드로스와 에우티데모스는 다른 장군들에게 경쟁심을 느끼고 있었다.

데모스테네스가 도착하기에 앞서 빛나는 공적을 세움으로써 니키아스를 무색하게 만들고 싶었던 메난드로스와 에우티데모스는 아테네의 명성을 자주 내세웠다. 만약 시라쿠사이가 바다에서 자신들을 공격해 올 때 두려움을 보인다면 이는 아테네의 명성을 크게 떨어뜨리는 것이라고 그들은 거듭 주장했다. 그리하여 니키아스는 내키지 않았지만 해전을 치르기로 결정했다.

그러나 코린토스의 선장인 아리스톤(Ariston)은 그들의 작전을 간단히 제압했다. 투키디데스의 『펠로폰네소스 전쟁사』(VII : 36~41)에 따르면, 아리스톤은 점심을 먹는 척하다가 적군을 급습하여 많은 아테네 병사를 죽였다. 니키아스는 깊은 실의에 빠졌다. 그는 혼자서 군대를 지휘할 때도 재앙을 겪었는데, 이제는 동료 지휘관들로 말미암아 슬픔을 겪고 있었다.

21

이런 상황에서 [기원전 413년 여름 무렵] 데모스테네스가 항구 앞 바다에 나타났다. 대오를 지은 장엄한 모습에 적군은 엄청난 두려움에 빠졌다. 그는 전함 73척에 중무장 보병 5천 명과 창병과 궁수와 투석병을 3천 명 넘게 데리고 왔다. 번쩍이는 무기, 삼단 노의 함선에서 펄럭이는 휘장, 엄청나게 많은 키잡이와 나팔수의 모습이 장관을 이루며 적군의 기를 꺾어 놓았다. 당연히 시라쿠사이인들 사이에 두려움이 짙게 깔렸다. 이제 자기들 앞에 놓인 위험에서 벗어날 길은 없고, 오직 헛된 고생과 파멸만이 남아 있음을 그들은 알고 있었다.

그러나 새로운 지원군의 출현으로 말미암은 니키아스의

기쁨은 오래가지 않았다. 아니, 당장 첫 작전 회의에서 데모스테네스는 곧장 적군을 공격하여 빨리 전쟁을 끝내고 시라쿠사이를 정복하든가 아니면 귀국하자고 주장했다. 그 말을 들은 니키아스는 그와 같은 저돌적인 공격성에 두려울 정도로 놀라움을 느끼면서, 성급하고 어리석은 공격으로는 아무것도 얻을 수 없다고 간곡하게 데모스테네스를 설득했다. 그는 이렇게 주장했다.

"기다리는 것만이 시라쿠사이를 완전히 쳐부수는 방법입니다. 그들은 이제 더 이상 전쟁 비용도 없고 동맹국도 더 이상 그들의 편에 서지 않을 것입니다. 그들이 지금의 역경만으로 충분히 괴로워하도록 내버려 둡시다. 그러면 그들은 지난날에도 그랬듯이 휴전 조건을 들고 곧 찾아올 것입니다."

실제로 그 무렵에 적지 않은 시라쿠사이인들이 니키아스와 비밀리에 의견을 나누고 있었다. 그들은 지금 자기들이 전쟁에 지쳐 있고 길리포스에게 싫증을 느끼고 있으므로 조금 더 상황이 진전되면 함께 항복할 터이니 시간을 달라고 간청하고 있었다. 니키아스는 이런 문제들을 넌지시 알려 주거나 공개적으로 이야기할 정황이 아니었기 때문에, 장군들은 니키아스의 지연작전을 들으면서 그를 비겁하다고 생각했다.

니키아스의 말은 예나 이제나 꼭 같아서 늦추고 미루고 사소한 것을 따진다고 장군들은 말했다. 그들은 니키아스가 바로 적군을 공격하지 않아 황금 같은 기회를 잃었으며, 병사들의 사기를 떨어뜨리고, 적군에게 경멸을 겪고 있다고 생각했다. 장군들이 데모스테네스의 편을 들자 니키아스는 내키지 않았지만 자신의 뜻을 굽혔다. 그리하여 데모스테네스는 보병을 이끌고 밤중에 에피폴라이를 공격했다.

니키아스는 기습으로 적군 몇 명을 잡거나 죽였다. 그는 저항하는 적군을 모두 죽였다. 승리한 그는 거기에서 멈추지 않고 더 진격하여 보이오티아 사람들과 마주쳤다. 이들은 전열을 갖추어 항전한 최초의 병사들이었다. 그들은 옆구리에 창을 끼고 고함을 지르면서 아테네 병사들에게 달려들어 많은 무리를 죽였다. 공격을 받은 아테네 병사들은 커다란 혼란에 빠졌다. 잘 싸우고 있던 병사들은 후퇴하는 병사들에게 막혔고, 공격하던 병사들은 혼란에 빠져 후퇴하는 병사들과 뒤엉켰다. 그들은 도망병을 추격병으로 알았고 아군을 적군으로 오인했다.

두려움에 빠진 데다가 적군과 아군을 알아보지 못한 상태에서 착시(錯視) 현상까지 일어나 아테네 병사들은 무서운 혼란에 빠졌다. 더욱이 밤이 되니 완전히 어두운 것도 아니고 그렇다고 밝은 것도 아니었다. 지평선에 달이 뜨면서 달빛 아래 이리저리 움직이는 병사들의 모습이 어슴푸레 나타났다. 희미한 달빛은 병사가 사물을 명확히 알아보지 못하게 함으로써 아군들끼리 서로 적군으로 의심하게 만들었다.

거기에 더해 아테네 병사들은 달빛을 등지고 있어 그들의 그림자가 앞에 있는 아군에게 드리워 자기들의 수와 무기의 우수함을 보여 주지 못했다. 이와는 반대로 적군 쪽에서는 달빛이 방패에 반사되어 무기가 실제보다 더 많아 보이면서 아테네 병사들의 눈을 부시게 만들었다.

마침내 아테네 병사들은 패배하고 사방에서 적군이 몰려오자 도주했다. 어떤 병사들은 추격병의 손에 죽었고, 어떤 무리는 아군의 손에 죽었고, 어떤 무리는 절벽에서 떨어져 죽었다. 날이 밝자 흩어져 떠돌던 패잔병들은 적의 기병대에 무참하게 죽었다. 전사자가 2천 명에 이르렀고, 살아남았다 하더라도 무기와 목숨을 함께 건진 사람은 드물었다.

22

패전 소식을 들은 니키아스는 새삼스럽게 놀라지는 않았지만 깊은 실의에 빠졌다. 그는 데모스테네스의 무모함을 비난했다. 데모스테네스는 이번 문제에 대해 스스로를 변명하면서도 되도록 빨리 돌아갈 것을 주장했다. 이제 더 이상 지원군도 오지 않을 것이며, 설령 지원군이 와서 승리한다 해도 지금의 진영을 버리고 다른 곳으로 옮기지 않은 채 이곳에서 끝까지 항전할 수 없다고 데모스테네스는 말했다.

지금의 자리는 터가 나빠 진영을 차리기에 좋지 않다는 점을 그들도 들어서 알고 있었다. 더욱이 계절적으로도 불리했다. 가을이 다가오고 있었기 때문이었다. 또한 적지 않은 병사가 병에 걸려 사기가 떨어진 상태였다. 그러나 니키아스는 도망치듯 배를 타고 떠나자는 말을 듣고만 있을 수도 없었다.

니키아스는 시라쿠사이인들을 두려워한 것이 아니라 조국이 자기를 비난하고 고소하리라는 것이 두려웠다. 그는 이곳에서는 더 이상 나빠질 것이 없다고 말하고 싶었다. 최악의 상황이 온다 하더라도 그는 동포들의 손에 죽기보다는 차라리 적군의 손에 죽고 싶었다. 이런 점에서 그는 포키온(Phokion)의 동지로서 수사학자이자 역사학자였던 비잔티온 출신의 레온(Leon)과 생각이 달랐다. 레온은 마케도니아의 필리포스왕에게 공격을 받으면서 이런 말을 남겼다.

"나는 여러분과 함께 죽기보다는 차라리 여러분의 손에 죽고 싶습니다."

니키아스는 자신들이 옮겨야 할 진지의 정확한 위치에 대해 시간을 두고 좀 더 논의해 보자고 말했다. 지난번 전투에서 패배한 데모스테네스가 더 이상 자기 입장을 고집하지 않자 나머지 장군들은 니키아스가 저토록 퇴각을 반대하며 싸우자고 주장하는 것을 보면 시라쿠사이에 숨겨 둔 정보원에게 들은 바가 있나보다 하고 그의 편을 들었다. 그러나 적진에는 시라쿠사이를 도우려는 병력이 추가로 도착했고, 아테네 병사들 사이에는 유행병이 퍼지고 있었다. 마침내 진영을 옮기기로 결심한 니키아스는 병사들에게 항해할 준비를 하라고 지시했다.

니키아스

이와 같이 철수 준비를 마쳤으나 적군 어느 누구도 이를 눈치 채지 못했다. 그들은 아테네 병사가 진영을 옮기리라고는 전혀 예상하지 못하고 있었다. 때마침 월식이 일어났다. 이 현상은 월식을 바라보면서 떨 정도로 무지하거나 미신적인 사람, 즉 니키아스에게 커다란 두려움을 안겨 주었다.

월말 즈음에 어떤 형태로든 달의 운행으로 말미암아 일식이 일어난다는 사실은 일반 사람들도 잘 알고 있었지만, 월식이란 것은 도대체 무엇이란 말인가? 어찌하여 달이 보름이 되었을 때 갑자기 빛을 잃고 온갖 색깔을 뿜어내는가를 이해하기란 쉽지 않았다. 사람들은 월식이 커다란 재앙을 미리 알려주려는 불길한 징조라고 생각했다.

달의 운행에 관하여 처음으로 분명하고도 대담한 주장을 글로 남긴 사람은 그리스 철학자 아낙사고라스였다. 그러나 그의 이론은 고대 사회에서 별다른 영향력이나 명성을 얻지 못했다. 그의 이론은 은밀하게 전파되었다. 막연한 믿음보다는 조심스러운 지성을 가진 몇몇 사람들에게 받아들여지면서 천천히 퍼져 나갔던 것이다. 자연 과학자나 그들의 말을 빌려 표현한다면, 민중은 이러한 '선지자(meteoroleschas)'를 따르려 하지 않았다.

민중은 '선지자'들이 신의 계시를 비이성적인 현상으로 격하시키거나, 자연 현상이라고 말하거나, 논리적으로 일어났어야 할 일이라고 말하는 것을 싫어했다. 그래서 그리스의 저명한 철학자였던 프로타고라스도 [기원전 411년 무렵에] 추방당했고, 아낙사고라스도 투옥되었다가 [기원전 432년 무렵에] 페리클레스 덕분에 가까스로 석방되었으며, 자연 과학과는 아무 관계 없는 소크라테스도 철학 때문에 [기원전 399년 봄에] 죽임을 당했다.

명성 높은 플라톤이 자연 과학에서 그와 같은 오명(汚名)

을 씻어 내고 모든 사람이 자유롭게 자연 과학을 공부하도록 해 준 것은 세월이 한참 지난 뒤의 일이었다. 플라톤은 자신의 삶뿐만 아니라 교육으로써 자연의 힘이 더 높고 신성한 어떤 원리에 따라 운행되고 있음을 보여 주었다. 어쨌거나 플라톤의 친구였던 디온은 [기원전 357년에] 디오니시오스를 정벌하러 자킨토스(Zakynthos)섬을 떠날 때 월식을 겪었지만, 이를 마음에 두지 않고 배를 띄워 시라쿠사이에 상륙한 뒤 독재자를 몰아냈다.(제25장 「디온전」, §24)

그 무렵에 니키아스에게 훌륭한 예언자가 없었다는 점도 어찌 보면 운명이었다. 니키아스 곁에서 그가 미신에 빠지지 않도록 도와준 인물은 스틸비데스(Stilbides)였는데 불행하게도 월식이 있기 얼마 전에 죽었다. 그리스 철학자이자 역사학자였던 휠로코로스(Philochoros)가 생각한 바와 같이, 하늘의 징조란 도망자들에게 불길한 징조가 아니라 상서로운 징조이다. 어둠으로 감춰 준다는 것은 두려움에 기반을 둔 행동이 필요하다는 뜻이며, 밝음은 그와 반대의 뜻을 담고 있다.

그뿐만 아니라 신탁의 해석자였던 아우토클레이데스(Autokleides)가 『훈고학(Exegetikois)』에서 언급했듯이, 그 시대 사람들은 일식이나 월식이 일어나면 사흘 동안 몸을 조심하는 풍습이 있었다. 그러나 니키아스는 아예 새로운 달이 시작할 때까지 기다리도록 아테네 병사를 설득했다. 그는 마치 지구에 가려 어둡던 표면이 지나가면 달은 다시 청명하게 빛난다는 사실을 모르는 사람 같았다.

24

니키아스가 거의 모든 일을 제쳐 두고 제사를 드리며 신탁을 받는 동안 시라쿠사이군이 쳐들어왔다. 그들은 보병으로 성벽과 진영을 유린하고, 함선으로 항구 일대를 차지했다. 삼단 노의 함선을 탄 시라쿠사이 병사들뿐만 아니라 어린아이들까지도 어선과 작은 배를 타고 사방에서 달려들며 아테네 병사를 조롱했다.

그들 가운데 헤라클레이데스(Herakleides)라는 소년이 있었다. 그는 귀족의 아들로서 남들보다 앞장서서 배를 젓고 있었는데 아티카(Attica)의 배가 그를 추격하여 거의 잡을 듯했다. 이에 그의 삼촌인 폴리코스(Pollikos)가 소년을 구출하려고 자기 휘하의 함선 열 척을 이끌고 다가왔으며, 폴리코스의 안전을 걱정한 다른 장군들도 전투에 뛰어들었다.

격렬한 해전이 벌어졌고, 마침내 시라쿠사이가 승리하여 에우리메돈을 비롯한 여러 아테네 병사를 죽였다. 이제 더 이상 진지에 머무를 수 없게 된 아테네 병사들은 소리치며 장군에게 달려가 육로로라도 도피하자고 간청했다. 시라쿠사이 병사가 승리하자마자 항구를 막아 버렸기 때문이었다. 그러나 니키아스는 그런 식으로 도주하고 싶지 않았다. 그토록 많은 수송선과 2백 척에 이르는 삼단 노의 함선을 포기하는 것은 끔찍한 일이라고 그는 말했다.

그리고 나서 니키아스는 보병과 가장 용맹스러운 창병들을 함선 1백 척에 실었다. 나머지 함선에는 노가 없어 병사를 태우지 않았다. 그런 다음 그는 해안을 따라 나머지 보병을 주둔시키면서 헤라클레이온(Heracleion)까지 이어진 성벽과 항구를 포기했다. 오랫동안 헤라클레스에게 제사를 드리지 못했던 시라쿠사이인들은 그제야 제사를 올렸다. 아테네 병사가 배에 오르는 동안 시라쿠사이의 사제와 장군들은 제사를 지내려고 신전으로 올라갔다.

25

신전에서 제사를 드린 뒤, 사제들은 시라쿠사이인들이 공격하지 않고 오로지 수비를 취할 때 찬란한 승리를 거둘 것이라고 예언했다. 헤라클레스도 먼저 공격을 받았지만 수비 전략으로 늘 승리했다고 사제들은 말했다. 이에 용기를 얻은 시라쿠사이 병사들은 바다로 나갔다.

이번 전투는 그들이 이제까지 겪었던 어느 전투보다도 규모가 크고 치열했다. 싸우는 병사들에 못지않게 구경꾼들에게도 엄청난 흥분을 불러일으켰다. 전투는 눈앞에서 벌어졌는데, 전진과 회전이 전혀 예상할 수도 없을 만큼 순식간에 이뤄졌다. 시라쿠사이인들은 자기들이 입은 피해에 못지않게 아테네 함대에도 큰 피해를 입혔다.

가볍고 날랜 시라쿠사이 함선은 여러 방향에서 곧장 공격해 왔다. 그러나 아테네 함선은 무겁고 무딘 데다가 한데 몰려 있었다. 더욱이 시라쿠사이인들은 돌멩이로 공격해 왔는데 아무리 가벼운 것일지라도 치명적이었다. 아테네 병사들은 장창과 활로 응수했지만 그나마 배가 흔들려 목표물을 제대로 맞히지 못했다. 시라쿠사이 병사들에게 이와 같은 작전을 가르쳐 준 사람은 코린토스 출신의 아리스톤 선장이었다. 그는 이어지는 전투에서 용맹하게 싸웠으나 시라쿠사이가 승리하는 순간에 전사했다.

아테네 병사들은 그토록 참혹하게 패배를 겪고 피해를 입으면서 바다로 도망할 수 있는 길마저도 뺏겼다. 육지로 도주해 봤자 생명을 건질 희망이 없음을 잘 알고 있으면서도 그들은 자신들의 눈앞에서 함선을 끌고 가는 적군을 막으려 하지 않았으며, 시체를 거둘 수 있게 해 달라고 부탁하지도 않았다. 시체는 묻지도 않은 채 버려져 있었다. 살아남은 무리는 병자와 부상병을 버려둔 채 자기들의 운명이 죽은 무리보다 더 비참하다고 생각했다. 자기들도 죽은 무리와 마찬가지로 끝내 더 큰 슬픔을 맛보리라는 것을 잘 알고 있었기 때문이다.

26

아테네 병사들은 밤을 틈타 도주하기로 계획을 세웠다. 시라

니키아스

쿠사이인들이 승리를 기리고 헤라클레스 축제의 제물을 준비하느라 정신없이 분주한 것을 본 길리포스는 그들이 축제를 걷어치우고 도주하는 아테네군을 추격하도록 설득할 마음이 없었다. 그러나 시라쿠사이 장군 헤르모크라테스는 사욕을 채우고자 계략을 꾸몄다. 그는 병사 몇 명을 니키아스에게 보내 자기들은 앞서 그와 비밀리에 접촉했던 바로 그 사람들이라고 믿게 한 다음, 중간에 시라쿠사이인들이 길을 먼저 차지하여 함정을 파 놓고 있으니 밤중에 탈출하지 말라고 니키아스에게 충고했다.

니키아스는 이 계략에 완전히 속아 넘어갔다. 그런데 그 거짓말이 사실로 변해 있었다. 그들의 갈 길을 적군이 미리 막고 있었던 것이다. 곧 날이 밝아 알아보니 시라쿠사이 병사들이 밤을 새워 험한 길목을 미리 점령했을 뿐만 아니라 강여울에 요새를 만들고 다리를 부쉈으며, 넓은 들판에 기병대를 배치하여 아테네 병사들은 전투를 치르지 않고서는 한 발짝도 앞으로 나아갈 수 없었다.

그리하여 아테네 병사들은 다음 날 밤까지 기다렸다가 출발했는데, 적국의 땅을 떠나는 것이 아니라 마치 조국을 버리고 떠나는 사람들 같았다. 그들은 부족한 물자에 시달리며 부상한 동료를 버리고 떠나는 자신들의 운명을 탄식하며 눈물을 흘렸다. 그러나 그 슬픔은 앞으로 다가올 일에 견주면 아무것도 아니라는 사실을 그들은 잘 알고 있었다.

아테네 진영에서 가장 안타까운 장면은 니키아스 자신의 모습이었다. 그는 병든 몸으로 아무것도 할 수 없었고, 바싹 몸이 말랐으며, 아무도 돌보는 이가 없었고, 먹는 것도 변변치 않았고, 병자에게 그토록 필요한 휴식도 제대로 취하지 못했다. 그는 아픈 몸으로 건강한 사람 여럿이도 견디기 어려운 일을 감당하겠노라고 고집을 부렸다.

니키아스가 그토록 열심인 것은 자신을 위해서도 아니고

자신의 임무에 집착해서도 아니었으며, 오직 휘하의 장병들을 위해 희망을 포기할 수가 없었기 때문임을, 모두가 잘 알고 있었다. 다른 이들은 두려움과 슬픔에 젖어 탄식하며 눈물을 흘렸지만, 그는 자신이 이루고자 했던 그 위대하고 영광스러웠던 승전이 이제는 부끄럽게도 불명예스러운 일이 되었다는 사실 때문에 그토록 괴로워하고 있음이 분명했다.

사람들이 그를 보며 슬퍼했던 것은 그의 겉모습 때문만은 아니었다. 그들은 니키아스가 지난날 원정군을 막으려고 논쟁을 벌이며 노력하던 모습을 떠올리며 저렇게 고통을 겪어서는 안 될 사람이라고 생각했다. 그토록 독실했으며 위대하고 찬란한 종교 의식을 치르던 그가 이제는 부대 안에서 가장 지위가 낮은 병사보다도 더 불운해진 모습을 바라보면서 사람들은 그를 도와 달라고 신에게 빌 용기조차 내지 못했다.

27

그러나 말과 눈빛과 자상한 태도로써 자신의 비참한 운명을 극복하려 한 사람은 바로 니키아스 자신이었다. 그의 부대는 전투에 져서 포로가 되기 전까지 여드레 동안 계속 행군했으며, 적군의 화살과 창의 공격을 받고도 패배하지 않았다.(『펠로폰네소스 전쟁사』, VII : 78~85) 그러나 데모스테네스의 부대는 뒤처져 싸우다가 로도스섬 출신인 폴리젤로스(Polyzelos)의 영지에서 잡혔다. 데모스테네스는 자신의 칼을 빼 자살하려 했으나 적군이 재빨리 달려들어 그를 붙잡았기 때문에 성공하지 못했다.

시라쿠사이 쪽에서 보낸 전령이 말을 타고 달려와 그와 같은 비보를 알리자 니키아스는 먼저 기병대를 보내 데모스테네스가 잡힌 것이 사실인지 확인하고 나서 길리포스에게 휴전을 제안했다. 아테네가 이제까지 쓴 전쟁 비용을 모두 지불한다는 담보로 시라쿠사이에 인질을 제공한 다음 아테네 병사가 돌아갈 수 있도록 해 달라는 것이 휴전의 조건이었다. 그러나 시라쿠사이인들은 그 제안을 받아들이지 않았다. 오히려 그들은 무례한 언사로 니키아스를 모욕하고 물자가 다 떨어진 아테네 병사들에게 화살을 퍼부었다.

그날 밤과 이튿날에 걸쳐 드디어 니키아스는 적군의 화살을 맞으며 용케 아시나로스(Asinaros)강에 이르렀다. 병사들 가운데 어떤 사람은 적군에 쫓겨 물에 빠져 죽고, 어떤 사람은 먼저 이르러 목이 말라 물에 뛰어들었다. 강에서 엄청난 학살이 벌어졌다. 시라쿠사이 병사들은 물을 마시는 아테네 병사를 소 돼지 잡듯이 죽였다. 마침내 니키아스는 길리포스의 발아래 무릎을 꿇고 이렇게 외쳤다.

"길리포스 장군이시여, 그대는 승리자입니다. 그러니 승전의 명성을 안고 있는 저를 제외한 아테네 병사들에게는 자비를 베푸소서. 전쟁의 행운이란 누구에게나 주어질 수 있으니, 지난날 아테네인들에게 행운이 찾아왔을 때 우리가 그대들에게 온화함과 정중함을 베푼 것을 잊지 마시오."

니키아스의 태도와 말에 길리포스는 다소 죄책감을 느꼈다. 길리포스는 평화로울 때 니키아스가 스파르타인들을 정중하게 대해 준 것을 잘 알고 있었다. 또한 그와 별개로 적국의 장군들을 생포해서 귀국한다면 자신의 명성도 높아지리라고 그는 생각했다. 그리하여 길리포스는 니키아스를 일으켜 세우고 격려한 다음, 남은 병사를 살려 보내라고 지시했다. 그러나 그의 명령이 너무 늦게 전달되어 살아남은 자가 죽은 자보다 적었다. 시라쿠사이 병사들은 노예로 팔려고 많은 병사를 빼돌려 숨겨 두었다.

시라쿠사이 병사들은 공식적인 포로들을 한데 모으고, 강둑을 따라 서 있는 거목에 포로들의 갑옷을 걸어 놓았다. 그들은 말에 화관을 씌우고 적군의 말에서 갈기를 자른 다음 시내로 들어갔다. 그들은 전쟁을 성공적으로 끝마쳤는데, 이는 그

리스인이 그리스인에게 얻은 가장 찬란한 승리였다. 시라쿠사
이인들은 가장 압도적이고도 격렬한 용맹과 열정으로써 완벽
한 승리를 거두었다.

28

시라쿠사이와 동맹국들 사이에 전체 회의가 열렸을 때, 민중
지도자 에우리클레스(Eurykles)가 두 가지 제안을 했다. 첫째
로, 그들이 니키아스에게 승리를 거둔 날을 축일로 지정하여
제사를 드리는 휴일로 삼고, 그날의 이름을 승리를 얻은 강 아
시나로스를 따서 아시나리아(Asinaria)로 하자는 것이었다. 이
날은 카르네이오스월(Carneius月) 26일로, 아테네의 달력으로
는 메타게이트니온월(Metageitnion月, 8~9월)이다.

　둘째로, 아테네와 그 가까운 동맹국들을 위해 일한 무리
를 노예로 팔고, 그들에게 협력한 자유민과 시킬리아의 그리
스인들은 채석장으로 보내 가두고, 장군들은 모두 죽인다는
것이었다. 시라쿠사이인들은 이 제안을 받아들였다. 그러자
헤르모크라테스가 나서서 승리보다 더 소중한 것은 승리를 고
결하게 쓰는 것이라고 말했다가 모욕만 당했다.

　길리포스가 나서서 아테네 장군들을 자기에게 상으로 주
면 살려 스파르타로 데려가고 싶다고 말했지만, 행운에 도취
된 시라쿠사이인들은 강력하게 그의 뜻을 거절했다. 그들이
이렇게 길리포스의 요구를 거절한 것은 전쟁에서 그가 거칠게
행동했고, 권력을 행사하면서 보여 준 그의 스파르타식 태도
를 싫어했기 때문이었다.

　더욱이 역사학자 티마이오스의 기록에 따르면, 시라쿠사
이인들은 길리포스가 너무 가난한 탓에 탐욕스러웠던 점을 싫
어했다고 한다. 그의 탐욕은 집안에서 물려받은 것처럼 보인
다. 길리포스의 아버지 클레안드리다스는 뇌물죄로 기소되자
다른 나라로 도망했다.

길리포스 자신도 리산드로스가 스파르타에 보낸 3천 탈렌트 가운데 30탈렌트를 횡령하여 지붕 밑에 감추어 두었다가 누군가의 밀고로 아주 불명예스럽게 추방되었다. 이에 관한 이야기는 「리산드로스전」에서 자세히 다루고자 한다.

휠리스토스와 투키디데스는 데모스테네스와 니키아스가 시라쿠사이인들의 손에 죽었다고 주장하지만,(『펠로폰네소스 전쟁사』, VII : 86) 티마이오스는 이를 부인했다. 티마이오스의 주장에 따르면, 전체 회의가 열린 동안에 헤르모크라테스가 그들을 죽이기로 한 회의의 결정을 데모스테네스와 니키아스에게 미리 알려 주었고, 그 말을 들은 두 사람은 간수의 방조 아래 자살했다고 한다.

티마이오스의 글에 따르면, 시라쿠사이인들은 그들의 시체를 감옥 문에 내걸어 누구나 자유롭게 볼 수 있도록 했다고 한다. 그리고 내가 알아본 바에 따르면, 니키아스의 것이라고 알려진 방패가 시라쿠사이 신전의 보물 창고에 오늘날까지 전시되어 있다. 그 방패는 희귀한 기술로 금색과 자주색 판을 엮어 만든 것이다.

29

아테네 병사들 대부분은 채석장에서 질병이나 열악한 식사 때문에 죽었다. 그들이 하루에 받은 식사는 보리 1파인트(pint)[5]와 물 반 파인트였다. 그러나 그들 가운데 적지 않은 사람들이 납치되어 노예로 팔려 갔거나 그보다는 덜 비참한 하인이 되었다. 그들은 팔려 갈 때 이마에 말 모양의 낙인을 찍었다. 과거 자유민이었던 그들은 그와 같은 학대를 겪었다.

그런 가운데에서도 아테네 병사들은 절제되고 예의 바른 처신을 보여 줌으로써 많은 도움을 받았다. 어떤 사람들은 다

---

5   1파인트는 대략 0.57리터이다.

시 자유민이 되었고, 또 어떤 사람들은 주인과 더불어 품위 있게 생활했다. 어떤 사람들은 에우리피데스의 작품을 알고 있었기 때문에 해방되었다. 시킬리아인들은 본토의 어느 그리스인들보다도 더 에우리피데스의 시를 좋아했던 것으로 보인다. 그들은 가끔씩 여행자들이 가지고 온 견본쇄(見本刷)나 쪽지로 된 에우리피데스의 시집을 몹시 좋아하여 서로 나누어 보며 즐거워했다.

들리는 바에 따르면, 무사히 아테네로 돌아온 여러 사람의 증언은 지금도 회자되고 있다. 그들은 에우리피데스를 만났을 때 기쁜 마음으로 인사를 드리면서 자신들이 암송하던 시를 들려주었고, 그러자 그가 노예에서 해방시켜 주었다는 것이다. 또 어떤 사람들은 마지막 전쟁이 끝난 뒤에 떠돌다가 에우리피데스의 시를 암송해 주고 밥과 물을 얻어먹었다.

언젠가 그리스인들이 해적에게 쫓겨 시라쿠사이 항구에 배를 댔을 때, 카우노스(Caunos) 사람들이 처음에는 상륙을 허락하지 않아 바다에 정박해야 했으나, 에우리피데스의 시를 아는 사람이 있느냐는 질문에 그렇다고 대답하자 배의 피란을 허락했다는 이야기는 의심할 바 없는 사실이었다.

30

들리는 바에 따르면, 아테네 사람들은 아테네군이 대패했다는 비보를 전해 들었을 때 처음에는 믿지 않았다고 한다. 그 소식을 전달해 준 사람이 미덥지 않았기 때문이었다. 이방인으로 보이는 어느 나그네가 피라이우스에 상륙하여 이발소에 들어가 그동안 일어났던 비극적인 이야기를 꺼냈던 것이다. 나그네는 아테네인들이 이미 그 사실을 다 잘 알고 있는 줄로만 알았다. 이야기를 들은 이발사가 다른 사람들이 이를 알기에 앞서 재빨리 시내로 달려가 집정관들에게 전달해 주었고, 소식이 곧 광장으로 퍼져 나갔다.

민중이 실망하고 당황한 것은 당연했다. 집정관들이 곧 민회를 소집하고 이발사를 불러 어디에서 그런 소식을 들었느냐고 물었을 때 이발사는 분명하게 대답하지 못했다. 민중은 그가 이야기를 꾸며 내어 도시를 혼란에 빠뜨렸다면서 마차 바퀴에 묶어 한참 돌렸다. 마침 그때 전령이 돌아와 비극적인 이야기들이 모두 사실이었음을 알렸다. 그들은 니키아스가 자신들에게 그토록 여러 번 예언했던 불운이 다가온 것을 믿지 못했다.

크라수스
MARCUS CRASSUS

기원전 115?~53

부동산업자는
원수진 사람의 손에 죽지 않고
자신의 손에 죽는다.
— 크라수스

아첨을 잘하는 사람이
남의 아첨에 잘 속고,
탐욕스러운 사람이
남의 탐욕스러운 꼴을 못 참는다.
— 플루타르코스

죽음이 무섭기야 하지만,
나를 위해 죽어 가는 부하들을
버리고 갈 정도는 아니다.
— 푸블리우스 크라수스

1

크라수스는 감찰관으로서 개선식을 치른 인물의 아들로 태어
났다. 그러나 크라수스는 두 형과 함께 작은 집에서 검소하게
살았다. 부모가 살아 있을 적에 두 형이 결혼했는데, 늘 함께
식탁에 둘러앉아 식사했다. 이런 가정 환경은 그가 늘 온화하
고 절제하며 살도록 이끌었다. 형이 죽자 크라수스는 형수와
결혼하여 자녀를 두었는데, 두 사람 사이의 관계 역시 여느 로
마인들과 마찬가지로 단정했다.

　　나이가 들었을 때 크라수스는 신전의 여사제인 리키니아
(Licinia)와 간통했다는 이유로 기소되었고, 플로티우스(Plotius)
라는 사람이 정식으로 그 여인을 고발했다. 그 무렵 리키니아
는 로마 근교에 아름다운 저택을 가지고 있었는데, 크라수스
가 그 집을 헐값으로 넘겨받고 싶어 그 여인의 주변을 맴돌며

치근거리다가 그런 끔찍한 의심을 받았던 것이다. 그런데 미묘하게도 그와 같은 탐욕으로 말미암아 그는 그 여인과 간통했다는 비난에서 벗어나 판사들에게 무죄 판결을 받았다. 그는 집을 차지하고 나서야 여인을 놓아주었다.

2

로마인들의 말에 따르면, 크라수스는 미덕이 많은 인물이었지만 탐욕이라는 단 한 가지의 부덕함 때문에 모든 공이 묻혔다고 하는데, 그것은 맞는 말이었다. 아니, 달리 말하면 그에게는 다른 단점도 많았을 터인데, 그 모든 단점이 탐욕으로 묻혀 버렸을지도 모른다. 그가 탐욕스러웠다는 것은 재산을 불린 방법을 보면 알 수 있다. 젊었을 적에 그의 재산은 3백 탈렌트에 지나지 않았지만, 집정관 시절에는 헤라클레스의 신전에 재산의 10분의 1을 바쳤고, 민중에게 잔치를 베풀었으며, 자기 돈으로 모든 로마인에게 석 달 동안 먹고살 만한 돈을 주었다.

그러고도 크라수스가 파르티아로 원정을 떠나기에 앞서 재산 목록을 정리했더니 7천1백 탈렌트에 이르렀다고 한다. 나쁜 소문대로라면, 크라수스가 재산을 불린 방법은 전쟁에서 전리품을 챙기고 로마에 불이 나면 그 주변 땅을 사들이는 것이었으니, 세상의 재앙을 이용하여 엄청난 재산을 모은 셈이었다. 술라가 로마를 장악한 뒤에 처형된 사람들의 재산을 전리품으로 여겨 팔아넘기면서 그 돈으로 영향력이 큰 여러 무리를 부패하게 만들 때, 크라수스는 그런 재산을 차지하는 데 조금도 주저하지 않았다.

그뿐만이 아니었다. 로마에는 집들이 다닥다닥 붙어 있어 잘 무너지고 화재가 자주 일어난다는 것을 알고 있던 크라수스는 건축 기술을 가진 노예들을 사들이기 시작했는데 그 수가 5백 명에 이르렀다. 그런 다음 그는 화재를 겪은 집과 그 둘레의 집들을 사들였다. 집주인들은 언제 또 화재가 일어날지 두려워하여 헐값으로 집을 내놓았다. 이런 방법으로 로마의 많은 땅이 크라수스의 손에 들어갔다. 크라수스는 그토록 많은 건축 기술자들을 데리고 있으면서도 자신이 사는 집은 한 채밖에 짓지 않았다. 그는 늘 말했다.

"부동산업자는 원수진 사람의 손에 죽지 않고 자신의 손에 죽는다."

크라수스에게는 수많은 은광과 넓은 토지와 거기에 딸린 노동자들이 있었지만, 이들은 그가 거느렸던 노예의 값에 견주면 아무것도 아니었다. 크라수스가 거느린 노예는 수도 많은 데다 매우 유능하여, 책을 읽어 주는 노예,[1] 글을 써 주는[筆耕] 노예, 은세공 기술자, 집사, 식사 시중을 드는 노예들이 있었다. 크라수스는 몸소 노예들의 교육을 지시하고 또 직접 교육을 맡기도 했다. 한마디로 말해서, 가사를 돕는 살아 있는 도구인 노예를 돌보는 것이 주인의 임무라고 그는 생각했다. 크라수스는 늘 말했다.

"나를 도와 일을 하는 것은 노예들이지만, 그 노예들을 다스리는 것은 주인이다."

그것은 맞는 말이다. 우리가 알고 있는 아리스토텔레스의 말처럼, 가사(家事)란 생명이 없는 물건을 다룰 때는 재정 문제이지만, 인간을 다룰 때는 정치가 된다.(『정치학』, I : 1253b) 그러나 "자기 재산으로 군대를 유지할 수 없는 사람은 부자가 아니다"라는 그의 말과 생각은 옳지 않다.

스파르타의 왕 아르키다모스의 말처럼, "전쟁의 비용에는 한도가 없기 때문에"[2] 그것을 계산할 수 없다. 마리우스(Marius)

---

1 당시의 귀족들은 책을 읽기 귀찮아 노예들에게 각기 저명한 책을 외우도록 한 다음 필요할 때면 그를 불러 어느 대목을 암송하도록 하는 것으로 독서를 대신했다. 저 유명한 아이소포스(Aesopos, 이솝)가 바로 책 읽는 노예였다.

2 제42장 「클레오메네스전」, §27; 제29장 「데모스테네스전」, §17 참조. 이

의 생각도 크라수스와 아주 다르다. 마리우스는 참전 용사들에게 14플레트론(plethron, 약 4천 평)씩 땅을 나누어 주었는데도 그들이 더 요구한다는 것을 알고는 이렇게 말했다.

"로마 시민들 가운데에는 먹고살 만한 땅을 가지고서도 부족하다고 생각하는 사람이 없었으면 좋았을 것을……"

3

크라수스는 이방인들에게도 너그러웠다. 그의 집은 늘 누구에게나 열려 있었다. 그는 이자를 받지 않고 친구들에게 돈을 빌려주었지만, 갚을 날짜가 지나면 모질게 독촉하여 차라리 이자를 받느니만 못했다. 식사에 초대받는 사람들은 대부분 평민들이었는데, 식사는 간단하면서도 깔끔하고 즐거운 자리여서 호화스럽게 차린 것보다 손님들에게 더 큰 기쁨을 주었다.

크라수스는 어디에나 도움이 되는 수사학에 깊이 몰두하여 학문의 지향점으로 삼았으며, 로마에서 가장 위대한 웅변가가 된 뒤에는 남에게 베풀고 실천함으로써 천부적으로 웅변술을 타고난 사람들을 훨씬 뛰어넘었다. 들리는 바에 따르면, 그는 아무리 하찮은 일이고 남들이 우습게 보는 사건일지라도 준비 없이 변론을 맡은 적이 없고, 폼페이우스나 카이사르나 키케로가 맡고 싶어 하지 않는 사건도 거절하지 않고 맡아 변호사로서의 의무를 충실히 이행했다고 한다.

이런 태도 때문에 크라수스는 앞의 세 사람보다 훨씬 더 유명해졌고, 사려 깊고 도움을 부탁할 만한 사람이라는 평가를 받았다. 그는 마음에서 우러나오는 친절로 민중을 기쁘게 해 주었으며, 그들을 만날 때면 손을 잡고 이름을 불러 주었다. 그는 사람을 만날 때면 대충 인사하거나 낮추어 보는 법이 없

말은 흔히 크로빌로스(Krobylos)라는 이름으로 알려진 아테네 정치인 헤게시포스(Hegesippos)가 한 말이었다.

었으며, 그가 답례 인사를 하지 않거나 이름을 불러 주지 않는 일은 없었다.

들리는 바에 따르면, 크라수스는 역사에도 조예가 깊었고 철학자의 풍모도 어느 정도 갖추고 있었다. 그는 알렉산드로스 코르넬리우스(Alexandros Cornelius)[3]를 스승으로 삼아 아리스토텔레스의 학설에 몰두했다고 한다. 코르넬리우스는 크라수스와 가깝게 지내면서도 자족하며 온화한 삶을 살았다. 그가 크라수스를 만나기 앞뒤의 시절에 더 가난했는지에 대해서는 뭐라고 말할 수 없지만, 어쨌거나 코르넬리우스는 크라수스가 해외에 나갈 때면 늘 함께 다녔다. 그때마다 그는 크라수스에게서 외투를 빌려 입었고, 돌아오면 반드시 되돌려 주었다. 그러나 이는 그 뒤의 이야기이다.

4

[기원전 87년, 크라수스가 스무 살이 되기에 앞서] 루키우스 코르넬리우스 킨나(Lucius Cornelius Cinna)와 마리우스가 세력을 키워 로마로 다시 들어오려고 했는데, 이는 조국을 위해서가 아니라 순전히 귀족들을 무찌르고자 함이었다. 그러나 그들의 계획은 실패로 돌아가고 모두 잡혀 죽었다. 그 가운데 크라수스의 아버지와 형이 있었다.

이때 나이가 매우 어렸던 크라수스는 다가오는 위험을 피해 도망쳤다. 독재자의 추격병들이 자신을 포위하고 있음을 안 그는 동지 세 명과 노예 열 명을 데리고 서둘러 스페인으로 피신했다. 그곳에는 지난날 그의 아버지가 법정관으로 근무할 때 함께 살았던 친구들이 있었다.

그러나 크라수스는 마리우스가 가까이라도 온 것처럼 자신의 일행이 마리우스의 잔혹함에 겁먹고 있음을 잘 알고 있

---

3   아마도 이 사람은 술라와 같은 시대를 살았던 박식가(polyhistor)일 것이다.

었으므로, 일행에게 자신의 의견을 내세우지 않고 비비우스 파키아쿠스(Vibius Paciacus)가 다스리는 들판으로 들어갔다. 그는 해안을 따라 넓게 뻗은 평야의 널찍한 동굴 안에 몸을 숨겼다. 그러나 식량이 모두 떨어지자 그는 비비우스에게 도움을 간청하려고 노예를 보냈다.

소식을 들은 비비우스는 크라수스가 위험을 피해 자기를 찾아왔다는 사실이 기뻤다. 비비우스는 크라수스 일행의 수와 그들이 숨어 있는 장소를 안 다음에 몸소 그리로 가지 않고 재산 관리인을 불러 날마다 음식을 넉넉히 보내도록 지시했다. 그러나 관리인에게 절벽 가까이만 가되 아무 말도 없이 돌아오도록 했다. 또한 이 일에 간섭하거나 자세히 알려고도 하지 말며, 만약 이 문제에 개입하면 죽일 것이요, 성실하게 협조하면 노예 신분에서 해방시켜 주겠노라고 약속했다.

동굴은 바다에서 그리 멀지 않았으며, 입구를 둘러싼 절벽은 좁고 으슥한 길로 이어져 있었다. 그러나 안으로 들어가면 천장이 높고 폭이 널찍하게 다른 곳으로 이어졌다. 물과 햇볕도 넉넉했다. 절벽 밑에서 신선한 물이 솟아올랐고, 이어진 바위 틈새로 햇살이 들어와 낮에는 굴 안이 밝았다. 바위가 단단하여 습기와 떨어지는 물방울을 샘으로 흘려보내기 때문에 실내 공기도 눅눅하지 않고 신선했다.

5

크라수스는 그 동굴에서 살았다. 날마다 비비우스의 관리인이 찾아왔다. 관리인은 동굴 안에 살고 있는 무리를 보지도 못했고 그들이 누군지도 몰랐으나, 크라수스는 관리인이 올 때마다 바라보고 있었기 때문에 그를 잘 알았다. 이제 먹을 것도 넉넉해지고 음식은 허기를 달랠 정도를 넘어 맛을 즐길 정도에 이르렀다.

비비우스는 지극정성으로 크라수스를 돕기로 마음먹고

있었다. 비비우스는 크라수스가 젊으므로 그 나이에 맞게 즐거움을 줄 만한 일거리가 있어야 한다고 생각했다. 단순히 필요한 물품만 주는 것은 마지못해 도와주는 일이며 진실로 도움을 주고자 한다면 그래서는 안 된다고 그는 생각했다. 거기까지 생각이 미친 비비우스는 아름다운 여자 노예 두 명을 데리고 동굴 앞 해안가로 나갔다.

동굴 앞에 이른 비비우스는 두 여인에게 동굴로 들어가는 길을 가르쳐 준 다음 그 안으로 들어가되 두려워하지 말라고 당부했다. 여자 둘이 다가오는 것을 본 크라수스는 자기들이 숨어 있는 동굴이 발각된 것이 아닌가 싶어 두려움에 빠졌다. 그래서 그는 노예들에게 그들이 누구이며 바라는 것이 무엇인지를 물었다. 노예들은 비비우스에게 들은 대로 자기들은 동굴 안에 숨어 있는 주인을 찾고 있다고 대답했다.

그러자 크라수스는 비비우스가 유쾌한 호의를 베풀었다는 것을 이해하고 기꺼이 받아들였다. 노예들은 크라수스가 떠날 때까지 그곳에 살면서 비비우스에게 필요한 소식을 전달해 주었다. [아우구스투스(Augustus) 시절의 유명한 로마 작가였던] 훼네스텔라(Fenestella)의 말에 따르면, 크라수스는 뒷날 노인이 된 그 여인 가운데 한 사람을 만나 그 시절에 있었던 이야기를 진지하게 들었다고 한다.

6

크라수스는 그렇게 8개월을 숨어 지내다가 킨나가 죽었다는 소식을 듣고 나서야 동굴 밖으로 나왔다. 많은 무리가 크라수스의 휘장을 보고 몰려오자 그는 그 가운데에서 2천5백 명을 뽑아 여러 도시를 순회했다. 이때 크라수스가 그 도시들 가운데 하나인 말라카(Malaca)를 약탈했다고 많은 역사가가 증언했다.

그러나 다른 사람들의 말에 따르면, 그는 그런 비난을 부인하면서 그런 말을 하는 사람들과 크게 다투었다고 한다. 이런 일이 있은 뒤에 크라수스는 함대를 모아 아프리카로 건너가 그 당시에 저명인사였던 메텔루스 피우스(Metellus Pius)와 합류했다. 메텔루스 피우스는 엄청난 병력을 거느리고 있었다.

그러나 크라수스는 그곳에 오래 머무르지 않았다. 그는 메텔루스 피우스와 다툰 뒤에 그곳을 떠나 술라를 찾아갔다. 술라는 크라수스를 각별히 대접했다. 술라는 이탈리아에서 자신과 함께 참전할 젊은이들을 모으고 있었다. 그는 젊은이들에게 서로 다른 일을 맡겼는데, 크라수스에게는 마르시족의 군대를 모집하도록 발령했다. 그런데 크라수스는 거기까지 가는 길에 자신의 정적들이 도사리고 있으니 호위병을 달라고 했고, 술라는 화를 내며 이렇게 대답했다고 한다.

"나는 부당하고 공의롭지 못하게 죽은 그대의 아버지와 형과 동지와 친지들을 그대의 호위병으로 보낸다. 나는 지금 그들을 죽인 살인자들을 추적하고 있다."

이와 같은 꾸지람에 자극을 받은 크라수스는 곧장 임지로 떠났다. 그는 용맹스럽게 적진을 짓쳐 나가 많은 군사를 모집함으로써 자신이 술라의 열렬한 지지자임을 보여 주었다. 들리는 바에 따르면, 크라수스가 처음으로 그와 같이 행동한 것은 폼페이우스에 대한 경쟁심 때문이었다고 한다. 폼페이우스는 크라수스보다 [아홉 살이] 더 어렸고, 폼페이우스의 아버지는 로마에서 평판이 나빠 시민들에게서 미움을 받았다.

그러나 그 무렵에는 폼페이우스의 비범한 재능이 돋보이기 시작했다. 술라는 그가 다가오면 자리에서 일어나 모자를 벗고 '대장군(Imperator)'에 대한 예의를 갖춤으로써 자신의 상관이나 같은 지위의 인물에게도 보이지 않던 존경을 드러냈다. 술라가 크라수스를 폼페이우스만큼 치켜세우지 않은 데에 그럴 만한 이유가 없었던 것은 아니지만, 술라의 처사는 크라수스의 속을 뒤집어 놓아 분개하게 만들었다.

크라수스는 아직 경험이 모자랐고, 그가 태어날 때부터

지니고 있던 저주스러운 탐욕과 천박함이 그의 공적을 빼앗아 갔다. 이를테면 사람들은 그가 움브리아(Umbria)의 도시인 투데르(Tuder)를 함락하였을 때 전리품의 대부분을 차지했다고 믿었다. 그러한 나쁜 평판은 술라의 귀에도 들어갔다.

그러나 그보다 앞서 로마 근처에서 가장 치열한 전투가 벌어졌는데, 술라가 크게 패배하고 쫓기며 흩어졌을 때, 크라수스는 술라의 오른쪽 날개를 맡아 대승을 거두고 밤이 될 때까지 적군을 추격했다. 크라수스는 술라에게 승전 소식을 알리면서 병사들에게 먹일 저녁 식사를 요구했다.

크라수스는 그러나 정복 지역의 재산을 몰수할 때 헐값으로 땅을 사들이거나 무상 증여를 요구하여 다시 구설수에 올랐다. 들리는 바에 따르면, 그는 브루티움에서 어떤 사람의 재산을 몰수하려고 술라의 명령이 없었음에도 그 사람을 추방했다고 한다. 이런 일로 말미암아 술라는 크라수스의 처사를 옳게 보지 않았으며 그 뒤로는 그를 공직에 임명하지 않았다.

크라수스는 아첨에도 남다른 재주가 있었다. 그러면서도 그는 남들의 아첨에 잘 속아 넘어갔다. 들리는 바에 따르면, 그에게는 또 다른 특색이 있었다고 하는데, 자신은 그토록 탐욕스러웠으면서도 자기처럼 탐욕스러운 사람들을 더욱 미워하며 괴롭혔다는 점이었다.

7

폼페이우스가 전쟁에 이기고, 원로원 의원이 되지도 않았는데 개선식을 치르고, 시민들이 그를 '마그누스 폼페이우스(Magnus Pompeius)'라고 부르자 크라수스는 더욱 화가 치밀었다. 폼페이우스가 다가오자 시민들이 이렇게 소리쳤다.

"마그누스 폼페이우스 장군이 오십니다."

그러자 크라수스는 웃으면서 이렇게 물었다.

"그 사람이 얼마나 위대하기에?"

크라수스

군사적 업적으로는 폼페이우스와 겨룰 수 없다고 생각한 크라수스는 정치에 뛰어들었다. 열심히 일하고, 변호사와 대금업자로서 호의를 베풀고, 공직 후보자가 갖추어야 할 자격과 검증을 거친 그는 폼페이우스가 수많은 전공으로 얻은 것과 대등한 명성과 영향력을 얻게 되었다.

그러나 두 사람이 겪어 온 인생행로는 서로 달랐다. 폼페이우스는 많은 전공으로 외국에 나가 있을 때 더 큰 명성을 얻었지만 고국에 돌아오면 크라수스만큼 강력하지 못했다. 위풍당당한 삶을 살아온 폼페이우스는 군중과 접촉하는 것을 멀리했고, 토론의 광장에 잘 나가지 않았으며, 도움을 바라는 사람에게만 손을 내밀었는데 그나마도 최선을 다하지 않고, 자기의 이익을 위해 손해 보지 않을 정도로만 영향력을 행사했다.

그러나 크라수스는 끊임없이 남을 도와주고 누구든 쉽게 만나 주었으며, 그 무렵 일어나는 일들에 적극 참여했으며, 누구에게나 친절을 보임으로써 교만한 정적 폼페이우스의 명성을 뛰어넘었다. 고결한 품위나 웅변의 설득력과 우아한 태도라는 면에서 두 사람 모두 타고난 인물이라고 세상 사람들은 말했다.

크라수스는 그와 같은 경쟁심 때문에 폼페이우스를 증오하거나 악의를 품지는 않았다. 그는 폼페이우스나 카이사르가 자기보다 더 영예로워지는 것에 화가 나긴 했지만 그러한 야심을 적개심으로 드러내지는 않았다. 카이사르는 아시아에 출정했다가 해적에게 잡혀 엄중한 감시를 받고 있을 때 이렇게 말한 적이 있었다.

"크라수스여, 내가 납치되었다는 소식을 들으니 얼마나 고소한가?"

그러나 적어도 그 뒤로 두 사람은 우정을 지켰다. 카이사르가 스페인의 재무관이 되어 떠나려 할 때 돈이 없어 채권자들이 달려와 그의 물품을 차압하려 하자 크라수스는 그가 곤경에 빠지도록 그대로 두지 않았다. 크라수스는 카이사르에게 830탈렌트의 지불 보증을 하여 그를 곤경에서 벗어나게 해 주었다.

로마에 폼페이우스와 카이사르와 크라수스의 삼두 정치(Triumviratus)가 이뤄졌을 때 신중하고 보수적인 무리는 폼페이우스를 지지하고, 폭력적이고 과격한 무리는 카이사르를 지지하였으나, 크라수스는 중도적인 입장을 지키면서 두 파벌 모두를 껴안았다. 이 무렵에 카토(Cato)의 명성은 그들 세 사람의 권력을 뛰어넘었지만 민중은 카토를 존경하기만 하였을 뿐 따르지는 않았다.

크라수스는 정치적 견해를 여러 번 바꾸었다. 다른 사람들의 입장에서 보면, 크라수스는 영원한 동지도 아니었고, 변치 않는 정적도 아니었다. 그는 자신의 이익을 위해서라면 남에 대한 호의나 분노를 언제라도 버릴 준비가 되어 있었다. 그러므로 그는 짧은 시간 동안에 같은 사람, 같은 사건에 대해 지지자가 되기도 하고 반대자가 되기도 했다. 크라수스는 호의를 베풀거나 겁을 주는 방법으로 영향력을 끼쳤는데, 겁을 주는 방법이 더 많았다. 어쨌거나 그 시절의 관리와 민중 지도자들의 골칫거리였던 시킨니우스(Sicinnius)에게 누군가가 이렇게 물었다.

"당신은 무슨 이유로 크라수스만은 그토록 얌전하게 내버려 두는가요?"

그러자 시킨니우스가 대답했다.

"크라수스의 뿔에는 섶이 덮여 있기 때문이지요."

지금도 로마인들은 사나운 황소의 뿔을 섶으로 덮어 놓아 사람들에게 주의를 기울이도록 한다.

8

[기원전 73~71년에] 스파르타쿠스(Spartacus)를 중심으로 검투사

들이 반란을 일으켜 이탈리아를 황폐하게 만든 사건이 일어났다. 렌툴루스 바티아투스(Lentulus Batiatus)라는 사람이 카푸아에 검투사 양성소를 경영하고 있었는데, 그들 대부분은 갈리아(Gallia)족과 트라키아족이었다.

아무 잘못도 없이 주인에게서 부당한 대우를 받던 검투사들은 엄중한 감시를 받으며 훈련을 받고 있었다. 2백 명에 이르던 그들은 도주 계획을 세웠으나 정보가 새어 나갔다. 이를 알아차린 검투사들은 서둘러 탈출을 시도하였는데, 그 가운데 78명이 부엌에서 식칼과 쇠꼬챙이를 들고 밖으로 나와 배를 타는 데 성공했다.

도망치던 그들은 검투사들이 쓰는 무기를 싣고 다른 도시로 가던 마차를 약탈하여 무장했다. 보다 유리한 입장에 서게 된 그들은 지도자 세 명을 뽑았는데, 그 가운데 첫 번째가 곧 스파르타쿠스였다. 스파르타쿠스는 트라키아의 유목민 출신으로 용맹스러울 뿐만 아니라 운명을 뛰어넘는 고결함과 교양을 갖추고 있어 트라키아족이라기보다는 오히려 그리스인에 가까웠다.

들리는 바에 따르면, 그가 처음 로마로 팔려 왔을 때, 뱀이 그의 잠든 얼굴 위에 똬리를 틀고 앉았다고 한다. 스파르타쿠스의 아내는 남편과 같은 부족 출신으로 예언의 능력을 갖고 디오니소스와 접신(接神)되어 있었는데, 남편의 얼굴에 앉은 뱀을 본 그는 신이 남편에게 운명적으로 엄청난 능력을 주려는 징조라고 선언했다. 이 여인은 남편과 탈출하여 함께 지내고 있었다.

9

첫 번째 전투에서 검투사들은 카푸아에서 온 진압군을 물리치고 실전에 필요한 무기를 확보하여 자기들의 무기로 삼고, 본디 쓰던 검투사의 무기는 불명예스럽고 야만적이라는 이유로 내버렸다. 로마는 법정관 클로디우스(Clodius)에게 3천 명을 딸려 진압군으로 파견했다. 클로디우스는 반란군이 차지하고 있는 언덕 입구를 점령했다. 그곳에는 언덕으로 오르는 비탈길이 있었는데 좁고 험준했다. 클로디우스는 이곳을 엄중히 경계했다. 언덕 사방은 깎아지른 듯했고 미끄러웠다. 그러나 언덕 꼭대기는 무성한 야생 넝쿨로 뒤덮여 있었다.

포위된 검투사들이 쓸 만한 넝쿨을 잘라 튼튼하고 긴 사다리를 만들어 꼭대기에 고정시킨 다음, 절벽을 따라 그 끝을 내려보내니 평지까지 닿았다. 이 사다리를 타고 검투사들은 모두 안전하게 밑으로 내려가고, 오직 한 사람만 남아 무기를 지키고 있었다. 모두 평지로 내려가자 그는 무기를 밑으로 던진 다음 자기도 무사히 밑으로 내려왔다.

로마 병사들은 입구와 다른 쪽에서 이와 같은 일이 벌어지는 것을 까맣게 모르고 있었다. 이에 검투사들은 로마 병사를 포위하고 기습하여 혼란스럽게 만들었다. 로마 병사가 도주하자 검투사들은 그들의 진지를 점령했다. 검투사들은 또한 그 일대에 살고 있던 목자(牧者)들과 손을 잡았다. 목자들은 강인하고 날랬으며, 완전 무장을 하고 있었다. 검투사들은 목자들을 받아들여 척후병과 경보병 부대로 삼았다.

이어 법정관 푸블리우스 바리누스(Publius Varinus)가 진압군으로 다시 파견되었다. 그의 부관은 푸리우스(Furius)라는 인물로서 2천 명을 거느리고 있었는데, 검투사들은 이들과 접전하여 무찔렀다. 이때 스파르타쿠스는 코시니우스(Cossinius)의 움직임을 면밀히 감시하고 있었다. 코시니우스는 사령관 바리누스의 군사 고문으로 파견된 인물이었다.

스파르타쿠스는 살리나이(Salinae)에서 목욕하던 코시니우스를 거의 잡을 뻔했다. 온갖 어려움 끝에 코시니우스가 가까스로 도주하자 스파르타쿠스는 곧 그의 군수품을 장악한 다음 맹렬히 추격하여 그의 진영을 함락하고 많은 병사를 죽였

크라수스

다. 코시니우스도 이 전투에서 죽었다.

여러 전투에서 법정관을 무찌르고 마침내 그의 시종들과 그가 타는 말까지 사로잡은 스파르타쿠스는 곧 엄청난 세력을 떨쳤다. 스파르타쿠스는 상황을 정확히 판단하고 있었다. 그는 로마 전역을 장악할 뜻이 없었기 때문에 알프스로 군대를 진격하면서 병사들이 산을 넘을 때 어떤 사람은 트라키아로, 또 어떤 사람은 갈리아로 각기 돌아가는 쪽이 좋겠다고 생각했다. 그러나 병력이 강대해진 그들은 승리에 대한 자신감이 넘쳐 스파르타쿠스의 말을 듣지 않고 이탈리아로 쳐들어가 유린했다.

이제 원로원은 더 이상 노예 반란을 치욕이나 불명예 정도로 여기지 않았다. 그들은 두려움과 위협에 휩싸여 두 명의 집정관을 전쟁터로 보냈는데, 이는 매우 어렵고 거대한 전쟁이 일어났을 때나 취하는 조치였다. 집정관 가운데 한 사람이었던 겔리우스(Gellius)는 게르만족을 급습했다. 교만하고 무모했던 게르만족 반란군은 스파르타쿠스의 주력 부대에서 떨어져 나왔다가 무참하게 살해되었다.

또 다른 집정관인 렌툴루스가 많은 병력으로 반란군을 포위하자 스파르타쿠스는 그들에게 돌진하여 접전 끝에 렌툴루스의 부관들을 물리치고 그들의 군수품을 차지했다. 그런 다음 그는 알프스로 군대를 진격하다가 알프스 남쪽의 갈리아(Gallia Cisalpina)를 다스리던 카시우스(Cassius) 총독을 만났다. 카시우스는 1만 명의 병력을 거느리고 있었지만 이어진 전투에서 패배해 많은 병력을 잃고 온갖 어려움을 겪은 뒤에 도주했다.

10

이와 같은 소식을 들은 원로원은 분노하여 집정관들에게 입을 다물도록 지시한 다음 크라수스를 전쟁의 지휘자로 뽑았다. 여러 귀족이 그의 명성 또는 그와 나눈 우정 때문에 그의 휘하로 들어갔다. 크라수스는 피케눔(Picenum)의 국경 지대에 진영을 차렸다. 그는 진격해 오고 있는 스파르타쿠스의 군대를 그곳에서 막으리라고 예상했다. 그는 부관 뭄미우스에게 2개 군단을 거느리고 우회로를 따라 진격하되 적을 추격만 하고 전투는 벌이지 말도록 지시했다.

그러나 처음으로 자기에게 유리한 기회가 왔다고 여긴 뭄미우스는 전투를 벌였다가 참패하여 많은 병력을 잃었다. 나머지 병사들은 무기를 버리고 살길을 찾아 도주했다. 크라수스는 패전하고 돌아온 뭄미우스를 거칠게 다루었으며, 병사들에게 새로운 무기를 주면서 다시는 무기를 버리지 않겠노라는 선서를 받았다.

더 나아가 크라수스는 비겁하게 먼저 달아난 5백 명을 열 명씩 50개 단위로 나눈 뒤 각 단위에서 한 명을 제비뽑기로 가려 죽이도록 했다. 이는 도주한 병사를 처벌하는 지난날의 군형법(decimatio)을 오랜만에 되살린 것이었다. 이런 식의 처형은 불명예스러울 뿐만 아니라, 두렵고도 역겨운 일로서 모든 병사가 지켜보는 가운데 치러졌다. 이런 방식으로 군기를 잡은 크라수스는 적군을 향하여 진군했다.

그러나 스파르타쿠스는 그를 비켜 루카니아를 거쳐 바다로 빠져나갔다. 스파르타쿠스는 시킬리아 해협을 지나다가 우연히 킬리키아의 해적들을 만나 그들과 함께 시킬리아를 점령하기로 결심했다. 그는 병사 2천 명을 섬에 투입하면서, 지난날 [기원전 102~99년 사이에 벌어졌던] 노예 전쟁에 다시 불을 붙일 수 있으리라고 생각했다.

스파르타쿠스가 보기에 그 전쟁은 아직 완전히 사그라지지 않았고, 조금만 더 기름을 부으면 다시 불길이 일어날 것만 같았다. 그러나 스파르타쿠스와 협정을 맺을 무렵이 되자 킬리키아 해적들은 선물만 챙기고 그를 속인 다음 바다로 떠났다. 그래서 스파르타쿠스는 바다에서 다시 육지로 돌아와 레

크라수스

기움(Rhegium)반도에 진영을 차렸다.

그즈음에 크라수스는 그곳의 지형을 이용한 작전을 쓰기로 하고 시킬리아 해협을 가로막는 성벽을 쌓을 계획을 세웠다. 그는 이 방법을 써서 병사들을 게으름에 빠지지 않게 하고 적군의 보급을 끊으려 했다. 그러한 과업은 매우 거대한 공사이면서도 어려운 일이었지만 그는 육지의 목 부분을 관통해서 양쪽 바다를 잇는 수로를 팠다. 길이가 3백 스타디움(약 55킬로미터), 너비와 깊이가 약 4.5미터 정도인 이 수로 주위에는 놀라울 만큼 높고 굳건한 성이 지어졌다.

스파르타쿠스는 처음에 크라수스의 이러한 공사를 대수롭지 않게 생각했다. 그러나 곧 보급품이 떨어지고 반도를 빠져나가려 할 즈음에야 그는 자신이 성벽에 갇혔으며, 이제는 그곳에서 더 이상 할 수 있는 일이 없음을 깨달았다. 따라서 그는 눈보라가 치는 어느 날 밤에 흙과 목재와 나뭇가지로 수로의 일부를 메우고 병력의 3분의 1을 건너보냈다.

11

그러자 크라수스는 스파르타쿠스가 로마로 진군하고 싶은 충동에 빠지지나 않을까 두려웠지만, 많은 검투사가 스파르타쿠스와 다툰 뒤에 헤어져 루카니아 호수에 진영을 차리고 있다는 보고를 받고 안심했다. 들리는 바에 따르면, 이 호수는 시간에 따라 물맛이 달라져 어떤 때는 달콤하고 어떤 때는 써서 마실 수 없게 된다고 한다. 이곳에 도착한 크라수스는 호수에서 적군을 몰아냈지만 갑자기 스파르타쿠스가 나타나 적군을 죽이거나 도망병들을 추격하지 못했다.

이런 일이 벌어지기에 앞서 크라수스는 원로원에 편지를 보내 트라키아에 있는 루쿨루스(Marcus Lucullus)와 스페인에 있는 폼페이우스를 불러들이도록 요청한 바 있었으나 이를 곧 후회했다. 그들이 전쟁에 참가하기에 앞서 자기만의 힘으로 전쟁을 끝내고 싶었기 때문이었다.

크라수스는 루쿨루스와 폼페이우스가 오면 전쟁의 공로가 그들에게 돌아가지 자기 몫이 되지 않으리라는 것을 잘 알고 있었다. 이러한 판단에 따라 그는 먼저 주력 부대에서 떨어져 나와 따로 전투를 벌이던 잔여 부대를 공격하기로 결정했다. 그 부대는 카이우스 카니키우스(Caius Canicius)와 카스투스(Castus)의 지휘를 받고 있었다.

이러한 판단에서 크라수스는 어떤 고지를 점령하고자 병사 6천 명을 보내면서 이번 작전을 은밀히 진행하라고 지시했다. 병사들은 초병에게 들키지 않으려고 투구까지 가린 채 적진에 접근하였으나, 전쟁의 승리를 위해 제사를 드리고 있던 두 여인의 눈에 띄었다. 이때 크라수스가 재빨리 나타나 공격하지 않았더라면 병사들이 목숨을 잃을 뻔했다. 전투는 매우 치열하여 크라수스는 1만 2천3백 명의 적군을 죽였는데, 그 가운데 등에 상처를 입고 죽은 사람은 두 명뿐이었다. 나머지 검투사들은 전열을 지키면서 로마 병사들과 싸우다 죽었다.

이 전투에서 패배한 스파르타쿠스는 페텔리아(Petelia) 언덕으로 숨어들었고, 크라수스의 부관 가운데 하나였던 퀸투스(Quintus)와 재무관(Quaestor)[4]인 스크로파스(Scrophas)가 그 뒤를 바짝 쫓았다. 그러나 스파르타쿠스가 갑자기 방향을 돌려 역습하자 로마 병사는 크게 지고, 상처 입은 재무관을 겨우 살려 끌고 돌아왔다.

이 전투의 승리는 역설적으로 스파르타쿠스가 무너지는 계기가 되었다. 노예 병사들이 지나친 자만에 빠졌기 때문이었다. 검투사들은 이제 더 이상 전투를 피하려 하지 않았고, 지

---

4   재무관은 고대 로마의 관직으로서 처음에는 재무관으로 그 업무가 시작되었으나 시간이 흐르면서 검찰관의 역할을 했다. 그러므로 시대에 따라 재무관과 검찰관으로 성격과 번역이 달랐다.

휘관의 명령에 따르지 않았으며, 진군을 시작하자 손에 무기를 들고 지휘관을 둘러싸며 로마 병사를 무찌르고자 루카니아로 기수를 돌리라고 강요했다.

이러한 적군의 움직임은 크라수스가 무엇보다도 바라던 바였다. 이미 폼페이우스가 전선을 향해 오고 있다는 소식이 들려왔을 뿐만 아니라, 폼페이우스가 오면 승리는 자신들의 몫이라고 드러내 놓고 말하는 사람들이 적지 않았기 때문이었다. 폼페이우스는 한 번의 전투로 전쟁을 끝낼 심산이었다. 따라서 크라수스는 폼페이우스가 오기에 앞서 자신이 전쟁을 끝내리라 작정하고 적진 가까이에 진영을 차린 다음 참호를 파기 시작했다.

이때 반란군이 기습해 진지 작업을 하던 로마 병사와 전투를 벌였다. 이 전투를 지원할 부대가 출발할 때, 불현듯 지금 자기에게 필요한 것이 무엇인지를 깨달은 스파르타쿠스는 모든 병력을 전투에 투입했다. 그러는 사이에 누군가 그의 말을 끌고 왔다. 이를 본 스파르타쿠스는 이렇게 말했다.

"이번 전투에서 이기면 수많은 명마가 생길 것이요, 지면 나에게는 이제 더 이상 말이 필요 없을 것이다."

그러고 나서 스파르타쿠스는 칼을 빼어 말을 죽였다. 그는 빗발치듯 날아오는 화살을 뚫고 크라수스를 향해 짓쳐 나갔다. 많은 적군을 베었고 한꺼번에 달려드는 두 백인대장을 죽였지만 그는 크라수스에게 다가가지는 못했다. 끝내 동료들이 도주하자 스파르타쿠스는 홀로 많은 적군에 둘러싸여 싸우다가 장렬하게 죽었다.

이 싸움에서 크라수스는 행운을 얻었고, 탁월한 영도력을 보여 주었고, 스스로를 위험에 던졌지만, 그의 승리는 폼페이우스의 명성만 올려 주었다. 전투에서 패배하고 도주하던 스파르타쿠스의 병사 [5천 명이] 폼페이우스의 손에 난도질을 당했기 때문이었다. 그래서 폼페이우스는 원로원에 다음과 같은 보고서를 보낼 수 있었다.

"이번 전투에서 크라수스가 노예 반란군을 정복했지만, 전쟁을 끝낸 것은 폼페이우스입니다."

폼페이우스는 스페인에서 세르토리우스(Sertorius)를 무찌른 공로로 장엄한 개선식을 치렀다. 그러나 아무리 자기 자랑을 잘하는 사람이었다 할지라도 크라수스는 감히 성대한 개선식을 요구할 수 없었다. 크라수스는 대단치도 않은 노예 전쟁에서 승리했으니, 단출하게 기립 박수나 받는 정도의 약식 개선식(ovatio)으로도 충분하다고 사람들은 생각했다. 약식 개선식이 어떤 것이고, 왜 그런 이름이 생겼는지는 「마르켈루스 전」(§22)에서 언급해 두었다.

12

이런 일이 있은 뒤, 시민들은 폼페이우스에게 집정관 후보로 나갈 것을 권유했다. 크라수스는 가만히 있어도 폼페이우스의 동료 집정관이 될 수 있었지만 조금도 머뭇거리지 않고 폼페이우스에게 도움을 요청했다. 폼페이우스도 크라수스의 부탁을 기꺼이 받아들여 그를 힘껏 도와주었다. 폼페이우스는 어떤 형태로든 크라수스가 자기에게 기대고 사는 처지가 되기를 바라고 있었기 때문에 그가 후보가 되도록 열심히 일을 추진했다.

그리하여 폼페이우스는 민회에 나가, 만약 크라수스가 동료 집정관으로 선출될 수만 있다면 그것은 자신이 집정관에 당선된 것에 못지않게 고마운 일이라고 연설했다. 그러나 막상 [기원전 70년에] 크라수스가 집정관에 당선되자 두 사람은 화목하지 못했다. 그들은 모든 정책에 의견이 달라 서로 싸우더니, 끝내 경쟁심으로 말미암아 자신들의 집정관 직책을 무력하게 만들고 아무 업적도 남기지 못했다.

그런 가운데에서도 크라수스는 헤라클레스에게 성대하

게 제사를 드리고, 식탁 1만 개를 차려 민중을 대접했으며, 석 달 치 식량을 나누어 주었다. 드디어 그들의 임기가 거의 끝날 무렵이 되어 민회가 소집되자 어느 남자가 단상에 올라왔다. 그는 귀족이 아니었으며 로마의 무사로서 촌스럽고 태도가 거칠었다. 오나티우스 아우렐리우스(Onatius Aurelius)라는 이름의 그 사나이는 단상에 오르더니 군중에게 자신이 꿈에 보았던 일을 다음과 같이 설명했다.

"어젯밤에 유피테르 신이 꿈속에 나타나, '폼페이우스와 크라수스가 화해할 때까지 여러분은 그 두 사람이 집정관 직책에서 물러나지 않도록 해야 한다'고 말했습니다."

그의 말을 들은 민중이 두 사람에게 화해하라고 외치자 폼페이우스는 아무 말도 없이 서 있었지만, 크라수스가 먼저 일어나 폼페이우스의 손을 잡고 말했다.

"시민 여러분, 나로서는 폼페이우스와 우정을 나누고자 먼저 손을 내미는 것이 수치스럽지 않고 무가치하다고 생각하지도 않습니다. 여러분은 그의 수염이 나기도 전에 그에게 '위대한 분(Magnus)'이라는 칭호를 주었고, 원로원 의원이 아님에도 개선식을 베풀어 주었습니다."

13

크라수스가 집정관을 지내는 동안 기억에 남을 일을 한 것은 그런 정도이다. 그러나 그가 [기원전 65년에] 감찰관(Cansor)으로 재직할 때는 그조차도 없었다. 그는 로마인으로서 가장 훌륭한 인물이었던 루타티우스 카툴루스(Lutatius Catulus)를 동료로 두고도 원로원을 개혁하지 못했고, 군부의 비리를 파헤치지도 못했으며, 인구 조사도 하지 않았다. 그러나 들리는 바에 따르면, 크라수스가 이집트를 조공 국가로 만들려고 위험한 정책을 강압적으로 추진했을 때 카툴루스는 이에 격렬히 반대하다가 의견의 일치를 보지 못하고 함께 자발적으로 재무관 직책에서 물러났다.

　[기원전 63~62년에] 루키우스 카틸리네(Lucius Catiline)의 역
모 사건이 일어나 로마가 무너질 정도로 사태가 심각해졌을
때 크라수스도 조금 의심을 받았다. 그때 어떤 사람이 크라수
스가 이 사건에 연루되었다고 드러내 놓고 주장했지만 아무
도 그 말을 믿지 않았다. 그럼에도 키케로는 크라수스와 카이
사르가 이 사건에 연루되었다고 노골적으로 주장했다. 실제로
키케로의 연설은 그가 죽은 뒤에야 출판되었는데,[5] 그가 집정
관으로 재직할 때 올린 보고에 따르면 사건의 전말은 이렇다.

　어느 날 밤에 크라수스가 카틸리네 사건을 자세히 기록한
서류를 들고 키케로를 찾아온 적이 있었는데, 그것을 보면서
키케로 자신은 크라수스가 음모에 가담했다는 느낌을 받았다
고 한다. 이 일로 말미암아 크라수스는 늘 키케로를 미워하면
서도 아들 때문에 대놓고 그럴 수도 없었다.

　크라수스의 아들 푸블리우스 크라수스(Publius Crassus)는
키케로에게 배운 바 있고 그를 몹시 존경하여, 스승이 재판에
참석하면서 상복을 입으면 자신도 상복을 입었을 뿐만 아니라
다른 젊은이들도 그렇게 하도록 설득할 정도였다. 그리하여
아들 크라수스는 끝내 아버지를 설득하여 키케로의 동지로 만
들었다.

14

카이사르가 근무지인 스페인에서 돌아와 집정관이 되려고 준
비하며 살펴보니 폼페이우스와 크라수스가 다시 다투고 있었
다. 카이사르는 그들 가운데 한 사람에게 도움을 부탁함으로
써 다른 사람과 원수가 되는 것을 바라지도 않았지만, 그렇다
고 해서 그들의 도움을 받지 않고서는 집정관이 될 희망이 없

5　　이 글은 현재 전해지지 않고 있다.

었다.

　그래서 카이사르는 두 사람이 싸우다가 함께 쓰러지면 키케로나 카툴루스나 카토 같은 인물들이 집권하는 일이 벌어지겠지만, 만약 두 사람이 동지들을 모아 힘을 합쳐 로마를 위해 일한다면 앞서 말한 세 사람의 영향력이 커지지 못하리라고 끈질기게 설득하면서 두 사람을 화해시키려고 노력했다.

　카이사르는 마침내 두 사람을 설득한 끝에 자기를 지지하도록 만듦으로써 삼두 정치(三頭政治)를 구성했다. 그는 삼두 정치의 막강한 힘을 이용하여 원로원과 민중 세력을 제압했다. 그는 두 사람이 서로 도와 함께 강력해진 것이 아니라 그들을 이용하여 자신을 강성하게 만들 수 있었다.

　카이사르는 두 사람의 도움에 힘입어 [기원전 59년에] 압도적인 지지를 받아 집정관에 당선되었다. 그가 집정관으로 재직하는 동안 폼페이우스와 크라수스는 카이사르에게 군대의 지휘권과 갈리아의 통치권을 넘겨줌으로써 그를 아크로폴리스 신전에 우뚝 서도록 만들어 주었다. 두 사람은 카이사르에게 갈리아를 떼어 주면 나머지는 자기들이 나누어 가질 수 있으리라고 생각했다.

　이런 과정에서 폼페이우스는 끝없는 권력욕으로 일을 처리했다. 그리고 크라수스에게는 해묵은 병폐가 도졌다. 바로 탐욕이었다. 거기에서 더 나아가 그는 카이사르가 정복 전쟁에서 돌아와 개선하는 모습을 보며 새로운 열정에 사로잡혔다. 전쟁의 기술이라는 점에서는 자신이 카이사르를 따라갈 수 없지만 그 밖의 일이야 자기가 그보다 못할 것도 없다고 생각한 것이다. 이러한 열정은 그가 불명예스럽게 죽으면서 조국을 재앙에 빠뜨릴 때까지 멈추지 않았다.

　[기원전 56년에] 카이사르가 갈리아에서 루카(Luca)로 돌아왔을 때 로마 시민들이 마중 나갔는데, 그 가운데에는 폼페이우스와 크라수스도 있었다. 세 사람은 그 자리에서 사사로이

모인 다음, 앞으로는 더 강력한 권력으로 정치를 할 것이며 국가의 정무를 오로지 세 사람만이 처리하기로 결의했다.

카이사르는 지난날과 다름없이 군대의 지휘권을 갖고, 폼페이우스와 크라수스는 다른 곳의 영토와 군대를 지휘하기로 했다. 그러나 그러려면 다음 임기에도 집정관에 재선되어야 했다. 폼페이우스와 크라수스가 집정관에 다시 출마했을 때 카이사르는 자기의 막료들에게 편지를 쓰고 선거에서 두 사람을 도와주도록 휘하의 병사를 집으로 돌려보냄으로써 그들을 지원할 참이었다.

15

이와 같이 서로를 받아들인 크라수스와 폼페이우스가 로마로 돌아오자 곧 의심을 샀다. 두 사람이 카이사르를 만난 것은 좋은 뜻이 아니었다는 소문이 온 로마에 퍼졌다. 도미티우스(Domitius)가 원로원에서 폼페이우스에게 물었다.

"장군께서는 집정관 선거에 출마할 것입니까?"

그러자 폼페이우스가 대답했다.

"출마할 수도 있고 출마하지 않을 수도 있습니다."

도미티우스가 거듭하여 묻자 그는 이렇게 대답했다.

"선량한 시민들의 표는 받겠지만 그렇지 않은 시민들의 표는 바라지 않습니다."

폼페이우스의 대답이 자신에 차 있고 오만하다고 사람들은 생각했다. 이번에는 크라수스가 출마할 것인지에 대한 질문을 받고 좀 더 겸손하게 대답했다.

"나의 출마가 로마에 이로운 일이라면 출마할 것이고, 그렇지 않다면 하지 않을 것입니다."

이 모호한 말에 여러 사람이 용기를 얻어 집정관에 출마했는데, 그 가운데에는 도미티우스도 있었다. 그러나 폼페이우스와 크라수스가 공개적으로 출마를 선언하자 다른 사람들

　　　　　　　　　　　크라수스

은 겁에 질려 출마를 포기했다. 도미티우스의 친척이자 친구인 카토는 도미티우스에게 끝까지 선거를 포기하지 말라고 격려하면서 희망을 품고 모든 시민의 자유를 위해 투쟁해야 한다고 주장했다.

카토의 말에 따르면, 크라수스와 폼페이우스가 바라는 것은 집정관 자리가 아니라 독재관(Dictator)이며, 단순히 관직을 얻으려는 선거 유세가 아니라 영지와 군대를 장악하려는 의도라는 것이었다. 그와 같은 말과 감정으로 카토가 도미티우스를 억지로 토론의 광장으로 끌고 나와 후보로 삼으니 많은 사람이 이에 동조했다. 사람들이 놀라움을 드러내면서 이렇게 물었다.

"왜 폼페이우스와 크라수스가 집정관으로 재선되려고 하는 것이지요? 왜 꼭 한 번 더 해야 하나요? 왜 다른 사람을 동료 집정관으로 뽑으면 안 되나요? 그들의 동료 집정관이 되기에 충분한 사람들이 우리 가운데에도 셀 수 없이 많은데……"

[기원전 55년에] 민중의 이와 같은 저항에 놀란 크라수스와 폼페이우스의 당원들은 극단적인 소란과 폭력도 마다하지 않았다. 동이 트지도 않았는데 도미티우스가 지지자들과 함께 토론의 광장으로 나오자 크라수스와 폼페이우스의 당원들은 그들을 불러 세운 다음 횃불을 든 사람을 죽이고 많은 사람에게 상처를 입혔는데 그 가운데에는 카토도 섞여 있었다.

정적들을 탄압하여 모두 집으로 돌려보낸 다음, 폼페이우스와 크라수스는 스스로 집정관이 되었음을 선언했다. 곧이어 그들은 무장한 사람들에게 광장의 단상을 점거하도록 하고 카토를 몰아냈으며, 저항하는 사람들을 여러 명 죽였다. 또한 그들은 카이사르에게 갈리아의 총독 임기를 5년 더 연장해 주고 자기들은 시리아와 스페인의 통치권을 장악했다. 제비뽑기를 한 결과, 크라수스는 시리아를 맡고 폼페이우스는 스페인을 맡았다.

16

제비뽑기 결과에 둘 다 만족했다. 시민들은 폼페이우스가 로마에서 멀리 벗어나지 않기를 바랐고, 아내[6]를 몹시 사랑했던 폼페이우스도 로마에서 자신의 임기를 마치고 싶어 했다. 제비뽑기로 영지가 결정되자 크라수스는 자기의 일생에 이렇게 훌륭한 행운을 예전에 겪어 본 적이 없다는 듯 기뻐했다. 낯선 사람 앞이나 공공장소에서도 그는 평정심을 찾지 못했다. 크라수스는 가까운 사람들에게 마치 아이처럼 헛된 자만심을 보였는데, 이는 그의 나이로 보나 성품으로 볼 때 어울리지 않는 일이었다.

크라수스가 일찍이 이와 같은 교만과 허세에 빠진 적은 없었다. 이제 그는 이성을 잃었다. 그는 겨우 시리아나 파르티아 정도에 만족하지 않고, 루쿨루스가 아르메니아의 왕 티그라네스를 정복하고 폼페이우스가 페르시아의 왕 미트리다테스를 정복한 일을 애들 장난처럼 보이도록 만들고 싶었다. 그는 희망의 날개를 더 활짝 펴 중앙아시아에 있는 박트리아(Bactria)나 인도나 대해(大海)로까지 나가리라고 생각했다.

그런데 크라수스의 임무와 관련하여 통과된 정령(政令)에는 파르티아를 정복한다는 내용이 없었다. 그러나 크라수스가 그곳을 몹시 정복하고 싶어 한다는 것을 사람들은 잘 알고 있었다. 여기에 더해 갈리아 총독 카이사르가 로마로 편지를 보내 크라수스의 정복 전쟁을 승인하면서 그의 전의(戰意)를 부추겼다.

그러자 민중 호민관 가운데 한 사람인 아테이우스(Ateius)는 크라수스가 로마를 떠나는 것에 반대하겠노라고 위협했다. 또한 그의 출정을 마땅치 않게 생각하고 있던 여러 사람이 일

---

6   이 여인은 카이사르의 딸 율리아(Julia)를 뜻한다. 그러나 그 여인은 이듬해인 기원전 54년에 죽었다. (제22장 「폼페이우스전」, §47 참조)

어나 이 나라에 잘못한 일도 없을 뿐만 아니라 자신들과 동맹을 맺고 있는 나라를 침공하는 일에 반대했다.

이에 겁을 먹은 크라수스는 자기가 로마를 떠나 출정하는 일을 호위해 달라고 폼페이우스에게 간곡히 부탁했다. 군중 사이에서 폼페이우스의 명성이 그만큼 높았기 때문이었다. 크라수스의 행군을 막고 그를 비난하려 했던 군중은 자기들 앞에 폼페이우스가 늠름한 모습으로 나타난 것을 보자 분노를 누그러뜨리고 조용히 길을 비켜 주었다.

그러나 크라수스를 만난 아테이우스는 먼저 말로써 그를 저지시킨 다음 그의 출병을 반대했다. 그럼에도 크라수스가 출병의 뜻을 굽히지 않자 아테이우스는 자기 부하들을 시켜 크라수스를 체포하라고 지시했다. 그러나 다른 호민관이 이를 허락하지 않아 부하들이 크라수스를 풀어 주었다.

그러자 이번에는 아테이우스가 성문으로 달려가 불이 담긴 놋쇠 화로를 차려 놓고서 향과 제주(祭酒)를 붓고 저주를 시작했다. 그 저주는 끔찍한 것이었다. 아테이우스는 이런저런 낯선 잡신들의 이름을 불러내어 저주를 북돋았다. 로마인들의 말에 따르면, 예로부터 내려온 이 비방(秘方)의 저주는 너무도 강렬하여 이를 듣고 무사했던 사람이 없었다고 한다.

그러나 저주를 퍼부은 사람에게도 재앙이 닥치기 때문에 아무나 함부로 그런 짓을 하지 않는다고 한다. 따라서 그 무렵 로마인들은 아테이우스가 실수하는 것으로 생각했다. 지금 그의 분노가 크라수스로 말미암은 것이라 하더라도 끝내 로마에 재앙을 불러오는 것이기 때문이었다. 이런 일로 로마는 미신의 두려움에 휩싸였다.

17

그런 고비를 넘기면서 크라수스는 [기원전 54년에] 브룬디시움 (Brundisium)에 이르렀다. 겨울 폭풍으로 바다는 거칠었지만 그는 바다가 잠잠해지기를 기다리지 않고 출항했다가 전함을 여러 척 잃었다. 그러나 그는 남은 병력을 이끌고 서둘러 육로로 갈라티아를 지났다. 그곳에는 데이오타로스(Deiotaros)라는 왕이 아주 늙은 나이에 새로운 도시를 세우고 있었다. 크라수스는 왕을 보자 놀리듯이 말했다.

"왕이시여, 그대는 이미 날이 저물었는데 일을 시작하고 있군요."

그러자 갈라티아의 왕이 웃으면서 대꾸했다.

"대장군이시여, 내가 보기에 그대도 그리 이른 아침에 파르티아인들을 무찌르러 떠나는 것은 아닌 듯싶군요."

그 무렵 크라수스는 쉰 살이 넘었는데 실제 나이보다 더 늙어 보였다. 그러나 파르티아에 도착할 무렵에는 크라수스가 바라던 대로 일이 이루어졌다. 크라수스는 에우프라테스강에 쉽게 다리를 놓아 병사를 건너가게 했으며, 스스로 항복해 오는 메소포타미아의 여러 도시를 점령했다.

그러나 도시들 가운데 아폴로니우스(Apollonius)라는 독재자가 다스리는 곳에서 크라수스의 병사 1백 명이 목숨을 잃었다. 그는 그 도시로 쳐들어가 재산을 약탈하고 주민들을 노예로 팔아넘겼다. 그리스인들은 그 도시를 제노도티아(Zenodotia)라고 불렀다. 그 도시를 점령한 크라수스는 병사들에게 자신을 '대장군(Imperator)'이라고 부르도록 했다.

이 사건으로 크라수스는 자신의 생각이 옹졸하다는 것을 보여 주었을 뿐만 아니라, 앞으로 다가올 거대한 전쟁을 잘 치를 수 있을지 사람들이 의심하게 했다. 그가 보잘것없는 일로 그토록 기뻐했기 때문이었다. 크라수스는 로마 편으로 넘어온 도시들에 7천 명에 이르는 중무장 보병과 기병대 1천 명으로 구성된 수비대를 배치한 다음, 자신은 겨울도 날 겸, 갈리아의 카이사르 부대에서 시리아로 돌아오고 있는 아들 푸블리우스를 맞이하고자 시리아로 돌아갔다. 그의 아들은 무공 훈장을 달고 기병대 1천 명을 거느리며 그리로 오고 있었다.

크라수스가 시리아에서 아들을 기다린 것은 그가 출병한 뒤에 저지른 최초의 실수이자 최악의 실수였다고 사람들은 생각했다. 그는 파르티아에 늘 적대적이었던 바빌론과 셀레우키아(Seleucia)로 진격해야 할 시간에 시리아에 머무름으로써 적군이 전쟁에 대비할 수 있는 시간을 벌도록 해 주었기 때문이다.

크라수스가 시리아에 머물면서 전략적 목적보다 돈벌이에 더 몰두했다는 점도 또 다른 실수였다. 크라수스는 병력을 점검하지도 않고 병사들의 체력을 장려하지도 않으면서 히에라폴리스(Hierapolis) 신전[7]의 여신들에게 바친 보물이 얼마나 되는가를 헤아리느라 시간을 보냈으며, 어느 지방의 어느 왕에게 얼마의 병력을 요청할 것인가에 대한 문서를 작성하고 있었다.

실제로 크라수스는 돈을 바친 왕에게 병력의 징발을 탕감해 줌으로써 사람들로부터 존경을 잃고 멸시를 받았다. 그러자 바로 그 신전의 신 베누스(Venus)에게서 경고의 신탁이 내려왔다. 어떤 사람은 그 신을 유노(Juno)라고도 한다. 사람들은 지금도 그 여신이 자연의 근원으로서 습기를 제공하여 만물의 씨앗을 돋게 한다고 생각하면서, 인간에게 베푸는 모든 축복이 거기에서 비롯하였다고 가르친다. 크라수스 일행이 신전을 떠날 때 아들이 먼저 문지방에 걸려 넘어졌고, 이어 아버지가 그 위에 다시 넘어졌다.

18

크라수스가 진영에서 겨울을 나는 병사를 모으려 할 때 파르

---

7   히에라폴리스 신전은 프리기아(Phrygia) 남서쪽에 있으며, 온천수가 좋아 로마의 왕들이 휴양하러 찾아왔다.

티아 왕 아르사케스(Arsaces)[8]의 사절들이 짤막한 편지를 들고 찾아왔다. 그들은 이렇게 말했다.

"만약 이번 전쟁이 로마인들의 뜻에 따라 벌어진 것이라면 우리는 휴전이나 협정을 맺는 일이 없이 싸울 것이오. 그러나 들리는 바와 같이, 이 전쟁이 로마인들의 뜻과는 달리 크라수스가 사욕을 채우고자 파르티아인들에게 전쟁을 일으키고 영토를 차지하려 한 것이라면 아르사케스왕은 너그러운 마음으로 늙은 크라수스를 불쌍히 여겨 지금 왕에게 잡혀 있는 바나 다름없는 로마 병사를 곱게 풀어 줄 것이오."

이 말에 자존심이 상한 크라수스는 이런 답장을 보냈다.

"셀레우키아에서 내 대답을 들으시오."

그러자 사신들 가운데 가장 나이 많은 바기세스(Vagises)가 비웃음을 띠고 손바닥을 펴 보이며 말했다.

"장군이시여, 그대는 나의 손바닥에 털이 난 뒤에라야 셀레우키아를 볼 수 있을 것입니다."(디온 카시오스, 『로마사』, IX : 16)

히로데스(Hyrodes)왕에게로 돌아간 사신들은 이제 전쟁이 일어날 수밖에 없다고 보고했다. 수비대를 남겨 두었던 메소포타미아의 여러 도시에서 온갖 고초를 겪으며 탈출한 로마 병사가 크라수스에게 끔찍한 소식을 들려주었다. 그들은 자기들이 그 도시를 침략하면서 눈으로 본 적군의 수와 전투 모습을 이야기하는데, 늘 그렇듯이 그들의 이야기는 공포심으로 말미암아 과장이 섞여 있었다. 그들은 이렇게 말했다.

"적군이 추격해 오면 우리는 도망할 길이 없고, 그들이 도망하면 따라잡을 수가 없습니다. 선발대가 나타나면 이상한 화살이 날아오는데 누가 쏘았는지 알아보기도 전에 모든 것을 뚫고, 그들의 기갑 기병대는 모든 것을 뚫는데 우리 무기로는

---

8   아르사케스는 파르티아 왕조의 이름이다. 다음 문장에 나오는 히로데스는 오로데스 2세(Orodes II)의 다른 이름이다.

뚫을 수가 없습니다."

이런 소식을 들은 로마 병사는 용기를 잃었다. 그들이 출전하기에 앞서 들은 바에 따르면, 파르티아 병사들은 루쿨루스가 식은 죽 먹듯이 무찌른 아르메니아나 카파도키아의 병사들과 다름이 없었다. 그때 루쿨루스의 병사들은 약탈에 싫증이 날 만큼 전리품을 거두었으며, 어려운 일이라고는 고국에서 멀리 떨어져 있다는 것과 자기들의 진영으로 감히 가까이 오지도 못하는 적군을 추격하는 일뿐이라고 생각하던 터였다.

그러나 지금 상황을 보면, 그들이 기대했던 바와 달리 끔찍한 재앙을 겪을 것만 같았다. 이 때문에 일부 장군들은 크라수스가 전쟁을 멈추고 모든 작전을 다시 검토해 보아야 한다고 생각했다. 그러한 장군들 가운데에는 [뒷날 카이사르를 죽인] 카시우스(Gaius Cassius)도 있었다. 예언자들은 크라수스가 바친 제물에서 읽은 신탁이 불길하다고 넌지시 알려 주었다. 그러나 크라수스는 진격하자는 말밖에는 어떤 충고도 따르려 하지 않았다.

19

그러나 고무적인 일도 있었다. 아르메니아의 왕 아르타바스데스(Artavasdes)가 기병대 6천 명을 이끌고 와 크라수스를 격려해 주었던 것이다. 그들은 왕의 경비병이자 수행원이었다고 한다. 왕은 그 밖에도 중무장 기병 1만 명과 보병 3만 명을 자기의 비용으로 지원해 주겠노라고 약속했다. 그러면서 그는 크라수스에게 이렇게 권고했다.

"아르메니아를 거쳐 파르티아를 침공하십시오. 그리로 가면 아르메니아의 왕이 제공하는 군수품이 넉넉할 뿐만 아니라 길도 안전합니다. 파르티아 병사들은 기병대만이 강력한데, 아르메니아로 지나가면 산이 많고 능선이 연달아 이어져 기병대가 힘을 쓸 수 없을 것입니다."

크라수스는 왕의 성의와 그가 제공하고자 하는 엄청난 장비를 받는다는 것이 기뻤지만, 그의 권고를 거절하면서 이렇게 대답했다.

"그러나 나는 로마 용사들을 남겨 두고 온 메소포타미아를 거쳐 가야 합니다."

크라수스의 말을 들은 아르메니아의 왕은 말을 타고 떠났다. 크라수스는 시리아의 제우그마(Zeugma)에서 에우프라테스강을 건너고 있었는데, 예사롭지 않은 일들이 여러 차례 벌어졌다. 천둥이 치고 번개가 그들의 얼굴 앞에서 번쩍거렸으며, 안개와 태풍이 섞인 바람이 불어닥쳐 여러 곳의 배다리를 부쉈다. 그가 진영을 설치하려 한 곳에는 벼락이 두 번 떨어졌다.

어느 장군의 우아하게 치장한 말은 마부를 이끌고 강물로 뛰어들더니 물 밑으로 사라졌다. 디온 카시오스(Dion Cassius)의 『로마사』(XL : 18)에 따르면, 휘날리던 독수리 휘장이 저절로 방향을 바꾸었다고 한다. 이런 일이 아니더라도 강을 건넌 병사들에게 식사를 배급하는데 렌즈콩(lentil)과 소금이 먼저 나왔다. 이 식단은 로마인들이 애도(哀悼)의 상징으로, 죽은 이에게 제물을 바칠 때 내놓는 것과 같았다.

더 나아가서 크라수스는 병사들 앞에서 연설을 하다가 그들을 몹시 당황하게 만드는 말실수를 저질렀다. 그가 병사들이 다시 돌아가지 못하도록 건너온 다리를 모두 부수겠다고 말한 것이다. 그는 자기의 말실수를 알았을 때 말을 거두어들여 겁에 질린 부하들의 마음을 풀어 주었어야 했다.

그러나 크라수스는 사과하는 것이 자존심을 상하는 일이라 생각하여 말을 정정하지 않았다. 드디어 그가 병사를 정화(淨化)하려고 신전에서 제물을 바치는데 사제가 동물의 내장을 그의 손에 쥐여 주다가 떨어뜨렸다. 곁에 있던 사람들은 그 장면을 보고 크게 낙담했지만 크라수스는 웃으면서 말했다.

"내가 나이를 먹은 탓이라오. 그러나 여러분에게 장담하

크라수스

건대, 무기를 떨어뜨리는 일은 없을 것이오."

20

이런 일이 있은 뒤에 크라수스는 중무장 보병 7개 군단과 4천
명에 이르는 기병대와 그 만큼의 경보병을 이끌고 강을 따라
나아갔다. 몇명의 척후병이 돌아와 보고한 바에 따르면, 앞에
는 적군의 흔적조차 보이지 않고, 다만 많은 말의 발자국이 남
아 있는 것으로 보아 추격을 피해 도망친 듯하다는 것이었다.
그 말에 크라수스는 더욱 자신만만해졌고, 부하들은 파르티아
의 병사를 몹시 우습게 생각했다. 그럼에도 카시우스는 크라
수스를 만나 여러 가지 조언을 하면서 말했다.

"우리 수비대가 지키고 있는 도시로 물러나 병사가 체력
을 회복하도록 하면서 적군에 대해서도 좀 더 확실한 정보를
얻어야 합니다. 그렇지 않을 바에는 강을 따라 셀레우키아로
진격해야 합니다. 그렇게 함으로써 강을 따라 보급품을 지속
적으로 제공받을 수 있고, 그들의 포위를 피함으로써 그들과
얼굴을 마주하며 같은 조건으로 싸울 수 있기 때문입니다."

21

크라수스가 여러 일들을 궁리하고 있을 때 아라비아의 추장 아
리암네스(Ariamnes)라는 인물이 찾아왔다. 그는 교활하고 신의
없는 인물로서 하늘이 로마인들을 파멸시키고자 마련해 둔 가
장 무서운 저주였음이 뒷날 드러났다. 지난날 폼페이우스 밑에
서 복무하다가 지금은 크라수스의 부대로 배속된 로마 병사들
은 아리암네스가 폼페이우스에게 신세를 진 바 있어 로마의 우
군(友軍)으로 찾아온 줄 알았다. 그러나 그는 파르티아의 장군
들과 내통하며 크라수스의 신임을 얻을 길을 찾고 있었다.

아리암네스는 크라수스의 군대가 되도록 강이나 언덕을
벗어나 널찍한 평원으로 내려오도록 유인했다. 그래야만 파르

티아 병사가 로마군을 포위하여 쉽게 공격할 수 있기 때문이었다. 파르티아 병사들은 로마군과 정면으로 붙어 싸우고 싶은 생각이 전혀 없었다. 크라수스를 찾아온 그 야만인은 입이 마르도록 폼페이우스를 칭송하는 한편 크라수스를 추어올렸다. 그러면서 말재주가 뛰어난 그는 크라수스에게 이렇게 작전을 조언했다.

"공격을 늦추면서 준비하느라 시간을 끌 필요가 없습니다. 지금 장군에게 필요한 것은 무기가 아니라 적군을 추격하여 잡을 수 있는 손과 빠른 발입니다. 그들은 지금 보물과 노예를 약탈하여 스키티아(Scythia)나 히르카니아(Hyrkania)로 달아날 생각만 하고 있습니다. 그러니 장군께서 그들과 싸울 뜻이 있다면 파르티아의 왕이 병력을 끌어모으고 용기를 다시 찾기에 앞서 서둘러 그들을 공격해야 합니다. 지금 왕은 모습도 보이지 않고 있으며, 다만 수레나(Surena)와 실라케스(Sillaces)가 로마군의 추격을 막으려고 전진 배치되어 있을 뿐입니다."

그러나 이는 사실이 아니었다. 파르티아 왕 히로데스는 재빨리 군대를 둘로 나누어 자신은 아르타바스데스를 응징하고자 아르메니아를 침공하고 있었고, 수레나를 파견하여 로마군을 막도록 했다. 파르티아 왕이 직접 크라수스를 상대하지 않고 수레나를 파견한 것은, 어느 역사가들이 말한 것처럼 그가 크라수스를 가볍게 보아서가 아니었다.

로마에서 가장 탁월한 군인인 크라수스를 보잘것없는 적대자로만 볼 수도 없으려니와, 언제까지 아르메니아에서 아르타바스데스에게 발목이 잡혀 있을 수 없다는 것을 히로데스는 잘 알고 있었다. 오히려 그는 이번 사태가 얼마나 심각한 일인가를 깊이 고민하고 있었다. 그래서 자신이 직접 앞장서 참전하기보다는 다가오는 사태를 면밀히 관찰하면서 수레나를 보내 적군의 전투력을 떠보는 한편, 로마군의 주의를 분산시키려 했다.

크라수스

수레나 장군은 비범한 인물이었다. 부유한 명문가의 아들로서 사려 깊은 그는 권력에서 왕의 다음 자리였고, 용맹스러움과 능력에서는 그 시대 파르티아인 가운데 최고였으며, 몸집도 우람하고 아름다웠다. 그가 개인 사업을 위해 여행할 때면 짐을 실은 낙타가 1천 마리였고, 애첩들을 태운 마차가 2백 대였다. 무장한 기병대 1천 명과 그보다 많은 경보병이 그를 호위했으며, 마부와 하인과 노예가 1만 명을 넘었다. 더욱이 그는 파르티아 왕의 대관식에서 왕관을 씌워 주는 자기 가문의 전통을 수행하고 있었다.

또한 히로데스왕이 파르티아에서 추방되었을 때 수레나는 왕을 복위시켰는데, 이때 셀레우코스 니카토르(Seleucos Nicator)가 세운 도시 셀레우키아(Seleucia-on-Tigris)를 장악하면서 제일 먼저 성 위에 올라 손수 적을 무찔렀다. 이 무렵 그는 서른 살도 안 되었지만 신중함과 고결함에서 최고의 명성을 얻었는데, 이후 크라수스를 무찌름으로써 명성을 더했다. 크라수스는 처음엔 무모함과 자만심 때문에 졌고, 나중에는 겁에 질린 데다가 불운까지 겹쳐 기만전술에 쉽게 희생되었다.

22

이 무렵, 크라수스는 이방 민족 족장 아리암네스의 조언에 따라 강가를 벗어나 평원으로 나갔다. 처음 그곳은 머물기에도 좋고 걷기도 쉬웠으나 곧 어려움이 생겼다. 모래밭이 길게 이어져 나무나 물이 없었고 지평선에 보이는 것도 없었다. 병사들은 목이 말라 지치고 걸을 수도 없으려니와 겪는 일이라고는 낙담할 일뿐이었다. 숲도 없고, 물도 없고, 쉴 언덕도 없고, 풀도 없는 사막이 바다처럼 끝없이 넘실대며 병사들을 둘러쌌다. 이쯤 되면 배신자를 의심하기에 충분했다.

이 무렵에 아르메니아의 아르타바스데스에게서 사신이 도착하여 이렇게 말했다.

"지금 저는 엄청난 병력으로 쳐들어온 파르티아의 히로데스왕과 싸우느라 장군에게 지원군을 보낼 겨를이 없습니다. 조언하건대, 장군께서는 지금의 그 진격로를 벗어나 아르메니아의 병사와 연합하여 히로데스를 격퇴해야 합니다. 만약 그럴 수 없다면 적군의 기병대가 작전할 수 없도록 산악 지대에 병영을 차려야 합니다."

이에 크라수스는 답장을 쓰지 않고 화를 버럭 내면서, 지금은 아르메니아를 도와줄 형편이 아니며, 뒷날 배신자 아르타바스데스를 응징하러 가겠노라고 대답했다. 카시우스는 다시 한번 크게 마음을 상했지만 크라수스가 자기를 마땅치 않게 생각하는 터라 더 이상 그에게 충고하지 않고 이방인 아리암네스에게 말했다.

"이 짐승 같은 놈아, 너에게 무슨 악령이 들었단 말이냐? 크라수스에게 무슨 약을 먹이고, 뭐라고 속였기에 도적 떼의 우두머리에게나 어울릴 이 깊고 깊은 사막 길로 로마의 대장군을 몰아넣었단 말이냐?"

그러나 교활한 아리암네스는 온갖 비루한 말로 그들을 격려하면서 조금만 더 참으라고 설득했다. 그는 로마 병사들 사이를 돌아다니면서 도움을 주고 웃음을 띠며 말했다.

"샘도 없고, 냇물도 없고, 그늘도 없고, 목욕탕도 없고, 여관도 없는 이곳이 캄파니아라고 여러분은 생각합니까? 여러분은 지금 아시리아와 아라비아의 국경 지대를 지나고 있다는 것을 잊지 마시오."

로마인들을 이렇게 가르친 그 이방인은 자신의 속임수가 드러나기에 앞서 말을 타고 도망쳤다. 그러면서도 자기가 지금 떠나는 것이 크라수스를 위한 일이요, 적군을 혼란에 빠뜨리고자 함이라고 크라수스에게 알려 주는 일을 잊지 않았다.

크라수스

23

들리는 바에 따르면, 그날따라 크라수스는 로마의 장군들이
자주색 전투복을 입는 관례를 따르지 않고 애도(哀悼)를 상징
하는 검은 전투복을 입고 나타났다가 잘못을 깨닫고 곧 갈아
입었으며, 기수(旗手)들이 깃발을 뽑으려 하는데 마치 땅에 꽂
혀 있듯이 단단하게 박혀 있어 애를 먹었다고 한다. 그러나 크
라수스는 이런 일들을 모두 웃어넘기고 보병도 마치 기병대처
럼 빠르게 달리도록 재촉하면서 진군했다. 그때 척후병으로
나갔던 몇몇 병사가 돌아와 보고했다.

"나머지 병사들은 적군에 잡혀 모두 죽었고, 우리만 겨우
살아 돌아왔습니다. 적군은 엄청난 무리를 이끌고 우리를 쳐
부수고자 내려오고 있는데, 사기가 매우 높습니다."

그 말을 듣고 병사들이 크게 놀란 것은 말할 것도 없지만,
크라수스는 너무 놀라 이성을 잃은 채 일관성도 없이 서둘러
전투 대형을 짜기 시작했다. 처음에 그는 카시우스가 권고한
대로 중무장 보병을 될 수 있는 한 길게 늘어서게 하되 줄이 겹
치지 않도록 했는데, 이는 적군의 포위를 막고자 함이었다. 그
는 또한 기병대를 양쪽 날개에 배치했다.

그러다가 그는 마음을 바꾸어 자기 주변으로 병력을 집결
시켜 사방진(四方陣)을 펼치고 한쪽에 12개 코호르트씩 병력을
배치했다. 그러고는 코호르트마다 기병 중대인 투르마(Turma)
를 배치하여 어느 쪽에도 기병대의 도움을 받지 못하는 방진
(方陣)이 없게 하고 사방이 모두 꼭 같은 보호를 받으면서 공격
할 수 있도록 했다. 그는 날개 한쪽을 카시우스에게 맡기고 다
른 날개를 아들에게 맡겼으며 자신은 중앙을 지휘했다.

이러한 대형을 이루면서 로마군은 발리수스(Balissus)라는
냇가에 이르렀다. 너비가 넓지도 않고 물이 많지도 않았지만
목이 마르고 몸이 더운 데다가 물도 없이 피곤하게 행군하던
터라 너무 지친 병사들은 몹시 기뻐했다. 따라서 대부분의 장

군들은 여기에서 진영을 차리고 밤을 보내며 적의 수와 배치를 알아본 다음에 날이 밝으면 떠날 것이라고 생각했다.

그러나 크라수스의 아들과 기병대가 길을 재촉하며 전투를 벌일 것을 요구했고, 크라수스는 먹고 마셔야 할 병사들은 서서 그렇게 하라고 지시했다. 그리고 나서는 병사가 선 채로 식사를 마치기도 전에 서둘러 떠났다. 평소의 행군과는 달리 잠시 쉬지도 못하고 빠르게 행보를 유지하며 나아가니 드디어 적군이 눈앞에 나타났다. 파르티아 병사들의 수와 무장이 대단하지 않은 것을 본 로마 병사들은 놀랐다. 그러나 그처럼 하찮게 보인 것은 수레나가 주요 병력을 전위대 뒤에 숨기고 전포(戰袍)와 가죽으로 몸을 가려 방패가 번쩍이지 않도록 지시해 두었기 때문이었다.

그러다가 로마군이 가까이 다가오는 것을 본 지휘관이 신호를 보내자 낮고 소름 끼치는 소리가 들판을 뒤덮었다. 파르티아 병사들은 전투에서 호각이나 나팔을 불지 않고 팽팽한 가죽으로 만든 북을 친다. 북에는 청동 방울이 달려 있다. 그들이 사방에서 한꺼번에 북을 치는데, 그 소리가 마치 맹수들의 울부짖음이나 천둥소리 같았다. 모든 감각 가운데 청각이 인간의 영혼을 가장 혼란스럽게 만들고 가장 빨리 감정을 폭발시켜 판단을 흐리게 한다는 사실을 그들은 정확히 알고 있었다.

24

로마 병사가 소음에 기가 질려 있는 동안 파르티아군이 갑자기 방패를 덮었던 전포를 걷어 내니 투구와 갑옷이 번쩍거렸다. 마르기아나(Margiana)족이 제련한 철갑은 날카롭고도 눈부셨으며, 말은 구리와 강철로 만든 장비를 두르고 있었다. 그러나 무엇보다도 눈에 띄는 것은 키 크고 잘생긴 수레나 장군이었다.

여자처럼 곱상하게 생긴 수레나의 얼굴은 명성에 걸맞지 않았지만, 얼굴에 화장을 하고 머리에 가르마를 탄 모습이 메디아족에 더 가까웠다. 파르티아 병사들은 자신의 모습을 더욱 무섭게 보이고자 스키티아식으로 긴 머리를 앞쪽으로 끌어 묶고 있었다.

처음에 파르티아 병사들은 긴 창으로 로마 병사를 공격하여 선두 부대를 혼란에 빠뜨렸다. 그러나 로마군의 밀집 대형이 방패로 굳게 뭉쳐 있는 데다가 자세도 꼿꼿하고 안정적이라는 것을 안 그들은 일단 물러선 뒤 대오를 벗어나 흩어지는 모습을 보이더니 크라수스가 자기들의 작전을 알아차리기에 앞서 로마군의 사방진을 포위했다.

이에 크라수스가 경보병들에게 공격하도록 명령하였으나 그들은 앞으로 나가지 못하고 오히려 쏟아지는 화살을 맞으며 작전을 포기한 채 중무장 보병들 사이로 도망쳐 들어왔다. 그러자 이번에는 중무장 보병들이 겁에 질렸다. 그들이 보니 화살이 너무 빠르고 강력하여 갑옷을 뚫고 전포를 찢어 버리는데, 단단한 것이든 부드러운 것이든 가리지 않았다.

이제 파르티아 병사들은 서로 멀찌가니 떨어져 한꺼번에 활을 쏘기 시작했다. 그들이 굳이 조준해서 활을 쏘지 않아도 로마군은 모두 한데 몰려 있었기 때문에 화살을 피할 수가 없었다. 활은 크고 강력하며 잘 굽어져 있어 화살은 매우 강한 힘으로 날아갔다. 로마 병사들은 곧 비참한 지경에 빠졌다.

대오를 지키면 부상이 더욱 심해졌고, 적군과 접근전을 벌이면 얻는 것 없이 부상만 더욱 깊어졌다. 파르티아 병사들은 후퇴하면서 활을 쏘는데, 이 전략에서 그들은 스키티아인들 다음으로 능숙했다. 싸우면서 피해를 입지 않고, 도주하면서도 부끄러움을 느끼지 않으니 그야말로 영리한 작전이었다.

25

로마군은 적군이 화살이 떨어지면 싸움을 멈추거나 접근전을 펼치리라는 희망을 품고 버텼다. 그러나 파르티아 병사들은 낙타에 새로운 화살을 싣고 와 로마군을 포위했다. 크라수스는 전투가 쉽게 끝나지 않으리라는 것을 알고 낙심했다. 그는 아들 푸블리우스에게 전령을 보내 적군에게 포위되기에 앞서 접근전을 펼치라고 지시했다. 적군은 후미(後尾)를 치고자 기병대를 보내 푸블리우스의 날개를 공격하고 있었다.

그리하여 푸블리우스는 갈리아에서 데려온 기수 1천 명을 포함하여 기병대 1만 3천 명, 궁수 5백 명, 가까이에 있던 중무장 보병 8개 코호르트를 이끌고 짓쳐 나갔다. 그러나 푸블리우스를 포위하고 있던 파르티아 병사들은, 어떤 역사가의 기록처럼, 늪을 만났기 때문이었는지, 아니면 아버지와 푸블리우스를 떼어 낸 다음에 공격하려고 그랬는지는 알 수 없으나, 갑자기 도주하기 시작했다.

그러자 푸블리우스는 적군이 도망한다고 소리치며 추격했다. 켄소리누스(Censorinus)와 메가바쿠스(Megabacchus)가 그 뒤를 따랐다. 메가바쿠스는 용맹스럽고 힘이 장사였으며, 켄소리누스는 원로원 의원으로서 탁월한 웅변가였는데, 두 사람 모두 푸블리우스의 친구로 나이도 거의 비슷했다.

기병대가 푸블리우스를 따르자 희망에 들뜬 보병들도 열정을 품고 기쁜 마음으로 함께 따라갔다. 그들은 자기들이 이겼다고 생각하면서 열심히 적군을 추격했다. 그러나 한참 적군을 쫓던 로마 병사들은 자기들이 계략에 빠졌음을 알았다. 도망하던 적군이 갑자기 다른 부대와 합류했다. 적군이 이제 육박전을 하리라고 생각한 로마 병사들은 병력이 너무 적었기 때문에 추격을 멈추었다. 그러나 파르티아 병사들은 중무장한 기병대를 로마 병사들 앞에 세우고 나머지 기병대로 느슨하게 둘러싸더니 주위를 달리며 말굽으로 땅을 헤집었다.

그러자 먼지가 높이 일었다가 소나기처럼 쏟아져 로마 병사들은 앞을 볼 수도 없고 말을 할 수도 없이 작은 반경에 서로 엉켜 쓰러진 채 화살을 맞아 죽었다. 그러나 그들은 쉽게 죽지도 않았고, 빨리 죽지도 않았다. 화살이 꽂힌 상처가 경련을 일으키듯이 아팠다. 그들은 몸에 꽂힌 화살을 부러뜨리거나 핏줄과 힘줄에 박힌 화살을 힘주어 뽑으려 했지만 미늘로 된 화살촉은 상처를 더욱 크게 만들 뿐이었다.

이런 식으로 많은 사람이 죽고, 살아남은 병사들도 더 이상 싸울 수가 없었다. 푸블리우스가 철갑을 입은 파르티아의 기병대를 공격하라고 부하들에게 지시했지만, 그들은 화살이 방패를 관통하여 손에 박히고, 발은 땅바닥에 박혀 더 이상 싸울 수 없음을 보여 주었다. 이제 푸블리우스는 기병대만 이끌고 짓쳐 나가 적군 가까이에 이르렀다. 그러나 그는 공격과 수비 모두 불리했다.

푸블리우스는 짧고 약한 창으로 생가죽과 쇠로 만든 방패를 찔렀지만 소용이 없었고, 오히려 적군이 경무장한 갈리아의 병사를 찔렀다. 푸블리우스가 가장 믿었던 이 부대는 장렬하게 싸웠다. 갈리아 병사들은 적의 긴 창을 손으로 움켜잡고 적군을 끌어 내려 땅바닥에 메다꽂았다. 적군은 갑옷이 무거워 제대로 움직이지를 못했다. 갈리아 병사들이 말에서 내려 적군의 말 밑으로 들어가 배를 찔렀다. 놀란 말이 뛰어오르면서 기병과 보병을 가리지 않고 깔아뭉개 죽였다.

갈리아 병사가 견딜 수 없는 것은 더위와 갈증이었다. 북쪽 지방에서 내려온 그들은 더위에 익숙하지 않았다. 장창에 찔린 말들은 모두 달아나고 없었다. 그래서 그들은 푸블리우스를 부축하고 중무장한 본진으로 돌아와야 했다. 푸블리우스는 많이 다쳐 있었다. 야트막한 모래 언덕이 나타나자 그들은 그리로 몸을 피하면서 말을 가운데로 모으고 방패로 주변을 둘러쌌다.

그들은 그렇게 하는 것이 이방 민족을 쉽게 막는 방법이라고 생각했다. 그러나 결과는 전혀 다른 방향으로 흘러갔다. 평지 같으면 앞줄에 있는 사람이 뒷줄에 있는 사람을 어느 정도 보호해 줄 수 있다. 그러나 이곳은 언덕이어서 뒷줄에 서 있는 사람이 더 솟아 잘 보였으므로 몸을 피할 수도 없었다. 그들은 모두 화살을 맞고 저항도 하지 못한 채 치욕스럽게 죽었다.

그때 푸블리우스의 곁에는 카르하이(Carrhae) 마을 가까이에 살던 그리스인이 둘 있었는데, 이름은 히에로니모스(Hieronymus)와 니코마코스(Nikomachos)였다. 이들은 병사들과 함께 푸블리우스에게 이크나이(Ichnae) 마을로 피신할 것을 권고했다. 그 마을은 로마인들에게 우호적이었고 그리 멀지 않은 곳에 있었다. 그러자 푸블리우스가 말했다.

"죽음이 무섭기야 하지만, 나를 위해 죽어 가는 부하들을 버리고 갈 정도는 아니다."

그리고 푸블리우스는 부하들에게 다른 사람들을 구출하라고 지시하면서 작별 인사를 나눈 다음 그들과 헤어졌다. 화살에 맞아 팔을 쓸 수도 없던 그는 경호원에게 칼로 자기를 깊이 찌르라고 지시했다. 들리는 바에 따르면, 켄소리누스도 그렇게 죽었다고 한다.

그러나 메가바쿠스와 그 밖의 다른 장군들은 자살했다. 살아남은 병사들은 파르티아 병사가 언덕으로 올라와 장창으로 찔러 죽일 때까지 싸웠다. 들리는 바에 따르면, 그 많던 병사 가운데 5백 명도 안 되는 무리만이 포로가 되었다고 한다. 푸블리우스의 머리를 잘라 든 파르티아 병사들은 크라수스를 공격하고자 달려갔다.

26

전황은 이렇게 펼쳐졌다. 아들에게 파르티아를 공격하도록 명령한 뒤, 적군이 멀리 떠나 더 이상 자신을 공격하지 않는 것은 자신의 아들을 공격하러 갔기 때문이었음을 모르고 있던 크라수스는 조금 용기를 되찾았다. 그는 병사들을 안전하게 언덕 위로 모이게 한 다음 적군을 물리친 아들이 돌아오기를 기다리고 있었다.

푸블리우스는 위험에 빠지자 아버지에게 지원군을 부탁하는 전령을 보냈지만 첫 번째 전령은 적군에 잡혀 참살되었고, 두 번째로 보낸 전령은 온갖 고생 끝에 크라수스의 진영에 이르러 아들 푸블리우스가 아버지의 지원을 받지 못하면 목숨을 잃을 것이라고 보고했다.

크라수스는 정신이 어지러워 사태를 냉정하게 판단할 수 없었다. 병사들의 안전을 걱정한다면 앞으로 나가서는 안 되지만, 아들에 대한 애절한 사랑이 그의 등을 밀었다. 마침내 크라수스는 군대를 움직이기 시작했다. 바로 그 무렵에 적군이 전투 구호를 크게 외치며 다가왔다. 그 소리는 로마 병사를 더욱 겁에 질리게 만들었다. 북소리가 두 번째 전투를 기다리는 병사들에게 들려왔다. 이어서 적군이 창끝에 푸블리우스의 머리를 꽂아 들고 가까이 다가와 보이면서 조롱하듯 이렇게 소리쳤다.

"푸블리우스의 부모와 가족이 누구냐? 저렇게 천박하고 비겁한 크라수스가 이토록 고결하고 용맹한 푸블리우스의 아비라니 믿을 수가 없구나."

이 장면은 이제까지 그들이 겪었던 끔찍한 장면들 가운데 어느 것보다도 로마 병사들의 넋을 빼어 놓았다. 그들은 기대했던 것처럼 복수심에 불타기보다는 오히려 무서움에 질려 오그라들었다. 들리는 바에 따르면, 그 끔찍한 순간에 크라수스는 지난날의 그 어느 때보다도 용맹스러움을 보여 주었다고 한다. 그는 전열을 오가며 이렇게 부르짖었다.

"로마 병사들이여, 슬픔은 나 홀로 겪어야 할 일이다. 로마의 위대한 행운과 영광이 지금 살아 있는 그대들의 가슴에 굽히거나 정복되지 않은 채 살아 숨 쉬고 있다. 만약 그대들이 고귀한 아들을 잃은 나에게 연민을 느낀다면, 그것을 적군에 대한 분노로 보여 주기 바란다. 적군의 얼굴에서 기쁨을 빼앗고, 저들의 잔인함에 복수하자. 위대한 업적을 남기려는 사람은 큰 아픔을 겪는 법이니 이미 벌어진 일에 낙심하지 말라.

루쿨루스가 티그라네스를 정복하고 스키피오가 안티오코스를 정복할 때 피를 흘리지 않고서는 이룰 수 없었다. 지난날 우리 선조는 시킬리아 앞바다에서 전함 몇천 척을 잃었고, 이탈리아에서는 수많은 대장군과 장군이 실패했지만 그들 가운데 어느 누구도 정복자를 물리치는 일을 멈추지 않았다. 오늘날 로마가 이토록 영광을 누리는 것은 행운 때문이 아니라, 스스로 위험의 길을 걸어간 용사들의 끈질긴 인내와 용맹 덕분이었다."

27

크라수스가 이처럼 병사들을 독려하고 바라보니 그의 말을 듣고 용기를 내는 병사가 많지 않았다. 그가 다시 병사들에게 군호(軍號)를 외치라고 소리쳤지만 낙담한 병사들은 움츠러들어 있었고, 목소리는 지난날처럼 우렁차지 않았다. 그와는 달리 적진에서 들려오는 고함은 선명하고 용맹스러웠다. 적군이 다시 공격을 시작했다. 파르티아의 경기병(輕騎兵)들이 로마군의 옆구리를 돌면서 활을 쏘는 동안 중무장한 기병들은 장창을 들고 정면으로 쳐들어와 로마 병사를 좁은 곳으로 몰아넣었다.

겨우 화살을 피하여 죽음을 모면한 병사들은 절망감에 빠져 적군을 향해 돌진했다. 그러나 그들은 적군에게 어떤 피해도 주지 못한 채 더 심각한 부상을 입고 더 빨리 죽을 뿐이었다. 파르티아 병사가 로마 기병에게 던진 무쇠 창은 몹시 무거워 창 하나에 두 명이 꿰뚫려 죽었기 때문이었다. 이런 전투가 계속되는 동안 밤이 찾아왔다. 파르티아 병사들은 물러나면서 말했다.

"크라수스에게 아들의 죽음을 애도할 수 있는 하룻밤을 허락하겠다. 내일 너희들의 발로 걸어와 아르사케스왕에게 항복할 것인지 아니면 우리 손에 끌려갈 것인지 잘 생각해 두어라."

그런 다음 파르티아 병사들은 가까운 곳에 숙영했다. 그들의 사기는 하늘을 찌를 듯했다. 그러나 로마 병사들에게 그 밤은 슬프기 짝이 없었다. 로마 병사들은 죽은 동료들을 묻어 주지도 못하고, 상처 입고 죽어 가는 무리를 돌보지도 못한 채 자신의 운명을 슬퍼했다. 그 밤을 거기에서 지새우든 밤을 틈타 광막한 들판으로 뛰쳐나가든, 탈출은 불가능해 보였다. 더욱이 부상병들을 어떻게 처리해야 할지 몰랐다. 데리고 가다가는 탈출이 더뎌질 것이고, 그대로 두고 간다면 부상병의 울부짖는 소리에 적군이 탈출을 알게 될 것이었다.

로마 병사들은 이러한 불행이 모두 크라수스의 잘못 때문임을 알고 있으면서도 그의 얼굴을 보고 그의 말을 듣고 싶어 했다. 크라수스는 겉옷을 뒤집어쓰고 어두운 바닥에 누워 자신의 기구한 운명을 생각했다. 지혜로운 사람의 눈으로 보면, 그는 수많은 사람 가운데에서도 가장 위대했던 자신의 모습에 만족하지 못하고 오직 두 사람, 곧 카이사르와 폼페이우스에 대한 열등의식으로 말미암아 모든 것을 잃었으니, 그 모습은 어리석은 사람의 야심이 끝내 어떻게 되는가를 보여 주는 것만 같았다.

그 무렵에 로마에서 보낸 옥타비우스와 카시우스가 그를 찾아와 격려하고자 했다. 그러나 크라수스가 깊은 절망에 빠져 있는 모습을 본 두 사람은 자신들의 직권으로 백인대장과 장군들을 불러 모은 뒤 깊이 생각한 끝에 그곳에 더 머무르지 않기로 결정하고, 행군 나팔도 불지 않은 채 조용히 떠나갔다. 병들고 상처 입은 병사들은 전우들이 자기들을 버리기로 한 것을 알자 커다란 혼란에 빠지면서 탄식과 고함이 진영에 가득했다.

이런 일이 있은 뒤에 그들은 앞으로 나가려 했지만 적군의 추격이 확실히 있으리라는 생각으로 말미암아 질서를 잃고 두려움에 빠졌다. 자주 진로를 바꾸고 전투 대형을 갖추면서, 어떤 부상병은 등에 업고, 어떤 부상병은 땅에 눕혀 놓으니 모든 것이 더디기만 했다.

그런 가운데 이그나티우스(Ignatius)가 이끄는 기병 3백 명만이 밤을 틈타 카르하이에 도착했다. 이그나티우스는 로마어로 성벽 위의 파수병을 불렀다. 파수병이 나타나자 그는 크라수스와 파르티아 병사들 사이에 엄청난 전투가 있었다는 사실을 사령관 코포니우스(Coponius)에게 알리라고 지시했다. 그러고는 자신이 누구라는 말도 없이 제우그마로 말을 달렸다.

이로 말미암아 이그나티우스는 자신과 부하들의 생명을 구출했지만 상관을 버렸다는 오명(汚名)을 썼다. 그러나 그때 그가 파수병에게 외쳤던 말이 크라수스에게 조금은 도움을 주었다. 사령관 코포니우스는 전령의 보고가 짧고 다급한 것으로 보아 좋은 소식이 아님을 알고 곧바로 부하들을 무장시킨 다음, 크라수스가 다가온다는 것을 알자 성에서 나와 그를 구출하여 시내로 호송했던 것이다.

28

그날 밤, 파르티아인들은 로마 병사가 도망하는 것을 알면서도 추격하지 않다가 날이 밝자 다시 공격하여 본진에서 뒤처진 4천 명을 죽이고 들판에서 헤매던 병사를 여럿 사로잡았다. 또한 부관 바르곤티누스(Vargontinus)가 지휘하던 4개 코호르트의 병력은 어둠으로 말미암아 주력 부대에서 떨어져 나와 길을 헤매다가 작은 언덕에서 포위되어 끝까지 항전했으나 모두 죽고 단 스무 명만 살아남았다. 칼을 빼 들고 달려드는 로마 병사들의 용기를 가상하게 생각한 파르티아 병사들은 그들이 도망할 길을 열어 주었다. 그들은 가까스로 카르하이로 들어갔다.

이때 수레나가 받은 보고에 따르면, 크라수스는 고위 장교들과 함께 이미 탈출했으며, 카르하이로 들어간 도망병들은 주목할 필요도 없는 오합지졸이라고 했는데, 이는 잘못된 정보였다. 보고를 들은 수레나는 자신이 승리의 결실을 잃었다고 생각했다. 그러나 카르하이로 쳐들어가 함락할 것인지 그곳을 놔둔 채 크라수스를 추격할 것인지를 결정하기 전에 정확한 사실을 확인하고자 했다. 그는 두 나라 말을 할 줄 아는 시종을 그 성으로 보내 자신이 크라수스나 카시우스와 회담하고 싶다는 뜻을 알리라고 지시했다.

사절이 수레나의 말을 전달하자 보고를 받은 크라수스는 회담에 동의했다. 얼마의 시간이 지나 파르티아에서 아라비아인 몇 명이 찾아왔다. 그들은 지난날에 크라수스와 벌인 전쟁에 참가한 적이 있어 크라수스와 카시우스의 얼굴을 알아보았다. 그들은 성 위에서 카시우스를 만나자 이렇게 말했다.

"수레나 장군은 휴전을 바라며, 그대들이 파르티아 왕의 우방이 되어 메소포타미아를 떠난다면 그대들을 안전하게 보내 줄 것이오. 장군께서는 극단적인 수단을 쓰기보다는 이런 방법이 두 나라 모두에 더 유익하리라는 것을 잘 알 것입니다."

카시우스가 그 제안을 받아들이고 두 사람 사이에 열릴 회담의 장소와 시간을 물었다. 사절은 그것을 알아 오겠다면서 말을 타고 돌아갔다.

29

로마 병사들이 포위하기에 좋은 곳으로 오고 있다는 소식을 들은 수레나는 몹시 기뻤다. 날이 밝자 그는 카르하이로 쳐들어갔다. 파르티아 병사들은 온갖 욕설을 퍼부으며, 휴전을 바란다면 크라수스와 카시우스를 쇠사슬로 묶어 데려오라고 지시했다. 그제야 자신들이 속았다는 것을 안 로마 병사들은 낙담하여, 아르메니아에서 구원병이 오리라는 헛된 희망을 버리고 이 도시를 탈출하기로 했다.

이 계획은 카르하이 사람들 가운데 누구도 모르게 진행했지만, 가장 믿을 수 없는 안드로마코스(Andromachos)가 이 사실을 알았다. 카시우스가 그를 믿고 비밀을 털어놓으며 길 안내를 부탁했던 것이다. 안드로마코스가 자세한 계획을 알려 주었기 때문에 파르티아인들은 모든 것을 잘 알고 있었다. 파르티아인들은 밤에 싸우지 않는 것이 관습이고, 또 그러기도 쉽지 않음을 알고 있는 카시우스는 밤중에 도주를 시작했다.

안드로마코스는 같은 길로 이리저리 도망자들을 끌고 다니면서 파르티아의 추격병들이 놓치지 않고 따라오도록 애를 썼다. 마침내 그는 로마 병사를 늪과 도랑이 많은 곳으로 이끌었다. 이제 그를 따르던 병사들은 더 고생스럽게 길을 헛돌았다. 안드로마코스가 자기들을 이리저리 끌고 다니는 것을 의심스럽게 생각한 무리는 그를 따라가지 않았다.

카시우스가 카르하이로 다시 돌아오자 아라비아 출신의 안내인들은 하늘의 전갈자리(Scorpius)가 달을 지나갈 때까지 기다리자고 주장했다. 그러나 카시우스는 전갈자리보다 그 뒤를 따라오는 '궁수'자리(Sagittarius)가 더 무섭다고 말하면서 기병 5백 명과 함께 시리아로 도주했다. 믿을 만한 안내인을 고용한 무리는 신나카(Sinnaca)라는 작은 언덕 마을에 이르러 날이 밝아 올 때까지 몸을 피했다. 거의 5천 명에 이르는 그들은 용맹한 옥타비우스의 지휘를 받고 있었다.

날이 밝자 크라수스는 자신이 안드로마코스의 계략에 빠진 먹이가 되어 험한 늪지를 헤매고 있다는 것을 알아차렸다. 그를 따르는 병사는 중무장 보병 4개 코호르트와 기병 몇 명과 시종 다섯 명뿐이었다. 그는 이들을 데리고 길을 나섰지만 고생스럽기가 이루 말할 수 없었다. 그때 적군이 다시 쳐들어왔다. 그는 옥타비우스와는 진영을 합치기 어려울 만큼 떨어져 있어 다른 언덕으로 몸을 피했다. 그곳은 기병대가 올라가기에 그리 어렵지 않았고, 진지로 삼기에 유리하지도 않았지만 신나카 아래에 자리 잡고 있었으며 길게 평원을 가로지르는 능선이 그곳까지 이어져 있었다.

　그러한 위치 덕분에 옥타비우스는 크라수스가 위기에 빠진 것을 잘 알고 있었다. 옥타비우스가 먼저 병사를 몇 명 거느리고 높은 곳에서 내달아 그를 구출하자 나머지 무리는 이제까지 자기들의 비겁함을 책망하면서 언덕 아래로 달려 나가 적군을 무찌르고 크라수스를 방패로 둘러싼 다음, 자기들이 대장군을 지키는 싸움에서 모두 죽을 때까지 단 한 대의 화살도 그를 맞히지 못하게 하리라고 선언했다.

30

이제 수레나는 자신의 병사가 섣불리 크라수스를 공격할 뜻이 없음을 알았고, 다시 밤이 오면 로마 병사들은 언덕에 오를 것이요, 그렇게 되면 적군을 사로잡을 수 없다고 생각하여 크라수스를 잡을 다른 계책을 꾸몄다. 그는 먼저 잡아 두었던 로마군 포로를 몇 명 풀어 주었다. 로마 병사들은 수용소에 있을 적에 파르티아인들이 수군대는 소리를 들은 바 있었다.

　로마 병사들이 들은 소리에 따르면, 파르티아의 왕은 로마인들과 그토록 처절하게 싸우는 것을 바라지 않으며, 오히려 크라수스를 친절하게 맞이해 줌으로써 다시 우호 관계를 맺고 싶어 한다는 것이었다. 그런 소문과 함께 이방 민족들은 공격을 멈추었다. 수레나는 무장을 갖추지 않은 채 장군 몇 명을 데리고 언덕으로 올라가 오른손을 들고 크라수스를 불러 말했다.

　"나는 우리 대왕의 뜻과는 달리 그대의 용맹과 무력을 시험했습니다. 만약 장군께서 군대를 물린다면 대왕께서는 휴전하고 그대를 안전하게 돌아가도록 함으로써 자비와 우호를 보여 줄 것입니다."

　로마 병사들은 수레나의 제안을 열렬히 받아들이며 기뻐

했다. 그러나 파르티아인들에게 여러 차례 속아 고통을 겪었던 크라수스는 그들의 태도가 이토록 갑작스럽게 바뀐 데에는 또 다른 음모가 있으리라 생각하고 대답을 하지 않은 채 깊은 생각에 빠졌다. 그러자 로마 병사들은 휴전을 받아들이라고 소리치며, 무장도 하지 않은 수레나에 맞서 싸울 용기도 없으면서 자기들을 싸움터로 몰아넣으려 한다고 비난하기 시작했다.

남은 하루만 잘 견디면 밤을 틈타 산을 거쳐 광야로 나갈 수 있는 상황이었는지라, 크라수스는 그 길을 가리키며 우리가 안전하다는 희망을 버리지 말라고 설득했다. 그러나 병사들이 함께 무기를 두드리고 협박하자 겁을 먹은 크라수스는 수레나를 향해 걸어갔다. 그는 발걸음을 옮기며 고개를 돌려 말했다.

"옥타비우스여, 페트로니우스(Petronius)여, 그리고 이곳에 있는 로마의 장병들이여, 나는 지금 가야 할 길을 가고 있다오. 그대들은 지금 내가 겪고 있는 치욕적인 폭력의 증인이오. 만약 그대들이 무사히 고국에 돌아가면 이렇게 말해 주오. '크라수스는 적의 계략에 속아 적군에게 넘어간 것이지, 동포들의 손으로 적군에게 넘겨진 것이 아니라'고."

31

크라수스의 주위에 있던 옥타비우스와 몇몇 부하는 그곳에 남아 있지 않고 크라수스를 따라 언덕을 내려갔다. 그러나 크라수스는 따라오던 시종들을 모두 돌려보냈다. 적진에서 나와 크라수스를 처음 맞이한 이방인은 그리스계 혼혈 두 명이었다. 그들은 말에서 내려 예의를 차린 뒤 그리스어로, 크라수스 일행이 수레나와 함께 무장을 풀고 회담장으로 갈 수 있도록 앞으로 나오라고 말했다. 그러자 크라수스가 대답했다.

"만약 내가 조금이라도 목숨이 걱정되었다면 내 발로 이렇게 오지는 않았을 거요."

343   크라수스

그러면서 크라수스는 로스키우스(Roscius) 형제를 보내 휴전 조건과 회담에 참가할 인원수를 알아보도록 했다. 형제가 도착하자 수레나는 곧 그들을 체포하여 가두었다. 그런 다음 고위 장교들과 함께 말을 타고 앞으로 나오더니 이렇게 말했다.

"아니, 이럴 수가? 우리는 말을 타고 있는데 로마의 대장군이 걸어서 오시다니요?"

그러고 나서 그는 말을 가져오도록 지시했다. 그러자 크라수스가 대답했다.

"그들의 잘못이 아닙니다. 우리는 이 회담에서 각기 자기 나라의 관습을 따를 뿐입니다."

그러자 수레나가 말했다.

"이제 히로데스왕과 로마인들 사이에 휴전과 평화가 이뤄질 것입니다. 그러자면 에우프라테스강까지 가서 문서에 서명해야 합니다. 로마인들은 합의를 지키지 않기 때문이지요."

그러고 나서 그는 오른손을 크라수스에게 내밀었다. 이에 크라수스가 자기의 말을 끌고 오도록 하자 수레나가 말했다.

"그럴 필요가 없습니다. 대왕께서 장군을 위해 말을 보내주셨다오."

수레나의 말이 떨어지자마자 금으로 고삐를 장식한 말 한 필이 크라수스 옆으로 다가왔다. 시종이 나와 그를 들어 말에 태우더니 그와 말 머리를 나란히 하여 바삐 달려갔다. 옥타비우스가 먼저 말고삐를 잡고, 다음으로 군무 위원 가운데 한 명이었던 페트로니우스가 앞으로 나서자 나머지 로마 병사가 무리를 지어 말을 둘러싸며 말을 멈춰 세운 뒤 크라수스를 양쪽에서 둘러싸고 있던 이방인들을 끌어 내렸다.

양쪽에서 실랑이가 벌어지더니 곧 소란이 일어났다. 옥타비우스가 칼을 빼 들어 이방 민족의 마부 한 명을 베어 죽였다. 그때 누군가 옥타비우스를 뒤에서 가격하여 쓰러뜨렸다. 페트로니우스는 아무런 무기도 쥐고 있지 않았지만 가슴받이를 공격받고 말에서 뛰어내렸으나 다친 곳은 없었다. 그때 포마크사트레스(Pomaxathres)라는 파르티아인이 크라수스를 죽였다.

그러나 다른 기록에 따르면, 크라수스를 죽인 사람은 포마크사트레스가 아니라 다른 사람이었다고 한다. 그는 크라수스를 죽이고 땅바닥에 누운 크라수스의 머리와 오른손을 잘랐다고 한다. 그러나 이런 이야기는 추측일 뿐이고, 누구도 자세히 알지 못한다. 그 자리에서 크라수스를 위해 싸웠던 사람들 가운데 몇 사람은 죽고 몇몇은 언덕으로 도망쳤다. 그때 파르티아 병사가 다가와 말했다.

"크라수스는 죽을 만해서 죽었소. 그러나 나머지 로마 병사들은 그럴 일이 없으니 두려워하지 말고 내려오라고 수레나 장군께서 지시하셨소."

그 말에 따라 어떤 사람은 언덕에서 내려와 항복하고, 어떤 사람은 밤을 틈타 도망쳤지만 살아 돌아간 사람은 거의 없었다. 나머지 사람들은 아라비아인의 사냥감이 되어 잡혀 죽었다. 들리는 바에 따르면, 이 전쟁에서 2만 명이 죽고 1만 명이 포로가 되었다고 한다.

32

수레나는 크라수스의 머리와 손을 아르메니아에 있는 히로데스왕에게 보냈다. 그러면서도 그는 셀레우키아에 전령을 보내 자기가 크라수스를 산 채로 잡아갈 터이니 아주 우스꽝스러운 행렬을 준비하라고 일렀다. 그는 모독적인 개선식을 준비하고 있었다. 수레나는 포로 가운데 크라수스와 매우 닮은 카이우스 파키아누스(Caius Paccianus)라는 인물을 뽑아 귀족 여성의 옷을 입힌 뒤 누구냐고 물으면 대장군 크라수스라고 대답하도록 이른 다음 말에 태워 도시로 들어갔다.

그 앞에는 나팔수와 시종 몇 사람이 낙타를 타고 지나갔다. 시종의 부월(斧鉞)에는 주머니가 달려 있고 도끼에는 로마 병사들의 잘린 머리가 달려 있었다. 그 뒤에는 셀레우키아의 창녀와 무녀(舞女)들이 크라수스의 우유부단함과 비겁함을 비웃는 천박하고도 음탕한 노래를 부르며 뒤따랐다. 이 모든 것이 수레나가 시민들에게 보여 주고자 꾸민 일들이었다.

수레나는 셀레우키아의 정무 위원회 앞으로 아리스티데스(Aristides)[9]가 지은 『밀레시아카(Milesiaca)』라는 음란 서적을 들고 왔다. 적어도 이 일은 꾸며 낸 것이 아니었다. 왜냐하면 로스키우스(Roscius)라는 로마 병사의 짐에서 나왔기 때문이다. 이 책은 수레나가 로마인들을 음탕한 무리라고 모욕할 수 있는 좋은 계기를 만들어 주었다.

수레나 무리의 비난에 따르면, 로마 병사들은 전쟁터에 나가면서도 그러한 물건이나 외설스러운 책을 가지고 가지 않을 수 없었다는 것이다. 그러나 앞에서는 수레나가 『밀레시아카』와 같은 음란물이 든 지갑을 들고 있고, 뒤에는 주색에 빠진 파르티아인들이 애첩을 가득 실은 마차를 끌고 오는 모습을 보면, 우리는 아이소포스(Aesopos)의 우화가 얼마나 지혜로운가를 생각하며 탄복할 수밖에 없다.[10]

실제로 수레나 행렬의 앞을 보면 마치 독사와 같은 파충류를 연상케 하는 것들로 가득 차 있다. 이를테면 창과 활과 말 등의 두렵고도 야만적인 모습이다. 그러나 행렬의 뒤쪽은 춤과 타악기(cymbalum)와 현악기(lyra)와 밤의 흥청대는 잔치로 가득 차 있었다.

그런 음란물들을 들고 전쟁터에 나간 로스키우스에게 분

---

9   이 사람은 이 책 제9장의 주인공인 아테네의 정치가 아리스티데스와는 다른 인물이다.

10   아이소포스(이솝)의 우화에는 이런 이야기가 나온다. 모든 사람은 두 개의 지갑을 가지고 있다. 하나는 앞에 차고 다니는데 그 안에는 이웃의 허물이 가득 담겨 있고, 다른 하나는 뒤에 차고 다니는데 그 안에는 자신의 허물이 가득 담겨 있다. 그래서 사람들은 앞에 달린 이웃의 허물은 보면서도 뒤에 달린 자신의 허물을 보지 못한다.

명히 잘못이 있지만, 그들 아르사케스 왕족이 대부분 밀레토스와 이오니아 출신 애첩의 서출(庶出)이었다는 점을 생각한다면, 『밀레시아카』를 트집 잡는 파르티아인들도 부끄러움을 모르는 사람들이다.

33

그러는 사이에 히로데스왕과 아르메니아의 아르타바스데스왕 사이에 화해가 이뤄지고, 히로데스의 아들 파코루스(Pacorus)와 아르타바스데스의 여동생이 혼인을 맺게 되었다. 잔치가 벌어지고 술이 나오자 그리스 연극이 공연되었다. 히로데스는 그리스어와 문학을 잘 알았다.

아르타바스데스는 실제로 희곡을 쓰고 연설과 역사를 기록했는데, 그 가운데 몇 편이 지금까지 남아 있다. 그때 왕의 방문이 열리더니 크라수스의 머리가 들어왔다. 식탁을 치우자 트랄레스(Tralles) 출신의 배우 이아손(Iason)이 아가베(Agave)가 등장하는 에우리피데스의 『바코스의 여신도들』을 노래했다.[11]

이아손이 갈채를 받는 동안, 이번 전쟁에서 큰 공을 세운 실라케스 장군이 연회장의 문에 나타나더니 머리 숙여 인사한 다음 크라수스의 머리를 연회장 가운데로 던졌다. 파르티아인들이 박수를 치며 기뻐 소리쳤고, 왕은 시종을 시켜 실라케스에게 자리를 권했다. 그러자 이아손은 합창단원에게 테베의 왕 펜테우스(Pentheus)의 옷을 입히고 자기는 크라수스의 머리채를 잡은 채, 열광하는 아가베 노릇을 하면서 무슨 영감이라도 받은 듯이 다음과 같이 노래했다.

---

11   에우리피데스의 작품 『바코스의 여신도들』에 따르면, 테베의 왕 펜테우스는 아가베의 아들로서 디오니소스의 신성(神性)을 부인했다가 신의 교사를 받은 어머니의 손에 죽는다. '바코스의 축제'에서 아가베는 목이 잘린 아들의 머리를 들고 들어오며 짐승을 죽인 것처럼 기뻐한다.

우리는 산에서
신선한 살코기를 대궐로 가져왔으니
참으로 좋은 먹잇감이여.

이에 모든 사람이 기뻐했다. 그리고 다음과 같은 합창이 울려
퍼졌다.

합창단 : 누가 그를 죽였는가?
아가베 : 그 영광은 나의 것이라오.

그때 크라수스를 죽인 바로 그 포마크사트레스가 잔치에 참석
했다가 이 노래는 이아손이 부르기보다는 자기가 부르는 것
이 더 적절하다는 듯이 크라수스의 머리를 들어 올렸다. 왕은
기뻐하며 그에게 풍습대로 선물을 내리고, 이아손에게는 1탈
렌트를 주었다. 아테네의 비극 공연이 마지막에 우스꽝스러운
소극으로 끝나듯, 이렇게, 크라수스의 원정도 허탈한 소란과
웃음 속에서 끝났다.

　　그러나 잔인한 히로데스왕과 교활한 수레나는 각기 그에
합당한 벌을 받았다. 오래지 않아 히로데스는 수레나의 명성
을 시기하여 그를 죽였고, [디온 카시오스의 『로마사』(XLIX : 21)에
따르면, 기원전 38년, 15년 전 크라수스가 죽은 날과 같은 날에] 로마와
벌인 전쟁에서 아들 파코루스를 잃었다. 그 뒤에 히로데스왕
이 수종(水腫)에 걸리자 그의 아들 프라아테스(Phraates)가 아버
지를 죽이려고 부자(附子)라는 독초를 먹였으나 오히려 그 약
효로 병이 나았다. 이에 프라아테스는 가장 쉬운 방법으로 아
버지를 목 졸라 죽였다.

> 정상에 오른 정치인이라면
> 누구에게도 시기심을 불러일으키지 않는
> 길을 가려 해서는 안 된다.
> — 플루타르코스

1

두 사람을 견주어 볼 때, 먼저 니키아스는 재산을 모으는 데서 크라수스보다 덜 비난을 받았다. 니키아스가 광산을 경영한 것이 썩 잘한 일은 아니다. 광산 일이라는 것이 죄수나 이방인을 잡아다 부려 먹는 일이고, 그들 가운데 어떤 사람은 사슬에 묶인 채 눅눅하고 건강에 해로운 곳에서 죽어 갔기 때문이다. 그러나 남의 재산을 몰수하고 화재가 난 집을 사들이려고 흥정하던 술라에 견준다면 니키아스는 그래도 좀 나은 편이다. 크라수스는 사람들이 농사를 짓거나 고리대금업을 하듯, 공공연하게 재산을 모을 기회를 이용했다.

크라수스가 재판정에서 부인했던 일들, 이를테면 뇌물을 받고 원로원에서 어느 특정 인물을 옹호하는 발언을 한 일이라든가, 동맹국을 속인 일이라든가, 연약한 여인을 아첨으로 등쳐 먹은 일, 또는 비겁한 무리가 비리를 숨기도록 도와준 일은 비록 허위 사실로 기소를 모면했다고는 하지만, 니키아스에게서는 찾아볼 수 없는 일이었다.

크라수스는 비겁한 정보 제공자들에게 흥청거리며 돈을 뿌렸는데, 이와 같은 처사는 페리클레스나 아리스티데스에게는 어울리지 않았지만 용기가 부족한 그에게는 필요한 일이었다. 뒷날 웅변가 리쿠르고스(Lykurgos)는 정보 제공자를 매수했다는 이유로 기소되었을 때 민중 앞에서 자신을 변호하며 이렇게 말한 적이 있다.

"그토록 오랜 세월에 걸쳐 여러분 가운데에서 정치 생활을 한 내가 돈을 받았기 때문이 아니라 돈을 주었기 때문에 수사를 받는 것이 나로서는 기쁩니다."

씀씀이에 관해 말하자면, 니키아스는 고결한 뜻에서 신전에 제사를 드리고, 민중이 즐기도록 체육 대회를 열어 주고, 합창단의 공연 준비에 돈을 썼다는 점에서 크라수스보다 더 공공심이 있는 사람이었다. 이런 니키아스가 쓴 모든 돈과 전 재산을 합쳐도, 크라수스가 한꺼번에 많은 사람에게 잔치를 베풀고 그 뒤에는 양식까지 대 주었던 비용의 10분의 1도 되지 않았다.

그러므로 어떤 사람이 부끄러움도 모르고 재산을 모아 쓸데없이 낭비하는 것을 보면서, 인간의 악덕은 마음이 중용(中庸)을 이루지 못할 때 일어난다는 사실을 세상 사람들이 알지 못하는 데 대하여 나는 놀라지 않을 수 없다.

2

재산 문제는 그렇다 치더라도, 정치 활동이라는 면에서 보면, 니키아스에게는 속임수나 불의함, 폭력이나 난폭함이 보이지 않는다. 오히려 그는 알키비아데스에게 속았고, 민중에 호소할 때면 너무 조심스러웠다. 폭력에 관해 말하자면, 크라수스는 집정관에 출마했을 때 폭력배를 고용하여 카토와 도미티우스를 공격했다.

크라수스의 전기를 쓸 때는 잊고 써넣지 않은 일이지만, 영지(領地)를 분할하는 투표를 하려고 시민들이 모였을 때 그는 여러 사람에게 상처를 입히고 네 명을 죽였다. 그때 루키우스 안날리우스(Lucius Annalius)가 크라수스에 대한 반대 발언을 하다 주먹으로 얼굴을 맞고 피를 흘리며 토론의 광장에서 쫓겨났다.

그러나 크라수스가 그런 점에서 폭력적인 독재자였다면 니키아스는 다른 측면에서 극단적이었다. 니키아스는 공무를 수행하는 동안에 늘 멈칫거리고 겁이 많았으며 천박한 인간들에게도 굽실거렸다는 점에서 혹독한 비난을 들어 마땅하다. 그런 점에서 크라수스는 참으로 유연하고 대범한 인물이었다.

크라수스는 니키아스의 정적이었던 클레온이나 히페르볼로스처럼 대단치 않은 인물들과 권력을 다툰 것이 아니라 저 유명한 카이사르와 세 번이나 개선식을 치른 폼페이우스에 맞서 싸웠다. 그는 자기의 갈 길을 헤쳐 나가는 데 움츠러들지 않았으며, 권력에 당당히 맞섰다. 그가 집정관을 지낼 때의 위엄은 폼페이우스를 능가했다.

정상에 오른 정치인이라면 누구에게도 시기심을 불러일으키지 않는 길만을 가려고 해서는 안 되며, 권력의 위대한 힘을 빌려 민중의 시기심을 그늘에 묻어 버릴 만큼 사람들을 눈부시게 만들어야 한다. 그러나 만약 당신이 니키아스처럼 오로지 안정과 조용함을 추구하며 웅변가 알키비아데스와 필로스에 살고 있던 스파르타인들과 트라키아의 지도자 페르디카스(Perdikkas)를 두려워한다면, 차라리 정치 활동을 접고 도시의 호화로운 방 안에 틀어박혀 여가를 즐기면서, 너절한 궤변철학자들의 말처럼, '평화의 왕관'이나 짜고 있었어야 한다.

그러나 니키아스가 평화를 사랑한 데에는 참으로 고결한 측면이 있으며, 전쟁을 종식시킨 일은 그 규모로 볼 때 참으로 그리스인다운 정치 업적이었다. 니키아스의 그와 같은 삶에 비추어 보면 크라수스의 삶은 견줄 만한 가치도 없다. 비록 그가 열정을 품고 로마의 영토를 카스피해와 인도양까지 넓혔다 하더라도 크라수스는 니키아스와 견줄 정도의 인물이 못 된다.

3

그러나 덕망을 매우 중요히 여기는 나라의 최고 권력을 장악한 인물은 천박한 인물에게 자리를 물려주거나, 자격이 없는 인물에게 지휘권을 넘겨주거나, 믿을 수 없는 인물에게 믿음을 주는 일을 해서는 안 된다. 정치판에서 부끄러움을 모른 채 싸우는 것 말고는 하는 일이 없던 클레온에게 니키아스가 스스로 군대의 지휘권을 넘겨준 것은 어리석은 짓이었다.

코린토스의 메텔루스가 이룩한 전공을 뭄미우스가 빼앗았던 것과 같이, 폼페이우스가 전쟁터에 오면 자기의 전공을 빼앗길지도 모른다는 조바심 때문에 크라수스가 안전보다 신속함을 택한 것은 한 인간으로서 충분히 있을 수 있는 일이라고 이해하지만, 나는 그가 스파르타쿠스와 벌인 전쟁에서 보여 준 태도만큼은 칭찬할 수 없다.

그러나 니키아스의 처사는 더 이상하고도 끔찍했다. 그가 장군 직을 포기함으로써 적군이 유리하도록 만든 것은 그리스가 승리하거나 쉽게 이길 수 있는 유리한 때에 해야 할 일이 아니었다. 그는 장군 직을 맡으면 분명히 자신이 위험에 빠지리라는 사실을 알아차렸고, 그러자 자신의 안녕을 지키기 위해 공공의 이익을 포기한 것이다.

페르시아 전쟁 때 테미스토클레스는 자기 휘하의 장군들 가운데 능력도 없고 지각도 없는 무리가 조국을 망치지 못하도록 그들에게 뇌물을 주어 물러나게 한 적이 있었다. 또한 카토는 호민관 선거에 나설 때 조국을 위해 엄청난 노력과 위험을 겪게 되리라는 것을 알면서도 출마했다.

그러나 그와 달리 니키아스는 작은 나라 미노아와 키테라와 불쌍한 멜로스(Melos)족과 싸울 때는 장군 직을 맡았으면서도, 스파르타와 싸워야 할 때는 장군의 복장을 벗어 버리고 경험도 없는 경솔한 클레온에게 엄청난 경험을 필요로 하는 지휘권과 함대와 병력과 무기를 넘겨줌으로써 자신의 명성뿐만 아니라 조국의 안전을 버렸다.

뒷날 그가 바라지도 않았고 성향에도 맞지 않는 시라쿠사이 전쟁을 억지로 떠맡아 시킬리아를 정복하는 데 온 정성을 쏟은 것은 그가 편한 길이 무엇인가를 계산하지 않고 오로지 평화를 사랑하며 남의 부탁을 거절하지 못하는 나약한 심성 때문이었을 것이라고 사람들은 생각했다. 니키아스는 전쟁을 싫어하여 장군 직을 맡으려 하지 않았지만, 아테네 시민들은 계속해서 그를 장군으로 뽑았다. 이처럼 그를 가장 경험이 많고 유능한 장군으로 신뢰했던 것은 그가 매우 이성적인 사람임을 증명하고 있다.

그와 달리 크라수스는 장군이 되고 싶어 안달했지만 기껏해야 노예 반란을 진압한 일 말고는 이렇다 할 만한 성공을 거둔 것이 없고, 그조차도 폼페이우스와 메텔루스와 루쿨루스 형제가 해외에 나가 있었기 때문에 가능한 일이었다. 그는 그때까지만 해도 나라 안에서는 엄청난 영예와 영향력을 누리고 있었으나, "전쟁터가 아닌 모든 곳에서 가장 용맹한 장군"이라는 희극의 시구처럼, 그의 가장 친한 동료들마저도 그를 높이 평가하지 않은 듯하다.

그러면서도 로마는 장군 직을 염원하는 크라수스의 야심을 막지 못했다. 아테네인들은 니키아스의 뜻과 달리 그를 전쟁터로 몰아넣고, 로마인들은 자기들의 뜻과 달리 크라수스 때문에 전쟁터로 내몰렸다. 로마는 크라수스로 말미암아 불행을 겪었고, 니키아스는 그리스로 말미암아 불행을 겪었다.

4

그러나 이런저런 점에서 크라수스를 비난할 이유보다는 니키아스를 칭찬할 이유가 더 많다. 니키아스는 현명한 지도자로서 경험과 계산을 행동으로 보여 주었고, 동포들에게 거짓된 희망을 주지 않았다. 그는 시킬리아를 점령하는 일은 자기의

니키아스와 크라수스의 비교

능력 밖이라고 주장했다. 그러나 크라수스는 파르티아와 벌일 전쟁을 아주 쉬운 일로 생각하는 실수를 저질렀다.

크라수스는 꿈이 컸다. 카이사르가 서쪽으로 진군하여 갈리아와 게르마니아와 브리타니아를 차지했을 때, 크라수스는 동쪽으로 진격하여 인도를 점령함으로써 폼페이우스와 루쿨루스가 시작한 아시아 정벌을 완수해야 한다고 주장했다. 두 사람은 명예로운 성품을 지녔고, 모든 일에 대하여 좋은 의도를 가지고 있었으며, 크라수스와 같은 경로로 관직에 선출되었고, 같은 원칙을 따랐다.

그러나 폼페이우스는 영지를 할당받을 때 원로원의 반대에 부딪혔고, 카이사르는 게르만족 30만 명을 무찌르고서도 카토의 공격을 받았다. 카토는 카이사르에게 정복된 적군에게 카이사르를 넘겨주고, 동맹국으로서 신뢰를 저버린 죗값으로 그의 머리를 잘라야 한다고 주장했다. 그러나 민중은 경멸의 눈초리로 카토에게 등을 돌리고 카이사르의 승리를 축하하고자 보름 동안 신전에 제사를 드리면서 마냥 즐거워했다.

만약 크라수스가 바빌로니아에서 자신의 승리를 보고했을 때, 메디아와 페르시아와 히르카니아와 수사(Susa)와 박트리아까지 점령하고 그곳들을 로마의 영토라고 선언했다면 로마 시민들의 반응은 어떠했을 것이며, 며칠이나 신전에 제사를 드렸을까?

에우리피데스가 말했듯, "어차피 잘못된 것이라면 끝장을 봐야 한다." 조용히 머물 줄도 모르고, 이미 받은 하늘의 축복을 만족스럽게 받아들일 줄 모른다면, 스칸데이아(Scandeia)나 멘데(Mende)와 같은 약한 나라를 약탈하거나, 고향을 버리고 새들처럼 남의 땅으로 숨어 버린 아이기나 사람들을 핍박하는 좀스러운 짓은 하지 말았어야 한다.

그러나, 결국 잘못된 행동은 그만한 대가를 치러야 한다. 정의는 바람결에 날아갈 만큼 가벼운 것이 아니며, 가장 좋은 결과를 가져다 준다고 해서 얻을 수 있는 것도 아니다. 성공한 알렉산드로스 대왕의 원정을 칭찬하면서도 실패한 크라수스를 비난하는 사람들은 결과를 가지고 그 시작마저 불공평하게 판정하고 있다.

5

니키아스와 크라수스의 전쟁을 견주어 말하자면, 니키아스가 적지 않게 칭찬을 받을 수 있다. 니키아스는 수많은 전투에서 적군을 물리쳤으며, 시라쿠사이를 거의 장악했다. 니키아스의 실패는 그 자신만의 탓이 아니며, 그가 병들었다는 점과 조국에 있던 동포들의 질투 때문으로 돌릴 수도 있다.

그러나 크라수스는 너무도 어이없는 실수를 많이 저질러 행운의 여신조차 그를 도와줄 기회가 없었다. 따라서 우리는 크라수스의 우둔함이 파르티아의 전투력에 무릎을 꿇은 사실에 놀랄 것이 아니라 그의 어리석음이 로마인들에게 늘 찾아오던 행운마저도 물리쳐 버렸다는 사실에 놀라야 한다.

니키아스는 신을 철저히 경배했고 크라수스는 신을 부인했다. 그러나 이 둘 모두 멸망한 것을 보면, 신에 대한 경건함을 놓고 그들의 인생을 결론짓기란 어려운 일이다. 그러나 지나치게 조심하고 예로부터 내려오던 관례를 따르다가 실패한 니키아스는 법을 무시하면서 고집을 피운 크라수스보다 더 합리적인 인물이었다.

죽음의 문제로 말하자면 크라수스를 비난할 수만은 없다. 그는 적군에게 비겁하게 항복한 것도 아니고 억지로 끌려간 것도 아니고 꾐에 빠진 것도 아니었다. 그는 막료들의 간청을 거절할 수 없어 배신한 적군의 제물이 되었다. 그와 달리 니키아스는 치욕스럽고도 불명예스러운 삶의 희망에 끌려 적군의 손에 넘어감으로써 자신의 죽음을 더욱 욕되게 만들었다.

알키비아데스
ALKIBIADES

기원전 450?~404

정치를 하려는 사람은
몸에 해독제를 지니고 다녀야 한다.
......너 자신을 알라.
— 소크라테스의 충고

너무 가난한 사람은
권위나 위신이 부족하다.
— 플루타르코스

사제(司祭)란 소망을 비는 사람이지
남을 저주하는 사람이 아니다.
— 테아노

1

플라톤이 쓴 『알키비아데스』(I: 121)에 따르면, 알키비아데스
의 아버지는 시조인 아이아스(Aias)의 아들 에우리사케스(Eu-
rysakes)의 후손이다. 외갓집은 알크마이온(Alkmaion)의 후손으
로서 어머니는 데이노마케(Deinomache)이고, 외할아버지는 메
가클레스였던 것으로 보인다.

알키비아데스의 아버지 클레이니아스(Kleinias)는 [기원전
480년에] 자기 돈으로 삼단 노의 함선을 만들어 아르테미시온
(Artemision) 전투에서 페르시아인들과 싸워 찬란한 무공을 세
웠다. 그 뒤에 [기원전 447년, 알키비아데스가 세 살 적에] 아버지가
코로네이아 전투에서 보이오티아인들과 싸우다가 전사하자
알키비아데스는 가까운 혈족인 크산티포스의 아들인 페리클
레스와 아리프론(Ariphron) 형제의 손에 컸다.[1]

---

1   페리클레스의 어머니 아가리스타(Agarista)는 알키비아데스의 증조부
     알크마이온과 사촌 남매 사이였다.(「테미스토클레스전」, §10 참조)

들리는 바에 따르면, 소크라테스가 베푼 호의와 우정으로 알키비아데스가 더욱 유명해졌다고 하는데, 이는 매우 근거 있는 말이다.

알키비아데스와 같은 시대를 살았던 아테네의 명장 니키아스(제15장), 웅변가 데모스테네스(제29장), 펠로폰네소스 전쟁의 영웅 라마코스와 포르미온(Phormion), 아테네 민주화의 영웅 트라시불로스(Thrasyboulos, 제23장「펠로피다스전」, §6), 펠로폰네소스 전쟁 시기의 위대한 정치가 테라메네스는 모두 하나같이 훌륭한 사람들이지만 우리는 그들의 어머니가 누군지 모른다.

그러나 알키비아데스의 경우를 보면, 그의 유모가 스파르타 여인 아미클라(Amykla)였고, 가정 교사는 조피로스(Zopyros)였다는 것이 알려져 있을 만큼 자세하다. 가정 교사 이야기는 플라톤의『알키비아데스』(I : §122)에 실려 있고, 유모 이야기는 소크라테스의 제자인 안티스테네스의 글에 실려 있다.

알키비아데스의 몸매와 얼굴이 얼마나 아름다웠는지에 대해서는 새삼 이야기할 필요도 없다. 소년 시절이나 청년 시절이나 성년이 되어서도, 그의 몸은 이어지는 계절마다 피는 꽃처럼 사랑스럽고 아름다웠다. 에우리피데스는 이런 시를 읊은 적이 있다.

아름다움은
가을이 되어서도 아름답다.
(아일리아노스 엮음,『여러 나라의 역사(*Poikile Historia*)』, VIII : 4)

그 말이 늘 맞는 것은 아니다. 이처럼 몇몇 사람의 예외가 있겠지만, 알키비아데스의 경우에는 그 말이 맞는다. 알키비아데스는 그만큼 천부적인 아름다움을 타고났기 때문이다. 그는 말할 때 혀짤배기소리를 냈는데, 그것조차도 매력으로 보여 더욱 설득력이 있었다고 한다. 아테네의 극작가인 아리스토파네스는 테오로스(Theoros)를 놀리면서 알키비아데스를 이렇게 묘사하고 있다.

> 소키아스(Socias) : 알키비아데스가 혀짤배기소리로
> 나에게 말했지. '테올로스(Theolos)가 보이나? 머리에 웬
> 바보를 머리에 이고 나왔나?'
> 크산티아스(Xanthias) : 알키비아데스의 혀짤배기소리가
> 모처럼 바른말을 했군.[2]

아르키포스(Archippos)는 알키비아데스의 아들을 빈정거리며 이런 말을 했다.

> 긴 겉옷을 질질 끌며 걸어가는 저 꼬락서니라니.
> 꼭 그 아비의 모습을 닮았군. 목은 옆으로 기울고
> 혀짤배기소리를 내면서.......
> (코크 엮음, 『아티카 희극 단편』, I : 688)

2

나이가 들어 하는 일도 많아지고 운명도 여러모로 바뀌면서 알키비아데스의 성격도 많은 변화를 일으켜, 그의 모습은 일관되지 못했다. 그는 천성이 열정적이었으며, 경쟁심과 명예욕도 많았다. 그러한 성격은 어렸을 적의 이야기로도 잘 알 수 있다. 언젠가 그는 친구와 씨름을 했는데 엉겨 붙어 힘을 쓰다가 질 것 같으니까 친구의 팔을 깨물었다. 그러자 그 친구가 팔

---

2 아리스토파네스의 극 가운데에는 테오로스(Theoros)가 머리에 까마귀(korax)를 달고 나온다. 이때 r과 l의 발음을 제대로 하지 못하는 알키비아데스는 "테올로스(Theolos)가 바보(kolax)를 머리에 이고 나왔다"며 발음이 새는 소리를 했는데, 작가가 이를 비아냥거린 것이다.(아리스토파네스, 『벌』, §44)

을 놓으면서 소리쳤다.

"알키비아데스야, 너는 계집애처럼 깨물면 어떻게 하니?"

그러자 알키비아데스가 대답했다.

"아니야. 나는 사자처럼 깨문다."

알키비아데스가 어렸을 적에 좁은 골목에서 공기놀이를 하고 있었는데, 그가 던질 차례가 되었을 때 무거운 짐을 실은 마차가 다가왔다. 그는 마부에게 멈추라고 소리쳤다. 그의 공기가 마찻길에 놓여 있었기 때문이었다. 그러나 무례한 마부는 그의 말을 듣지 않고 그대로 말을 몰았다. 그러자 아이들이 모두 길을 비켜섰는데 알키비아데스만은 마차 앞에 뛰어들어 드러누우면서 자기를 밟고 넘어가라고 소리쳤다. 그러자 겁에 질린 마부가 서둘러 말을 멈추고, 놀란 친구들도 소리를 지르며 그를 끌어냈다.

알키비아데스는 학교에서 선생님의 말을 잘 따랐지만 피리 부는 일만은 따르지 않았다. 그의 말에 따르면, 플렉트럼 (plectrum, 기타의 픽과 같은 도구)으로 현악기(lyra)를 튕길 때는 신사로서 자세나 모습을 구기는 일이 없지만, 피리를 불 때면 가까운 식구들조차도 자신의 얼굴을 알아볼 수 없게 된다는 것이었다. 더욱이 현악기를 연주할 때는 연주자의 목소리나 노래를 들을 수 있지만 피리를 불면 목소리를 낼 수도 없고 말을 할 수도 없다. 그래서 그는 말했다.

"피리는 테베 아이들이나 배우는 것이에요. 그들은 말하는 법을 모르기 때문이지요. 그러나 우리 조상들이 말씀하셨듯이, 우리는 질색하며 피리를 내던진 여신 아테나의 후손이며 건방진 피리꾼의 가죽을 벗긴 아폴론의 가호를 받고 있습니다."[3]

---

3 그리스 신화에 따르면, 아테나는 피리를 불다가 찌그러진 자기 볼이 샘물에 비친 것을 보고 피리를 내던졌고, 아폴론은 괴물 마르시아스

이와 같이 농담 반 진담 반인 말을 하며 그는 피리 수업에서 빠졌고, 나머지 친구들도 그 덕분에 피리 수업을 받지 않았다. 알키비아데스가 피리 수업을 거부하면서 이를 비웃는다는 소문이 곧 퍼지고, 사람들이 그의 말이 맞는다고 여기자 그때부터 피리 수업은 교양 수업에서 모두 빠진 채 무시되었다.

3

궤변 철학자인 안티폰(Antiphon)이 알키비아데스에게 퍼부은 비난의 말이 남아 있다.[아테나이오스, 『식탁 담소의 명인(名人)들 (*Deipnosophistai*)』, §525] 알키비아데스는 어렸을 적에 동성 연인 데모크라테스(Demokrates)를 찾아 집을 나간 일이 있었다. 이에 보호자였던 아리프론이 그의 실종을 관청에 신고하고 찾아보자고 적극 말했다. 그러나 형 페리클레스는 이렇게 말하면서 반대했다.

"만약 그가 죽었다면 실종 신고를 한 뒤 하루 만에 찾을 수 있겠지만 그가 살아 있다면 그 신고로 말미암아 평생 죽은 사람 취급을 받을 겁니다."

안티폰은 또한 알키비아데스가 시비르티오스(Sibyrtios)의 체육관에서 하인을 몽둥이로 때려죽였다고 말하지만, 이는 알키비아데스를 미워하기로 작정하고 비난한 말이어서 믿을 것이 못 된다.

4

일찍부터 여러 귀족 자제가 알키비아데스 주변에 모여들어 관심을 보였다. 대부분은 그의 아름다움에 매혹되어 그를 따랐다. 그러나 그 소년이 뛰어나고 아름다운 심성을 타고났다는 것을 가장 강력하게 입증해 준 사람은 그를 사랑했던 소크라

(Marsyas)를 악기로 때린 다음 산 채로 살갗을 벗겼다.

알키비아데스

테스였다.

　[알키비아데스보다 열아홉 살 많았던] 소크라테스는 알키비아데스의 모습에서 아름다운 천품(天稟)을 알아보고, 돈과 지위를 가진 무리가 그에게 접근하여 영향을 미치거나, 시민들이나 외국인이나 동맹들이 아첨과 호감으로 그의 환심을 사는 일이 일어나지 않을까 걱정했다.

　소크라테스는 그러한 세속의 유혹에서 진심으로 그를 보호하려 했다. 그는 그토록 아름다운 꽃에서 악마의 열매가 맺히는 것을 받아들일 수 없었다. 행운의 여신에게 간택되어, 소위 세상의 좋다는 것들에만 둘러싸여 자란 사람은 대담하고 신랄한 철학의 영역에 다다를 수 없으며, 거기에 감명을 받지도 못한다. 알키비아데스는 어렸을 적부터 칭찬과 좋은 말만 듣고, 누구도 그를 책망하지 않는 분위기 속에서 자랐다.

　그럼에도 알키비아데스는 자연스럽게 소크라테스의 훌륭함을 알아보고 따르면서, 돈이나 명예를 멀리했다. 알키비아데스는 그토록 훌륭한 인물을 반려자로 삼아 그의 말에 귀를 기울였다. 소크라테스는 알키비아데스에게 남자답지 않은 쾌락을 요구하지도 않았고, 입을 맞추거나 끌어안는 따위의 동성애를 요구하지도 않았으며, 오직 영혼의 나약함을 드러내게 하고, 헛되고 어리석은 자존심을 버리게 하였으니, 그럼으로써 알키비아데스는 소크라테스 앞에만 가면 옛 시인의 말처럼,

　본디 싸움닭이었으나
　마치 노예처럼
　날갯죽지를 내렸다.

알키비아데스는 소크라테스가 자기에게 베푸는 가르침이야말로 젊은이를 해방하고 보살피고자 하늘이 내려 준 자비로운 섭리라고 진심으로 생각했다. 그로 말미암아 그는 더욱 겸

손하고, 친구를 존경하고, 친구의 친절한 배려에 감사하고, 그들의 장점을 존경함으로써 자신도 모르는 사이에, 플라톤이 말한 "마주하는 사랑으로서 사랑의 형상(image of love to match love)"(플라톤, 『파이드로스』, §255e)을 얻었다. 그는 다른 친구들에게는 거칠게 굴면서도 소크라테스와 함께 식사도 하고 운동을 하고 함께 야영하여 사람들을 놀라게 했다.(플라톤, 『향연』, §219)

알키비아데스가 무례하게 상대한 친구 가운데에는 안테미온(Anthemion)의 아들 아니토스(Anytos)가 있다. 어느 날 그가 친구들과 잔치를 벌이면서 알키비아데스도 초청했다. 처음에 알키비아데스는 초청을 거절했다가 자기 집에서 다른 친구들과 엄청나게 술을 마신 다음 비틀거리며 아니토스의 집으로 갔다.

방문 앞에 이르러 보니 탁자에는 금은으로 만든 식기들이 가득했다. 그것을 본 알키비아데스는 자기 하인들에게 그 가운데 절반을 집으로 가져가라고 지시했다. 그러고서 그는 방 안에 들어가지도 않고 친구를 골려 줄 생각에 곧장 집으로 돌아왔다. 이를 본 손님들이 알키비아데스가 아니토스에게 큰 무례를 저질렀다고 말하자 그 말을 들은 아니토스가 이렇게 대꾸했다.

"그렇지 않습니다. 그는 너그럽고 친절했습니다. 모두 가져갈 수도 있었지만 절반을 남겨 두었거든요."

5

알키비아데스는 그런 방식으로 자기를 좋아하는 사람들에게 골탕을 먹였지만, 단 한 번 예외가 있었다. 들리는 바에 따르면, 언젠가 알키비아데스를 좋아하는 어느 이방인이 찾아왔다. 그는 부자가 아닌데도 1백 스타테르의 돈을 가져와 받아 달라고 간청했다. 그 말에 몹시 기뻤던 알키비아데스는 저녁 식사에 그를 초대했다. 식사를 마친 알키비아데스는 이방인에게 감사하면서 돈을 돌려준 다음 말했다.

"내일 국유지 경매가 있으니, 이 돈을 가지고 입찰에 참가하시오."

이방인이 놀라 말했다.

"경매에 참가하려면 많은 돈이 필요한데 저에게는 그럴 만한 능력이 없습니다."

그러자 알키비아데스가 말했다.

"그렇게 하지 않으면 내가 당신을 매질하겠소."

알키비아데스는 평소 경매 참가자들에게 나쁜 감정을 품고 있었기 때문에 그렇게 말한 것이었다. 다음 날 아침이 되자 그 이방인은 경매장에 나가 통상적인 경매가보다 훨씬 많은 1탈렌트로 입찰했다. 그러자 응찰자들이 화를 내면서 그에게 달려와 그만한 돈을 내줄 보증인을 대라고 윽박질렀다. 그들은 이방인에게 그런 보증인이 없으리라고 생각했기 때문이었다. 그러자 이방인은 움찔하며 뒤로 물러섰다. 그때 먼발치에서 이를 지켜보고 있던 알키비아데스가 관리에게 소리쳤다.

"보증인으로 내 이름을 써넣으시오. 내가 그의 친구로서 보증인이 되겠소."

알키비아데스의 말을 들은 응찰자들은 난감해했다. 그들은 이번 입찰에서 남긴 이득으로 지난해의 빚을 갚아야 하는데, 이렇게 되면 일이 어려워지기 때문이었다. 경매가 이런 식으로 돌아가자 그들은 이방인에게 돈을 줄 터이니 입찰을 포기하라고 간청했다. 이에 알키비아데스는 입찰가 1탈렌트 아래에서는 포기하지 말라고 말했다. 그리하여 이방인은 1탈렌트를 받은 후에야 입찰을 포기했다. 알키비아데스는 이런 방식으로 자기를 따르는 사람에게 보답했다.

6

알키비아데스와 친교를 맺고 싶어 하는 사람들 가운데에는 소크라테스의 강력한 경쟁자도 많았지만, 소크라테스는 어떤 방법으로든 알키비아데스를 바르게 잡아 주었다. 알키비아데스는 본디 천성이 고결한 사람이어서 스승의 말을 들으면 곧바로 잘못된 행실을 바로잡고 가슴을 쥐어짜며 눈물지었다. 물론 알키비아데스도 사람인지라 온갖 쾌락으로 유혹하는 사람들의 아첨에 넘어가 소크라테스에게서 멀어질 때도 있었지만, 그럴 때마다 그는 도주 노예처럼 다시 잡혀 와 바른길로 들어섰다. 그는 여전히 소크라테스를 두려워하고 존경하면서, 다른 아첨꾼들을 무시했다.

레슬링 용어를 써 표현하자면, 소크라테스는 단지 알키비아데스의 귀를 잡아당겨 바닥에 쓰러뜨리지만, 알키비아데스를 쫓아다니던 다른 사람들은 그의 온몸을 잡아도 그를 눕힐 수 없었다고 클레안테스(Kleanthes)는 비난했다. 물론 알키비아데스가 쉽게 쾌락에 빠져들었다는 것은 분명한 사실이었다.

투키디데스의 『펠로폰네소스 전쟁사』(VI : 15)에 따르면, 사람들은 그의 방종을 알고 있었다고 한다. 그를 따라다니면서 타락시킨 사람들은 그의 공명심을 노려 터무니도 없는 꿈을 꾸게 함으로써 그를 망가뜨렸다. 이를테면 그들은 알키비아데스에게 이런 말을 했다.

"지금 그대는 공직 선거에 나가야 합니다. 그대가 이번 선거에 나가기만 하면 대단찮은 장군이나 정치인들은 당장 일식(日蝕)처럼 빛을 잃을 것이요, 그리스 역사에서 그대는 페리클레스보다 더 뛰어난 인물로 명성과 권력을 누릴 것입니다."

그러나 마치 불에 달궈진 쇠가 찬물에 들어갔다 나오면 입자들이 더 단단해지듯이, 허영과 방종에 빠졌던 그가 소크라테스를 만나 이런저런 말을 듣고 나면 다시 겸손하고 조심스러운 사람으로 바뀌었다. 그는 소크라테스를 통해 자신이

얼마나 부족한 사람이고, 자신의 능력이 얼마나 불완전한지를 배웠다.[4]

7

알키비아데스가 어린 티를 벗은 어느 날, 학교 선생님을 찾아가 호메로스의 책을 내놓으라고 무례하게 요구했다. 선생님이 자기에게는 그런 책이 없다고 대답하자 그는 주먹으로 한 방 치고 돌아갔다. 그때 곁에 있던 다른 선생님이 말했다.

"내게 그 책이 있다. 내가 지금 그 책의 틀린 부분을 고치고 있다."

그 말을 들은 알키비아데스가 이렇게 말했다.

"그 책을 교정할 수 있는 분이 겨우 애들이나 가르치고 있다는 말입니까?"

언젠가 알키비아데스가 페리클레스를 만나러 집으로 찾아갔더니 그는 지금 아테네 시민들에게 알려 줄 결산 보고를 준비하느라 바빠서 만나 줄 수 없다고 하인이 말했다. 그 말을 들은 알키비아데스는 그 집을 나오면서 이렇게 말했다.

"어떻게 하면 아테네 시민들에게 결산 보고를 하지 않을 수 있을까를 공부하는 것이 더 좋지 않을까?"

알키비아데스는 애송이 시절에 [기원전 432~431년 펠로폰네소스 전쟁의 절정기에 일어난] 포티다이아(Potidaea) 원정에 참가하여 소크라테스와 같은 막사에 머무르며 함께 생활한 적이 있었다. 이 치열한 전투에서 소크라테스와 알키비아데스는 모두

---

4   알키비아데스가 이른 나이에 정치를 하려 하자 소크라테스는 말하기를, "정치를 하려는 사람은 몸에 해독제를 지니고 다녀야 한다"고 했다. 이 무렵에 소크라테스가 알키비아데스에게 준 교훈은 "너 자신을 돌아보라"는 것이었다. 이 말이 뒷날 "너 자신을 알라"는 말로 세상에 알려졌다.(플라톤, 『알키비아데스』, I : 132 b; d) 그러나 이 말은 본디 델포이 신전 벽에 걸려 있던 구절이었다.

뛰어난 인품을 보여 주었다. 알키비아데스가 부상을 입자 소크라테스는 적군에 맞서 그를 보호했다.

소크라테스는 탁월한 용맹으로 알키비아데스의 목숨은 말할 나위도 없고 그의 무기를 비롯하여 모든 것을 지켜 주었다. 아주 공평하게 따져 본다면 전공은 모름지기 소크라테스의 몫이었다. 그러나 알키비아데스의 높은 지위 때문에 장군들은 그에게 전공을 안겨 주려고 안달이었다. 그러자 소크라테스는 제자의 영광을 높여 주고자 알키비아데스의 용기를 드높이도록 모든 것을 증언하면서 월계관과 갑옷을 그에게 하사하도록 호소했다.

플라톤의 『향연』(§ 221)에 따르면, [기원전 424년에] 델리온에서 벌어졌던 전투에서 퇴각하는 길에 말을 타고 가던 알키비아데스는 소규모 무리와 함께 걸어서 후퇴하는 소크라테스를 만났다. 그때 적군이 세차게 공격하여 병사들을 죽이자 알키비아데스는 그냥 지나치지 않고 말을 몰아 스승을 감싸면서 보호해 주었다. 그러나 이런 일들은 모두 그 뒤에 일어난 것들이었다.

8

언젠가 알키비아데스는 히포니코스에게 주먹질을 한 적이 있었다. 히포니코스는 칼리아스의 아버지로, 부유한 명문가 출신이어서 영향력도 컸다. 알키비아데스로서는 그와 싸울 일도 없었고 화날 일도 없었지만, 친구들과 내기 삼아 농담조로 한 말을 지킨 것이다. 이 소문이 돌면서 온 도시가 시끄럽게 알키비아데스를 비난한 것은 당연한 일이었다.

그다음 날 알키비아데스는 그의 집을 찾아가 문을 두드렸다. 문기척을 듣고 히포니코스가 나타나자 알키비아데스는 외투를 벗은 뒤 그에게 하고 싶은 대로 자기를 응징하라고 말했다. 그러나 히포니코스는 화를 풀고 알키비아데스를 용서해

알키비아데스

주었으며, 뒷날에는 자기 딸 히파레테(Hipparete)를 아내로 주었다. 그러나 다른 사람의 말에 따르면, 히파레테를 알키비아데스에게 시집보낸 것은 아버지 히포니코스가 아니라 오빠 칼리아스였으며, 지참금으로 10탈렌트를 가져왔다고 한다.

그러고 나서 히파레테가 아이를 낳자 알키비아데스는 10탈렌트를 더 요구하며 이는 결혼할 무렵의 약속이었다고 말했다. 이에 칼리아스는 알키비아데스가 자기 재산을 모두 빼앗으려 무슨 일을 꾸밀지도 모른다는 두려움에 빠져, 자기가 후손 없이 죽게 되면 재산과 집을 공익에 바치겠노라고 선언했다. 알키비아데스의 아내 히파레테는 정숙하고 매혹적인 여인이었다. 그러나 남편이 외국인이든 그리스인이든 따지지 않고 창녀의 집에 드나드는 데 너무 마음 아파 그의 집을 나와 오빠에게로 갔다.

그러거나 말거나 알키비아데스의 바람기가 멈추지 않자 히파레테는 대리인을 거치지 않고 직접 이혼 소송을 제기했다. 그 무렵의 법률에 따르면, 여인이 이혼 소송을 제기하려면 몸소 법정에 출두하도록 되어 있어서 히파레테가 법정으로 가는데, 알키비아데스가 나타나더니 아내를 끌고 집으로 갔다.

그러는 과정에 알키비아데스가 광장을 가로질러 지나는데도 누구 하나 말리거나 여인을 도와 주지 않았다. 히파레테는 그렇게 살다가 남편이 에페소스로 떠난 뒤 오래지 않아 죽었다. 그러나 알키비아데스의 그와 같은 처사는 불법적이었거나 잔인했다고 볼 수는 없다. 실제로 아내가 이혼을 바랄 때 직접 법정에 출두하도록 법으로 규정한 것은 그 과정에서 남편이 아내를 붙잡아 집으로 돌아갈 기회를 주려 함이었던 것으로 보인다.[5]

5　이 부분은 그 무렵 그리스인들과 플루타르코스의 여성관이 얼마나 남성 우월주의에 빠져 있던가를 잘 보여 준다.

9

알키비아데스에게는 크고 멋진 개가 있었는데, 그 값이 70미나, 곧 7천 드라크마에 이르렀다. 그런데 그가 그 개의 아름다운 꼬리를 잘라 버렸다. 친구들이 이를 꾸짖으면서 사람들이 알키비아데스의 그와 같은 잔인한 행동에 분개하고 있다고 말했다. 그 말을 들은 알키비아데스가 웃으면서 말했다.

"그것이 바로 내가 의도한 바일세. 나는 아테네 시민들이 그 얘기를 하면서 나에 대해 그보다 더 나쁜 이야기를 하지 않기를 바라네."

10

들리는 바에 따르면, 알키비아데스가 정치에 뛰어든 것은 처음부터 계획했던 바가 아니며, 국가에 돈을 기부한 사건 때문이었다고 한다. 어느 날 그가 길을 가는데, 시민들이 모여 박수를 치며 떠들썩했다. 왜 그러느냐고 물었더니 나라를 위해 모금하고 있는 중이라고 누군가 대답했다.

그 말을 들은 알키비아데스는 앞으로 나가 모금함에 돈을 집어넣었다. 관중이 박수를 치고 소리치는 바람에 알키비아데스가 겉옷 안에 품고 있던 메추라기가 날아갔다. 시민들이 더욱 즐거워하며 많은 사람이 그 새를 잡으려고 뛰어올랐다. 안티오코스(Antiochos)라는 선장이 그 메추라기를 잡아 바친 것이 인연이 되어 두 사람은 매우 친근한 사이가 되었다.[6]

알키비아데스는 가문과 재산 그리고 전쟁에서 얻은 명성으로 정치권에 나갈 길이 언제나 열려 있었다. 그를 따르는 막료와 지지자들이 많았지만 민중을 움직이는 데에는 웅변만 한 것이 없다고 그는 생각했다. 희극 작가들뿐만 아니라 그리스에서 가장 위대했던 웅변가 데모스테네스가 그의 저서 『메이

6   제17장 「알키비아데스전」, §35 참조.

디아스를 논박함』(§145)에서 증언하고 있듯이, 알키비아데스는 온갖 재주를 타고났을 뿐만 아니라 위대한 웅변가였다.

만약 우리가 플라톤의 제자로서 그리스 역사에서 가장 다재다능하고 학덕이 높은 철학자 테오프라스토스의 말을 믿는다면, 알키비아데스는 어떤 상황에서든 지금 무엇이 가장 필요한가를 첫눈에 알아보고 이해했던 인물이었다. 알키비아데스는 지금 무엇을 말하는 것이 적절하며 어떤 낱말과 문장을 쓰는 것이 적절한가를 알고자 늘 노력했다. 그러나 그는 어휘 구사력이 뛰어난 사람은 아니어서 말을 하다 잠시 멈추거나 끊겼는데, 잊은 단어를 말하고자 할 때는 더욱 그랬다. 그러다가 그는 아주 조심스럽게 다시 말을 잇곤 했다.

11

알키비아데스는 혈통 좋은 말과 많은 경주용 전차를 가지고 있었다. 그는 올림픽의 전차 경주에 전차 일곱 대를 가지고 출전한 적이 있었는데, 이런 사례는 평민은 말할 나위도 없고, 왕으로서도 없는 일이었다.

투키디데스의 『펠로폰네소스 전쟁사』(VI : 16)에 따르면, 그때 알키비아데스는 1, 2, 4등을 차지했다 하고, 에우리피데스는 1, 2, 3등을 차지했다고 하는데, 이 분야에서 이와 같이 야망을 이루어 영광을 얻은 사람은 일찍이 없었다. 에우리피데스는 시 「에피니키온(Epinikion)」에서 알키비아데스를 다음과 같이 노래했다.

　나 그대를 노래하노니
　클레이니아스의 아들이여,
　그대의 승리는 너무도 찬란하여
　헬라스(Hellas) 후손 가운데
　누구도 그 공을 세우지 못하였도다.

전차 경주에서 1등, 2등, 3등,

지치지 않고 결승선에 들어와

제우스의 올리브 화관을 쓰매

전령이 그의 이름을 부르도다.

12

무엇보다 여러 도시에 살고 있던 알키비아데스의 끈질긴 경쟁
자들이 그에게 찬사를 보냄으로써 올림픽 경기에서 알키비아
데스가 승리한 일은 더욱 유명해졌다. 에페소스 사람들은 그
에게 화려한 천막을 숙소로 제공했고, 키오스 사람들은 그의
말과 제물로 쓸 동물들에게 줄 여물을 보냈으며, 레스보스섬
사람들은 많은 손님을 접대할 수 있는 포도주와 잔치 재료들
을 보냈다. 그러면서도 많은 사람의 입에서 그의 승리를 시샘
하여 헐뜯는 이야기들이 흘러나왔는데, 그것이 그의 잘못이었
는지는 알 수 없다. 그 이야기의 전말은 이렇다.

들리는 바에 따르면, 아테네에는 디오메데스(Diomedes)라
는 인물이 살았다. 그는 알키비아데스의 친구로 명성도 꽤 높
았는데, 알키비아데스의 승리를 보고 자기도 올림픽 경기에서
승리하고 싶은 충동을 강렬하게 느꼈다. 그런데 그가 듣자 하
니 아르고스 도시 정부가 공공 재산으로 전차를 가지고 있었
다. 알키비아데스는 그곳 시 정부에 아는 사람도 많고 영향력
도 있어 디오메데스는 알키비아데스에게 자기가 그것들을 살
때 도와 달라고 부탁했다.

그랬더니 알키비아데스는 그 전차들을 사서 자기 이름으
로 경기에 출전했다. 디오메데스는 불같이 화를 내면서 이토
록 불의한 처사에 대하여 신들과 목격자들에게 억울함을 호소
했다. 이 문제는 끝내 소송으로까지 번졌던 것으로 보인다. 이
에 관해서는 이소크라테스(Isokrates)가 '말[馬]의 문제와 관련
하여'라는 제목으로 알키비아데스의 아들을 위해 쓴 변론문

(「웅변」, §16)이 남아 있다. 그러나 그 글을 보면 원고(原告)는 디오메데스가 아니라 티시아스(Tisias)로 되어 있다.

13

알키비아데스는 아주 애송이 시절에 정계로 발을 들여놓으면서 모든 민중 지도자를 무색하게 만들었으나, 에라시스트라토스(Erasistratos)의 아들 화이악스(Phaiax)와 니케라토스의 아들 니키아스에게는 그렇게 하지 못했다. 알키비아데스는 이들과 싸워 승리하느라고 애를 먹었다. 그 무렵 니키아스는 이미 나이가 많았으며 위대한 장군으로 명성도 높았다.

그러나 화이악스는 알키비아데스처럼 갓 정계에 입문한 신출내기로서, 명문가의 아들이기는 했지만 알키비아데스에 견주면 여러 가지로 부족했고 대중 연설에서는 더욱 그랬다. 알키비아데스는 대중적인 토론보다는 개인적인 대화에서 매우 사근사근하고 설득력이 있었는데, 그의 그러한 자질은 에우폴리스의 다음과 같은 시구를 연상하게 해 준다.

그는 탁월한 이야기꾼이었으나
대중 연설은 들어줄 수가 없었다.
(코크 엮음, 『아티카 희극 단편』, I : 281, 『구역들(Demes)』)

지금까지도 화이악스가 쓴 『알키비아데스를 논박함』이라는 글이 전해 내려오고 있는데, 그 글에 따르면 알키비아데스는 아테네가 공식 행사에서 쓰는 금은 식기들을 마치 자기 집 물건 쓰듯 했다고 한다.

그 무렵 페리토이다이 구역에 히페르볼로스라는 사람이 살았다. 투키디데스의 『펠로폰네소스 전쟁사』(VIII : 73)에 따르면, 그는 천박한 인물로서 늘 희곡 작가들에게 웃음거리 대상으로 놀림받던 사람이었다고 한다. 그러나 히페르볼로스는 남들의 손가락질에 끄덕도 하지 않았고, 여론 같은 것을 우습게 알아 누구 말에도 듣는 시늉을 하지 않았다. 이런 성격을 가진 사람들은 용맹스럽고 활달하지만, 달리 보면 수치를 모르고 어리석다. 누구도 그를 좋아하지 않았지만, 지체 높은 사람들을 망신시키거나 비방하고 싶은 민중은 그를 잘 이용했다.

이를테면 민중은 패각 추방을 실시하고자 할 때면 히페르볼로스를 이용하고 싶은 충동을 느꼈다. 이 제도는 민중이 공포를 느껴서가 아니라 그저 시샘 때문에 명망 높은 지도자를 해외로 추방하거나 그에게 결정적인 상처를 입히고 싶을 때 자주 사용하는 방법이었다. 화이악스나 알키비아데스나 니키아스 가운데 누군가는 패각 추방으로 상처를 입을 것이 분명해지자 알키비아데스는 니키아스와 손잡고 오히려 히페르볼로스를 패각 투표로 몰아냈다.

다른 사람들의 기록에 따르면, 알키비아데스가 손을 잡은 사람은 니키아스가 아니라 화이악스였다고 한다. 그 만남의 결과로, 그들은 주도권을 잡고 히페르볼로스를 추방하는 데 성공했다. 히페르볼로스는 자기 운명에 그런 얼룩이 질 것이라고는 전혀 생각하지도 않았다. 그럴 만한 가치도 없을뿐더러 명망도 없는 이들 가운데 패각 투표에 따라 추방된 사람은 일찍이 없었기 때문이었다. 그래서 희극 작가였던 플라톤은 어느 글에서 히페르볼로스를 빈정거리며 이런 말을 한 적이 있다.

　　그 인간이 추방당하여 마땅한 인물이기는 하지만
　　그가 그 법에 따라 쫓겨난 것은
　　그에게 영광스러운 표징이라
　　패각 추방을 그와 같은 인간에 써서는 안 될 일이었다.

이 사건에 관해서는 앞서 다른 곳(제15장 「니키아스전」, §11)에서 자세히 이야기했다.

14

알키비아데스는 니키아스가 아테네 시민들뿐만 아니라 적국
에서도 칭찬을 듣고 있다는 사실을 견딜 수 없었다. 그 무렵에
아테네에 살고 있는 스파르타인들을 감독하는 담당관이었던
알키비아데스는 [기원전 425년에] 펠로폰네소스반도의 필로스
전투에서 그리스가 스파르타를 이기고 잡아온 포로들을 다루
고 있었다.

그러나 아테네 시민들은 그때의 전투에서 승리하여 평화
를 이룬 것이 니키아스라고 생각하여 그만을 칭송했다. 그리
고 그들은 "그때의 전쟁에서 승리한 사람은 페리클레스이지
만 아테네를 전쟁에서 구출하여 평화를 가져온 사람은 니키아
스였다"고 말하면서 [기원전 421년에 이루어진] 그 사건을 '니키아
스의 평화'라고 불렀다.(제15장 「니키아스전」, §9)

니키아스 문제로 몹시 마음고생을 하고 있던 알키비아데
스는 그에 대한 시샘을 견디지 못하여, 어떻게 하면 그가 이뤄
놓은 평화 협정을 깨뜨릴 수 있을까를 궁리하기 시작했다. 먼
저 알키비아데스는 아르고스인들이 스파르타인을 몹시 미워
하면서도 두려워하고 있다는 사실을 알고 이들을 이용할 방법
을 물색했다. 그리하여 그는 아르고스인들과 동맹을 맺고 스
파르타를 공격할 계획을 세웠다. 그는 아르고스의 민중파 지
도자들을 만나 이렇게 말했다.

"지금 아테네는 스파르타와 동맹을 맺은 일을 후회하고
있으며, 평화 협정을 깨뜨리기를 바라고 있으니, 스파르타인
들을 두려워하거나 양보하지 말고 아테네가 어떤 행동을 취할
때까지 희망을 품고 기다리시오."

그러는 과정에서 스파르타는 별도로 보이오티아와 동맹
을 맺고 파낙톤을 아테네에 돌려주었다. 그런데 협정 내용처
럼 그 지방을 원형 그대로 돌려준 것이 아니라 성을 모두 허물
고 돌려주었다. 이 사건 뒤에서 알키비아데스는 아테네인들의

분노를 북돋움으로써 자기 입지를 유리하게 만들었다. 그는 민회에서 니키아스를 거칠게 몰아붙이며 이렇게 말했다.

"니키아스는 아테네 지휘관으로 있을 때 스팍테리아섬에 고립된 적군을 포로로 사로잡지 않았으며, 다른 장군들이 사로잡은 포로마저도 스파르타로 되돌려 보내 그들의 환심을 사려고 했습니다. 그는 스파르타인들이 보이오티아인들이나 코린토스인들과 개별적으로 동맹을 맺는 것을 말리려고 설득하지도 않았고, 그런 일에 가담하는 동료들을 막으려고 하지도 않았습니다. 오히려 니키아스는 그리스의 다른 도시 국가들이 아테네와 동맹을 맺으려 할 때 방해했습니다. 그는 그런 일이 스파르타인들에게 기쁨을 주는 일이 아니라고 보았기 때문이었습니다."

이러한 주장 때문에 니키아스는 몹시 난감하게 되었다. 바로 그때 알키비아데스에게 행운이 찾아왔다. 다름이 아니라 스파르타에서 사절단이 온 것이다. 그들이 제시한 조건은 합리적이었으며, 그들에게는 두 나라 사이의 화해와 정의를 위해 추가의 조건도 논의할 수 있는 전권(全權)이 있었다. 정무 위원회는 그들을 호의적으로 맞이했고, 민중은 그들을 환영하고자 이튿날 모이기로 했다. 알키비아데스는 그들이 모인 자리에서 평화 협정이 체결될지도 모른다는 데 두려움을 느끼고 사사로이 스파르타의 사절들을 만났다. 그 자리에서 알키비아데스는 이렇게 말했다.

"스파르타의 사절 여러분, 이게 무슨 일입니까? 정무 위원회는 그런 문제를 다루면서 늘 온건하고 정중하지만, 민회는 오만하고 야심이 많다는 사실을 여러분은 모르십니까? 만약 여러분이 평화 협정 문제에 대하여 전권이 있다고 말하면 그들은 아무런 거리낌도 없이 이 문제에 관해 지시하고 강요할 것입니다. 여러분은 이 문제를 그렇게 단순하게 여기지 않길 바랍니다. 만약 여러분이 아테네로부터 감당할 수 없는 조

알키비아데스

건은 받지 않고, 온건한 조건을 받아 내려면 여러분에게 전권이 있다는 말을 하지 않은 채 이 문제를 합당하게 처리할 수 있도록 논의하기 바랍니다. 나도 스파르타를 위해 온 마음을 다하여 협조하겠습니다."

이러한 말로 설득한 다음, 알키비아데스는 이를 서약함으로써 스파르타 사절들이 니키아스의 영향력에서 벗어나도록 유혹했다. 그러자 그들은 알키비아데스를 굳게 믿고 그의 재능과 인격의 고결함을 칭송하면서 그가 보통 사람이 아니라고 생각했다. 다음 날 군중이 민회에 모이자 정무 위원회가 그들을 소개했다. 그러자 알키비아데스가 정중한 목소리로 그들에게 물었다.

"여러분은 어떤 권한을 받아 여기에 오게 되었습니까?"

사절들이 대답했다.

"우리는 이번 평화 회담과 관련하여 전권이나 독자적인 권한을 가지고 있지 않습니다."

그 말이 떨어지기 무섭게 알키비아데스는 마치 저들이 배신하여 자기가 피해자라도 된 것처럼 성난 목소리로 비난했다.

"여러분은 믿을 수 없는 변덕쟁이이며, 정당한 임무를 띠고 온 사람들도 아닙니다."

아무 권한도 없이 왔다는 사절들의 대답에 정무 위원회와 민회는 몹시 분개했고, 사절들의 말이 하루아침에 바뀐 것에 대하여 니키아스는 실망과 부끄러움을 견딜 수가 없었다. 니키아스는 자기를 상대로 엄청난 기만전술이 자행되었다는 사실을 몰랐다.

15

스파르타의 사절들을 그와 같은 곤경에 빠뜨린 뒤, 알키비아데스는 장군으로 임명되자마자 [기원전 420년 봄에] 아르고스와 만티네이아와 엘리스를 아테네의 동맹국으로 끌어들였다. 누구도 그러한 방법에 동의하지 않았지만 그 결과는 엄청난 파장을 불러일으켰다. 그 동맹으로 말미암아 펠로폰네소스반도의 여러 나라가 분열하면서 커다란 혼란에 빠졌다.

[기원전 418년이 되자] 단 하루 만에 스파르타에 대항하는 전선이 만티네이아에서 이뤄졌다. 전선은 아테네에서 멀리 떨어진 곳에서 이루어졌으므로 위험이라는 점에서 말하자면 스파르타는 이긴다 해도 크게 얻을 것이 없고, 질 경우에는 그 존망이 위태롭게 될 것 같았다.

만티네이아에서는 전투가 벌어진 뒤에 '천인 위원회(The Thousand)'라는 과두(寡頭) 정치론자들이 곧장 민중파를 무너뜨리고 도시를 장악했다. 그리고 스파르타가 쳐들어와 민주 정치를 중단했다. 그러자 [기원전 417년에] 민중이 무기를 들고 일어나 다시 정권을 잡았다. 그때 알키비아데스가 그리로 가 민중의 승리를 굳게 다져 주었다. 그는 아르고스인들이 바다까지 성을 쌓게 하여 그 나라를 아테네의 해양 지배에 완전히 복속하도록 만들었다.

알키비아데스는 실제로 아테네에서 목수와 석공들을 데려가 일을 시키는 열정을 보여 줌으로써 자기 나라에 못지않게 그 나라에서도 명성과 권력을 얻었다. 그와 같은 방법으로 그는 [기원전 419년에] 파트라이(Patrae) 시민들을 설득하여 바다에 이르는 긴 성을 쌓도록 했다. 어떤 사람이 파트라이인에게 말했다.

"이러다가는 아테네가 파트라이를 집어삼키겠군요."

그 말을 들은 알키비아데스가 말했다.

"어쩌면 그럴지도 모르지요. 그러나 아테네는 천천히 다리부터 집어삼키겠지만 스파르타는 단숨에 머리부터 집어삼키겠지요."

알키비아데스는 아테네인들에게 육지에서도 주도권을 잡도록 설득하는 한편, 젊은 전사들에게는 농업의 신 아그라

알키비아데스

울로스(Agraulos)의 신전에 정기적으로 참배하여 그들이 맹세한 바를 실천에 옮기라고 주장했다. 이에 따라 젊은이들은 밀과 보리와 포도와 올리브가 열리는 그리스 남쪽 도시 아티카가 자신들의 천연 국경이라고 맹세했으며, 사람이 살 수 있는 곳과 과일이 열리는 곳은 모두 자기들 땅으로 여기도록 훈련을 받았다.

16

뛰어난 통치술과 웅변술과 고결한 목표와 영민함을 타고난 알키비아데스는 또한 사치와 방탕과 과음과 호색을 아울러 갖추고 있었다. 그는 여자처럼 옷 입기를 좋아했다. 그는 자주색의 긴 겉옷을 질질 끌며 광장을 지나가곤 했으며, 그가 쓰는 물건들은 모두 비싼 것들이었다. 그는 잠을 편하게 자고자 함선의 갑판을 잘라 냈고, 딱딱한 판자 위에 침대를 깔기보다는 줄로 매단 침대를 더 좋아했다.

알키비아데스의 방패는 손수 황금으로 만들었는데, 거기에 새겨 넣은 것은 조상의 문양(紋樣)이 아니라 벼락을 손에 든 성(性)의 여신 에로스(Eros)였다. 아테네의 명사들은 그와 같은 모습을 바라보며 분노하고 눈살을 찌푸리면서도 오만하고 불법적인 그의 정신 상태가 불러올 결과를 두려워했다. 그들은 알키비아데스를 마치 독재자나 괴물 쳐다보듯 했다. 그럼에도 민중이 그를 바라보는 시선은 아테네의 희극 작가 아리스토파네스의 다음 시구에 잘 나타나 있다.

그들은 그를 그리워하고 미워하면서
그가 돌아오기를 기다리고 있도다.
(『개구리』, §1425)

그러면서도 아리스토파네스는 더 가혹하게 그를 다음과 같은 은유(隱喩)로 표현했다.

> 처음부터 나라에서 사자를 키울 일이 아니었으나,
> 일단 키워 놓은 다음에는 그의 비위를 맞출 수밖에.......
> (『개구리』, §1431~1432)

알키비아데스의 마음에서부터 우러나오는 자선, 공연의 지
원, 조국에 대한 남다른 기여, 명망 높은 집안, 탁월한 웅변, 아
름다움, 용맹, 전쟁에서 보여 준 뛰어난 경험과 전략 등을 높이
평가한 아테네 시민들은 그의 허물을 너그럽게 덮어 주었다.
시민들은 그가 잘못을 저지를 때마다 젊은 나이에 기백과 야
망이 넘치다 보니 그런 것이라며 너그러이 받아들였다. 이를
테면 알키비아데스는 집을 아름답게 꾸미려고 화가 아가타르
코스를 자기 집에 감금했다가 일을 마친 뒤에 넉넉하게 선물
을 주고 풀어 준 적이 있다.

언젠가는 알키비아데스가 자기와 경쟁 관계에 있는 사람
의 연극을 타우레아스(Taureas)가 도와주자 그의 따귀를 갈겼
다. 또한 그는 멜로스 출신의 포로인 여인을 애첩으로 삼았는
데 그 여인이 아들을 낳자 잘 돌보아 주었다. 이는 그가 인정스
러운 사람임을 보여 주는 사례가 되겠지만, [기원전 416년 여름
에] 멜로스 출신 성인 남자를 모두 죽인 것은 전적으로 그의 책
임이었다.(『펠로폰네소스 전쟁사』, V : 116) 그가 그 정령(政令)의 통
과를 지지했기 때문이다.

아리스토폰(Aristophon)이 그리스 남동부의 네메아 계곡
을 의인화(擬人化)하여 알키비아데스가 그 품에 안겨 있는 그
림을 그린 적이 있었다. 시민들이 기뻐하며 그 그림을 보려고
몰려들자 국가 원로들은 분노했다. 그림에서 독재와 불법의
냄새가 풍기고 있었기 때문이었다. 그 그림을 본 시인 아르케
스트라토스(Archestratos)의 평가는 문제의 핵심을 정확히 본 것

같다. 그는 이렇게 말했다.

"그리스인들에게 알키비아데스 같은 인물은 저 사람 하나로 충분하다."

티몬(Timon)은 대인 기피증이 있는 사람이었다. 어느 날 그는 알키비아데스가 일과를 마치고 의기양양하게 무리의 호위를 받으며 민회를 나와 집으로 돌아가는 것을 보았다. 여느 때 같으면 사람을 피해 갔을 터인데, 그날따라 그는 알키비아데스를 피하지 않고 앞으로 나가 인사하면서 말했다.

"여보게 젊은이, 많이 컸군. 계속 그렇게만 크게. 그러면 옆에 있는 저 건달들도 곧 몰락하겠지……"

그 말을 듣고 어떤 사람은 웃고, 어떤 사람은 그를 꾸짖고, 어떤 사람은 깊이 생각에 빠져들었다. 알키비아데스의 천성이 그토록 유별났기 때문에 그를 바라보는 사람들의 의견도 그렇듯 제각각이었다.

17

페리클레스가 살아 있을 적에도 아테네인들은 탐욕의 눈길로 시킬리아를 바라보고 있었다. 마침내 그가 죽자 그들은 본격적으로 시킬리아에 손을 뻗치려 했다. 그들은 그리 크지 않은 규모로 시도 때도 없이 시킬리아에 쳐들어갔는데, 겉으로 내세운 구실은 시라쿠사이에서 핍박을 받고 있는 그 섬 안의 동맹국들을 도와준다는 것이었다.

그러나 그 속셈을 들여다보면, 아테네인들은 시킬리아를 더 큰 정복 전쟁을 위한 디딤돌로 여기고 있었다. 그러나 시킬리아를 그저 집적거리며 조금씩 먹는 정도가 아니라 아예 많은 병력을 이끌고 쳐들어가 완전히 정복하기로 민중의 열망을 충동질한 사람은 바로 알키비아데스였다.

알키비아데스는 민중에게 큰 꿈을 꾸라고 설득하면서 자신도 거대한 야심을 품고 있었다. 그가 생각하기에 시킬리아

침공은 단지 시작일 뿐, 거대한 정복 전쟁의 최종 목표가 아니었다. 시라쿠사이를 점령하는 것은 감당하기 어려운 일이므로 포기하는 것이 좋다고 니키아스가 민중을 설득하는 동안, 알키비아데스는 카르타고와 리비아를 정복한 다음 이탈리아와 펠로폰네소스반도의 정복을 꿈꾸고 있었다.

따라서 시킬리아는 알키비아데스의 거대한 정복 전쟁으로 가는 길목이요 수단에 지나지 않았다. 젊은이들은 곧 꿈의 나래를 폈고, 노인들은 예정된 정복 전쟁에 관한 놀라운 소식을 들으면서 이런저런 생각에 빠졌다. 많은 사람이 체육관과 회당에 모여 시킬리아의 모형과, 리비아와 카르타고의 위치를 모래 위에 지도로 그리고 있었다.

그러나 들리는 바에 따르면, 소크라테스와 점성가 메톤은 이번 전쟁으로 얻는 것이 있으리라는 희망을 가지지 않았다고 한다. 소크라테스는 아마도 그와 친숙했던 그 점성가의 영험한 예언에 따라 그런 생각을 하게 된 것이 아닌가 여겨진다. 여러모로 계산을 해 보고 그랬는지 그런 점괘를 얻어 그랬는지는 알 수 없으나, 메톤은 미친 척하면서 자기 집에 횃불을 던져 태우려고 했다.

그러나 어떤 사람들의 말에 따르면, 그는 미친 척한 것이 아니라 실제로 밤중에 자기 집을 태우고 다음 날 아침 군중 앞에 나타나 자기 집에 커다란 재앙이 닥쳤으므로 아들을 병역에서 빼 달라고 간청했다고 한다. 어쨌거나 메톤은 민중을 속여 아들을 병역에서 빼냄으로써 자신의 소망을 이루었다.(제15장 「니키아스전」, §13)

18

니키아스가 장군으로 뽑혔지만 그의 뜻은 아니었다. 그는 동료 장군, 특히 알키비아데스와 부딪치는 것이 싫어 장군 직책을 맡고 싶지 않았다. 그러나 아테네인들은 알키비아데스를 혼자 장군으로 보내기보다는 신중한 니키아스를 함께 보냄으로써 알키비아데스의 무모함을 중화하는 것이 더 좋다고 생각했다.

세 번째 장군은 라마코스였는데 나이가 많았다. 그럼에도 라마코스는 나이답지 않게 알키비아데스보다 더 무모하여 전투에서 모험을 저지르기를 좋아했다. 무장(武裝)의 범위와 성격에 관해 민중이 논의하고 있는 동안 니키아스는 다시 그들의 의사와 달리 전쟁에 반대했다. 그러나 알키비아데스는 그의 논리에 조목조목 답변함으로써 니키아스의 의견을 꺾었다. 그러자 웅변가 데모스트라토스가 일어나 병력의 규모와 모든 전투에 관하여 장군들에게 독립된 전권을 부여하자는 의안을 제기했다.

민중이 데모스트라토스의 발의를 채택하고 함대가 출항 준비를 마쳤을 때 몇 가지 불길한 징조가 나타났는데, 아도니스 축제 때 더욱 그랬다. 그날은 여인들이 아름다움의 여신인 아프로디테를 사랑하다 죽은 미소년 아도니스를 기리는 축제일이었다고 한다. 바로 그 시기가 문제였다.

아테네 여러 곳에서 부인들이 아도니스의 조각상을 들고 행진하면서 장례 의식을 흉내 내고 있었다. 그들은 가슴을 치며 만가(輓歌)를 불렀다. 게다가 사자(使者)의 수호신인 헤르메스의 주상(柱像)이 파괴되었다. 하룻밤 사이에 주상의 얼굴과 몸통이 파괴되어 많은 사람이 가슴 아파했는데, 평소 그런 문제에 마음 쓰지 않는 사람들까지도 그랬다. 들리는 바에 따르면, 시라쿠사이를 식민지로 삼아 살고 있던 코린토스인들이 그런 불길한 징조로써 아테네인들의 전쟁을 막을 수 있으리라는 바람에서 그런 일을 저질렀다고 한다. 그 말은 맞았다. 그러나 민중은 대부분 그러한 설명을 믿지 않았다.

한편 그런 일은 겁낼 것이 없다면서, 방종한 젊은이들이 술을 너무 마신 뒤에 재미 삼아 저지른 짓이라고 주장하는 사람들도 있었는데, 민중은 그 말도 믿지 않았다. 민중은 분노와 두려움 속에서 사건을 바라보며 어떤 대담하고도 위험한 음모가 벌어지고 있다고 생각했다. 그래서 민중은 의심스러운 정황을 모두 면밀히 조사했고, 정무 위원회와 민회는 그러한 목적으로 며칠 동안 여러 차례 모였다.

19

그러는 동안에 민중 지도자인 안드로클레스(Androkles)가 몇몇 외국인과 노예들을 데리고 와, 알키비아데스와 그의 막료들이 신상(神像)을 파괴하였을 뿐만 아니라 술에 취해 남동부에 있는 도시 국가 엘레우시스의 비밀 의식(儀式)[7]을 연극으로 모독했다며 고발했다.

민중의 주장에 따르면, 연극에서 테오도로스(Theodoros)가 전령(傳令)을 맡고, 풀리티온(Pulytion)이 횃불을 들고, 알키비아데스가 대제사장을 맡았으며, 그 밖의 사람들은 회원(Mystae) 역할을 맡았다고 한다. 이와 같은 사실은 키몬(Kimon)의 아들 테살로스가 알키비아데스를 고발할 때 그가 엘레우시스의 신성을 모독했다는 내용에서 밝혀졌다. 그 말을 들은 사람들은 짜증스러워하면서 알키비아데스를 나쁘게 생각했다.

더욱이 알키비아데스의 가장 위험한 정적인 안드로클레스는 민중이 그에게 나쁜 감정을 품도록 선동했다. 처음에는 알키비아데스도 당황했으나 시킬리아로 원정을 떠나는 수군과 육군이 모두 자기에게 호의적이고, 1천 명에 이르는 아르고스와 만티네이아의 중무장 보병들이 성명을 발표하면서, 자신

---

7   이 비밀 의식은 9월 14일에 시작하여 90일 동안 진행되었다. 엘레우시스에서 아테네까지 행진하면서 거행하는 이 행사의 내용은 비밀에 부쳤으며, 발설자는 처형되었기 때문에 그 내용이 전해지지 않아 비의(秘儀)라고 불렀다. 이에 관한 자세한 설명은 김진경, 『지중해의 문명 산책』(서울 : 지식산업사, 1994), 76~81쪽을 참조할 것.

들이 배를 타고 먼 길을 떠나는 것은 알키비아데스에게 충성하기 때문이며 만약 그에게 잘못된 일이 벌어진다면 자기들은 원정을 포기하겠노라는 뜻을 밝혔다.

이에 용기를 얻은 알키비아데스는 민중 앞에 나타나 자신의 입장을 밝힐 수 있는 기회를 당장 달라고 요구했다. 그러자 이번에는 그의 정적들이 당황했다. 민중은 그를 필요로 하기 때문에 그의 변론을 들으면 평결에서 그에게 매우 관대해지리라 생각하여 정적들은 두려워했다. 따라서 민중 지도자들은 알키비아데스의 정적으로 보이지 않으면서도 그에게 철천지원수보다 더 미워하는 감정을 품은 웅변가를 뽑아 민회에서 그를 공격하는 방안을 꾸몄다. 그들은 이렇게 주장했다.

"이미 전권을 쥐고 대군을 이끌 장군 셋을 선출하고 그들을 따를 병력과 동맹군이 집결한 상태에서, 재판관들이 제비뽑기로 장군에게 부여된 기회를 억지로 박탈함으로써 시간을 낭비하는 것은 어이없는 일입니다. 그런 일이 일어나서는 안 됩니다. 따라서 일단 지금은 알키비아데스를 출정하도록 하고 하늘의 가호를 빕시다. 그런 다음 전쟁이 끝난 뒤에 그의 변론을 들어 봅시다. 지금의 법이 그때 바뀌어 있지는 않을 테니까요."

그렇게 재판을 미루려는 정적들의 속셈을 꿰뚫고 있던 알키비아데스는 민회에서 이렇게 선언했다.

"지금 내가 이 많은 병력을 이끌고 전쟁터에 나가려고 하는데 사건의 평결을 미루어 등 뒤에서 비난과 중상을 받도록 하는 것은 매우 불행한 일입니다. 만약 지금 내가 나 자신의 입장을 민중에게 설득하지 못한다면 여기서 나를 죽이십시오. 그러나 여러분이 내 입장에 수긍한다면 나는 국내에 남아 있는 밀고자들에 대한 두려움이 없이 전쟁에 나갈 것입니다."

20

그러나 민회는 알키비아데스의 의견을 받아들이지 않고 곧바로 출항할 것을 지시했다. [기원전 415년 한여름에] 동료 장군들과 함께 그가 출항할 때, 삼단 노의 함선은 140여 척이었고, 중무장 보병이 5천1백 명, 궁수와 투석병과 경보병이 1천3백 명이었으며, 그에 걸맞은 장비를 갖추고 있었다.

이탈리아에 이르러 레기움을 장악한 알키비아데스는 전쟁의 수행에 관한 계획을 세우자고 제안했지만 니키아스가 반대하고 라마코스는 동의하자 알키비아데스는 시킬리아로 항진했다. 그는 카타네의 항복을 받았으나 귀국하여 재판을 받으라는 소환 명령 때문에 더 이상의 전과를 올리지 못했다.

앞서 내가 말했듯이, 알키비아데스에 대한 이런저런 모호한 모함과 중상은 외국인과 노예들의 입에서 나온 말이었다. 그 뒤로 그가 고국을 떠난 틈을 타 정적들은 좀 더 과감하게 음모를 꾸미기 시작했다. 그들은 헤르메스 사건과 엘레우시스 비밀 의식 사건을 하나로 엮어 민중의 분노를 자극했다. 정적들은 이렇게 말했다.

"이번의 두 신성 모독 사건은 모두 정부를 전복하려는 음모의 결과로 이뤄진 것입니다. 따라서 어느 쪽이든 이번 사건과 관련한 무리는 재판 없이 투옥되어야 합니다."

그러나 몇몇 민중은 사건이 일어났을 때 바로 알키비아데스를 재판에 회부한 자신들의 실수를 자책했으며, 그에 대한 민중의 분노를 선동했던 친족과 막료와 동지들은 자기들의 처사가 너무 지나쳤음을 알았다. 투키디데스는 이 사건을 다루면서(『펠로폰네소스 전쟁사』, VI : 53) 그 밀고자들의 이름을 밝히지 않았지만, 다른 기록을 보면 고발자들은 디오클레이데스(Diokleides)와 테우크로스(Teukros)였다. 희극 작가 프리니코스는 이와 같은 시구를 남겼다.

"사랑하는 헤르메스여,

넘어지지 않도록 앞을 잘 보게나.

잘못하여 넘어지면

또 다른 디오클레이데스가 나타나

그대에게 해코지할지도 모른다네."

그러자 헤르메스가 대답했다.

"조심하고 있다네.

거기에도 테우크로스가 있어.

고자질해서 얻은 상을

그의 손에 안기고 싶지는 않다네."

(코크 엮음, 『아티카 희극 단편』, I : 385)

밀고자들이 딱히 알키비아데스의 죄를 입증할 만한 증거를 가지고 있는 것도 아니었다. 누군가 밀고자들 가운데 한 사람에게 물었다.

"당신은 헤르메스의 주상을 깨뜨린 사람의 얼굴을 어떻게 알아보았습니까?"

그러자 그가 대답했다.

"달빛이 밝았거든요."

이 말로써 그의 증언은 거짓이었음이 드러났다. 그날은 초승이어서 달이 없었기 때문이다. 지각 있는 사람들은 그 말을 듣고 마음이 흔들렸지만, 그러한 중상을 믿으려는 민중의 마음을 바꿔 놓지는 못했다. 그리하여 재판이 시작되고 진행하는 과정에서 고발된 사람들은 모두 감옥에 들어갔다.

21

이번 사건으로 기소되어 감옥에 들어온 사람들 가운데 안도키데스라는 웅변가가 있었다. 역사학자 헬라니코스(Hellanikos)의 기록에 따르면, 그는 오디세우스의 후손이라고 한다. 그는 민중 정부를 몹시 싫어하는 과두 정치론자였는데, 그가 헤르메스의 주상을 파괴했다고 의심 받은 것은 그의 집 앞에 아이게이스족이 만들어 바친 높다란 주상이 있었기 때문이었다. 그 주상은 그날 손상을 입지 않은 것들 가운데 하나였다.

주민들은 지금도 이 주상을 '안도키데스의 주상'이라고 부른다. 그러나 그 주상의 명문(銘文)을 보면 애초에 헤르메스를 기린 주상이 아니라는 사실이 드러난다. 어쨌든, 그 감옥에는 안도키데스와 같은 죄목으로 티마이오스(Timaeus)라는 사람이 갇혀 있었고, 안도키데스는 그와 가까워졌다. 티마이오스는 안도키데스만큼 저명하지 않았지만 성품이 고결하고 대담했다. 그런 그가 안도키데스에게 이렇게 말했다.

"이번 사건과 관련하여 당신과 주변 몇몇 사람이 스스로 죄를 뒤집어쓰시지요. 만약 당신이 죄를 자백한다면 민중의 결정에 따라 형벌을 면할 수도 있습니다. 세상일을 알 수는 없지만, 이번 재판은 당신처럼 영향력 있는 사람을 매우 끔찍하게 다루는 결과를 낳을 수도 있습니다. 그러니 억울한 죄명을 뒤집어쓴 채 명예롭지 않게 죽는 것보다는 거짓 자백을 하고 목숨을 건지는 것이 더 현명한 방법입니다. 사회의 보편 복리를 걱정하는 사람이라면, 민중의 분노에 희생될 선량한 많은 시민의 목숨을 구출하고자 허접스러운 몇 사람의 운명쯤은 기꺼이 포기할 줄도 알아야 합니다."

티마이오스에게 그러한 말을 들은 안도키데스는 드디어 자신과 몇 사람이 죄를 지었노라고 자백하기로 결정했다. 그렇게 해서 그는 정령에 명시된 죄를 사면받았지만, 해외로 도피한 사람들 말고 그가 입에 올린 사람들은 모두 처형되었다. 그는 남들이 자기 말을 더 믿게 만들려고 노예 이름 몇 명을 명단에 추가했다. 그러나 그런 상황에서도 민중의 분노는 가라앉기는커녕, 오히려 헤르메스의 주상을 파괴한 무리가 처벌을 받은 이상 이제는 감정을 속 시원히 털어놓을 기회라도 잡은

알키비아데스

듯이 급류처럼 알키비아데스를 공격했다.

드디어 민중은 살라미스(Salamis)의 노예선을 파견하여 알키비아데스를 데려오라고 지시했다. 그들은 교활하게도 알키비아데스를 강제로 끌고 오거나 그의 몸에 손을 대지 말고, 정중한 말로 귀국하게 하여 재판을 받도록 함으로써 자신들의 마음을 편하게 해 주도록 설득하라고 분명히 지시했다. 민중은 적국에 나가 있는 그의 군대가 귀국 명령을 듣고 큰 소동이나 반란을 일으키지 않을까 두려워했다.

이때 만약 알키비아데스가 마음만 먹는다면 충분히 반란을 일으킬 수도 있었다. 병사들은 알키비아데스의 소환 소식에 낙담했다. 그가 돌아가면 전쟁 수행이 어려워질 터이고, 니키아스의 지휘를 받다 보면 전쟁이 길어지거나, 할 일이 없어질 것이라고 그들은 예상하고 있었다. 라마코스가 비록 용맹하고 훌륭한 군인이기는 하지만 그는 너무 가난하여 권위나 위신이 부족했다.

22

[기원전 415년 9월], 알키비아데스는 출항하자마자 아테네인들이 메세네(Messene)를 정복할 기회를 빼앗았다. 그곳에는 그 도시를 아테네에 넘겨주려는 무리가 있었다. 그들이 누군지 알고 있던 알키비아데스는 그 도시 안에 있는 시라쿠사이 사람들에게 자신의 계획을 명확히 알려 줌으로써 이 도시를 아테네에 넘겨주려는 계획을 무산시켜 버렸다. 투리오이에 도착한 그는 함선을 버리고 육지에 오르자 몸을 숨겨 누구도 알아보지 못하게 했다. 어떤 사람이 그를 알아보고 이렇게 물었다.

"알키비아데스, 당신은 조국을 믿지 않습니까?"

그 말에 그가 대답했다.

"전적으로 믿습니다. 그러나 내 생명에 관한 한, 나는 어머니도 믿지 않습니다. 내 목숨을 놓고 투표할 때 찬성표와 반대표를 혼동할 수도 있거든요."

그 뒤에 아테네가 자기에게 사형을 언도했다는 말을 듣고 그는 이렇게 말했다.

"내가 살아 있다는 것을 보여 주어야지."

알키비아데스의 죄에 대한 판결문은 다음과 같았다.

"라키아다이 구역에 사는 키몬의 아들 테살로스는 다음과 같은 죄목으로 클레이니아스의 아들로서 스캄보니다이 (Skambonidai) 구역에 사는 알키비아데스를 고발한다. 그는 자기 집에 동료들을 모아 놓고 회원들과 성스러운 비밀 의식을 치르면서 자기는 최고 사제의 제복을 입고 스스로 대제사장이라 일컫고, 풀리티온을 횃불 담당자로 부르고, 페가이아(Phegaia) 구역의 테오도로스를 전령으로 삼고, 나머지 사람들은 회원(Mystae)과 감독관(Epoptai)이라고 꾸며, 엘레우시스의 성직자인 에우몰피다이(Eumolpidai) 가문과 전령관들과 엘레우시스의 사제들이 세운 법과 제도를 어김으로써 농업의 신 데메테르와 순결의 신 코라를 모독하는 범죄를 저질렀기에 이를 고발한다."

알키비아데스의 재판은 궐석으로 진행되었고, 재산은 몰수되었다. 그 밖에도 정무 위원회는 사제와 여사제들이 모두 신전에서 그를 저주하라는 정령을 의결했다. 들리는 바에 따르면, 그 정령에 따르지 않은 사람은 메논(Menon)의 딸로서 아그라울레(Agraule) 구역에 살던 테아노(Theano)뿐이었다고 한다. 그는 말했다.

"사제(司祭)란 소망을 비는 사람이지 남을 저주하는 사람이 아니다."

23

알키비아데스에게 이토록 무거운 형벌이 선고되었을 때 그는 아르고스에 머물고 있었다. 그는 투리오이에서 탈출하자마자

알키비아데스

펠로폰네소스로 넘어왔다. 그러나 그는 자신이 지난날 스파르타에 잘못을 저지른 일이 있어 그들에게 해코지를 겪지나 않을까 두려웠다. 그래서 알키비아데스는 곧 자신의 조국을 비난하면서 스파르타의 지도자들에게 사람을 보내 자신을 사면하고 믿어 주면 지난날 그가 스파르타에 잘못한 것을 모두 속죄할 수 있을 만큼 헌신하겠노라고 약속했다. 이에 스파르타인들은 그 요청에 따라 망명을 받아들였다.

알키비아데스는 스파르타에 도착하자마자 열정적으로 세 가지 일을 성사시켰다.

첫째로, 그동안 스파르타인들은 시라쿠사이를 돕는 일을 미적거리고 있었는데, 알키비아데스는 그들을 선동하여 길리포스가 그곳에 주둔해 있던 아테네 병력을 쳐부수게 했다.

둘째로, 알키비아데스는 스파르타가 아테네에 전쟁을 선포하도록 했다.

셋째로, 이 일이 가장 중요한데, 그는 스파르타가 아테네 북쪽 데켈레이아 성채를 점령하여 요새를 쌓도록 했다. 이 일은 그 어느 작전보다도 더 치명적으로 아테네의 명성을 떨어뜨리고, 상처를 주었다.

스파르타에 머무는 동안 알키비아데스가 공적으로나 개인적으로 누린 명성은 대단했다. 많은 사람이 그를 따랐으며, 그가 스파르타식 삶을 사는 것을 보면서 넋을 잃었다. 사람들은 머리를 짧게 깎고, 찬물로 목욕하고, 거친 빵을 먹고, 시커먼 귀리죽을 마시는 그의 모습을 보며, 저 사람이 과연 요리사를 집에 두고 살면서 향수를 바르고 소아시아의 밀레토스에서 가져온 모피를 입고 살던 바로 그 사람이 맞나 싶어 자기들의 눈을 의심했다.

들리는 바에 따르면, 알키비아데스는 다른 사람을 따라하는 데 탁월한 능력을 타고난 사람이었다고 한다. 그는 다른 사람이 추구하는 바와 그 삶을 본받아 자신의 모습을 바꾸는 능력에서 카멜레온보다 더 뛰어난 인물이었다는 것이다. 그러나 알려진 바와 같이 카멜레온은 단 한 가지 색, 곧 흰색으로 몸을 바꾸는 것은 불가능했다.

알키비아데스는 좋은 일이든 나쁜 일이든 가리지 않고 손을 잡았으며, 그가 흉내 내며 따르지 못할 일이라고는 없었다. 스파르타에 머물면서 그는 열심히 체력을 단련하고, 검소하게 살며, 표정을 엄숙하게 하였고, 이오니아에 가면 그들 방식대로 호화롭고 즐겁게 살며, 트라키아에 가면 엄청나게 술을 마시고, 테살리아에 가면 열심히 말을 타고, 페르시아의 태수 티사페르네스(Tissaphernes)와 어울릴 때는 페르시아인들보다 더 방탕하게 살았다.

알키비아데스가 그런 삶을 산 것은 그가 삶의 모습을 이리저리 쉽게 바꾸었다거나, 본심을 어느 때나 쉽게 바꿀 수 있었음을 뜻하는 것이 아니다. 다만 자신의 참모습이 다른 사람에게 불편을 준다고 생각할 때면 그는 아주 쉽게 그들의 눈에 맞춰 자신을 위장할 수 있는 사람이었다. 스파르타에 있을 때, 그는 겉모습만 보면 마치 그리스 건국의 아버지인 리쿠르고스(제3장)에게 훈련을 받고 성장한 사람처럼 너무나도 스파르타인을 닮아 사람들이 이렇게 말할 정도였다.

저 사람은 그리스의 영웅 아킬레우스(Achilleus)의 자손이 아니라
바로 아킬레우스 본인이야.[8]
(코크 엮음, 『그리스 희극 단편』, II : 907)

그러나 알키비아데스가 실제로 느끼고 처신하는 것을 본 사람

---

8 이 말은 아마도 어느 시인의 시구인 듯하나 누구인지는 알 수 없다. 플루타르코스는 그의 저서 『도덕론』(§51)에서도 이 글을 인용했다.

알키비아데스

들은 다음의 시구를 더욱 크게 읽을 것이다.

아직도 저 녀석은
계집애 같아.
(에우리피데스, 『오레스테스』, §129)

스파르타의 왕 아기스(Agis)가 전장에 나가 있는 동안 알키비아데스는 왕비 티마이아(Timaia)와 간통하여 임신하게 만들었다. 왕비도 이 사실을 부인하지 않았다. 남자아이가 태어났을 때, 공식적으로 그의 이름은 레오티키데스였지만 왕비는 사사로운 자리에서 친구나 시녀들에게 아이의 이름은 알키비아데스라고 귓속말로 말했다. 왕비는 그토록 그를 사랑했다. 그러나 알키비아데스는 왕비를 조롱하듯이 이렇게 말했다.

"내가 그 여자와 간통한 것은 방탕해서도 아니고 욕정에 사로잡혔기 때문도 아니오. 나는 내 아들을 스파르타의 왕으로 만들고 싶었을 뿐이오."

일이 이렇게 되자 많은 사람이 그와 같은 불륜을 아기스왕에게 알려 주었다. 아기스왕은 왕비와 함께 지낸 시간을 헤아려 보고 나서 그 아이가 자기 아들이 아님을 확신했다. 그 무렵 스파르타에는 지진이 일어난 적이 있었다. 그때 스파르타의 왕은 너무 무서워 집과 아내를 떠난 뒤로 아내와 잠자리를 하지 않았다. 그리하여 레오티키데스가 태어났을 때 아기스왕은 그 아이가 자기 아들이 아니라고 선언했다. 이로 말미암아 레오티키데스는 왕위 계승에서 밀려났다.(제19장 「리산드로스전」, §22)

24

시킬리아에서 스파르타가 아테네를 크게 무찌른 뒤, 키오스와 레스보스와 키지코스는 같은 시간에 스파르타에 사절을 보내 아테네에서 반란을 일으키는 문제를 논의하고자 했다. 보이오티아인들은 레스보스의 요구를 지지했고, 페르시아 장군 파르나바조스(Pharnabazus)는 키지코스의 요구를 지지했다. 그러나 스파르타는 알키비아데스의 충고에 따라 키오스를 먼저 돕기로 결의했다.

알키비아데스는 스파르타의 장군들과 손을 잡고 몸소 출정하여 이오니아 제도의 국가들이 모두 아테네에 반란을 일으키도록 함으로써 조국에 커다란 상처를 안겨 주었다. 이런 상황에서 아기스왕은 알키비아데스와 왕비의 간통 사실로 말미암아 그에 대한 적개심이 끓어오르고 있던 터라 그의 명성이 높아지는 것을 견딜 수 없었다. 그러나 세상에 알려진 것처럼 승리가 모두 그의 공이니 어쩔 수도 없었다.

야심만만하고 영향력이 큰 스파르타의 정치인들도 알키비아데스의 명성에 시샘하며 진저리를 쳤다. 그리하여 그들은 국내의 유력자들을 설득하여 이오니아로 사람을 보내 알키비아데스를 죽일 음모를 꾸몄다. 그러한 소식을 은밀히 다 알고 있던 알키비아데스는 경계를 늦추지 않으면서도 매사에 스파르타인들과 협력함으로써 정적의 함정에 빠지지 않으려고 노력했다.

그 뒤로 알키비아데스는 곧 페르시아 태수인 티사페르네스를 찾아가 몸을 의지했다. 알키비아데스는 그 이방인의 극진한 대접을 받았다. 정직하기보다 악의적이고 음흉스러운 티사페르네스는 알키비아데스의 빼어난 말재주와 영리함에 흠뻑 빠져 버렸다. 태수는 하루하루 우아하게 살아가는 알키비아데스에게서 벗어날 수가 없었다. 더욱이 그를 두려워하고 미워하는 사람들조차도 그를 만나고 난 뒤에는 곧 매혹되었다.

그리하여 태수 자신도 본디는 그리스인들을 엄청나게 미워하는 사람이었음에도, 알키비아데스를 만나면 서로 맞장구를 치며 치켜세웠다. 태수에게는 호수와 잔디가 아름다운 정원이 있었다. 왕실의 품위를 지닌 이 정원은 호화로운 휴양 시설을 갖추고 있었는데, 태수가 그 공원의 이름을 '알키비아데스 공원'이라고 부르자 사람들도 모두 그렇게 불렀다.

25

알키비아데스는 이제 스파르타인들을 믿지 않았고, 아기스왕과는 원수가 된 터여서 더 이상 그들을 지원할 명분이 없었다. 그는 페르시아 태수에게 스파르타를 비방하고 중상하면서 이렇게 말했다.

"태수께서는 이제 더 이상 스파르타에 자비로운 도움을 주지 마시고, 그렇다고 해서 아테네인들을 완전히 몰락하게 만들지도 않으면서, 그들 모두에게 조금씩만 도움을 주어 두 나라가 서로 지치고 쇠약해지면 그때 저들을 제물로 만들어 페르시아의 황제에게 바치십시오."

티사페르네스는 알키비아데스의 충고에 쉽게 넘어갔다. 태수가 새로운 고문(顧問)인 알키비아데스를 몹시 아끼며 칭송하자 스파르타와 아테네가 모두 그를 우러러보았는데, 아테네는 그에게 궐석 재판에서 사형을 언도하는 바람에 자신들이 지금 이렇게 고통받는 것을 두고 후회했다. 그러나 알키비아데스는 내심 아테네가 완전히 멸망하면 자기를 미워하는 스파르타가 크게 득세할까 부담스러워했다.

그 무렵 [기원전 412~411년 겨울] 아테네 병력은 모두 사모스 섬에 모여 있었다. 그들은 이곳을 해군 작전 기지로 삼아 반란을 일으킨 이오니아의 동맹국들을 다시 자기편으로 끌어들이는 한편, 불만에 찬 다른 나라들을 감시하고자 했다. 한바탕 전쟁을 치렀지만 그들에게는 아직 바다에서 적군을 막을 여력이 있었다.

그러나 아테네군은 티사페르네스는 물론, 당장이라도 쳐들어올 것처럼 소문이 나도는 페니키아가 삼단 노의 함대 150

척을 거느리고 오지 않을까 싶어 두려웠다. 그들이 한꺼번에 쳐들어온다면 아테네는 안전을 장담할 수 없었다. 이러한 상황을 잘 알고 있던 알키비아데스는 사모스섬에 있는 아테네의 유력 인사들에게 밀사를 보내 이렇게 소식을 전했다.

"내가 티사페르네스를 아테네 편으로 끌어들일 수 있습니다. 내가 바라는 것은 민중이 아니라 귀족들의 지지를 얻어 그들이 남자다움을 보여 주도록 하고, 이를 통해 민중의 오만함을 멈추게 한 다음, 귀족들이 권력을 장악하여 아테네를 구출하는 것입니다."

그러한 연락을 받은 귀족들은 알키비아데스에게로 마음이 많이 기울었다. 그러나 장군들 가운데 데이라데스(Deirades) 구역에 살고 있는 프리니코스(Phrynichos)는 사태의 실정(實情)을 잘 알고 있었다. 그는 이런 말을 했다.

"알키비아데스는 민주 정치와 마찬가지로 과두 정치에도 관심이 없습니다. 그의 본심은 오로지 망명을 끝내고 아테네로 돌아가는 일에만 매달리고 있으며, 민중을 비난함으로써 귀족들의 호감을 사려는 것에 지나지 않습니다. 그래서 나는 그를 반대합니다."

시민들이 프리니코스의 의견을 무시하자, 이제 알키비아데스의 공공연한 원수가 된 프리니코스는 적국인 스파르타의 해군 사령관 아스티오코스(Astyochos)에게 밀사를 보내 지금 알키비아데스가 양다리 작전을 펴고 있으니 현실을 잘 파악하여 그를 체포하라고 말했다.

그러나 이는 프리니코스가 아스티오코스의 사람됨을 모르고 한 일이었다. 아스티오코스는 그보다 더 흉악한 반역자였기 때문이었다. 아스티오코스는 먼저 티사페르네스가 두려웠고, 알키비아데스가 티사페르네스에게 많은 영향력을 끼치고 있다는 사실을 잘 알고 있었기 때문에 프리니코스의 밀사가 가져온 편지를 두 사람 모두에게 보여 주었다.

알키비아데스

이에 알키비아데스는 곧바로 사모스에 사람을 보내 프리니코스를 고발했다. 그러자 이에 격분한 아테네 시민들은 프리니코스에 반대하는 모임을 조직했다. 이제 더 이상 궁지에서 빠져나갈 수 없다는 사실을 알아차린 프리니코스는 더 끔찍한 악행으로 작은 악행을 덮으려 했다.

프리니코스는 다시 아스티오코스에게 편지를 보내 그가 앞서 보낸 편지를 공개한 것을 꾸짖고, 아테네의 함선과 육군을 아스티오코스에게 넘겨줄 준비가 되어 있다고 말했다. 그러나 프리니코스의 그와 같은 반역 행위는 아테네에 아무런 상처도 주지 못했다. 아스티오코스가 또 다른 음모를 꾸미고 있었기 때문이었다.

아스티오코스는 프리니코스의 두 번째 편지도 알키비아데스에게 넘겨주었다. 그러나 프리니코스는 아스티오코스가 어떻게 대응하리라는 것을 잘 알았고, 알키비아데스가 다시 자기를 고발하리라는 것도 예상하고 있었다. 따라서 프리니코스는 적군이 곧 쳐들어올 것이니 함대에 수병들을 탑승시키고 병영을 요새화하라고 아테네인들에게 충고함으로써 선수를 쳤다.

아테네인들이 프리니코스의 말에 따라 서둘러 전쟁을 대비하고 있을 때 알키비아데스가 다시 편지를 보냈다. 편지에는 프리니코스가 아테네 함대를 적국에 팔아넘길 음모를 꾸미고 있으니 그리 알고 있으라고 쓰여 있었다. 그러나 아테네인들은 알키비아데스의 이번 편지를 믿지 않았다. 아테네인들은 자신의 병력과 의도를 잘 알고 있는 알키비아데스가 프리니코스를 음해하려고 고도의 기만작전을 펼친 게 분명하다고 생각했던 것이다.

그런 일이 있은 뒤 [기원전 411년 여름에 프리니코스가 사모스의 사령관에서 해임되고 아테네 개혁파에 합류하자] 국경 수비대 대원이었던 헤르몬(Hermon)이 광장에서 프리니코스를 칼로 찔러 죽였다. 아테네인들은 그 사건을 재판하다가 프리니코스의 숨겨진 반역 시도를 알게 되었고, 살인자인 헤르몬과 그 동료들에게 상으로 관(冠)을 씌워 주었다.[9]

26

그러나 사모스에 주둔해 있던 알키비아데스의 막료들은 세력이 강성해지자 페이산드로스(Peisandros)를 아테네에 보내 정부 개혁을 요구했다. 알키비아데스는 아테네 지도자들에게 민주 정부를 타도하고 정권을 잡으라고 격려하면서, 그렇게 되면 자신이 나서서 티사페르네스를 우호적 동맹으로 만들어 아테네를 돕겠노라는 조건을 제시했다.

물론 이는 알키비아데스가 아테네에 과두 정부를 수립하려는 구실에 지나지 않았다. 어쨌든 실제로는 4백 명에 지나지 않았던 이른바 5천인 회의가 정권을 잡았는데, 알키비아데스의 예상과는 달리 그들은 곧 그의 제안을 무시하고 전쟁에 노력을 기울이지도 않았다.

아테네의 새 위정자들은 새로운 정부에 신뢰를 보내지 않는 민중을 불신하고 있었다. 게다가 그들은 늘 과두 정치를 더 선호하는 스파르타가 자신들을 전보다 더 너그럽게 대해 주리라 생각했던 것이다. 5천, 아니 4백인 회의에 반대했던 시민들이 살해되는 것을 바라보던 아테네 민중은 겁에 질린 나머지 침묵을 지켰다.

그러나 아테네에서 무슨 일이 일어나고 있는지를 알게 된 사모스 병사들은 크게 분노하여 피라이를 향해 출항하기를 간절히 소망했다. 그들은 알키비아데스에게 사람을 보내 그를

---

9   페린은 이 사건의 주역으로 헤르몬이 등장한 것은 플루타르코스가 사실을 잘못 알고 있는 것이라고 지적하면서, 그 무렵에 헤르몬은 무니키아(Munychia)에 있었다는 투키디데스의 『펠로폰네소스 전쟁사』(VIII : 92)를 그 근거로 제시했다.

사령관으로 임명할 터이니 자기들을 이끌고 조국으로 쳐들어가 독재자들을 무찌르자고 호소했다.

보통 사람이 민중의 지지를 받아 갑자기 대권을 잡으면, 그는 모든 일에서 민중에게 영광을 돌리고 그들이 주장하는 것에 반대하지 말아야 한다고 생각하여 민중에게 고분고분해진다. 그런 인물은 막강한 함대와 병력을 거느린 지도자라기보다는 한낱 민중의 손에 추대된 인물에 지나지 않는다. 그러나 위대한 지도자로서 알키비아데스는 그런 인물들과는 달리 분노에 눈먼 민중이 치명적인 실수를 하지 못하도록 말려야 한다고 생각했다.

그런 점에서 본다면 알키비아데스는 분명히 아테네의 구원자였다. 만약 사모스의 병사가 분노를 참지 못하여 조국을 침공했더라면 그들의 적국은 전투를 치르지도 않고 이오니아와 헬레스폰토스와 그 밖의 섬들을 점령했을 것이며, 아테네인들은 동족과 싸움으로써 조국을 전쟁으로 몰아넣었을 것이다.

그런 상황에서 알키비아데스는 민중을 설득하고 가르쳤다. 그는 한 사람씩 붙잡고 간곡히 설득함으로써 전쟁을 막았으니, 그의 능력은 한 사람의 능력을 뛰어넘는 것이었다. 이 과정에서 그는 스테이리아(Steiria) 출신으로서 리코스(Lykos)의 아들인 저명한 지도자 트라시불로스의 도움을 받았다. 트라시불로스는 알키비아데스 편에 서서 그의 주장을 소리 높여 지지했다. 들리는 바에 따르면, 트라시불로스는 아테네에서 가장 목소리가 큰 지도자였다고 한다.

알키비아데스가 칭찬을 들어 마땅한 두 번째 일은 그가 페니키아 함대를 아테네 편으로 끌어오려고 다급히 배를 띄워 페르시아 왕에게 달려가 긍정적인 약속을 받아 낸 사건이었다. 비록 실현되지는 않았으나, 그 함대는 본래 스파르타를 도우러 가던 길이었다. 실제로 그 배는 아스펜도스(Aspendos) 앞까지 이르렀지만, 티사페르네스는 이들을 스파르타에 넘기지 않고 그들에게 거짓말을 했다.

스파르타와 아테네 양측은 이번 일을 꾸민 알키비아데스를 칭송했고, 특히 스파르타인들은 더욱 그랬다. 이 일로 말미암아 알키비아데스는 그리스인들이 서로 싸워 죽이도록 일을 꾸민 페르시아의 야심을 무산시켰다는 평을 들었다. 실제로 그토록 많은 페니키아 함대가 스파르타나 아테네 가운데 어느 한쪽을 도왔더라면 다른 한쪽은 해상권을 완전히 잃었을 것이 분명했다.

27

이런 일이 있은 뒤 [기원전 411년 9월에] 4백인 회의가 무너지자 알키비아데스의 막료들은 민중파를 열렬히 지지했다. 이에 아테네 시민들은 알키비아데스에게 귀국을 지시했다. 그러나 그는 아무런 공적도 없이 민중의 지지나 호의만 믿고 빈손으로 돌아갈 수 없어 큰 공을 세울 기회를 노렸다.

그리하여 알키비아데스는 먼저 작은 함대를 이끌고 사모스를 벗어나 크니도스와 코스로 배를 몰았다. 그런데 스파르타의 함대 지휘관인 민다로스(Mindaros)가 그곳에서 모든 선단을 이끌고 헬레스폰토스로 향하고 있으며 아테네 함대가 그들을 요격하고자 뒤따르고 있다는 소식을 들었다. 알키비아데스는 아테네 해군을 지원하려고 서둘러 따라갔다.

마침 스파르타와 아테네가 아비도스(Abydos) 앞바다에서 엉겨 붙어 싸우던 결정적인 순간에 알키비아데스가 삼단 노의 함선 18척을 이끌고 그곳에 이르렀다. 그들은 밀고 밀리면서 저녁이 될 때까지 치열하게 싸우고 있었다. 알키비아데스가 나타나자 스파르타와 아테네의 병사들은 서로 엉뚱하게 놀랐다. 스파르타 병사들은 용기를 얻었고, 아테네 병사들은 낙심했다.

그때 알키비아데스가 서둘러 기함(旗艦)에 아테네 깃발을 높이 달고 스파르타의 펠로폰네소스 함대를 향해 돌격했다.

알키비아데스

이에 승세를 타면서 아테네 함대를 추격하던 스파르타 해군은 크게 패배하고 육지로 도주했다. 알키비아데스는 그들을 거칠게 몰아붙인 다음 스파르타 함선을 모두 부숴 가라앉혔다. 스파르타의 병사가 헤엄쳐 육지에 오르니 파르나바조스가 보병을 이끌고 달려와 해변을 따라 스파르타 함대를 지키고자 싸웠다. 그러나 아테네 병사들은 스파르타 함선 30척을 나포하고 빼앗긴 아군의 배를 되찾은 다음, 그곳에 승전비를 세웠다.

그와 같이 찬란한 승리를 거둔 알키비아데스는 페르시아 태수 티사페르네스에게 자신의 공적을 자랑하고 싶었다. 그는 우정과 호의의 표시로 엄청난 선물을 들고 페르시아 왕의 시종들을 앞세운 채 그를 찾아갔다. 그러나 태수는 예상과 전혀 다른 모습으로 알키비아데스를 맞이했다.

스파르타 사람들이 페르시아의 왕에게 티사페르네스를 모함하는 이야기를 했던 것이다. 결국 왕의 의심을 살 만한 일을 두려워하던 그는 때맞춰 알키비아데스가 찾아오자 그를 사르디스(Sardis)섬에 가두었다. 티사페르네스는 그와 같은 불법 조치로써 자신에 대한 스파르타인들의 비난이 누그러지기를 바랐다.

28

알키비아데스는 감금된 지 30일이 지나 감시병의 눈을 피해 그곳에서 탈출한 뒤 누군가에게서 말을 얻어 타고 클라조메나이로 갔다. 그는 앙갚음을 하고자 티사페르네스가 자기를 몰래 풀어 주어 도망할 수 있었다고 모략했다. [기원전 410년 봄에] 트라키아 지역의 카르디아(Cardia)에 있는 아테네 진영을 찾아간 알키비아데스는 민다로스가 파르나바조스와 함께 키지코스에 머물고 있다는 것을 알았다. 이에 그는 병사를 격려하면서 말했다.

"그대들은 바다에서나 육지에서나 공방전에서나 모름지

기 적군을 이겨야 한다. 그 전투에서 모두 승리하지 않는다면 그대들에게는 가난만이 있을 것이다."

알키비아데스는 배에 병사들을 태운 다음 프로콘네소스 (Prokonnesus)로 진격하면서, 크든 작든 함선을 보는 대로 모두 나포하여 자기들이 접근하고 있다는 사실을 적군이 알고 미리 경계하는 일이 없도록 하라고 지시했다. 하늘이 돕느라 그랬는지 갑자기 폭우가 쏟아지고 천둥이 치면서 날이 어두워져 알키비아데스의 병사들은 공격을 숨기기에 좋았다. 게다가 본국 병사들도 알키비아데스의 병사가 나타나리라고는 전혀 예상하지도 못하고 있었다. 이렇듯 여러 유리한 정황을 등에 업은 알키비아데스는 신속히 병사를 배에 태우고 바다로 나갔다.

어둠이 조금 걷히자 펠로폰네소스 함대가 키지코스 항 (港)에서 나오는 것이 보였다. 알키비아데스는 적군이 자기들의 엄청난 병력을 알아보고 해변으로 도망칠까 걱정되어 장군들에게 천천히 배를 몰아 뒤처지게 한 뒤, 자신은 함선 40척을 이끌고 나타나 적군을 공격했다.

이에 깜빡 속은 스파르타 함대는 적군의 수가 적은 것을 보고 가볍게 여겨 앞으로 나와 거리를 좁히더니 곧 접근전을 벌였다. 처음에는 전투 규모가 크지 않았지만, 곧 알키비아데스 휘하의 지원군이 밀어닥쳤다. 그들은 놀라 혼란에 빠진 적군을 크게 무찔렀다. 알키비아데스는 정예 함선 20척을 이끌고 전선을 돌파하여 해안에 이르렀다.

알키비아데스는 수군을 상륙시켜 육지로 도주하는 적군을 수없이 죽였다. 이들을 도우러 왔던 민다로스와 파르나바조스도 무너졌다. 민다로스는 용맹스럽게 싸우다 그곳에서 죽고 파르나바조스는 도주했다. 시체가 즐비한 가운데 아테네 병사들은 적군의 함선을 차지했다. 그들은 이어서 파르나바조스가 포기한 키지코스로 돌격하여 그곳의 펠로폰네소스인들을 모두 죽였다.

이제 알키비아데스의 병사들은 헬레스폰토스를 점령했을 뿐만 아니라 스파르타인들도 바다에서 몰아냈다. 스파르타인들이 자기 나라의 민선 장관(Ephor)에게 이번 참상을 적은 공문을 보냈는데, 그 문장이 참으로 스파르타인다웠다. 그 글은 이랬다.

"함선 침몰, 민다로스 전사, 아군은 굶주림, 속수무책."[10]

29

그러나 알키비아데스의 병사들은 승리에 우쭐하여 다른 장군들의 병사들과 어울리려 하지 않았다. 자기들은 늘 이겼고, 그들은 늘 졌기 때문이었다. [기원전 401년 여름] 이런 일이 있기에 조금 앞서 [기원전 410년 여름에] 아테네의 트라실로스(Thrasyllos) 장군이 에페소스에서 패전했을 때, 에페소스인들은 아테네인들을 모욕하고자 그곳에 청동 승전비를 세운 적이 있었다. 알키비아데스의 병사들은 트라실로스의 병사들을 비웃었다. 그들은 자신들과 자기들의 장군을 뽐내면서 동포인 그들과 함께 훈련을 받거나 숙영하려 하지 않았다.

그러던 어느 날 파르나바조스가 기병대와 보병대를 많이 이끌고, 지난날 아비도스를 약탈했던 트라실로스에게 보복 공격을 감행했다. 이에 알키비아데스는 지원군을 이끌고 건너가 파르나바조스를 무찌른 다음 트라실로스와 함께 밤을 새워 적군을 추격했다. 이 사건을 계기로 알키비아데스 병사들과 트라실로스 병사가 마음의 벽을 허물고 서로 우정과 기쁨을 나누면서 병영으로 돌아왔다.

이튿날 알키비아데스는 승전비를 세우고 파르나바조스의 영토를 약탈했지만 어느 누구도 감히 막으려 하지 않았다.

---

10   영문으로는 이렇게 쓰여 있다. "Our ships are gone; Mindaros is slain; the men are starving; we know not what to do."

더욱이 그는 남녀 사제들을 사로잡았으나 몸값을 받지 않고 모두 돌려보냈다. 또 알키비아데스는 지난날 아테네에 저항해 반란을 일으키고 스파르타 병력과 총독을 받아들였던 칼케돈으로 쳐들어갔다. 그 무렵 소문이 떠돌았는데, 그곳 시민들이 그 나라의 재산을 모두 모아 우방인 비티니아에 맡겨 두었다는 것이었다. 그는 비티니아의 국경으로 진격한 다음 전령을 보내 재산을 빼돌린 사실을 비난하며 그것들을 내놓으라고 요구했다. 이에 비티니아인들은 겁에 질려 노획품을 포기하고 우호 협정을 맺었다.

30

[기원전 409년 봄에] 알키비아데스가 칼케돈 해안 이곳저곳에 성벽을 쌓고 있을 때 파르나바조스가 쳐들어왔다. 때맞추어 스파르타의 통치자 히포크라테스(Hippokrates)도 병력을 이끌고 성에서 나와 아테네 병사를 공격했다. 이에 알키비아데스는 곧 양쪽으로 병력을 배치하여 파르나바조스를 부끄러울 정도로 패주시켰고, 여러 패잔병과 함께 히포크라테스도 죽었다.

그런 다음 알키비아데스는 몸소 병력을 이끌고 헬레스폰토스로 진격한 뒤 그곳에서 세금을 거두었다. 그는 또한 셀림브리아(Selymbria)를 장악했는데, 이때 몹시 위험한 상황에 빠진 적이 있었다. 그 사건의 내막은 다음과 같다.

셀림브리아에는 알키비아데스에게 항복하기로 내통한 무리가 있었다. 그들은 어느 날 한밤중에 공격 신호로 횃불을 올려 알키비아데스가 쳐들어오도록 하기로 합의되어 있었다. 그런데 내통한 무리 가운데 갑자기 마음을 바꾼 사람이 있어, 일이 발각될까 두려웠던 그들은 예정 시간보다 앞당겨 신호를 올렸다.

따라서 알키비아데스가 공격 준비를 마치기에 앞서 횃불이 올라왔다. 그는 오직 병사 30명을 이끌고 성벽으로 접근하면서 나머지 부대에는 서둘러 따라오라고 지시했다. 성문이 열리자 알키비아데스는 중무장 보병 30명과 방패를 든 지원병 20명을 이끌고 성안으로 뛰어 들어갔다.

그러자 곧 알키비아데스를 공격하려고 셀림브리아 병사가 전투 대형으로 달려 나왔다. 알키비아데스로서는 맞서자니 목숨이 위태롭고, 오늘에 이르기까지 전쟁에서 져 본 적이 없는 터에 후퇴하려니 기백이 용납하지 않았다. 알키비아데스는 나팔 소리를 멈추게 한 다음, 셀림브리아는 아테네 병사를 향해 무기를 들어서는 안 된다고 선언하라는 지시를 내렸다.

그 선언을 들은 셀림브리아인들은 전의를 상실했다. 그들은 이미 적군이 성안에 가득 차 있다고 생각한 데다, 어떤 사람들은 평화 협정을 맺는 쪽으로 마음이 기울어 있었기 때문이었다. 셀림브리아인들이 화의와 전쟁을 놓고 논의하는 동안 알키비아데스의 후속 병력이 도착했다. 알키비아데스는 셀림브리아인들이 평화를 바란다고 판단했는데, 실제로도 그랬다.

그렇게 되자 알키비아데스는 자기의 병력에 소속된 트라키아인들이 그 도시를 약탈하지나 않을까 걱정스러웠다. 그 부대에는 알키비아데스에게 호의를 품고 입대하여 열정적으로 싸우는 무리가 많았다. 그리하여 그는 셀림브리아인들의 요청에 따라 트라키아 병사를 성 밖으로 모두 내보냄으로써 그 도시에 전혀 손실을 입히지 않았다. 그는 다만 얼마의 돈을 받고 수비대를 주둔시킨 다음 그곳을 떠났다.

31

그러는 동안에 칼케돈을 장악한 아테네의 장군들은 파르나바조스와 평화 협정을 맺었는데, 그 조건을 보면 이랬다. 파르나바조스는 아테네에 돈을 얼마간 지불하고, 칼케돈은 다시 아테네의 속국이 되며, 아테네는 파르나바조스의 영토를 침략하지 않고, 파르나바조스는 아테네의 사신들이 안전하게 페르시아 왕을 알현할 수 있도록 편의를 제공한다는 것이었다. 그에 따라 알키비아데스가 셀림브리아에서 돌아오자 파르나바조스는 알키비아데스도 협정문에 서명할 것을 요구했으나 알키비아데스는 파르나바조스가 먼저 서명할 것을 요구하면서 거절했다.

양쪽이 평화 협정에 서명한 뒤 알키비아데스는 아테네에 반란을 일으킨 비잔티온으로 쳐들어가 [기원전 409~408년 겨울 동안] 그 도시를 포위했다. 그러나 아낙실라오스(Anaxilaos)와 리쿠르고스와 그 밖의 몇몇 시민이 알키비아데스가 그 도시를 약탈하지 않는다는 조건으로 항복하는 데 동의했음에도 알키비아데스는 그 조건을 받아들이지 않았다.

그러다가 알키비아데스는 이오니아에 어려운 일이 일어나 되돌아갈 수밖에 없다는 소문을 퍼뜨린 다음, 대낮에 많은 사람이 보는 가운데 함선을 모두 이끌고 바다로 나갔다. 그러나 밤이 되었을 때 조용히 함대를 몰고 다시 돌아왔다. 그는 중무장 보병을 이끌고 해안에 상륙하여 조용히 성 밑으로 다가가 병력을 배치했다.

알키비아데스의 함대가 항구로 들이닥쳐 큰 소동을 벌이자 비잔티온 사람들은 뜻밖의 침공으로 잔뜩 겁에 질렸다. 그 틈을 타 성안에 있던 아테네인들이 알키비아데스가 무사히 들어올 수 있도록 기회를 만들어 주었다. 비잔티온 주민들은 항구의 적군을 상대하러 모두 해안으로 나간 터여서 알키비아데스는 쉽게 입성할 수 있었다.

그러나 성안에서 벌이는 전투가 쉽지는 않았다. 비잔티온을 지키던 펠로폰네소스인들, 보이오티아인들, 메가라인들은 알키비아데스의 해군을 몰아내 함선으로 돌려보낸 다음, 성안에 아테네의 병사가 들어온 것을 알고 전열을 가다듬어 그들을 공격하려고 성으로 진입했다.

치열한 전투 끝에 알키비아데스가 오른쪽 날개에서 적을

알키비아데스

무찌르고 테라메네스가 왼쪽 날개를 무찔러 생포한 적군이 3백 명을 넘었다. 이 전투를 치른 뒤에 처형되거나 추방된 사람은 하나도 없었다. 항복한 사람들이 앞서 그런 조건을 내세웠기 때문이었다. 그들은 알키비아데스에게 특별한 은전을 요구하지도 않았다. 이 때문에 반역죄로 스파르타의 법정에 선 아낙실라오스는 자기의 처사에 부끄러움이 없다는 사실을 분명히 밝히며 이렇게 말했다.

"나는 스파르타인이 아니라 비잔티온인입니다. 그때 위험에 빠진 것은 스파르타가 아니라 조국이었습니다. 도시가 포위되고 펠로폰네소스인들과 보이오티아인들이 식량을 모두 바닥낸 상황에서 비잔티온 여인과 아이들이 굶주리던 비잔티온의 처지를 나는 외면할 수 없었습니다. 그러므로 나는 적군에게 조국을 팔아넘긴 것이 아니라 고결한 스파르타인들을 본받아 전쟁과 공포에서 조국을 건진 것입니다. 스파르타인들은 조국을 위한 행동을 가장 영광스럽고 공의롭게 여기는 것으로 나는 알고 있습니다."

아낙실라오스의 진술을 들은 스파르타인들은 깊이 감동하여 그에게 무죄를 선고했다.

32

이제 알키비아데스는 고향이 그리웠다. 여러 나라를 정복한 자신의 모습을 동포들에게 보여 주고 싶었던 그는 배를 띄워 [기원전 408년 봄, 사모스를] 떠났다. 그는 많은 방패와 전리품으로 아테네형 삼단 노의 함선을 치장했다. 노획한 전함 여러 척이 물길을 가르며 그의 뒤를 따랐다. 그가 무찌르고 파괴한 적국의 배에서 떼어 온 선수(船首) 장식도 셀 수가 없을 정도로 많았다. 이들을 모두 합치면 2백 개가 넘었다. 사모스 출신으로서 알키비아데스의 후손임을 자처하고 나선 두리스는 좀 더 구체적인 기록을 남겼다. 그는 이렇게 말하고 있다.

알키비아데스의 사공들은 피티아 경기(Pythikoi Agones)[11]에서 피리 연주로 우승한 크리소고노스(Chrysogonos)의 연주를 들으면서 배를 저었고, 비극 배우 칼리피데스(Kallipides)의 운율에 박자를 맞추었다. 이 두 예술가는 긴 로브의 소매를 흩날리며 자기들의 직업에 걸맞게 치장하고 있었다. 선장은 자주색 옷을 입고 마치 술자리에서 취흥(醉興)에 젖은 사람처럼 항구에 들어왔다.

그러나 역사학자인 테오폼포스(Theopompos)나 에포로스나 크세노폰의 글에는 그런 내용이 보이지 않는다. 아마도 망명과 온갖 시련을 겪은 뒤 조국으로 돌아온 알키비아데스가 아테네의 동포들 앞에서 그런 분위기를 보였을 것 같지는 않다.

오히려 알키비아데스는 항구에 들어오면서 실제로 겁에 질려 있었던 듯하다. 그는 사촌인 에우리프톨레모스가 친구와 친척들을 이끌고 나타나 환영의 함성을 지를 때까지 삼단 노의 함선 갑판에서 내려오지 않았다. 알키비아데스가 육지에 오르자, 시민들이 다른 장군들은 눈에 보이지도 않는다는 듯이, 그에게 달려가 환영의 함성을 지르며 그를 에워싸고 시내로 들어갔다.

알키비아데스에게 가까이 갈 수 있는 사람들은 그에게 화관을 씌워 주고, 군중에 밀려 가까이 갈 수 없는 노인들은 "저분이 알키비아데스 장군이시다"라고 젊은이들에게 가르쳐 주었다. 시민들은 크게 기뻐하면서도, 또 그만큼의 슬픔에 젖었다. 지금의 기쁨에 견주어 지난날의 아픔이 떠올랐기 때문이

11   피티아 경기는 올림픽 경기, 네메아 경기, 이스트모스 경기와 함께 고대 그리스의 4대 제전 가운데 하나로 아폴론 신전에서 4년마다 열렸다.

었다. 만약 지난날 전투의 지도자로 알키비아데스를 남겨 두
었더라면 시킬리아를 잃지도 않았을 것이고, 오히려 꿈을 이
루었을지도 모른다고 그들은 생각했다.

아테네는 해상권을 모두 잃었고, 육지에서는 주변 국가들
마저 추스를 수 없게 되었으며, 성안에서는 파벌 싸움이 벌어
지고 있었다. 이처럼 나라가 비참하게 몰락한 지금, 알키비아
데스가 바다에서 패권을 되찾았을 뿐만 아니라 육지에서도 적
국을 상대로 찬란한 승리를 거두고 돌아온 것이다.

33

알키비아데스의 귀국을 허락하는 정령은 이미 [3년 전인 기원전
411년 가을에] 칼라이스크로스(Kallaischros)의 아들 크리티아스
(Critias)의 발의로 가결된 바 있었다. 크리티아스는 그의 희곡
에서 자기의 호의로 알키비아데스가 귀국하게 된 것을 공치사
하며 이런 글을 남겼다.

　　그대가 귀국하게 된 것은
　　나의 발의 덕분이었으니
　　내가 이를 민회에 발표했도다.
　　발의한 문장과 연설이
　　모두 내 것이었고
　　그를 보장한 서명과 인장도
　　내 것이었음이라.
　　(베르크 엮음, 『그리스 서정시 단편』, II/4 : 279)

그 무렵 [기원전 408년 여름에] 알키비아데스는 민중이 소집한
민회에 나가 연설했다. 그는 연설에서 자신의 운명을 탄식하
고 흐느끼면서도 민중을 원망하지 않았다. 그는 자신의 불행
이 모두 자신의 악운과 자신의 재주에 대한 신의 질투 때문이

었다고 말했다. 그는 자신에 대한 정적들의 꿈이 헛된 것이었음을 장황하게 탓하면서 청중에게 용기를 불어넣어 주었다.

그러자 민중은 알키비아데스에게 금관을 씌워 주며, 그를 육지와 바다에서 전권을 지닌 장군으로 뽑았다. 그리고 민회는 몰수한 그의 재산을 되돌려 주었고, 사제의 가문인 에우몰피다이와 전령관이 민중의 압력에 못 이겨 그에게 내렸던 저주를 거두어들였다. 다른 사람들도 그에 대한 저주를 취소했지만 대제사장 테오도로스만은 저주를 취소한다는 말 대신 이렇게 말했다.

"그가 조국에 잘못을 저지른 것이 없다면 나도 그를 저주한 바가 없습니다."

34

그러나 알키비아데스가 이처럼 명성을 떨치고 있을 무렵, 어떤 사람들은 그가 돌아온 시기가 적절하지 않다는 사실 때문에 불안해했다. 그가 돌아온 날이 공교롭게도 아테나 여신을 기리는 플린테리아(Plynteria) 축제[12]일이었기 때문이었다. 프락시에르기다이(Praxiergidai) 가문이 타르겔리온월(Thargelion月, 5~6월) 25일에 치르는 이 축제는 철저히 비공개로 치르는 신비의식이다.

그날 그 가문에서는 여신에게서 옷을 벗기고 천으로 신상을 덮는다. 아테네인들은 늘 이날이 매우 불길한 날이라고 생각한다. 그러므로 여신이 호의나 친절로써 알키비아데스를 맞이하기보다는 낯을 가리고 그를 몰아낼 것만 같았다. 그러나 모든 일이 알키비아데스의 바람대로 잘 진행되자, 그는 삼단노의 함선 1백 척에 수병들을 태우고 다시 출항할 생각이었다.

---

12 이 축제는 아크로폴리스 신전에서 1년에 한 번씩 열렸는데, 'Plynteria'라는 말은 그리스어 '플리네인(plynein, 씻다)'에서 유래했다.

거대하고도 놀랄 만한 야망에 사로잡힌 알키비아데스는 그리스 서부 지방의 엘레우시스에서 신비 축제가 벌어질 때까지 기다렸다. 데켈레이아 주민들이 그곳에 성채를 쌓고, 주둔해 있던 적군이 엘레우시스로 진군하자 축제 행렬은 해안으로 우회해야 했다. 그러면 디오니소스(Iacchus)[13]를 아테네에서 엘레우시스로 옮길 때 흔히 길 위에서 치르던 제물과 합창과 온갖 의식을 생략해야 했다. 알키비아데스는 이 기회를 잘 이용해야겠다고 판단했던 듯하다.

알키비아데스는 자신이 축제 행렬 경로를 가로막은 스파르타군을 몰아냄으로써 옛 축제 행렬을 되살릴 생각이었다. 그러면 신의 눈에도 자신의 거룩함이 더 돋보일 것이고 민중에게도 자신의 명성을 드높일 수 있으리라고 판단한 것이다. 아울러 알키비아데스는 만약 적장인 아기스가 자신의 행렬을 무사히 통과시켜 준다면 그를 초라하게 만들 수 있을 것이고, 반대로 그가 방해한다면 동포들이 모두 지켜보는 앞에서 신이 허락한 성스러운 전쟁을 치를 생각이었다.

그와 같이 방향을 잡은 알키비아데스는 에우몰피다이 가문의 사제와 전령관들에게 이를 알렸다. 그는 고지 정상에 초병을 세우고 새벽녘에는 전초병을 보낸 다음, 사제와 수사(修士)와 비밀 축제의 전수자들을 중무장 보병들로 에워싸게 하고, 점잖게 차려입은 병사들의 호위를 받으면서 조용히 엘레우시스로 가는 길에 들어섰다. 눈앞에 벌어진 알키비아데스의 모습이 너무도 장엄하여, 그에게 호의적이지 않은 사람들조차도 그가 정치가나 장군보다는 대제사장이나 비밀 의식의 전수자로 더 잘 어울린다고 칭송했다.

어느 누구도 알키비아데스를 공격하지 못하는 가운데, 행

---

13   이아코스는 디오니소스의 다른 이름이다. 엘레우시스의 신비 축제 때에는 디오니소스의 신상을 들고 행진했다.

렬은 무사히 아테네 시내로 들어왔다. 그가 우쭐해하자 그의 부하들도 이젠 그의 지휘를 받는 자기들은 누구에게도 꺾이지 않으리라며 으스댔다. 신분이 낮거나 가난한 무리는 그의 영도력에 몹시 매료되어 그를 참주로 추대하고 싶은 충동에 사로잡혔는데, 어떤 사람들은 실제로 그런 법안을 발의하거나 실제로 왕위에 등극해 달라고 그에게 간청했다.

민중은 알키비아데스가 사람들의 시기심을 초월할 정도의 권력으로서 법과 정령을 폐기하고, 시민들의 삶에 치명적인 말들을 물색없이 떠벌리는 사람들의 입을 막아 주고, 고발당할까 봐 두려워할 일 없이 절대적인 권력을 휘두를 수 있기를 기대했다.

35

알키비아데스가 전제 군주를 어떻게 생각했는지는 분명하지 않다. 그러나 알키비아데스가 참주가 되는 것이 두려운 유력 인사들은 그가 어서 배를 타고 전쟁에 나가기만을 고대했다. 더욱이 그들은 알키비아데스에게 자기가 거느릴 장군들의 임명권까지 넘겨준 터였다. [기원전 408년 10월 하순에] 알키비아데스는 함선 1백 척을 이끌고 바다로 나가 안드로스를 침략하여 섬 주민들과 그곳에 와 있던 스파르타인들을 정복하였지만 그 도시를 점령하지는 않았다. 이 사건은 정적들이 그를 비난하는 첫 번째 구실이 되었다. 만약 자신의 치솟는 명성 때문에 몰락한 사람이 있다면, 아마도 그 사람은 알키비아데스였을 것이다.

알키비아데스의 계속되는 승전이 그에게 지혜롭고 용맹하다는 명성을 안겨 주었기 때문에, 그가 실패라도 하는 날이면 사람들은 그가 노력하지 않은 탓이라고 의심했다. 사람들은 그가 스스로 마음먹은 일에 결코 실패할 사람이 아니어서 한번 마음먹은 일은 그의 손에서 벗어날 수 없다고 생각했다.

　　　　　　　　　　　　　　알키비아데스

따라서 사람들은 알키비아데스가 이오니아의 나머지 땅과 함께 키오스인들도 정복했다는 소식을 듣고 싶었다.

그런 까닭에 사람들은 알키비아데스가 자기들의 소망대로 단번에, 그리고 재빠르게 일을 마치지 못했다는 소식에 분노했다. 시민들은 그가 전쟁 비용에 허덕이고 있다는 것을 고려하지 않았다. 알키비아데스는 페르시아 왕에게 넉넉한 보급품을 받고 있는 파르나바조스와 싸우느라 어쩔 수 없이 본진을 떠나 군수품과 급여를 장만하고자 여기저기 찾아다녀야 했다. 그에게 마지막으로 치명타를 입힌 비난도 바로 그런 문제였다.

스파르타의 함대 사령관으로 파견된 리산드로스는 페르시아의 키로스에게서 받은 돈으로 병사들의 급료를 통상 임금인 3오볼(obol)보다 많은 4오볼을 주었다. 이미 그보다 적은 3오볼을 준 알키비아데스는 리산드로스보다 더 많은 돈을 장만하러 카리아(Karia)까지 항해를 해야 했다. 그가 함대를 맡긴 안티오코스(§10)는 용맹스럽지만 천박한 사람이었다. 적군이 쳐들어와도 맞서 싸우지 말라고 알키비아데스가 분명히 지시했음에도, 안티오코스는 적군을 얕잡아 보고 자신이 지휘하던 삼단 노의 함선에 한 척을 더하여 병사를 태우고 에페소스를 향해 떠났다.

안티오코스는 적군의 함대 뱃머리를 지나가면서 상대가 견딜 수 없는 욕설과 몸짓을 보여 주었다. 전투가 벌어지자 처음에는 리산드로스가 몇 척의 배만을 거느리고 나타나 안티오코스를 추격했다. 그때 아테네 함선들이 안티오코스를 지원하러 달려왔다. 그제야 리산드로스는 총력을 기울여 공격하여 승리를 거두고 안티오코스를 죽였으며, 많은 함선과 병사를 나포한 다음 그곳에 전승비를 세웠다. 이 소식을 들은 알키비아데스는 곧 사모스로 돌아와 완전히 무장을 갖추고 바다로 나갔다. 그는 리산드로스에게 싸움을 걸었지만 이미 지난번 승리에 만족하던 리산드로스는 그를 상대해 주려고도 하지 않았다.

36

아테네 진영 안에도 알키비아데스를 미워하는 사람들이 많았는데, 그 가운데 그의 정적인 트라손(Thrason)의 아들 트라시불로스(Thrasyboulos)가 있었다.[14] 트라손은 알키비아데스를 비난하고자 아테네로 떠났다. 그는 다음과 같은 말로써 민중이 알키비아데스에게 등을 돌리도록 선동했다.

"아테네인들이 전쟁의 명분을 잃게 하고 직권을 남용하여 함대를 잃게 만든 사람은 알키비아데스입니다. 그는 단지 술을 잘 마시고 입담이 좋다는 이유만으로 사령관 직무를 술주정뱅이에게 넘겨주었으며, 돈을 끌어모으고 지나치게 술을 마시고 아비도스와 이오니아의 창녀들과 놀아나고자 이곳저곳 항해함으로써 적군의 함대가 턱밑까지 다가오게 만들었습니다."

알키비아데스의 정적들은 그가 비산테(Bisanthe) 가까운 곳의 트라키아에 요새를 세운 것도 비난의 구실로 삼았다. 그들의 말에 따르면, 알키비아데스는 조국에서 살 수 없거나 살기 싫어질 경우에 대비하여 그 성채를 지었다는 것이었다. 그들의 말에 넘어간 아테네 시민들은 그를 장군 직에서 물러나게 함으로써 자신들의 분노를 드러냈다. 이와 같은 사실을 알게 된 알키비아데스는 병영을 떠나 자신의 돈으로 용병(傭兵)을 모은 다음 군주제를 모르는 트라키아로 쳐들어갔다. 그는 포로들에게서 돈을 모으고 국경 지대에 살던 아테네인들을 이민족의 침략에서 지켜 주었다.

당시 아테네의 장군들인 티데우스(Tydeus)와 메난드로스

---

14 이 사람은 §26에 나오는 리코스의 아들 트라시불로스와는 다른 사람이다.

와 아데이만토스(Adeimantos)는 함선을 팍티에(Paktye)에서 가까운 아이고스포타미(Aigospotami)에 모두 모은 다음, 람프사코스(Lampsakos)에 함대를 정박하고 있던 리산드로스를 치고자 새벽에 출항하여 싸움을 돋우었다. 그들은 적군을 너무나 얕본 나머지 아침이면 쳐들어갔다가 날이 저물면 무질서하게 되돌아오곤 했다. [가까운 팍티에에 머물면서] 그와 같은 모습을 본 알키비아데스는 참다못해 말을 타고 달려가 그들에게 작전을 훈수했다. 그는 이렇게 말했다.

"이곳은 항구나 도시가 멀어 보급품을 얻으려면 멀리 떨어진 세스토스까지 가야 하니 정박지를 잘못 잡았습니다. 더욱이 지금 중무장을 하고 절대적인 사령관의 명령만 떨어지면 모든 일을 소리 없이 처리할 수 있게 훈련된 적군이 여기서 가까운 곳에 정박하고 있는데, 수병들이 뭍에 올라가 제멋대로 돌아다니도록 허락한 것도 잘못된 일입니다."

37

이와 같은 조언과 함께 세스토스로 본진을 옮기라는 알키비아데스의 충고를 듣고서도 아테네 장군들은 주의를 기울이지 않았다. 오히려 티데우스는 알키비아데스를 향해 이렇게 말했다.

"당신은 지금 사령관도 아닌 주제에......"(크세노폰, 『헬레니카』, II : 1, 20~26)

이에 알키비아데스는 장군들이 무슨 음모를 꾸밀지 의심스러워 서둘러 그곳을 떠났다. 그는 본진을 떠나면서 자기를 배웅하러 따라온 사람들에게 말했다.

"장군들이 이토록 비참하게 나를 모욕하지 않았더라면 스파르타인들이 바라든 바라지 않든 그들이 전쟁에서 함대를 잃지 않으려고 밖으로 나올 수밖에 없도록 만들 수 있었는데......"

어떤 사람들은 알키비아데스가 순전히 교만한 마음에서

그런 말을 한다고 생각했고, 또 다른 사람들은 그의 말이 맞을 것이라고 생각했다. 그는 수많은 트라키아의 투창병과 기병대로 육지에서 스파르타를 공격하여 적진을 혼란에 빠뜨릴 수 있었기 때문이었다. 결국 그 뒤에 일어난 사태로 미루어 볼 때, 알키비아데스는 아테네 장군들의 실수를 너무나 정확히 알고 있었음이 입증되었다. 곧 리산드로스는 누구도 예상하지 못한 때에 갑자기 아테네 병사를 공격했다.

아테네 진영에서는 삼단 노의 함선 여덟 척만이 코논 (Konon)과 함께 도주했다. 그 밖에 2백 척 가까이 되는 함선이 나포되어 끌려갔고, 수병 3천 명이 생포되어 리산드로스의 손에 죽었다. 곧이어 [8개월이 지난 기원전 404년 봄에] 리산드로스는 아테네를 점령하여 함대를 불태우고 그곳을 둘러싸고 있던 긴 성벽을 모두 헐어 버렸다.

그 뒤 알키비아데스는 바다와 육지를 모두 장악한 스파르타가 두려워 전리품을 모두 챙겨 들고 비티니아로 떠났다. 그러나 그가 살던 요새에는 아직도 전리품들이 많이 남아 있었다. 그는 비티니아에서도 트라키아인들에게 약탈당해 다시 많은 것을 잃었다.

이에 알키비아데스는 페르시아 왕 아르타크세르크세스 (Artaxerxes)의 궁정을 찾아가기로 결심했다. 왕이 자기에게 봉사할 수 있는 기회를 준다면, 테미스토클레스(제7장)에 못지않은 능력으로써 보필할 수 있다고 생각한 그는 왕에게 그 사실을 증명해 보이려 했다.

저 위대한 테미스토클레스가 그랬던 것처럼, 알키비아데스가 페르시아 왕을 돕고 그에게서 병력의 도움을 받으려는 것은 동포를 괴롭히고자 함이 아니라 적국에 대항할 수 있는 병력을 얻으려 함이었다. 비록 지난날에는 적군이었다고는 하지만, 왕을 찾아가려면 페르시아 태수 파르나바조스의 도움을 얻어야겠다고 생각한 알키비아데스는 프리기아에 있는 그를 찾아가 함께 머물며 깍듯이 예우하면서 자신도 정중한 대접을 받았다.

38

육지와 바다에서 패권을 잃은 아테네인들은 깊은 절망에 빠졌다. 리산드로스가 민중에게서 자유를 빼앗아 30인의 참주(Oi Triakonta Tyrannoi)[15]에 권력을 넘겨주자, 이제 명분을 잃은 아테네인들은 구원의 길이 아직 자기들 손에 있었을 때에 가지 말았어야 할 길이 무엇이었던가를 깨달았다. 그들은 스스로 저지른 실수와 어리석음을 뼈저리게 후회했다.

아테네 시민들은 알키비아데스에게 두 번째로 분노한 것이 가장 큰 실수라고 생각했다. 그가 조국에 버림받은 것은 그의 잘못 때문이 아니었다. 민중은 그의 부하 함선 몇 척을 수치스럽게 잃었다는 이유로 그에게 분노했다. 더욱더 부끄러운 것은 그 일로 말미암아 가장 유능하고 가장 경험 많은 장군을 조국에서 몰아냈다는 사실이었다.

그러나 그들이 지금 곤경에 빠져 있다 하더라도, 알키비아데스가 살아 숨 쉬는 한 아테네의 미래가 사라진 것은 아니라는 헛된 희망이 시민들 사이에 퍼져 있었다. 알키비아데스는 지난날 망명 생활을 할 때에도 게으름을 피우거나 조용히 사는 것에 만족하지 않았다. 하물며 지금처럼 스파르타가 오만함을 보이고 30인의 참주가 미친 듯이 날뛰는 상황에서 이를 막을 만한 수단이 허락된다면 그는 가만히 보고만 있지 않을 것 같았다.

---

15   30인의 참주는 기원전 403년에 아테네가 펠로폰네소스 전쟁에서 진 뒤에 집권한 친스파르타의 과두 체제를 뜻한다. 그 무렵에는 단순히 과두 체제라고 불렸지만 뒷날 역사가들이 '30인의 참주'라고 이름 지었다. 크리티아스와 테라메네스가 핵심 인물이었다. (제3장 「리쿠르고스전」, §9의 각주 10 참조)

더욱이 30인의 참주들은 불안에 떨면서 어찌할 바를 모르고 오로지 알키비아데스가 무슨 일을 꾸미고 무슨 일을 하는지에만 정신을 쏟고 있었으니, 민중이 그러한 꿈에 빠져 있는 것도 이상하지 않았다. 드디어 30인의 참주 가운데 우두머리인 크리티아스가 리산드로스를 만나 단호하게 말했다.

"아테네가 민주 정치를 유지하는 한 스파르타는 그리스를 온전히 지배할 수 없습니다. 비록 지금은 아테네가 평화롭고 과두 정치에 순응하는 것처럼 보일지라도, 알키비아데스가 살아 있는 한 아테네는 결코 오늘날의 상황을 조용히 견디지 않을 것입니다."

그러나 스파르타에서 알키비아데스를 처단하라는 문서가 도착할 때까지 리산드로스는 그들의 말을 믿지 않았다. 그들이 알키비아데스를 죽이기로 결심한 것은 그의 용맹함과 전공에 겁을 먹었거나, 스파르타의 아기스왕을 기쁘게 해 주고자 함이었을 것이다.

39

그러한 음모에 따라 리산드로스는 파르나바조스에게 사람을 보내 알키비아데스를 죽일 것을 요구했고, 파르나바조스는 그 일을 동생 마가이우스(Magaeus)와 삼촌 수사미트라스(Sousami-tras)에게 맡겼다. 그 무렵에 알키비아데스는 프리기아에서 티만드라(Timandra)라는 창녀와 살고 있었다.

어느 날 알키비아데스는 꿈을 꾸었는데, 꿈속에서 티만드라의 옷을 뒤집어쓰자 티만드라가 그의 머리를 팔에 껴안고 여자처럼 얼굴에 분을 발라 주었다. 다른 사람들의 말에 따르면, 그가 잠들어 있을 때 마가이우스의 부하들이 그의 목을 벤다음 시체를 불태우는 꿈을 꾸었다고도 한다. 말이 서로 다르기는 하지만, 그가 죽기에 바로 앞서 꿈을 꾸었다는 사실에는 모두 동의하고 있다.

알키비아데스를 죽이고자 파견된 자객들은 감히 그의 집 안으로 들어가지 못하고 집을 둘러싼 다음 불을 질렀다. 이 사실을 알아차린 알키비아데스는 집 안에 있던 옷가지와 침구를 모아 불 속에 던진 다음 왼손에는 겉옷을 감고 오른손에는 칼을 빼 든 채 밖으로 뛰어나갔다. 옷가지가 불에 붙지 않아 그는 화상을 입지 않았다.

알키비아데스가 뛰쳐나오자 이방인 자객들은 뿔뿔이 흩어졌다. 누구도 그와 맞서거나 대적하지 못한 채 멀찌가니 떨어져 창을 던지거나 화살을 쏘았다. 알키비아데스가 그렇게 죽고 자객들이 떠나자 티만드라가 그의 시체를 수습하여 자기 옷으로 덮은 다음 화려하고 영예롭게 장사를 치렀다.

들리는 바에 따르면, 티만드라는 코린토스 출신인 라이스의 어머니로서, 시킬리아에 딸린 작은 섬 히카라에서 잡혀 온 전쟁 포로였다고 한다. 다른 작가들은 알키비아데스의 죽음에 대한 나의 기록에 동의하면서도 알키비아데스를 죽인 것은 파르나바조스나 리산드로스나 스파르타인이 아니라 바로 알키비아데스 자신이었다고 말한다.

알키비아데스는 어느 명문가의 딸을 겁탈한 뒤에 그 여인을 데리고 살았는데, 이 방탕하고 무례한 인간에 대한 분노에 사무쳐, 내가 앞서 기록하였듯이, 파르나바조스의 부하들이 아니라 그 여인의 오빠들이 밤중에 그의 집에 불을 지르고 그가 불길에서 뛰쳐나오자 활로 쏘아 죽였다고 한다.

코리올라누스
CAIUS MARCIUS CORIOLANUS

기원전 490년 무렵

승자(勝者)는 피로를 모른다.
— 코리올라누스

로마인들에게 덕망이라 함은
용맹하다는 뜻이다.
— 플루타르코스

아집은 '고독의 동반자'이다.
— 플라톤

1

로마에서 이름을 떨친 마르키우스(Marcius) 가문은 훌륭한 인물을 많이 배출했다. 그들 가운데 한 사람인 안쿠스 마르키우스(Ancus Marcius)는 누마왕의 외손자로서 툴루스 호스틸리우스(Tullus Hostilius)를 이어 왕위에 올랐다. 로마에 가장 질 좋은 물을 공급한 푸블리우스 마르키우스(Publius Marcius)와 퀸투스 마르키우스(Quintus Marcius) 그리고 두 번이나 집정관에 선출된 켄소리누스(Censorinus)[1]도 그 가문 사람이었는데, 그는 자신의 경험을 참고하여 집정관 연임(連任)을 금지하는 법령을 만들었다.

지금 내가 쓰고자 하는 카이우스 마르키우스 코리올라누스는 일찍이 아버지를 여의고 홀어머니 밑에서 자랐다. 일찍이 아버지를 잃었다는 것이 어떤 소년에게는 불행일지 모르지만, 그에게는 훌륭한 사람이 되는 데 아무런 걸림돌이 되지 않았으며, 흔히 말하는 것처럼 자신의 뒤틀린 성격을 어린 시절의 잘못된 환경 때문이라고 탓하는 것은 못난 사람들이나 하

I   이럴 경우에는 대체로 그가 감찰관(Censor)을 지낸 것을 기려 이런 이름
     을 썼다.

는 변명이라는 점을 잘 보여 주었다.

그와 달리, 사람의 천성이 아무리 너그럽고 고결하다 하더라도 잘 가꾸지 않으면 좋은 결실을 얻을 수 없는데, 이는 비옥한 땅도 농부가 잘 경작하지 않으면 추수할 수 없는 것과 같다는 사실을 그는 잘 보여 주었다.

끝이 어딘지를 알 수 없는 지적(知的) 열정과 능력이 그로 하여금 큰일을 이루도록 한 것은 사실이다. 그러나 불같은 성격과 굽힐 줄 모르는 고집 때문에 그는 사람들과 잘 어울리지 못했다. 세상 사람들은 향락에 물들지 않고 끝없이 노력하며 타산적이지 않은 성격을 가진 그를 극기(克己)와 용맹과 정의의 상징처럼 생각했으나, 그와 친숙해지고 나서는 그가 고마움을 모르고 부담감을 주며 오만하다는 사실로 상처를 입었다.

인간이 음악의 신 무사이(Musai)에게 받은 은혜 가운데, 교양과 훈련으로 천성을 부드럽게 함으로써 중용(中庸)을 지키도록 이끄는 것보다 값진 것은 없다. 그러나 오늘날 로마에서 '덕망(virtue)'이라는 말을 쓸 때는 전쟁이나 무공에 커다란 가치를 둔다. 실제로 라틴어에서 덕망(virtūs)이라는 용어는 분명히 '남자다움'이라는 뜻으로 쓰이며, 일반적으로 '용맹함(valor)'이라는 뜻을 담고 있다.

2

싸움을 좋아하는 천성을 타고난 마르키우스는 어려서부터 무술 연습을 시작했다. 무기가 아무리 좋아도 쓰는 사람이 연습하고 계발하지 않으면 모두 소용없는 일이라고 생각한 그는 달리기, 권투, 레슬링 등 상대편이 이기기 어려운 온갖 종류의 운동을 익혔다. 어쨌거나 그와 늘 용맹스러운 경기를 하다가 진 사람들은 꺾일 줄 모르며 고통에도 움츠러들지 않는 그의 체력 때문에 졌다고 푸념했다.

3

마르키우스가 처음으로 전쟁에 나간 것은 어렸을 적 일이었다. 침략자는 타르퀴니우스(Tarquinius)였다. 지난날 로마의 왕이었다가 추방된 그는 여러 번 복수전을 치렀지만 뜻을 이루지 못했는데, 이번에는 모든 것을 걸고 쳐들어왔다. 라티움(Latium) 사람들 대부분과 이탈리아의 여러 부족이 그를 복위(復位)시키려고 로마로 진격했다. 그들이 타르퀴니우스를 지원한 이유는 그를 기쁘게 해 주고자 함이라기보다는 새로이 떠오르는 로마의 집권 세력을 향한 시샘과 두려움 때문이었다.

전투가 시작된 뒤, [기원전 496년에 레길루스(Regillus) 호수의 전투에서] 여러 차례 전세는 이쪽저쪽으로 오고 갔다. 이 전투에서 마르키우스는 집정관이 지켜보는 가운데 용맹하게 싸웠다. 그러다가 마르키우스는 로마 병사 한 명이 부상을 입고 쓰러져 있는 것을 보았다.

마르키우스는 곧장 로마 병사 쪽으로 달려가 그를 보호하며 그에게 부상을 입힌 적군을 죽였다. 그 전쟁에서 이긴 장군은 첫 번째로 마르키우스에게 떡갈나무로 만든 승리의 관을 씌워 주었다. 이 관은 전투에서 동료를 구출한 사람에게 씌워 주는데, 어떤 연유에서 시작된 것인지는 알 수 없다.

떡갈나무 화관은 아폴론 신전에서 도토리를 먹는 아르카디아인들을 특별히 찬양하려는 것이라는 말이 있고,(헤로도토스, 『역사』, I : 66) 그들이 싸우는 곳 어디에서나 떡갈나무를 쉽게 발견하기 때문이라는 말도 있고, 로마의 수호신인 유피테르를 상징하는 떡갈나무 잎으로 화관을 만들어 그가 수호하는 로마의 시민을 구한 사람에게 선사하는 것이라는 의견을 가진 사람들도 있다.

무엇보다 떡갈나무는 가장 아름다운 열매를 맺으며, 사람들이 다루는 나무 가운데 가장 단단하다. 도토리는 식용으로도 쓰이고, 나무에서 나오는 꿀처럼 생긴 즙을 마시는데, 초식

코리올라누스

동물과 새들이 대부분 그 즙을 마시기 때문에 사람들은 그 동물들을 잡으려고 끈끈이 덫을 놓는다.

들리는 바에 따르면, 내가 지금 말하고 있는 이 전투에 제우스와 레다(Leda)의 쌍둥이 아들인 카스토르(Castor)와 폴룩스(Pollux)가 나타났고, 전쟁이 끝난 바로 뒤에도 나타났다. 땀에 흠뻑 젖은 말을 타고 토론의 광장(forum)에 나타난 그들은 분수대 옆에서 승리를 알렸다고 하는데, 지금 디오스쿠리(Dioscuri) 신전이 있는 곳이다. 이 때문에 7월 보름이 되면 시민들은 지금도 그 두 신을 모시고 있는 신전 곁의 우물에서 디오스쿠리 신, 곧 제우스의 쌍둥이 아들에게 성물(聖物)을 바친다.

4

천성적으로 야심이 없는 젊은이가 영광스러운 칭송을 들으면, 마치 목마를 때 물을 마시는 것과 같아서 금방 야심을 놓게 된다. 그러나 진실로 굳건한 정신력은 그가 이룬 바에 따라 찬란하게 성장하는데, 이는 맞바람을 만나야 불길이 솟는 것과 같다. 그들은 자신이 이미 이룬 업적으로써 영광을 받는 것이 아니라 앞으로 이룩할 장래성으로써 평가를 받는다고 생각한다. 이 때문에 그들은 실제 활동에서 남들보다 뛰어나지 못하여 명성이 뒤처지는 것을 부끄럽게 여긴다.[2]

마르키우스가 스스로를 용맹스럽게 단련한 것도 그런 생각에서 비롯되었다. 무언가 새로운 업적을 쌓고 싶었던 그는 끝없이 도전하여 전공을 쌓았다. 그러자 그의 상관들은 마치 그를 전임자들과 경쟁이라도 시키려는 듯이, 그에게 영광스러운 일을 시키고 그의 기량을 보여 주려는 데 앞장섰다.

---

2   이 부분은 매우 은유적으로 서술되어 있어서 뜻이 어렵고, 판본마다 그 의역(意譯)이 다르다. 이 글은 스콧-킬버트(Ian Scott-Kilvert)의 판본을 따랐다.

이 무렵에 로마에서는 수많은 전쟁과 다툼이 있었는데 그럴 때마다 그는 승리의 월계관과 상품을 받지 않고 돌아온 적이 없었다. 그러나 다른 젊은이들은 영광을 얻으려고 용맹을 보였지만 마르키우스는 어머니를 즐겁게 해 드리고자 영광을 추구했다. 아들이 칭송받는 것을 들을 때나 그가 월계관을 쓰는 모습을 볼 때면 어머니는 눈물을 흘리며 그를 안아 주었고, 이와 같은 모정은 자기에게 가장 큰 기쁨이라고 마르키우스는 생각했다.

들리는 바에 따르면, 위대한 그리스의 정치가이자 장군이었던 에파미논다스도 같은 생각을 했음에 틀림없다. 들리는 바에 따르면, 에파미논다스는 레욱트라(Leuctra) 전투에서 지휘관으로 승리한 소식을 살아 계신 부모님께 들려 드릴 수 있었던 것을 가장 큰 행복으로 생각했다.[3]

그러나 에파미논다스에게는 부모가 모두 살아 계신 것이 축복이었지만, 마르키우스는 홀어머니 품에서 자란 까닭에 아버지의 몫까지 어머니에게 바쳐야 한다는 생각에서 더욱 효성스러웠다. 오죽했으면 그는 어머니가 좋아하는 여자와 결혼하여 아이들을 낳은 뒤에도 어머니를 모시고 살았을까.

5

용맹스러운 마르키우스의 명성과 영향력은 이미 로마 안에 파다하게 퍼졌다. 그 즈음 원로원이 부자들 편을 들어 민중과 다툼이 벌어졌다. 민중은 자기들이 부자들 밑에서 온갖 핍박을 겪고 있다고 생각했다. 그럭저럭 먹고살 만한 사람들은 부자들의 저당(抵當)과 경매로 고통받았고, 가난한 사람들은 조국

---

3   이때 에파미논다스의 활약에 대해서는 제23장 「펠로피다스전」에 잘 나와 있다. 플루타르코스는 이 전집에서 「에파미논다스전」을 쓴 것이 틀림없지만 안타깝게도 오늘날 전해지지 않고 있다.

을 지키려고 전쟁에 나갔다가 몸에 온통 상처를 입고 돌아왔지만 하나씩 끌려가 투옥되었다.

최근에는 사비니(Sabini)족과 싸움이 벌어졌는데, 이때 부자들은 전쟁이 끝난 다음 적절히 보상해 줄 것을 가난한 사람들에게 약속했고, 집정관 마르쿠스 발레리우스(Marcus Valerius)가 그 정령(政令)을 보장한 바 있었다. 그러나 참전 군인들이 열심히 싸워 적군을 정복하고 돌아왔을 때 부자들은 전혀 성의를 보이지 않았다. 또한 원로원은 언제 그런 약속을 했느냐는 듯이 채권을 집행하여 고통을 주었을 뿐만 아니라 병사들 모두를 감옥에 집어넣었다. 이렇게 되자 민중은 소동을 일으키며 로마 곳곳에 무질서하게 모여들었다.

그와 같은 소란을 알아차리고 좋은 기회라 여긴 적국에서는 로마를 침략하여 황폐하게 만들었다. 집정관이 징집 연령에 이른 청년들을 소집했지만 아무도 따르지 않았다. 이런 위기를 겪으면서도 권력자들의 의견은 여러 갈래로 나뉘었다. 어떤 사람들은 평민들의 뜻을 존중하여 엄격한 법령을 누그러뜨려야 한다고 생각했다.

그런가 하면 어떤 사람들은 그래서는 안 된다고 주장했는데, 그 가운데에는 마르키우스도 있었다. 그는 이번 사태에서는 재정이 문제의 핵심이 아니라고 주장하면서, 민중이 법을 어기고 도전하려는 것을 지혜로운 관리들이 처음부터 단호하게 제압해야 했다고 주장했다.

6

이 문제를 다루고자 며칠 동안 원로원이 여러 차례 모였으나 결론을 내지 못했다. 그러자 평민들이 갑자기 모이더니 서로를 격려하며 로마를 떠났다. 그들은 오늘날 '성스러운 언덕(Monte Sacro)'이라 부르는 곳을 장악한 다음 [로마에서 약 4.8킬로미터쯤 떨어져 있는] 아니오(Anio)강 변에 자리 잡았다. 그들은 폭력을 쓰거나 난동을 부리지 않겠노라고 약속했지만 이렇게 큰 소리로 외쳤다.

"귀족들은 오랫동안 우리를 로마에서 몰아냈다. 이탈리아에는 어디를 가든 공기와 물과 묻힐 곳이 있다. 그러나 우리가 가진 것은 오직 그것뿐이고, 우리가 가진 특권은 부자들을 위해 전쟁터에 나가 다치거나 죽는 일밖에 없다."

이러한 사태에 놀란 원로원은 나이가 지긋하고 가장 합리적인 원로들을 민중에게 보내 어루만지고자 했다. 그들 가운데 가장 지위가 높은 메네니우스 아그리파(Menenius Agrippa)는 원로원을 대신하여 간청하고 그들이 알아들을 수 있게 설득하면서, 다음과 같은 우화(寓話)로 이야기를 마쳤다.

인간의 오장육부가 위장에 대하여 반란을 일으키고서
이렇게 비난했습니다.
"그대는 내장 가운데 가장 게으른 부분이면서도 우리
모두의 안녕을 위해 아무 일도 하지 않는데, 다른
부분들은 그대의 입맛을 채워 주고자 온갖 고생을 하며
엄청난 노력을 기울이고 있다."
그러자 위장이 비웃으면서 이렇게 대답했습니다.
"그대들은 뭔가를 모르고 있다. 나는 영양분을 모두
받아들여 나 혼자만 즐기는 것이 아니라 온몸의 기관에
다시 공평하게 나누어 보내고 있다."
지금 원로원과 시민 여러분의 관계도 이와 같습니다.
원로원이 깊이 고려하면서 관심을 두고 처리한 문제들은
여러분 모두에게 유익하고 도움이 되는 영양분이 되어
돌아가고 있습니다.
(리비우스, 『로마사』, II : 32, 9~11)

7

민중은 구제가 필요한 자기들을 보호해 줄 인물 다섯 명을 뽑을 권리를 요구하여 이를 관철시킨 다음에 원로원과 화해가 이뤄지자 그 관리를 뽑았다. 그가 바로 오늘날의 민중 호민관이다. 그리하여 민중은 호민관 두 명으로 유니우스 브루투스(Junius Brutus)와 시키니우스 벨루투스(Sicinius Vellutus)를 뽑았는데, 이들은 민중을 도시 밖으로 끌고 나갔던 그 사람들이었다. 그렇게 도시가 화합을 이루자 평민들은 곧 징집에 응소했다.

집정관들은 그들이 전쟁에 나가 열심히 싸울 준비가 되어 있음을 알았다. 그러나 마르키우스는 귀족의 권익을 희생하면서까지 민중의 권익을 올려 주는 것이 내키지 않았다. 다른 귀족들도 자기와 생각이 같다는 것을 잘 알고 있었지만, 그는 조국을 위한 전쟁에서 귀족들이 평민들보다 뒤떨어져서는 안 되며, 권력이라는 측면에서가 아니라 조국을 위한 열정이라는 면에서 귀족들이 평민들보다 앞장서야 한다고 귀족들에게 역설했다.

8

로마를 쳐들어온 볼스키(Volsci)족 가운데에는 코리올리(Corioli)의 시민들이 주도권을 잡고 있었다. 로마 집정관 코미니우스(Cominius)가 그 도시를 공격하자 이를 걱정한 볼스키족의 다른 무리가 달려와 로마 병사들과 싸우는 자기편 병사를 코리올리 성문 앞에서 만나 안팎에서 공격을 시작했다. 그러자 코미니우스는 병력을 둘로 나누어 자기는 한쪽을 이끌고 밖에서 쳐들어오는 볼스키족을 대적하는 한편, 그 시대에 가장 용맹스러웠던 티투스 라르티우스(Titus Lartius)에게는 다른 쪽을 맡기며 성을 점령하라고 지시했다.

이와 같은 작전을 바라보던 볼스키족은 남은 로마 병력을 얕보고 짓쳐 나와 첫 번째 전투에서 승리를 거둔 뒤 로마군의 본진까지 추격했다. 이런 상황에서 마르키우스가 적은 병력으로 달려와 병영 가까이까지 추격해 온 적군을 죽이고 나머지 적군을 저지하며 로마 병사들에게 후퇴하지 말고 항전하라고 소리쳤다.

대(大)카토(Cato the Elder)가 바람직한 군인의 모습으로 지적한 바와 같이,(제10장 「대(大)카토전」, §1) 장군은 모름지기 용맹스럽게 일격을 가할 줄 알아야 하고, 목소리와 모습도 적군이 두려움을 느낄 정도로 험악하여 감히 맞서지 못하도록 해야 한다.

부하들이 달려와 마르키우스를 둘러싸면서 보호하자 적군은 겁에 질려 물러났다. 그러나 여기서 만족할 수 없었던 마르키우스는 무섭게 적군을 추격하여 끝내 코리올리 성문 앞까지 도망하도록 몰아붙였다. 그러나 성벽에서 쏜 수많은 화살이 추격하던 로마 병사를 향해 날아오자 누구도 도망병들을 뒤쫓아 성안으로 짓쳐 들어갈 용기를 내지 못했다. 그러나 마르키우스는 자리를 지키면서 전투를 독려했다. 그는 이렇게 소리쳤다.

"행운의 여신이 코리올리 성문을 열어 준 것은 도망자들이 들어가도록 함이 아니라 추격자들이 입성하도록 함이다."

마르키우스의 뒤를 따른 사람은 몇 안 되었지만, 그는 적진을 뚫고 성문에 올라 병사들과 함께 돌격했다. 누구도 감히 그를 막아서지 못했다. 그러나 성안에 들어온 로마 군사의 수가 적은 것을 알아차린 적군은 전열을 가다듬고 반격하기 시작했다.

들리는 바에 따르면, 아군과 적군이 뒤섞여 함께 둘러싼 가운데 마르키우스는 성안에서 치열하게 싸웠다고 한다. 그의 창검술은 탁월했으며, 걸음은 빨랐고, 담대한 정신력은 모든 사람의 믿음을 뛰어넘었다. 그가 상대하던 적군을 모두 제압하고 코리올리 성 밖으로 멀리 몰아내자 그 밖의 적군들은 체념한 듯 무기를 버렸다. 그리하여 성 밖에 있던 라르티우스도 안전하게 성안으로 들어왔다.

9

성을 함락한 로마 병사들은 약탈하느라 정신이 없었다. 그 모습을 바라보던 마르키우스는 분노하며 이렇게 소리쳤다.

"지금 우리의 집정관과 그 부하들은 적군과 처절하게 싸우고 있는데 그대들은 약탈을 하고 있으니 얼마나 부끄러운 일인가? 그대들은 약탈하거나 약탈한다는 구실 아래 위험에서 벗어나려 하는가?"

그러나 마르키우스의 말에 귀 기울이는 사람은 없었다. 이에 그는 자기를 따르려는 병사들만 데리고 집정관의 부대가 달려갔다고 알려진 길을 따라 진격했다. 그는 부하들을 격려하고 수고로움을 아끼지 말라고 독려하면서 이렇게 신에게 기도했다.

"우리가 전쟁터에 너무 늦게 도착하지 않도록 해 주시고, 동포들과 함께 전투와 고통을 나눌 수 있도록 때맞춰 그곳에 이르게 하소서."

그 무렵 로마 풍속에 따르면, 병사들은 전투를 앞두고 군장을 차릴 때 서너 명의 증인 앞에서 자기 재산의 상속자를 구두로 지정했다. 마르키우스가 그런 의식을 마치고 집정관의 부대를 따라붙으니 적군이 눈앞에 나타났다. 마르키우스가 적은 병력을 이끌고 온몸에 땀과 피가 얼룩진 모습으로 나타나자 집정관의 부대는 어리둥절했다.

그러나 마르키우스가 기뻐하는 모습으로 집정관을 향해 달려가 코리올리의 함락을 알리고 집정관을 껴안으며 입을 맞추자 병사들의 용기가 크게 치솟았다. 어떤 병사들은 코리올리의 함락 소식을 직접 들었고, 어떤 사람들은 짐작으로 알았다. 그들은 집정관에게 자기들을 이끌고 진격해 달라고 소리쳤다. 마르키우스가 집정관에게 물었다.

"적군은 어떤 진열을 갖추고 있고, 주력 부대는 어디에 배치되어 있습니까?"

이에 집정관이 대답했다.

"주력 부대는 진영의 가운데에 배치되어 있소. 그들은 안티아테스(Antiates)족인데 매우 호전적이고 어떤 용맹한 부대에도 항복한 적이 없소."

마르키우스가 말했다.

"우리 부대가 그들과 싸울 수 있도록 전열을 갖춰 주시기 바랍니다."

집정관은 마르키우스의 요청을 받아들이면서 그의 용맹함에 감탄했다. 창이 날아다니기 시작하고 마르키우스가 전열 맨 앞에 서서 돌진했다. 안티아테스족은 감히 그를 막아서지 못했다. 그는 마주치는 적군을 번개처럼 베어 쓰러뜨렸다. 적군이 양쪽에서 둘러싸며 창을 겨누자 그의 안전을 걱정한 집정관이 정예병을 보내 지원했다.

마르키우스 주변에서 치열한 백병전이 벌어져 짧은 시간에 많은 적병이 죽었다. 로마 병사들은 적군을 더욱 몰아붙여 무찌른 뒤, 추격을 멈추고 피로와 부상에 짓눌린 마르키우스를 본진으로 후송해야 한다고 주장했다. 그때 그는 이런 말을 남겼다.

"승자(勝者)는 피로를 모른다."(디오니시오스, 『로마 고대사』, VI : 94)

그리고 그는 적군을 끝까지 추격하여 나머지 적군들도 죽이거나 사로잡았다.

10

다음 날 라르티우스 장군이 찾아오고, 다른 병력도 집정관 코미니우스 앞에 도열했다. 집정관은 연단에 올라가 그토록 위대한 승리를 얻을 수 있도록 가호해 준 신에게 영광을 드린 다음 마르키우스에 대한 칭송을 시작했다. 단상에 오른 집정관은 먼저 마르키우스의 놀라운 전공을 치하했다. 그 가운데 일부는 그가 전쟁터에서 직접 본 것이고, 일부는 라르티우스에게 들은 것이었다.

그런 다음 그들이 노획한 재물과 말과 포로들을 군인들에게 나누어 주기에 앞서 그 가운데 10분의 1을 가지라고 마르키우스에게 지시했다. 그 밖에도 집정관은 매우 아름답게 장식한 명마(名馬) 한 필을 마르키우스에게 선물로 주었다. 이에 마르키우스는 앞으로 나가 말했다.

"선물로 주신 명마를 감사히 받겠습니다. 그리고 집정관의 칭찬도 기쁘게 생각합니다. 그러나 그 나머지는 사양하고자 합니다. 그것들은 전쟁 급여이지 영예로 받을 것이 아닙니다. 저는 전리품 가운데 한 사람 몫만 받겠습니다. 다만 제가 한 가지 특별히 드릴 간청이 있는데 받아 주시기를 바랍니다. 다름이 아니라, 안티아테스족 포로들 가운데 매우 자상하고 친절한 사람이 하나 있습니다. 그는 이제 포로가 되어 모든 재산을 빼앗기고 온갖 불행을 겪게 되었습니다. 바라건대 그를 저에게 해방 노예로 주시어 팔려 가는 일이 없도록 해 주시기 바랍니다."

마르키우스의 소청을 들은 병사들은 환호로써 그의 요청에 응답했다. 그는 병사들이 전쟁에서 이룬 공적보다 자신의 고결한 성품에 더 갈채를 보낸다는 사실을 알았다. 그가 세운 찬란한 무공을 시샘하던 사람들도 그가 거절한 상품들을 받을 만한 자격이 있다고 여겼다. 사람들은 그가 이룬 찬란한 전공보다 보물들을 외면한 그의 덕망을 더 좋게 생각했다. 재산을 공의(公義)롭게 쓰는 것은 탁월한 무예보다 더 훌륭하다. 재물을 탐내지 않는 것이 재물을 잘 쓰는 것보다 더 고결하다.

11

마르키우스에 대한 환호가 멈추자 코미니우스가 다시 이렇게
말을 이었다.

"마르키우스가 여러분의 선물을 받으려 하지도 않고 또
그런 선물을 받는 것을 내켜 하지 않는다면, 우리도 그에게 선
물을 억지로 줄 수 없습니다. 그러나 그가 거절할 수 없는 선물
이 여기에 있습니다. 그가 코리올리(Corioli)를 정복했으니 그
에게 코리올라누스(Coriolanus)라는 이름을 부여하도록 우리가
투표로써 결정하는 것입니다. 우리가 이와 같은 결정을 내리
지 않는다고 할지라도 그의 정복 전쟁은 이미 그에게 그러한
칭호를 주었습니다."

이때부터 마르키우스를 코리올라누스로 부르게 되었다.
따라서 그가 어렸을 때 받은 첫 이름은 카이우스(Caius)이고,
그의 가문을 뜻하는 두 번째 이름은 마르키우스이며, 그의 공
적을 표현하는 세 번째 이름은 자연스럽게 코리올라누스가 되
었으니, 여기에는 그의 전공과 행운과 몸매와 남자다움이 모
두 담겨 있다. 그리스에서도 이와 같이 어느 사람의 특징에 따
라 마지막 이름을 붙여 주는데, 이를테면 소테르(Soter)는 '구
원자'라는 뜻이고, 칼리니코스(Kallinikos)는 '위대한 승리'라는
뜻이고, 휘스콘(Physkon)은 '배불뚝이'라는 뜻이고, 그리포스
(Grypos)는 '매부리코'라는 뜻이다.

위대한 면모를 뜻하여 지은 이름도 있는데, 에우에르게
테스(Euergetes)는 '자비를 베푸는 사람'이라는 뜻이고, 휠라데
포스(Philadephos)는 '형제 사이의 우애'라는 뜻이며, 행운을 나
타낼 때 쓰는 이름인 바토스 2세(Battus II)의 칭호 에우다이몬
(Eudaimon)은 '풍요로움'이라는 뜻이다. 어떤 사람들에게는 조
롱의 뜻으로 이름을 붙여 주었는데, 안티고노스(Antigonos)를
도손(Doson)이라 부른 것은 '약속이 헤픈 사람'이라는 뜻이고,
프톨레마이오스(Ptolemaios)를 라티로스(Lathyrus)라고 부른 것

은 '완두콩'이라는 뜻이었다.

이와 같은 작명 풍습은 로마에서도 마찬가지였다. 이를테면 메틸리우스(Metilius) 가문을 디아데마투스(Diadematus)라고 부른 것은 '관을 쓰고 다니는 사람'이라는 뜻인데, 이는 그 가문의 일원이 상처 입은 머리를 가리고자 오랫동안 두건을 쓰고 다녔기 때문에 생긴 이름이다. 그 가문의 다른 형제를 켈레르(Celer)라고 부른 것은 '날쌔다'라는 뜻인데, 이는 아버지가 죽은 지 며칠 되지도 않았는데 검투사들의 장례 기념 경기(Ludi Funebres)가 열린다는 소식을 알리려고 재빠르게 쏘다니면서 얻은 이름이다.

오늘날에는 사람들이 태어날 때 일어난 일을 기념하여 이름을 짓기도 한다. 이를테면 프로쿨루스(Proculus)는 '멀다'라는 뜻으로, 그 당시의 아기 낳는 풍습에 따르면 아이가 태어날 무렵 그 아버지가 멀리 떠나야 했기 때문이었다. 아버지가 세상을 떠난 뒤에 태어난 아이의 이름은 포스투무스(Postumus)인데 이는 '뒤에'라는 뜻이며, 쌍둥이가 태어나 그 가운데 하나만 살아남으면 보피스쿠스(Vopiscus)라고 부르는데 이는 '죽느니만 못한'이라는 뜻이다.

그 밖에도 몸의 특징을 보고 짓는 이름도 있다. 이를테면 술라(Sulla)는 '여드름이 많은 사람'이라는 뜻이고, 니게르(Niger)는 '검은 피부'라는 뜻이며, 루푸스(Rufus)는 '붉다'는 뜻이며, 카이쿠스(Caecus)는 '장님'이라는 뜻이며, 클라우디우스(Claudius)는 '절름발이'라는 뜻이다.

그리고 그들은 장님 같은 신체의 불운을 이름 지어 부른다 해도 이를 비난이나 불명예로 생각하지 않고, 그런 불행을 타고난 것을 운명으로 받아들여 주어진 이름에 적응했다. 그러나 이런 문제에 관한 자세한 논의는 다른 곳에서 하는 것이 더 적절할 듯싶다.

12

전쟁이 끝나자마자 민중 측 지도자들은 다시 분란을 일으켰다. 남달리 그럴 만한 명분이나 불만이 있는 것도 아니었다. 그들은 지난 전쟁과 소요를 겪으면서 어쩔 수 없이 일어나는 모든 사회악이 귀족 탓이라고 비난했다. 농지의 대부분은 경작되지 않았으며, 전쟁으로 말미암아 시장에 내놓을 상품도 없었다. 식량도 부족했다. 시장에는 상품도 없고 설령 있다 해도 평민들로서는 살 돈이 없다는 것을 알게 된 민중 측 지도자들은 귀족이 민중에게 복수하고자 의도적으로 이번의 기근을 불러왔다고 덤터기를 씌웠다.

그런 상황에서 벨리트라이(Velitrae)에서 사신이 왔다. 그들은 로마인들에게 도시를 넘길 터이니 이민을 보내 달라고 했다. 듣자니 몹쓸 전염병이 돌아 많은 사람이 죽고, 살아남은 주민이 겨우 10분의 1도 안 되었다. 지각 있는 로마인들은 이와 같은 제안이 인구가 넘치는 로마에 매우 이로운 기회라고 생각했다. 아울러 귀족들은 이번 기회에 가장 극렬한 무리와 민중 측 지도자들의 요구에 가장 호응하는 무리를 그리로 보내 소요가 멈추기를 바랐는데, 이는 마치 몸에서 더러운 독기를 빼내는 것과 같았다.

그렇게 생각한 귀족들과 집정관은 이민 대상자를 뽑아 벨리트라이로 떠나라고 지시했다. 귀족들은 또한 볼스키족에 대항하여 싸울 병사들의 명단을 작성하여 평민들이 내전을 일으킬 겨를이 없게 만들려고 노력했다. 부자든 가난뱅이든, 귀족이든 평민이든 공공복리를 위해 군대에 들어가 함께 싸우다 보면 더욱 정중하고 기쁜 마음으로 서로를 상대할 것이라고 위정자들은 생각했다.

13

그러나 민중 측 지도자인 시키니우스 벨루투스와 유니우스 브루투스와 그 둘을 따르는 사람들은 곧 귀족의 의견에 반대하면서 이렇게 주장했다.

"집정관들은 가장 잔혹한 처사를 가장 자비로운 이민이라는 이름으로 가장하여 실제로는 가난한 사람들을 죽음의 구렁텅이로 몰아넣고 있습니다. 그들은 지금 시체 냄새가 가득하고 시신이 나뒹구는 이민족의 끔찍한 신상(神像)으로 가난한 이들을 몰아넣고 있습니다. 게다가 그들은 동포를 기근으로 몰아넣고 질병의 골짜기로 내몬 것도 부족하여 그들이 선택한 전쟁으로 끌고 가려 합니다. 우리가 더 이상 부자의 노예가 되기를 거부했다는 이유만으로 이 도시는 다시 고통을 겪고 있습니다."(디오니시오스, 『로마 고대사』, VII : 13)

이와 같은 연설을 수없이 들은 민중은 집정관의 모병(募兵)에 따르지도 않고, 이민을 호의적으로 보지도 않았다. 이에 원로원은 혼란에 빠졌다. 그러나 이제 지위도 굳건해지고 정신적으로도 고결해진 코리올라누스는 로마의 여러 유력 인사의 주목을 받으면서 민중 측 지도자들과 맞서는 길에 당당히 나섰다. 그는 이민 보내는 대상을 제비뽑기로 뽑았으며, 이를 거부하는 사람에게는 가혹한 벌금을 물렸다. 민중이 병역을 완강히 거부하자 코리올라누스는 자신을 따르는 사람들(client)[4]을 모아 많은 사람을 자기편으로 설득하여 군대를 편성했다.

코리올라누스는 곧 안티움의 영토로 진격했다. 그는 그곳에서 옥수수와 소를 엄청나게 노획하고 포로를 많이 붙잡았다. 그는 그 가운데 어느 것도 자기 사유물로 삼지 않고 부하들에게 온갖 전리품을 들려 로마로 돌아왔다. 그런 모습을 본 시민들은 코리올라누스를 따라가지 않은 것을 한탄하면서 그를

---

4   후원자(patron)와 의뢰인(client)의 관계에 대해서는 제2장 「로물루스전」(§13)을 참조할 것.

원망했다. 시민들은 그의 명성과 세력이 높아지는 것을 견딜 수 없었고, 그가 부상(浮上)하면 민중에게 해로운 결과를 가져오리라고 생각했다.

14

이런 일이 있고 나서 얼마 지나지 않아 집정관 선거에 코리올라누스가 출마하자 민중은 그의 처사에 납득하면서, 명문가 출신으로서 그토록 용맹스럽고 위대한 전공을 이룬 그를 무시하고 모욕한 자신들을 부끄럽게 여겼다. 그 무렵 로마에서는 공직에 출마한 사람들은 겉옷(toga) 밑에 속옷을 입지 않고 토론의 광장에 나가 시민들에게 인사하고 표를 부탁하는 것이 관례로 되어 있었다.

출마한 후보들은 표를 부탁하면서 복장의 겸손함을 보이고자 그랬거나, 자기들이 전쟁에서 부상당한 흉터를 자랑삼아 보이려고 그랬을 것이다. 입후보자들이 허리띠를 매지 않고 속옷을 입지 않은 채 나타나는 관습이 뇌물과 관련 없다는 것은 분명한 사실이다. 돈으로 표를 사고파는 풍습이 조금씩 들어와 돈이 선거 결과를 결정하기 시작한 것은 그보다 한참 뒤의 일이기 때문이다.

그러나 시간이 흐르면서 뇌물이 법정과 병영에 영향을 미쳤고, 로마를 군주 국체로 뒤바꿔 놓음으로써 군대를 돈의 노예로 만들어 버렸다. 민중에게 처음으로 잔치를 베풀고 뇌물을 먹인 사람이 민중의 권리를 최초로 타락시킨 사람이라는 이야기는 참으로 맞는 말이다. 로마에도 그런 나쁜 풍습이 조금씩 천천히 들어왔기 때문에 누구도 그 순간에는 이를 알아채지 못했다.

우리는 누가 최초로 민중과 법정에 뇌물을 준 사람인지를 알지 못한다. 아테네의 경우를 보면, 재판의 배심원들에게 최초로 뇌물을 준 사람은 안테미온의 아들 아니토스였다고 한다.[5] 그는 펠로폰네소스 전쟁이 끝나 갈 무렵 메시니아의 서해안에 있는 필로스를 해방시키려고 반역을 도모하다가 발각되어 재판에 회부된 사람이었다.[6] 그러나 로마의 전성기에는 순수한 사람들이 토론의 광장을 장악하고 있었다.

15

코리올라누스가 17년에 걸쳐 탁월한 군인으로서 입은 상처들을 드러내 보이자 민중은 그의 용맹에 경의를 표시하면서 그를 집정관으로 뽑기로 합의했다. 투표일이 되어 코리올라누스는 원로원 의원들의 호위를 받으며 오만하게 입장했다. 그를 둘러싼 귀족들은 지난날 어느 때보다도 승리를 확신했지만, 그 모습을 본 민중은 그를 지지하려던 생각을 거두고 분노와 시샘에 빠졌다. 귀족들과 저토록 밀착된 사람이 나라의 지도자가 된다면 민중의 자유가 짓밟히리라는 두려움이 그들을 짓눌렀기 때문이었다.

그런 느낌에 빠진 민중은 코리올라누스를 거부하고 다른 인물을 집정관으로 선출했다. 이에 원로원은 분개하면서 이번 일은 코리올라누스가 아니라 원로원을 모독한 것으로 생각했다. 코리올라누스도 이번 일을 참고 넘기지 못했다. 이제까지 그의 본성은 격정적이고 경쟁적이었다. 그는 그런 성품이 더 위대하고 고결하다는 생각에 사로잡힌 인물로서, 이성이나 수련을 거쳐 정치인으로서 최고의 덕목인 흡인력과 온유함 같은 것을 마음에 두지 않았다.

---

5   어떤 사람을 가리킬 때 그의 이름만을 쓰지 않고 '누구의 아들 아무개'라고 쓰는 아테네 풍습에서 우리는 가문에 대한 그들의 의식을 엿볼 수 있다.

6   아테네는 기원전 425년까지 필로스의 성채를 장악하여 잘 지켜 왔다. 기원전 410년에 스파르타가 이곳을 포위·공격하자 아테네가 함대를 보내 구원하려 했으나 실패하고 주민들은 스파르타에 항복했다.(투키디데스, 『펠로폰네소스 전쟁사』, IV : 2~41)

나랏일을 다루는 정치인은 무엇보다도 플라톤이 디온에게 보낸 편지(『서한집』, §4)에서 이른바 '고독의 동반자(companion of solitude)'라고 표현한 아집(self-will)을 피해야 한다는 것을 코리올라누스는 모르고 있었다. 그는 정치인이라면 모름지기 민중에 섞여 살아야 하며, 자기에게 쏟아지는 비난을 견딜 줄 알아야 한다는 것을 모르고 여염의 필부들처럼 처신했다. 코리올라누스는 직선적이고 고집스러웠으며, 여자처럼 나약하기보다는 모든 일에 이겨 주인이 되는 것이 으뜸이라고 생각했다.

　　그런 성격은 마치 부풀어 오르는 상처의 아픔처럼, 고통받고 상처 입은 영혼에서 솟아오르는 분노의 표현일 뿐이다. 출신에 대한 자부심과 자기 현시 욕구가 강렬한 귀족 청년들은 놀라울 정도로 코리올라누스에게 헌신적이었지만, 그들을 거느리고 다닌다는 것이 그의 덕망에는 도움이 되지 않았다. 오히려 그들은 그와 함께 분노하고 슬퍼함으로써 그의 격정을 부채질했다. 코리올라누스는 전쟁터에서 기꺼이 귀족 청년들에게 무술을 가르쳤고, 용맹을 보임으로써 그들을 고무했으며, 누구도 시기하지 않았었다.

16

그런 상황에서 로마에 양곡이 들어왔다. 대부분은 이탈리아 여러 곳에서 사들인 것이었지만 상당 부분은 시라쿠사이의 참주 겔로(Gelo)가 선물로 보낸 것이었다. 민중은 이제 궁핍과 불화에서 해방되리라는 기대에 크게 부풀었다. 원로원 회의가 열리자 민중은 원로원 건물 둘레에 모여 결과를 기다렸다. 그들은 곡물 가격도 안정될 것이고, 선물로 들어온 곡물은 무상으로 배급될 것이라고 기대했다. 원로원 의원들 가운데 그런 식으로 배급하라고 충고한 사람이 있었기 때문이었다. 그런데 코리올라누스가 자리에서 일어서더니 민중 편에 섰던 사람들을 맹렬히 비난하며 말했다.

"저 사람들은 선동가이자 귀족 정치의 배신자들입니다. 그들은 폭도 사이에 뿌려진 만용과 분노를 부채질하여 자신들을 망치고 있습니다. 저런 무리는 싹이 돋기에 앞서 잘라 버림으로써 저들이 고위 관리나 호민관이 되어 민중의 힘을 키워 주는 일이 없었어야 합니다. 이제 민중은 엄청난 세력으로 성장하여 자기들이 바라는 바를 마음대로 처리하고 있습니다. 그들은 자기 뜻에 거스르는 일을 용납하지 않으며, 집정관의 명령에 복종하지도 않고, 마치 무정부 상태처럼 자기들의 지도자를 뽑아 나라의 통치자라며 내세우고 있습니다. 더욱이 그들은 그 자리에 앉아 민중에게 곡식과 물품을 주고 있으니, 이는 그리스에서 민중의 정치가 극단에 이르렀을 때의 모습과 같습니다. 이는 나라를 무질서 속으로 몰아넣는 일이요, 우리 모두를 파멸에 빠뜨리는 일입니다."

그는 연설을 계속했다.

"나라에서 민중에게 무상으로 양식을 주면, 그들은 자신들이 병역을 거부하고 조국을 비난하고 이제까지 존중해 왔던 원로원을 중상(中傷)하던 처사들을 멈춘 데 대한 고마움의 뜻으로 받아들이지 않고, 오히려 원로원이 그들을 두려워하거나 아첨하려고 선물을 주고 양보하는 것으로 믿고 계속해서 국가에 저항할 것이며 투쟁과 소란을 멈추지 않을 것입니다. 그러므로 우리 입장에서 그들에게 양곡을 무상으로 배급하는 것은 매우 넋 나간 짓입니다. 우리가 지혜롭다면 민중 호민관 제도를 철폐해야 합니다. 왜냐하면 그런 제도는 집정관을 무력하게 만들 뿐만 아니라 나라를 분열시키기 때문입니다. 로마는 지난날처럼 하나가 아니라 둘로 나뉘어 이제는 함께 번영을 누릴 수도 없고, 한마음도 아니며, 서로 괴롭히고 상처 주기를 멈출 수도 없습니다."

17

코리올라누스의 그와 같은 연설은 원로원의 젊은 의원들과 부유한 의원들 거의 모두에게 격렬한 열정을 불어넣으면서 더할 수 없는 지지를 받았다. 그들은 코리올라누스야말로 로마에서 굴욕과 아첨을 몰아낼 유일한 인물이라고 소리쳤다. 그러나 몇몇 원로 의원은 그로 말미암은 결과를 걱정하면서 그의 주장에 반대했다. 그 자리에는 호민관들도 함께 있었다. 코리올라누스의 주장이 의원들의 지지를 받는 모습을 본 호민관들은 밖으로 뛰어나가 군중을 향해 도와 달라고 소리쳤다.

그 시간에 원로원 밖에서는 격렬한 민회가 열렸다. 호민관에게서 코리올라누스의 연설 내용을 전해 들은 민중은 원로원에 격렬히 저항했다. 호민관들은 공식적으로 코리올라누스를 비난하며 전령을 보내 그가 민회에 나타나 자신의 입장을 변론하라고 지시했다. 코리올라누스가 소환 명령을 들고 온 전령을 거칠게 몰아내자 그들은 건설관(Aedile)[7]이 보는 앞에서 코리올라누스를 끌어내리려 했다. 그러나 귀족들이 힘을 합쳐 호민관들을 몰아내고 건설관들을 마구 구타했다. 그러는 사이에 날이 저물고 소란도 멈추었다.

날이 밝자 분노한 시민들이 사방에서 토론의 광장으로 몰려들었다. 이를 본 집정관들은 로마의 앞날이 걱정되어 다시 원로원 회의를 열고 합리적이면서도 적절한 제안과 결의로써 민중을 누그러뜨릴 수 있는 방법을 논의하도록 요구했다. 그들이 생각하기에, 지금은 야망 찬 경쟁심으로 싸울 때도 아니고 자기들의 지위를 위해 싸울 때도 아니었다.

사태가 심각했으므로 사려 깊고 인도적인 방안이 필요했다. 원로원 의원 대부분이 그러한 견해에 동의하자 집정관들은 밖으로 나가 그들이 할 수 있는 데까지 민중을 설득하고 달

7   제12장 「루쿨루스전」, §1의 각주 3 참조.

래려고 노력하면서, 점잖은 태도로 민중의 비난에 답변하고 민중에 대한 비난을 자제했다. 또한 그들은 곡물 가격과 시장 공급 문제를 민중의 의견에 따르겠다고 선언했다.

18

이윽고 민중도 대부분 감정을 누그러뜨리는 기색을 보이며 정중하고도 냉정해짐으로써 사태가 진정되어 갔다. 그러자 이번에는 호민관이 일어나 발언했다.

"원로원이 냉정을 찾은 지금, 이제는 민중이 양보하여 공평하고 명예롭게 판단해야 할 때입니다. 그리고 코리올라누스는 다음의 세 가지 질문에 답변해야 합니다.

첫째로, 그대는 원로원이 헌법을 유린하고 민중의 권한을 짓밟도록 자극한 사실이 있지 않았소?

둘째로, 그대는 민회에 소환 명령을 받았을 때 이를 거절하지 않았소?

셋째로, 그대는 토론의 광장에서 건설관을 모욕하고 폭행함으로써 민중이 무장하고 내란을 일으키도록 자극한 일이 있지 않았소?"

만약 코리올라누스가 자기 성격을 누그러뜨리고 오만함에서 벗어나 위의 사실들을 인정하며 민중에게 용서를 빈다면, 그 자체가 그에게는 공개적인 수치가 될 것이었다. 그와 반대로 그가 본성을 못 이겨 다시 격노한다면 민중이 그에게 분노했던 사실을 정당화할 뿐만 아니라 더욱더 확고하게 만들어 주는 것이었다. 그러므로 호민관은 차라리 그가 나중의 길을 선택하여 분노를 터뜨림으로써 민중이 그의 본성을 알아볼 수 있는 기회가 되기를 기대했다.

코리올라누스가 자신을 변론하려고 연단에 올라서자 민중은 조용히 귀를 기울였다. 그러나 그는 군중이 기대했던 것처럼 사과를 하기는커녕 오히려 공격적인 연설로써 민중을 비난했을 뿐만 아니라 높은 목소리와 격렬한 몸짓으로 아무런 두려움도 없이 민중을 멸시하고 모욕했다.

민중은 다시 분노하여 그의 말에 참을 수 없음을 분명히 했다. 그러자 가장 격정적인 호민관 시키니우스가 동료들과 잠시 상의하더니 민중 호민관의 이름으로 코리올라누스에게 사형을 선고하고, 건설관에게 그를 타르페이아 언덕(Rupes Tarpeia)으로 끌고 가 절벽 아래로 밀쳐 죽이라고 지시했다.

그러나 막상 건설관이 코리올라누스를 체포하여 끌고 가려니 민중이 보기에는 그 또한 끔찍하고 괴상스러운 일이었다. 이성을 잃은 귀족들은 절망하고 놀란 나머지 소리치며 달려 나가 도움을 요청했다. 이제는 말이나 외침으로써는 소란을 멈출 수 없다고 생각한 귀족들은 코리올라누스를 체포하려는 관리를 밀치고, 어떤 사람들은 그를 둘러싸고, 어떤 사람들은 두 손을 위로 쳐들면서 민중을 향해 도와 달라는 시늉을 했다.

호민관의 동료와 친족들은 민중이 코리올라누스를 끌고 가 처형하려다가는 많은 귀족을 죽이는 사태가 벌어지리라는 것을 깨달았다. 그들은 민중이 이례적이고도 강압적인 처형을 자제하고, 재판을 거치지 않고 폭력을 쓰는 일이 없도록 하되, 이 일을 민회에 맡겨 처리하자고 설득했다. 마음을 진정시킨 시키니우스가 귀족들에게 물었다.

"지금 민중은 코리올라누스를 처형하고자 하는데, 여러분은 그를 데려가서 어쩔 셈입니까?"

그러자 귀족들이 시키니우스에게 되물었다.

"그렇다면 당신들의 뜻은 무엇입니까? 로마에서 가장 위대한 인물을 끌고 가 재판도 없이 야만적이고 불법적으로 처형해서 어쩌자는 것입니까?"

시키니우스가 대답했다.

"그에게 정당한 재판을 요구하는 여러분의 뜻을 민중이 받아들인다면 여러분은 민중과 파벌 싸움을 해야 할 구실이 없어집니다. 그리고 코리올라누스, 당신에게 말하건대, 가능하다면 다가오는 세 번째 민회(market-day)[8]에 출두하여 당신의 무죄를 입증하시오. 그때 그들이 당신의 문제를 투표로써 결정하겠소."

19

그러는 사이에 귀족들은 정쟁이 멈춘 것을 만족스럽게 생각하며 코리올라누스를 데리고 떠났다. 그러나 눈디나이(*nundinae*)[9]라는 민회가 열리기에 앞서 안티움에서 전투가 벌어져, 귀족들은 이를 계기로 사람들이 코리올라누스의 문제를 잊기 바랐다. 귀족들이 생각하기에, 전쟁이 길게 지속되면 난리 통에 민중의 분노가 누그러지거나 사라질 것만 같았다.

그러나 안티움 전투를 신속히 끝내고 병사들이 돌아오자 귀족들은 두려움에 빠져 비밀회의를 여러 차례 열면서, 어떻게 하면 코리올라누스를 민중에게 넘겨주지 않고도 민중 지도자들이 무리를 소란으로 몰아넣지 않게 할 수 있을까를 깊이 논의했다. 사실상 민중의 요구에 가장 적대적이라고 여겼던 아피우스 클라우디우스(Appius Claudius)는 엄숙하게 말했다.

"민중이 귀족을 재판하는 일에 투표권을 행사하도록 허락한다면 원로원은 스스로 무너질 것이고, 끝내는 로마의 정치 제도를 배신하는 일이 될 것입니다."

그러나 나이가 많고 민중에게 호의적이었던 원로원 의원들은 생각이 달라 이렇게 말했다.

---

8   market-day는 정확히 말하자면 '장날'이라는 뜻이지만, 이는 오늘날의 의미와 다르며 market도 시장이라기보다는 광장의 성격이 더 짙어서 이렇게 번역했다. market day는 장이 서는 주기(nundinae cycle)에 따라 1주(週)가 9일이었던 때의 로마력으로, 마지막 날을 일컫는다.

9   9일마다 열린다고 하여 이러한 이름이 붙었다. *nundinae*는 nine의 어원이다.

"민중에게 투표권을 주면 그들은 오히려 거칠거나 가혹하게 그 권한을 행사하지 않을 것입니다. 그들은 원로원을 무시하지도 않을 뿐만 아니라 원로원 의원을 재판할 수 있는 엄청난 권한을 가진 데 위안과 영예를 느끼면서 선거를 치르자마자 귀족에 대한 분노도 잊을 것이기 때문입니다."

20

코리올라누스가 보기에, 원로원은 자신에 대한 호감과 민중에 대한 두려움 사이에서 고민하고 있었다. 그리하여 그는 호민관들에게 물었다.

"나의 죄목이 무엇이며, 당신들이 나를 민중에게 데려가 고발할 내용이 무엇입니까?"

호민관들이 대답했다.

"국권을 탈취하려고 한 죄요. 민중은 당신이 국권을 탈취하려 한 유죄를 입증할 것이오."

그러자 코리올라누스가 이의를 제기하면서 말했다.

"내가 직접 민중 앞에 서서 스스로 변론하겠습니다. 나는 재판 방식을 거부하지 않을 것이며, 유죄로 인정되면 달게 벌을 받겠습니다. 다만 바라건대, 이번 재판에서는 이미 고발한 내용에만 논의를 제한해야 하고 원로원을 농락하지 말아야 합니다."

호민관들이 이에 동의하여 그런 조건에서 재판이 열렸다. 그러나 여기에는 문제가 있었다.

첫째로, 민중이 모였을 때 호민관들은 이번 투표를 켄투리아(centuria)[10] 단위로 시행할 것이 아니라 부족 단위로 한다

---

10 켄투리아는 로마의 세르비우스 툴리우스(Servius Tullius)왕 시대에 군
    대 조직을 토대로 만들어진 민회였다. 켄투리아라는 말은 100을 뜻하는
    켄툼(centum)에서 왔기 때문에 '100인 부대'라고 옮기는 경우도 있다. 그
    러나 1개 켄투리아의 인원이 정확히 100명이었던 것은 아니다. 로마는 시

고 선언했다. 이는 부자와 군대 장교 계급에 투표 우선권을 주는 제도가 무너짐을 뜻하는 것이어서 귀족의 분노를 불러일으켰다.

둘째로, 코리올라누스의 죄목에서 제대로 입증할 수도 없는 국권 탈취죄가 빠지면서 다른 죄목이 추가됐다. 곧 그가 일찍이 원로원에서 연설했던 내용을 들춰낸 것이다. 그때 그는 곡물의 시장 가격을 내리지 말고 민중 호민관 제도를 없애자고 주장한 바 있었다.

셋째로, 민중은 코리올라누스가 안티움 전투에서 노획한 전리품을 분배하는 과정에서 비리가 있었다는 새로운 죄목을 추가했다. 그가 전리품을 국고에 넣지 않고 전투에 참여한 사람들끼리 나누어 가졌다는 것이었다. 들리는 바에 따르면, 코리올라누스는 이 죄명 때문에 무엇보다도 마음이 흔들렸다고 한다. 그로서는 이 문제가 불거지리라고는 예상도 못 했기 때문에 민중을 설득할 만한 답변을 미처 준비하지 못했다. 당황한 그가 그 전투에 참여했던 병사를 이러니저러니 칭찬하자 이번에는 그 전투에 참여하지 못했던 사람들이 소리치며 일어났다. 전쟁이라는 것이 늘 그렇듯이 참전하지 않은 사람이 참전 용사보다 많았다.

그러므로 [할리카르나소스의 역사학자 디오니시오스(Dionysios of Halicarnassos)의 기록인 『로마 고대사』(VII : 64)에 따르면] 끝내 부족 단위로 투표가 진행되어 21개 부족 가운데 9 : 12, 곧 세 표 차이로 코리올라누스에게 유죄와 함께 영구 추방이 결정되었

민의 병역 의무를 전제로 재산과 무장 정도에 따라 193개 켄투리아로 조직되어 있었는데, 기병이 18개, 보병이 170개, 비무장병이 5개로 조직되었다. 이것이 군대 조직으로 시작되었음에도 뒷날 신분을 나누는 단위로 작용하여, 부자에게는 98개가, 그 밖의 다섯 계급에는 95개가 배분된, 불평등한 신분 질서였다. 그러나 달리 생각하면 당시 귀족이 국방 의무의 선봉에 서 있음을 보여 주는 제도이기도 하다.

다. 투표 결과가 발표되자 민중은 전쟁에서 이겼을 때보다 더 기쁜 마음으로 해산했다.

그러나 원로원은 크게 좌절하고 낙담했다. 그들은 민중이 그토록 막중한 권력을 행사함으로써 그들이 귀족을 모욕하도록 허락한 사실보다도, 오히려 이런저런 일들을 추진하면서 정작 제대로 처리하지 못한 자기들의 과오를 후회하며 스스로에게 분노했다. 이 날은 누가 귀족이고 누가 평민인지를 알아보고자 복장을 살펴볼 필요도 없었다. 기뻐하는 사람들은 민중이었고, 분노하는 사람은 귀족이었다.

21

사정이 이런데도 코리올라누스는 겁을 먹거나 움츠러들기는커녕 표정과 태도가 오히려 더 당당해서, 풀 죽은 귀족들 가운데 오직 그만이 재앙을 겪지 않은 사람처럼 보였다. 그러나 그와 같은 태도는 그의 성품이 앞뒤를 재거나 점잖아서도 아니고, 자신의 운명을 조용히 받아들이려 그런 것도 아니었다. 남들은 알아보지 못했지만 그도 마음속에서는 분노가 요동치고 있었다.

분노를 내색하지 않는다는 것은 커다란 고통이었다. 슬픔이 분노로 바뀔 때면, 마치 불꽃에 휩싸인 채 몸이 사그라지는 것과 같아서, 굴욕감이나 소극적인 대응의 자세는 순식간에 사라진다. 그러므로 분노한 사람은 마치 몸에 열이 오르는 것처럼 가슴이 고동치고 터질 것만 같이 부글거린다. 그와 같은 심리 상태에 빠진 코리올라누스는 곧 그런 상황을 행동으로 보여 주었다.

코리올라누스가 집으로 돌아왔을 때 어머니와 아내가 눈물로 맞이하며 크게 탄식했다. 그는 어머니와 아내를 껴안고 의연하게 다가오는 운명을 받아들이라고 말한 다음 곧장 집을 나서 성문으로 발길을 옮겼다. 그곳에서 귀족들은 한 몸이 되어 그를 호위하며 따라왔지만, 그는 그들에게서 아무것도 받지 않고 아무런 부탁도 하지 않았다. 그는 추종자 서너 명만 데리고 길을 떠났다. 그는 며칠 동안 시골에 머무르는 동안 온갖 생각에 가슴이 찢어지는 것만 같았다. 그것은 분노였다.

그런 분노는 끝내 문제를 좋게 해결하는 쪽으로 마음을 이끌어 주지 않는다. 그는 어찌하면 자신을 버린 조국에 복수할 수 있을까 고민했다. 드디어 그는 이웃 나라가 로마인들을 상대로 전쟁을 일으키도록 부추기기로 결심했다. 그래서 그는 먼저 볼스키족의 마음을 떠보기로 마음먹었다. 그는 볼스키족에게는 아직 병력과 돈이 많다는 것을 알고 있었고, 그들이 최근 몇 차례 로마에 패전했음에도 세력이 꺾이기는커녕 오히려 로마인들에 대한 분노로 가득 차 있을 것이라고 생각했던 것이다.

22

그 무렵에 안티움에는 툴루스 암피디우스(Tullus Amfidius)라는 사람이 살고 있었다. 그는 돈도 많고 용맹스러운 데다가 가문도 훌륭하여 볼스키족 사이에서 왕의 행세를 하고 있었다. 코리올라누스는 그가 어느 로마인보다도 더 자신을 미워하고 있다는 사실을 잘 알았다. 그들은 지난날 전쟁에서 서로의 생명을 위협하며 싸운 적이 있었고, 젊은 전사의 혈기로 서로 잘난 척하며 다투는 과정에서 그 누구보다도 서로 미워하는 사이가 되어 있었다. 그러나 그가 대장부의 기백을 가졌으며, 어느 볼스키족보다도 로마인들에 대한 복수심을 많이 품고 있다고 코리올라누스는 생각했다. 헤라클레이토스(Heracleitos)는 그의 작품에서 이런 말을 한 적이 있었다.

분노에 찬 사람과 싸우지 말지니,
그는 목숨을 버리는 한이 있더라도

자기 소원을 이루기 때문이라.

(바이워터 엮음, 『에페소스의 헤라클레이토스의 단편집』, §41)

코리올라누스는 위의 시구가 사실임을 입증했다. 그리하여 오디세우스처럼 누가 보아도 허름한 차림으로,

그는 원수들이 우글거리는 도시로 들어갔다.

(『오디세이아』, IV : 246)

23

코리올라누스는 여러 사람을 만났지만 날이 어두워 아무도 그를 알아보지 못했다. 그는 툴루스의 집에 이르자 아무도 모르게 집 안으로 들어가 머리에는 두건을 쓰고 난로 곁에 앉아 움직이지 않았다.[II] 그를 보고 사람들은 놀라면서도 그의 태도와 침묵에 압도되어 감히 그를 일으켜 세우지 못했다. 하인들이 저녁을 먹고 있던 툴루스에게 이상한 일이 벌어지고 있음을 알렸고, 툴루스는 식탁에서 일어나 코리올라누스에게 다가가 물었다.

"그대는 누구이며 어디에서 온 사람이오?"

그러자 코리올라누스가 두건을 벗고 잠시 뒤에 말했다.

"툴루스 장군, 그대가 나를 알아보지 못하고 그대가 자신의 눈을 믿지 못한다면 내가 스스로 밝힐 수밖에 없군요. 나는 그대와 싸웠고, 볼스키족을 그토록 괴롭힌 카이우스 마르키우스요. 나는 내 이름에 코리올라누스라는 이름이 덧붙여진 것을 부인할 수 없습니다. 나는 내 조국을 위해 온갖 고난을 겪었지만 그대의 부족에게 재앙을 안겨 준 대가로 그 이름밖에는

II 그 시대에 난로는 탄원하러 온 사람들이 앉는 성소(聖所)의 뜻이 있었다.
(『오디세이아』, VII : 153 참조)

얻은 것이 없습니다. 로마인들의 질투와 무례에 더불어 관리와 귀족들의 비겁한 배신으로 모든 것을 빼앗겼고, 남은 것이라고는 코리올라누스라는 이름밖에 없습니다. 내가 이제 망명객 신세가 되어 그대의 난롯가에서 탄원하는 것은 목숨을 구하기 위해서가 아닙니다.

내가 죽음이 두려웠다면 왜 이곳을 찾아왔겠습니까? 나는 다만 나를 추방한 로마인들에게 복수하고자 할 따름입니다. 나에게 병력을 준다면 나는 단번에 복수할 수 있습니다. 만약 그대가 적국 로마를 유린하고자 한다면, 장군이시여, 내가 겪고 있는 재앙을 그대의 무기로 삼고, 나의 불행을 볼스키족의 행운으로 만드시오. 나에게 기회를 준다면 지난날 그대와 싸웠던 것보다 더 열심히 싸우겠습니다. 적군의 비밀을 속속들이 알고 있는 사람은 그것을 모르는 사람보다 훨씬 더 잘 싸울 수 있습니다. 그러나 만약 그대가 로마에 복수하려는 꿈을 버렸고, 오랫동안 그대의 적이요 원수였던 나를 살려 두는 것이 도움이 되지 않거나, 나를 쓸모없는 존재라고 여긴다면 나도 더 이상 살기를 바라지 않습니다."

코리올라누스의 말을 들은 툴루스가 크게 기뻐하며 오른손을 내밀고 말했다.

"마르키우스 장군, 일어나시오. 그리고 용기를 잃지 마시오. 그대가 우리를 찾아온 것은 우리에게 큰 행운이며, 그대 또한 볼스키족에게서 더 많은 행운을 기대해도 좋소."

그리고 툴루스는 성대하게 코리올라누스를 대접하면서 로마와 벌일 전쟁에 관해 의논했다.

24

로마에서는 민중이 코리올라누스를 고발한 데 대한 귀족들의 증오로 말미암아 엄청난 소란이 일어나고 있었고, 예언자와 사제와 개인들이 심상치 않은 하늘의 징조를 여러 차례 보고

했다. 그 가운데 하나를 소개하자면, 로마에 티투스 라티누스
(Titus Latinus)라는 사람이 살았다고 한다. 그는 대단한 사람은
아니었지만 조용하고 온후한 인물로서 미신을 믿지도 않고 허
세를 부리지도 않았다. 그가 어느 날 꿈을 꾸었는데, 유피테르
신이 그 앞에 나타나 말했다.

"축제 행렬 앞에 선 춤꾼의 춤이 아름답지 않아 내 마음이
언짢았노라고 원로원에 알려라."

티투스 라티누스의 말에 따르면, 그는 그런 꿈을 꾼 뒤에
대수롭지 않게 생각했다고 한다. 그러나 세 번째 유피테르가
나타났을 때에도 그 말을 무시했더니 그의 빼어난 아들이 죽
고 자신의 손발이 마비되었다. 그래서 그는 가마를 타고 원로
원을 찾아가 그 말을 전달했는데, 곧바로 몸이 회복되어 일어
나 다른 사람의 도움을 받지 않고 집으로 돌아왔다고 한다. 이
에 놀란 원로원에서 어떤 일이 있었던가를 자세히 알아본 결
과, 그런 일이 있었다고 한다.

또 어떤 사람이 자기 노예를 다른 노예에게 넘겨주면서
광장으로 데려가 매질하여 죽이도록 했다. 노예들이 그 불쌍
한 죄인을 끌고 가 고문하고 처형하니 그 죄인은 고통을 못 이
겨 몸을 비틀며 괴로워했다. 그런데 공교롭게도 그들은 그때
유피테르 신에게 제사를 드리던 행렬 앞에서 그런 끔찍한 일
을 저질렀다. 그 자리에 있던 사람들이 괴로워하는 노예의 흉
한 모습을 보며 분노했지만 누구도 나서서 말리려 하지 않았
다. 그들은 다만 그토록 잔혹하게 노예를 처형하는 주인에게
저주만 퍼부었다.

그 무렵 로마인들은 노예들을 인간적으로 다루었다. 그
들은 노예와 함께 일하고 함께 식사할 만큼 친절하고 정중하
게 노예를 다루었다. 그 시대에는 죄지은 노예가 마차의 축을
메고 이웃 사람들 사이를 가게 하는 정도가 노예들을 가혹하
게 처벌하는 방법이었다. 그런 벌을 받은 사람은 이웃들 사이

에 더 이상 신용을 얻을 수 없기 때문이었다. 로마인들은 그런 사람을 푸르키훼르(*furcifer*)라고 불렀는데, 그리스어에서 '등에 지다'라는 뜻의 단어 프로프(*prop*)를 로마어로는 푸르카(*furca*)라고 발음했기 때문이었다.

25

티투스 라티누스가 자신의 꿈 이야기를 원로원에 보고하자, 의원들은 도대체 그 행렬 앞에 서서 신성한 행사를 부정(不淨)하게 만든 사람이 누구일까를 골똘히 생각한 끝에 노예를 끌고 광장을 지나가 때려죽인 몹쓸 사람이 머리에 떠올랐다. 이에 제사장의 주장에 따라 그 노예 주인을 처벌하고 유피테르를 위한 행사와 행렬을 다시 치렀다. 로마 역사에서 그처럼 신성한 행사를 가장 지혜롭게 치른 사람은 누마왕이었는데, 그는 백성들에게 다음과 같이 성스러운 방법으로 축제를 거행하도록 가르친 바 있다.

곧 종교 의식을 치를 때면 먼저 전령이 앞에 서서 "호크 아게(*Hoc age*)!"라고 크게 외치는데, 그 말은 '이를 마음에 새겨라!'라는 뜻으로서 이제 성스러운 의식을 치르니 백성들은 세상의 허접스러운 일 때문에 마음을 흩뜨리지 말라는 경고이다. 이는 그러한 성스러운 의식이 일종의 강제적인 의무를 지고 있음을 강하게 뜻하는 것이다. 로마인들은 위에서 말한 바와 같이 신성 모독과 같은 잘못뿐만 아니라 제사나 행렬이나 운동 경기에서 아주 사소한 실수를 할 경우에 그 행사를 처음부터 다시 치르는 것이 관례였다.

이를테면 텐사이(*Tensae*)라고 부르는 신성한 마차를 끄는 말들 가운데 한 마리라도 진로를 벗어나거나 마부가 전차 손잡이를 왼손으로 잡으면 제사장은 그 행렬을 처음부터 다시 시작하라고 지시한다. 언젠가는 절차상 사소한 실수가 있었다는 이유로 행사를 서른 번이나 되풀이한 적도 있었다. 로마인들은 종교 행사를 치를 때 그처럼 엄숙했다.

26

코리올라누스와 툴루스는 안티움에서 막료들과 비밀리에 만나 로마가 국내에서 분쟁을 일으키고 있는 이때를 틈타 침략하자고 주장했다. 원래 볼스키족과 로마인들 사이에는 2년 동안 서로 침략하지 않기로 협정을 맺은 상태여서 볼스키족이 침략할 수 없는 상황이었는데, 로마인들이 침략의 빌미를 만들어 주었다.

다름이 아니라 볼스키족과 관련하여 조금 의심스러운 기미가 있다는 보고를 받은 로마 정부가 그곳을 방문한 볼스키족에게 해가 지기에 앞서 도시를 떠나라고 행사장과 경기장에서 선포한 것이다. 어떤 사람의 말에 따르면, 이는 코리올라누스가 로마의 집정관에게 사람을 보내 볼스키족이 경기장에서 로마인들을 공격하고 불을 지를 것이라는 거짓 정보를 알려주었기 때문에 벌어진 일이었다고 한다.

로마인들의 그와 같은 포고령으로 말미암아 볼스키족은 더욱 그들을 미워하게 되었다. 툴루스는 이 사건을 확대하여 볼스키족의 심사를 부글거리게 만들었다. 결국 그들은 마침내 로마로 사절을 보내 그동안 벌어진 전쟁에서 잃은 땅을 내놓으라고 요구했다. 그 말을 들은 로마인들은 더욱 분노하여 사절들에게 이런 말을 했다.

"볼스키인들이 먼저 무기를 들게 되겠지만, 나중에 무기를 내려놓는 사람은 로마인들이 될 것이다."

그와 같은 대답을 들은 툴루스는 전체 민회를 열어 개전하기로 결정하고 코리올라누스를 부르도록 권고했다. 툴루스는 이제 코리올라누스에 대한 분노를 잊었으며, 그가 지난날 볼스키족을 괴롭힌 것을 갚고도 남을 만큼 동맹으로서 자기들에게 도움을 줄 것이라 확신했다.

코리올라누스

27

코리올라누스가 부름을 받고 볼스키족의 민회에 참석했다. 그의 연설을 들은 볼스키족 사람들은 그가 웅변에 못지않게 용병술에도 뛰어나며 호전적일 뿐만 아니라 지식과 용맹스러움에서도 누구보다 탁월한 인물임을 확신했다. 볼스키족은 툴루스와 함께 그를 사령관으로 임명하면서 전쟁 수행의 전권을 맡겼다.

장비를 갖추고 볼스키족을 지휘하려면 시간이 너무 오래 걸려 기회를 잃을지도 모른다는 점을 걱정한 툴루스는 관리와 지도자들을 모아 놓고 누가 수비를 맡고 누가 보급을 맡을 것인가를 지시한 다음, 자기는 열정적인 지원병과 공식적인 징집자들을 이끌고 로마 영토로 신속하게 쳐들어갔다.

로마인들 어느 누구도 그와 같은 침공을 예상하지 못했다. 코리올라누스는 너무 많은 전리품을 노획했는데 볼스키족 사람들이 병영에서 사용하기에도 넘쳤고, 집으로 가져갈 수도 없을 만큼 많았다. 그러나 엄청난 전리품을 확보하거나 로마에 치명상을 입히는 것은 그가 이번 원정에서 노리는 바가 아니었다.

코리올라누스가 가장 중요하게 여긴 것은 로마 민중이 귀족들을 증오하도록 하여 그들에게 이번 전쟁의 책임을 묻게 하는 것이었다. 그런 계산 아래 그는 이번 전쟁에서 닥치는 대로 파괴하고 짓밟으면서도 귀족들의 토지는 약탈하지 않도록 각별히 신경 쓰는 한편, 누구도 귀족들에게 해를 끼치지 못하게 했다.

코리올라누스의 그와 같은 전략은 로마 시내의 모든 계급 사이에 커다란 분란을 일으켰다. 귀족들은 민중이 유능한 인물을 추방했기 때문에 이런 난리가 일어난 것이라며 비난하고, 민중은 귀족들이 코리올라누스의 복수심을 부추겨 전쟁이 일어나게 하고 이를 즐기며 바라보고 있는 동안에 귀족들의 재산에는 전혀 약탈이 벌어지지 않고 있다고 비난했다. 코리올라누스는 그와 같이 자기가 목적한 바를 이루자 볼스키족을 크게 고무하며 로마에 대한 경멸을 심어 준 다음 무사히 귀환했다.

28

볼스키족 병력이 모두 신속히 모여들자 그 규모가 엄청났다. 그들은 일부를 남겨 도시를 지키게 하고, 나머지를 이끌고 로마로 진격했다. 코리올라누스는 툴루스에게 수비를 맡을지 공격을 맡을지 선택하도록 했다. 이에 툴루스는 코리올라누스가 자기보다 용맹하며 전쟁에서 행운도 더 많이 따른다는 점을 언급하면서 코리올라누스가 공격을 맡고 자기는 볼스키를 지키면서 공격대의 보급을 책임지겠노라고 대답했다. 이제 강력한 군대를 거느린 코리올라누스는 먼저 로마의 식민지인 키르케이이(Circeii)로 진군했다. 그들이 아무런 저항 없이 항복하자 코리올라누스는 도시를 유린하지 않았다.

그런 다음 코리올라누스는 반도 동남부의 라티움으로 진격했다. 그는 이 나라가 로마의 동맹국이며 이곳 사절들이 여러 차례 지원군을 요청한 사실로 미루어 로마가 지원군을 보내면 이곳에서 첫 전투가 벌어지리라고 기대했다. 그러나 로마의 평민들은 라티움의 지원 요청에 관심이 없었고, 집정관들은 임기를 얼마 남겨 두지 않은 상황에서 전쟁의 위험을 감당할 뜻이 없어 라티움 사절단은 빈손으로 돌아갔다.

이런 상황에서 코리올라누스는 자기에게 항전했던 톨레리움(Tolerium), 페둠(Pedum), 라비쿰(Labicum), 볼라(Bola)를 차례로 정복하여 주민들을 노예로 삼고 재산을 약탈했다. 그러나 그는 스스로 항복한 국가들에는 자비를 베풀고 해코지를 하지 않았으며, 심지어 뜻하지 않은 피해를 입히지 않도록 그들의 영토에서 멀리 벗어나 숙영했다.

29

로마에서 약 19킬로미터도 채 떨어지지 않은 볼라를 함락한
코리올라누스는 많은 재산을 약탈하고 성인 남자들 대부분을
죽였다. 원정군이 승리하고 재산을 모았다는 소식을 들은 본
국 수비대는 더 이상 참지 못하고 코리올라누스를 찾아와, 자
기들이 지도자로 인정하는 인물은 코리올라누스밖에 없으므
로 그가 자기들을 이끌 유일한 장군이라고 선언했다.

코리올라누스의 명성은 온 이탈리아에 퍼져 나갔다. 사
람들은 용맹한 장수 하나가 자신이 지지하던 조국을 바꿨을
때 어떤 결과로 돌아오는지를 놀라운 눈길로 바라보았다. 이
제 로마는 커다란 혼란에 빠졌다. 시민들은 싸울 뜻이 없이 패
거리를 짓느라 시간을 보내다 보니 어느덧 적군이 라비니움
(Lavinium)까지 이르렀다는 소식이 들어왔다.

라비니움은 로마 조상신에 관한 성스러운 상징들이 보관
되어 있는 곳으로서, [트로이 왕족인 안키세스(Anchises)와 베누스의
아들이자 라비니아(Lavinia)의 남편인] 아이네아스(Aeneas)가 처음
으로 건국의 터전을 잡은 곳이었다. 라비니움이 포위되었다는
사실은 민중의 여론을 바꾸어 놓았음은 더 말할 나위도 없고,
귀족들에게도 한탄과 놀라움을 안겨 주었다. 민중은 자기들이
코리올라누스에게 사형을 언도한 것을 취소하고 그를 로마로
불러들이기를 간절히 바랐다. 그러나 원로원은 회의를 소집하
여 민중의 제안을 토의한 끝에 그 제안을 부결했다.

평민들이 제안한 코리올라누스의 복권(復權)을 원로원이
부결한 이유는 알 수 없다. 분노한 그들이 민중의 간절한 소망
을 거스르고 싶어 했을 수도 있고, 코리올라누스가 민중의 호
의로 복권됨으로써 민중에게 빚지는 상황을 못마땅하게 여겼
을 수도 있다.

아니면 코리올라누스가 로마의 모든 계층에게 박해를 받
은 것이 아님에도 온 나라를 미워하고, 로마의 유력 인사들이

그를 동정하고 그와 함께 아픔을 느끼고 있음에도 로마 시민들을 모두 적으로 삼는 것을 보며 그에게 분노했을 수도 있다. 어쨌든 원로원이 그러한 결정을 내렸다는 사실이 밖으로 알려지자 민중은 더 이상 어쩔 수 없었다. 원로원의 결의가 없이는 어떤 정령(政令)도 민중만의 결의로 발효할 수 없었기 때문이었다.

30

원로원에서 자신의 복권을 부결했다는 소식을 들은 코리올라누스는 불같이 분노하여 라비니움의 포위 공격을 멈추고 곧장 로마로 진격하여 이른바 클루이리아이의 구덩이(Fossae Cluiliae)라는 곳에 진영을 차렸다. 로마에서 겨우 8킬로미터쯤 떨어진 곳이었다. 그가 나타났다는 사실로 말미암아 로마는 커다란 공포와 혼란에 빠졌지만 정치적 다툼은 일어나지 않았다.

원로원 의원이든 집정관이든 이제 누구도 감히 더 이상 코리올라누스의 복권을 반대하지 않았기 때문이다. 오히려 여인들은 거리를 방황하였고, 나이 든 시민들은 신전을 찾아가 눈물을 흘리며 애원하였으며, 사람들은 용기를 잃은 채 말을 잊었다. 그 모습을 본 시민들은 원로원이 처음부터 분노와 복수심으로 코리올라누스의 복권을 부결하는 실수를 하지 말고 그런 감정을 버렸어야 했다고 생각했다.

그리하여 로마 시민들은 코리올라누스에게 사절을 보내 그에게 귀국할 수 있는 특권을 허락하고 전쟁을 멈추어 달라고 간청할 것을 만장일치로 결의했다. 사절단은 코리올라누스의 친척과 막료들로 구성되어 있었기 때문에 그들은 첫 만남에서 코리올라누스가 자기들을 우정 어린 태도로 맞이해 주리라고 기대했다. 그러나 상황은 아주 달랐다. 적진으로 들어간 사절단은 매우 위엄 있고 무서울 정도로 단호한 그의 모습을 보았다.

볼스키족의 유력자들에게 둘러싸인 코리올라누스는 사절들이 바라는 바가 무엇인지를 물었다. 사절들은 합리적이고 사려 깊은 말씨와 그들의 위치에 합당한 예의를 차려 자신들이 바라는 바를 말했다. 사절들이 말을 마치자 코리올라누스가 입을 열었다. 그는 자신에 얽힌 문제를 비통(悲痛)히 여기면서도 자기가 겪은 일에 대해 분노했다. 볼스키족 사령관의 자격으로서 그는 사절들에게 이렇게 명령했다.

"로마는 전쟁으로 볼스키족에게서 빼앗은 영토를 반환하고 볼스키족을 라티움과 동등한 시민권을 갖는 동맹으로 대우한다는 정령을 통과시키시오. 정의롭고 동등한 권리에 기초하지 않는다면 어떤 휴전도 영원히 보장될 수 없기 때문입니다."

코리올라누스는 로마인들에게 30일 동안 생각할 시간을 주고, 사절들이 돌아가자 자기도 곧바로 로마에서 군대를 철수했다.

31

이제까지 질투의 눈길로 코리올라누스를 바라보던 볼스키족은 그의 전공에 마음이 편치 않던 터라, 그의 철군을 탄핵의 첫 빌미로 삼았다. 그동안 코리올라누스 때문에 개인적으로 푸대접을 받아 오던 툴루스도 그들 가운데 하나였다. 그런 점에서는 툴루스 또한 인간이었다. 그는 볼스키족이 코리올라누스만을 대단하게 여기고 그 밖의 장군들은 그가 나누어 주는 몫의 권위를 행사하는 사람들 정도로 생각하는 분위기가 몹시 짜증스러웠다.

이것이 코리올라누스를 탄핵하려는 씨앗이 비밀스럽게 뿌려진 첫 사건이었다. 그들은 패거리를 지어 서로 분노를 삭이면서 비난했다. 그의 병력 철수는 도시와 군대에 큰 영향을 끼치지는 않았지만, 모든 일의 성패를 좌우할 수 있는 소중한 기회를 스스로 버렸다는 것이었다.

코리올라누스는 30일의 휴전을 선언했는데, 지금 같은 상황에서 그 정도 시간이면 엄청난 변화가 일어날 수 있다고 볼스키족은 생각했다. 그렇다고 해서 그 기간 동안 코리올라누스가 시간을 헛되이 보낸 것은 아니었다. 그는 적국의 동맹을 깨뜨리고 그들의 영토를 유린했으며, 거대한 도시를 일곱 개나 정복했다. 그런 상황인데도 로마는 감히 동맹국들을 돕지 못했다. 전쟁을 바라보는 로마인의 정신 상태는 완전히 넋을 잃은 사람들 같았다.

약속한 30일이 지나 코리올라누스가 병력을 움직이자 로마는 그에게 다시 사절을 보냈다. 그들은 코리올라누스의 분노를 누그러뜨리고 로마에서 볼스키족을 철수시키며, 두 나라에 가장 바람직한 방안이라고 생각할 만한 제안을 마련하고자 했다. 로마인들은 겁에 질려 양보할 뜻은 없었지만, 만약 볼스키족이 로마를 상대로 얻어 내야 할 것이 있다고 그가 생각한다면, 무력 행위를 중단한다는 조건으로 그 요구를 들어줄 수 있다고 말했다. 그러자 코리올라누스가 대답했다.

"나는 볼스키족 사령관으로서 이에 대답할 수는 없지만, 로마 시민의 자격으로서 말하건대, 그대들은 공의롭고 좀 더 합리적인 방안을 마련하기를 충고하는 바이오. 그리고 지난번에 요구한 바에 대해 원로원과 민회의 승인을 받아 사흘 안에 다시 찾아오기 바라오. 만약 그대들이 다른 결정을 내려 헛된 말만 가지고 온다면 성한 몸으로 이 병영에 들어오지 못할 것이라는 점을 잘 알아 두시오."

32

사절단이 돌아와 원로원에 코리올라누스의 요구를 보고하니 로마는 마치 폭풍을 만나 흔들리는 배와 같았다. 그리하여 그들은 최후의 방법을 쓰기로 했다. 신전의 모든 사제와 비밀 의식의 사제들과 예부터 조상에게서 물려받은 대로 새[鳥]를 보고 점을 치는 사람들을 코리올라누스에게 보내, 각자의 의식(儀式)에 맞추어 지난날처럼 그에게 휴전과 볼스키족의 요구에 관해 탄원하도록 지시한 것이다. 코리올라누스는 자신의 진영에서 이들을 만났지만, 지난번 요구에서 한 치도 양보하지 않았다. 그는 부드럽지 않은 목소리로 자신의 요구 조건을 받아들이든가 전쟁을 받아들이라고 말했다.

사제들이 돌아오자 로마 시민들은 볼스키족이 침략해 오면 조용히 앉아 성을 지키면서 적군을 대적하기로 결정했다. 그들은 시운(時運)과 운명의 여신에게 희망을 걸었다. 그들은 이제 자기들의 노력으로써는 더 이상 어떻게 해야 할지 몰랐고, 다만 소란과 두려움과 헛소문만이 거리에 가득했다. 시민들이 보편적으로 믿는 내용은 아니었지만, 일찍이 호메로스가 말한 바와 같은 현상들이 드디어 나타났다. 어떤 비범하고도 커다란 사건이 일어날 때면 호메로스는 장엄한 목소리로 이렇게 노래했다.

[니소스(Nisos)의 아들 암피노모스(Amphinomos)는
죽음의 운명을 피하지 못했으나]
그때 빛나는 눈의 여신 아테나가
이카리오스(Ikarios)의 딸
사려 깊은 페넬로페(Penelope)의 마음속에
한 가지 생각을 불어넣었도다.
(『오디세이아』, XVIII : 158)

또 다른 글에서는,

[내(Phoenix)가 날카로운 청동으로
그분(아버지)을 살해하기로 작정했으나
내가 아카이아인들 사이에서

아버지를 죽인 자로 불리지 않도록]
어느 불멸의 신께서
백성들의 구설과 사람들의 온갖 비난을
내 마음속에 일깨워 주시며
내 분노를 가라앉히셨도다.
(『일리아스』, IX : 459)

다른 글에는 다음과 같은 시구도 있다.

[저녁이 되어 양을 동굴에 몰아넣고
죽이려 하였으나]
어떤 예감 때문이거나
아니면 어떤 신께서
그렇게 시키신 것 같았소.
(『오디세이아』, IX : 339)

사람들은 이와 같은 호메로스의 시구를 우습게 생각하면서,
신은 있을 수도 없고 믿을 수도 없는 이야기를 꾸며 내어 인간
이 자신의 행동을 직접 결정한다는 사실을 믿지 못하도록 만
든다고 말한다. 그러나 호메로스가 말하고자 하는 바는 그런
것이 아니다. 그는 자연스럽고 관습적이며 이성의 결과로 나
타난 행동은 인간의 자유 의지에 따른 것임을 보여 주기도 했
다. 그래서 그는 이렇게 자주 노래했다.

그러나 나[오디세우스]는
고매한 내 마음속으로 생각했으니,
[괴물(Cyclops)을 찌를까 하고]
(『오디세이아』, IX : 299)

코리올라누스

그렇게 말하자 펠레우스(Peleus)의 아들에게는
슬픔이 닥치고,
그의 마음은 털북숭이 가슴에서 망설였도다.
[넓적다리 사이에서 날카로운 칼을 빼어
다른 사람들을 모두 쫓아 버리고
아트레우스의 아들을 죽일 것인가
아니면 분을 삭이고
마음을 억제할 것인가 하고]
(『일리아스』, I : 188)

[프로이토스(Proitos)의 아내인
고귀한 안테이아(Anteia)가
그와 몰래 동침하기를 열망했으나]
현명한 벨레로폰(Bellerophon)은
고결한 사람인지라
그 여인의 말을 듣지 않았도다.
(『일리아스』, VI : 161)

이와 같은 시구를 음미해 보면, 어떤 신기하고 이상한 일이 벌어져 우리에게 영감과 절박한 용기가 필요할 때, 하늘은 인간의 행동에서 선택의 여지를 빼앗아 가거나 인간에게 결정을 내려 주는 대신에 그 결정에 이르는 생각을 일깨워 준다. 그렇게 함으로써 인간의 행동은 타의에 따라 결정되는 것이 아니라 그 자신이 결정한 것이다. 호메로스는 이 점을 보여 주고 있다.

인간의 행동을 이끌어 가는 데 신은 아무런 영향력도 미치지 않는 것인가, 아니면 인간을 도와주고 협조하는 것일까? 신은 분명히 직접 우리의 몸을 빚어내지도 않았고 우리의 손과 발을 자신의 마음대로 움직이지도 않는다. 대신에 신은 우리가 가늠할 수 없는 동기와 생각과 의도에 따라 우리 영혼에

능동적이고 주체적인 힘을, 또는 그런 힘들을 성찰할 수 있는
능력을 주었다.

33

그 무렵 로마에서는 여러 여성 집단이 신전을 찾아 기도를 드
렸는데, 그 가운데에서도 귀족 부인들은 대부분 유피테르 카
피톨리누스(Jupiter Capitolinus)의 제단에서 소원을 빌었다. 그들
가운데 발레리아(Valeria)라는 여인이 있었다. 그는 장군과 정
치인으로서 많은 공적을 쌓은 푸블리콜라의 누이였다.

푸블리콜라의 생애에 대해서는 내가 그의 평전(제6장)에
서 이미 언급한 바 있지만, 그는 그 무렵에 이미 세상을 떠났
고, 그의 여동생 발레리아는 로마에 살면서 시민들의 존경을
받으며 명성을 누리고 있었다. 로마인들은 그가 그런 명성을
누릴 만한 가문의 여인이라고 생각했다.

발레리아가 신전에서 기도를 드리고 있을 때, 내가 보기
에는, 하늘의 영감이 아니고서는 도저히 있을 수 없는 느낌이
갑자기 그를 사로잡았다. 발레리아는 자리에서 일어나 다른
여인들과 함께 코리올라누스의 어머니 볼룸니아(Volumnia)의
집을 찾아갔다. 발레리아가 집 안에 들어서니 그 여인은 손주
들을 무릎에 앉히고 며느리와 함께 앉아 있었다. 발레리아는
함께 간 여인들과 볼룸니아에게 말했다.

"볼룸니아 그리고 베르길리아(Vergilia),[12] 당신들이 보고
있는 우리는 여인의 자격으로 그대들을 찾아온 것이지 원로원
이나 집정관의 지시를 받고 온 사람들이 아닙니다. 신이 우리
의 기도를 들으시고 불쌍히 여기시어 이리로 인도하셔서, 우

---

12 리비우스의 『로마사』에 따르면, 코리올라누스의 어머니 이름은 베투리
아(Veturia)이고 아내의 이름이 볼룸니아로 되어 있다.(II : 40) 그리고 디
오니시오스의 『로마 고대사』(VIII : 39~40)에도 어머니 이름이 베투리아
이고 아내 이름이 볼룸니아로 기록되어 있다.

리 자신과 로마 시민들을 구원할 뿐만 아니라 그대들을 움직여 아버지와 남편 사이에 벌어진 전쟁을 평화로 이끈 사비니 족의 딸들이 이룩한 것보다 더 위대한 명성[13]을 이룩하도록 했습니다. 일어나시지요. 저와 함께 아드님을 찾아가 애원하여 당신의 조국을 위해 공의롭고 진실한 증언을 들려줍시다. 비록 로마가 그대의 아들 때문에 많은 아픔을 겪었지만, 로마는 분노하여 그대들을 해친 적이 없습니다. 비록 로마가 그대의 아들에게서 공정한 대접을 받을 운명이 아니지만, 이제 로마는 그대들을 아드님에게 돌려 드리고자 합니다."

발레리아의 그와 같은 말에 함께 온 여인들도 울며 소리쳤다. 이에 볼룸니아가 말했다.

"여러분, 우리 가족도 여러분과 마찬가지로 고통받고 있지만 우리의 고통에는 더 많은 것이 따르고 있습니다. 우리는 아들의 명성과 덕망을 함께 잃었습니다. 그는 지금 사령관이라곤 하지만, 충분히 보호받고 있다기보다는 적군의 무기로 겨우 목숨을 부지하고 있습니다. 더욱이 지금 로마가 우리 같은 여인에게 희망을 걸어야 할 만큼 나약해졌다는 것이 더 가슴 아픕니다. 어머니와 아내와 자식을 맡긴 조국의 말도 듣지 않는 그가 우리의 말을 들을지 알 수는 없지만, 우리를 이용해 보시지요. 우리를 그에게 데려가 주십시오. 만약 우리가 아무것도 할 수 없다면 적어도 조국을 위해 간청하다가 우리의 목숨을 마칠 수는 있겠지요."

---

13   로마 건국의 아버지인 로물루스는 여성 인구가 부족하자 사비니 여인들을 납치하여 로마 청년들의 아내로 삼았다. 이에 분노한 사비니 남자들이 딸들을 찾으러 쳐들어오자 이제는 로마인의 아내가 된 헤르실리아(Hersilia)를 비롯한 사비니 여인들이 부모인 침략군과 남편인 로마인을 화해시킨 사건을 뜻한다.(제2장 「로물루스전」, §14~20 참조)

34

이런 일이 있은 뒤에 볼룸니아는 며느리와 손주들과 다른 여인들을 데리고 볼스키족 병영을 찾아갔다. 그들의 가여운 모습에 적군들조차도 그에 대한 존경심으로 할 말을 잊었다. 마침 그 시간에 코리올라누스는 장군 좌석에 앉아 막료들과 회의를 하다가 여인들이 다가오는 것을 보고 놀랐다. 그가 바라보니 앞장서서 오는 여인은 자신의 어머니였다.

코리올라누스는 지난날처럼 단호하고 엄정하게 대하고 싶었지만 마음이 그것을 허락하지 않았다. 그는 눈앞의 현실에 너무 놀라, 그들이 다가오는데 가만히 앉아 있을 수가 없어 자리에서 내려와 달려갔다. 그는 오랫동안 어머니와 아내와 자식들을 차례로 껴안으며 눈물을 흘리고 어루만지면서 복받치는 감정을 억누르지 못했다.

35

어느덧 감정이 진정되자 코리올라누스는 어머니가 자기에게 할 말이 있다는 것을 알았다. 그는 볼스키족 막료들을 곁에 앉힌 채 어머니의 말을 들었다. 볼룸니아가 말했다.

"내 아들아, 우리가 굳이 설명하지 않아도 우리 차림으로 보다시피 너의 망명으로 우리가 얼마나 비참해졌는지 알 수 있을 것이다. 분명히 말하지만, 지금 너를 만나러 온 우리는 로마에서 가장 불행한 여인들이다. 가장 행복했어야 할 우리는 이제 조국의 성을 등져야만 어머니가 아들을 바라볼 수 있고 아내가 남편을 바라볼 수 있는 처량한 몸이 되었다. 더욱이 다른 사람들이 불행과 슬픔을 이겨 내고자 신에게 올리는 기도조차 우리는 할 수 없게 되었다. 우리는 조국을 위한 기도를 올릴 수도 없고, 그렇다고 내 아들을 지켜 달라고 기도할 수도 없으니 말이다.

지금 원수들의 기도는 우리 조국에 저주가 되고 우리의

467

기도는 네게 저주가 되고 있다. 네 아내와 자식들은 조국을 위해 기도할 수도 없고 너를 위해 기도할 수도 없다. 내가 너의 불만과 적개심을 우정과 호의로 바꿀 수 없다면 나는 이 전쟁이 나에게 그 둘 가운데 하나를 선택하여 결정해 줄 때까지 살고 싶지 않다. 네가 양쪽 모두에 은덕을 베풀기보다 로마와 너 가운데 하나를 파괴하겠다면, 너를 낳아 준 어미의 시체를 밟고 넘어가기 전에는 네 조국을 유린할 수 없다는 것을 분명히 알아 두어라. 네가 승리한 동포의 포로가 되어 끌려오든 아니면 네 조국을 짓밟은 승리자가 되어 개선을 하든, 나는 그날을 기다리며 살아야 할 의무가 없다.

내가 만약 너에게 볼스키족을 무찌르고 네 조국을 구원하라고 말한다면 그것은 너에게 감당할 수 없는 아픔이 될 것이다. 동족을 죽이는 것이 명예가 될 수도 없고, 너를 믿고 있는 볼스키족을 배신하는 것도 옳은 일이 아니다. 지금으로서는 네가 악행에서 벗어나 두 나라 모두에 축복되고 더욱이 볼스키족에게도 명예를 안겨 줄 길이 있다면 그 길을 가라고 부탁한다. 그렇게 되면 지금 더 우세한 병력을 이끌고 있는 볼스키족은 커다란 축복을 베푼 민족으로 보일 것이며, 그들이 베푼 평화와 우정은 그들만의 축복으로 끝나지 않을 것이다.

만약 그들이 그런 축복을 누릴 수만 있다면 그것은 모두 네 덕분이다. 그렇지 못하다면 너 홀로 두 나라의 비난을 받게 될 것이다. 전쟁이 어떤 결말을 볼지는 알 수 없지만, 한 가지 분명한 사실이 있다. 네가 이긴다면 너는 조국을 파괴한 악마가 될 것이고, 네가 진다면 자기 분노를 해소하고자 부모와 친구가 살고 있는 조국에 엄청난 재앙을 안겨 준 사람으로 세상은 너를 기억할 것이다.”

36
어머니가 말하는 동안 코리올라누스는 아무 대답이 없었다.

어머니의 말이 끝났는데도 그가 오랫동안 말이 없자 어머니가 다시 입을 열었다.

"아들은 왜 아무 말이 없는가? 분노를 풀고자 모두 버리는 것은 옳고, 어미의 기도를 들어주는 것은 옳지 않더냐? 아픔을 기억하는 것은 위대한 사람이 할 짓이고, 자식이 부모에게 받은 사랑에 대한 존경과 명예를 기억하는 것은 위대하고 선량한 사람이 할 짓이 아니더냐? 배은망덕한 사람을 그토록 증오하던 너보다 더 은혜를 소중하게 생각하는 사람은 없었다. 너는 이미 조국을 그토록 가혹하게 응징하면서 네 어미에 대해서는 은혜를 모르는구나. 누구의 강요도 받지 않고 네가 나의 값지고도 공의로운 뜻을 받아 준다면 그것이 가장 훌륭한 일이겠지만, 이제 나는 더 이상 너를 설득할 수 없으니 내가 가진 마지막 자산마저 아낄 것이 있겠느냐?"

그 말과 함께 어머니가 코리올라누스의 발아래 몸을 던지니 그의 아내와 자녀들도 함께 몸을 던졌다. 그러자 코리올라누스가 어머니를 일으켜 세워 오른손으로 따뜻하게 감싸 안으며 소리쳤다.

"어머니, 지금 무슨 일을 하십니까? 어머니가 저를 이기셨습니다. 어머니의 승리가 제 조국에는 행운을 안겨 주겠지만 저에게는 죽음을 뜻합니다. 저는 어머니 한 분에게만 졌으니, 지금 군대를 철수하겠습니다."

말을 마친 코리올라누스는 어머니와 아내에게 몇 가지 개인적인 이야기를 한 다음 그들이 바라는 대로 로마로 돌려보냈다. 이튿날 아침 코리올라누스는 볼스키족을 이끌고 퇴각했다. 거기에 있던 사람들이 모두 그 광경을 보며 기뻐하거나 감동을 받은 것은 아니었다. 어떤 사람들은 코리올라누스의 사람됨과 그 행동에 모두 잘못이 있다고 생각했다.

어떤 사람들은 전쟁이 평화롭게 마무리된 것을 좋게 생각하는가 하면, 어떤 사람들은 그 과정이 마음에 들지 않았지만 코리올라누스를 나쁜 사람으로 여기기보다는 그와 같이 어쩔 수 없는 상황에서 그가 그토록 무너진 것은 이해할 수 있다고 생각했다. 그러나 어느 누구도 그의 퇴각에 반대하지 않고 충성스럽게 그를 따랐는데, 이는 그의 권위에 복종해서라기보다는 그의 효성에 감탄했기 때문이었다.

37

전쟁이 끝나자 로마인들은 그동안 계속되었던 두려움과 재앙이 어떠했던가를 좀 더 솔직하게 보여 주었다. 성벽에 올라 볼스키족이 물러가는 것을 본 사람들은 곧 모든 신전의 문을 열고 머리에 화관을 쓴 채 승리의 제물을 바쳤다. 원로원과 시민들이 볼룸니아에게 영광을 바칠 때 도시의 기쁨은 절정에 이르렀다. 그들은 그 여인이 로마를 구원했다는 자신들의 믿음을 분명히 선언했다.

그리고 그 여인들이 무엇을 바라든 국고에서 지원하겠노라는 정령을 발표했지만, 여인들은 다만 여신을 위한 신전을 세워 줄 것을 요구하면서 그 건축 비용은 자기들이 부담하되 여신에게 제사를 드릴 때 드는 경비를 국고에서 지불해 달라고 요청했다. 원로원에서는 공공 정신을 발휘하여 국고로써 신전을 세우고 신상을 세웠으나 여인들은 굳이 스스로 돈을 마련하여 신전의 건축비를 충당하고 제2의 신상을 세웠다. 로마인들의 말에 따르면, 신전에 신상을 세우던 날 이런 목소리가 들렸다고 한다.

여인들이여,
그대들이 나에게 바친 선물을
신이 흠향(歆饗)하시도다.
(디오니시오스, 『로마 고대사』, VIII : 56)

38

들리는 바에 따르면, 신상에서 그 소리가 두 번 들렸다고 한다. 그러나 우리가 생각하기에 그런 일은 믿기도 어려울뿐더러 그런 일은 아마도 일어나지 않았을 것이다. 신상이 땀을 흘리거나 눈물을 흘리거나 피를 흘리는 일은 있을 수 있다. 흔히 나무나 돌은 물기를 흡수하여 거푸집처럼 수축하면서 공기에서 빛을 빨아들여 여러 가지 색깔을 내는 경우가 있다. 이런 일을 두고 신이 뭔가를 알리려는 징조로 이런 현상을 보여 준다고 사람들이 믿는 것을 막을 방법은 없다. 또한 신상은 내부에서 갈라지며 신음이나 앓는 소리를 낼 수도 있다.

그러나 무생물에서 그토록 선명하고 크게 목소리가 들린다는 것은 불가능한 일이다. 인간의 영혼이나 신령은 적절한 발성 기관이 없어 말을 하거나 대화를 나눌 수 없기 때문이다. 그러나 역사가 사람들이 인정할 수밖에 없는 분명하고도 많은 증언들을 보여 줄 때면, 우리는 평소의 상식과는 다른 경험이 우리의 상상 속에서 일어났다고 결론지을 수밖에 없다. 이는 마치 우리가 듣도 보도 못한 것을 꿈속에서는 보고 들은 것과 같다.

신에게서 어떤 강렬한 호의나 감동을 느끼고 싶어 하는 사람들은 신이 초월적인 신통력을 부린다는 강한 신념을 주장한다. 그들의 말에 따르면, 성품이나 행동이나 기술이나 힘에서 신은 인간과 매우 다르다고 한다. 인간이 할 수 없는 것을 신이 하고, 인간이 이룩할 수 없는 것을 신이 할 수 있느냐는 질문은 인간의 이성을 뛰어넘는 문제이다. 신은 모든 점에서 우리와 다르고, 그들의 과업 역시 우리와 너무 달라 저만치 떨어져 있다. 그래서 헤라클레이토스의 말을 빌리면,

신의 모든 권능은
믿음이 부족한 인간의

코리올라누스

지식을 뛰어넘는다.

(바이워터 엮음, 『에페소스의 헤라클레이토스의 단편집』, §45)

39

코리올라누스가 안티움으로 돌아오자 그에 대한 미움으로 오랫동안 짓눌려 왔던 툴루스는 곧 그를 죽이려는 음모를 꾸몄다. 이번에 그가 달아나면 다시 죽일 기회가 없으리라고 툴루스는 생각했다. 그리하여 코리올라누스에 반대하는 무리를 모은 툴루스는 코리올라누스에게 사령관 직책을 내놓고 이번 전쟁을 치르는 데 들어간 비용에 대해 감사를 받으라고 요구했다. 그러나 툴루스가 그 종족들 사이에서 엄청난 권력을 휘두르고 있는 지금 상황에서 야인으로 돌아간다는 것이 두려웠던 코리올라누스는 이렇게 말했다.

"볼스키족이 바란다면 사령관 자리에서 물러나겠습니다. 왜냐하면 그들의 요청에 따라 그 직책을 맡았기 때문입니다. 그리고 나는 전쟁 비용에 대한 회계를 보고할 준비가 되어 있으며, 안티움 시민들이 요구한다면 시간을 앞당겨서라도 감사를 받을 것입니다."

민회가 열리자 음모를 꾸민 이들이 일어서서 그에게 반대하는 민중을 선동하기 시작했다. 그때 코리올라누스가 자기변호를 하려고 일어서자 소란스럽던 민중이 그에 대한 존경심으로 조용해지면서 그에게 두려움 없이 말할 수 있는 기회를 주었다. 안티움의 선량한 시민들은 평화가 찾아온 것을 기쁘게 여기면서, 자기들은 연설을 경청한 다음 그의 거취를 판결하겠노라고 분명히 말했다. 그러자 툴루스는 코리올라누스의 변론이 두려웠다. 코리올라누스는 탁월한 웅변가였고, 그의 웅변은 그가 일찍이 저지른 실수를 덮어 주었기 때문이었다.

오히려 코리올라누스에 대한 비난은 그의 위대한 공적을 입증해 주는 것이었다. 애초에 코리올라누스의 공로로 볼스키족이 로마의 턱밑까지 쳐들어간 일이 없었더라면, 이제 와서 그들이 로마를 빼앗겼다는 생각도 할 수 없었을 것이기 때문이었다. 그렇게 되자 툴루스를 둘러싼 음모자들은 거사를 미루면서 코리올라누스가 민중의 연민에 호소하는 기회를 주어서는 안 된다고 판단했다. 그리하여 그들 가운데 가장 용맹한 이들이 나서서 소리쳤다.

"볼스키족은 반역자의 말을 들어서는 안 됩니다. 우리는 그가 더 이상 사령관 자리에 앉아 우리 사이에서 독재자로 군림하도록 내버려 두어서는 안 됩니다."

그러고 나서 그들은 한꺼번에 코리올라누스에게 달려들어 칼로 찔러 죽였다.[14] 어느 누구도 그를 보호해 주지 못했다. 볼스키족 대부분이 그와 같은 처사에 동조한 것은 아니라는 사실이 곧 밝혀졌다. 시민들은 거리로 나와 그의 시체에 둘러서서 추모하며, 무기와 그가 노획한 전리품으로 상여를 장식하여 부족장이나 장군에게 하듯이 예를 갖추어 성대한 장례를 치렀다.

코리올라누스가 죽었다는 소식은 로마에도 알려졌다. 로마 시민들은 그에 대한 존경이나 분노를 드러내지 않은 채, 다만 그의 추모 기간을 열 달로 정해 달라는 부인들의 요구를 허락했다. 흔히 로마에서 열 달의 추모 기간은 아버지나 아들이나 형제가 죽었을 때 허락되는 기간이다. 이처럼 추모 기간을 길게 정한 것은 내가 다른 곳(제4장 「누마전」, §12)에서 밝힌 바와 같이, 누마왕이 결정한 것이다.

코리올라누스의 죽음이 어떤 결과를 가져왔는지를 볼스키족은 곧 실감했다. 먼저 그들은 주도권을 둘러싸고 동맹이

---

14 이 대목에 관한 역사가들의 기록은 많이 다르다. 리비우스는 그가 천수를 누렸다고 기록했고,(『로마사』, II : 40) 디오니시오스는 그가 민중이 던진 돌멩이에 맞아 죽었다고 기록했다.(『로마 고대사』, VIII : 57~59)

코리올라누스

자 우방인 아이퀴(Aequi)족과 전쟁을 벌여 많은 피를 흘렸다. 이어 그들은 로마와 벌인 전쟁에서 졌는데, 툴루스도 이때 죽었다. 이 전쟁에서 볼스키족은 정예 병력을 잃고 가장 치욕적인 휴전 조건을 받아들임으로써 로마의 속국이 되어 지배를 받았다.

누구도 분노로 말미암아
우아한 대가를 받을 수는 없다.
— 디온

알키비아데스는 동포들에게
해코지를 했음에도
미움을 받지 않았지만,
코리올라누스는 동포에게
찬사를 받았으면서도
사랑을 받지는 못했다.
— 플루타르코스

1

알키비아데스와 코리올라누스의 처신에 대한 이야기를 마치면서 그들과 관련된 기록과 회고담을 돌아보니, 그들의 군사 활동은 어느 쪽을 결정적으로 편들어 말하기 어려운 것이 분명하다. 두 사람 모두 군인으로서 대담하고 용맹스러웠으며, 지휘관으로서 전략도 탁월했고 미래를 내다보는 안목도 있었다. 그러나 어떤 사람들은 육전과 해전에서 더 큰 성과를 더 많이 거둔 알키비아데스 쪽에 조금 더 점수를 높게 줄 수도 있다.

두 사람 모두 국내에서 군대를 지휘했을 때 조국을 위해 큰 전공을 세웠고, 적국에 몸을 담았을 때에는 조국에 엄청난 아픔을 준 것도 사실이다. 그러나 정치인이라는 점에서 살펴본다면, 알키비아데스는 지나치게 방종했고 민중의 호감을 얻고자 무절제하고 천박하게 처신함으로써 지각 있는 시민들의 분노를 샀다. 그와 마찬가지로 코리올라누스는 무례하고 자존심이 강했으며, 귀족주의적인 처신으로 말미암아 로마 민중의 분노를 샀다.

　그런 점에서 두 사람 모두 바람직하지 않았다. 그러나 민중의 호감을 사려고 애썼던 알키비아데스보다는 민중의 호감을 얻으려는 태도를 버리고 그들을 모욕한 코리올라누스가 더 많은 비난을 들을 수 있다. 권력을 잡으려고 민중에게 아첨한 알키비아데스도 점잖지 못하지만, 공포와 폭력과 압제로써 권력을 잡으려 한 코리올라누스는 점잖지도 못할뿐더러 공의롭지도 못하다.

2

사람들은 코리올라누스의 성격이 단순하고 직설적이라 생각했고, 이와 달리 알키비아데스는 정무 처리에서 부도덕하고 기만적이라고 생각했음이 분명하다. 투키디데스의 『펠로폰네소스 전쟁사』(V : 45)에 따르면, 알키비아데스는 스파르타 사절단에게 부도덕한 속임수를 써 평화를 깨뜨림으로써 더욱 비난을 받았다. 그의 술책은 아테네를 전쟁의 소용돌이로 몰아넣었지만, 만티네이아와 아르고스를 동맹으로 끌어들임으로써 아테네를 난공불락의 강국으로 만들었다.

　할리카르나소스의 역사학자 디오니시오스가 쓴 『로마 고대사』(VIII : 2)에 따르면, 코리올라누스는 로마와 볼스키 사이에 전쟁을 일으키려고 운동 경기장에 찾아온 볼스키족 사람에게 누명을 씌웠다고 한다. 그러나 코리올라누스의 속임수는 알키비아데스가 그랬던 것처럼 야심이나 정치적인 경쟁심 때문에 빚어진 것이 아니라 오로지 분노 때문이었다. 이와 관련하여 플라톤의 제자인 디온은 다음과 같은 말을 남겼다.

　누구도 분노로 말미암아

우아한 대가를 받을 수는 없다.

조국에 대한 분노 때문에 코리올라누스는 이탈리아의 여러 도
시를 혼란에 빠뜨렸고, 무고한 도시들을 쓸데없이 희생시켰
다. 알키비아데스도 분노 때문에 동포들에게 커다란 재앙을
안겨 준 것 또한 사실이다. 그러나 동포들이 자기들의 처사를
후회하자 알키비아데스는 곧 호의를 보여 주었다.

　　두 번째로 추방되었을 때 알키비아데스는 조국의 장군들
이 실수하는 모습에 기뻐하지 않았으며, 그들의 전략이 잘못
되고 위험한 것을 못 본 체하지 않았으니, 이는 아리스티데스
가 정적 테미스토클레스를 도와줌으로써 칭송받은 것과 같
다.[1] 알키비아데스는 자기에게 우호적이지 않았던 아테네 장
군들을 찾아가 그들이 어떻게 해야 할지를 조언해 주었다.

　　그러나 코리올라누스는 로마인 모두에게서 해코지를 입
은 것이 아님에도 로마인 모두에게 아픔을 주었다. 로마의 유
력하고도 선량한 시민들 대부분이 그와 함께 아픔과 절망을
나누었음에도 말이다. 외국 사절과 동포들이 찾아와 그의 단
순한 분노와 어리석음을 거두어 달라고 호소했을 때도 코리올
라누스는 거부하고 결코 양보하지 않았다. 그는 자신이 다시
세울 수도 있었던 조국을 무너뜨리고 파괴하는 끔찍한 전쟁을
끝내 수행할 것임을 분명히 했다. 그런 점에서 코리올라누스
와 알키비아데스 사이에는 분명한 차이가 있다고 사람들은 말
한다.

　　이를테면 알키비아데스가 다시 조국으로 돌아간 것은 그
의 목숨을 노리고 있던 스파르타를 두려워했고 증오했기 때문

---

[1]　아리스티데스는 하는 일마다 정적인 테미스토클레스의 방해를 받았지
만 국가를 위하는 일에서는 분노를 잊고 그에게 많이 양보했다. (제9장
「아리스티데스전」, §3 참조)

이었다. 그와 달리 코리올라누스가 자기를 공의롭게 맞이해 준 볼스키족이 곤경에 빠졌을 때 그들을 버리고 떠난 것은 영예롭지 못한 처사였다. 그 무렵에 볼스키족은 코리올라누스를 사령관으로 임명하면서 그에게 엄청난 신뢰와 권력을 주었다.

그런 점에서 코리올라누스는 스파르타에서 버림받고 이곳저곳을 떠돌며 이 진영 저 진영으로 떠넘기듯이 쫓겨 다니다가 끝내는 페르시아의 티사페르네스에게 몸을 의지한 알키비아데스와는 입장이 달랐다. 알키비아데스는 자신이 그토록 돌아가고 싶었던 조국이 완전히 파괴되지 않기를 바라면서 티사페르네스를 찾아가 머리를 조아렸기 때문이다.

3

더 나아가서 금전 문제를 살펴보면, 알키비아데스는 뇌물로 번 돈을 탕진했다고 세상 사람들은 말한다. 그런가 하면 코리올라누스는 상관이 포상금으로 내린 돈조차 받지 않았다. 이때문에 그는 빚을 지고 사는 평민들과 사이가 나빠져 미움을 받았다. 알키비아데스가 가난한 사람들을 악의적으로 상대한 것은 무엇을 얻으려고 그런 것이 아니라 본디 무례하고 오만했기 때문이었다. 마케도니아의 장군 안티파트로스(Antipatros)는 아리스토텔레스가 죽었다는 소식을 듣고 이런 말을 한 적이 있다.

"그분께서는 온갖 미덕을 지닌 데다가 남을 설득하는 능력까지 타고났다."(「아리스티데스와 대카토의 비교」, §2)

그러나 그와 같은 미덕을 타고나지 못한 코리올라누스는 그 훌륭한 처신과 덕망마저도 그에게 신세 진 사람들의 혐오감을 불러일으켰다. 그들은 코리올라누스의 처신에서 플라톤이 이른바 '고독의 동반자'라고 표현한 이기심과 오만을 발견했다. 그런가 하면 알키비아데스는 자신이 만나는 사람들을 호의적으로 상대하는 방법을 알고 있었다. 알키비아데스가 성공을 거두고 있을 때 그의 명성에는 민중의 호감과 존경이 따라와, 마치 활짝 핀 꽃과 같았음을 의심할 수 없다.

더욱이 알키비아데스는 실수조차도 매력으로 보였다. 그가 조국에 치명적인 해코지를 자주 했음에도 여러 차례 장군으로 선출된 것도 그런 까닭이었다. 그러나 온갖 용맹스러운 업적을 이룬 코리올라누스는 공직을 맡을 만한 자격이 있음에도 선거에서 졌다. 이렇듯 알키비아데스는 동포들에게 해코지를 했음에도 미움을 받지 않았지만, 코리올라누스는 동포들에게 찬사를 받았으면서도 사랑을 받지는 못했다.

4

코리올라누스는 조국을 위해 큰 전공을 이루지는 못했지만 조국과 맞선 전쟁에서 적국에 승리를 안겨 주었다. 그런가 하면 알키비아데스는 하급 병사 시절부터 장군에 이를 때까지 여러 차례 조국을 위해 헌신했다. 조국에 있을 때 알키비아데스는 진심으로 정적들을 껴안았고, 밖에 나가 있을 때는 중상과 모략을 겪었다.

그와 달리 코리올라누스는 동포들과 함께 있을 때는 그들의 비난을 받았고, 볼스키족과 함께 있을 때는 그들의 손에 죽었다. 그의 처신은 공의롭지도 않고 정당하지도 않았으므로 자기의 죽음을 재촉한 것이 사실이다. 공개적으로 발표된 평화 조건을 거절했다가 여인들의 사사로운 청원에 머리를 숙인 코리올라누스는 전쟁을 멈추기는커녕 전쟁을 지속함으로써 평화를 이룰 수 있는 황금 같은 기회를 놓쳤다.

만약 코리올라누스가 자기에게 쏟아지던 공의로운 요청들을 진심으로 배려했더라면 그는 그 자리에서 물러나기에 앞서 자기를 믿어 준 사람들에게 자신의 퇴진에 대해 동의를 얻었어야 한다. 그러나 그는 볼스키족의 요청에는 관심을 두지 않고, 단지 자신의 분노를 해소하기 위해 전쟁을 시작했다가

　　　　　알키비아데스와 코리올라누스의 비교

또 갑자기 중단시켰다. 그는 어머니의 요청을 듣고 조국을 구원할 것이 아니라 어머니와 조국을 함께 구원하는 길을 가는 편이 더욱 영광스러웠을 것이다. 코리올라누스의 어머니와 아내는 그때 그가 공격했던 조국의 일부에 지나지 않았기 때문이다.

코리올라누스가 조국의 공식적인 간청과 사절단의 애원과 사제들의 기도를 외면한 뒤에, 다만 어머니를 위해 군대를 철수한 것은 어머니를 영광스럽게 하지 않은 처사일 뿐만 아니라 조국을 모욕한 것이다. 코리올라누스는 한 여인의 가여운 기도를 받아들여 조국을 구원한 것이지, 조국 자체를 구원하는 일을 중요하게 여긴 것은 아니기 때문이다.

코리올라누스가 베푼 호의는 오히려 남의 심기를 건드렸고, 가혹했고, 모두에게 호의적이지도 않았으며, 볼스키와 로마 어느 쪽도 받아들일 수 없는 것이었다. 그는 정적들의 설득에 귀를 기울이지 않았고 전우들의 동의도 얻지 않은 채 군대를 철수했기 때문이었다. 코리올라누스의 그와 같은 실수는 모두 비사교적이고 오만하며 이기적인 성격 탓이었다.

오만은 그 자체만으로도 모든 사람에게 상처를 주는데, 거기에 개인적인 야망까지 보태면 더욱 가혹하여 대책이 없다. 이런 사람들은 민중에게 정중하지도 않고 그들의 존경을 요구하지도 않으면서 막상 민중이 존경심을 보이지 않으면 화를 낸다. 메텔루스나 아리스티데스나 에파미논다스 같은 인물들도 민중의 호감을 사려고 조르거나 인사를 차린 적이 분명히 있었지만, 그들은 민중이 호감을 베풀었다가도 언제 바뀔지 모른다는 사실을 잘 알고 있었다.

메텔루스나 아리스티데스나 에파미논다스는 거듭하여 패각 투표로 조국에서 추방당하고, 선거에서 지고, 법정에 고발되었지만 민중의 무례함에 대한 분노를 가슴에 담아 두지 않았다. 민중이 후회하면 곧 자기들도 마음을 풀고, 민중이 요구하면 그들도 화해했다. 민중의 호의를 바라지 않을 바에는 민중이 호의를 보이지 않는다고 해서 발끈할 일도 아니다. 민중의 존경을 받지 못했다고 해서 화를 내는 것은 오히려 민중에게 지나친 존경을 기대하고 있었음이 분명하다.

5

알키비아데스는 민중에게 존경받고 싶은 심정을 부인하지 않았고 무시당하는 것을 불쾌하게 생각했기 때문에, 주변 사람들의 마음에 들고 그들을 기쁘게 해 주려고 노력했다. 그러나 코리올라누스는 지나친 자존심 때문에 자신에게 영광을 바치고 자신을 높여 줄 권한이 있는 민중에게 정중하지 않았다. 그러면서도 그는 남들에게 무시당하면 지나친 야망으로 말미암아 불같이 화를 내어 상처를 입었다.

이런 성격 때문에 코리올라누스는 비난을 들어 마땅하지만, 그 밖의 모든 점에서 그는 탁월한 인물이었다. 돈에 대한 자제심과 초연함은 알키비아데스 정도가 아니라 그리스 역사에서 가장 훌륭하고 청빈했던 인물과 견줄 만하다. 돈 문제에서 알키비아데스는 가장 부도덕한 사람이어서 이와 관련한 주제에서는 언급할 가치가 없는 인물이다.

리산드로스
LYSANDROS

기원전?~395

아이들은 공기놀이로 속이고,
어른들은 거짓 맹세로 속인다.
— 리산드로스

성(城)이
도시를 번영하게 만들어 주는 것이라면
성이 없는 스파르타는
몹시 굶주리고 있어야 한다.
— 테라메네스

1

델포이의 신전에 있는 아칸토스(Akanthos)인의 보물 창고에는
다음과 같은 글귀가 새겨져 있다.

브라시다스(Brasidas)[1]와 아칸토스인들이
아테네인들에게서 빼앗은 전리품

이 글귀[銘文]로 말미암아 사람들은 그 방 안의 문 옆에 서 있
는 대리석 조상(彫像)이 브라시다스의 것이라고 생각한다. 그
러나 그것은 리산드로스의 조각상이다. 그는 그리스의 오랜
풍습에 따라 머리칼이 길고 수염이 덥수룩하다. 어떤 사람[2]의
말에 따르면, 아르고스인들은 전쟁에서 비참하게 지자 슬픔에
젖어 머리를 깎았고, 스파르타인들은 풍습과 달리 승리의 기
쁨에 겨워 머리를 길렀다고 하는데,(헤로도토스,『역사』, I : 82) 이
는 사실과 다르다. [헤로도토스의『역사』V : 92에 따르면] 고대 코

---

1   브라시다스는 펠로폰네소스 전쟁 초기에 활약한 스파르타의 관리로서,
     기원전 424년에 아칸토스를 정복했다.
2   이는 헤로도토스(Herodotus)를 뜻하는데, 플루타르코스는 실명을 들어
     그를 비난하는 것을 삼가려고 이렇게 표현했다.

린토스 왕국의 과두 지배 계급이었던 바키아다이(Bakkhiadai) 가문이 [기원전 650년 무렵에] 스파르타로 쫓겨 가 머리를 깎고 허름하고 볼품없이 살았는데, 그 모습을 보고 이를 추레하게 여긴 스파르타인들이 머리를 길렀다는 말도 사실이 아니다. 머리를 기르는 풍습은 스파르타 건국의 아버지인 리쿠르고스가 제정한 것이다. 사람들의 말에 따르면, 리쿠르고스는 이런 말을 했다고 한다.

"아름다운 머리 모양은 단정한 사람을 더욱 깔끔하게 보이도록 해 주며, 보기 흉한 머리 모양은 그의 모습을 더욱 끔찍하게 만든다."(제3장 「리쿠르고스전」, §22)

2

들리는 바에 따르면, 리산드로스의 아버지 아리스토클레이데스(Aristokleides)는 헤라클레스 가문의 후손이라고 하지만 왕족은 아니었다고 한다. 리산드로스는 가난하게 자랐으나 스파르타의 풍습을 잘 따랐고, 남자다운 기백으로 모든 쾌락을 넘어 성공과 영예를 생각하며 처신했다. 스파르타인들에게 명예와 성공이 주는 쾌락은 허물이 아니었다. 그들은 어려서부터 자기 아들들이 여론에 귀를 기울이고 비난을 두려워하며 칭찬받으려고 노력하기를 바랐다. 그들은 명예에 둔감한 사람을 야심이 없거나 영혼이 없는 사람으로 취급했다.

그러므로 리산드로스는 교육 기관에서 경쟁심을 갖도록 철저히 훈련받았으며, 그가 뒷날 그렇게 산 것은 타고난 성격 탓이 아니었다. 그는 권력이나 재력이 있는 사람에게는 천성적으로 굽실거렸는데, 이러한 성격은 보통의 스파르타인들에게서는 잘 나타나지 않는 것이었다. 자신의 목적을 달성하고자 오만한 권력자 밑에서 수모를 견디는 그의 성격은 정치적 역량 가운데에서 중요한 자질이었다고 사람들은 말한다.

한편, 아리스토텔레스는 그의 저술(『과제』, §30)에서 인간의 위대한 성품을 이야기하면서 소크라테스나 플라톤이나 헤라클레스 같은 인물들이 우울증 증세를 보였다고 말했다. 또한 리산드로스도 어릴 적부터 그런 것은 아니었지만 나이가 들면서 우울증으로 고통을 겪었다고 한다.

그러나 리산드로스의 성품 가운데 가장 위대한 것은 그 자신은 청빈했음에도 나라의 재산을 넉넉하게 만들었다는 점이다. 그는 아테네와 벌인 전쟁에서 이기고도 동전 한 닢 갖지 않았으나, 수많은 금은보화를 조국에 가져옴으로써 스파르타인들이 더 이상 황금에 무심하다는 이유로 칭송받는 일이 없게 만들었다. 언젠가 시라쿠사이의 참주 디오니시오스(Dionysios)가 값비싼 시킬리아 비단으로 만든 겉옷(tunic)을 그의 딸들에게 보냈을 때 그는 되돌려 보내면서 이렇게 말했다.

"이것을 입으면 내 딸들이 더 못생겨 보일까 걱정이군."

그러나 얼마 지나지 않아 리산드로스가 사절로 시라쿠사이에 오자, 디오니시오스는 다시 겉옷 두 벌을 보내며 물었다.

"옷 두 벌 가운데 어느 것을 따님에게 선물하시렵니까?"

그 말을 들은 리산드로스는 대답했다.

"두 벌 다 가져가서 딸들이 선택하도록 해야겠습니다."

3

투키디데스의 『펠로폰네소스 전쟁사』(VIII : 2)에 따르면, 전쟁이 오래 이어지면서 [기원전 413년에] 시킬리아 전투에서 패배한 아테네인들은 해상권을 잃고 모든 전투를 포기할 것만 같았다. 그러나 망명에서 돌아온 알키비아데스가 지휘권을 잡으면서 엄청난 변화를 일으켜 바다에서 다시 적군과 맞서도록 조국을 부흥시켰다.(제17장 「알키비아데스전」, §32)

이에 놀란 스파르타는 다시 전쟁에 대비하려면 유능한 지도자와 엄청난 군비가 필요하다고 생각하여 [기원전 408년 가을에] 리산드로스에게 사람을 보내 해상 지휘권을 맡아 달라고 부탁했다. 리산드로스가 에페소스에 이르러 보니, 그곳 사람들은 리산드로스에게 매우 호의적이었고 스파르타를 위해 싸울 열의를 보여 주었다.

그 무렵의 에페소스는 궁핍했고, 페르시아의 풍속에 젖어야만이 될 위험에 빠져 있었다. 그곳 사람들은 리디아의 지배를 받았기 때문에 페르시아의 장군들이 그곳을 진영 사령부로 쓰고 있었다. 그리하여 리산드로스는 그곳에 진영을 세운 다음, 사방의 상선들이 그곳에 짐을 하역하고 삼단 노의 함선을 만들도록 준비했다. 그렇게 함으로써 그는 항구와 시장에 다시 활력을 불어넣었으며, 주민들의 집과 공장을 물품으로 가득 채웠다. 그때부터 이어진 그의 노력으로 에페소스는 도시 국가로서의 위엄을 갖춰 오늘에 이르게 되었다.

4

페르시아의 왕자 키로스가 사르디스에 왔다는 소식을 들은 리산드로스는 그를 만나 전략을 상의하러 갔다가 티사페르네스가 직무를 게을리한 사실을 알고 이를 고발하고자 찾아갔다. 티사페르네스는 스파르타를 도와 바다에서 아테네를 몰아낼 임무를 띠고 태수로 부임했지만, 알키비아데스의 공작에 넘어가 자기 직무를 소홀히 하고 있었다. 그는 아테네 함대와 싸울 뜻도 없었고, 병사들에게 봉급을 제대로 주지 않아 함대의 사기를 크게 떨어뜨렸다.

티사페르네스가 본디 천박한 데다 키로스와도 개인적으로 사이가 나빴던 터라, 그의 행실이 바르지 못하다는 말을 들은 키로스는 내심 기뻐했다. 장군으로서의 처신과 티사페르네스의 나쁜 행실을 고발하여 키로스의 환심을 얻은 리산드로스는 언행에서 더욱 자신을 낮추었고, 무엇보다도 젊은 왕자의 마음을 사로잡은 뒤에 키로스에게 알키비아데스와의 전쟁을 부추겼다. 리산드로스가 떠나는 송별 잔치에서 키로스는 리산드로스에게 말했다.

"장군께서는 제 호의를 거절하지 마시고 바라는 것이 있다면 무엇이든 저에게 말씀해 보시지요. 모든 소원을 들어 드리겠습니다."

그 말을 들은 리산드로스가 대답했다.

"그러시다면, 인자하신 왕자님께서 수병들의 봉급을 각기 1오볼씩 올려 지금 받는 3오볼에서 4오볼을 받도록 해 주시기 바랍니다."(크세노폰, 『헬레니카』, I : 5)

그러자 키로스는 리산드로스의 기백에 기뻐하며 페르시아 금화 1만 다릭(daric)을 주었다. 리산드로스가 이 돈으로 자기 수병들의 봉급을 1오볼씩 올려 주니, 그 소식을 들은 적군 수병들이 한 푼이라도 더 받으려고 모두 이쪽으로 넘어와 적군의 함대가 비었다. 남은 무리는 기력을 잃거나 반항적인 모습으로 바뀌어 날마다 상관들에게 대들었다. 이런 방법으로 리산드로스는 적군을 약화시키고 상처를 주었지만 알키비아데스가 두려워 해전에는 나가지 않았다. 알키비아데스가 본디 용맹스러웠고 함선 수도 더 많았으며, 이제까지의 모든 해전에서 승리를 거두었기 때문이었다.

5

이런 일이 있고 나서, 알키비아데스는 함장 안티오코스에게 함대 지휘권을 넘겨주고 자기는 사모스를 떠나 포카이아로 갔다. 안티오코스는 겁도 없이 삼단 노의 함선 두 척을 이끌고 에페소스로 들어가 리산드로스를 조롱했다. 그는 리산드로스의 함대 앞을 지나면서 으스댔고, 해안에 닻을 내리고 조롱하는 함성을 질렀다. 화가 치민 리산드로스는 처음에는 함선 몇 척만 보내 그를 추격하도록 했다. 이를 본 아테네 함대가 안티오코스를 지원하러 오자 이번에는 리산드로스가 더 많은 수병을 태우고 출전하여 드디어 대규모 해전이 벌어졌다.

리산드로스

이 전투에서 이긴 리산드로스는 함선 15척을 나포하고 승전비를 세웠다. 이에 분노한 아테네 시민이 알키비아데스를 사령관에서 해임하자 알키비아데스는 사모스 수병들의 조롱을 받으며 아테네 진영을 나와 케르소네소스로 갔다. 이 전투는 그리 대단한 것이 아니었지만 알키비아데스의 운명에 끼친 영향을 고려하면 기억할 만한 사건이었다.

또한 리산드로스는 여러 도시에서 믿을 만하고 용맹스러운 인물들을 에페소스로 불러들여 뒷날 그가 만든 혁명적인 체제, 곧 10인 위원회(Decadarchy)의 씨앗을 뿌렸다. 그는 이 제도를 만들면서 직접 몇몇 도시에 정치 단체를 조직하고 그들에게 정치 문제를 맡김으로써 아테네가 무너지면 민주 정치를 몰아내고 그들 자신이 정권을 잡아야 한다고 주장했다.

더 나아가서 리산드로스는 그들에게 실질적인 이권을 줌으로써 그들이 앞날의 희망을 품게 해 주었다. 리산드로스는 이미 자기 막료와 동맹 관계에 있는 무리에게 거대한 사업과 명예와 직권을 주었고, 그들의 욕망을 채워 주고자 그들이 저지르는 불의와 악행에도 함께 참여했다.

많은 무리가 리산드로스를 따르면서 그의 영예를 칭송하고 충성을 바침으로써 언젠가 리산드로스가 정권을 잡게 되는 날, 자기들의 꿈이 이뤄지리라고 기대했다. [기원전 407년 말에] 칼리크라티다스(Kallikratidas)가 [1년 임기를 마친] 리산드로스의 뒤를 이어 해군 지휘를 맡았다.

그렇게 되자 처음에 사람들은 칼리크라티다스를 거들떠보지도 않더니, 시간이 지나면서 그가 정의롭고 고결한 사람임을 알게 되었다. 그럼에도 사람들은 도리아(Doria)식으로 단순하고 진지한 칼리크라티다스의 지휘 방식을 달가워하지 않았다. 병사들은 마치 아름다운 영웅의 동상을 바라보듯이 진심으로 칼리크라티다스의 덕망을 칭송하면서도, 한편으로는 리산드로스가 자기들을 열렬히 도와주던 때를 그리워했다. 리산드로스가 배를 타고 떠나자 부하들은 그가 베푼 은전을 생각하면서, 크게 낙담하여 눈물을 흘렸다.

6

더욱이 리산드로스는 수병들이 칼리크라티다스를 미워하도록 부추겼다. 그는 또한 키로스가 해군을 양성하라고 보내 준 돈 가운데 남은 것을 리디아의 사르디스로 돌려보내면서, 칼리크라티다스에게는 병사를 유지하는 데 필요한 비용을 스스로 해결하라고 말했다. 드디어 떠날 시간이 되자 리산드로스는 칼리크라티다스를 불러 이렇게 말했다.

"지금 내가 그대에게 넘겨주는 이 함대가 바다를 제패하고 있다는 것을 잊지 마시오."

그러자 칼리크라티다스가 리산드로스의 콧대를 꺾으려는 심사에서 이렇게 대답했다.

"이 함대가 그토록 막강하다면 지금 여기에서 이들을 저에게 넘겨주지 마시고, 왼쪽에 있는 사모스를 지나 밀레토스까지 간 다음 그곳에서 넘겨주시기 바랍니다. 우리가 바다를 제패하고 있다면 장군께서 사모스에 있는 적군 앞을 지나는 것이 두려워 여기에서 저에게 함대를 넘겨줄 이유가 없겠지요."

그 말을 들은 리산드로스가 대답했다.

"지금 이 함대의 지휘자는 내가 아니라 당신이오."(크세노폰, 『헬레니카』, I : 6)

그리고 리산드로스는 펠로폰네소스로 떠나 칼리크라티다스를 매우 어려운 지경에 빠뜨렸다. 칼리크라티다스는 스파르타에서 군자금을 가져오지도 않았고, 그렇다고 극심한 가뭄을 겪고 있는 점령지에서 강제로 군자금을 걷을 수도 없었다. 이제 그에게 남은 방법은 리산드로스가 그랬던 것처럼 페르시아 왕의 장군들을 찾아가 부탁하는 일밖에 없었다.

그러나 칼리크라티다스는 그럴 만한 성격을 타고나지 못

한 사람이었다. 구속받기를 싫어하고 고결한 성품을 타고난 그는 가진 것이라곤 돈밖에 없는 야만족의 문전을 찾아가 아첨하는 말을 하기보다는 차라리 그리스인의 손에 멸망한 그리스인으로 남고 싶었다. 그러나 군자금에 쪼들리던 칼리크라티다스는 끝내 리디아로 넘어가 곧 키로스의 집을 찾아가서 문지기에게 이렇게 말했다.

"칼리크라티다스 장군이 키로스 왕자를 뵙고 상의드릴 말씀이 있다고 알리시오."

그러자 문지기가 대답했다.

"손님, 지금 왕자님께서는 포도주를 마시는 시간이어서 손님을 만날 시간이 없습니다."

그 말을 들은 칼리크라티다스가 매우 간단하게 말했다.

"괜찮습니다. 포도주를 다 마실 때까지 이곳에서 기다리겠습니다."

그러나 칼리크라티다스는 자신을 시골뜨기로 보는 이방 민족 사람들의 비웃음을 더 이상 참지 못하고 그곳에서 나왔다. 그러고 나서 그는 두 번째로 키로스를 찾아갔지만 또 다시 거절당한 뒤에 몹시 분노하며 에페소스로 돌아왔다. 그는 자신을 조롱한 이민족과, 이들에게 돈을 이용해 오만하게 사는 법을 알려 준 사람들을 저주하면서 곁에 있는 사람들에게 이렇게 맹세했다.

"내가 스파르타로 돌아가면 그리스인들이 서로 화목하도록 설득하여 야만족들이 두려워하는 민족으로 만들 것이며, 서로 다투면서 야만족을 찾아가 구걸하는 일이 없도록 하리라."

7

칼리크라티다스는 스파르타를 위해 값진 일을 많이 했고, 공의롭고 고결하며 용맹스러움에서는 그리스에서 가장 위대하다는 사람에 못지않음을 보여 주었으나 [기원전 406년 늦여름에]

아르기누사이 해전에서 패배한 뒤로 모습을 드러내지 않았다.

그 뒤로 스파르타의 명성도 빛을 잃자 동맹국들은 스파르타에 사절을 보내 리산드로스를 사령관으로 임명할 것을 요청하면서, 그가 사령관에 취임하면 지금 상황에서 더 용맹스럽게 싸울 수 있다고 말했다. 키로스도 또한 사절을 보내 그와 같은 뜻을 전달했다.

그 무렵 스파르타의 법에 따르면, 한 사람이 두 번 이어서 해군 사령관을 맡을 수 없도록 법으로 금지되어 있었다. 그러나 동맹국들의 요청을 거절할 수 없었던 스파르타는 [기원전 405년 봄에] 아라코스(Arakos)라는 사람에게 해군 사령관의 직책을 맡기고 형식적으로 리산드로스를 부사령관으로 임명하면서 실질적인 전권을 맡겼다. 도시 국가들 사이에서 권력과 재력 있는 사람들로부터 가장 강력하게 추천받은 리산드로스가 실력자로 나타나자 그들은 민주 체제가 완전히 사라진 다음에 자기들이 더 강력한 정권을 잡으리라고 기대했다.

그러나 자신들의 지도자가 단순하고 고결한 인격을 갖춘 존재이기를 바랐던 사람들이 보았을 때, 리산드로스는 칼리크라티다스에 비해 부도덕하고 교활한 사람이었다. 그는 전쟁에서 대체로 기만전술로 적군을 속였을 뿐만 아니라 정의로운 것이어도 자기에게 잇속이 있는 일일 때만 격찬하고, 정의롭지 않더라도 잇속이 있는 일이라면 영예로운 일이라고 칭송했기 때문이었다.

리산드로스는 기본적으로 진실한 것이 거짓보다 훌륭하다고 생각하지 않았으며, 거짓과 진실은 다만 그 시대의 필요에 따라 결정되는 것으로 생각했다. 헤라클레스의 후손은 속임수로 전쟁을 치러서는 안 된다고 말하는 사람들을 비웃으면서, 그는 이런 말을 남겼다.

"사자 가죽이 부족하면 여우 가죽이라도 기워 써야 한다."

리산드로스

8

기록에 따르면, 리산드로스는 다음과 같은 속임수로 밀레토스를 빼앗았다고 한다. 지난날 리산드로스의 막료와 동지들이 밀레토스에서 민주 정치를 무너뜨리고 반대파를 몰아내려 했을 때 리산드로스는 그들을 지원해 주겠노라고 약속했다. 그런데 막료들이 마음을 바꾸어 민중과 화해하자 리산드로스는 그들의 처사를 드러내 놓고 반기는 듯하면서도 은밀하게 비난하고 다시 민중을 공격하도록 부추겼다.

민중 봉기가 시작되었다는 것을 안 리산드로스는 서둘러 시내로 들어갔다. 리산드로스는 처음에 자신과 함께 민중을 무너뜨리기로 음모를 꾸몄던 동지들을 만나자 그들을 거칠게 다루면서 마치 처벌이라도 할 듯이 겁을 주며 민중을 찬양하고, 자기가 이제는 민중의 편이니 안심하라고 위로했다.

그러나 이와 같은 그의 처신에는 교활한 연기가 숨어 있었다. 곧 그는 그런 전략으로 민중 지도자들이 도주하지 않도록 안심시켜 남게 한 뒤 한꺼번에 죽이려는 계획이었다. 그리고 실제로 그렇게 했다. 그를 믿었던 사람들은 모두 목숨을 잃었다.

안드로클레이데스(Androkleides)의 기록에 따르면, 리산드로스는 신전에서 맹세할 때에도 끔찍한 죄를 많이 지었다고 한다. 그의 말에 따르면, 리산드로스는 자신의 정치 기술을 이렇게 말했다고 한다.

아이들은 공기놀이로 속이고,
어른들은 거짓 맹세로 속인다.

이는 사모스의 폭군 폴리크라테스를 닮은 것이다. 그러나 폭군을 닮는 것은 정치인으로서 적절한 처사가 아니며, 마치 적군을 상대하듯이 신을 대한 모습은 스파르타인답지 않았다.

아니, 스파르타인답지 않은 정도가 아니라 정의롭지 않은 일이다. 신에게 맹세하는 방법을 써서 적군을 속이는 것은 그가 적군에게는 두려움을 느끼고, 신을 경멸하고 있다고 스스로 고백하는 일이다.

9

그 무렵에 키로스가 리산드로스를 사르디스로 불러 이런저런 선물을 주면서 한껏 추어올린 다음 이런 말을 했다.

"만약 나의 부왕(父王, Darius)이 스파르타인들을 돕지 않는다면 내 재산이라도 나누어 주겠소. 이도 저도 안 되면 내가 지금 앉아 신하들을 만나는 이 보좌를 부숴서라도 그대를 도와주겠소. 이 보좌는 금과 은으로 만든 것이니 돈이 될 거요."

키로스는 그렇게 말한 다음 아버지를 기다리려고 메디아로 떠나면서 각 도시에서 조공을 받는 일과 그 도시의 통치를 리산드로스에게 맡겼다. 그는 작별 인사로 리산드로스를 포옹하며 말했다.

"내가 돌아올 때까지 아테네인들을 상대로 바다에서 싸워서는 안 됩니다. 내가 페니키아와 킬리키아에서 많은 함선을 이끌고 올 터이니 그때까지 기다리시오."(크세노폰, 『헬레니카』, XXII : 1)

그러고 나서 키로스는 아버지를 만나러 떠났다. [기원전 413년 여름에] 병력이 부족하여 해전을 벌일 수도 없었고, 그렇다고 함대를 그대로 둘 수도 없었던 리산드로스는 바다로 나가 섬을 몇 개 되찾고 아이기나와 살라미스를 유린했다. 그리고 아티카에 상륙하여 아기스왕을 알현했다. 왕은 그를 만나고자 데켈레이아에서 몸소 내려와 기다리고 있었다. 그곳에서 리산드로스는 육전대 앞에서 자신의 해군을 자랑삼아 보여 주었다. 그는 자신이 바다의 왕자로서 가고 싶은 곳은 어디든 갈 수 있다는 표정을 지었다. 그러나 아테네 함대가 몰려오고 있

리산드로스

다는 사실을 알게 된 리산드로스는 다른 해로를 거쳐 페르시아로 도주했다.

그런 과정에서 헬레스폰토스의 경비가 허술하다는 사실을 안 리산드로스는 바다에서 람프사코스를 공격했고, 그러는 사이에 토락스(Thorax)가 지상군의 협조를 받으면서 성벽을 공격했다. 리산드로스는 폭풍처럼 그곳을 점령한 다음 병사들이 도시를 약탈하도록 내버려 두었다. 그러는 동안에 아테네에서 출항한 삼단 노의 함선 180척이 케르소네소스의 엘라이우스(Elaious)에 도착하면서 람프사코스가 함락되었다는 사실을 알게 된 그는 곧장 세스토스로 뱃머리를 돌렸다.

그곳에서 보급품을 마련한 아테네 해군은 아직도 람프사코스에 머물고 있는 리산드로스의 병력을 무찌르고자 아이고스포타미로 항진했다. 아테네 수병은 여러 장군의 지휘를 받고 있는데, 그 가운데 휠로클레스(Philokles)라는 인물이 있었다. 그는 최근에 민중을 설득하여 정령(政令)을 하나 통과시켰는데, 그 법에 따르면 전쟁 포로들의 오른손 엄지손가락을 자르게 되어 있었다. 그러면 포로들은 노를 저을 수는 있지만 창을 던질 수는 없기 때문이었다.

10

그러는 동안에 내일쯤 전투가 벌어지리라고 예상한 아테네와 스파르타의 병사들은 그날 하루를 쉬었다. 그런 가운데에도 리산드로스는 다른 생각을 하고 있었다. 그는 날이 밝으면 마치 전투가 벌어질 것처럼 이른 아침부터 수병과 키잡이들에게 함선에 올라 질서 정연하게 앉아 명령이 있을 때까지 조용히 기다리게 하고, 육군에도 해안에 대오를 이루어 조용히 기다리라고 지시했다.

해가 뜨자 아테네의 함선이 대오를 지어 다가오더니 싸움을 걸었다. 그러나 리산드로스는 날이 밝기에 앞서 이미 전열을 갖추고 모든 수병을 승선시킨 채 앞으로 나가지 않았다. 리산드로스는 다만 정찰선만 앞으로 보내 조용히 전열을 유지하되, 당황하거나 적진을 향해 나가지 말라고 지시했다.

낮이 되어 아테네 함선이 물러났는데도 그는 움직이지 않다가, 두서너 척의 정찰선이 돌아와 적함이 완전히 닻을 내렸다고 보고하자 자신의 병사들도 배에서 내리게 했다. 다음 날도 그랬고, 사흘째도 그러더니 나흘째가 되자 아테네 병사들은 적군이 두려움에 빠져 저런다고 믿고 매우 용맹해지는 동시에 교만해졌다. 그 무렵에 케르소네소스의 개인 요새에 머무르고 있던 알키비아데스가 말을 타고 아테네 진영으로 달려와 장군들에게 두 가지를 지적했다.

첫째로, 아테네의 병사가 진영을 차린 곳이 바다로 탁 트여 배를 정박할 곳이 없으므로 대단히 위험하다는 점이었다. 둘째로, 멀리 떨어진 세스토스에서 군수품을 보급받는 것이 잘못되었다는 것이다. 그들은 세스토스 항구에서 조금 가까운 해안에 정박하여 적군과 거리를 유지해야 하는데 아테네군의 진영은 그렇지 못했다.

그 무렵 적군에서는 사령관 단 한 명이 병사를 일사불란하게 지휘하고 있었으며, 모든 병사는 그가 두려워 매우 신속하게 움직이고 있는 터였다. 알키비아데스는 아테네 장군들에게 이런 내용을 조언했지만 그들은 들으려 하지도 않았고,(제17장 「알키비아데스전」, §36~37) 더욱이 티데우스는 알키비아데스를 모욕하면서 이렇게 말했다.

"당신은 지금 사령관도 아닌 주제에⋯⋯."(크세노폰, 『헬레니카』, II : 1, 20~26)

11

그런 모욕을 겪은 알키비아데스는 장군들이 반역을 꾸미고 있는 것은 아닌지 의심하면서 그곳을 떠났다. 서로 맞붙은 지 닷

새째가 되는 날에도 아테네 병사들은 스파르타 진영까지 갔다가 되돌아왔다. 지난번에도 그랬던 것처럼 그들의 군기(軍紀)는 이미 흐트러졌고 병사들은 교만에 빠져 있었다. 이에 리산드로스는 정찰병을 내보내면서 지휘관들에게 이렇게 명령했다.

"아테네 수병들이 닻을 내리는 것을 보는 대로 재빨리 돌아오되, 중간쯤 이르렀을 때는 뱃머리에서 동판 방패를 들어올려 공격 시작을 알리도록 하라."

리산드로스 자신은 이리저리 함선을 오가면서 지휘관과 키잡이들에게 수병과 육군 가릴 것 없이 모두 자리를 지키다가 신호가 떨어지면 용기를 다하여 적진으로 돌진하라고 진심으로 당부했다.

드디어 정찰선의 뱃머리에서 방패가 빛나고 기함(旗艦)에서 진군나팔이 울리자 함선이 앞으로 나아갔다. 육군들도 항만을 장악하고자 재빨리 달려 나갔다. 이곳 해협은 폭이 15훠롱밖에 되지 않아 거리는 금세 좁혀졌다. 육지에 머물다가 함선이 다가오는 것을 맨 처음 본 아테네 장군은 코논이었다. 그는 다급히 소리를 질러 수병들에게 승선을 지시했으나 병사들은 눈앞의 재난에 몹시 당황했다.

코논은 어떤 사람에게는 소리치고 어떤 사람에게는 애원하고 어떤 사람에게는 강제로 함선에 오르라고 지시했지만, 병사가 모두 흩어져 있는 상태에서 그의 노력은 아무 소용이 없었다. 그들은 닻을 내리자마자 아무 일도 없으리라 생각하여 시장에 가거나, 시내로 들어가거나, 막사 안에서 잠을 자거나, 저녁 식사를 준비하고 있었다. 그들은 지휘관들의 경험 부족으로 말미암아 앞으로 무슨 일이 일어날지는 전혀 짐작하지 못하고 있었다.

그러는 사이에 쳐들어오는 스파르타 병사들의 함성과 노 젓는 소리가 들리자 코논은 함선 여덟 척을 이끌고 몰래 빠져나와 키프로스를 거쳐 에바고라스(Evagoras)로 갔다. 스파르타의 병사들은 남은 함선을 공격했다. 그들 가운데 어떤 함선은 이미 비어 있었고, 선원들이 있다 하더라도 힘을 쓸 수가 없었다.

무장도 하지 않은 채 허술한 차림으로 배에 올라온 수병들은 그 자리에서 죽었고, 육지로 달아난 무리도 적군의 추격을 받아 죽었다. 리산드로스는 장군을 포함하여 3천 명을 포로로 잡고 함선을 모두 나포했다. 다만 적군이 신성하게 여기는 파랄로스호(Paralos號)와 코논이 타고 간 배만 잡지 못했다. [그 배는 아테네가 패배했다는 비보를 알리러 가는 길이었다.]

적진을 약탈한 리산드로스가 나포한 함선을 이끌고 람프사코스로 돌아오니 승리를 알리는 나팔 소리와 찬양이 들려왔다. 그는 가장 적은 병력으로 가장 많은 병력을 깨뜨리는 전공을 이룸으로써 그토록 오랜 시간 동안 온갖 우여곡절과 뒤바뀌는 운명 속에서 지난날 어느 전쟁보다도 끔찍했던 [펠로폰네소스] 전쟁을 짧은 시간 안에 끝맺었다.

이 기간에 전투는 숱한 반전을 거치면서 그 이전 그리스의 온 역사에서 죽은 장군들보다 더 많은 장군이 죽었다. 이제 그 전쟁이 리산드로스라는 신중하고도 유능한 장군 한 명의 손으로 끝났다. 그 때문에 사람들은 이 전쟁의 종결은 하늘의 뜻이라고 굳게 믿었다.

12

어떤 사람의 기록에 따르면, 리산드로스가 적군을 치러 항구를 떠날 때 배의 양쪽 키에 [제우스와 그의 아내 레다 사이에 태어난] 두 형제인 카스토르와 폴룩스처럼 별 두 개가 나타나 키를 비췄다고 한다. 또 어떤 사람들의 기록에 따르면, [기원전 468~467년 사이에] 재난의 징조처럼 하늘에서 바위가 떨어졌다고 한다.

많은 사람이 아이고스포타미의 하늘에서 엄청 큰 바위가 떨어졌다고 믿고 있는데,(플리니우스, 『자연사』, II : 149) 오늘날에도 케르소네소스 주민들은 그때 떨어진 바위로 믿는 돌에게 경배를 드리고 있다. 그리스의 철학자이자 천문학자였던 아낙사고라스는 그와 같은 현상을 다음과 같이 설명하고 있다.

"하늘에 있는 물체가 어떤 충격을 받아 운행이 흐트러지면 그 가운데 어떤 부분이 떨어져 나와 부서지면서 지구로 떨어진다. 별들 가운데 어느 것도 본디 위치에 그대로 있는 법이 없다. 무거운 바위로 된 유성은 하늘을 선회하면서 기체와 마찰을 일으켜 빛을 낸다. 그들은 선회하는 힘에 따라 고정된 궤도를 돌고 있으므로, 이 차갑고 무거운 돌덩이는 우주에서 떨어져 나와도 지구로 떨어지지 않는다."

그러나 이보다 더 그럴듯한 주장이 있다. 그들은 이렇게 천체를 설명하고 있다.

"유성은 바위가 점화되는 순간에 그보다 낮은 곳에 있던 공기가 그것을 끄면서 생기는 연소의 흔적도 아니고, 낮은 곳에 있던 많은 공기가 위로 치솟으면서 불길을 일으키는 것도 아니다. 그들은 운행 과정이 조금 흐트러지며 궤도를 벗어나 부서지면서 떨어진 바위 조각이다. 그것들은 지구로 떨어지는데, 사람들이 사는 곳이 아니라 바다에 떨어지기 때문에 사람들이 알아보지 못할 뿐이다."

그리스 플라타이아이 출신의 역사학자였던 다이마코스 (Daïmachos)는 그의 저서 『종교론(On Religion)』에서 아낙사고라스의 이론을 지지하며 다음과 같이 말하고 있다.

"그 유성이 떨어지기에 앞서 75일 동안 줄곧 하늘에 커다란 물체가 떠 있었다. 그것은 마치 구름이 불타는 듯했는데 한 곳에 머무르지 않고 이리저리 옮겨 다니다가 엄청나게 폭발하면서 조각난 채 불규칙하게 사방으로 흩어졌다. 그것들이 불꽃을 내뿜자 그 모습이 마치 유성 같았다. 그것들이 떨어지자 주민들은 두려움과 놀라움을 떨치고 그곳으로 갔다. 근방을 살펴보니 불도 없고 불탄 흔적도 없이 커다란 바위만 놓여 있는데, 하늘에 나타났던 것만큼 크지는 않았다."

다이마코스의 말을 믿을 독자들도 분명히 있을 것이다. 그러나 그의 말이 사실이라면 다음과 같은 주장에 대해 설명할 수 있어야 한다.

"그 바위는 바람이나 태풍으로 말미암아 산꼭대기에서 떨어져 나와 팽이처럼 돌다가 회전력이 떨어지거나 멈춘 곳에서 내려앉은 것이다. 그렇지 않다면, 그토록 여러 날 동안 하늘에 나타났던 것은 실제로 불꽃이었을 것이다. 그 불꽃이 사라지면서 공기 가운데 변화가 일어나 엄청난 소용돌이를 일으키면서 바위들을 옮긴 것이다."

그러나 이와 같은 천체의 문제는 다른 글에서 다루어야 할 일이다.

13

리산드로스는 동맹국들과 특별 회의를 열어 아테네인 3천 명에게 사형을 언도하고, 포로의 엄지손가락을 잘랐던 바로 그 휠로클레스를 불러 이렇게 물었다.

"그리스 시민에게 그런 형벌을 준 그대는 지금 포로로서 어떤 벌을 받는 것이 적절하다고 생각하는가?"

그러나 휠로클레스는 자신의 불운에 대해 조금도 안타까워하지 않으면서 이렇게 대답했다.

"배심원도 없는 법정에서 마치 검사라도 된 것처럼 행세하지 마시오. 그대는 승자나, 만약 그대가 패자였다면 겪었어야 할 형벌을 나에게 내려 주기 바라오."(크세노폰, 『헬레니카』, II : 1, 31)

그리스 철학자 테오프라스토스의 기록에 따르면, 말을 마친 휠로클레스는 목욕을 하고 화려한 옷으로 바꿔 입은 다음 가장 먼저 처형을 받음으로써 아테네인들은 어떻게 죽어야 하는가를 동포들에게 보여 주었다고 한다.

리산드로스

이런 일이 있은 뒤로 리산드로스는 여러 도시를 돌아다니며 만나는 아테네인마다 아테네로 돌아가라고 지시하면서 만약 아테네 밖에서 잡히는 아테네인들은 모두 죽으리라고 말했다. 그가 이런 말로써 아테네인들을 모두 아테네로 몰아넣은 것은 그들이 식량을 충분히 비축하고 항전하지 못하도록 양곡 사정을 악화시키기 위해서였다.

리산드로스는 또한 민주 정치와 그 밖의 정부 형태를 억압하고, 각 도시에 스파르타 출신의 지방관(Harmostes)[3]을 파견했으며, 그가 모든 도시를 통해 조직한 정당에서 뽑은 인물들로 10인 위원회를 구성했다. 그는 자기에게 적대적인 도시와 이미 동맹을 맺은 도시에도 같은 방법으로 통치 조직을 만들었다. 그와 같은 작업을 마친 리산드로스는 자신이 모든 그리스를 지배하는 지도자가 되기라도 한 듯 느긋하게 이곳저곳을 항해했다.

리산드로스는 여러 지역에서 지도자를 뽑을 때 출신과 재산을 따지지 않았고, 자신의 동지와 당원들에게 통치권을 주어 그들이 포상과 처벌을 처리하도록 했다. 그는 또한 많은 학살에도 직접 참여했으며, 동지들이 정적을 몰아내는 데에도 도움을 주었다. 그의 방법은 스파르타의 유산에 따른 통치 방식이 아니었다.

희곡 작가 테오폼포스가 스파르타인들을 술집 주인에 견주어 말한 것은 매우 잘못된 일이다. 스파르타인들은 마치 술집 주인이 술을 권하듯이, 그리스인들에게 처음에는 자유를 조금 맛보도록 한 다음 식초를 섞은 포도주를 주었다는 것이다. 그러나 리산드로스가 준 술은 처음부터 쓰고 독했기 때문에 테오폼포스의 비유는 틀렸다. 리산드로스는 민중에게 자신

---

3   지방관은 스파르타가 그리스를 지배하던 시절에 각 섬과 도시에 파견했던 지방 장관을 뜻한다.

의 문제를 처리할 수 있는 자유를 허락하지도 않았을 뿐만 아니라, 가장 거칠고 가장 경쟁심 많은 귀족들의 손에 여러 도시를 넘겨주었다.

14

이런 일을 처리하느라고 얼마의 시간을 보낸 리산드로스는 자신이 함선 2백여 척을 이끌고 귀국한다는 소식을 스파르타에 전달한 다음, 아티카에서 아기스와 파우사니아스 두 왕[4]과 합류했다. 그는 아티카를 쉽게 점령할 수 있으리라고 믿었다. 그러나 아테네인들이 거칠게 항거하자 그는 함선을 이끌고 아시아로 건너갔다. 그곳에서 그는 같은 방법으로 모든 도시의 정치 제도를 무너뜨리고 10인 위원회가 통치하는 제도를 시행했다. 그 과정에서 많은 사람이 죽거나 추방되었다. 그는 또한 사모스인들을 모두 몰아내고 그들이 추방했던 사람들에게 정권을 넘겨주었다.

더욱이 리산드로스는 아테네인들이 다스리던 세스토스를 빼앗은 뒤에 주민들을 모두 몰아내고 영토를 나누어 자기 함대의 선장과 갑판장에게 주었다. 리산드로스의 이러한 조치에 스파르타인들이 처음으로 반대하자 그는 세스토스를 주민들에게 돌려주었다. 그러나 리산드로스의 조치 가운데 모든 그리스인에게서 환영받은 것도 있다. 이를테면 그는 [기원전 431년부터] 오랫동안 추방되어 있던 아이기나인을 고국으로 돌려보냈고, [기원전 416~415년에] 아테네인들에게 빼앗겼던 멜로스족과 스키오네(Skioné)족의 도시를 되찾아 원래의 주인들에게 돌려주었다.

그 무렵 아테네인들이 극심한 기근으로 고생하고 있다는 소식을 들은 리산드로스는 배를 몰고 가 피라이우스를 정복했

---

4   그 무렵 스파르타에는 두 왕이 공동으로 재위하고 있었다.

다. 그곳 주민들은 그가 제시하는 조건대로 평화 조약을 맺을 수밖에 없었다. 스파르타인들의 말에 따르면, 이때 리산드로스는 스파르타의 민선 장관들에게 이렇게 보고했다고 한다.

"아테네 함락."

이 보고를 받은 민선 장관들은 다음과 같은 답장을 보냈다고 한다.

"함락으로 충분함."

그러나 이는 말을 간결하게 하는 스파르타인들의 버릇을 설명하고자 꾸며 낸 이야기이고, 실제로 민선 장관들의 답신은 다음과 같았다.

"스파르타 정부는 다음과 같은 결정을 명령한다. 피라이우스와 이 도시를 둘러싸고 있는 긴 성벽을 허물어 버릴 것이며, 아테네인들은 모든 도시에서 떠나 오직 아테네에서만 살아야 한다. 그와 같이 조치한 다음 아테네가 추방했던 시민이 모두 돌아오면 그들이 바라는 강화 조약을 체결하라. 아테네 함선의 수를 얼마로 할지는 현지 사령관이 결정하라. 이와 같이 통보하노라."(크세노폰, 『헬레니카』, II : 2, 20)

들리는 바에 따르면, 아테네인들은 하그논의 아들 테라메네스의 충고에 따라 그와 같은 강화 조건을 받아들였다고 한다. 그러자 그 무렵에 아직 애송이 정치가였던 클레오메네스(Cleomenes)가 나서서 이렇게 물었다.

"그대는 우리의 성을 스파르타에 내줌으로써 감히 테미스토클레스의 뜻을 거스르려 하는 것인가요? 그 위대한 정치인은 스파르타에 맞서 이 성들을 세웠습니다."

그러자 테라메네스가 대답했다.

"젊은이, 나는 지금 테미스토클레스의 뜻을 거스르려는 것이 아니라오. 그분은 아테네 시민을 지키려고 이 성들을 쌓았지만 우리는 지금 아테네를 지키고자 이 성들을 허무는 것이오. 만약 성이 도시를 번영하게 해 주는 것이라면 성이 없는 스파르타는 몹시 굶주리고 있어야 하오."

15

그 뒤로 리산드로스는 함선 열두 척을 제외한 아테네의 선박을 모두 나포하고 성벽을 모두 허물었다. 그날은 무니키온월(Munychion月, 4~5월) 16일로, 지난날 살라미스에서 페르시아 함대를 무찌른 날이기도 했다. 그는 또한 곧 아테네의 민주 정체를 바꾸도록 조치했다. 아테네인들이 그러한 변화에 격렬히 반대하자 그는 포로가 된 아테네 시민이 항복 조건을 지키지 않은 것을 지적했다. 허물기로 한 성벽은 날짜가 지났음에도 그대로 남아 있었다. 이에 그는 아테네인들이 평화 조약을 지키지 않고 있다는 사실을 본국 정부에 보고했다.

들리는 바에 따르면, 당시에 열린 동맹국 회의에서 어떤 사람은 아테네인들을 모두 노예로 팔아 버리자고 주장했고, 테베 출신의 에리안토스(Erianthos)는 아테네를 아주 쓸어버리고 주변 땅은 양의 목장으로 만들자고 발의했다. 지도자들이 잔치를 연 자리에서 포키스 출신의 어떤 사람이 에우리피데스의 비극 『엘렉트라(Elektra)』의 첫 소절을 읊었다.

> 아가멤논의 따님 엘렉트라여,
> 우리가 그대의 시골 마당에 왔나이다.[5]
>
> (에우리피데스, 『엘렉트라』, §167~168)

---

[5] 엘렉트라는 아테네 장군 아가멤논의 딸이었다. 아버지가 전쟁에 나간 사이에 그의 어머니 클리타임네스트라(Klytaimnestra)가 아이기스토스(Aigisthos)와 간통했다. 아가멤논이 돌아오자 두 남녀는 보복이 두려워 아가멤논을 죽였다. 가난한 농부의 아내가 된 엘렉트라는 동생 오레스테스(Orestes)와 함께 어머니와 간부(姦夫)를 죽였다. 프로이트(S. Freud)는 이와 같이 딸이 어머니와 갈등을 일으키는 심리를 엘렉트라 콤플렉스(Electra complex)라고 불렀다.

에우리피데스의 시를 들은 사람들은 동정심을 느꼈다. 그토록 유명하고 훌륭한 시의 배경이 된 도시를 파괴하는 것은 너무 잔인하다고 생각했기 때문이었다. 그런 일이 있은 뒤에 아테네인들이 모든 조건을 받아들이고 항복하자 리산드로스는 아테네와 여러 도시에 있는 피리 부는 소녀들과 병영에 모여 있던 사람들을 모두 불러 모아 피리의 음률에 맞춰 성을 허물고 함선을 불태웠다. 그러는 동안 동맹국 병사들은 화관을 쓰고 즐거워하면서 그날을 자유가 찾아온 첫날로 삼았다. 그는 각 도시에 30명, 피라이우스에 10명씩 지방관을 임명함으로써 지체하지 않고 아테네의 정치 제도를 바꾸었다.

이어서 리산드로스는 신전의 언덕에 군대를 주둔시키고 스파르타 출신의 칼리비오스(Kallibios)를 지방관으로 임명했다. 칼리비오스는 지팡이를 들어 운동선수 아우톨리코스를 때린 것으로 알려진 사람이다. 크세노폰은 작품 『향연(*Symposium*)』에서 이 사건을 묘사했다.[6] 지팡이로 맞은 아우톨리코스가 칼리비오스의 다리를 잡고 넘어뜨렸는데, 이 일을 전해 들은 리산드로스는 지방관인 칼리비오스의 편을 들지 않고 오히려 그를 비난하면서 그가 자유민을 어떻게 다루는지 모른다고 말했다. 그러나 지방관 30인은 칼리비오스의 비위를 맞추려고 아우톨리코스를 죽였다.

16

리산드로스는 그와 같은 일을 처리한 뒤에 몸소 트라키아로 항해했고, 많은 시민이 그에게 선물한 물건과 월계관과 함께 공금을 모두 고국으로 보냈다. 그리스의 지배자로서 그만한 권력을 쥔 인물이었으니 선물이 많은 것은 당연했다. 선물을

6   향연을 벌인 곳은 칼리아스의 집이었는데, 아우톨리코스와 그의 아버지 와 소크라테스와 몇몇 친구가 초대를 받았다.

운반한 사람은 시킬리아를 다스리던 길리포스였다. 들리는 바에 따르면, 길리포스는 돈 자루의 밑바닥을 뚫고 은화를 빼낸 뒤 다시 꿰매어 보냈다고 한다. 그는 자루 안에 은화의 총액을 적은 문서가 들어 있다는 사실을 모르고 그런 짓을 저질렀던 것이다.

스파르타로 돌아온 길리포스는 지붕 위의 기왓장 밑에 은화를 감춘 다음 민선 장관들에게 돈 자루를 보내면서 봉함이 제대로 붙어 있음을 보여 주었다. 그러나 돈 자루를 열어 본 민선 장관들은 문서의 액면과 실제 은화의 액수가 맞지 않은 것을 보고 당황했다. 그러던 터에 길리포스의 하인이 "지붕 밑에 부엉이들이 자고 있다"며 수수께끼 같은 말을 흘림으로써 진실이 밝혀졌다. 그 무렵 대부분의 은화에는 아테네의 패권을 뜻하는 부엉이가 새겨져 있었다.

17

지난날 위대하고도 찬란한 업적을 많이 남긴 길리포스는 그와 같은 불명예스러운 짓을 저지르고 스파르타를 떠났다. 이와 같은 일로 말미암아 돈이 사람을 타락하게 만든다는 사실에 두려움을 느낀 스파르타의 현자(賢者)들은 돈이 정치인들뿐만 아니라 평민들도 타락시킨다고 말하면서 금은을 들여온 리산드로스를 비난했다. 그들은 금은이야말로 밖에서 들어온 재앙이니 스파르타를 정화(淨化)해야 한다고 민선 장관들에게 강력히 요청했다. 민선 장관들은 이 문제를 공론에 부쳤다. 그 자리에서 금은을 쓰지 말고 스파르타 화폐를 사용해야 한다고 주장한 사람이 있었는데, 테오폼포스는 그 사람이 스키라피다스(Skiraphidas)였다 하고, 역사학자 에포로스는 그가 플로기다스(Phlogidas)였다고 한다.

그 무렵에 스파르타인들이 쓰던 동전은 쇠로 만들었는데, 주조할 때 불에서 꺼내자마자 식초에 담갔기 때문에 무르고 다루기가 어려워 다시 녹여 쓸 수가 없었다.(제3장 「리쿠르고스전」, §9) 더욱이 그 동전은 몹시 무겁고 운반하기가 어려워 무게나 값에 견주어 가치가 낮았다.

옛날 동전은 대부분 그와 같아서 어떤 사람들은 쇠꼬챙이를 동전으로 썼고 어떤 사람들은 구리를 사용했다. 이 때문에 오늘날까지도 작은 동전의 단위를 오볼(obol)이라고 하는데, 이는 꼬챙이(obelus)라는 말에서 온 것이다. 6오볼이 1드라크마(drachma)인데, 이는 '한 옴큼'이라는 뜻으로서 손아귀에 들어갈 만한 양이다.

그러나 리산드로스의 막료들은 금은의 수입을 금지하려는 조치에 반대하며 금은을 스파르타의 화폐로 쓰자고 주장했다. 결국 금은화폐는 공용(公用)으로만 쓰고 개인이 지닐 경우에는 사형에 처한다는 결론이 내려졌다. 이 결론에 따르면, 지난날의 리쿠르고스는 동전이 불러일으키는 인간의 탐욕을 두려워한 게 아니라 동전 자체를 두려워했던 것이나 다름없었다. 돈으로 인한 사회악은 개인이 화폐를 갖지 못하도록 한다고 해서 없어질 일이 아니었다. 오히려 관청에서만 화폐를 쓰게 함으로써 그에 대한 욕망은 더욱 커지고 금은을 소지하는 사람의 신분은 더욱 높아졌다.

화폐를 소유함으로써 공식적으로 영예로워지는 현실을 접한 사람들은 화폐 사용을 대수롭지 않게 여길 수가 없었다. 금은화폐를 사용할 수 있는 권한이 곧 공공연히 사회적 지위를 뜻하는데, 어떻게 돈을 가치 없는 것이라고 볼 수 있었겠는가?

개인의 나쁜 관행이 온 나라를 타락시키는 것보다는 공공의 관행이 개인을 타락시키는 속도가 훨씬 더 빠르다. 전체가 타락하면 개인은 그에 따라 타락하는 것이 당연하지만, 개인의 타락은 건전하게 남아 있는 부분들의 도움을 받아 다시 바로잡을 수 있기 때문이다.

결국 스파르타의 관리들은 돈이 개인의 집으로 흘러들어

가지 않도록 하고자 시민의 집을 감독함으로써 겁을 주었지만, 그렇다고 해서 돈의 위력에 대한 시민의 욕망을 꺾지는 못했다. 오히려 시민에게 돈을 가짐으로써 고결해지고 싶다는 욕망만을 부추겼을 뿐이다. 나는 이 문제와 관련하여 다른 곳(『도덕론』, §239)에서 스파르타인들을 비판한 바 있다.

18

리산드로스는 전리품으로 델포이의 신전에 자신과 장군들의 동상을 세우고, 디오스쿠리(Dioscuri)[7]를 기념하여 두 개의 금별을 만들었는데, 이 별은 [기원전 371의] 레욱트라 전투가 벌어지기에 앞서 없어졌다. 그리고 브라시다스와 아칸토스족의 보물을 보관하는 곳에는 길이가 2큐빗이고 금과 상아로 만든 삼단 노의 전함이 있었는데, 이는 페르시아의 키로스가 리산드로스의 승리를 축하하고자 보낸 것이었다.

델포이의 아낙산드리데스(Anaxandrides)의 기록에 따르면, 리산드로스는 또한 은 1탈렌트와 52미나와 돈 11스타테르를 델포이 신전에 바쳤다고 하는데, 이로 보면 그가 가난했다는 일반적인 기록은 맞지 않는다. 어쨌거나 그 무렵 리산드로스는 그리스 역사의 누구보다도 유력한 권력자인 것은 사실이지만, 사람들은 그가 권력을 뛰어넘는 자부심을 가지려 한다고 생각했다.

사모스의 역사학자 두리스의 기록에 따르면, 그리스 도시 국가들이 그를 위해 신전을 짓고, 제물과 승리의 노래를 지어 바친 것은 살아 있는 사람을 상대로는 역사상 처음이었다고 한다. 그 노래 가운데 하나는 다음과 같이 시작한다.

7   그리스 신화에 등장하는 두 형제 카스토르와 폴룩스로서 아이톨리아의 공주 레다의 몸에서 태어났는데, 이 두 형제를 디오스쿠리라고 불렀다. (제22장 「폼페이우스전」, §2과 제18장 「코리올라누스전」, §3 참조)

성스러운 그리스의 장군
드넓은 스파르타에 태어나시니
승리의 노래를 바치나이다.

사모스인들은 리산드로스의 이름을 따 제우스의 아내 헤라
신의 축제를 리산드레이아(Lysandreia)라고 불러야 했다. 시인
코이릴로스(Choirilos)는 리산드로스의 수행원으로 따라다니
면서 그의 공적을 치하하는 시를 지었다. 언젠가 안틸로코스
(Antilochos)가 리산드로스를 치하하는 시를 지어 바치자, 리산
드로스는 그의 모자에 은화를 가득 채워 상으로 주었다.

콜로폰의 안티마코스(Antimachos)와 헤라클레이아의 니
케라토스가 리산드레이아 신전에서 리산드로스의 공적을 치
하하는 시 짓기 내기를 했는데, 니케라토스가 우승하여 상을
받자 안티마코스는 화가 치밀어 자신의 시를 발표하지 않았
다. 그 무렵에 아직 나이가 어렸던 철학자 플라톤은 안티마코
스의 시를 칭송하는 한편, 그의 분노를 위로하면서 이런 말을
남겼다.

"장님이 아무것도 보지 못해 아픔을 겪듯이, 무식한 사람
은 무식함으로 말미암아 손해를 봅니다."

또한 이런 일도 있었다. 피티아 경기에 현악기 연주자로
출전하여 여섯 번이나 우승한 아리스토누스(Aristonous)가 리
산드로스에게 아첨하면서 말했다.

"제가 만약 다음에 또 우승한다면 그때는 리산드로스의
이름으로 선포되기를 바랍니다."

그러자 리산드로스가 이렇게 쏘아붙였다.

"네가 내 노예라고 선언해 줄까?"

19

리산드로스의 야망은 그의 막료나 동지들을 그리 괴롭히지 않았다. 그러나 그에게 쏟아지는 아첨으로 말미암아 그의 야망에는 오만함과 잔혹함이 달라붙었고, 결국 그는 포상과 처벌을 내릴 때 분별을 잃었다. 그가 막료와 동맹자들에게 주는 상의 내용은 그들이 절대 권력을 쥐고 민중을 무자비하게 다스리도록 하는 것이었다. 그의 분노는 적군을 죽임으로써만 풀어졌으며 추방조차 허락하지 않았다. 나중에 그는 밀레토스의 민중 지도자들이 해외로 달아날까 두려워했고, 숨어서 활약하는 정적들이 표면으로 떠오르기를 바랐다. 그래서 그는 그들을 해코지하지 않겠노라고 약속했다.

그러나 그의 약속을 믿은 사람들이 나타나자 리산드로스는 그들을 모두 귀족들에게 넘겨 죽였는데, 망명자와 국내에 숨어 있던 정적들을 합해 죽은 사람이 8백 명을 넘었다. 리산드로스는 다른 도시에서도 많은 사람을 죽였다. 개인적으로 원수진 사람에 대한 복수심도 있었지만, 달리 보면 그러한 살육으로 곳곳에 널려 있는 막료들의 증오심을 충족시켜 주려는 점도 있었다. 실제로 리산드로스는 그와 같은 유혈에 동참했다. 그렇게 되자 스파르타 출신의 에테오클레스(Eteokles)가 이런 말을 했다.

"그리스에서 리산드로스는 한 사람으로 충분하다."

많은 사람이 에테오클레스의 말에 깊이 공감했다. 그리스의 철학자 테오프라스토스의 말에 따르면, 아르케스트라토스도 알키비아데스를 두고 그와 꼭 같은 말을 한 적이 있다고 한다.(제17장 「알키비아데스전」, §16) 그러나 알키비아데스의 경우에는 그의 방탕한 생활이 남들에게 고통을 주었기 때문이었지만, 리산드로스의 경우에는 그의 잔인한 성격이 너무나도 끔찍하고 억압적인 권력으로 이어졌기 때문이었다.

스파르타인들은 사람들이 리산드로스를 비난해도 큰 관

심을 보이지 않았다. 그러나 그의 약탈과 파괴에 분노한 페르시아의 파르나바조스가 사절을 보내 그의 처사를 비난하자, 이에 몹시 화가 난 스파르타의 민선 장관들은 리산드로스의 막료이자 장군인 토락스가 사사롭게 화폐를 가지고 있는 것을 발견하여 처형하고, 리산드로스에게 두루마리 문서를 보내 귀국할 것을 지시했다.

여기서 두루마리 문서에 대한 설명이 필요할 듯싶다. 스파르타 정부는 육군이나 해군 장군을 해외로 파견할 때 스키탈레(skytale)라는 나무 몽둥이를 들려 보낸다. 스키탈레를 만드는 방법은 다음과 같다. 몽둥이 하나를 반으로 쪼개 길이와 두께가 똑같게 둘로 만든다. 그 가운데 하나를 정부 책임자가 갖고, 원정을 떠나는 장군에게 다른 하나를 준다.

정부에서 장군에게 비밀리에 보낼 공문이 있으면 그 한쪽 나무에 위에서부터 비스듬히 양피지를 촘촘히 감고 그 위에 옆으로 글씨[橫書]를 쓴다. 기록을 마치고 그 나무에서 양피지를 풀면 그 위에 쓴 단어와 문맥이 전혀 맞지 않는다. 정부에서는 그 양피지를 장군에게 보낸다. 그러면 장군은 정부에서 글씨를 쓸 때와 꼭 같은 방법으로 양피지를 자신의 나뭇조각에 감는데, 문맥이 이어지는 글씨가 나타나 그 내용을 읽을 수 있다. 이 양피지도 스키탈레라고 부르는데, 이는 측정한 물건과 측정된 물건이 같은 이름을 갖는 원리와 같다.

20

아시아의 헬레스폰토스에서 스키탈레를 받은 리산드로스는 몹시 불안했다. 더욱이 파르나바조스의 고발이 무엇보다도 두려웠던 리산드로스는 이 문제를 해결하려고 그를 찾아갔다. 그를 만난 리산드로스는 자기에게는 아무 잘못이 없다는 편지를 스파르타의 관리들에게 보내 달라고 파르나바조스에게 부탁했다.

그러나 "크레타 사람에게는 크레타식으로"[8]라는 옛말이 있듯이, 이 문제에서 리산드로스는 파르나바조스를 잘못 보았다. 파르나바조스는 리산드로스가 바라는 대로 받아쓴 다음 밀봉할 때 미리 써 두었던 다른 편지를 바꿔 집어넣었다. 두 편지의 생김새가 같아서 리산드로스는 눈치채지 못했다.

바뀐 편지를 들고 스파르타에 도착한 리산드로스는 관례에 따라 원로원을 찾아가 민선 장관들에게 파르나바조스의 편지를 주면서 자기에 대한 비난이 이제는 말끔히 사라지리라고 확신했다. 파르나바조스는 페르시아 장군들 가운데 전투에서 스파르타를 가장 많이 도와주어 신망이 두터웠기 때문이었다. 그러나 민선 장관들이 편지를 읽고 나서 리산드로스에게 그것을 보여 주자 그는 문득 어느 시인의 시구를 떠올렸다.

교활한 자는
오디세우스만이 아니로다.

편지를 보고 몹시 당황한 리산드로스는 밖으로 나왔다. 며칠이 지나 그는 관리들을 만나 자신은 리비아의 오아시스에 있는 암몬 신전으로 가서 오래전에 맹세한 대로 제사를 드려야 한다고 말했다. 내가 들은 바에 따르면, 그가 트라키아의 아피타이아(Aphytaia)를 공격할 때 꿈속에 암몬이 나타나자 포위를 풀었다. 그러면서 이는 암몬의 뜻이니 아피타이아 주민들은 암몬에게 제물을 바치라고 선언한 다음, 자신은 리비아로 들어가 암몬에게 경배를 드리려 했다고 한다.

그러나 사람들은 리산드로스가 암몬을 거론한 것은 구실

---

8   논리학에는 중요한 명제가 하나 있다. 크레타 사람들은 거짓말을 잘했다. 그래서 크레타의 한 청년이 "크레타 사람들은 모두 거짓말쟁이이다"라고 말했다. 그런데 그 청년은 거짓말쟁이였다. 그렇게 되면 "크레타 사람들은 모두 거짓말쟁이이다"라는 말은 거짓인가, 진실인가?

에 지나지 않는다고 믿었다. 실제로는 민선 장관들이 두려웠고 국내에 갇혀 있는 듯한 삶을 견딜 수 없었으며, 남들 밑에 굽실거리는 것이 싫어 외국으로 나가려 했다고 생각한 것이다. 이는 목장에서 풀을 뜯던 말이 마구간에 갇혔을 때 고통스러워하는 것과 같다. 그러나 민선 장관들은 그의 출국에 대해 다른 이유를 댔다. 여기에 관한 이야기는 다음(§25)에 천천히 이야기하고자 한다.

21

온갖 어려움 끝에 민선 장관들의 손아귀에서 벗어난 리산드로스는 배를 띄웠다. 리산드로스가 떠나자 스파르타의 두 왕은 그가 그동안의 교제로 만들어 놓은 인맥으로 여러 도시를 장악하고 있을 뿐만 아니라 실제로 그리스의 지배자가 되어 있다는 사실을 알았다.

그리하여 두 왕은 실권을 잡은 리산드로스의 막료들을 몰아내고 민중에게 권력을 돌려줄 방법을 찾았다. 그러나 이와 같은 변화에 대하여 소동이 일어났다. 휠레(Phyle)의 아테네인들이 30인의 참주(Oi Triakonta Tyrannoi)[9]를 공격하여 권좌에서 몰아낸 것이다.

그러자 리산드로스가 서둘러 귀국하더니 스파르타인에게 귀족 정치를 지지하도록 설득하는 한편 민주 정치를 비난했다. 이에 스파르타인들은 먼저 30인의 참주에게 1백 탈렌트를 전쟁 비용으로 보낸 다음 리산드로스를 장군으로 뽑았다. 그러나 리산드로스를 싫어하던 스파르타의 왕들은 그가 두 번째로 아테네를 점령하도록 내버려 두는 것이 두려웠다.

그리하여 그들은 둘 가운데 하나가 전쟁 지휘관 직책을 맡기로 했다. 파우사니아스왕이 사령관을 맡아 출정했는데, 겉으

9   「리쿠르고스전」, §9의 각주 10 참조.

로 보기에는 30인의 참주를 지지하며 민중에 맞서려는 것 같았
지만 실제로는 전쟁을 멈추게 함으로써 리산드로스가 막료들
을 동원하여 다시 정권을 잡지 못하도록 하려는 것이었다.

　　스파르타 왕의 그러한 목적은 아테네 시민과 타협하면서
쉽게 이루어졌다. 내키지 않는 타협이었지만, 어쨌든 두 왕은
전쟁을 막음으로써 리산드로스의 야심 찬 희망을 깨뜨렸다.
그러고 나서 시간이 조금 지나 이번에는 아테네에서 민중이
일어났다. 그러자 파우사니아스왕은 과거에 민중의 입에 물려
놓았던 재갈을 풀어 줌으로써 그들을 방자하고 오만하게 만들
었다는 이유로 비난을 받았으며, 오히려 리산드로스는 남들의
비위를 맞추려 하거나 그들에게 칭찬을 듣고자 하지 않고 오
로지 스파르타의 복리를 위해 자신의 지휘권을 단호하게 행사
한 인물이라는 명성을 얻었다.

22

리산드로스는 말이 거칠어 정적들을 두려움에 빠뜨렸다. 이를
테면 아르고스인들이 국경 문제로 소란을 일으키며 자신들의
주장이 스파르타인들의 주장보다 공의롭다고 말한 적이 있었
다. 그러자 리산드로스가 자신의 칼을 가리키며 말했다.

　　"국경 문제에 관해 누구의 말이 옳은지 말해 주는 것은 이
칼이오."

　　메가라인들이 리산드로스를 만나 이야기하는 과정에서
말이 거칠어지자 그가 말했다.

　　"여보시오, 나라도 없는 주제에 그런 말을 하다니."

　　보이오티아인들이 그에게 이중적인 태도를 보이려 하자
그가 말했다.

　　"내가 그대들의 영토에 들어갈 때 창을 빼 들고 들어갈까
요, 비껴 들고 들어갈까요?"

　　언젠가는 코린토스인들이 반란을 일으켰다. 성 가까이 다

가간 스파르타인들이 공격을 멈칫거리고 있을 때, 토끼 한 마리가 해자(垓字)를 뛰어넘어 가는 것을 본 그가 병사들에게 말했다.

"여러분은 토끼가 성 위에서 자도록 내버려 둘 만큼 게으른 저들을 두려워하는 자신이 부끄럽지도 않은가?"

아기스왕이 [기원전 398년에 전쟁에서 이기고 돌아와] 동생 아게실라오스와 명성 높은 아들 레오티키데스를 남기고 죽었을 때, 아게실라오스와 동성애 관계였던 리산드로스는 아게실라오스에게 왕위를 이으라고 권고했다. 아게실라오스야말로 헤라클레스의 순수한 혈통이며, 레오티키데스는 아기스왕이 스파르타에 유배되어 있을 때 왕비 티마이아가 알키비아데스와 간통하여 낳은 자식이기 때문이라는 것이었다.

들리는 바에 따르면, 아기스가 전쟁에서 돌아와 보니 아내가 임신했는데, 날짜를 헤아려 본즉 배 속의 아이가 자기 아들이 아님을 알고 마지막까지 드러내 놓고 친자 관계를 부인했다고 한다.

그러나 몸이 병들어 헤라이아(Heraia)로 가서 요양하던 아기스왕은 죽을 무렵이 되자 어린 왕자와 신하들의 간청에 못 이겨 여러 사람이 보는 앞에서 왕자가 자기의 친아들임을 선언했고, 스파르타인들에게 이를 증언해 달라고 부탁한 다음 죽었다. 이 때문에 스파르타인들은 레오티키데스의 왕위 계승에 호의적이었다.

그와 반대로 아게실라오스는 명성이 높았으며 리산드로스의 지지를 받고 있었음에도 디오페이테스의 말 때문에 상처를 입었다. 디오페이테스는 신탁(神託)을 해석하는 데 가장 권위가 높은 사람으로서, 아게실라오스가 절름발이라는 사실과 관련하여 다음과 같이 신탁을 해석했다.

보라, 그대 스파르타여,

그대들이 지금은 비록 영광스럽게

두 다리로 서 있지만

절름발이 왕실이

튀어 오르는 일이 없게 하라.

그렇지 않으면 생각지도 않았던 고통이

그대들을 억누르고

전쟁이 휘몰아쳐 수많은 사람을 죽이리로다.

많은 사람이 이러한 신탁에 승복하여 레오티키데스에게 마음이 기울었다. 이에 리산드로스는 이렇게 선언했다.

"디오페이테스는 신탁을 잘못 해석했다. 스파르타인들이 진정으로 신탁에 두려움을 느끼고 있다면, 이 신탁은 레오티키데스가 왕이 되지 않도록 스파르타가 경계해야 한다는 뜻이다. 몸이 불구인 사람이 왕이 되느냐 마느냐의 문제는 신의 관심사가 아니다. 그러나 사생아나 헤라클레스의 자손이 아닌 인물이 왕이 된다면 이것이야말로 신이 말하는 '불구의 왕'이다."

그러는 가운데 막강한 세력을 가지고 있던 리산드로스의 주장이 승리하여 끝내 아게실라오스가 왕위에 올랐다.

23

아게실라오스가 왕위에 오르자 리산드로스는 곧 그에게 아시아 정벌을 권고하면서 페르시아를 멸망시키고 가장 위대한 영웅이 될 수 있다는 희망을 불어넣어 주었다. 리산드로스는 또한 아시아에 있는 막료들에게 편지를 띄웠다. 아게실라오스를 스파르타의 장군으로 삼아 페르시아를 정복하도록 하는 탄원서를 스파르타인들에게 보내 달라고 당부하기 위해서였다. 막료들이 그의 말에 따라 청원하는 사절을 스파르타에 요청했는데, 이는 리산드로스의 노력으로 아게실라오스가 왕위에 오른 것에 못지않게 그를 영광스럽게 만들었다.

리산드로스

그러나 야심은 지휘관이 반드시 갖추어야 할 자질이 아니다. 그것은 비슷한 평판을 받는 사람들 사이에 시기심만 불러일으킬 뿐, 고결한 공덕을 이루는 데 커다란 걸림돌이 된다. 질투에 사로잡힌 사람들은 자기를 도와줄 사람들까지도 덕망을 이루는 길목의 경쟁자로 여기기 때문이다. 아게실라오스는 리산드로스를 30인의 참주 가운데 한 명으로 임명하여 가장 가까운 막료로 대접하고자 했다.

그러나 아게실라오스와 리산드로스가 함께 아시아에 도착했을 때 아게실라오스를 잘 모르는 사람들은 그를 가끔 짧게 언급할 뿐이었고, 이제까지 자기들과 온갖 인연으로 얽혀 있는 리산드로스의 문 앞과 행렬 앞에 북적거렸다. 그런 사람들 가운데에는 진심으로 리산드로스를 존경하여 찾아온 사람도 있었고, 그의 의심을 받는 것이 두려워 찾아온 사람도 있었다.

비극을 보면 연락병이나 하인 노릇을 맡고도 주연이 되어 높은 명성을 얻는 사람이 있는가 하면, 왕관을 쓰고 있지만 누구에게도 호소력을 갖지 못하는 배역이 흔히 있다. 그와 마찬가지로 이번 원정에서도 30인의 참주 가운데 하나에 지나지 않는 리산드로스는 온갖 칭송을 받는데, 명색이 왕이라는 아게실라오스는 헛된 이름뿐인 인물이 되었다.

이 때문에 아게실라오스로서는 리산드로스의 지나친 야망을 적절히 다룸으로써 그를 이인자로 깎아내리는 조치가 필요했다. 그렇다고 해서 그에게 은혜를 베푸는 사람으로서 한 막료를 아예 내치거나 모욕하는 것은 아게실라오스의 인격에 맞지 않는 일이었다.

그리하여 아게실라오스는 리산드로스에게 전공을 세울 기회나 지휘권을 주지 않았다. 그다음으로 리산드로스가 진심으로 돕고자 하는 사람에게는 여느 사람들보다 작은 상을 내리거나 아예 상을 주지 않음으로써 리산드로스의 영향력을 소문 없이 깎아내렸다.

자신의 계획이 모두 물거품이 되고 있을 뿐만 아니라 자기가 도와주려는 사람들이 오히려 손해를 보고 있다는 사실을 깨달은 리산드로스는 그들을 돕는 일을 멈추었다. 아울러 막료들에게는 자신을 찾아오거나 상관의 예의를 치르지 말고 왕을 직접 찾아가든가 자기보다 더 은혜를 베풀 수 있는 사람을 찾아가라고 부탁했다.

그 말을 들은 부하들은 이런저런 일로 리산드로스를 어렵게 만드는 행동을 삼갔지만, 그에 대한 존경은 멈추지 않았다. 아니, 오히려 그가 길을 걸을 때나 운동을 할 때면 곁에서 그를 모심으로써 아게실라오스를 더욱 짜증 나게 하고 시기하도록 만들었다. 따라서 아게실라오스는 다른 스파르타인들을 장군이나 정부 요직에 임명하면서 리산드로스를 고기 써는 담당자로 임명했다. 언젠가 그는 리산드로스를 모욕하려는 생각으로 이오니아인들에게 말했다.

"그런 부탁이라면 저 고기 써는 사람에게 데려가 말하라고 해라."

이에 참다못한 리산드로스는 왕을 찾아가 스파르타인답게 짧게 말했다.

"대왕이시여, 대왕께서는 막료를 너무 모욕하고 있다는 것을 알고 계십니까?"

그 말을 들은 아게실라오스가 대답했다.

"그래요, 왕보다 더 강력한 권력을 행사하고 싶은 신하에게는 그럴 수밖에 없지요."

이에 리산드로스가 말했다.

"제가 처신한 바를 생각하면 대왕의 말씀이 옳습니다. 그렇다면 우리를 바라보고 있는 이방인들의 눈을 보아서라도 제가 대왕을 불쾌하지 않게 하면서도 지금보다 더 대왕께 도움을 드릴 수 있는 자리로 저를 옮겨 주십시오."(크세노폰, 『헬레니카』, III : 4, 7~9)

리산드로스

24

아게실라오스는 리산드로스의 요청을 받아들여 그를 헬레스
폰토스의 사절로 파견했다. 비록 마음속으로는 아게실라오스
에게 분노를 품었지만 리산드로스는 자기 임무를 소홀히 하
지 않았다. 그곳에는 페르시아 출신의 스피트리다테스(Spithri-
dates)라는 인물이 있었다.

스피트리다테스는 막강한 병력을 거느린 장군으로서 고
결한 성품을 지닌 사람이었다. 리산드로스는 파르나바조스와
불편한 관계에 있던 스피트리다테스가 파르나바조스에게 반
기를 들도록 만들기로 일을 꾸민 다음, 스피트리다테스를 아
게실라오스에게로 데리고 갔다.

그러나 아게실라오스는 리산드로스의 의견을 물리쳤다.
이제 사령관의 임기가 끝난 리산드로스를 중용할 이유가 없었
던 것이다. 결국 리산드로스는 아무 성과도 없이 스파르타로
복귀했다. 이로 말미암아 리산드로스는 아게실라오스에게 분
노했다. 심지어 그는 과거 어느 때보다도 더 스파르타의 정치
제도를 미워한 나머지 혁명적인 변화를 불러올 계획을 곧 시
행하리라고 결심했다. 사람들은 그가 얼마 전부터 그러한 계
획을 꾸며 왔다고 생각했다.

그 계획의 내용은 이랬다. 도리아인과 손을 잡고 펠로폰
네소스로 내려온 헤라클레스의 후손들 가운데 많은 사람이 스
파르타에서 성공하여 훌륭한 가문을 이루었다. 그러나 그들
모두에게 왕위 계승권이 있는 것은 아니었고, 오직 에우리폰
(Eurypon) 가문과 아기스 가문만 왕위에 오를 수 있었다. 그 밖
의 가문 출신은 아무리 훌륭해도 최고의 통치권을 가질 특권
이 없었으며, 다만 탁월한 능력을 발휘한 사람은 그 업적에 따
라 영화를 누릴 수 있었다. 리산드로스는 그런 신분에 속한 사
람이었다.

리산드로스는 자신의 능력으로 세력을 얻었지만, 자기보

다 더 훌륭한 출신이랄 것도 없는 무리가 권력을 잡는 것에 깊은 분노를 느꼈다. 그는 두 왕실 가문의 권력을 빼앗아 헤라클레스의 자손 모두에게 돌려주려는 계획을 세웠다.

어떤 사람의 말에 따르면, 그는 권력을 헤라클레스의 자손 모두가 아니라 스파르타인 모두에게 돌려줌으로써 최고 권력이 헤라클레스의 자손에게만 돌아가는 것을 막으려 했다고 한다. 그는 헤라클레스처럼 오로지 자신의 탁월한 능력만으로 성인의 경지에 이른 사람들에게 권력이 돌아가기를 바랐다. 만약 스파르타 왕국이 그와 같은 원칙에 따라 왕을 뽑는다면 바로 자신이 첫 군주가 되리라고 그는 기대했다.

25

집권을 위한 첫 작업으로, 리산드로스는 우선 공들여 시민을 설득하면서 할리카르나소스의 수사학자 클레온의 연설을 외우기 시작했다. 둘째로, 그는 자신의 개혁이 고상하고 위대해 보이려면 민중에게 좀 더 대담한 지지를 받을 필요가 있다는 것을 알고, 특수 장치를 조작함으로써 아폴론 신전의 신탁을 자신에게 유리하도록 연출해 끼워 맞추려 했다. 헛된 종교적 공포와 미신을 이용해 시민에게 겁을 준 다음에 논리적인 힘을 이용해야지, 그렇지 않으면 클레온의 수사학이 아무리 훌륭해도 소용이 없다고 그는 확신했다.

역사학자 에포로스의 말에 따르면, 리산드로스는 처음에 피티아의 사제들을 매수하려다가 실패하고, 다음에는 페레클레스(Pherekles)를 앞세워 도도나(Dodona)의 사제들을 설득하려다가 실패했다고 한다. 그러자 리산드로스는 아프리카에 있는 암몬 신전으로 올라가 그곳의 신탁 해설자들에게 엄청나게 많은 돈을 주며 거짓 신탁을 얻으려 했지만, 오히려 이를 불쾌하게 여긴 해설자들이 스파르타에 사절을 보내 그를 비난했다고 한다. 그럼에도 리산드로스가 처벌받지 않자 리비아인들은 돌

리산드로스

아가는 그들을 보면서 말했다.

"스파르타인들이여, 그대들이 언젠가 이곳에 살게 될 날이 오면 우리는 그대들보다 더 현명한 평결을 내릴 것이오."

리비아인들은 오래전에 스파르타인들이 리비아에 와서 살게 되리라는 신탁이 내렸다는 것을 잘 알고 있었기 때문에 그런 말을 한 것이다. 그러나 음모와 신탁을 끼워 맞추려는 리산드로스의 노력이 아주 의미 없는 일도 아니었고, 앞뒤 생각 없이 이뤄진 것도 아니었다. 마치 수학 문제를 풀듯이, 그는 처음에는 어렵고도 풀 수 없는 것처럼 보이던 전제에서 결론을 끌어냈다. 우리는 역사학자이자 철학자였던 한 인물[에포로스]의 기록으로 이 문제의 향방을 따라갈 수 있을 것이다.

26

그 무렵 폰토스에는 한 여인이 살았는데, 그는 자신이 아폴론의 아기를 잉태했노라고 주장했다. 사람들이 그 여인의 말을 믿지 않은 것이 당연했지만, 그 말에 귀를 기울이는 사람도 적지 않았다. 그리하여 그가 남자아이를 낳자 귀족들이 아이의 양육과 성장에 관심을 기울였다. 어떤 이유인지는 알 수 없으나 그 여인은 아이 이름을 실레노스(Silenos)라고 지었다. 리산드로스는 이 아이의 사건을 기반으로 삼고 거기에 자신의 교활함과 속임수를 보태, 만만치 않은 이야기꾼들을 여럿 고용해서 사람들이 그 아이의 출생 이야기를 의심 없이 받아들이도록 만들었다.

리산드로스의 무리는 또한 델포이에서 또 다른 이야기를 가져와 스파르타 전역에 퍼뜨렸다. 그 소문에 따르면, 고대의 이런저런 신탁들이 델포이의 신전에 은밀히 보관되어 있는데, 오랜 세월이 흘러 아폴론의 아들이 나타나 자신이 아폴론의 자식이라는 징표를 보여 준 다음 신탁이 담긴 서판(書板)을 얻기 전까지는 누구도 그 신탁을 열어 읽는 것이 금지돼 있다는 것이었다.

이런 준비를 마치고 나면 실레노스가 나타나서, 자신은
아폴론의 아들이니 신탁을 공개하라고 요청할 것이었다. 그러
면 이 음모에 가담한 사제들은 실레노스에게 자신의 출생에
관한 문제들을 모든 사람에게 분명히 증명하라고 요구할 것이
었다.

드디어 아폴론의 아들임이 분명히 입증된 실레노스에게
사제가 예언이 적힌 문서를 보여 주고, 그가 여러 증인 앞에서
예언을 읽는 것이 긴 음모의 종착지였다. 그 내용은 왕권과 관
련된 것으로서 역모자들의 목적이 모두 거기에 담겨 있었다.
그 신탁의 내용에 따르면, 스파르타의 명예와 이익을 위해 앞
으로는 우수한 시민 가운데에서 왕을 뽑는다는 것이었다.

그러나 실레노스가 성인이 되어 그와 같은 음모를 실현할
단계에 이르렀을 때, 그 음모에 가담했던 한 동업자의 비겁함
으로 계획은 실패로 돌아갔다. 그 동업자가 결정적인 순간에
용기를 잃고 발을 뺀 것이다. 그러나 이러한 음모 내용은 리산
드로스가 죽고 나서야 세상에 알려진 이야기이다.

27

아게실라오스왕이 아시아에서 돌아오기에 앞서 리산드로스
는 보이오티아 전쟁에 휘말려 죽었다. 아니 그가 그리스의 도
시 국가들을 보이오티아 전쟁[10]으로 몰아넣었다고 볼 수도 있
다. 이 전쟁과 리산드로스의 죽음에 관련해서는 사람들의 의
견이 다르다. 어떤 사람들은 리산드로스에게 책임이 있다 하
고, 어떤 사람들은 테베에 책임이 있다고 하고, 어떤 사람들은

---

10 기원전 395년에 스파르타가 보이오티아를 침공하면서 벌어진 이 전쟁으
로 먼저 테베와 아테네가 동맹을 맺었고, 그다음으로 코린토스와 아르고
스도 그 동맹에 가담했다. 이 전쟁은 기원전 387년까지 8년 동안 이어졌
다. 흔히 코린토스 전쟁(Corinthiakos Polemos)이라고 부른다.

리산드로스

둘 모두에게 책임이 있다고 말한다.

테베에 책임이 있다고 말하는 사람들의 말에 따르면, 테베인들이 [기원전 396년에] 아울리스(Aulis)에서 [아게실라오스가 아가멤논을 흉내 내어 마련한] 제사를 방해한 적이 있었다고 한다. 그뿐만 아니라 안드로클레이데스와 암피테우스(Amphitheus)가 페르시아 왕의 뇌물을 받고 여러 그리스 도시들과 스파르타 사이를 이간질했다고 한다. 결국 그리스 도시 국가들은 포키스를 침공하여 약탈했다. 그러니 이 전쟁은 테베인들의 책임이었다는 것이다.

또 다른 사람들의 말에 따르면, 어느 전쟁에서 다른 동맹국들은 조용히 있는데, 테베는 전리품의 10분의 1을 요구했다가 리산드로스를 분노하게 했다고 한다. 그가 전리품을 모두 스파르타로 보내자 테베인들도 화를 냈다. 그러나 무엇보다 중요한 것은 아테네인들이 리산드로스가 세운 30인의 참주를 타도하고 아테네를 해방하고자 할 때 테베인들이 이를 도왔다는 점이었다.

스파르타인들은 아테네에 망명해 있는 동족들을 모두 불러들이면서 이를 거부하거나 방해하는 사람들은 스파르타의 국적(國賊)으로 여긴다는 정령(政令)을 내려 테베인들의 두려움을 더욱 키웠다. 이에 대해 테베는 다음과 같은 정령을 발표했다.

"헤라클레스와 제우스의 아들 디오니소스의 정신을 받들어 도움이 필요한 아테네 망명객들에게 보이오티아에 있는 집과 도시를 모두 개방하고, 망명객들을 돕는 일을 거부하는 사람에게는 벌금 1탈렌트를 부과하며, 아테네의 참주들을 타도하고자 보이오티아를 통과하는 사람들을 만난 테베인들은 그를 본 체도 하지 말고 그에 관한 소식을 들은 체도 하지 말고 비밀을 지켜야 한다."

테베인들은 이처럼 그리스인답고 인도주의적인 정령을

발표했을 뿐만 아니라 그 정령에 맞게 행동했다. 아테네의 애국적 영웅 트라시불로스[11]와 그의 부하들이 휠레를 점령하고 아테네의 민주 정치를 되찾고자 테베를 떠날 때, 테베인들은 그에게 무기와 군자금뿐만 아니라 군사 기밀과 함께 작전 기지까지 마련해 주었다. 이런 일들로 말미암아 리산드로스는 이래저래 테베인들에게 분노를 느끼고 있었다.

28

나이가 들면서 우울증까지 겹친 리산드로스는 언행이 더욱 거칠어졌다. 그는 민선 장관들을 부추겨 테베를 공격하자고 설득했다. 그가 원정군 사령관을 맡아 출정하자 민선 장관들은 파우사니아스왕도 군대를 거느리고 떠나도록 했다.

그들의 작전 계획에 따르면, 파우사니아스왕은 키타이론 (Kithairon)산을 끼고 돌아 보이오티아를 침공하고, 리산드로스는 대군을 이끌고 포키스를 지나 그와 만나기로 되어 있었다. 리산드로스는 스스로 항복해 온 오르코메노스를 점령한 다음 레바데이아(Lebadeia)를 점령하여 약탈했다. 그러고 나서 그는 파우사니아스왕에게 다음과 같은 편지를 보냈다.

"대왕께서는 플라타이아이를 출발하여 할리아르토스 (Haliartos)에서 저와 합세하기 바랍니다. 저는 날이 밝기 전에 할리아르토스 성벽 밖에 도착해 있겠습니다."

그러나 이 편지를 전달하러 가던 병사가 테베의 척후병들에게 잡히면서 편지도 그들의 손에 넘어갔다. 그 덕분에 테베 병사들은 아테네 지원군에 테베를 맡기고 자기들은 밤중에 출발했다. 리산드로스보다 먼저 할리아르토스에 도착한 그들은 많은 병력을 성안으로 들여보내는 데 성공했다.

리산드로스는 처음에 병사를 언덕에 주둔시키고 파우사

---

11   제23장 「펠로피다스전」, §7의 각주 5 참조.

니아스왕을 기다렸다. 그러나 시간이 지나자 초조함으로 가만히 있을 수 없었던 그는 무기를 들고 동맹군을 재촉하여 대오를 이루고 할리아르토스 성문을 향해 진군했다.

그러자 성 밖에 있던 테베 병사가 성을 왼쪽으로 끼고 적군의 배후를 향해 나아갔다. 그곳에는 키수사(Kissusa)라는 샘물이 있었는데, 그곳 사람들의 말에 따르면 디오니소스가 태어났을 때 보모들이 이곳에서 그를 목욕시켰다고 한다. 포도주 색깔의 이 샘물은 너무도 맑고 맛이 좋았다. 가까운 곳에 크레타의 소합향나무(서양 때죽나무) 관목이 무성하게 자라고 있었는데, 이는 제우스의 아들이자 정의의 신인 라다만티스(Rhadamanthys)가 이곳에 살았다는 증거라고 할리아르토스 사람들은 설명했다.

그곳 주민들은 한 무덤을 가리키면서 이름이 알레아(Alea)라고 말했다. 그 가까운 곳에 그의 아내 알크메네(Alkmene)가 묻혀 있음을 알려 주는 비석이 서 있었다. 그들의 말에 따르면, 그 여신은 살인죄를 짓고 테베에 망명해 와 있던 암피트리온(Amphitryon)과 결혼했는데 그가 죽자 다시 라다만토스(Rhadamantus)와 결혼했다고 한다.

성안에 있던 테베 병사들은 할리아르토스인들과 함께 전열을 갖춘 뒤에 얼마 동안 조용히 기다렸다. 그러다가 리산드로스가 전초병을 이끌고 성으로 다가오는 것을 보자 성문을 열고 갑자기 내달아 리산드로스와 예언자들과 몇몇 수행 병사를 죽였다. 많은 병사가 주력 부대 쪽으로 재빨리 도주했다.

테베 병사들은 멈추지 않고 적군을 압박하여 언덕으로 몰아냈는데, 이때 1천 명이 죽었다. 적군을 쫓아 거칠고 위험한 곳까지 추격하던 테베 병사 3백 명도 죽었다. 그들은 지난날 스파르타 편을 들었다는 이유로 비난받은 무리였는데, 동포들이 보는 앞에서 자기들의 본심을 보여 주려고 쓸데없이 지나치게 적군을 추격하다가 목숨을 잃었다.

29

파우사니아스왕은 플라타이아이에서 테스피아이(Thespiae)로 가던 길에 리산드로스가 죽었다는 비보를 들었다. 그는 전열을 가다듬은 뒤에 계획을 바꾸어 할리아르토스로 갔다. 트라시불로스도 아테네 병사를 이끌고 테베를 떠났다. 파우사니아스왕이 휴전과 함께 전사자의 시체 인도를 요구하자 스파르타 원로들은 이를 용납하지 않고 분노하여 왕을 찾아와 말했다.

"휴전을 하면서까지 리산드로스의 시체 인도를 요구해서는 안 됩니다. 우리는 당당하게 싸워야 합니다. 우리가 이기면 저들이 그의 시체를 내줄 것이고, 우리가 지면 장군들과 함께 묻히는 것이 영광스러운 일입니다."[12]

원로들의 입장은 그랬다. 그러나 파우사니아스왕은 승전으로 사기가 오른 지금의 테베와 전쟁을 계속하면 승리하기가 어렵고, 리산드로스의 시체가 테베 성벽 가까이 있어 설령 전쟁에서 이긴다 해도 휴전하지 않고서는 시체를 찾아올 수 없다는 것을 잘 알고 있었다. 그리하여 그는 사절을 보내 휴전 협정을 맺은 다음 병력을 뒤로 물렸다.

파우사니아스왕은 리산드로스의 시체를 수습하여 보이오티아 국경을 넘어간 뒤, 그들에게 우호적이었던 파노페우스(Panopeus)에 그를 묻었다. 델포이에서 카이로네이아로 가는 길목에 아직도 그의 묘비가 남아 있다. 들리는 바에 따르면, 파우사니아스의 군대가 이곳에 야영하고 있을 때 포키스 출신의 어느 병사가 전투에 참여하지 않았던 병사들에게 전투 이야기를 들려주면서 이런 말을 했다.

"리산드로스가 호플리테스(Hoplites)강을 건너자마자 적

---

12 전사자의 시체를 중요하게 여기는 그리스인들은 전사자의 시체를 요구하는 일이 곧 패전을 스스로 인정하고 휴전을 요구하는 것이라 인식했다. 그래서 원로들은 그토록 분노한 것이다.

군이 덮쳐 왔습니다.”

그 말을 들은 리산드로스의 막료 하나가 놀라며 물었다.

“호플리테스라는 말이 무슨 뜻인가요?”

그는 그 뜻이 무엇인지 정말 몰라 물은 것이었다. 그러자 포키스 병사가 대답했다.

“적군이 우리 전위 부대를 죽인 곳이 바로 그곳입니다. 그 강은 테베를 끼고 흐르는데, 그곳 사람들은 호플리테스라고 부르더군요.”

그 이야기를 들은 스파르타 병사가 울음을 터뜨리면서 말했다.

“인간은 운명을 피해 갈 수가 없군요.”

그가 그렇게 말한 것은 리산드로스가 다음과 같은 신탁을 받은 적이 있었기 때문으로 보인다.

그대에게 경고하노니
소리치는 호플리테스를 조심할지어다.
그렇지 않으면 땅속에서 교활한 용이 나타나
그대의 등을 물 것이다.

다른 사람들의 말에 따르면, 호플리테스는 할리아르토스 앞을 흐르는 강이 아니라 코로네이아 가까이에서 겨울에만 흐르는 격류로, 필라로스(Philaros)강과 만나 할리아르토스를 끼고 흐른다고 한다. 리산드로스를 죽인 할리아르토스의 병사 이름은 네오코로스(Neochoros)인데, 그가 어깨에 용 문신을 새겨 넣은 것으로 보아 위의 신탁은 아마도 그를 뜻한 것으로 보인다.

또 다른 이야기에 따르면, 펠로폰네소스 전쟁 기간에 테베인들은 이스메노스(Ismenos) 신전에서 신탁을 받았다고 한다. 그 신탁은 [기원전 424년에 일어난] 델리온 전투뿐만 아니라 30년 뒤에 일어난 할리아르토스 전쟁도 예언했다는데, 그 내용은 이랬다.

> 그대가 창을 들고 늑대를 사냥할 때는
> 국경선을 조심스럽게 살필지어다.
> 오르칼리데스(Orchalides) 언덕 또한 마찬가지이니
> 그곳도 여우들의 소굴이니라.

여기에서 신탁이 말하는 국경선은 보이오티아와 아티카가 맞닿아 있는 델리온을 뜻하며, 오르칼리데스 언덕은 지금 여우굴이라는 뜻의 알로페코스(Alopekos)를 가리키는 것으로서 헬리콘(Helikon)산으로 뻗어 있는 할리아르토스의 일부이다.

30

리산드로스는 그렇게 일생을 마쳤다. 리산드로스가 죽었다는 소식에 분노한 스파르타인들이 파우사니아스왕을 사형시킬 것인지를 재판에 부쳤고, 겁에 질린 그는 테게아(Tegea)로 도망하여 그곳의 아테나 신전에서 용서를 빌며 여생을 보냈다. 그리고 리산드로스는 그의 가난했던 삶 때문에 죽어서 더욱 칭송을 받았다.

그토록 많은 재산과 권력을 손에 쥐었으며, 여러 도시와 페르시아 왕에게 존경의 표시로 선물을 받은 그가 자기 가족을 위해서는 약간의 재산조차 모으지 않았기 때문이었다. 이는 역사학자 테오폼포스의 증언이다. 테오폼포스는 칭찬보다 비난을 일삼았던 역사가여서 그의 칭찬은 더욱 값지다.

그러나 세월이 흐른 뒤에 역사학자 에포로스가 남긴 기록에 따르면, 스파르타와 동맹국 사이에 분쟁이 일어났을 때 리산드로스가 남긴 문서들을 조사할 일이 있었다고 한다. 그래서 아게실라오스가 그의 집으로 가 그가 헌법에 관해 연설한 것을 포함한 문서들을 찾았다. 그 자료에는 에우리폰 가문과

아기스 가문에서만 왕을 뽑던 제도를 없애고 모든 스파르타인에게 왕위 계승권을 개방하여 가장 훌륭한 인물에게 왕위가 돌아가도록 해야 한다는 내용이 실려 있었다.

아게실라오스는 그 문서를 시민에게 공개하여 리산드로스의 진실한 모습을 보여 주고 싶었다. 그러나 생각이 깊은 현자(賢者)로서 그 무렵의 대표적인 민선 장관이었던 라크라티다스(Lakratidas)가 아게실라오스의 계획을 말리면서 말했다.

"우리는 지금 리산드로스의 행적을 파헤칠 것이 아니라 그의 연설들을 그와 함께 묻어야 합니다. 그 문서들은 미묘한 설득력을 가지고 있기 때문입니다."

스파르타 시민은 리산드로스의 죽음에 많은 영예를 안겨 주었다. 더욱이 그들은 리산드로스의 딸과 약혼했다가 그가 가난하다는 사실이 드러나자 약혼을 깬 남자들에게 벌금을 물렸다. 그들은 리산드로스가 부자라고 여겼을 때는 그에게 아첨했지만, 그가 공의롭고 선량한 사람이었을 뿐 가난하다는 사실을 알게 되자 그의 딸을 버렸다.

그 무렵 스파르타는 결혼하지 않거나 늦게 결혼하는 사람들과 결혼을 악용한 사람에게도 벌금을 물렸다. 여기서 결혼을 악용한 사람들이라 함은 착한 사람이나 가까운 사람들과 결혼하는 것이 아니라 돈을 보고 결혼한 사람을 뜻한다. 내가 리산드로스의 일생에 관해 모은 자료는 이상과 같은 것들이다.

술라
LUCIUS CORNELIUS SULLA

기원전 138~78

사람들은
술라가 수탈할 때보다
그에게 선물을 받았을 때
더 혐오스러워했다.
— 플루타르코스

어느 친구도 친절함에서
그를 넘어서지 못했고,
어느 친구도 포악함에서
그보다 심하지 않았다.
— 술라의 자찬(自撰) 묘비명

1

루키우스 코르넬리우스 술라는 고결한 귀족의 후손이었다. 들리는 바에 따르면, 그의 선조인 루피누스(Rufinus)는 집정관을 지냈는데, 명예로운 일보다는 불명예스러운 일로 더 유명했다. 그는 은쟁반을 약 4.5킬로그램 넘게 가지고 있었는데, 이는 그 무렵의 법을 어긴 것이었다. 이 때문에 그는 원로원에서 쫓겨났다. 그 뒤로 그의 후손들은 갑자기 자취를 감추고 한동안 소식이 없었다.

술라의 가문은 부유하지 않았다. 술라가 어렸을 적에 그의 가족은 싸구려 셋집에 살았는데, 뒷날 술라가 갑자기 부자가 되었을 때 그러한 과거가 허물이 되었다. 들리는 바에 따르면, 그가 리비아 원정에서 돌아와 으스대자 어떤 귀족이 그에게 물었다.

"부모에게 아무런 유산도 받지 못한 그대가 그토록 부자가 되었으니 그대를 정직하다고 할 수 있을까?"

비록 그 시대의 로마인들이 옛날의 순수함이나 강직함을 더 이상 지키지 않고 타락하여 사치와 방종에 빠졌다고는 하지만, 부모의 재산을 탕진하거나 부모의 가난에서 벗어나 갑자기 졸부가 된 사람은 여전히 비난받았다. 세월이 흘러 막강한 권력자가 된 술라가 많은 사람을 죽였을 때, 범죄자를 숨겼다는 이유로 타르페이아 절벽에서 떼밀어 죽이는 형벌을 받은 해방 노예가 있었다. 죽음을 앞둔 그는 이런 말을 했다.

"지난날 우리 가족은 오랫동안 술라와 같은 셋집에 살았다. 우리는 위층에서 2천 세스테르티우스(sestertius)를 내고 살았고 술라는 3천 세스테르티우스를 내고 아래층에 살았는데, 그는 지금 어떻게 그 많은 재산을 모았는가?"

그의 말에 따르면, 두 집안의 재산 차이는 겨우 1천 세스테르티우스인데, 이를 그리스의 남동쪽 지방 아티카의 돈으로 환산하면 250드라크마에 지나지 않는다. 이로써 우리는 술라가 어렸을 적에 얼마나 가난했던가를 알 수 있다.[1]

2

술라의 얼굴 모습은 그의 조각상에 대체로 잘 나타나 있다. 회색 눈빛은 무서울 정도로 날카롭고 강렬했으며, 그의 얼굴색과 조화를 이루면서 더욱 무시무시했다. 그의 얼굴은 붉은 반점으로 덮여 있었고, 드문드문 희끗희끗했다. 들리는 바에 따르면, 그런 탓으로 술라라는 이름을 얻었다고 한다.[2] 그의 얼굴과 관련해 아테네의 어느 천박한 광대가 다음과 같은 농담을 남겼다.

"술라의 얼굴은 밀반죽에 오디를 박아 놓은 것 같구나."

여기에서 술라의 성격을 이야기하는 것이 그리 잘못된 일

---

[1]   페린은 그 무렵의 물가를 자기 시대(1920년대)와 견주어 1세스테르티우스를 5센트, 1드라크마를 20센트 정도로 환산했다.(Vol. 4, *Sulla*, p. 327, footnote 1 참조) 집세는 아마도 연세(年貰)였던 듯하다. 그렇게 보면 그의 1년 집세는 지금의 150달러 정도였을 것이다.

[2]   로마어로 실(Sil)은 황토인데, 열을 받으면 붉게 변한다.

은 아닌 듯싶다. 그는 천성적으로 농담을 좋아했다. 젊고 유명하지 않았을 때, 그는 배우나 광대들과 어울리며 방탕하게 생활했다. 그리고 정권을 잡았을 때도 매일 난잡한 무대에서 배우들과 어울리며 천박한 농담을 나누어, 사람들은 그가 나잇값도 못한다며 그의 높은 직책을 모독했다. 이렇듯 그는 사려 깊지 못한 인물이라는 평을 들었다.

술라는 일단 식탁에 앉으면 전혀 진중하지 않았다. 업무를 처리할 때면 근엄하던 술라는 마음 맞는 막료들을 만나 술을 마실 때면 아주 다른 사람으로 바뀌어, 가수나 무희들까지 허물없이 생각하여 그들의 청을 들어주었다.

술라가 병적으로 여색에 빠지고 음행을 자제하지 못한 것도 그러한 성품 탓이었던 듯하다. 그는 늙어서도 여장(女裝) 남자 배우 메트로비오스(Metrobios)와 열정적인 관계를 맺었다. 한편, 그는 젊었을 때 부유한 평민 여인 니코폴리스(Nikopolis)를 사랑했는데, 술라의 친근함과 젊은 열정에 매혹된 그 여인은 죽으면서 그에게 유산을 남겨 주었다. 거기에 더해 술라는 계모의 유산도 물려받았다. 계모는 술라를 친아들처럼 사랑하여 유산을 물려주었다. 이렇듯 술라는 이런저런 방법으로 넉넉하게 살았다.

3

[기원전 107년에] 마리우스가 집정관에 선출되었을 때, 술라는 그의 재무관이 되어 리비아로 건너가 유구르타와 전쟁을 치렀다. 부대의 회계를 맡은 술라는 마리우스의 깊은 신임을 받았는데, 누미디아 왕 보쿠스(Bocchus)와 친밀한 관계를 맺은 것이 그 계기가 되었다. 그는 누미디아에서 강도를 만나 도망해 온 보쿠스왕의 사절들을 잘 보살피다가 선물까지 주고 무사히 돌려보낸 적이 있었다.

보쿠스는 오랫동안 자기 사위인 유구르타를 미워하고 두

려워했다. 유구르타는 전쟁에서 지고 장인을 찾아와 몸을 의지하던 터였는데, 이런 상황에서 장인은 사위를 제거하려는 음모를 꾸미고 있었다. 보쿠스는 술라를 초청하여 자기 힘으로써가 아니라 술라의 힘을 빌려 사위를 제거할 생각이었다.

술라는 마리우스와 이 문제를 상의한 다음, 부하 몇 명을 이끌고 엄청나게 위험한 모험을 저질렀다. 술라는 보쿠스를 믿었다. 그는 야만인을 제거하려고 자신을 또 다른 야만인의 손에 맡긴 것이었다. 그러나 껄끄러운 두 인물인 술라와 유구르타를 한 손에 쥐게 된 보쿠스는 둘 가운데 하나를 이용하여 다른 누구를 속여야 할지 고민했다. 오랜 망설임 끝에 보쿠스는 맨 처음 마음먹은 대로 유구르타를 버리기로 하고 그를 술라에게 넘겨주었다.

이로써 전쟁은 쉽게 끝났다. 이 전쟁으로 개선식의 영광을 누린 사람은 마리우스였지만, 마리우스를 시샘하던 사람들은 술라가 승리의 주역이라고 수군거렸다. 마리우스는 이를 탐탁하지 않게 여겼다. 이 사건으로 술라는 일약 유명해지고 고향에도 알려졌다. 그는 우쭐한 마음에 자기가 끼던 인장 반지(seal-ring)[3]에 자신의 업적을 새겨 넣어 줄곧 끼고 다녔다. 그 반지에는 보쿠스가 유구르타를 넘겨주고 술라가 그를 받아들이는 그림이 새겨져 있었다.

4

그러한 일들이 마리우스의 심사를 불쾌하게 만들었다는 점은 더 말할 나위도 없다. 그러면서도 마리우스는 술라를 시샘할 가치도 없다고 생각하여 원정 때에는 그를 데리고 다녔다. 이를테면 두 번째 집정관을 맡았을 때에는 그를 부관으로 임

3   인장 반지는 서양인들이 서류를 결재할 때 동양인들의 도장처럼 쓰던 반지이다.

명했고, 세 번째 집정관 때에는 군무 위원으로 임명했다. 술라도 그에 보답하여 많은 전공을 세웠다. 이를테면 마리우스의 부관 시절에 술라는 텍토사게스(Tectosages)의 족장 코필루스(Copillus)를 사로잡았고, 군무 위원 시절에는 인구도 많고 국력도 튼튼한 마르시족을 설득하여 로마에 우호적인 동맹국으로 만들었다.

자신의 성공에 질투를 느낀 마리우스가 더 이상 활동의 기회를 주고 싶어 하지 않는다는 것을 알아차린 술라는 마리우스의 동료 집정관인 카툴루스(Catulus) 편에 붙었다. 카툴루스는 치열하게 경쟁하는 것을 싫어하는 성격이어서 술라에게 중요하면서도 다급한 일을 맡겼고, 술라는 이를 계기로 권력과 명예를 얻었다.

술라는 알프스 일대에 살던 여러 이민족을 정복하였으며, 부대에 군량미가 떨어지자 이를 장만하여 카툴루스의 부대에 넉넉히 제공하고도 남아돌아 마리우스의 부대에도 나누어 주었다. 술라가 그의 『회고록(Memoirs)』(§6)에서 말했듯이, 이런 일로 말미암아 마리우스는 몹시 마음이 상했다.

술라와 마리우스가 처음에 서로에게 마음을 상한 계기는 아주 하잘것없는 일로서 바보 같은 짓들이었다. 그러나 그들의 갈등은 끝내 나라를 내란으로 몰아갔으며, 돌이킬 수 없는 다툼은 폭정으로 이어져 온 나라를 혼란에 빠뜨렸다. 이런 점에서 볼 때 시민 정부의 병폐를 꿰뚫어 본 그리스의 비극 시인 에우리피데스는 참으로 지혜로운 사람이었다. 그는 이런 말을 남겼다.

야망이라는 우상은
이를 숭배하는 사람들에게
가장 치명적인 상처를 주리니.......
(『페니키아의 여자』, §532)

술라

술라는 이제 전쟁에서 얻은 그동안의 명성을 이용해 정치에 나가도 충분하리라고 여겨 곧 군대 생활을 청산하고 [기원전 101년에 귀국하여] 정치에 뛰어들었다. 그는 먼저 법정관에 출마했지만 낙선했다. 그러나 술라는 낙선의 원인을 민중에게 돌렸다. 그는 말했다.

"나와 보쿠스왕의 우정을 잘 알고 있는 민중은 내가 법정관을 지내기에 앞서 건설관이 되어 멋진 사냥 장면과 리비아의 맹수들이 싸우는 장면을 보여 주기를 기대했다. 그래서 그들은 나를 건설관으로 뽑으려고 다른 사람을 법정관으로 선택한 것이다."

그러나 그 뒤에 일어난 일로 미루어 보면, 낙선에 대한 술라의 변명은 진실이 아니었음을 알 수 있다. 그는 이듬해 [기원전 93년에] 법정관에 당선되었는데, 한편으로는 민중에게 아첨하고, 다른 한편으로는 돈으로 지지자들을 매수했기 때문이었다. 그렇게 법정관으로 재직하던 그는 언젠가 카이사르(Caesar)[4]라는 인물에게 몹시 화를 내면서 이런 말을 했다.

"나는 내 직권으로 당신을 죽일 수도 있소."

그러자 카이사르가 웃으면서 대답했다.

"그래요, 그 직권은 당신 것이 맞아요. 돈으로 샀으니까요."

법정관의 임기를 마친 술라는 카파도키아로 파견되었다. 겉으로 보기에는 그곳의 왕위에서 쫓겨난 아리오바르자네스(Ariobarzanes)를 복위시킨다는 구실이었지만, 실제로는 한없이 뻗어 나가는 페르시아의 미트리다테스 6세(Mithridates VI)의 세력을 꺾고자 함이었다. 그는 부왕에게 물려받은 땅보다도 더 많은 영토를 확장하고 있었다. 술라는 이번 원정에서 자신의 병력보다 동맹국 병력을 더 많이 이끌고 갔다. 술라와 함

4   이 사람은 율리우스 카이사르와는 다른 사람이다.

께 싸우고 싶어 했던 동맹국 병사들은 카파도키아의 대군과 그들을 지원하러 온 아르메니아 병력을 많이 죽인 뒤에 고르디우스(Gordius)를 몰아내고 아리오바르자네스를 다시 왕으로 세웠다.

술라가 에우프라테스강 변에 주둔해 있을 때, 파르티아 출신의 오로바조스(Orobazos)라는 사람이 아르사케스왕의 사절로 찾아왔다. 그때까지만 해도 로마와 파르티아는 교류가 없었다. 파르티아인들이 두 나라 사이에 교류를 맺으려는 시점에 술라가 로마인으로서는 처음으로 이들 사절을 맞이했다는 사실은 그에게 엄청난 행운이었다.

들리는 바에 따르면, 그때 술라는 의자 세 개를 마련하도록 하여 하나에는 카파도키아의 아리오바르자네스를 앉히고, 다른 쪽에는 파르티아의 사절 오로바조스를 앉히고, 그 가운데에 자기가 앉아 두 사람을 접견했다고 한다. 이 일로 말미암아 뒷날 파르티아의 왕은 국가의 위신을 떨어뜨렸다는 이유로 오로바조스를 처형했다. 이 일을 두고 어떤 사람들은 술라가 이민족들을 만나면서 보여 준 당당한 분위기를 높이 평가했고, 어떤 사람들은 천박하고도 시기에 맞지 않는 오만함을 보여 주었다며 그를 비난했다.

또 다른 기록에 따르면, 그때 오로바조스의 수행원 가운데 칼데아(Chaldea) 출신이 있었다고 한다. 그 사람은 자신의 비법에 따라 술라의 얼굴을 자세히 보면서 그의 마음과 몸의 움직임을 주의 깊게 연구하고 그의 천성을 살펴본 다음 이렇게 말했다.

"이분은 세상에서 가장 위대한 인물이다. 그런 분이 지금 세계 제일의 인물이 되지 못한 것을 참고 있다는 것이 놀랍다."

술라가 로마로 돌아오자 마르키우스 켄소리누스(Marcius Censorinus)는 우호적 동맹국인 페르시아에서 보낸 뇌물을 받았다는 죄목으로 그를 고발했다. 그러나 무슨 까닭이었는지

켄소리누스는 법정에 나타나지도 않고 고소를 취하했다.

6

더욱이 보쿠스왕의 야망으로 말미암아 술라와 마리우스 사이에 새로운 다툼이 벌어졌다. 보쿠스는 로마 시민을 기쁘게 해 주고 아울러 술라에게 영광을 바치고자 신전의 언덕에 전리품으로 만든 기념비를 세우는 한편, 그 옆에는 보쿠스가 유구르타를 붙잡아 넘기는 조각을 만들고 황금으로 입혀 세웠다. 이에 몹시 분노한 마리우스가 그 조각상들을 없애 버리려 했지만, 술라 편에 있던 사람들이 반대하여 그럴 수가 없었다. 그러나 이로 말미암아 로마가 온통 불이라도 붙은 것처럼 소란에 빠졌다.

그 무렵 [기원전 90~89년에] 오랫동안 속으로 부글거리기만 하던 이탈리아 도시 국가들이 로마에 도전하면서 동맹 전쟁을 일으켜 두 사람 사이의 반목은 잠시 멈추었다. 이 전쟁은 역사에서 가장 중요했던 순간들이 얼마나 운명적인가를 보여 주면서, 로마인들에게는 온갖 불행과 위험을 안겨 주었다.

이 전쟁에서 마리우스는 아무런 공적도 이루지 못한 채, 전공(戰功)을 쌓으려면 강인한 체력과 용맹을 갖추어야 한다는 사실만을 입증해 주었을 뿐이다. 그와 달리 술라는 많은 전공을 이룸으로써 동포 사이에 가장 탁월한 지도자라는 명성을 얻었고, 정적들조차도 그가 엄청난 행운을 타고난 인물이라고 생각했다. 술라는 자기의 전공이 코논의 아들 티모테우스(Timotheus)가 세운 전공과는 다르다고 생각했다.

티모테우스의 정적들은 그의 운명의 도움이라고 말하면서, 행운의 여신이 그물로 도시들을 붙잡고 있을 때 그가 누워서 잠자는 모습이 담긴 그림을 그렸다. 티모테우스는 자기의 전공이 그처럼 무시당하는 것에 대해 분노했다. 그러한 표현이야말로 동료들이 자기 공로를 빼앗아 가는 것이라고 여겼기 때문이었다. 그는 스스로 성공적이었다고 여긴 전쟁에서 돌아오자 로마 시민에게 이런 말을 남겼다.

"로마 시민 여러분, 적어도 이번 전쟁은 행운의 여신이 도와준 덕분이 아니었습니다."

그러나 운명의 여신은 결국 철없고 오만한 티모테우스에게 응분의 징벌을 주었다고 세상 사람들은 생각했다. 그는 그 뒤로 아무런 공로도 이루지 못하고, 하는 일마다 실패하여 민중에게 피해만 입히다가 조국에서 추방되었기 때문이다.

그와 달리 술라는 자기에게 쏟아지는 찬사를 기쁘게 받아들이면서도 자기가 이룬 것은 하늘이 도왔을 뿐 아니라 운명의 여신이 보살펴 준 덕분이라고 말했는데, 그가 허풍을 떤 것인지 절대자를 진실로 존경했기 때문이었는지는 알 수 없다. 그는 자신의 『회고록』에서 말했다.

"사람들은 내가 깊이 생각한 덕분에 전공을 이루었다고 여기지만, 내가 치른 전투 가운데에는 앞뒤 생각하지 않고 그 순간에 오직 용맹만으로 저질렀던 일들이 더 훌륭했다. 내가 지금 이나마 행복하게 사는 것은 전쟁에서 이긴 덕분이 아니라 운명의 여신이 도와주었기 때문이다."

술라가 이렇게 말한 것으로 미루어 보면, 그는 자기가 뛰어나서 출세한 것이 아니라 오로지 어떤 신성(神聖)의 도움 덕분으로 여긴 듯하다. 그는 자기와 직급이 같았던 메텔루스와 화목할 수 있었던 일이라든가 그와 사돈을 맺을 수 있었던 것도 모두 신의 보살핌 덕분으로 생각했다.

술라는 메텔루스와 함께 공직 생활을 하는 동안 여러모로 부딪힐 줄 알았는데, 메텔루스는 그에게 매우 협조적이었다. 한편, 술라는 『회고록』 가운데 루쿨루스에게 바치는 헌사(獻辭)에서 이런 충고를 남겼다.

"꿈에 나타난 신의 계시보다 더 훌륭하게 자신을 지켜 주는 것은 없습니다."

그리고 술라는 이런 말도 남겼다.

"내란(동맹 전쟁)이 일어나 내가 군대를 이끌고 원정군으로 파견되었을 때 라베르나(Laverna) 가까운 곳에서 땅이 꺼지더니 커다란 불길이 하늘을 향해 솟아올랐다. 그 광경을 본 예언자들이 말하기를, '보기 드물게 용맹하고, 출중한 외모를 타고난 장군이 나타나 권력을 잡은 뒤에 나라를 어려움에서 구원할 것'이라고 했다. 나는 내가 바로 그 인물이라고 생각한다. 나는 금발 머리와 독특한 용모와 용맹함을 갖고 있으며, 이제까지 위대하고도 고결한 업적을 쌓아 왔으므로 그런 말을 하기에 부끄러움이 없다."

절대자의 권능에 대한 술라의 태도는 이랬다. 다른 측면에서 보면, 술라는 성격이 매우 유별나고 변덕스러웠다. 그는 남들에게 빼앗은 것도 많지만 그에 못지않게 많이 베풀었다. 그는 뜻밖에 상을 주거나 뜻밖에 모욕했다. 그는 자신이 필요로 하는 사람에게는 아첨했지만 자신을 필요로 하는 사람에게는 오만했다.

그래서 사람들은 그가 남들을 업신여기는 사람인지 아첨하는 사람인지 종잡을 수가 없었다. 죄인을 처벌할 때도 원칙이 없었다. 무슨 구실을 대서라도 죄인을 몽둥이로 때려죽이는가 하면, 엄청난 잘못을 저질러도 점잖게 용서해 주었다.

술라는 고칠 수 없는 상처를 입고서도 쉽게 화해하는가 하면, 대수롭지 않은 일에도 사람들을 처형하거나 재산을 몰수했다. 이런 점에서 본다면 그는 천성적으로 가혹하고 복수심이 많았지만 달리 보면 자신의 이해관계에 따라 분노를 조절했다고 결론을 내릴 수도 있다.

이를테면 그리스 내전 때 그의 병사들이 몽둥이와 돌멩이로 부관 알비누스(Albinus)를 때려죽였으나, 술라는 이 끔찍한 범죄를 없던 일로 덮었다. 그 부관은 법정관 정도의 지위에 있던 사람이었지만, 술라는 이번 사태에 대해 다음과 같이 엄숙하게 선언하는 것으로 일을 매듭지었다.

"내가 보기에 이번 범죄 행위로 병사들은 전쟁에서 더 철저하고도 용맹스럽게 싸울 것이다. 살인의 죄의식으로 말미암아 더욱 용감해질 것이기 때문이다."

술라는 부관을 죽인 병사들의 죄상을 비난하는 사람들에게 아무런 관심도 보이지 않았다. 이제 곧 전쟁이 끝날 것으로 생각한 그는 미트리다테스와 벌이는 전쟁의 사령관이 되고자 마리우스의 권한을 축소하는 일에 몰두하고 있었기 때문에 병사들을 너그럽게 다루었다. 술라는 [기원전 88년에] 로마로 돌아와 퀸투스 폼페이우스(Quintus Pompeius)[5]와 함께 집정관에 당선되었다.

술라는 그 무렵에 쉰 살의 나이로 제사장이었던 메텔루스의 딸 카이킬리아 메텔라(Caecilia Metella)와 매우 호화로운 결혼식을 올렸다. 이 결혼을 두고 평민들은 비웃었고 상류 사회의 인사들은 분노했다. 역사학자 리비우스의 『로마사』(77권 : 지금은 없어짐)에 따르면, 귀족들은 술라가 집정관이 될 만한 인물이기는 해도 그와 같은 고결한 여자와 혼인할 자격을 갖추었다고는 생각하지 않았다.

더욱이 술라의 이번 결혼은 초혼이 아니었다. 술라는 애송이 시절에 일리아(Ilia)와 결혼하여 딸 하나를 낳았다. 그 뒤로 그는 아일리아(Aelia)와 재혼했고, 다시 클로엘리아(Cloelia)와 세 번째로 결혼했지만 아기를 낳지 못한다는 이유로 이혼했다.

술라는 세 번째 아내와 이혼하면서 많은 선물과 함께 칭찬의 말을 잊지 않았다. 그러나 클로엘리아와 이혼한 지 며칠 만에 카이킬리아와 결혼하자 그가 전처인 클로엘리아와 이혼한 일이 부당하다고 사람들은 생각했다. 그는 언제나 메텔라

5   이는 마그누스 폼페이우스(Magnus Pompeius)와는 다른 사람이다.

에게 각별한 사랑을 보였다. 그리하여 추방되고도 술라의 거부로 귀국하지 못한 마리우스의 부하들은 메텔라를 찾아가 귀국을 부탁했다. 한편, 아테네를 점령했을 때 술라는 시민들을 몹시 가혹하게 다루었는데, 이는 아테네 시민이 메텔라를 비난하는 글을 성 밖에 내걸었기 때문이었다고 사람들은 생각했다. 그러나 이는 그 뒤(§13)에 일어난 일이었다.

7

앞서 하던 이야기로 돌아가면, 앞으로 다가올 일에 견주어 집정관 직책을 하찮게 여긴 술라는 미트리다테스와 벌이는 전쟁에만 몰두했다. 그러나 거기에는 마리우스라는 만만치 않은 경쟁자가 버티고 있었다. 야망과 명성에 사로잡힌 마리우스는 자신의 나이도 생각하지 않았다. 그는 이제 몸도 잘 가누지 못했고, 지난번 전투에서는 늙은 몸으로 전쟁도 제대로 치르지 못했으면서도 바다 건너 전쟁에만 마음을 쏟고 있었다. 술라가 캄파니아의 놀라(Nola)를 점령한 뒤 남은 일을 처리하느라 병영에 나가 있는 동안, 마리우스는 집 안에 머물면서 이제까지 로마 역사에서 가장 끔찍했던 전쟁보다도 더 비극적인 내란을 꾸미고 있었다.

그런 비극을 예언하려는 듯이 많은 전조(前兆)가 나타났다. 멀쩡하게 서 있던 깃발 기둥에 불이 붙더니 잘 꺼지지도 않았다. 까마귀 세 마리가 자기 새끼들을 물고 거리에 나타나 쪼아 먹다가 남은 시체를 물고 둥지로 돌아갔다. 쥐들이 신전의 황금 성배(聖杯)를 쏠아 관리인이 그들 가운데 암컷 한 마리를 덫으로 잡았더니 그 쥐가 덫 안에서 새끼 다섯 마리를 낳고 그 가운데 세 마리를 잡아먹었다.

그러나 가장 중요한 사건은, 구름 한 점 없는 하늘에서 나팔 소리가 들렸는데 그 음조가 너무 날카롭고 음울하여 사람들이 모두 놀라며 두려워했던 일이다. 토스카나의 현자들이 그것을 보고 이렇게 말했다.

"이는 세상이 바뀌고 새로운 시대가 다가오고 있음을 알리는 징조이다. 역사에는 여덟 번의 새 시대가 있었는데, 그때마다 사람들의 생활과 관습이 달라졌다. 신은 각 시대마다 정확한 시간과 계절을 예정해 두었는데, 어느 중요한 시기에 격변이 일어나며 한 시대가 끝난다. 한 시대가 끝나고 다른 시대가 시작되면 하늘과 땅에서 놀라운 징조가 나타나고, 그런 전조를 공부하여 지식을 갖춘 사람들은 다른 삶을 사는 사람들이 이제 새 세상에 나타나고 있음을 곧 알아차린다.

이런 새로운 삶의 모습은 지나간 조상들의 삶에 비해 신들의 관심을 더 많이 끈다. 한 시대가 다른 시대로 바뀔 때는 엄청난 변화가 나타나고, 그때 신의 섭리가 드러난다. 어떤 때는 신에게서 분명하고도 순수한 징조가 나타나 그것이 무엇을 뜻하는지 알 수 있지만, 대부분은 그 전조가 미미한 데다가 갑자기 나타나기 때문에 미래를 예측하기란 마치 장님의 눈으로 보듯이 어려울 때가 많다."

어쨌거나 위의 이야기는 토스카나의 현자들이 한 말인데, 그들이 여느 사람들보다 더 많은 것을 알고 있다고 사람들은 생각했다. 원로원이 그러한 전조들과 관련하여 예언자들의 말을 듣고 군신(軍神) 벨로나(Bellona) 신전에서 회의를 열었는데, 그때 참새 한 마리가 메뚜기를 입에 물고 날아와 반쯤은 바닥에 둔 채 반쯤을 물고 날아갔다. 이를 본 점술가들은 토지를 소유한 귀족과 평민 사이에 다툼이 일어날 것이라며 두려워했다. 평민은 메뚜기처럼 토지를 향해 날아들고, 귀족은 참새처럼 들판을 배회하기 때문이었다.[6]

---

6   페린은 이 문장에서 지주와 평민의 표현이 뒤바뀌었을 것이라고 주석을 붙였다.(페린 판, 「술라전」, §7, p. 348의 각주 1 참조.)

8

이 무렵에 마리우스는 가장 포악한 민중 호민관 술피키우스 (Sulpicius)와 손을 잡았다. 세상 사람들은 그가 누구보다 더 포악한가에는 관심이 없었고, 다만 그가 지난날보다 얼마나 더 포악해질까 하는 것에만 관심을 보일 정도였다.

술피키우스는 잔인하고 뻔뻔스러운 데다가 파렴치한 탓에 온갖 죄를 짓고도 부끄러워할 줄을 몰라, 해방 노예와 외국인들에게 로마 시민권을 팔았으며 토론의 광장에 계산대를 설치하고 수금한 돈을 세었다. 더욱이 그는 검투사를 3천 명이나 거느리고, 무슨 짓이라도 저지를 수 있는 기병대를 주변에 두었다. 그는 이들을 '원로원 타도 부대'라고 불렀다.

그뿐만 아니라 술피키우스는 원로원 의원들까지도 2천 드라크마 이상 빚질 수 없게 하는 법안을 통과시켰지만 죽었을 때 그 자신이 진 빚은 3백만 드라크마였다. 마리우스는 바로 이런 사람을 민중에게 풀어놓았던 것이다. 온갖 행패로 세상을 놀라게 한 술피키우스는 여러 가지 악법을 만들었는데, 그 가운데 하나가 바로 마리우스를 미트리다테스의 정벌 사령관으로 임명한 것이었다.

이 법안의 통과를 막으려고 두 집정관인 술라와 폼페이우스가 공무 집행을 정지하는 정령을 발포(發布)하자, 술피키우스는 폭도들을 이끌고 카스토르와 폴룩스를 모신 신전에 모여 회의하던 집정관들을 습격했다.

이 충돌 때문에 폼페이우스의 어린 아들이 토론의 광장에서 죽었고, 폼페이우스는 가까스로 사람들의 눈을 피해 도망했다. 자객들의 추격을 받은 술라는 마리우스의 집으로 들어가 몸을 피했지만 밖으로 끌려 나가 공무 집행을 정지하는 정령을 포기하겠다고 선언해야 했다.

이 사건 이후 폼페이우스는 집정관 자리에서 쫓겨났지만, 술라는 집정관 직책을 유지한 채 미트리다테스 정벌군의 지휘권을 마리우스에게 넘겨주는 것으로 더 큰 피해를 모면했다. 술피키우스는 또한 곧 놀라로 군무 위원을 보내 그곳의 지휘권도 마리우스에게 넘기도록 지시했다.

9

그러나 로마에서 도망친 술라는 군무 위원보다 먼저 놀라에 도착했다. 그에게서 사정을 전해 들은 놀라의 파견병들은 뒤따라온 군무 위원을 돌멩이로 쳐 죽였다. 그러자 이번에는 마리우스와 그의 추종자들이 로마에 남아 있던 술라의 막료들을 죽이고 그 재산을 약탈했다. 사람들은 이리저리 도망하기에 바빴다. 어떤 사람들은 병영에서 도시로 돌아가고, 어떤 사람들은 도시에서 병영으로 몸을 숨겼다. 원로원은 이미 권력을 잃고 마리우스와 술피키우스가 집권한 상태였다.

술라가 로마로 돌아오고 있다는 소식을 들은 원로원은 법정관 브루투스(Brutus)와 세르빌리우스(Servilius)를 술라에게 보내 진군을 멈추도록 부탁했다. 그러나 술라를 대하는 그들의 말씨가 너무 건방져, 병사들이 그들을 찢어 죽이려 하다가 목숨만은 살려 둔 채 부월(斧鉞)을 분지르고 원로원 의원들이 입는 겉옷을 발기발기 찢은 다음 벌거벗긴 채 로마로 돌려보내며 모욕을 주었다.

법정관들을 본 로마 시민은 그 몰골에 놀랐지만, 그보다 이제 내란을 피할 수 없을 만큼 사태가 진행되었다는 그들의 말에 더 놀랐다. 마리우스와 그의 무리는 전투에 대비하느라고 바빴다. 술라는 6개 군단을 이끌고 놀라를 출발했다. 그는 마음속으로 주저하는 바가 있었고 한편으로는 두렵기도 했지만, 서둘러 로마로 진군하고 싶어 안달하는 병사들의 기세를 막을 길이 없었다.

그가 신전에 제물을 드리니 예언자 포스투미우스(Postumius)가 그 징조를 해석했다. 그는 두 팔을 술라에게 펼치면

술라

서 전투가 일어날 때까지 자신을 감옥에 가두어도 좋다고 말했는데, 이는 술라에게 곧 좋은 일이 일어나지 않으면 자신을 극형에 처해도 좋다는 장담의 의미를 담고 있었다.

또한 들리는 바에 따르면, 그날 밤 술라의 꿈속에 여신이 나타났다고 한다. 그 여신은 로마인들이 카파도키아인들에게서 경배하는 법을 배운 달의 여신 루나(Luna)였거나 지혜와 용맹의 여신 미네르바(Minerva)나 군신 벨로나였을 것이다.[7] 꿈에 나타난 여신은 술라의 손에 번개를 집어 주고는 적장의 이름을 부르며 그 불로 적군을 무찌르라고 말했다. 그러자 적군이 그의 벼락을 맞고 쓰러지더니 모두 사라졌다. 꿈에서 본 장면에 용기를 얻은 그는 막료들에게 꿈 이야기를 들려준 다음, 날이 밝자 로마로 진군했다.

술라가 [로마의 남쪽 마을] 픽타이(Pictae)에 이르렀을 때, 로마에서 대표단이 찾아와 간청했다. 원로원이 그에게 권력을 모두 넘겨주기로 결의했으니 침공을 곧 멈춰 달라는 것이었다. 그리하여 그는 그곳에 병영을 차리고 토지를 측량하게 했는데, 이는 병영을 차릴 때 통상적으로 하는 일이었다. 사절단은 그가 침공을 멈추는 줄 알고 로마로 돌아갔다.

그러나 그들이 떠나자 술라는 곧 루키우스 바실루스(Lucius Basillus)와 카이우스 뭄미우스(Caius Mummius)를 불러 로마 성문과 에스퀼리누스 언덕(Collis Esquilinus)의 성을 장악하라고 지시한 다음, 자신은 그들의 뒤를 따라 서둘러 진군했다. 바실루스와 그의 부대가 성안으로 짓쳐 들어가며 길을 틀 때, 무장도 하지 않은 시민들이 지붕 위로 올라가 돌멩이와 기왓장을 던지자 그들은 진군을 멈추고 마을로 되돌아왔다.

이 무렵 그 부근에 가까이 와 있던 술라는 사태가 돌아가

---

7   페린은 이 신이 아마도 지모신(地母神) 키벨레(Cybele)였을 것이라고 수정했다.(페린 판, 「술라전」, §9와 제7장 「테미스토클레스전」, §30 참조)

는 모습을 파악했다. 그는 민가에 불을 지르라고 명령한 다음 몸소 횃불을 들고 진격하면서 지붕 위의 시민에게 불화살을 쏘라고 지시했다. 이런 지시를 내리는 그는 이미 이성을 잃고 분노에 차 있었다. 분노를 조절하지 못한 그는 오로지 정적만 생각할 뿐, 막료들이나 친척에 대한 배려나 연민은 전혀 존재하지 않았다.

술라는 불을 지르면서 로마에 입성했다. 불은 죄를 지은 사람과 무고한 사람을 구별하지 않았다. 그러는 사이에 텔루스(Tellus) 신전으로 쫓겨 와 있던 마리우스는 노예들을 불러 그들을 해방시켜 줄 테니 함께 싸우자는 성명을 발표했지만, 그들은 적군이 다가오자 로마를 벗어나 도망했다.

10

이제 술라는 원로원을 소집하여 마리우스와 몇몇 사람에게 사형을 언도하도록 했는데, 그 가운데에는 민중 호민관 술피키우스도 있었다. 그러나 술피키우스는 술라에게 잡혀 죽기에 앞서 그를 배신한 노예의 손에 죽었다. 술라는 먼저 그 노예에게 상으로 해방해 준 다음 타르페이아 절벽에서 떼밀어 죽였다. 그는 또한 마리우스의 목에 현상금을 거는 배은망덕하고 무례한 짓을 저질렀다.

얼마 전까지만 해도 술라는 마리우스의 집에 몸을 피해 머리를 조아리며 목숨을 구걸한 바 있었다. 만약 그때 마리우스가 술라를 받아들이지 않고 술피키우스의 손에 죽도록 내버려 두었더라면 지금쯤 로마는 마리우스의 손에 들어갔을 것이다. 이렇게 마리우스는 술라의 목숨을 살려 주었는데, 며칠이 지난 지금 입장이 뒤바뀐 상태에서 술라는 마리우스에게 자비를 베풀지 않았다.

이런 과정을 거치면서 술라는 원로원의 은밀한 미움을 받았다. 그러나 민중은 드러내 놓고 그를 미워하며 분노했다. 그러한 사례로서, 민중은 공직 후보에 나선 그의 조카 노니우스(Nonius)와 세르비우스(Servius)를 낙선시키고 술라를 몹시 화나게 만들 인물을 그 자리로 승진시켰다. 그러나 술라는 싫은 내색을 하지 않고 말했다.

"내가 민중에게 허락한 자유 덕분에 그들은 스스로 바라는 인물을 공직자로 선출했다."

그러고 나서 술라는 민중의 미움을 고려하여 반대파인 킨나(Cinna)를 집정관 후보로 추천했다. 킨나는 후보가 되기에 앞서 술라의 정책을 충실히 따르겠노라고 엄숙하게 선서했다. 킨나는 돌멩이를 들고 신전의 언덕으로 올라가 신들에게 이렇게 맹세했다.

"내가 만약 술라의 뜻에 따르지 않는다면 이 돌멩이처럼 부서져도 좋습니다."

그러면서 킨나는 군중 앞에서 돌멩이를 땅바닥에 던져 부숴 버렸다. 그러나 그는 집정관에 취임하자마자 기존의 제도를 무너뜨리려고 노력하면서 미리 준비해 두었던 술라의 탄핵안을 제기했다. 고발자는 민중 호민관 비르기니우스(Virginius)였다. 술라는 그와 같은 고발이나 법정을 무시한 채 [기원전 87년에] 미트리다테스를 대적하러 떠났다.

11

들리는 바에 따르면, 술라가 이탈리아를 떠나 군대를 이끌 무렵에 미트리다테스는 페르가몬에 머물고 있었는데, 하늘에서 여러 전조가 나타났다. 이를테면 페르가몬 사람들이 월계관을 손에 든 승리의 신상을 기계 장치로 들어 설치하는데, 신상이 미트리다테스의 머리 위를 지나갈 때 월계관이 신상에서 떨어져 나와 광장 땅바닥에 부딪히며 산산이 부서졌다.

그 모습을 본 민중은 몸서리를 쳤고 미트리다테스는 몹시 상심했다. 그때는 모든 일이 미트리다테스가 바라던 바 이상으로 잘되어 가던 때였다. 그는 로마의 지배 아래 있던 아시아를 빼앗았고, 비티니아와 카파도키아를 그들의 왕에게서 빼앗았으며, 이제는 페르가몬에 자리 잡고 있으면서 막료들에게 재산과 봉지(封地)와 권력을 나눠 주고 있었다.

미트리다테스의 아들 가운데 하나는 폰토스와 보스포로스에서 아무런 저항도 받지 않으면서 마이오티스 호수 너머 사막까지 이르는 옛 영토를 지키고 있었다. 다른 아들 아리아라테스(Ariarathes)는 대군을 거느리고 트라키아와 마케도니아와 싸우면서 그들을 정복하고자 애쓰고 있었다. 그의 장군들도 또한 다른 여러 곳을 정복하고 있었다.

그 가운데에서도 아르켈라오스는 모든 바다를 지배하면서 키클라데스(Cyclades)를 정복하고, 말레아(Malea) 동쪽 여러 섬과 에우보이아를 지배하고 있었다. 그는 또한 아테네에 본부를 둔 채 그리스인들을 이끌고 로마에 대한 반란을 꾸미고 있었다. 그 영향력은 테살리아까지 미쳤으나 카이로네이아에서는 적군의 저항이 있었다.

아르켈라오스는 카이로네이아에서 브루티우스 수라(Brutius Sura)와 전투를 벌이고 있었다. 수라는 마케도니아 법정관 센티우스(Sentius)의 부장으로서 용맹스럽고 지혜로운 장군이었다. 아르켈라오스가 보이오티아를 거쳐 물밀듯이 밀려오자 수라는 그에게 격렬히 저항하여 카이로네이아에서 세 번 이긴 다음 그를 바다로 몰아냈다.

수라의 노력은 기대 이상으로 성공적이었음이 입증되었으며, 그의 고결한 처신으로 말미암아 그리스인들의 충성심은 로마 쪽으로 기울었다. 그러나 루쿨루스는 진격해 오는 술라에게 지휘권을 물려주라고 수라에게 지시했고, 곧 원로원이 이를 결의했다. 그러자 수라는 보이오티아를 버리고 센티우스에게 돌아갔다. 그러나 그의 업적은 빛나는 것이었다.

12

다시 술라의 이야기로 돌아가면, 다른 여러 도시가 그에게 사절을 보냈다. 그러나 아테네인들은 참주 아리스티온의 강압에 못 이겨 미트리다테스 편에 섰다. 이 때문에 술라는 아테네를 향해 모든 병력을 몰고 갔다. 그는 피라이우스를 포위했으며, 온갖 공성(攻城) 기구를 동원하여 아테네를 공격했다.

술라가 만약 좀 더 신중했더라면 아무 일 없이 아테네를 점령했을 것이다. 그곳에는 이미 생활필수품이 떨어졌고, 지난해 가뭄이 들어 매우 어려운 형편에 놓여 있었기 때문이었다. 그러나 그는 서둘러 로마로 돌아가고 싶었다. 로마에서 일어나던 민중 봉기의 가능성을 두려워한 그는 온갖 모험을 겪으면서까지 전쟁을 빠르게 치르려 했다.

전쟁을 빨리 끝내려면 경비도 만만치 않았다. 군수품은 말할 나위도 없고, 매일 노새 1만 쌍이 움직이는 공성 기구를 운행해야 했다. 너무 잦은 공격으로 말미암아 공성 무기의 목재 구조물이 스스로 무게를 견디지 못하고 무너지기 시작하더니, 줄곧 날아오는 적군의 불화살을 맞고 불타 없어졌다. 그리하여 그는 아테네 근교에서 가장 울창한 '성스러운 숲'에 손을 댔으며, 아카데미아와 공회당(Lykeion)을 유린했다. 또한 전쟁 비용이 부족하자 그는 그리스의 신성한 보물들을 사용했다. 일부는 에피다우로스에서, 그리고 일부는 올림피아에서 가장 아름답고 값진 제물들을 가져오도록 했다.

술라는 또한 델포이에 있는 인보 동맹(隣保同盟, Amphictyonia League) 대표자들에게 신전의 제물들을 자기에게 보내는 것이 좋으리라는 편지를 보내면서, 앞으로 자신이 보물들을 더 잘 보호해 줄 것이며, 자기가 그 제물들을 써도 뒷날 갚아 주리라고 말했다. 그는 포키스 출신으로서 자신의 막료인 카피스(Kaphis) 편에 편지를 보내면서 제물을 모두 무게로 달아 가져오도록 했다. 그러나 카피스는 차마 성물(聖物)에 손을 댈 수가 없어 인보 동맹 대표자들이 보는 앞에서 눈물을 흘리며 자신이 그런 짓을 할 수밖에 없는 처지를 한탄했다.

그런 상황에서 그곳에 있던 사람들이 신전 안에서 신이 키타라를 뜯는 소리를 들었다고 말하자 카피스는 그 일을 술라에게 알렸다. 이러한 행동이 카피스가 그들의 말을 믿었기 때문이었는지, 술라가 미신을 믿고 이번 일로 두려움을 느껴 신성을 모독하는 행위를 멈춰 주기를 바랐기 때문이었는지는 알 수 없다.

그러나 카피스의 편지를 받은 술라는 우습다는 듯이 답장을 보내, 신이 키타라를 뜯은 것은 분노해서가 아니라 기뻐서였음을 카피스가 이해하지 못했다며 놀라움을 표시했다. 따라서 그는 신이 그 성물들을 기꺼이 내주려 한다고 확신하며 과감하게 그것들을 가져오라고 지시했다. 그리하여 카피스는 성물들을 가져왔다. 그리스인들 대부분은 그런 일이 벌어지고 있는 것을 몰랐음이 틀림없다.

그러나 그때까지 남아 있던 유일한 은병(銀甁)은 [리디아의 왕 크로이소스(Kroisos)가 보내 준 것으로서] 마차로 나르기에는 너무 무겁고 커서 동맹국 대표들은 그것을 조각낼 수밖에 없었다. 그들은 그 짓을 하면서 티투스 플라미니누스(Titus Flamininus)와 마니우스 아킬리우스(Manius Acilius)와 아이밀리우스 파울루스(Aemilius Paulus)의 옛일들을 회상했다.

파울루스는 [기원전 168년에 피드나(Pydna)에서 마케도니아의 마지막 왕] 페르세우스(Perseus)를 그리스에서 몰아냈고, 플라미니누스는 [기원전 197년에 키노스케팔라이(Kynoskephalai)에서 마케도니아 왕] 필리포스 5세를 무찔렀으며, 아킬리우스는 [기원전 191년에 테르모필라이 계곡에서] 안티오코스 대왕(Antiochos Megas)을 몰아냈다.

그러나 세 장군은 그리스의 신전을 유린하기는커녕 그곳 성물을 보전했을 뿐만 아니라 오히려 선물을 보탬으로써 영광

술라

과 존엄을 표시했다. 그들은 자제심이 강하여 법을 준수했으며, 군말 없이 군주에게 충성하는 법을 알고 있었다. 그들은 제왕의 풍모를 갖추었고, 사사로운 용도로 돈을 쓰는 데 검약했고, 공금을 쓰는 데 공의로웠으며, 부하들을 두려워하는 것보다 그들에게 아첨하는 일을 더 부끄러운 일로 생각했다.

그러나 술라의 장군들은 공로가 아닌 폭력으로 권력을 잡은 사람들이고, 군대란 공적(公敵)을 무찌르는 데 필요한 것이 아니라 정적을 무찌르는 데 필요하다고 여기는 사람들이었다. 이처럼 그들은 장군이라기보다는 선동가에 가까운 이들이었던 데다가, 많은 돈을 주고 병사를 샀기 때문에 용병들은 그 돈으로 방탕한 삶을 살았다. 결국, 그들은 자신도 모르는 사이에 마치 나라를 팔려고 내놓은 물건처럼 여겼고, 자기들보다 더 나은 삶을 사는 사람들을 짓누르고자 가장 천박한 인간들에게 노예처럼 봉사하고 있었다.

이런 문제 때문에 마리우스는 권력에서 쫓겨나 술라와 싸우게 되었던 것이다. [기원전 86년에] 킨나가 옥타비우스를 죽이고, [기원전 85년에] 핌브리아가 플라쿠스를 죽인 것도 모두 그런 까닭에서였다. 이렇듯 로마를 이토록 끔찍한 길로 몰고 간 사람은 누구보다도 술라 자신이었다. 그는 자기 부하들을 방탕하게 타락시키면서까지 남들을 억눌렀고, 그들을 반역자로 만들었으며, 난봉꾼으로 몰고 갔다. 그러느라 그는 더 많은 돈이 필요했고, 이번 전쟁에서는 더욱 그랬다.

13

술라는 아테네를 정복하겠다는 끔찍하고도 끈질긴 열정에 사로잡혀 있었다. 그가 위대한 영광의 역사를 지닌 그리스의 그늘을 벗겨 버리고 싶은 마음에 그랬는지, 아테네의 참주 아리스티온이 성벽 위에서 술라와 그의 아내 메텔라에게 퍼부은 천박한 욕설에 화가 나서 그랬는지는 알 수 없다. 아리스티온은 욕설을 퍼부을 때면 그를 조롱하는 춤을 추었다. 천성이 방탕하고 잔인했던 그는 미트리다테스의 질병과 열정 가운데 나쁜 것만을 빼박듯이 닮아 있었다.

지난날 수많은 전쟁과 찬탈과 소요를 치르고도 살아남았던 아테네가 멸망해 가는 최후의 며칠 동안, 그는 마치 치명적인 병균처럼 아테네에 달라붙어 있었다. 아테네에서 밀가루 1부셸이 1천 드라크마에 팔리고, 시민은 신전의 언덕에서 자라는 국화를 뜯어 연명하고, 신발과 가죽 기름 주머니를 끓여 먹고 있을 때도 아리스티온은 대낮부터 술에 절어 있었고, 적군을 조롱하고자 무장한 채로 춤을 추며 농담을 던지고 있었다.

기름이 없어 신전에는 호롱불이 꺼졌다. 그곳의 여사제들이 밀가루 12분의 1부셸을 요청하자 아리스티온은 그만큼의 후춧가루를 보냈다. 원로원 의원과 사제들이 찾아와 나라를 불쌍히 여겨서라도 술라와 강화를 맺으라고 애원하자 그는 활을 쏘아 그들을 해산시켰다. 드디어 오랜 시간이 흘러 온갖 소동을 치른 다음, 아리스티온은 부하 두서너 명을 술라에게 보내 교섭을 시도했다. 그들이 어찌하면 아테네를 구할 수 있을까에 대해서는 말 한마디도 없이 아테네 건국의 아버지 테세우스가 어떻다느니, 해신(海神) 포세이돈의 아들 에우몰포스(Eumolpos)가 어쩌니, 페르시아와 벌였던 전쟁이 어떻다느니 하며 되지도 않는 소리를 떠들어 대자 술라가 말했다.

"선생들, 이제 꺼져 버리시오. 나는 그런 연설은 들을 필요가 없소. 로마는 아테네 역사를 배우라고 나를 이리로 보낸 것이 아니라 반역자들을 정복하라고 보낸 것이오."

14

들리는 바에 따르면, 그 무렵에 로마 병사가 케라미코스를 지나다가 노인들이 하는 말을 들었다고 한다. 그들은 아테네의 폭군 아리스티온이 [아테네의 서문(西門) 가까이 있던] 헵타칼콘

술라

(Heptakalkon)을 소홀히 지키고 있는데, 적군이 이 사실을 알면 성을 쉽게 점령할 수 있을 것이라며 불평하고 있었다. 그 말을 들은 술라는 이를 가볍게 여기지 않고 밤중에 그리로 접근하여 넘을 수 있는 곳을 알아본 다음 곧 작업에 착수했다.

술라의 『회고록』에 따르면, 성 위로 맨 처음 올라간 사람은 마르쿠스 아테이우스(Marcus Ateius)였다. 그를 본 적군이 칼로 내리쳐 투구가 부서졌으나 아테이우스는 포기하지 않고 제자리를 지켰다. 바로 그 무렵에 아테네가 함락되었는데, 이는 지금까지 살아 있는 아테네 노인들의 말과 일치한다.

술라 자신은 페이라이키 문과 신성한 문(Hiera Pyle) 사이의 성벽을 허물고 바닥을 평평하게 만든 다음, 밤중에 아테네 시내로 쳐들어갔다. 나팔과 뿔피리 소리 때문에 그의 모습은 더욱 끔찍하게 보였고, 약탈과 살육이 허락된 병사들과 칼을 빼 들고 좁은 골목을 달려가는 병사들의 고함은 시민을 더욱 겁에 질리게 했다.

그날 얼마나 많은 아테네 시민이 죽었는지 헤아릴 수는 없지만 그들이 피를 흘린 곳의 넓이로 짐작할 수 있다. 아테네의 다른 곳에서 죽은 사람의 수는 접어 두더라도, 광장에서 죽은 사람들의 피가 디필론(Dipylon) 성문 안쪽에 있는 케라미코스 지역 모두를 덮었다. 그 피는 성문을 지나 교외까지 쏟아져 흘러갔다고 많은 사람이 말하고 있다.

그렇게 죽은 사람도 많았지만, 다가올 조국의 운명을 슬퍼하면서 스스로 목숨을 끊은 사람은 더 많았다. 조국의 운명에 대한 걱정으로 훌륭한 시민 여럿이 절망하면서 목숨을 끊었다. 그들에게는 그런 비참함을 겪으며 산다는 것이 오히려 더 두려웠다. 그들은 술라의 인정이나 너그러움을 기대하지 않았다.

그러나 무릎을 꿇고 애원한 망명객 메이디아스(Meidias)와 칼로폰(Kallophon)과 그를 따라오면서 아테네의 선처를 호소하는 원로원 의원들 덕분에 어느 정도 복수심이 충족된 술라는 고대 아테네인들을 몇 마디 말로 칭송하면서 이렇게 말했다.

"나는 많은 사람을 위해 적은 사람을 용서하며,[8] 죽은 사람을 위해 산 사람들을 용서하노라."

술라가 그의 『회고록』에서 말하고 있는 바와 같이, 그는 [기원전 86년] 3월 초하루에 아테네를 정복했다. 이날은 아테네 달력으로 안테스테리온월(Anthesterion月, 2~3월) 초하루와 거의 맞아떨어진다. 공교롭게도 아테네인들은 이날 오래전에 일어난 대홍수를 기념하는 행사를 많이 치른다. 그들은 그때 일어난 홍수로 도시가 엄청나게 파괴된 적이 있다고 믿고 있다.[9] 아테네가 함락되자 참주 아리스티온은 신전의 언덕으로 몸을 숨겼다가 그를 체포할 임무를 띠고 온 쿠리오(Curio)에게 포위되었다.

아리스티온은 한참 동안 버텼으나 목이 너무 말라 저항을 포기하고 밖으로 나왔다. 그날 그 시간에 하늘이 여러 가지 전조를 분명하게 보여 주었다. 쿠리오가 그를 잡아 끌어내자 맑은 하늘에 구름이 끼더니 신전의 언덕에 많은 비를 뿌려 물바다로 만들었다. 오래지 않아 술라는 피라이우스마저 함락한 다음 불을 질렀다. 이때 건축가 휠로(Philo)가 [기원전 330~329년에] 지은 훌륭한 무기고도 함께 불탔다.

---

8   이 부분의 해석은 판본마다 다르다. 랭혼(Langhorne)과 롱(G. Long)은 "적은 사람을 위해 많은 사람을 용서하며"라고 번역했고, 페린과 워너 (Rex Warner)는 "많은 사람을 위해 적은 사람을 용서하며"라고 번역했다.

9   그리스 신화에 따르면, 제우스는 인간의 사악함을 꾸짖고자 그 벌로 큰 홍수를 내렸다. 이때 프로메테우스(Prometheus)는 아들 데우칼리온 (Deukalion)의 가족에게 방주(方舟)를 만들도록 하여 9일 동안 홍수를 피해 살아남게 했다. 페린은 이 이야기가 어떤 형태로든 구약 성서에 나오는 노아의 홍수 이야기와 관련 있다고 설명한다.(페린 판, 「술라전」, §14 참조)

15

그러는 동안에 미트리다테스의 장군 타크실레스는 보병 10만 명, 기병 1만 명, 낫을 달고 네 마리가 끄는 전차 90대를 이끌고 트라키아와 마케도니아를 떠나면서 아르켈라오스에게 전령을 보내 자기와 합류하도록 했다. 아르켈라오스는 그 무렵 피라이우스의 3대 항구 가운데 하나인 무니키아에 주둔하고 있었다.

아르켈라오스는 바다를 떠날 생각은 물론 전투를 벌일 마음도 없었다. 그는 전쟁을 오래 끌면서 로마군의 군량미가 떨어지기를 기다렸다. 그러나 그보다도 더 정확히 전황을 파악했던 술라는 비옥하지도 않은 데다 평화로울 때에도 살기 어려운 지역에서 나와 보이오티아로 병력을 옮겼다.

많은 사람이 술라의 그와 같은 조치가 상황을 오판한 탓이라고 생각했다. 왜냐하면 페르시아 전차와 기병대의 위력을 잘 알면서도 적군의 기병대에 불리한 아티카를 버리고 보이오티아의 넓은 평원으로 군대를 옮겼기 때문이었다. 그러나 그는, 내가 앞서 말했듯이, 군수품이 부족하여 고생하느니 전투의 위험을 치르는 길을 선택했던 것이다. 더욱이 술라는 용맹하고 유능한 호르텐시우스(Hortensius) 장군을 초조하게 기다리고 있었다. 호르텐시우스는 페르시아인들이 [테르모필라이 계곡에서] 길목을 지키고 있음에도 테살리아를 떠나 술라에게로 병력을 움직이고 있었다.

이런 여러 이유로 술라는 보이오티아로 병력을 옮겼다. 한편, 호르텐시우스는 내 고향 카이로네이아 출신인 카피스(Kaphis)의 도움을 받아 위험에서 벗어나고 있었다. 그는 카피스의 도움으로 페르시아인들이 모르는 길을 따라 파르나소스(Parnassus)를 거쳐 티토라(Tithora) 바로 밑에 있는 곳을 지났다.

그 무렵에 티토라는 지금처럼 그리 큰 도시는 아니었지만 사방이 깎아지른 절벽으로 요새를 이루고 있어, 옛날에 크세르크세스가 쳐들어왔을 때 포키스인들이 이곳으로 몸을 피했다고 한다.(헤로도토스, 『역사』, VIII : 32) 이곳에 진영을 차린 호르텐시우스는 낮에는 적군과 싸우고, 밤이면 험한 길을 따라 파트로니스(Patronis)로 내려와 자신을 기다리던 술라의 병력과 합류했다.

16

이렇게 합류한 술라와 호르텐시우스는 엘라테아(Elatea) 평원 가운데 솟아 있는 언덕을 점령했다. 그 언덕은 기름지고 숲이 울창했으며, 언덕 아래에는 샘이 있었다. 그곳의 이름은 휠로보이오토스(Philoboiotos)였는데, 술라는 그곳의 위치와 지리적 이로움을 격찬했다.

그들이 이곳에 주둔했을 때 페르시아군이 보기에는 그 수가 많지 않았다. 그도 그럴 것이 술라와 호르텐시우스의 기병은 1천5백 명을 넘지 않았고, 보병은 1만 5천 명을 넘지 않았기 때문이었다. 그런 상황에서 페르시아 진영에서는 아르켈라오스의 반대를 무릅쓰고 다른 장군들이 전투 대형을 꾸미고 있었다. 말과 전차와 온갖 방패가 평원을 가득 채웠다.

대오를 이룬 여러 나라 병사들의 환호와 함성이 허공에 가득했다. 아울러 값비싼 무기들의 웅장한 모습이 불러일으키는 공포의 효과도 적지 않았다. 금과 은으로 찬란하게 장식한 갑옷의 광채와, 메디아와 스키티아 병사가 입은 전포(戰袍)의 아름다운 색깔은 청동과 쇠로 박은 무늬와 어울려 그들이 움직일 때마다 장관을 이루었다. 겁에 질린 로마 병사들은 참호 안에 숨어 바라보기만 했다.

술라는 이성적인 방법으로써는 그들의 두려움을 씻어 줄 수 없었고, 달아나고 싶어 하는 그들을 이끌고 싸울 마음도 없었다. 술라는 으스대며 비웃는 이방 민족들의 모욕을 견디는 수밖에 없었다. 그러나 이러한 상황은 그 어느 것보다도 술라에게 도움을 주었다. 로마군을 무시했던 페르시아 병사들은

술라

곧 질서를 잃었다. 병사들은 수가 너무 많아 아무리 말해도 장군들의 명령에 따르지 않았다.

참호에 남아 있는 병사들은 얼마 없었다. 대부분 병영을 벗어나, 가는 데만 며칠이 걸리는 시골로 내려가 이리저리 다니며 약탈을 즐겼다. 들리는 바에 따르면, 그들은 파노페(Panope)를 파괴하고, 레바데이아를 약탈하며 신전을 모욕했지만 어느 장군도 그런 일을 지시하지 않았다고 한다. 술라는 자기 눈앞에서 도시들이 파괴되는 것을 바라보며 놀라 마음을 졸였지만, 자신의 병사들을 놀리고 싶지는 않았다.

술라는 병력을 동원해 참호를 파거나 케피소스(Kephisos)강의 물길을 돌리는 작업을 진행함으로써 게으른 병사를 쉼 없이 다그쳤다. 노역에 지친 병사가 이런 고통을 겪으니 차라리 전투와 같은 위험한 일을 바라도록 만들고 싶었던 것이다. 그리고 실제로 그런 일이 벌어졌다. 힘든 노역에 시달린 지 사흘째 되는 날, 술라가 지나가자 병사들은 차라리 전투를 하게 해 달라고 애원했다. 그것을 본 술라가 말했다.

"그대들의 말을 들어 보니 진실로 전쟁을 하고 싶은 것이 아니라 노역을 하고 싶지 않은 것이다. 그러나 그대들이 진실로 싸우고 싶다면 무기를 들고 저곳으로 올라가라."

술라가 가리킨 곳은 지난날 파라포타미이(Parapotamii)의 신전들이 있던 곳이었다. 그 무렵에는 신전이 모두 파괴되고 깎아지른 듯한 바위 절벽만 남아 있었다. 이 절벽은 밑으로 흐르는 아소스(Assos)강 때문에 헤딜리온(Hedylion)산에서 떨어져 있었다. 아소스강은 바로 헤딜리온산 밑에서 케피소스강으로 갈라져 요새를 더욱 굳게 만들어 주고 있었다. 게다가 페르시아군의 청동 방패 부대(Chalkaspidas)가 다가오고 있는 것을 목격한 술라는 그 바위산을 상대보다 먼저 점령하고 싶었다. 그 산을 점령하면서 그는 병사들이 몹시 싸우고 싶어 한다는 것을 알았다.

아르켈라오스의 병사들이 쳐들어와 카이로네이아를 공격하자 술라 부대에 배속되어 있던 카이로네이아 병사들은 자기 고향의 운명을 적군에 맡기지 말아 달라고 애원했다. 술라는 군무 위원 가운데 하나였던 가비니우스(Gabinius)에게 1개 군단을 주어 출진하게 하면서 카이로네이아 병사들도 함께 가도록 해 주었다. 그들은 가비니우스보다 먼저 고향에 입성하고자 했으나 그 뜻을 이루지 못했다.

가비니우스가 효과적으로 병력을 운용했을 뿐만 아니라 카이로네이아 사람들이 원했던 것보다 더 많은 도움을 주었기 때문이었다. 그러나 역사학자 유바(Juba)의 기록에 따르면, 이때 병력을 이끌고 간 장군은 가비니우스가 아니라 에리키우스(Ericius)였다고 한다. 어쨌거나 내 고향은 그 덕분에 겨우 재앙을 모면했다.

17

레바데이아와 트로포니오스(Trophonios)의 동굴에서 자신의 승리를 예언하는 호의적인 신탁을 들은 술라는 그 내용을 로마인들에게 보냈다. 이 지방 주민들에 대해서는 좀 더 이야기할 것이 있다. 술라가 『회고록』(§10)에 기록한 바에 따르면, 그리스에서 크게 사업을 벌였던 퀸투스 티티우스(Quintus Titius)라는 저명인사가 있었다고 한다.

술라가 카이로네이아에서 승리하고 바로 뒤에 티티우스가 그를 찾아와 들려준 소식에 따르면, 그곳에서 그리 멀지 않은 곳에서 곧 두 번째 승리를 거두게 될 것이라는 트로포니오스의 신탁이 있었다는 것이다. 그의 뒤를 이어 살베니우스(Salvenius)라는 지휘관이 찾아와 이탈리아에서 사태의 추이(推移)에 관한 신탁을 가져왔다. 두 사람이 들은 신탁은 출처가 같았다. 그들의 말에 따르면, 그 두 사람이 올림피아의 유피테르처럼 아름답고 우아한 신을 보았다는 것이었다.

술라

이에 술라는 아소스강을 건너 헤딜리온산 밑으로 다가가 아르켈라오스를 내려다보며 진영을 차렸다. 아르켈라오스는 아콘티온(Acontion)산과 헤딜리온산 사이에 있는 이른바 아시아(Assia) 평원에 진영을 차리고 있었다. 그곳은 지금까지도 그의 이름을 따 아르켈라오스라고 부른다.

하루를 쉰 술라는 무레나(Murena)에게 1개 군단과 2개 코호르트 병력을 남겨 두어 적군이 후방을 공격할 때를 대비하도록 한 다음 자신은 케피소스강 변에서 제사를 드렸다. 제사가 끝나자 그는 카이로네이아에 남겨 둔 병력을 빼내 이미 적군에 함락된 투리온(Thurion)이라는 곳을 정찰하러 떠났다.

투리온은 고깔 모양의 바위산으로서 우리 고향 사람들은 그곳을 오르토파고스(Orthopagos)라고 불렀다. 그 산 밑에는 몰로스(Molos)강이 흐르고, 아폴로 투리우스(Apollo Thourius)라는 신전이 자리 잡고 있었다. 투리우스라는 이름은 카이론(Chairon)의 어머니인 투로(Thuro)에서 따온 것이다.

전설에 따르면, 카이론은 나의 고향 카이로네이아를 세운 분이라고 한다. 그러나 다른 사람들의 말에 따르면, 아폴론이 길 안내를 하라고 페니키아 왕자 카드모스(Cadmos)에게 준 소가 그곳에 나타났는데, 투리우스라는 지명은 페니키아어로 소를 뜻하는 토르(*thor*)에서 온 것이라고 한다.

술라가 카이로네이아에 가까이 오자 그곳에 머물고 있던 호민관이 완전 무장한 병사를 이끌고 월계수 잎으로 엮은 화관을 들고 나와 술라를 맞이했다. 화관을 받은 술라는 병사들과 인사를 나누고 나서 다가오는 위험에 대비하여 용기를 불어넣어 주었다. 그때 카이로네이아에서 온 호몰로이코스(Homoloïchos)와 아낙시다모스(Anaxidamos)가 다가와 말했다.

"저희들에게 병사를 몇 명 딸려 주면 투리온을 점령한 적군을 몰아낼 수 있습니다. 그곳에는 적군의 눈에 띄지 않고 페트라코스(Petrachos)에서 무세이온(Mouseion)을 지나 적군의 진영이 내려다보이는 투리온까지 이르는 길이 있습니다. 그 길을 따라 가면 적진에 닿고, 그 위에서 돌멩이를 던져 적군을 죽이거나 평야로 몰아내는 것은 어려운 일이 아닙니다."

가비니우스가 두 사람의 용맹함과 충직함을 보장하자 술라는 그들에게 작전을 수행하도록 지시하고, 자신은 전열을 가다듬으러 나갔다. 그는 기병대를 양쪽 날개에 배치한 다음 자기는 오른쪽 날개를 맡고 무레나에게는 왼쪽 날개를 맡겼다. 부관 갈바(Galba)와 호르텐시우스는 적군의 측면 공격에 대비하여 몇 개 코호르트를 거느리고 후방의 고지대에 남았다. 정찰병의 말에 따르면, 수많은 기병대와 보병을 거느린 적군은 진영의 날개를 펴 로마군을 둘러쌀 목적으로 유연하고 경쾌하게 움직일 준비를 하고 있었다.

18

그 무렵에 카이로네이아는 술라가 임명한 에리키우스의 지휘를 받고 있었다. 그의 부대가 갑자기 투리온을 돌아 나타나자 페르시아 부대 안에서는 엄청난 혼란이 일어나 당황하여 서로를 죽이는 끔찍한 일이 벌어졌다. 페르시아군은 자리를 지키기는커녕 벼랑으로 달려가 뛰어내렸다.

그사이에 로마군이 위에서 무장도 하지 않은 그들을 공격하니 투리온에서만 페르시아군 3천 명이 죽었다. 겨우 그곳을 벗어난 무리는 미리 전열을 갖추고 기다리던 무레나를 만나 죽음을 맞이했다. 다른 무리는 아군 진지를 찾아갔으나 너무 황급히 도망해 들어온 탓에 엄청난 혼란과 공포만 불러일으켜 장군들이 작전을 늦추면서 더 큰 피해를 보았다.

페르시아 병사가 그토록 혼란에 빠져 있을 때 술라가 신속히 그들을 공격하여 적군과 거리를 좁힘으로써 낫이 달린 전차의 효능을 무색하게 만들었다. 전차란 본디 적군과 멀리 떨어져 있을 때 효과적이다. 곧 가속도가 붙어 파괴력을 싣고 적진으로 돌진할 때 효과를 내는 것인데, 적군과 거리가 좁을 때는 별 효과가 없으니, 이는 추진력을 잃은 화살의 경우와 마찬가지이다. 페르시아인들이 그러한 원리를 잘 입증했다. 앞장서 오던 전차들이 힘없이 무너지자 로마 병사들은 손뼉을 치고 웃으면서 어서 더 와 보라고 소리치는데, 그 모습이 마치 곡마단에서 경주마를 보는 것 같았다.

그다음에는 보병끼리 전투가 붙었다. 페르시아 병사들은 장창을 한껏 빼 들고 왼손에는 방패를 든 채로 전열을 지키려고 애를 썼다. 그러자 로마 병사들은 창을 버리고 칼을 빼 든 채 적군의 창을 비끼며 될 수 있는 한 가까이 적군에게 다가갔다. 그들이 이토록 격렬했던 것은 적진 앞에 늘어선 노예 1만 5천 명을 차지할 욕심 때문이었다. 그 노예들은 페르시아 장군들이 전쟁에 이기면 해방해 준다는 조건으로 데리고 와 중무장 보병 대열에 섞어 넣은 무리였다. 들리는 바에 따르면, 그때 로마 백인대장 한 명은 노예들이 방종하게 설치는 모습을 바라보며 말했다고 한다.

"오늘이 사투르누스의 축제일인가?"[10]

그러나 노예들은 촘촘히 전열을 이룬 데다가 비상한 용기로 자리를 지키고 있었기 때문에 로마의 중무장 병력이 그들을 공격하는 데에는 시간이 오래 걸렸다. 그러나 로마 진영의 후미(後尾)에서 마구 쏘아 대는 화살과 날아오는 창을 견디지 못하고 그들은 물러섰다.

19

이에 아르켈라오스가 오른쪽 날개를 펴 술라의 전열을 포위하려 하자 호르텐시우스가 자기 병력을 서둘러 보내 적군의 측

---

10   사투르누스는 농업의 신이었는데, 그의 축제일에 주인들은 노예에게 자유를 주었다.

면을 공격했다. 그러나 아르켈라오스가 신속히 기병 2천 명을 이끌고 공격해 와 호르텐시우스는 그 수에 눌려 언덕 쪽으로 물러섰다. 그는 조금씩 적군과 거리를 유지했다. 주력 부대에서 떨어진 그는 적군에 포위되어 갔다. 이 사실을 알아차린 술라가 그를 도우러 아직 전투에 돌입하지 않은 오른쪽 날개를 이끌고 달려왔다. 그러나 술라의 부대가 일으키는 먼지를 보고 사태를 짐작한 아르켈라오스는 호르텐시우스를 버려둔 채 술라가 떠난 오른쪽 날개를 향해 진군했다. 그는 이런 방식으로 사령관이 없는 오른쪽 날개를 기습할 작정이었다.

그 무렵에 무레나도 타크실레스가 이끄는 청동 방패 부대의 공격을 받았다. 양쪽에서 들려오는 함성이 사방을 둘러싼 언덕에 반향을 일으키자 술라는 어느 쪽을 지원하러 가야 할지 몰랐다. 그러나 자신의 본디 장소를 지키리라고 결심한 술라는 호르텐시우스에게 4개 코호르트를 이끌고 무레나를 돕도록 하는 한편, 자신은 제5 코호르트를 이끌고 오른쪽 날개로 달려갔다. 그곳에서 아르켈라오스와 대등하게 싸우고 있던 로마 병사들은 술라가 오는 것을 보고 용기를 얻어 곳곳에서 페르시아군을 무찔렀다. 주도권을 잡은 로마 병사들은 강과 아콘티온산으로 적군을 몰아냈다.

페르시아군은 곤두박질치듯이 도망했다. 그러나 술라는 위험에 빠진 무레나를 그대로 둘 수 없어 병력을 이끌고 그를 도우러 진격했다. 그가 바라보니 곳곳에서 로마 병사가 이기면서 적군을 추격하고 있었다. 많은 페르시아군이 평원에서 살해되었고, 대부분은 참호로 달려들어 가다가 죽었다. 살아서 칼키스로 돌아간 병력은 1만 명 정도였다.

술라의 기록에 따르면, 이 전투에서 로마 병사는 오직 14명만이 사라졌는데 그 가운데 두 명은 저녁나절에 돌아왔다고 한다. 술라는 자신의 승전비에 군신 마르스와 빅토리아와 베누스의 이름을 새겨 넣음으로써 이번 승리가 자신의 전략과 힘의 결과라기보다는 신의 가호 때문이었음을 표현했다.

평원에 세운 비석은 아르켈라오스가 처음 도주한 몰로스 강 주변에 서 있고, 다른 하나는 투리온의 산마루에 서 있어서 그곳이 이방 민족이 포위하고 있던 곳임을 기념하고 있다. 술라는 영웅 호몰로이코스와 아낙시다모스를 기념하고자 그리스어로 비명(碑銘)을 썼다. 또한 이번 승리 축제를 테베에 있는 오이디푸스의 우물 가까운 곳에서 치렀다.[11]

그러나 축제의 심판은 테베인이 아니라 다른 그리스 도시국가들에서 불려 온 사람들이었다. 술라가 테베인들에게 씻을 수 없는 적개심을 느꼈기 때문이었다. 술라는 또한 테베 영토 절반을 빼앗아 피티아의 아폴론과 올림피아의 제우스 신전에 주고, 그 땅에서 들어오는 수입은 그들이 모셔 온 신들의 신전을 위한 경비로 쓰도록 했다.

20

그런 일이 있은 뒤에 술라는 자신의 정적인 플라쿠스가 [기원전 86년에 죽은 마리우스의 뒤를 이어 킨나와 함께] 집정관에 당선되었다는 소식을 들었다. 플라쿠스는 당선과 함께 병력을 거느리고 이오니아해를 건너오고 있었는데, 겉으로 내세운 이유는 미트리다테스를 물리친다는 것이었지만 속셈은 자신을 무너뜨리기 위해서임을 알고 있던 술라는 그를 만나러 테살리아로 떠났다.

그러나 술라가 멜리테이아(Meliteia)에 이르렀을 때, 이번에는 자기가 비워 두고 온 곳에서 미트리다테스가 적지 않은 병력을 이끌고 쳐들어와 약탈을 자행한다는 소식이 사방에서 들려왔다. 알아보니 도릴라오스가 많은 함대를 이끌고 칼키스

---

11   오이디푸스가 아버지를 죽인 뒤에 이곳에서 피를 씻었기 때문에 이 샘을 '오이디푸스의 우물'이라고 불렀다.

에 정박했다는 것이었다.

도릴라오스는 미트리다테스의 병력 가운데 정예군 8천 명을 이끌고 보이오티아로 들어와 약탈하고 있었다. 그는 아르켈라오스의 충고에도 아랑곳하지 않고, 만약 반역자가 없었더라면 그토록 여러 사람이 죽지 않았을 것이라고 말하면서, 술라와 전쟁을 벌이고 싶어 안달이었다.

그러나 술라는 곧 군대를 후퇴시킴으로써 아르켈라오스야말로 참으로 신중하며 로마인들의 용맹함을 가장 정확히 이해하는 사람이라는 점을 도릴라오스에게 보여 주었다. 그리하여 도릴라오스는 틸포시온 근처에서 술라와 작은 전투를 벌인 다음, 전쟁으로 문제를 해결할 일이 아니라 시간과 돈으로써 해결하는 것이 가장 편하다는 것을 처음으로 깨달았다.

아르켈라오스는 오르코메노스 주변 지형을 보고 크게 고무되어 그곳에 병영을 차렸다. 그곳이야말로 우수한 기병대를 가진 군대가 싸우기에 가장 좋은 곳이라고 그는 판단했다. 그곳은 보이오티아의 평원 가운데 가장 넓고 아름다웠다. 그 평원은 오르코메노스에서 시작하여 멜라스(Melas)강이 끝나는 곳의 늪지대에 이르기까지 나무도 없이 밋밋하게 펼쳐져 있었다. 오르코메노스 지하에서 시작되는 이 강은 그리스의 강들 가운데 유일하게 발원에서부터 배가 다닐 수 있을 만큼 물이 풍부했다.

하지가 가까워지면 멜라스강은 나일강처럼 수량이 불어나 온갖 식물이 자라지만, 키는 크지 않고 열매도 맺지 않았다. 강의 길이는 매우 짧다. 강줄기는 대부분 늪지의 호수로 곧 사라지며, 작은 부분만이 케피소스에서 서로 만나는데, 이곳에 고인 물은 피리를 만드는 데 필요한 갈대를 생산한다고 소문이 나 있다.

21

양쪽 군대가 서로 가까운 곳에 진영을 차린 다음 아르켈라오스는 조용히 전투를 기다렸다. 술라는 양쪽 날개에 참호를 팜으로써 가능하다면 적군을 기병대에 유리한 굳은 땅에서 떼어내어 늪지대로 몰아넣고자 했다. 그러나 적군은 술라의 부대를 그대로 두지 않았다. 페르시아의 장군이 저돌적으로 돌격해 와 술라의 사역병들을 흩어 버리고, 그들을 엄호하던 병력을 큰 혼란에 빠뜨려 도망치게 했다. 그러자 술라는 말에서 내려 깃발을 잡고 페르시아군을 피해 도망하는 부하들에게 소리쳤다.

"로마 병사들이여, 나는 여기에서 죽으리라. 누군가 그대들에게 장군을 배신한 곳이 어디냐고 물으면 오르코메노스산이었노라고 대답하는 것을 잊지 말지어다."

술라의 말을 들은 병사들은 다시 전열을 가다듬었다. 오른쪽 날개에 있던 2개 코호르트가 그를 도우러 달려왔고, 술라는 이들과 함께 페르시아군을 물리쳤다. 그런 다음 그는 조금 물러서서 병사들에게 아침 식사를 먹인 뒤에 적군의 공격을 막고자 참호 작업을 계속했다. 그러나 적군은 더욱 질서 정연하게 공격해 왔다.

아르켈라오스의 양자 디오게네스(Diogenes)는 오른쪽 날개에서 용맹스럽게 싸우다가 장렬한 죽음을 맞이했다. 로마 병사들에게 쫓긴 페르시아의 궁수들은 활을 쏠 겨를도 없어 화살 여러 개를 손에 움켜쥐고 칼을 휘두르듯이 로마 병사를 공격하면서 가까이 다가온 로마군을 격퇴하고자 했으나, 끝내 참호로 쫓겨 들어가 시체와 부상병들에 섞여 그날 밤을 비참하게 보냈다.

날이 밝자 술라는 병력을 이끌고 적군의 요새를 공격하는 한편, 참호 파는 일을 계속했다. 페르시아군이 다시 쳐들어왔으나 술라는 그들을 맞아 완전히 무찔렀다. 적군이 너무 당황하여 저항조차 할 수 없게 되자 술라는 번개처럼 공격해 적진을 함락했다. 늪지는 적군의 피로 물들었고, 호수는 적군의 시체로 가득했다. 그 전투가 있은 지 2백 년이 지난 오늘날에도 이방인들의 활과 투구와 쇠로 만든 가슴받이[胸甲] 조각과 칼이 진흙 더미에서 수없이 나온다. 나의 고향 카이로네이아와 오르코메노스에서 벌어진 전투에 관한 기록은 그랬다.

22

[기원전 85년에] 함께 집정관에 당선된 킨나와 카르보(Carbo)가 로마에서 여러 저명인사를 부당한 폭력으로 핍박했다. 그러자 귀족들은 폭군을 피해 술라의 진영으로 찾아와 마치 항구에 선박을 대피하듯 하니, 짧은 시간 안에 술라의 진영에는 원로원에 못지않은 무리가 모였다.

어렵게 아이들을 데리고 탈출한 아내 메텔라의 말에 따르면, 술라의 집과 별장은 정적들의 손에 불탔으며, 그의 부하들은 술라가 어서 고국으로 돌아와 도와주기를 애원하고 있었다. 술라는 어찌할 바를 몰랐다. 그로서는 어려움을 겪는 조국을 외면할 수도 없었고, 그렇다고 해서 미트리다테스와 벌이던 전쟁을 그대로 두고 떠날 수도 없었다.

그러는 사이에 델로스 출신의 아르켈라오스(Archelaos)라는 상인이 남몰래 찾아왔다. 그는 공교롭게도 앞에서 말한 아르켈라오스 장군과 이름이 같았다. 그는 아르켈라오스 장군의 지시를 받아 미트리다테스의 희망과 제안을 가져왔는데, 그 내용이 막연했다. 그래도 술라는 그 제안이 너무도 반가워 서둘러 아르켈라오스와 회담하고자 했다. 그들은 델리온 근처 어느 해안에서 만났다. 그곳에는 아폴론 신전이 있었다. 아르켈라오스가 먼저 술라에게 제안했다.

"장군께서는 아시아와 폰토스를 버리고 로마로 돌아가시지요. 그렇게 한다면 미트리다테스왕은 돈과 삼단 노의 함선과 그대가 바라는 만큼의 병력을 줄 것입니다."

이에 술라가 대답했다.

"이제 그대는 미트리다테스에 대한 생각을 버리고 그를 대신하여 왕이 되어 보시지요. 그런 다음 로마의 동맹국이 되어 우리에게 함대를 넘기시지요."

그러자 아르켈라오스가 말했다.

"나는 그런 역모를 꾸미고 싶지 않습니다."

이에 술라가 말했다.

"그렇군요. 그러나 아르켈라오스 장군, 그대는 본디 카파도키아 출신인데 지금은 야만국 왕의 노예로서, 아니 노예라는 말이 불쾌하다면, 그의 막료로서 지금 엄청난 대가를 얻을 수 있는 행동을 불명예스럽다는 이유로 거절하면서, 로마의 장군인 이 사람 술라에게는 감히 반역을 제안하는 거요? 그대는 카이로네이아 전투에서 12만 명의 병력 가운데 다만 몇 사람만을 살려 도망했으며, 오르코메노스의 늪지에서 며칠을 숨어 있었고, 보이오티아에서는 사람이 다닐 수도 없을 만큼 많은 시체를 남겨 두었던 사람이 아니었던가요?"

술라의 말을 들은 아르켈라오스는 심경의 변화를 일으켰다. 그러고는 말했다.

"장군께서는 이번 전쟁을 이쯤에서 멈추고 미트리다테스 왕과 화해하시기를 바랍니다."

술라는 그의 요청을 받아들여 강화 조약을 맺었는데, 그 조건은 다음과 같았다.

"미트리다테스왕은 아시아[12]와 파플라고니아를 포기하고 비티니아를 니코메데스(Nikomedes)에게 반환하며, 카파도키아를 아리오바르자네스에게 반환한다. 그리고 로마에 배상금 2

---

12 여기에서 아시아는 오늘날의 개념과 달리 지금의 터키가 있는 아나톨리아반도 서쪽을 일컫는 말이었다.

만 탈렌트를 지불하고, 훌륭하게 무장한 동갑선(銅甲船) 70척을 제공한다. 이에 대응하여 술라는 미트리다테스가 그 밖의 지역을 지배함을 인정하며, 그에게 로마의 동맹국 지위를 부여한다."

23

술라와 미트리다테스 사이에 휴전에 대한 합의가 이뤄지자 술라는 군대를 물려 테살리아와 마케도니아를 거쳐 헬레스폰토스로 떠났다. 그때 그는 아르켈라오스를 함께 데려갔는데, 그 대접이 매우 정중했다. 그런데 갑자기 아르켈라오스가 라리사(Larissa)에 이르렀을 때 몹시 아팠다. 이에 술라는 행군을 멈추고 마치 자기 장군이 아픈 것처럼 극진히 간호했다. 이 때문에 그는 카이로네이아에서 최선을 다해 싸우지 않았다는 의심을 받았다.

그뿐만 아니라 술라가 포로로 잡은 미트리다테스의 막료들을 풀어 주었으면서도 아르켈라오스와 원수 사이였던 아테네의 참주 아리스티온을 독살한 것도 의혹을 더욱 키웠다. 그러나 무엇보다도 술라와 아르켈라오스 사이에 무슨 거래라도 있었던 듯이 의혹을 받은 것은 술라가 카파도키아 출신인 아르켈라오스에게 에우보이아 땅 약 8제곱킬로미터를 주면서 자신의 막료요 로마의 동맹군이라는 칭호를 주었기 때문이었다. 술라는 이와 같은 의혹들에 대해 그의 『회고록』에서 자신을 변호했다.

그 무렵에 미트리다테스의 사절단이 찾아왔다. 그들은 다른 강화 조건은 다 받아들이겠지만 파플라고니아를 빼앗지 말 것과, 함선 70척을 제공하라는 조건을 철회해 달라고 요청했다. 그러자 분노한 술라가 사절들에게 말했다.

"그게 무슨 소리요? 미트리다테스가 파플라고니아를 요구하고, 함선 제공을 거부한다고? 로마인들을 그토록 많이 죽인 그의 오른팔을 자르지 않고 남겨 둔 것[13]에 그가 내 발아래 무릎을 꿇고 감사하리라고 나는 생각했소. 그러나 내가 아시아로 건너가면 그의 생각도 곧 바뀌게 될 거요. 자기는 지금 페르가몬에 앉아 겪어 보지도 않은 전쟁을 지휘하고 있는 주제에......"

술라의 말에 너무 놀란 사절단은 아무 말도 하지 못했다. 그러자 옆에 있던 아르켈라오스가 술라에게 분노를 가라앉히라고 애원하며 그의 오른손을 잡고 눈물을 흘렸다. 그리하여 그는 드디어 술라에게서 자신을 미트리다테스에게 파견한다는 동의를 얻어 냈다. 그는 그때 이런 말을 했다.

"제가 술라 장군의 강화 조건에 대하여 미트리다테스왕의 동의를 받아 오겠습니다. 만약 제가 왕을 설득하지 못한다면 스스로 목숨을 끊겠습니다."

이와 같은 다짐을 받은 뒤에 술라는 그를 미트리다테스왕에게 보내고, 자신은 마이도이(Maidoi) 지방을 침공하여 그 대부분을 약탈한 다음 다시 마케도니아로 돌아와 필리포이(Philippoi)에서 아르켈라오스를 만났다. 아르켈라오스는 일이 모두 잘 진행되고 있으며, 미트리다테스가 술라를 만나고 싶어 한다는 말을 전달했다.

미트리다테스가 술라를 만나고자 한 것은 핌브리아 때문이었다. 핌브리아는 반대파에 속해 있던 집정관 플라쿠스를 죽인 다음 미트리다테스의 장군들을 제압하면서 그를 향해 진격해 오고 있었다. 이런 상황에서 겁을 먹은 미트리다테스는 핌브리아에게 고초를 겪으니 차라리 술라의 우정에 기대는 쪽을 선택한 것이었다.

13 이 말이 실제로 미트리다테스의 오른팔을 자르지 않았다는 뜻인지, 그의 오른팔처럼 일한 아르켈라오스를 죽이지 않고 살려 주었다는 뜻인지 정확히 파악할 수 없다.

24

약속에 따라 술라와 미트리다테스는 트로아드(Troad)의 다르다노스(Dardanos)에서 만났다. 이때 미트리다테스는 장비를 갖춘 함선 2백 척, 중무장 보병 2만 명, 기병 6천 명, 낫이 달린 전차 여러 대를 이끌고 왔는데, 그와 달리 술라는 겨우 4개 코호르트와 기병 2백 명을 이끌고 왔다. 미트리다테스가 다가와 손을 내밀자 술라가 물었다.

"그대는 아르켈라오스가 제시한 강화 조건에 따라 전쟁을 그치고자 합니까?"

왕이 아무 대답을 하지 않자 술라가 다시 말했다.

"애원하는 사람이 먼저 말해야 하고, 승자는 들을 뿐이오."

그러자 미트리다테스가 변명을 늘어놓으면서 말했다.

"이번 전쟁은 부분적으로는 신의 저주이며, 부분적으로는 로마인들에게 책임이 있습니다."

이에 술라가 왕의 말을 끊으면서 말했다.

"나는 그대가 대단한 웅변가라는 말을 오래전부터 들었지만 이제야 그것을 직접 보게 되는군요. 그토록 비열하고 의롭지 못한 행동에 대해서도 말이 막히지를 않는군요."

그런 다음 술라는 미트리다테스가 저지른 악행을 무섭게 꾸짖으며 다시 물었다.

"그대는 아르켈라오스가 전달한 강화 조건을 지킬 뜻이 있소, 없소?"

미트리다테스가 강화 조건을 지키겠노라고 대답하자 술라는 그를 껴안고 입을 맞추었다. 그 뒤로 술라는 그를 카파도키아의 아리오바르자네스왕과 비티니아의 니코메데스왕에게 데려가 화해시켰다. 강화 조약에 따라 미트리다테스는 함선 70척과 궁수 5백 명을 술라에게 넘겨준 뒤 배를 타고 폰토스로 떠났다.

그러나 술라는 자신의 부하들이 강화 조건 때문에 분노하고 있다는 사실을 알았다. 그들은 가장 적대적인 그 왕이 아시아에서 [기원전 88년] 단 하루에 로마인 15만 명을 죽인 사건을 참으로 끔찍한 일이라고 생각하고 있었는데, 그가 4년 동안 약탈하고 세금으로 거두어들인 막대한 재산을 가지고 돌아가는 모습을 차마 볼 수가 없었다. 그러자 술라는 그들에게 이런 말로 변명했다.

"미트리다테스와 핌브리아가 합세하여 전쟁을 일으킨다면 우리로서는 감당할 수가 없다오."

25

미트리다테스와 강화 조약을 맺은 술라는 티아테리아(Thyateria) 근처에 진영을 차린 핌브리아를 대적하러 다르다노스를 떠났다. 술라는 핌브리아의 진영 가까운 곳에서 행군을 멈추고 참호를 파기 시작했다. 그러자 핌브리아의 병사들이 갑옷도 입지 않고 뛰어나와 술라의 병사를 환영하면서 함께 열심히 참호를 팠다. 병사가 그처럼 이탈하는 광경을 본 핌브리아는 술라와 타협하기 어렵다는 것을 알고 두려워한 나머지 막사 안에서 스스로 목숨을 끊었다.

그런 일이 있은 뒤에 술라는 아시아에 2만 탈렌트의 벌금을 물렸고, 주민들의 집에 머물던 술라의 병사들은 그 가정을 무참히 짓밟았다. 각 가정이 술라의 병사와 그가 데리고 간 손님에게 하루에 4테트라드라크몬(tetradrachmon)¹⁴을 지불하고, 식사를 대접해야 하며, 병사가 초청하고자 하는 동료 모두에게 저녁 식사를 대접하라고 술라가 지시했기 때문이었다. 또한 주민들은 군무 위원에게 하루에 50드라크마를 지불해야 하고 실내복과 외출복 한 벌씩을 제공해야 했다.

14　1테트라드라크몬은 4드라크마이다.

26

함선을 모두 이끌고 에페소스를 떠나 바다로 나간 술라는 3일 만에 피라이우스에 닻을 내렸다. 그곳에서 그는 신비한 제의 (祭儀)를 드리고 테오스(Theos) 출신 아펠리콘(Apellikon)의 장서 들을 빼앗았다. 그 무렵 그곳에는 아리스토텔레스와 테오프 라스토스의 잘 알려지지 않은 글들이 소장되어 있었다. 들리 는 바에 따르면, 술라가 그 글들을 로마로 가져온 뒤 문법학자 티란니온이 그것을 정리했으며, 로도스 출신의 안드로니코스 (Andronikos)가 복사본을 출판하여 그 목록이 지금 나돌고 있다 고 한다.

옛날의 소요학파(逍遙學派)는 학문이 깊기는 했으나, 아리 스토텔레스나 테오프라스토스의 저술을 많이 알지도 않았고 정확히 이해한 것 같지도 않다. 테오프라스토스에게서 책을 물려받은 스켑시스(Skepsis)[15]의 넬레우스(Neleus)는 그 책들을 중요하게 여기지도 않았을 뿐만 아니라 그것을 읽을 만한 지 식도 갖추지 못한 사람이었기 때문이었다.

술라가 아테네에서 시간을 보내고 있을 때 발이 저리고 마비되는 증상이 나타났는데, 역사학자 스트라본의 기록인 『지리학(Geographica)』에 따르면, 그것은 통풍의 전조였다고 한 다. 따라서 그는 아이뎁소스(Aidepsos) 해협을 건너 그곳 온천 에서 요양하며 연극배우들과 즐거운 시간을 보냈다.

어느 날 술라가 해안을 걷고 있을 때 어부들이 멋지게 생 긴 생선을 들고 왔다. 즐거운 마음에 그가 어부들에게 물었다.

---

15 스켑시스를 회의학파(懷疑學派, scepticism)로 풀이하는 견해도 있으나 페린은 이것이 트로아드의 도시 이름이라고 주석했다. 아마도 회의학파 에 속한 사람들이 스켑시스라는 도시에 살아 그와 같은 이름이 생긴 듯 싶다. 이곳은 알렉산드로스 대왕이 죽은 뒤에 리시마코스 장군이 세운 아탈로스 왕조의 중심 도시였다. 그 책의 소유자 넬레우스는 아리스토텔 레스와 테오프라스토스의 책들을 땅속에 파묻고 보관하다가 페르가몬 의 부호 아펠리콘에게 빼앗겼는데, 이때 많이 훼손되었다.

"그대들은 어느 지방 사람인가?"

그들이 대답했다.

"저희는 할라이(Halai) 사람들입니다."

그 말을 들은 술라가 깜짝 놀라며 말했다.

"아직도 살아 있는 할라이 사람이 있었던가?"

술라가 그렇게 놀란 데에는 그럴 만한 이유가 있었다. 오르코메노스 전투에서 승리한 뒤에 적군을 추격하던 그는 보이오티아를 파괴하면서 안테돈(Anthedon)과 라림나(Larymna)와 할라이도 함께 파괴했기 때문이었다. 술라의 말을 들은 어부들이 겁에 질려 아무 말도 못 하자 술라가 미소를 지으면서 이제는 평화롭게 살라고 말했다. 그들이 가져온 물고기가 초라하지도 않고 비루하지도 않은 중재자 노릇을 한 셈이었다. 오늘날도 할라이 사람들의 말에 따르면, 그들은 그때 술라의 말에 용기를 얻어 고향으로 돌아가 살 수 있게 되었다고 한다.

27

이제 술라는 함대 1천2백 척을 이끌고 테살리아와 마케도니아를 거쳐 바다로 나가 디라키온(Dyrrhachion)에서 브룬디시움으로 진격할 준비를 하고 있었다. 아폴로니아 근처에 님파이온(Nymphaion)이라는 성지가 있었는데, 푸른 골짜기와 초원에서 꺼지지 않는 불꽃이 일어났다.

이곳 사람들의 말에 따르면, 술라의 부하들이 잠을 자고 있던 사티로스를 잡아왔다고 하는데, 이는 조각가들과 미술가들이 그린 바로 그 반인반수를 말한다. 여러 통역을 거쳐 그들이 어디서 왔는가를 물어보았지만 말이 통하지 않았다. 온갖 어려움 끝에 그들이 쉰 목소리로 말을 하는데 말과 염소 울음소리의 중간 같았다. 이에 놀란 술라는 그들을 쫓아 보냈다.

진군하던 술라는 병사들이 첫 도시에 도착했을 때 그들이 여러 도시로 뿔뿔이 흩어지지나 않을까 걱정했다. 그러자 병사들은 장군의 명령에 따를 것이며, 그의 명령 없이는 이탈리아의 명예를 손상하는 일을 하지 않겠노라고 맹세했다. 그뿐만 아니라 병사들은 술라가 경비 부족으로 고생하는 모습을 보고 자발적으로 가진 것들을 술라에게 바쳤다.

그러나 술라는 그 물건들을 받지 않고 그들의 호의에 감사하면서 용기를 북돋아 주었다. 그의 『회고록』에 따르면, 그가 바다를 건너가 대적해야 할 병력은 적대적인 장군 열다섯 명이 이끄는 450개 코호르트였다고 한다. 그때 신탁은 술라가 실수 없이 성공할 것이라는 예언을 들려주었다.

[기원전 83년 봄] 술라는 타렌툼[16]에 상륙하자마자 신전에 제물을 드렸는데, 그 동물의 간(肝)에 붙은 살코기가 두 갈래 끈처럼 달린 월계관 모양의 흔적을 보였다. 그가 그리스를 떠나기 조금 앞서 캄파니아의 티파툼(Tifatum)산에 숫염소 두 마리가 나타나 하루에 다섯 번 싸우는데 마치 사람이 싸우는 듯했다. 그러나 그들은 실제 염소가 아니라 유령이었다는 것이 드러났다. 그들은 천천히 땅 위로 솟아오르더니 허공으로 완전히 사라졌던 것이다.

그 뒤로 오래지 않아 [기원전 83년에] 그 장소에서 소(少)마리우스(Marius the Younger)와 집정관 노르바누스(Norbanus)가 술라를 향해 대군을 이끌고 쳐들어왔다. 그때 술라는 전투 명령을 내리거나 대형을 갖출 겨를도 없이 오직 민첩함과 용맹함만으로 적군을 물리치고, 카푸아에서 노르바누스를 패주시켰는데, 이때 적군 7천 명을 죽였다. 술라는 그때의 장면을 이렇게 회고했다.

"그 뒤에 병사들이 여러 도시로 뿔뿔이 흩어지지 않고 몇 배나 더 많은 적군을 우습게 알며 싸운 것은 바로 그 전투에서

---

16 페린은 이때 그의 주력 부대가 상륙한 곳은 타렌툼이 아니라 브룬디시움 이라고 교정했다.

술라

이긴 감격 덕분이었다. 그 무렵에 폰티우스의 하인이 실비움(Sylvium)에 있던 나를 찾아와 매우 들떠 이렇게 말했다. '제가 군신 벨로나에게 승리의 월계관을 받아 장군께 드리려고 가져왔습니다. 그러나 장군께서 서두르지 않으시면 신전의 언덕이 불에 탈 수도 있습니다.' 그리고 그가 말한 퀸틸리스월(Quintilis 月), 곧 오늘날의 7월 6일에 실제로 그런 일이 일어났다."

더 나아가 휘덴티아(Fidentia)에서는 술라의 지휘관 가운데 한 사람이었던 마르쿠스 루쿨루스(Marcus Lucullus)가 16개 코호르트를 이끌고 적군의 50개 코호르트와 맞서 싸우고 있었는데, 그는 자기 병력이 충분히 싸울 준비가 되어 있다고 생각했지만 실제로 병사들은 대부분 무기를 지니고 있지 않아 공격을 멈칫거리고 있었다. 그가 시간을 보내며 고민하고 있는데, 목초로 이뤄진 이웃 평원에서 잔잔한 산들바람이 불면서 꽃잎을 싣고 와 병사들 위에 뿌렸다.

꽃잎이 스스로 날아와 병사들의 방패와 투구에 앉으니 적군이 보기에는 마치 승리의 월계관을 쓰고 있는 듯했다. 이런 일이 벌어지자 전의를 북돋은 병사들이 적진으로 돌격하여 적군 1만 8천 명을 죽이고 적진을 함락했다. 이 루쿨루스는 뒷날 미트리다테스와 티그라네스를 정복한 그 루쿨루스(제12장)의 형이다.

28

그러나 적군이 수많은 병력으로 자기를 포위하고 있다는 사실을 알고 있었던 술라는 무력과 함께 기만술을 쓰기로 결심했다. 그는 먼저 또 다른 집정관 스키피오 아시아티쿠스(Scipio Asiaticus)를 불러 강화 조약을 맺자고 제안했다. 스키피오가 그 제안을 받아들여 몇 차례 만났으나, 술라는 시간을 벌려고 번번이 구실만 내세우면서 다른 한편으로는 자기 병사를 시켜 스키피오의 병사를 매수하기 시작했다.

술라의 병사들은 지휘관을 닮아 온갖 속임수와 재주에 뛰어났다. 그들은 적진으로 들어가 그들과 자유롭게 섞이면서, 어떤 때는 돈을 주고 어떤 때는 거래를 약속하고 어떤 때는 설득하여 스키피오의 병사를 술라 편으로 끌어들였다.

그러다가 드디어 술라가 20개 코호르트의 병력을 이끌고 다가가 저쪽 병사들에게 인사를 건네자 저쪽 병사들이 답례로 인사하며 모두 이쪽으로 넘어왔다. 그러다 보니 홀로 남은 스키피오는 막사 안에서 붙잡혔지만 곧 풀려났다. 그러는 사이에 술라는 자기의 병력 20개 코호르트를 마치 매[鷹]처럼 이용하여 적군의 40개 코호르트를 붙잡아 자기 진영으로 돌아왔다. 이 일을 두고 카르보가 이런 말을 남겼다고 한다.

"술라와 싸울 때는 그에게서 여우와 사자의 두 가지 모습을 볼 수 있는데 그가 여우처럼 싸울 때 우리는 더욱 힘들었다."

이런 일이 있은 뒤에 시그니아(Signia)에 있던 마리우스가 85개 코호르트를 이끌고 술라를 공격해 왔다. 이에 술라는 바로 그날 승패를 결정짓고 싶었다. 지난밤에 길몽을 꾸었기 때문이었다. 그는 꿈속에서 이미 죽은 지 오래된 대(大)마리우스를 만났다. 대마리우스는 자기 아들에게 다음 날 큰 재앙이 닥칠 것이니 경계하라고 말했다.

그 꿈이 자기에게 유리한 것으로 생각한 술라는 서둘러 전투를 벌이고 싶었다. 그는 그리 멀지 않은 곳에 진영을 차리고 있던 돌라벨라(Dolabella)와 합동 작전을 펼치고자 했다. 그때 적군이 도로를 막고 술라를 둘러쌌다. 병사들은 길을 뚫느라 애를 쓰고 있는데, 엎친 데 덮친 격으로 비가 억수같이 쏟아져 병사들을 더욱 괴롭혔다.

그러자 군무 위원들이 술라를 찾아왔다. 그들은 지쳐 쓰러지거나 방패에 엎드려 쉬고 있는 병사들을 가리키며 전투를 잠시 뒤로 미루어 달라고 애원했다. 술라는 내키지 않았지만 군무 위원들의 요청에 못 이겨 진영을 차리도록 지시했다.

술라

그의 병사들이 참호를 파고 성벽을 쌓으려 하는데 소(少)마리우스가 자신만만하게 쳐들어왔다. 그는 전선에 앞장서서 말을 짓쳐들어오며 혼란에 빠진 술라의 병력을 흩어 놓으려 했다.

그때 하늘이 술라가 꿈속에서 들었던 말들을 현실로 만들어 주었다. 술라의 분노가 병사들에게 전달되자 그들은 작업을 멈추고 참호에 창을 꽂은 다음 칼을 빼 들고 모두 함성을 지르면서 적진을 향해 달려 나갔다. 이에 적군은 오래 버티지 못하고 달아나다 많은 병사가 목숨을 잃었다. 마리우스는 프라이네스테(Praeneste)로 도망했지만 이미 성문이 달혀 있었다. 다행히 성 위에서 누군가 밧줄을 내려 주어 마리우스는 그것을 허리에 매고 끌려 올라갔다.

그러나 훼네스텔라를 비롯한 몇몇 사람의 기록에 따르면, 마리우스는 그 전투에 대해 아무것도 알지 못했다고 한다. 그는 잠에 빠져 그늘에서 쉬고 있다가 전투 신호가 들리자 겨우 깨어나 도망했다고 한다. 그러나 술라는 『회고록』에서 자신은 겨우 23명의 병사를 잃었을 뿐이며, 적군 2만 명을 죽이고 8천 명을 사로잡았다고 기록하고 있다.

마리우스의 계획을 완성한 사람은 폼페이우스, 마르쿠스 크라수스, 메텔루스 피우스, 바티아 세르빌리우스(Vatia Servilius)였다. 이들은 별다른 이변 없이 많은 적군을 섬멸했다. 이에 적군 가운데 중요한 책임자였던 카르보(Gnaeus Carbo)는 밤중에 자기 부대에서 도망쳐 나와 배를 타고 리비아로 떠났다.

29

[내란의 마지막 단계인 기원전 89년에] 삼니움(Samnium)의 텔레시누스(Telesinus)가 마치 레슬링 경기에서 지친 승자를 기다리고 있는 제3의 선수처럼 로마 성문으로 다가와 술라에게 일격을 가했다. 그는 막강한 병력을 거느리고 루카니아 출신의 람포니우스(Lamponius)와 함께 포위된 마리우스를 구출하고자 프

라이네스테로 서둘러 진격했다.[17]

  그러나 앞에서는 자기를 쳐부수고자 술라가 달려오고, 뒤에서는 폼페이우스가 달려오고 있다는 사실을 알게 된 백전노장 텔레시누스는 밤을 틈타 진지를 허문 다음 병력을 모두 이끌고 로마로 진격했다. 그는 장군들이 모두 외지로 나가 수비가 허술해진 로마를 거의 함락할 지경에 이르렀다.

  로마의 콜리나 성문(Porta Collina) 밖 10스타디온까지 이르러 진영을 차린 텔레시누스는 자신이 수많은 장군을 무찌르리라는 생각에 가슴이 부풀어 있었다. 날이 밝자 젊은 귀족 청년들이 말을 타고 달려 나와 그를 맞아 싸웠으나 명문가의 자식이었던 아피우스 클라우디우스를 포함한 여러 청년이 그에게 지고 도망했다.

  당연히 로마 시내에는 소란이 일어났다. 아녀자들이 비명을 지르며 이리저리 뛰어다녀 마치 도시가 폭풍에 휩싸인 것 같았다. 그때 술라가 보낸 발부스(Balbus)가 기병 7백 명을 이끌고 전속력으로 달려오는 것이 보였다. 텔레시누스는 말의 땀을 식힌 다음 곧 안장을 얹고 그들을 공격했다.

  이런 상황에서 술라가 나타나 전위대에게 서둘러 밥을 먹도록 한 다음 전투 대형을 이루도록 지시했다. 그때 돌라벨라와 토르퀴아투스(Torquatus)가 찾아와 잠시 진군을 멈춰 달라고 간곡히 부탁하면서 피로하고 지친 상태에서 막중한 전투를 치르는 일이 없도록 해 달라고 말했다. 그들은 지금 카르보나 마리우스와 싸우는 것이 아니라 로마의 가장 고질적인 적이자 호전적인 민족과 싸우고 있었다. 그러나 술라는 그들의 말을 듣지 않고 때가 오후 4시임에도 진군나팔을 불도록 지시했다.

---

17 기원전 89년, 로마의 내전이 끝나 갈 무렵까지 삼니움인과 루카니아인들은 로마에 항전하고 있었다. 그들은 마리우스파와는 화목했지만 술라에게는 강렬한 적대감을 품었다.

전투는 어느 때보다도 치열했다.

크라수스가 지휘하는 오른쪽 날개는 크게 이기고 있었으나 왼쪽 날개는 심하게 몰리면서 어려움에 빠졌다. 이때 술라가 왼쪽 날개를 도우러 왔다. 술라는 날쌔고 힘이 좋은 백마를 타고 있었는데, 그를 알아본 두 명의 적군이 창을 던졌다. 술라는 그들을 보지 못했지만 술라의 마부가 그들을 알아보고 급히 술라의 말을 달아나게 함으로써 창은 말의 꼬리를 스치고 땅에 박혔다.

들리는 바에 따르면, 그때 술라는 델포이의 아폴론 신상 모형을 금으로 만들어 전쟁에 나갈 때면 늘 가슴에 품고 다녔다고 한다. 이번에도 그는 그 신상을 꺼내 다정하게 입을 맞춘 다음 이렇게 말했다.

"아폴론 신이시여, 당신께서는 이제까지 수많은 전투에서 이 행운아 코르넬리우스 술라에게 영광과 공업을 이루도록 해 주셨나이다. 그러하온데 이번에는 고향 성문 앞까지 저를 데려오시어 이곳에서 쓰러뜨려 동포들과 함께 가장 부끄럽게 죽이려 하십니까?"

들리는 바에 따르면, 술라는 이렇게 신에게 호소한 다음 어떤 사람에게는 애원하고, 어떤 사람에게는 협박하고, 어떤 사람은 손을 잡고 전투를 독려했다. 그럼에도 왼쪽 날개가 완전히 무너져 술라는 많은 막료와 부하를 잃고 패잔병들과 함께 진영으로 돌아왔다. 전투를 보려고 성 밖으로 나왔던 시민 가운데 밟혀 죽은 사람이 적지 않았다.

사람들은 이제 로마가 함락될 것이며 프라이네스테에서 마리우스를 포위하고 있는 것도 풀어지리라고 생각했다. 실제로 많은 패잔병이 그리로 달려가 그 성을 포위하고 있던 루크레티우스 오펠라(Lucretius Ofella)에게, 술라도 이미 죽었고, 로마도 적군의 손에 넘어갔으니 빨리 진지를 헐고 퇴각하라고 말했기 때문이었다.

30

밤이 깊어졌을 때 크라수스가 술라의 진영에 전령을 보내 저녁 식량을 요청했다. 크라수스는 적군을 정복한 다음 안템나이(Antemnae) 가까이까지 추격하여 성문 앞에서 진영을 차리고 있었다. 그와 같은 사실과 함께 적군 대부분이 무너졌다는 소식을 들은 술라는 동이 트자마자 안템나이로 달려갔다. 그가 도착한 것을 알게 된 그곳 주민 3천 명이 대표단을 보내 자비를 빌었다.

그러자 술라는 그들이 다시 찾아오기에 앞서 나머지 적군에게 어떤 형태로든 피해를 안긴다면 안전을 지켜 주겠노라고 약속했다. 그리하여 그곳 주민들은 그의 약속을 믿고 도시 안에 있던 적군을 수없이 죽였다. 술라는 주민 가운데 살아남은 6천 명을 로마의 원형 경기장에 모은 다음 군신 벨로나 신전에 원로원 의원을 소집했다.

[원형 극장과 벨로나 신전은 모두 군신의 광장에 있었다.] 그 시간에 술라는 원로원 의원들 앞에서 연설을 시작했고, 그의 지시를 받은 병사들은 원형 극장에 모인 주민 6천 명을 죽이기 시작했다. 좁은 공간에서 죽어 가는 무리의 신음이 허공에 가득했다. 원로원 의원들은 말을 잃었다. 그러나 차분하고 동요 없는 자세로 연설을 시작한 술라는 밖에서 지금 몇몇 죄인이 자기의 명령에 따라 꾸지람을 듣고 있는 것이니 크게 마음 쓰지 말고 자기 연설을 잘 들으라고 지시했다.

이런 일이 일어나자 아무리 어리석은 로마인이라 하더라도 폭군이 바뀌었을 뿐이지 폭정에서 벗어난 것이 아니라는 사실을 알았다. 어쨌거나 대(大)마리우스는 처음부터 거칠었고, 권력을 강화하면서 자신의 성격을 꾸준히 유지했지만, 술라는 처음에 자신의 행운을 겸손히 받아들임으로써 위대한 정치가처럼 민중이 자기에게 기대를 걸도록 이끌었다.

술라는 귀족 정치의 신봉자이면서도 동시에 일반 민중에

게도 도움을 주었다. 더욱이 그는 젊어서부터 정감이 있어 불쌍한 사람들을 보면 눈물도 자주 흘렸다. 따라서 그가 어린 시절의 성격을 바꾸어 변덕스럽고 거만하며 잔인한 정치가가 되지는 않을 것이라고 사람들은 생각했다. 그러나 인간이 권력을 잡으면 밑바닥에 깔린 천박함이 다들 그렇게 나타나는 것인지, 본성이 변하는 것인지, 아니면 운명의 장난인지, 이 문제는 다른 글에서 다루어야 할 주제다.

31

이제 술라는 사람을 죽이기에 바빴다. 정해진 수나 한도가 없는 살육이 도시 곳곳에서 자행되었다. 술라와는 아무 관계도 없이 다른 사람과 원한 맺힌 일 때문에 죽은 사람도 많았다. 술라가 자기 패거리를 즐겁게 해 주고자 살인을 허락했기 때문이었다. 마침내 젊은 카이우스 메텔루스(Caius Metellus)가 원로원에서 술라에게 과감히 물었다.

"이러한 악행의 끝은 어디이며, 언제쯤 이런 악행이 멈추리라고 기대할 수 있습니까? 우리가 당신에게 묻고자 하는 것은 당신이 죽이려고 마음먹은 사람들을 살려 달라는 것이 아니라 당신이 살려 주기로 한 사람들을 불안에서 벗어나게 해 달라는 것입니다."

이에 술라가 대답했다.

"나는 아직 누구를 살려 주어야 할지 모르겠습니다."

그러자 메텔루스가 다시 물었다.

"그렇다면 당신이 누구를 죽이려 하는지를 알려 주시오."

술라가 대답했다.

"그러지요."

그러나 어떤 사람의 말에 따르면, 이 대화의 마지막 말을 꺼낸 사람은 메텔루스가 아니라 술라에게 늘 아첨하던 푸피디우스(Fufidius)였다고 한다. 어쨌든 술라는 관리들과 한마디 상의도 없이 곧 80명의 살생부 명단을 작성했다.[18] 많은 사람이 분노했지만 단 하루가 지나자 술라는 다시 220명을 추가한 살생부를 발표했고, 셋째 날에는 그보다 더 많은 명단을 발표했다. 이와 같은 조치에 대해 술라는 대중에게 이런 연설을 늘어놓았다.

"나는 기억할 수 있는 한 많은 사람을 살생부에 넣을 것이며, 지금 생각나지 않는 사람은 앞으로 생각나는 대로 더 발표하겠습니다."

술라는 살생부에 적힌 사람을 숨겨 주거나 도피시켜 주는 사람도 살생부에 넣었다. 그를 숨겨 준 사람이 형제나 부자여도 가리지 않았다. 살생부에 오른 사람을 죽이는 사람에게는 수고료로 2탈렌트를 지불했다. 노예가 주인을 죽이고 자식이 아버지를 죽여도 상관하지 않았다.

그런 가운데 가장 부당한 일은 살생부에 적힌 사람의 아들과 손자의 시민권을 빼앗고 모든 재산을 몰수했다는 사실이었다. 더욱이 로마뿐만 아니라 이탈리아 전국에서 살생부가 작성되어 신전이나 집 안의 난롯가나 부모의 집에서도 피바다를 이루었고, 아내의 품에 안겨 남편이 죽고 어머니의 품 안에서 아들이 죽었다.

재산 때문에 죽은 사람에 견주면 정치 보복이나 개인감정으로 말미암아 죽은 이는 아무것도 아니었다. 저 사람은 집이 커서 죽었고, 저 사람은 정원이 커서 죽었고, 저 사람은 목욕탕 물이 따뜻해서 죽었다고 사형 집행인들은 거침없이 말했다. 퀸투스 아우렐리우스(Quintus Aurelius)는 남에게 해코지할 줄 모르는 조용한 사람으로, 자신이 할 수 있는 일이라고는 그 끔

---

18 정부에서 살생부에 기록된 사람의 명단을 공개하면 시민 가운데 누구든 그를 죽여도 된다. 이럴 경우에 대체로 사사로운 원한에 따른 보복 살인이 많았다.

찍한 일을 겪은 사람들을 위로하는 것뿐이라고 스스로 생각했다. 그런 그가 토론의 광장에 나갔다가 살생부에 자신의 이름이 적혀 있는 것을 보고 말했다.

"아, 불쌍한 내 신세여, 알반(Alban)에 있는 땅이 나를 죽이는구나."

그는 멀리 달아나지 못하고 그를 따라온 인간 사냥꾼의 손에 죽었다.

32

그러는 과정에서 소(少)마리우스는 잡히지 않으려고 [지하 통로로 탈출하려 했지만 뜻대로 되지 않자] 스스로 목숨을 끊었다. 프라이네스테에 온 술라는 먼저 피고인 각 사람을 처형하기에 앞서 개별적인 재판을 허락했으나, 그 뒤로는 시간이 부족하여 1만 2천 명을 한자리에 모아 놓고 한꺼번에 사형을 선고했다. 그들 가운데 술라가 살던 집 주인은 사형을 면했으나, 고결한 성품을 지녔던 그는 술라에게 이렇게 말했다.

"나는 이 나라의 도살자에게 내 목숨을 빚고 싶지 않습니다. 나는 내 뜻에 따라 동포들과 같은 길을 가겠습니다."

그리고 그는 다른 사람과 함께 처형을 받았다. 이 과정에서 사람들은 루키우스 카틸리네(Lucius Catiline)[19]를 가장 흉악한 인물로 꼽았다. 이 사람은 내란이 끝나기에 앞서 형을 죽이고, 이번에는 살아 있는 아우를 살생부에 올려 달라고 정적인 술라에게 부탁하여 죽였다. 그는 이에 대한 보답으로 술라의 반대파인 마르쿠스 마리우스를 죽여 토론의 광장에 앉아 있던 술라를 찾아가 그 머리를 바친 다음, 가까이에 있는 아폴론 신전의 성수(聖水)로 피 묻은 손을 씻었다.

---

19   카틸리네의 행적에 관해서는 제30장 「키케로전」, §10; 제32장 「카이사르전」, §7; 제38장 「안토니우스전」, §2 참조할 것.

33

이와 같은 학살 말고도 술라가 진행한 그 밖의 여러 가지 조치는 시민에게 아픔을 주었다. 그는 [기원전 81년에] 독재관(dictator)에 취임함으로써 120년 만에 그 제도를 부활시켰다. 그뿐만 아니라 그는 법령을 하나 통과시켰는데, 그 법령에 따르면, 그에게는 지난날의 모든 행동에 대한 면책 특권이 있었다. 그 법령은 또한 앞으로 그의 판단에 따라 사람을 죽이고 살릴 권리와, 재산을 몰수하고 도시를 세우거나 없애고 왕국을 세우거나 없앨 수 있는 권리를 그에게 부여했다. 그는 압수한 재산을 오만하고도 고압적으로 매각하여 사람들은 그가 수탈할 때보다 그에게 선물을 받았을 때 더 혐오스러워했다.

술라는 미녀와 악사와 배우와 천박한 해방 노예들에게 토지와 도시 예산을 나누어 주었으며, 본인의 의사와는 관계없이 자기 부하들에게 여인들을 시집보냈다. [로마의 역사에서 처음으로 '위대한(Magnus)'이라는 칭호를 들은] 대(大)폼페이우스와 혼맥을 맺고 싶었던 술라는 그를 강제로 이혼시키고, 자기 아내인 메텔라와 전남편인 스카우루스(Scaurus) 사이에서 태어난 아이밀리아(Aemilia)를 그에게 시집보냈다. 그때 아이밀리아는 마니우스 글라브리오(Manius Glabrio)의 아내로서 임신 중이었지만 강제로 이혼하고 폼페이우스와 재혼했다. 그 여인은 아이를 낳다가 폼페이우스의 집에서 죽었다.(제22장 「폼페이우스전」, §9)

마리우스를 포위하여 패배시킨 루크레티우스 오펠라는 그 공로를 내세워 집정관에 출마했다. 처음에 술라는 오펠라의 출마를 막았으나, 그가 많은 지지자를 이끌고 토론의 광장으로 내려오자 부하 백인대장을 시켜 그를 죽였다. 이때 술라는 카스토르 신전의 재판석에 앉아 살인 장면을 지켜보았다. 광장에 있던 군중이 오펠라를 살해한 백인대장을 끌고 술라에게 데려오자 술라는 그들에게 조용히 하라고 지시한 다음, 백인대장은 내가 시켜서 오펠라를 죽였으니 풀어 주라고 말했다.

34

미트리다테스왕에게서 빼앗은 희귀하고 값진 전리품을 전시
하면서 거행된 술라의 개선식은 망명지에서 돌아온 귀족들의
행렬로 더욱 장관을 이루었다. 가장 존경받고 영향력이 큰 인
물들이 술라에게 왕관을 씌워 주고 그 뒤를 따르면서 그를 구
원자요 아버지라고 불렀다. 그들이 아내와 자식들을 데리고
고국으로 돌아올 수 있었던 것은 모두 술라 덕분이었기 때문
이었다. 드디어 행렬이 끝나자 술라는 민중에게 자기 공적을
열거하면서 자신의 용맹에 못지않게 신의 가호가 있었음을 여
러 차례 말했다.

드디어 술라는 자신의 이름 뒤에 펠릭스(Fellix)라는 칭호
를 붙이도록 했는데, 이는 '행운'이라는 뜻이었다. 그러나 그는
그리스인들에게 공식 문서를 보낼 때면 에파프로디토스(Epa-
phroditos)라는 칭호를 썼는데, 이는 '베누스의 사랑을 받는 사
람'이라는 뜻이었다. 내 고향에 있는 그의 전승탑에도 루키우
스 코르넬리우스 술라 에파프로디토스라고 새겨져 있다.

그 밖에도 술라의 아내 메텔라가 남녀 쌍둥이를 낳자 그
는 아들의 이름을 화우스투스(Faustus)라 짓고 딸은 화우스타
(Fausta)라고 지었는데, 로마인들은 '상서롭고 즐거운 일'이 있
을 때 이를 화우스툼(faustum)이라고 했다. 그토록 많은 사람을
죽이고, [기원전 79년에 원로원의 권한을 회복하고 호민관의 권한을 축
소하고 스스로 독재관 자리에서 물러나는 등] 로마의 정치에 엄청난
개혁과 변화를 가져왔음에도 술라는 자신의 공적을 행운으로
돌리면서, [기원전 81년에] 독재관에서 물러나며 집정관 선출권
을 민중에게 넘겨주었다.

선거가 실시되자 그는 시민의 근처에도 가지 않고 토론
의 광장을 마치 평민처럼 걸어 다니면서 말을 걸어오는 사람
들에게 스스럼없이 자신을 드러냈다. 그러나 술라의 뜻과는
달리, 능력이 뛰어나서라기보다는 폼페이우스가 민중에게 간

청한 덕분에 술라의 완강한 정적인 마르쿠스 레피두스(Marcus Lepidus)가 집정관에 선출될 것 같았다. 레피두스의 승리를 기뻐하며 폼페이우스가 투표장에서 걸어 나오는 것을 본 술라가 그를 부르더니 빈정거리듯 말했다.

"여보게 젊은이, 그토록 훌륭한 카툴루스를 제치고 가장 불안한 레피두스를 집정관으로 뽑았으니 그 정책이 참으로 놀랍군. 그러나 장담하건대, 그대는 그대의 정적에게 힘을 실어 주었으니 이제부터 어려운 일을 겪게 될 걸세."

이런 말을 한 것으로 보면 술라에게는 예언자적인 데가 있었다.[20] 레피두스가 집권하자마자 급속히 오만해지면서 폼페이우스와 그 당파에 적대적인 태도를 보였기 때문이었다.

35

술라는 자기 재산의 10분의 1을 헤라클레스에게 바치면서 민중을 위해 호화로운 잔치를 베풀었다. 잔치에 들어간 준비물이 남아돌아 날마다 엄청나게 많은 고기를 강물에 버렸고, 손님들은 40년이나 그보다 더 오래 묵은 포도주를 마셨다. 여러 날 잔치를 치르는 가운데 그의 아내 메텔라가 아파 거의 죽을 지경에 이르렀다.

사제들은 술라가 아내에게 접근하지 못하게 막았고, 메텔라가 죽으면 그 시체 때문에 그의 집이 부정 타지 않도록 하려했다. 그러자 술라는 아내에게 이혼장을 써 주고 메텔라가 살아 있는 동안 다른 집으로 보내 머물게 했다.

이렇듯 술라는 미신을 믿었기에 법을 엄격히 지키지 않았다. 그는 스스로 장례 비용을 제한하는 법을 제정하고서도 그

---

20 기원전 78년에 술라가 죽자 레피두스는 술라의 예언을 입증하려는 듯이 민중 폭동을 일으켜 폼페이우스 체제를 무너뜨리고 나라를 혼란에 빠뜨렸다.

술라

법을 어기면서 비용을 아끼지 않았다. 그는 또한 잔치 비용을 제한하는 법도 지키지 않았다. 그는 슬픔을 달래거나 기쁨을 나눌 때 비용을 넘치도록 썼는데, 그런 잔치일수록 방종하고 음란했다.

그 뒤 몇 달이 지나 검투 경기가 벌어졌다. 그때까지만 해도 경기장 안의 좌석이 남녀로 구분되지 않고 난잡했다. 그때 우연히 술라 곁에 몹시 아름답고 출신도 좋아 보이는 여인이 앉아 있었다. 그 여인은 메살라(Messala)의 딸이자 웅변가 호르텐시우스의 동생으로서, 이름은 발레리아(Valeria)였다. 공교롭게도 그 무렵 발레리아는 이혼한 상태였다. 그는 술라의 뒤쪽으로 지나가다가 술라에게 손을 뻗어 그의 외투에 붙은 보푸라기를 떼어 준 다음 자기 자리로 돌아갔다. 술라가 놀라 바라보자 그 여인이 말했다.

"별일 아닙니다, 독재관 나리. 저는 나리의 행복을 조금 떼어 갖고 싶었을 뿐입니다."

그 여인의 말에 술라는 기분 나쁘지 않았다. 아니, 그가 사람을 은밀히 보내 그 여인의 이름과 가족과 내력을 알아본 사실로 미루어 보면 술라는 오히려 그에게 마음이 들떠 있었음이 분명했다. 그 뒤로 두 사람은 서로 눈길을 주고 고개를 돌려 얼굴을 바라보며 미소를 나누다가 드디어 공식적으로 혼인 이야기가 오갔다.

이를 두고 우리는 그 여인을 비난할 수 없다. 그 여인이 순결하고 평판 좋은 사람이었다고는 하지만 술라는 그 여인의 미덕을 보고 결혼한 것이 아니었다. 그는 마치 청년처럼 그 여인의 외모와 가여운 분위기 때문에 결혼했는데, 이런 결혼이 명예스럽지 않고 부끄러움을 모르는 열정에 사로잡히는 것은 당연하다.

36

그러나 그런 여인을 아내로 두었으면서도 술라는 여배우, 악
사, 연극인들과 함께 긴 의자에 드러누워 온종일 술을 마셨
다. 그에게 가장 큰 영향을 끼친 남자들은 희극 배우 로스키우
스(Roscius), 춤꾼 소렉스(Sorex), 여장(女裝) 남자 메트로비우스
(Metrobius)였는데, 비록 한물간 사람들이었지만, 술라는 이들
을 열정적으로 좋아했고 자신도 이를 부인하지 않았다. 이런
식의 삶이 그의 병을 악화시켰다.

처음에는 병이 그리 심각하지 않았으므로 그는 자신에게
궤양이 있음을 알지 못했다. 이 병은 그의 온몸을 곪게 만들어
이[蝨]가 들끓었다. 사람들을 시켜 밤낮으로 이를 잡았지만 늘
어나는 수를 감당할 수 없었다. 옷과 목욕탕과 세숫대야와 음
식물에도 진물이 흘러 퍼졌는데 참으로 끔찍했다. 그리하여
그는 하루에도 몇 번씩 목욕했지만 소용이 없었다. 그의 몸은
급속도로 나빠졌고, 이 병충에서 벗어나 청결해질 방법은 없
었다.

들리는 바에 따르면, 오랜 옛날에 펠리아스(Pelias)의 아들
아카스투스(Acastus)도 이에 물려 죽었고, 그 뒤로는 서정 시인
알크만(Alkman)과 신학자 페레키데스(Pherekydes)와 올린토스
(Olynthos)의 철학자이자 아리스토텔레스의 친척으로서 오랫
동안 감옥 생활을 한 칼리스테네스, 변호사 무키우스(Mucius)
도 그런 병으로 죽었다고 한다. 또한 좋은 일이 아니라 나쁜 일
로 유명했던 에우누스(Eunus)라는 사람이 있었다. [기원전 134년
에] 시킬리아에서 노예 반란을 일으켰던 그는 포로가 되어 로
마로 끌려온 뒤 그 병으로 죽었다.

37

술라는 자기에게 죽음이 다가오고 있음을 알고 이에 대한 기
록을 남겼다. 그는 죽기 이틀 전에 『회고록』 제22권의 집필을

멈추었다. 그 대목에서 그는 칼다이아(Chaldaia)족이 들려준 예언을 기록했는데, 그가 명예로운 삶을 마치고 인생의 절정기에 삶을 마친다는 내용이었다. 또한 그의 기록에 따르면, 아내 메텔라보다 조금 먼저 죽은 아들이 꿈에 초라한 모습으로 나타나 이렇게 말했다고 한다.

"아버지, 이제 모든 근심을 털어 버리시고 이곳에서 어머니와 함께 평화롭고 조용히 살기 바랍니다."

그러나 병을 앓으면서도 술라는 공무 수행을 멈추지 않았다. 이를테면 그는 죽기 열흘 앞서 로마 식민지 디카이아르키아(Dicaearchia)의 두 적대적인 정파를 화해시켰고, 도시의 통치 방법에 관한 법률을 제정했으며, 관리 그라니우스(Granius)가 공금을 쓰고서도 갚지 않는다는 사실을 알고 그를 자기 방으로 불러 하인들을 시켜 목을 졸라 죽였다.

그러나 이때 술라는 너무 소리를 지르면서 몸에 무리를 준 탓에 곪은 곳이 터져 많은 피를 쏟았다. 그는 결국 체력을 유지하지 못하고 하룻밤 동안 괴로워하다가 죽었다. 그때 그는 메텔라와의 사이에서 낳은 두 아이를 남겼다. 그가 죽은 뒤에 후처 발레리아는 유복녀를 낳았는데 그 이름이 포스투마(Postuma)였다.[21] 로마인들은 아버지가 죽은 뒤에 태어난 아이에게 이런 이름을 지어 주었다.

38

술라가 죽자 많은 사람이 그의 장례를 명예롭게 치르지 못하도록 레피두스를 간곡히 설득했다. 그러나 폼페이우스는 달랐다. 원래 그는 술라에 대한 감정이 좋지 않았다. 술라가 죽으면서 남긴 유언장에 자기만 언급되지 않았기 때문이었다.

그러나 폼페이우스는 군중을 부드럽게 설득하거나 간청

---

21   지금도 의학 용어로 포스투모(postumo)라 함은 '유복자'라는 뜻이다.

하고 어떤 때는 협박하여 군중의 마음을 바꾼 다음, 시신을 로마로 운구하여 명예롭게 장례를 치러 주었다. 들리는 바에 따르면, 여인들이 바친 향료가 210리터를 넘어, 장례를 치르고 남은 비싼 유향과 계피로 술라와 그의 시종들의 흉상을 만들었다고 한다.

그날은 아침부터 날이 끄무러져 당장 비가 올 것만 같더니, 9시[22]가 되어 시신을 장작 위에 얹어 놓자 강한 바람이 불어 불길이 올라갔다. 불이 다 꺼져 유골을 수습할 때가 되니 그제야 비가 쏟아져 밤중까지 내렸다. 그에게 내린 행운은 장례식에도 이어져 마지막 가는 길을 장식했다. 그의 묘비는 군신의 광장에 서 있는데, 들리는 바에 따르면, 묘비명은 그가 직접 쓴 것이라고 한다. 그 내용은 이렇다.

어느 친구도 친절함에서 그를 넘어서지 못했고,
어느 친구도 포악함에서 그보다 심하지 않았다.

22   그때의 9시는 지금의 오후 3~4시 무렵이다.

세상이 어지러우면
못된 놈도 존경받는다.
— 칼리마코스

신분 사회는 사냥꾼이 어미를 보고
개를 고르는 것과 같다.
— 플루타르코스

1

술라의 생애에 관한 기록을 마쳤으니 이제 그와 리산드로스를 비교할 차례이다. 두 사람 모두 스스로의 힘으로 높은 지위에 올랐다는 점에서는 같다. 그러나 리산드로스는 정국이 안정되었을 때 시민의 동의를 얻어 권좌에 올랐다는 점이 그의 미덕으로 꼽힐 수 있다. 그는 시민의 뜻을 거스르면서까지 그들에게 무엇인가를 빼앗은 적이 없고, 법을 어기면서 권력을 잡은 적도 없다.

그러나 알렉산드리아의 시인이자 학자였던 칼리마코스는 이런 말을 한 적이 있다.

"세상이 어지러우면 못된 놈도 존경받는다."(제15장 「니키아스전」, §11)

술라 시대의 로마가 그랬다. 시민은 타락했고 정부는 온당하지 않은 상태가 되다 보니 온갖 출신의 인물들이 권력을 잡았다. 예컨대 글라우키아(Glaucia)나 사투르니누스(Saturninus)와 같은 악한 인물들이 로마에서 메텔루스를 몰아내고, 집정관의 아들들이 민회에서 짐승처럼 죽었다.

금은이 있으면 누구든 민중을 사서 흔들고, 민중이 저항해도 불과 칼로 법을 제정하는 상황에서 술라 같은 인물이 권력을 휘둘렀다는 것은 조금도 놀랄 일이 아니다. 나는 그러한 정치 상황에서 힘으로 최고 권력을 차지한 술라를 비난하려는 것은 아니다. 그러나 나라가 그토록 어려운 상황에서 그가 일인자였다는 사실만 내세워 그를 가장 위대한 인물로 치켜세울 수는 없다.

그런가 하면 스파르타의 정치가 안정되고 건전하던 시절, 그 나라 시민이 리산드로스를 최고 사령관으로 뽑아 과업을 맡겼으니, 그 사람이야말로 사실상 가장 훌륭한 시민이 뽑은 첫 번째 인물이요, 가장 훌륭한 나라에서 뽑힌 가장 훌륭한 인물이었다고 판정할 수 있다.

리산드로스는 여러 차례 자기 권력을 민중에게 돌려주었지만 민중은 그 권력을 다시 그에게 돌려주었다. 그는 덕망에 따라 영예를 얻음으로써 늘 최고의 지위에 머무를 수 있었다. 그러나 술라는 일단 최고 군사령관에 오른 뒤로 10년 동안 그 자리를 지키면서 언제는 집정관이 되었다가 언제는 독재관이 되었지만, 그는 늘 그 자리를 빼앗아 차지했다.

2

내가 앞서 말했듯이, 리산드로스가 정치 제도를 개혁하려고 시도한 것은 사실이지만 그는 술라에 견주었을 때 온건하고 합법적이었다. 그는 늘 민중을 설득했고, 무력을 쓰지 않았으며, 술라처럼 한꺼번에 뒤엎으려 하지 않고 그저 왕의 임명 제도를 바꾸는 정도만 시도했다. 어느 면에서 보면 그리스에서 출신 성분과는 별개로 탁월한 덕성을 가진 이들이 나라를 이끌어 가던 도시 국가가 스파르타였다.

따라서 스파르타에서는 가장 탁월한 덕성을 갖춘 인물이 나라를 다스린다는 것이 당연하고도 정의로운 일로 보인다.

　　　　　　　　리산드로스와 술라의 비교

사냥꾼은 개 자체를 보고 개를 고를 뿐 그 어미를 보고 개를 고르지 않으며, 기수는 말을 보고 말을 고를 뿐 그 어미를 보고 말을 고르지 않는다. 어미를 보고 말을 골랐다가는 그 말이 노새일 수도 있지 않겠는가?

이처럼 정치인이 지배자를 고를 때 그가 어떤 인물인가를 보는 대신에 그 부모가 어떤 사람인가를 보고 골랐다가는 뼈저린 실수를 하게 된다. 그러나 실제로 스파르타인들은 왕이 왕답지 못하고 변변찮은 필부의 자식이라는 이유로 왕을 물러나게 한 적이 있었다. 아무리 명문가의 자식이라 하더라도 그가 지은 죄는 불명예스러운 것이듯이, 덕망을 명예롭게 하는 것은 가문이 아니라 그 사람의 덕망 그 자체이다.

더욱이 리산드로스가 저지른 불의한 처사는 친구를 돕고자 한 일이었지만, 술라가 저지른 불의한 행동은 친구에게까지 그 재앙을 끼쳤다. 대부분의 사람이 인정하듯이 리산드로스는 동지들을 위해 법을 어겼으며, 그들의 권력과 지배권을 유지하려고 학살을 저질렀다.

그러나 술라는 질투심 때문에 폼페이우스의 병력을 감축했고, 돌라벨라에게 주었던 해군 지휘권을 빼앗았으며, 루크레티우스 오펠라가 국가에 대한 여러 가지 봉사의 대가로 집정관이 되려 했을 때 자기가 보는 앞에서 그를 죽이라고 명령함으로써 가장 가까운 막료를 죽이는 그의 모습을 본 시민들을 공포와 두려움에 떨게 했다.

3

돈과 향락에 관해 이야기하자면, 리산드로스는 지휘관의 지위에 걸맞게 살았으나 술라는 폭군에 더 걸맞은 사람이었다. 리산드로스는 그토록 엄청난 권력을 휘두르면서도 방탕하거나 철없는 젊은이처럼 굴지 않았다. "집에서는 사자 같고 밖에서는 여우 같은 사람"이라는 민중의 비난을 피해 갈 수 있는 사람이 있다면 리산드로스가 바로 그런 사람이었다. 무엇을 하든, 어디를 가든 그는 냉정하고 자제력이 강한 스파르타인이었다.

그러나 술라의 경우를 보면 젊은 날의 가난했던 경험이나 노쇠도 그의 욕망을 자제하지 못했다. 로마의 역사학자 카이우스 살루스티우스 크리스푸스(Caius Sallustius Crispus)의 지적처럼, 그는 결혼과 사치에 관한 법률을 제정했으면서 그 자신은 음탕하고 외설적인 삶을 살았다. 술라는 그런 삶으로 말미암아 동맹국과 우방들의 돈을 받고 자유와 독립을 팔아먹었으며, 값비싼 부동산을 날마다 몰수하여 공매(公賣)함으로써 나라의 재정을 어렵게 만들었다.

술라가 아첨꾼들에게 함부로 퍼 준 재산이 얼마인지는 헤아릴 수가 없다. 그런 그가 사사로운 잔치에서 돈을 깨끗이 처리했으리라고는 기대할 수 없다. 그는 시민들이 지켜보는 자리에서 거대한 재산을 처분할 때면 경매자에게 실제 가격보다 값을 낮춰 자기 친구들에게 낙찰하도록 지시했으며, 다른 사람이 값을 올려 부르면 벌컥 화를 냈다. 그럴 때면 그는 이렇게 말했다.

"시민 여러분, 내 물건을 내가 바라는 대로 처분할 수도 없다면 이는 매우 잘못된 일이며 남의 재산을 거저 뺏는 것이나 다름없습니다."

그러나 리산드로스는 외국에 나갔을 때 자신의 몫인 전리품과 함께 자기가 받은 선물까지도 고국으로 보냈다. 나는 그의 처사를 칭송하려는 것이 아니다. 그가 전리품을 고국으로 가져옴으로써 조국에 상처를 준 것이 술라가 로마의 재산을 도적질함으로써 로마에 끼친 상처보다 더 크기 때문이다. 나는 다만 그가 돈에 무심한 사람이었음을 보여 주고자 할 뿐이다.

더 나아가서 두 사람은 자기의 조국과 함께 독특한 일들을 경험했다. 이를테면 술라는 스스로 사치를 억누르지 못하

리산드로스와 술라의 비교

면서도 시민에게는 검소한 삶을 강요했고, 리산드로스는 스스로 욕심이 없으면서도 시민에게는 욕심을 가득 채워 주었다. 따라서 시민 의식은 리산드로스가 만든 법의 기준에 미치지 못했다. 리산드로스 본인은 검약했으나, 그는 스파르타인들에게 욕심을 갖도록 가르친 셈이 되었다. 정치가로서 그들이 끼친 영향은 그랬다.

4

전투를 수행하는 능력에 관해 말하자면, 장군으로서의 탁월함이나 승전비의 수나 전투에서 겪은 위험의 정도로 볼 때, 술라는 리산드로스와 견줄 수도 없을 만큼 대단했다. 리산드로스가 두 번의 해전에서 모두 승리한 것은 사실이다. 덧붙여 말하자면 그가 아테네를 함락한 것은 그리 대단한 일도 아니었는데 그로 말미암아 대단한 명성을 얻었다.

리산드로스가 보이오티아와 할리아르토스에서 겪은 일은 아마도 운이 나빴던 탓일 수도 있다. 그러나 그가 플라타이아이에서 막 도착한 스파르타 왕을 기다리지 않고 분노와 야망을 견디지 못해 적절하지 않은 때에 성을 공격하다가 대단치도 않은 병력에 패배한 것은 사려 깊은 행동이라고 볼 수 없다.

리산드로스가 테베 병사의 손에 상처를 입고 죽은 것은 클레옴브로토스(Kleombrotos)처럼 레욱트라 전투에서 적군의 공격에 완강히 저항하다가 죽은 것도 아니고, 키로스나 에파미논다스처럼 부하들을 이끌고 승리를 장담하다가 죽은 것도 아니다. 그들은 제왕과 장군답게 죽었다. 그러나 리산드로스는 평범한 경보병이나 매복병처럼 불명예스럽게 죽음으로써, "성채로 둘러싸인 도시를 공격해서는 안 된다"는 스파르타의 격언이 사실이었음을 입증했다. 들리는 바에 따르면, 아킬레우스는 성문에서 트로이 왕자 파리스(Paris)의 손에 죽었다는데, 그 말처럼 성채로 둘러싸인 도시에서는 아이나 아낙네도 위대한 전사를 저격하여 죽일 수 있기 때문이다.

술라의 경우를 보면, 그가 어려운 전투에서 수많은 적군을 죽인 사례를 일일이 열거하기조차 쉽지 않다. 그는 내란을 치르면서 로마를 두 번 함락했으며, 아르켈라오스를 육지에서 바다로 몰아내고 아테네의 피라이우스를 차지했는데, 이는 리산드로스가 기근을 틈타 적진을 함락한 것과는 다르다.

그뿐만 아니라 두 사람이 상대한 정적들의 능력을 고려해 보는 것도 중요하다. 리산드로스가 해전에서 알키비아데스의 키잡이였던 안티오코스를 이기고, "가진 것이라고는 날카로운 혓바닥밖에 없는 불명예스러운 정적"(노크 엮음, 『그리스 비극 단편』, II : 921)인 아테네의 정치가인 필로클레스를 이긴 것은 아이들 장난에 지나지 않은 것이었다고 나는 생각한다.

미트리다테스라면 그런 상대를 마부처럼 여겼을 것이고, 마리우스라면 그런 상대를 하인처럼 생각했을 것이다. 다른 사람들은 제쳐 두고서라도 술라와 맞섰던 왕과 집정관과 장군과 정치인 가운데 마리우스보다 더 강인한 사람이 있었던가? 왕들 가운데 미트리다테스보다 더 강력한 힘을 손에 넣은 사람이 있었던가? 이탈리아인들 가운데 람포니우스와 텔레시누스보다 더 호전적인 인물이 있었던가? 그러나 마리우스는 술라의 손에 추방되었고, 미트리다테스도 술라의 손에 정복되었고, 람포니우스와 텔레시누스는 술라의 손에 죽었다. [그러니 술라가 얼마나 대단한 인물이었던가를 알 수 있다.]

5

그러나 이제까지 내가 언급했던 어느 것보다도 중요한 사실은, 리산드로스는 자기 조국의 모든 권력자의 협조를 받으면서 전공을 이루었지만 술라는 정적들의 박해를 받고 조국에서 추방된 상태에서 전공을 이루었다는 점이다. 아내는 조국에서 쫓겨나고, 집은 불타고, 막료들이 살해되는 상황에서 술라는 보이오티아에서 수많은 적군을 맞닥뜨렸으며, 조국을 위해 목숨이 위태로운 상황에서 승전탑을 세웠다. 미트리다테스왕이 내부의 정적들을 물리치도록 병력을 제공하겠노라고 제안했을 때에도 술라는 그에게 양보하거나 친절을 보이지 않았다.

술라는 자신의 뜻대로 미트리다테스가 아시아에서 물러나면서 자신의 함대를 넘겨주고, 비티니아와 카파도키아의 왕에게 권력을 되돌려 주겠노라고 말하기 전에는 그에게 감사함을 느낀 적이 없었고, 먼저 손을 내민 적도 없었다. 술라의 처신 가운데 이보다 더 훌륭했던 것은 없었다. 이는 참으로 고결한 정신의 산물이었다. 그는 자신의 명리보다 국가의 이익을 먼저 생각했으며, 훌륭한 혈통의 사냥개처럼 적군들이 항복할 때까지 문 자리를 놓아주지 않았다. 그런 다음에야 그는 자기에게 해코지한 무리에게 복수했다.

이와 같은 일이 아니더라도, 리산드로스와 술라가 아테네를 어떻게 처리했는가를 견주어 보는 것도 그들의 성품을 가늠하는 데 의미 있는 일이다. 아테네가 미트리다테스의 지배권을 지켜 주려고 술라에게 항거했음에도, 술라는 아테네를 점령한 다음에 그들에게 독립과 자유를 돌려주었다. 그와 달리 아테네가 그토록 찬란했던 제국으로 있다가 몰락했음에도 리산드로스는 그들에게 조금의 동정을 보이지 않은 채, 가장 야만적이고도 불법한 폭군을 군주로 임명했다.

따라서 결론적으로, 술라는 리산드로스에 견주어 더 많은 공적을 이루었으나 리산드로스는 술라에 견주어 실수를 덜 저질렀으며, 리산드로스는 자제력이 강하고 온건했으며 술라는 장군다웠고 용맹스러웠다고 말해도 크게 틀리지 않을 것이다.